증보판

한국사회사연구

―농업기술 발달과 사회변동―

이태진

지식산업사

저자 **이태진**(李泰鎭, Yi Tae-jin)
- 1943년 경북 영일 출생. 서울대학교 문리과대학 사학과 · 같은 대학원 석사, 한국학중앙연구원 명
  예문학박사(2005).
- 1973년 경북대학교 문리과대학 사학과 전임강사, 1977년부터 2009년까지 서울대학교 인문대학 국
  사학과 교수, 2010년 9월부터 국사편찬위원회 위원장으로 재직.
- 역사학회 회장, 한국학술단체연합회 회장, 서울대학교 인문대학 학장(2006~2008) 역임. 대한민국
  학술원 회원(2007년~현재).
- 저서 《조선후기의 정치와 軍營制 변천》(1985), 《한국사회사연구》(1986), 《조선유교사회사론》
  (1989), 《일본의 대한제국 강점》(1995), 《왕조의 유산—외규장각도서를 찾아서》(1996), 《고종
  시대의 재조명》(2000), 《의술과 인구 그리고 농업기술》(2002), 《한국병합의 불법성 연구》(공저,
  2003), 《동경대생들에게 들려준 한국사—메이지 일본의 한국침략사—》(2005), *The Dynamics of
  Confucianism ands Modernization in Korean History* (Cornell University, 2007), 그 밖에 다수의 공저와
  170여 편의 논문이 있음.

증보판
한국사회사연구

초판 1쇄 발행 2008. 9. 17.
초판 2쇄 발행 2011. 8. 30.

지은이   이 태 진
펴낸이   김 경 희
펴낸곳   (주)지식산업사
          본사 ● 413-832, 경기도 파주시 교하읍 문발리 520-12
               전화 (031) 955-4226~7 팩스 (031)955-4228
          서울사무소 ● 110-040, 서울시 종로구 통의동 35-18
               전화 (02)734-1978 팩스 (02)720-7900
          한글문패 지식산업사
          영문문패 www.jisik.co.kr
          전자우편 jsp@jisik.co.kr
          등록번호 1-363
          등록날짜 1969. 5. 8.

책값은 뒤표지에 있습니다.

ⓒ 이태진, 2008
ISBN 978-89-423-1116-3 93910

이 책을 읽고 저자에게 문의하고자 하는 이는
지식산업사 전자우편으로 연락 바랍니다.

이 책을 선친의 영전에 바칩니다.

증보판을 내면서

《한국사회사연구》는 나의 첫 저서이다. 간행연도가 1986년 4월이어서 1985년의 《조선후기의 정치와 군영제 변천》(한국연구 총서 53, 한국연구원)보다 한 해 늦지만, 거의 같은 시기에 준비한 책이다. 1985년 가을에 미국 콜럼비아대학 동아시아언어문화학과에 방문교수로 갔을 때, 두 책의 마지막 교정을 거기서 봤는데 출판사에서 간행 연도를 다르게 잡아 전자가 한 해 뒤로 밀렸다. 후자는 또 공동저술인 《한국군제사─근세조선후기편》(육군본부, 1977)에서 내가 담당한 부분을 뽑아 출판한 것이므로 첫 저서로 들기는 약점이 많다. 그러나 조선시대 정치사의 흐름에 대한 나의 지식과 안목이 후자의 저술로 크게 키워졌던 것을 상기하면 이에 대한 애착도 전자에 못지않다.

《한국사회사연구》는 '농업기술 발달과 사회변동'이란 부제를 달았듯이 조선시대 유교사회의 역동성을 살피려는 데 역점을 둔 저술이다. 이 책이 처음 나왔을 때, 일본의 저명한 한국사 전공 교수가 책을 받고 이런 책 이름을 붙일 수 있다니 너무 부럽다는 말로 축하해 주었다. 조선시대 유교사회의 성립과 발전을 농업경제의 발달과 관련하여 살피려는 시각은 이 책에 실린 〈사림파의 유향소 복립운동─조선초기 성리학 정착의 사회적 배경〉(1972~73)에서 처음 싹튼 것이다. 나는 석사과정 재학 중에 육군사관학교 한국군사연구실에서 추진한 《한국군제사─근세조선전기편》(1968) 집필에 참가하는 행운을 누렸다. 이 사업은 초학인 나로서는 제도사 공부를 제대로 하는 좋은 기회였다. 이것이 인연이 되어 석사논문도 군제사에 관한 것(〈조선 중기 軍役의 布納化 과정〉)이 되었다. 그러나 이 일을 끝내면서 좀 더 근원적 역사로서 유교사회사를 공부하고 싶은 충동이 생겨 3~4년 동안 고심 끝에 유향소 복립운동에 관한 논문을 발표하게 되었다. 이 주제는 당시로는 전혀 새로운 영역을 개척하다시피 하는 것이어서 주목을 꽤 많이 받았다. 이 논문에서 발단한 문제의식이 꼬리에 꼬리를 물어 《한국사회사연구》를 탄생시켰던 것이다.

이 책이 나온 지 벌써 20년이 넘었는데 지식산업사 김경희 사장님이 증보판을 내자고 제안했다. 이 책은 그동안 한국사 연구자 또는 지망생들에게 꽤 읽혔지만 몇 판을 낸 뒤 지금은 절판 상태이다. 요즘 풍조로는 이 책의 제목으로는 별로 관심을 끌 것 같지 않지만 저자로서는 첫 저서인 이 책이 서점에서 구할 수 있는 상태를 유지하고 싶었다. 그런 욕심만으로는 너무 미안해서 논문 두 편을 보태 '증보판'의 구색을 갖추었다.

〈17・8세기 香徒 조직의 분화와 두레 발생〉(《진단학보》 67)은 책을 낸 지 2년 뒤인 1988년에 발표한 것이다. 증보판을 내는 지금 시점에서는 20년이 지난 논문이라서 생명력이 있을지 적이 의문이다. 앞서 다룬 조선시대의 향촌 공동체 조직인 향도가 조선후기의 노동 조직인 두레와 마을 장례 조직인 상두군으로 분화하는 과정을 살핀 것이다. 그리고 그것이 임금노동 조직인 고지대(雇只隊)로 변천한 것에 대한 일제하의 조사 연구도 함께 소개하였다. 조선 유교사회의 농경사회의 공동체의 변천의 줄거리를 제대로 잡자면 더 많은 구체적 연구가 필요하지만 이 글로써 우선 대강의 윤곽이라도 잡아보고자 하였다.

〈조선후기 양반사회의 변화〉(《한국사회발전사론》, 일조각, 1992)는 조선후기 향촌사회에 관한 여러 연구자들의 연구 성과를 연구사적으로 정리한 것이다. 저자가 제기한 조선전기의 향촌사회 운영에 관한 중요 주제 즉 향도, 유향소, 향약 등이 조선중・후기에서 일으킨 변화에 관한 여러 연구자들의 성과, 특히 각 읍 향안(鄕案)을 분석한 연구 결과들을 최대한 정리하여 이를 하나의 실로 꿰어 전체의 흐름을 파악해 보고자 하였다. 현전하는 향안들을 혼자서 분석, 정리한다는 것은 거의 불가능한 일이기 때문에 조선시대 향촌문제를 처음 제기한 연구자로서 이런 형식의 연구사 정리 방식으로라도 소임의 일단을 다하고자 하였다.

증보판을 준비하면서 20여 년 사이에 우리 삶의 수난이 크게 바뀐 것을 실감하였다. 먼저 활자로 냈던 초판의 내용을 컴퓨터 조판을 위해 새로 파일로 만들어야 했다. 그리고 한자 사용의 빈도도 대폭 줄였다. 전공서적이긴 하지만 20여 년 전의 한자 사용 상태를 그대로 두어서는 내 눈에도 너무 무거워 보였다. 두 가지 작업을 하는 데 이민아, 정진숙, 함보람이 수고를 아끼지 않았다. 지식산업사 편집부 담당자와 김경희 사장님께 오랜 인연을 다시 새롭게 이끌어 준 것에 대해 깊이 감사한다.

2008년 8월
이태진

머리말

학문은 산보다 강에 비유하는 것이 더 적절할 것 같다. 올라야 할 頂上이 있는 것이라기보다, 골짜기 물이 모여 내를 이루고 그것이 다시 강을 이루는 것과 같은 것이 학문의 속성이지 않을까 싶다.

책의 머리에 이런 비유를 드는 것은 이 책을 江河에 견주려는 뜻은 결코 아니다. 지금까지 학문이란 것을 시늉하면서 이 비유로써 조금이나마 자신의 서두름을 억제할 수 있었기 때문일 따름이다. 학문의 길에 선 사람이면 누구나 머릿속에 그려지는 구상을 한 글에 나타내고 싶은 충동을 자주 겪는다. 그러나 학문은 오히려 그러한 충동이나 욕망을 억제하는 데 묘미와 생명이 있는 것이라고 한다. 이 책에 모은 글들은 그때그때 부족함을 많이 느끼면서도, 이를테면 골짜기의 가닥 물로 여기면서 쓴 것들이다.

글을 정리하면서 햇수를 따져보니, 올해가 대학을 졸업한 지 꼭 20년이 차는 해이다. 세월로서는 결코 짧다고 할 수 없는 기간에 이 정도 밖에 해내지 못한 것은 薄才의 탓으로 돌리더라도, 변변치 않은 것들을 책으로 묶는 데 대한 송구스러움은 금할 수가 없다. 그러면서도 책의 이름은 욕심이 앞서 내용이 감당하기 어려운 것으로 붙여지고 말았다. 독자 여러분의 양해를 바랄 따름이다.

책을 묶으면서 은사님들의 그동안의 가르침이 새삼 머릿속을 스친다. 지금으로부터 20년 전 아니 10년 전만 하여도 우리 사학계는 어려움 투성이라고 밖에 표현할 수 없는 형편이었다. 그러한 여건에서도 은사들께서 힘써 학문의 길을 가르쳐 주시고, 학자의 자세를 스스로 보여주신 일들을 상기하면 저절로 머리가 숙여진다.

존경할 만한 선배, 동기, 후배의 同學이 가까이에 많았던 것도 나의 큰 복이었다. 이들의 배려와 고무, 성원이 없었다면 나로서는 결코 이만한 것도 낼 수 없었을 것이다. 강의실의 영재들로부터도 끊임없는 자극을 받았던 것을 이 자리에서 굳이 감출 필요는 없을 것 같다.

만난 지 10년, 태어난 지 5년 되는 두 가족에게는 이 책이 가장으로서의 그동안의 부실에 대한 한 변명의 표시가 되었으면 좋겠다.

어려운 여건에서도 잘 팔리지 않을 책을 기꺼이 맡아주신 지식산업사 金京熙 사장님, 그리고 교정에 노고를 아끼지 않은 편집부 여러분께도 깊은 감사의 뜻을 표해 마지않는다.

1986년 3월 1일
저 자

차 례

제15장 조선후기 양반사회의 변화
　—신분제와 향촌사회 운영구조에 대한 연구를 중심으로

서 설

이 책에 모은 글들은 본래 목차 순서대로 썼던 것이 아니다. 읽는 분들의 편의를 위해, 그리고 각 논문에 대한 필자의 의도를 밝혀 두는 기회로 삼아 글을 쓴 순서대로 해설을 붙여 序說을 대신하기로 한다.

책 이름은 韓國社會史研究라고 했으나, 저자의 당초 관심은 조선왕조시대의 유학이었다. 조선왕조사회의 지배사상인 유학, 엄밀히 말하면 新儒學은 10여 년 전만 하여도 교양적으로나 학문적으로 타기의 대상이 되다시피 하였다. 전근대의 왕조사회가 제대로 발전하지 못하고 끝내 다른 민족에게 국권을 잃게 된 것은 유학의 보수성, 배타성 때문이라는 인식에서였다.

대개 서구문명에 대한 경도, 동경에서 형성된 이러한 일반적인 인식에 대하여 저자는 매우 회의적이었다. 서구문명의 장점을 굳이 부정하는 것은 아니더라도, 현재 우리의 사고나 인식에서 전통적인 것으로부터 가장 크게 영향을 받고 있는 것은 무어라 해도 유교사상이라고 하겠는데, 철저한 자기부정이나 마찬가지인 그러한 인식이 과연 정당한가 하는 의문을 떨칠 수 없었다. 나의 근 10여 년간의 공부의 출발점이 되다시피 한 〈士林派의 留鄕所 復立運動－朝鮮初期 性理學 定着의 社會的 背景〉(《震檀學報》 34·35, 1972~1973)은 바로 이러한 문제의식에서 구상했다.

조선시대 유학에 대한 종래의 부정적인 인식은 어디까지나 하나의 피상적인 편견으로서, 깊은 천착 끝에 얻어진 것은 결코 아니었다. 그러므로 우리로서는 실상 그 當否에 대한 확인이라는 것보다도 뒤늦게나마 전통의 바른 이

해라는 의미에서 객관적인 검토를 서둘러야 할 처지였다. 하나의 사상체계에 대한 검토는 물론 여러 각도에서 가해져야 더욱 온전한 것이 될 수 있지만, 필자는 이 문제에서 우선 사회적 기능면을 살피는 것이 가장 기초적이면서도 종래 인식의 當否를 확인하는 데 유리할 것이라는 판단에서 이 논제를 취하게 되었다. 留鄕所 복립운동은 신유학의 본격적인 정착기에 해당하는 성종대에 정통 성리학파로 알려진 士林派에 따라 추진된 일종의 사회적 정치활동으로서, 이에 대한 검토는 그들의 역사적 위상이 결코 관념적인 것만이 아니라는 것을 확인시켜 줄 것으로 생각했다.

돌이켜보면 이 논고는 시험적인 것이었던 만큼 무리도 없지 않았던 것 같다. 그러나 사회적 측면에 대한 조명의 결과, 사회질서 확립문제가 왕조 前期의 지배층 사이에서도 정치적으로 크게 의식되고 있었다는 것을 일단 확인할 수 있었다. 흔히 四大士禍의 첫 번째 것으로 꼽히는 戊午士禍는 이 논제의 단락점을 이루는 것으로서, 이 사건 역시 종래의 인식처럼 단순한 권력싸움이 아니라, 사회질서 확립의 방향을 둘러싼 勳舊, 士林 두 세력 사이의 정치적 알력의 표출인 것으로 밝혀졌다. 특히 논제의 배경이 되는 사회구성에 관한 고찰에서, 우리 역사상 사회 공동체의 실체라고 해도 좋을 香徒 조직의 구성이 고려 중엽까지도 郡·縣을 단위로 이루어지던 것이 그 후기부터 소규모화하여 自然村 중심으로 바뀌는 변화를 포착할 수 있어, 이후의 나의 공부 방향을 잡는 중요한 소득이 되었다.

고려 전기 향도의 대규모적인 면모를 실례를 통해 살핀 〈예천 개심사 石塔記의 分析－高麗前期 香徒의 一例〉(《歷史學報》53·54 합집호, 1972)는 위 논고와 거의 동시에 씌어진 小論이지만, 나의 立論에서는 중요한 디딤돌의 하나였다.

위 두 논문을 쓰면서, 당초의 계획으로는 유향소 복립운동과 거의 같은 성격의 중종대의 呂氏鄕約 보급문제를 다루고자 하였다. 그러나 위 논고들에서 고려 말, 조선 초의 사회구성상의 큰 변화가 확인됨에 따라, 그 변화의 배경에 대한 천착부터 가지는 것이 순서라는 판단에서 농업기술문제로 일단 관심을 돌렸다. 당시의 경제가 농업에 큰 비중을 둔 이상, 그러한 사회적 변화는 일차적으로 농업경제상의 어떠한 변화와 연관되어 있지 않을까 하는 가정에서였다.

〈휴전고－통일신라 · 고려시대 水稻作法의 유추〉(《韓國學報》 10, 1978)는 농업기술 문제에 관한 나의 첫 논고였다. 농업기술 문제로 일단 관심을 돌린 이상, 먼저 밝혀야 할 것은 고려시대나 그 이전의 농업기술이었다. 그러나 이 문제는 史料難이 극히 심한 가운데 관련 연구소자 거의 찾아볼 수 없는 형편이어서 어려움이 적지 않았다. 이 논고는 潭陽 開心寺 石燈記에 一片으로 보이는 「畦田」이란 용어에서 실마리를 잡았지만, 최근 몇 연구자들로부터 판독상의 이견이 제시되고 있듯이 사료 면에서 큰 부담을 안고 있었다.[1] 「畦」에 대한 해석도 나중에 필자 스스로 조선 초 · 중기의 유관 사료를 새로이 얻어 수정하기에 이르렀다(이 책 제12장 〈乾耕直播 稻作과 稻畦 · 畝種水田〉 참조). 그러나 고려 중엽까지 우리의 농업이 일반적으로 休閑法의 제약 아래 놓여 있었다는 본래의 논지는 지금도 변함이 없다.

農業技術史에서 休閑農耕은 일반적으로 크게 두 단계로 설정된다. 부정기적인 휴경과 정기적인 휴경 두 가지가 그것으로서, 후자(이 책에서는 이것을 전자와 구분하여 休閑法으로 용어를 통일하였다)는 중국의 代田法이나 서구의 三圃農法과 같이 古 · 中世의 농업기술로서는 상당한 수준에 이른 것으로서, 連作常耕이 아니라고 하여 근 · 현대적인 기술에서 원시적인 농경의 범주로 간주해 버릴 대상은 결코 아니다. 농업기술은 본래 可耕面積과 인구의 상관관계 아래서 새로운 변화를 일으키게 되는 것으로서, 인구의 압박이 일정한 수준에 이르지 않으면 集約的인 耕地 활용, 곧 집약농업기술의 충동이 쉽게 일어나지 않는다는 것이 세계사적인 이해인 것으로 알고 있다.

〈14 · 15세기 農業技術의 발달과 新興士族〉(《東洋學》 9, 1979)은 위 〈畦田

---

1) 鄭早苗, 〈開仙寺 石燈記〉, 《朝鮮學報》 107, 1983 및 魏恩淑, 〈나말여초 농업생산력 발전과 그 주도세력〉, 《釜大史學》 9, 1985 등 참조.

20

考)를 발표한 직후, 단국대 東洋學研究所에서 朝鮮前期의 사회와 문화에 관한 심포지움(1978년도 10월)을 개최하면서 발표를 요청해 와 갑작스럽게 마련한 글이다. 그래서 앞의 글 내용과 많이 중복되는 결점을 지니고 있다. 그 주된 논지는, 우리의 농업이 휴한법의 제약에서 벗어나 집약적인 連作常耕法으로 전환하는 것은 고려 말, 조선 초이며, 이러한 전환 과정에서 같은 시기에 새로운 역사 담당층으로 부상한 新興士族의 구실이 주목된다는 것이다.

농업기술에 관한 위 두 논고는 사료의 제약을 타개해 보려는 뜻에서 중국 농업기술사에 관한 외국학계(특히 일본)의 기왕의 연구 성과를 비교사적 견지에서 많이 활용하는 방법을 취하였다. 그 對比에서 특히 宋代의 江南農法이 집약농업기술의 한 기준으로 삼아짐에 따라, 시간적으로 우리 쪽의 것이 뒤늦은 점이 부각되는 결과를 가져와 본의 아니게 의타적인 역사파악이란 오해를 받을 소지도 없지 않았던 것 같다.[2] 그러나 필자는 현재로서도 강남농법 자체의 선진성은 굳이 부정하고 싶지 않다. 중국의 강남지방 곧 양자강 이남 지역은 주지하듯이 手稻作에서부터 連作法의 확립을 볼 수 있었던 것이다. 이에 견주어 우리의 자연조건은 오늘날에도 그렇듯이 심한 봄가뭄을 겪어야 하는 제약을 가져, 오히려 그러한 불리한 자연조건을 타개해 나가는 측면에서 농업발전의 의의를 찾아야 할 처지다. 그리고 강남농법의 선진성을 인정하더라도 본격적인 틀이 잡힌 것이 南宋代이고, 이어서 양자강 이북의 旱田農業이 그 영향을 받는 것이 元代 후기, 明代 초기란 사실 등을 상기하면, 시간적인 선·후 간격은 그다지 크다고 생각하지 않는다. 최근에 발표한 〈16세기 東아시아의 歷史的 狀況과 文化〉(이 책 제11장 수록)에서 간략히 정리하였듯이, 중국·한국·일본 등 동아시아 3국의 농업은 대체로 12세기에서 14세기 사이에 휴한법의 제약으로부터 벗어나는 共時的 면모를 보인다. 필자는 이러한 共時性은 기본적으로 인구증가에서 연유한 것이라고 보면서,

---

2) 《歷史學報》 104, 1979~1983年度 〈回顧와 展望〉 朝鮮前期 부분(鄭杜熙 집필) 및 李鎬澈, 〈朝鮮前期農業史研究〉, 서울대 博士學位論文, 1983, 제5장 등 참조.

거시적으로 보아 그 기간 안에서의 약간의 시간적인 선·후는 그다지 문제시 될 것이 아니라고 생각한다. 현재 필자는 우리 농업이 집약기술로 전환되는 上限을 14세기 극초기로 잡고 있으나, 새로운 자료의 발굴에 따라 그 시발점이 12세기 말, 13세기로 잡혀질 가능성도 전혀 배제하지 않고 있다.

〈신라통일기의 촌락지배와 孔烟―正倉院 소장의 촌락문서 재검토〉(《韓國史研究》 25, 1979)는 당해 촌락문서에 보이는 孔烟이란 용어에 대한 종래의 自然戶說을 부정하고 編戶說을 제시한 것으로서, 내용직으로 앞의 두 논문에서 밝힌 고려시대 중엽까지의 休閑農法說을 뒷받침하는 일면도 없지 않았다. 이 문서에서 烟·人의 동태 파악은 매우 자세하면서도 田畓은 結數만 밝혀져 있는 점, 戶當結數가 지나치게 많은 점 등은 당시의 농업을 休閑法 아래의 것으로 규정하지 않고서는 납득할 수 없다는 것이 그 주된 논지였다.

〈고려말·조선초의 사회변화〉(《震檀學報》 55, 1983)는 농업기술에 관한 위의 논고들을 토대로, 고려 말·조선 초의 농업기술의 발달에 따라 야기된 사회변화의 여러 측면을 종합적으로 정리해 본 것이다. 이 글도 한 심포지움 (震檀學會 주관 「韓國史의 社會變化」, 1982년 8월)의 발표문으로 제출된 것으로서, 내용적으로 앞의 것들과 중복되는 것이 없지 않다. 그러나 농업문제만이 아니라 사회구조 변화면에 역점을 둔 것이므로 그 나름의 의의가 있다고 생각한다. 첫 번째 논문 〈士林派의 留鄕所 復立運動〉에서 제기되었던 사회구조 변동에 관한 여러 가지 의문들을 이 글에서 일단 정리해 보고자 하였던 것이다.

〈16세기 천방〔洑〕 관개의 발달―士林勢力 대두의 경제적 배경 一端〉(《韓㳓劢博士停年紀念史學論叢》, 1981)은 위 〈고려말·조선초의 사회변화〉 보다 앞서 씌어졌다. 이 무렵, 필자의 농업기술 문제에 대한 관심은 조선시대 안의 것으로 옮겨지고 있었다. 즉 집약농업기술이 일단 실현된 뒤, 집약농업 자체에서의 새로운 변화, 발전을 살펴보고자 하였던 것이다. 이 글의 주제인 川防 곧 洑 관개기술은 조선 후기의 몇 가지 통계에 수적으로 堤堰과 거의 같은 비중으로 나타날 정도로 우리의 水稻作 발달에 끼친 영향이 매우 큰 것이다.

이 논고는 그러한 보급경위의 先端 부분을 밝힌 셈이 되었다. 즉 임진왜란 후의 한차례의 복구과정이 예상되나, 16세기에 이미 그 보급이 활발하게 이루어졌으며, 그 보급과정에서 같은 시기에 새로운 정치적, 사회적 세력으로 모습을 드러내는 사림파 계열의 깊은 관심과 참여가 확인된다는 것이 그 논지였다.

山谷의 溪流를 이용하는 전통적인 堤堰과는 달리, 河川水를 활용하는 이 새로운 水利方式이 벼농사 자체에 미친 영향은 구체적인 사료의 결여로 밝히지 못하였다. 그러나 16세기 사림세력의 사회적 정치활동의 활성화나 서원 건립을 비롯한 교육활동의 증대가 이러한 새로운 경제적 성과와 밀접하게 연관되는 것으로 이해되었다. 지방사회에 중소지주적 기반을 가지는 지식인층으로서의 사림계열의 동향에 관한 이러한 새로운 측면의 구명은, 나의 이 부면의 첫 논고의 추구점과 맥이 닿는 것이어서 매우 고무적이었다.

〈16세기 천방〔洑〕 관개의 발달─士林勢力 대두의 經濟的 背景 一端〉(《金哲埈博士華甲紀念史學論叢》, 1983)은 16세기 농업경제 변화의 다른 한 측면으로서, 주로 宮家나 戚里 등의 중앙권세가에 따라 이루어진 서남해 沿岸 지역에서의 堰田 곧 간석지 개발의 상황을 다룬 것이다. 지금까지의 논문들이 말하듯이 그동안 나의 관심은 농업기술 문제에로 많이 쏠렸다. 그러나 그 考究들에서도 戚臣政治가 계속되는 가운데 사림세력의 도전으로 士禍가 거듭하는 16세기史의 특징적 면모의 본질 구명은 궁극적인 과제의 하나로서 늘 의식되었다. 왕조의 정치가 16세기에 이르러 반세기가 넘도록 척신 중심으로 영위된 까닭 자체가 실상 중요한 의문으로 여겨져 사림계열의 경제적 동향의 一端에 관한 위 논고를 가진 다음, 이에 대한 더 직접적인 해답을 얻고자 척신류의 경제적 이해관계의 일면을 살필 수 있는 논제로서 이를 다루게 되었던 것이다.

16세기의 왕조사회는 다음에서 좀 더 자세히 언급하듯이, 14·15세기의 농업경제력 신장을 배경으로 상품유통이 발달하는 중요한 경제적 변화를 새로이 겪고 있었다. 국내시장뿐만 아니라, 국제교역까지도 크게 확대되는 그 변화 속에서 궁가, 권세가의 이익 추구는 상업 자체에도 촉각을 뻗치고 있었지만, 상업적 취리를 위한 현물 자본 확보로써 농업기반 확대의 충동을 크게 받아 대규모적인 간석지 개간에 나서고 있었던 것이다. 왕조 초기의 정비된 양반관료체제가 무너지고 권력이 훈신·척신 등의 특정한 부류에게 집중된 것은, 취익의 무한한 가능성이란 새로운 여건 아래 정치적 행위의 태반이 利權 쟁취에 집중된 결과로 파악되었다. 그리고 이에서 빚어지는 정치적 비리의 난맥을 규탄하면서 나름내로 세층석 이해관계를 표출한 것이 바로 지방 중소지주적 처지의 사림계열의 도전인 것으로 이해되었다.

위 논고를 통해 16세기 경제의 새로운 변화를 살피게 되면서 그동안의 경제사 연구가 이 시기 자체를 거의 외면하다시피 하고 있었으므로 提言 형태의 글을 쓸 필요성을 느꼈다. 〈16세기 韓國史의 이해 방향〉(《朝鮮學報》 110, 1984)은 바로 그러한 의도로 씌어진 것이다. 이 글은 당초 일본 朝鮮學會의 1983년도 年次大會(10월 2~3일 개최)에서 발표되어, 이듬해에 이 학회 회지에 日文으로 번역, 게재되었다(日文題名: 〈十六世紀の韓國史にたいする理解の方向〉, 平木實 교수 번역). 이러한 형태의 글을 쓸 필요성을 느끼고 있던 차에 이 학회로부터 발표 요청을 받아 응하게 되었던 것이다. 어떻든 이 글에서 강조한 것은 16세기의 조선왕조사회가 士禍와 같은 정치적 분란만을 거듭하면서 정체 속에 빠졌던 것이 아니라, 농업경제의 신장에 繼起하여 상품유통의 발달이라는 중요한 변화를 새로이 겪고 있었으며, 이 시기에 특징적으로 나타나는 정치적 분란도 단순한 권력싸움이 아니라 그러한 새로운 경제적 변화와 관련하여 조명되어야 할 문제라는 것 등이었다.

이 글에서 제시한 상품유통 발달의 가장 중요한 논거는 15세기 말엽에 농업의 선진지역인 下三道 지방에서부터 대두하기 시작하여 16세기 초반에 이미 전국화하는 지방장시였다. 상업발달이 물론 이전 시기에도 없었던 것은 아니나, 농촌사회를 배후로 하는 전국적인 상품유통망의 형성은 전혀 새로운 것으로서 이때에 처음 이루어진 것이었다. 종래 이러한 형태의 상업적 기반의 획득은 임진왜란 이후에 이루어졌을 것으로 막연히 추측되어 왔으나,

그 이전에 이미 농업발전의 계기적 성과로서 그것이 달성되었다는 것을 확인하게 된 것이다. 16세기에 형성되는 이 지방장시는 곧 후대의 5일장의 출발로서, 상품유통 발달에 대한 이러한 새로운 구명은 지금까지 조선시대 경제사 파악에서 임진왜란을 하나의 분기점으로 관례처럼 설정하던 것을 재고해 보게 하는 것이기도 하였다.

16세기 역사에 대한 이해를 위와 같이 새로이 하면서, 저자는 그것을 같은 시기의 중국 역사에서 관련 학계가 주목하고 있는 明末·淸初의 사회변동과도 비교해 볼 여지가 많다는 것을 느꼈다. 앞서 언급하였듯이 두 나라의 집약농업 실현상의 共時的 면모도 주목할 만한 것이지만, 그 다음 단계의 변화로서 상품유통의 발달도 거의 시기를 같이하여 달성하고 있는 것은 흥미로운 일이 아닐 수 없었다. 양자의 공통적인 면모는 전국적인 장시의 발달, 부역제도의 변질뿐만 아니라 정치적인 면에서도 읽을 수 있었다. 즉 새로운 재원의 분배문제를 둘러싼 정치적 알력으로 파악되고 있는 宦官과 東林黨의 대립은 우리의 척신계와 사림계의 그것을 거의 방불케 하는 것이었다.

위 논고를 쓰면서 저자가 더불어 가진 또 하나의 소감은, 앞으로의 연구에서 小農民層에 대한 관심을 아울러 좀 더 적극적으로 가져야 하겠다는 것이었다. 지금까지 나의 논고들에서는 농민층 문제가 거의 배제되다시피 하였다. 이에 대한 변명을 굳이 한다면, 그동안의 공부가 한 부면의 줄기를 잡는 데 급급한 탓이라고 하겠으나, 어떻든 그 동안의 考究의 결과로서 농촌사회를 배후로 하는 장시의 전국적인 형성이 일단 확인된 이상, 그 시장을 위한 상품생산의 한 주체로서 농민층의 문제를 그 변화의 전제인 집약농업 실현에서 그들의 구실과 함께 새로이 살펴야 할 필요성을 느끼게 되었다.

〈사림파의 향약보급운동 — 16세기의 경제변동과 관련하여〉(《韓國文化》 4, 1983. 12)는 그동안 오래 미루어 온 논제를 새로운 연구 성과에 힘입어 늦게서야 해결지은 것이다. 상품유통의 발달은 15세기 말엽에 이미 단초가 열리고 있었으므로, 돌이켜 보면 성종대의 유향소 복립운동에서도 그것에 대한 대응이란 일면이 없지 않았을 것 같다. 복립 주장자들이 사회질서 혼란의 한 요인으로 장시의 대두를 거론하였던 것이 관련 사실로서 기억된다. 그러나 이 복립 논의에서는 그것보다도 기존의 사회구조상의 비리에 대한 지적이 더 큰 비중을 차지한 것으로 보아, 그것이 아직 일차적인 문제는 되지 않았던 것 같다. 그런데 이로부터 30년이 지난 시점에서 펼쳐진 中宗代의 향약보급운동은 같은 사림계열에 따라 주도된 사회질서 재확립운동이면서도 쟁점과 방법에서 많은 차이를 보여, 상황의 변화를 느끼게 하였다. 전자에서는 어디까지나 사회안정의 중심기구로서 유향소가 거론되었던 반면에, 후자에서 취해진 향약은 향촌사회 구성원의 결속을 다지는 직접적인 방안으로서 강도를 훨씬 높이 한 것이었다. 이러한 방법상의 변개는 당시 경제변화의 빠른 진행으로 볼 때, 상품유통 발달의 충격으로 빚어지고 있는 농업인구의 유출, 감퇴를 의식한 것이라고 보지 않을 수 없었다. 이 운동의 추진자들이 이미 시장경제체제 속에 들어간 일반 농가의 안정을 위해 본업과 부업 신장에 대한 배려로서 수리시설의 확장과 양잠의 장려 등을 정책적으로 병행하여 내세운 것도 이전에 전혀 볼 수 없던 면모였다.

유향소 복립운동과 마찬가지로 향약보급 운동의 기본적인 목표는 중앙권 세가들의 지방사회에 대한 기존의 수탈구조를 파쇄시키려는 것이었다. 이 점은 곧 정치적 비리에 대한 근본적인 대응으로서 가장 중시해야 할 측면임에 틀림없다. 그러나 한편으로 그 구현의 사회적 기반 확립으로서 상업발달의 새로운 충격으로 동요를 겪고 있는 농촌사회를 다시 안정시키고자 위와 같은 구체적인 대책을 강구하고 있었다는 것 또한 결코 홀시할 수 없는 문제가 아닐 수 없다. 그것은 곧 조선조 유학의 상업적 분위기에 대한 대응의 경험을 뜻하는 것으로서, 사림파의 신유학, 성리학을 단순히 농업경제 일변도의 사상체계로만 인식하던 종래의 통념을 재고하게 한다. 조선조의 유학이 검약정신을 특별하게 중시하고 있는 것은 결국 그 본격적인 정착기에 이와 같이 상업적 분위기에 부닥쳐 경제와 도덕성의 관계를 절실하게 경험하면서 얻어진 것이라고 믿게 되었다.

16세기에 대한 나의 所論은 이 책에서 〈16세기 東아시아의 역사적 상황과

문화〉(《邊太燮博士華甲紀念史學論叢》, 1986)로서 일단 마무리된다. 이 글은 본래 제8회 退溪學國際學術會議(일본 筑波大學, 1985. 8)의 주관 측으로부터 退溪 李滉(1501~1570)이 살던 시대의 역사적 상황에 대한 발표 요청을 받아 쓰게 된 것이다. 16세기 동아시아사의 비교사적 검토의 필요성은 〈16세기 韓國史의 理解 방향〉을 쓰면서부터 가졌던 것이다, 막상 발표할 기회에 접하여 중국사와 일본사에 대한 지식의 빈곤으로 적지 않은 어려움을 겪어야 했다. 부족한 대로 기존의 연구성과들을 개괄적으로 살핀 결과, 중국사뿐만 아니라 일본사까지도 집약농업의 실현에서 상품유통의 발달로 이어지는 부분이 시기적으로 일치할 뿐 아니라, 내용적으로도 비슷한 점이 많다는 것을 확인할 수 있었다. 일본사에서 16세기는 곧 戰國時代로, 그「戰國」의 상황 자체가 중국의 宦官, 東林黨의 대립이나 조선의 士禍와 마찬가지로 새로운 경제변동에 따른 대·소 영주 사이의 알력으로 파악하고 있는 것이 일본학계의 동향이었다. 그리고 양국사의 연구에「民變」과「一揆」등의 일반 민중의 동요를 또한 모두 경제변동과 관련시켜 주목하고 있는 것도 우리 16세기 사회에서 임꺽정의 난을 비롯한 전국적인「賊亂」현상의 이해 방향에 시사하는 바가 많은 것으로 받아들여졌다.

내적 발전의 외연적 확대로서 국제교역에 대한 검토에서도 의외로 많은 소득을 얻었다. 중국의 견직물 수출과 은 수입을 축으로 하는 16세기 동아시아 교역체제의 세계사적 중요성은 이미 관련 학계가 지적하고 있는 사실로서 저자는 그동안에 우리 16세기사에서 확인할 수 있었던 사실들을 그것에 채워 넣으면서 그 교역체제에서 조선 경제가 차지하는 비중이 의외로 크다는 것을 확인할 수 있었다.

16세기 동아시아의 교역에서 조선이 차지하는 그러한 비중은 곧 그 내적 발전의 객관성을 보증하는 측면으로, 이에 대한 본격적인 연구가 앞으로 서둘러져야 할 것을 절실히 느꼈다. 16세기 동아시아 경제의 이러한 새로운 상황으로 볼 때, 임진왜란에 대한 이해도, 필자로서는「戰國」의 형세를 타개한 일본의 통일정권이 중국, 조선과의 무역에서 겪고 있는 열세를 일시에 만회코자 일으킨 전란이라는 일본학계 일각의 주장이 주목할 만한 것으로 받아들여졌다. 연구 현황 면에서 일본학계가 이 교역부면에 가장 많은 업적을 쌓고 있는 사실에 대해서도 우리로서는 주의를 기울여야 할 점이 적지 않다고 생각되었다. 그들의 연구가 일본의 비중을 부각시키려는 경향을 띠고 있는 것이 문제이기는 하나, 한편으로 생각하면 그것이 상대적으로 우리 쪽의 비중을 감하시키는 결과를 가져오고 있다 하더라도, 이 문제에 대한 우리 스스로의 전작이 없는 한, 그들의 허물로만 돌릴 수 없는 것이라고 느껴졌다. 전반적으로 일본사나 중국사가 서양 산업자본주의의 도래 이전의 내재적 발전의 검토에서 대상 시기를 모두 16세기부터 잡고 있는 것에 견주어, 우리의 이 방면의 연구가 지금까지 17·18세기에 치중한 나머지 16세기에 대한 연구를 거의 결여하다시피 하고 있는 것은 크게 재고되어야 할 점이라고 하지 않을 수 없다.

　이 책을 통하여 펴고자 하는 나의 주장은 이상의 논고들로써 일단 매듭지어진다. 나머지 제5편에 수록된 두개의 논고는 모두 벼농사에 관한 것으로서 내용적으로 위의 입론을 보좌하는 면도 있지만, 대상 시기를 17·18세기로까지 뻗친 논제들로서 부족하나마 앞으로의 연구를 전망하는 뜻이 있는 것이기도 하다.

　〈건경직파(乾耕直播) 稻作과 도휴(稻畦)·무종수전(畝種水田)〉(《史學研究》 36, 1983)은 앞의 〈畦田考〉에서 가진 「畦」에 대한 해석을 수정하면서, 우리 벼농사에서 乾耕直播法의 뿌리 깊은 전통의 一端을 살핀 小論이다. 요컨대 우리의 벼농사에서 移秧法으로의 이행경로는 그렇게 단순하지 않다는 것이 그 논지로, 후기 농업기술 이해에 참고가 되리라고 믿는다. 그리고 〈朝鮮時代 水牛·水車 보급 시도의 農業史的 의의〉(《千寬宇先生還歷紀念韓國史學論叢》, 1986)에서는 水牛·水車 두 가지의 보급 시도를 통하여 왕조 초기에서부터 正祖代까지의 벼농사 추이의 일면을 살펴보았다. 수우와 수차는 주지하듯이 중국 江南農法의 水稻作에서 널리 활용되던 것들로서, 조선조에서의 그 보급 시도는 모두 끝내 실패로 돌아가지만, 거듭된 시도 그 자체를 통하여 벼농사 진작의 방향을 잡아볼 수 있었다.

이 책에 수록한 논문들은 대체로 위와 같은 의도와 결과를 가지는 것들이나, 해설상의 의도에 견주어 정작 각 논문의 논증은 부족한 것이 많을 것으로 안다. 이러한 미비점은 앞으로의 공부를 통해 보완하여 해소시켜 나갈 것을 기약하면서, 끝으로 총괄적인 소감 몇 가지를 더 적어 이 책에서 갖추지 못한 것에 대한 변명의 기회로 삼는다.

사회구성 문제에서 향도 조직을 주목한 것은 나의 입론에서는 큰 비중을 차지하는 것임에도 사례의 제시나 기능면에 대한 검토가 매우 부족하였다.

특히 고려시대의 경우는 그것의 사회적 비중이 매우 클 것으로 짐작하면서도, 당초에 가진 한 금석문의 분석에서 더 이상 나가지 못하였다. 최근 고려 후·말기의 향도에 관한 새로운 금석문 자료를 통한 연구가 나오기도 하였으므로, 이를 참작하여 앞으로 고려사회의 가장 중요한 행사인 燃燈會, 八關會 등과의 관계만은 기회가 닿는 대로 밝혀 보고자 한다. 조선시대의 향도 문제도 사림계열의 사회운동에 치중한 나머지 소홀하게 다루어진 감이 없지 않아, 이것도 사료상의 제약이 예상되기는 하나 농민사회의 발전이란 시각에서 더 천착해 볼 여지가 많다고 생각한다.

농업기술 문제에서는 인구와의 관계가 중요하다는 점을 인식하면서도 이에 관해서는 한 편의 논고도 가지지 못하였다. 사회사 연구로서는 큰 결함이라고 하지 않을 수 없다. 16세기 상품유통의 발달에 관한 것도, 이 부분이 나의 입론에서는 결론에 해당하는 것이나 마찬가지이면서도 사실의 포착에 그친 채 구체적인 면에 대한 천착은 가지지 못한 셈이었다. 이 不備는 현재로서는 피할 수 없는 것이지만, 다른 연구자들의 적극적인 참여를 기대하면서 힘이 닿는 대로 앞으로 해소시켜 나가고자 한다.

해설을 마치면서도 책의 이름을 통시대적인 것으로 붙인 것에 대한 부담감은 끝내 가시지 않는다. 17세기 이후의 것으로 실은 두 편이 앞으로 연구의 징검돌이 될 수 있도록 노력하는 길밖에 없을 것 같다. 각 시대의 역사조건에 따라 성장을 거듭해 온 우리 사회의 전통적 기반이 근대적인 새로운 변신의 기회를 제대로 가져보지도 못한 채, 일제 아래서 침략의 整地 작업으로 작위적인 변개를 크게 강요당하였던 사실을 상기하면, 우리 역사의 바람직한 방향으로의 창출을 위해서나 바른 인식을 위해 이후 시기의 이 분야 연구가 더욱 서둘러져야 할 것을 절실히 느낀다.

Ⅰ. 휴한농법하의 사회구성

제1장 신라통일기의 촌락지배와 공연孔烟
—정창원正倉院 소장의 촌락문서 재검토

머리말

正倉院 발견의 신라 촌락문서는 통일기의 사회상태를 직접 반영하는 자료로서 주목되어 온 지 오래다. 그동안의 연구성과를 보면, 이 문서의 기본 성격과 관련하여 작성 연대의 추정에서부터 많은 논란이 있었다. 즉 문서에 반영된 토지 지배의 양식을 丁田制的인 것 또는 祿邑制的인 것 등으로 보는 데따라, 8세기 중엽, 9세기 초엽 및 중엽 등 상이한 연대 추정이 있었다.[1] 그리

---

1) 지금까지의 관계 연구들을 발표 年月順으로 정리하면서, 年代 推定에 대해 언급이 있는 것을 표시하면 아래와 같다.
   ① 野村忠夫, 〈正倉院より 發見された 新羅の 民政文書について〉, 《史學雜誌》62-4, 1954 : 景德王 16년(757, 丁酉)
   ② 李弘稙, 〈日本正倉院 發見의 新羅民政文書〉, 《學林》3, 1954; 《韓國古代史의 研究》, 1971 : 憲德王 7년(815, 乙未) 및 憲康王 元年(875, 乙未)
   ③ 田鳳德, 〈新羅의 律令攷〉, 《서울大論文集》4, 1956 : 憲德王 7년(815, 乙未)
   ④ 旗田巍, 〈新羅の 村落－正倉院にある 新羅村落文書の 研究－(Ⅰ)·(Ⅱ)〉, 《歷史學研究》226·227, 1958·1959; 《朝鮮中世社會史の 研究》: 景德王 14년(755, 乙未)
   ⑤ 崔吉成, 〈新羅における 自然村落制的均田制〉, 《歷史學研究》237, 1960 : 景德王 14년(755, 乙未)
   ⑥ 姜晋哲, 〈韓國土地制度史(上)〉, 《韓國文化史大系》Ⅱ, 1965 : 景德王 14년(755, 乙未)
   ⑦ 川副武胤, 〈新羅國官文書の 作帳年次について〉, 《歷史學研究》237, 1960 : 景德王 14년(756, 丙申)
   ⑧ 虎尾俊哉, 〈正倉院藏新羅國民政文書に 見える「計烟」の 算法について〉, 《歷史》45, 1974.
   ⑨ 明石一紀, 〈統一新羅の 村制について〉, 《日本歷史》322, 1975.
   ⑩ 木村誠, 〈新羅の 祿邑制と 村落構造〉, 《歷史學研究》別冊「世界史の 新局面と 歷史像

고 각 村마다 「計烟 몇 餘分 몇」으로 표기된 부분에 대한 해석도 중요한 관심사의 하나였다.2) 즉 그것이 課役의 기준일 것이라는 견지에서 대부분의 연구가 각기 나름대로의 풀이를 내놓았다.

지금까지 주목된 위와 같은 문제들이 이 문서의 성격을 이해하는 데 빼놓을 수 없는 것들임은 재론할 필요가 없다. 그런데 역시 촌별로 머리에 밝혀진 「孔烟」에 대한 검토가 소략했던 것은 지금까지 연구의 한 결함이었던 것 같다. 다 알다시피 이것은 각 村마다 「合孔烟 몇」이란 형식으로 표기되어, 이의 해석 여하에 따라 다른 모든 기재사항의 검토 결과가 달라지게 되어 있다. 따라서 이의 검토는 좀 더 신중히 다루어져야 할 것이다. 지금까지는 그것을 각 村의 自然戶의 수로 쉽게 단정한 감이 있다.

당초 孔烟을 自然戶가 아니라 單寒한 자연호 2~3개가 합쳐진, 課戶의 성격을 지니는 것으로 파악한 견해가 있었다.3) 그러나 이 孔烟 合戶說은 旗田巍의 〈新羅の村落—正倉院にある新羅村落文書の研究〉에서 그것이 자연호에 불과한 것으로 주장되면서 거의 관심 밖에 놓였다. 孔烟 自然戶說은 이 문서의 최초의 보고자인 野村忠夫에 따라 이미 제시된 것이기도 하지만, 이

の再檢討」, 1976.

⑪ 兼若逸之, 〈新羅古文書를 둘러싼 問題에 대하여—計烟計算 「基本數」 및 그 「分數化」를 비판함〉, 《韓國史研究》 14, 1976.

⑫ 武田幸男, 〈新羅の村落支配—正倉院所藏文書の追記をあぐって〉, 《朝鮮學報》 81, 1977 : 憲德王 7년(815, 乙未)

⑬ 金哲埈, 〈新羅의 村落과 農民生活〉, 《한국사》 3, 1978 : 憲德王 8년(816, 丙申) 및 憲康王 2년(876, 丙申)

⑭ 兼若逸之, 〈新羅 「均田成册」의 研究—이른바 民政(村落)文書의 分析을 중심으로〉 《韓國史研究》 23, 1979 : 景德王 14(755, 乙未) 외에도 북한 및 중공 측에서도 다음과 같은 연구들이 발표된 것으로 알려진다.

⑮ 朴時亨, 〈新羅帳籍의 研究〉, 《歷史科學》 1957-6호, 1957 : 景德王 8년(816, 丙申) 및 憲康王 2년(876, 丙申)

⑯ 吳章煥, 〈新羅帳籍으로부터 본 9세기 前後의 우리나라 社會經濟的 狀況에 관한 몇 가지 문제〉, 《歷史科學》 1958년-5호, 1958.

⑰ 韓吉彦, 〈論新羅國家的社會經濟構造的性質〉, 《歷史研究》 1957년-11호, 북경, 1957.

2) 註 1)의 연구들 가운데 ④⑤⑧⑨⑪⑭ 등이 計烟 문제를 직접 다루었다.

3) 이 견해로는 吳章煥의 앞의 글이 유일하다. 그러나 필자는 이 논고를 직접 접할 수 없어서, 武田幸男의 앞의 글을 통해 기본적인 견지를 아는 데 그쳤다.

旗田巍의 논고에서 비로소 체계화되어, 이후 대부분의 연구자들이 이를 따르게 되었다. 그런데 이와 같이 지금까지 自然戶說을 주도한 위치에 있는 위 논고의 당해 논증 부분은 의외로 소략하다. 즉「孔烟의 孔이란 문자가 본래 무엇을 의미하는가는 문제이지만, 나로서는 헤아려지지 않는다」고 전제하면서, 문서 가운데「孔」 또는「烟」이라는 표기가 孔烟의 약기처럼 쓰이고 있으므로 특별한 의미가 달리 있는 것이 아니라「普通戶」 곧 자연호에 지나지 않을 것이라고 하였다.[4]

최근에 이 문서에 대해 주목할 만한 분석을 새로이 내놓은 明石一紀는 기본적으로 旗田巍의 설을 따라「合孔烟 몇」을「村內의 合計戶數」라고 규정하면서도, 한편으로 計烟의 의미를 달리 추적하던 끝에「인위적인 烟 편성이 있었던」 것이 아닌가 하는 의문을 제시하여, 編戶의 존재 가능성을 비추기도 하였다.[5]그러나 이에서도 그 편호는 어디까지나 計烟에 관계되는 것으로 孔烟에는 직접 연결되지 않았다. 그리고 武田幸男의 경우는 孔烟 合戶說을 직접 비판하여 自然戶說을 재확인하기도 하였다.[6]

孔烟 自然戶說은 이와 같은 일반론이 되어가다시피 하고 있지만, 그 논거가 旗田巍의 것에 한정되어서는 취약성이 많다. 이 說을 취한다면 적어도 다음과 같은 조건들에 대한 설명은 더 보강되어야 할 줄로 안다. 즉 村을 이루는 戶의 數가 의외로 적은(8~15戶) 반면, 호당 口數는 높은 수치(8.3人~14.2人)를 보인다던가, 田·畓의 호당 평균치(〈表 1〉참조)가 또한 後代(朝鮮初)의 기준으로는 도저히 납득키 어려울 정도로 크다는 등이 그것이다. 호당 口數가 많은 것은 古代的 양상으로 풀이할 수 있을지 모르나, 田畓의 호당 평균치가 후대보다 큰 것은 어떤 형태로든 설명키 어려운 문제이다.

필자는 당초에 이 문서에 기재된 전답의 결수에 특별한 관심이 있었다. 즉

---

4) 旗田巍, 앞의 글,《朝鮮中世社會史の硏究》, p.426~427.
5) 明石一紀, 앞의 글, p.33.
6) 武田幸男, 앞의 글, p.223. 여기서 비판의 대상이 된 것은 물론 註 3)에서 밝힌 吳章煥의 것이다.

농업기술사적인 측면에서 이 시기에는 아직도 휴한법의 제약이 근본적으로 극복되지 못했을 것이라는 가정 아래 그 전답의 결수를 주목하였다.[7] 그러나 孔烟 自然戶說에 입각한 전답의 호당 평균치는 휴한법을 고려해도 감당키 어려울 정도로 큰 것이었다. 그래서 현재 거의 일반론이 되다시피 한 자연호설 자체를 의심케 되었고, 그에 따라 지금까지 자연호설의 관점에서 적절한 해석을 얻지 못하던 이두 표기의 몇 구절에 대한 풀이도 가능하게 되어 전면적인 재검토를 기하기에 이르렀다(村落文書의 全文은 본고 말미에 따로 붙임).

1. 孔烟 自然戶說의 문제점

孔烟 自然戶說은 우선 그에 따른 호당 평균 人數가 문서의 내용 가운데 실제적인 自然家戶로 확실시되는 몇 개의 移動 烟의 口數보다 훨씬 많다는 점에서 의문이 제기된다. 孔烟 自然戶說에 바탕을 둔 호당 평균 人數는 現勢의 총 人數를 孔烟의 수로 나누어 얻어지는 것으로, 그 값은 14.2人(A村), 8.3人(B村), 8.6人(C村), 10.6人(D村) 등으로 산출된다. 그런데 문서에 나타난 移動 烟의 實例는 어느 것도 合人數가 6人을 넘지 않고 있다. 그 예들을 적으면 다음과 같다.[8]

[자료 1]

　가) 乙未年烟見賜節公等前及白他郡中妻追移□敎合人五 以丁一小子一丁女一

　　　小女子一除母一(A村)

---

7) 이에 관해서는 李泰鎭, 〈畦田考－統一新羅·高麗時期의 水稻作法 類推〉, 《韓國學報》10, 1977; 이 책 제2장 수록 및 〈14·15세기 農業技術의 발달과 新興士族〉, 《第8回 東洋學學術會議講演鈔》, 1978; 이 책 제4장 수록 등에서 간략히 언급한 바 있다.

8) 본 문서의 내용은 지금까지 부분적으로 서로 다르게 판독된 경우도 없지 않았다. 필자는 兼若逸之, 앞의 〈新羅「均田成册」의 研究〉에 정리된 것이 현재로서는 가장 정확하다고 생각되어 본고에서는 거의 이를 따랐다.

　나) 三年間中加收內合人七 以列加人三 以丁一追女子一小女子一收坐內烟合人
　　　四 以助子一老公一丁女二(B村)

　다) 三年間中新收內合人七 以列收內 小女子一 收坐內烟合人六 以丁一追子一
　　　小子一丁女二 追女子一(C村)

　라) 甲午年壹月內省中及白 追以出去因白妻是子女子幷四 以丁女一小子三(D村)

이 문서에는 주지하듯이 「列加人」「列廻去人」이라고 하여, 개별적으로 (列)[9] 「더하거나(加)」「돌아가 버린(廻去)」人 단위의 이동이 적지 않게 보인다. 같은 인구이동이더라도 이 경우들은 잠시 미루어 두기로 한다. 그리고 烟 단위의 이동도 위의 것들 외에 몇 개의 예가 더 보이지만, 이는 자료의 성격상 孔烟의 문제를 직접 검토하는 데 더 적절하므로 함께 미루어 두기로 한다.[10] 단 이들의 경우도 그 구성 人數가 6인 이하인 것만은 미리 밝혀 둔다.

위의 사례 가운데, 가)와 라)는 감소, 나)와 다)는 증가에 관한 것이다. 즉 前式年 이후 當式年까지의 3년 사이에 있은 增·減의 변동을 밝힌 것이다. 그 가운데 가)와 라)는 모두 烟이라고 직접 밝히지 않았지만, 내용상으로 이동단위가 가족인 것이 분명히 드러난다. 가)부터 살피면, 乙未年에 烟을 조사할 때 公等에게 알리고 他郡에 있는 妻로 해서 追移去하게 되었다는 것이 그 내용으로서,[11] 이동의 人數는 5인(丁1, 小子1, 丁女1, 小子女1, 除母1)으로 밝혀져 있다. 이 이동 인구가 하나의 가족이란 것은 이동의 동기로나 구성관계로 보아 의심의 여지가 없다. 그러므로 他郡에 있는 妻를 합치면 이 가족의 성원은 6인이 되는 셈이다. 라)도 내용은 거의 비슷하다. 단지 그 이동이 「公等」이 직접 나와서 烟을 조사하는 式期(乙未年)에 한 해 앞서(甲午年)의 일이어서, 「內省」에 직접 가서 出去를 아뢴 것과 타 지역에 있는 것이 妻가 아니라 夫란 점 등이 다를 뿐이다.[12] 어떻든 이 경우에 옮겨간 妻와 자녀는 「丁女1,

---

9) 列을 「개별적」이란 뜻으로 보는 데 대해서는 현재 거의 이론이 없다.
10) 이 책, p.43~46 참조.
11) 이의 해석 근거는 註 25)에서 詳論함.

小子3」으로 표기되어, 타 지역에 있는 夫를 합치면 모두 5인이 된다.

다음, 증가분으로서 나) 다)를 살펴면, 이는 일단 3년 사이에 「加收한(內)」 合人數를 모두 먼저 밝히고, 그 내용을 다시 人의 이동으로서의 「列加人」 얼마, 그리고 烟의 이동으로서의 「收坐內(한)烟」의 合人 얼마란 표기 형식을 취하였다. 그 가운데 이동 烟으로서의 「收坐內人」의 合人數는 각각 4인(나), 6인(다) 등으로 밝혀졌다.

이상 네 개 이동 烟의 규모를 다시 종합하여 보면, 4인과 5인의 경우가 각 하나, 6인이 둘이다. 앞에서 미리 밝혀 두었듯이, 이 문서에 달리 또 보이는 두 개 이동 烟의 경우도 그 구성 人數는 각각 3인, 6인으로 되어 있다. 그렇다면 기재의 형식상 自然家戶로 명시된 사례는 모두 6인 이하의 규모가 되는 셈이며, 나아가 예시가 모두 이러한 이상 그것은 일반성을 그만큼 높이하는 것이라고 하겠다. 그리고 일반적인 규모가 이와 같이 6인 이하라면, 약간의 대가족의 家戶가 상정되더라도 전체의 평균치는 그 상한인 6인을 넘어서기 어려울 것이다. 이렇게 볼 때, 각 村의 전체 人數를 孔烟의 수로 나누어 얻어지는 값(8.3人~14.2人)은 실제적인 自然家戶의 평균 人數로 보기 어렵다고 하겠다.

孔烟 自然戶說은, 그 기준에서 산출되는 田·畓의 호당 평균 몫이 또한 지나치게 많은 것에도 의문이 제기된다. 이 기준에서 얻어지는 戶當 田·畓의 평균 結數는 다음 〈표 1〉과 같다.[13]

이 표에서 보이듯, 孔烟 自然戶說의 기준에서 얻어지는 호당 평균 몫은 C村이 15結 餘로서 가장 많고, D村이 가장 적은 경우로서도 10結 餘의 양을 보인다. 이러한 높은 양의 경지 보유상황은 상식적인 판단으로도 납득키 어렵지만, 문헌상으로 自然家戶의 경지 보유상황을 직접 알 수 있는 조선 초기의 경우와 비교하면 현격한 차이가 드러난다. 조선 초기의 경우, 「小民의 田

---

12) 이 부분에 대한 해석 근거는 註 26)에서 밝힘.
13) 여기서의 각 村의 田·畓 結數는 「烟受有」만의 것으로, 內視令畓, 官謨田·畓 등 특정 名目의 것은 제외하였다.

〈표 1〉 孔烟自然戶說에 따른 戶當 田畓量算出

村	孔烟數	田	畓	戶 當 結 數		
				田	畓	合
A	11	62結10負5束	94結02負4束	5結64負5束	8結54負7束	14結19負2束
B	15	119. 05. 8	59. 98. 2	7. 93. 7	3. 99. 8	11. 93. 5
C	(8)	58. 07. 1	68. 67. 0	(7. 35. 0)	(8. 58. 4)	(15. 93. 4)
D	10	76. 19. 0	25. 99. 0	7. 61. 9	2. 59. 9	10. 21. 8

은 1~2結에 불과한 것이 많고」,「10結 이상을 耕作하는 것은 모두 豪富의 民이며, 田 3~4結을 가진 자도 대개 또한 적다」[14]는 실정이다. 말하자면 문서에 나타난 통일기의 일반 가호의 경지 보유 상태는 조선 초기의「豪富의 民」의 그것에 해당하는 셈이다.

조선 초기와의 대비에서는 또한 結負의 단위 면적상의 차이도 고려하여야 한다. 즉 신라 통일기를 포함하여 고려 중기까지의 結負法은 중국의 頃畝法과 거의 일치하여 1結의 면적이 약 16,700坪 정도가 1結을 이룬 것으로 밝혀진다.[15] 이러한 차이를 고려한다면, 같은 10結이라도 통일기의 것은 조선 초기의 것보다 훨씬 더 큰 면적이므로, 對比上의 문제점은 더욱 심각해진다.

호당 전·답 평균치의 위와 같은 과다성은 일차적으로 농업기술적인 측면에서 검토해 볼 여지가 있다. 즉 이 시기에는 조선 초기와는 달리 아직도 휴한법의 제약을 극복치 못하여[16] 경지의 보유량이 많게 나타나는 것으로 볼 수 있다. 그러나 이를 고려하여 경지 가운데서「一易田」「再易田」이 차지하는 비중을 감안하더라도, 호당 평균 몫의 過多性이 해소되지 않는다는 데

---

14)《世宗實錄》卷 112, 世宗 28년 6월 甲寅條.「(集賢殿直提學李)季甸對曰……小民之田不過一二結者多矣 一二結所耕之地 盡被災傷而國家必徵其稅 則其民將以何物充賦稅 將以何物養父母妻子乎…」
　　《世宗實錄》卷 83, 世宗 20년 11월 庚子條.「……黃喜·許稠駁議啓曰 惟我國家昇平日久生齒日繁 田土別無加於古 故耕十結以上者 皆豪富之民 有田三四結者 盖亦少矣……」
15) 金容燮,〈高麗時期의 量田制〉,《東方學志》16, 1975, p.106.
16) 이 시기의 농업기술에 대해서는 이 책 p.49~50 및 p.54~55에서 좀 더 詳論함.

에 문제가 있다. 즉 문서에 기재된 모든 전·답을 2년 休閑의 「再易田」으로
보더라도, 각 戶의 연중 起耕地의 양(10~16結의 1/3)이 조선 초기에서 「대개
또한 적다」는 경우의 3~4結을 상회한다. 이러한 대비상의 齟齬로 볼 때, 호
당 평균치의 산출에 어떠한 잘못이 있는 것을 인정치 않을 수 없다. 즉 전·
답의 전체 結數는 고정된 것이므로, 그것을 나눈 合孔烟의 孔烟의 개념을 自
然戶로 규정한 데 문제가 있는 것이라고 하지 않을 수 없다. 사실 문서 자체
내의 문제로서 호당 평균치를 위와 같이 10~16結로 볼 때, 가장 豪富한 존재
일 村主의 位畓이 19結 70負로서 큰 차이가 나지 않는다는 것부터 납득키 어
려운 일이다.

　대체로 이상과 같은 두 가지 문제점, 즉 호당 口數와 田畓의 평균 몫이 모
두 과다하다는 점에서 종래의 孔烟 自然戶說은 전면적인 재검토가 요청된다.

2. 編戶로서의 孔烟

　孔烟의 검토에서 먼저 주목할 것은 村別 「合孔烟」의 수가 각기의 等級烟
의 合과 일치하는 사실이다. 이것은 기존의 연구들이 모두 지적하고 있는 것
이지만, 孔烟 이해의 기본적인 문제로서 논지 전개상 재언급이 불가피하다.
그것을 村別로 다시 정리하면 아래와 같다.

　　A村; 合孔烟⑪＝仲下烟④＋下上烟②＋下下烟⑤

　　B村; 合孔烟⑮＝仲下烟①＋下上烟②＋下仲烟⑤＋下下烟⑥＋「三年間中收坐
　　　　內烟」①

　　C村; 合孔烟α＋⑧＝α＋下仲烟①＋下下烟⑥＋「三年間中收坐內烟」①

　　D村; 合孔烟⑩＝下仲烟①＋下下烟⑨

　위의 정리에서 B·C兩村의 경우는 약간의 설명이 필요하다. 兩村에 각 1戶

씩으로 등재된 「三年間中收坐內烟」은 當式年에 새로이 파악된 것으로, 順次로서는 下下烟에 해당할 것이나 엄밀히 보아서는 아직 등급이 매겨지지 않은 대상 후보로 보는 것이 옳겠다. 이것들은 실상 [자료1]의 분석에서 살핀 당해 B·C 각 村의 이동 烟으로서의 「收坐內烟」과 관련이 있는 것으로 이에 대해서는 뒤에 다시 언급하기로 한다.[17] 그리고 C村 의 경우에서 α 란 기호를 사용한 것은 이 村의 경우만 合孔烟의 표시 부분을 비롯해 下仲烟 앞까지의 부분이 탈락되어 미지의 等級烟이 따로 있을 것에 대비하여서이다. 어떻든 나머지 세 경우로 볼 때, 孔烟의 수가 等級烟의 합과 일치한다는 것은 명백히 확인된다. 이에 따르면 孔烟은 결국 등급이 매겨진 烟이란 일차적인 이해 조건이 얻어지는 것으로, 단지 그 등급이 기왕의 說과 같이 自然戶를 그대로 대상으로 한 것인지, 編戶에 따른 것인지가 문제이다.

孔烟의 개념은 그 字意에서부터 추구되어야 할 것이다. 孔烟의 孔은 본래 「穴·小洞」(名詞), 「大空·深貌」(形容詞), 「甚表性態」(副詞) 등의 뜻을 가지는 漢字이다.[18] 名詞로는 「구멍」이란 뜻밖에 없으나, 형용사·부사로는 「크다」는 뜻에 근사한 의미가 있다. 따라서 漢字의 原意로도 孔烟은 단순한 自然家戶로서의 烟과 구별되는 뜻 즉 큰 烟이란 풀이를 가질 수 있다. 孔字의 우리 측의 古用例를 살피면, 고려 초기의 것으로 「承孔」이란 말이 다음과 같이 찾아진다.

[자료 2]

　가) 代下田 長卄七步方卄步 能召田 南東渠 西葛頸寺田 承孔伍佰肆拾 結得肆
　　　拾玖負肆束
　나) 同寺位同土犯南田 長拾玖步東三步 三方渠 西文達代 承孔百四 結得玖負伍束

이 자료는 주지하듯이 若木郡의 〈淨兜寺五層石塔造成形止記〉의 한 부분

---

17) 이 책, p.46~47 참조.
18) 高樹藩 編, 《正中形音義綜合大字典》, 1972, 孔字條 참조.

으로서, 同塔 조성 때(顯宗 22년, 1031)에 寄進된 두 필지의 田의 量田記에 해당하는 내용이다. 여기서 두 차례 보이는 「承孔」의 수치는 각기의 앞에 제시된 田의 長·方의 곱과 일치하니, 면적이 곧 그 뜻이 된다.[19] 굳이 풀이한다면 「이어서」(承) 「쌓은」 또는 「모은」(孔)이란 뜻이다. 그리고 조선 후기의 예로서 京師로 통하는 大道를 「孔道」[20]라고 한 것도 비슷한 용례이다. 즉 단순히 「큰길」을 의미하든가 小道가 「모인」 大道란 것이 이의 본뜻이다. 용례상으로 孔이 이와 같이 「쌓은」 「모은」 또는 「큰」이란 뜻으로 풀이된다면 孔烟은 字意에서부터 단순한 자연가호일 수 없다는 것이 확실하다.

　孔의 위와 같은 字意와 함께 주목할 것은 문서에 보이는 다음의 두 구절이다.

　　〔자료 3〕

　　　가) 乙未年烟見賜以彼上烟亡廻去孔一 以合人三 以丁一丁女二(B村)

　　　나) 乙未年烟見賜以彼上烟亡廻去孔一 以合人六 以丁二丁女二小女子二(D村)

　이 두 경우는 앞서 이동해 온 烟의 검토에서 보류해 두었던 것들로서, 이두식 표기에 일정한 정형성이 엿보인다. 이 두 구절에 대해서는 기왕의 연구들에서도 해석의 시도가 없지 않았다. 그러나 모두가 선명한 풀이를 하지 못하였던 것 같다.[21] 예를 들면 「他所로 도망 移去한 孔烟이 烟의 조사에 際하여 발견, 등록된 것을 나타낸다」[22]고 하여 大意만을 짐작하던가, 구절 가운

---

19) 이 자료에서의 承孔이 면적이란 것은 金容燮, 앞의 글, p.70에서 이미 지적된 적이 있었다. 단, 가)의 경우 長·方의 곱으로 바로 면적이 산출되나, 나)의 경우는 方의 부분이 「東」으로만 표시되어, 그 長과 東의 步數의 곱은 57(19步×3步)로서, 承孔 百四에 미치려면 倍數로 다시 곱하여야 한다. 그 곱의 결과도 114로서 104보다 10이 더 많아 일치하지 않지만, 이는 그 田의 형태가 四方形이 아닌 데서 오는 차이일 따름이다.

20) 李重煥,《擇里志》京畿道條 머리 부분에 「竹山南有九峯山 山回環可作山城 且據畿湖孔道中央」이라고 한 것이 그 좋은 예이다.

21) 이 문서에 대한 본격적인 분석을 처음으로 시도한 旗田巍, 앞의 논문에서는 이 구절들이 모두 해석이 잘 되지 않는다고 밝혔다.

22) 武田幸男, 앞의 글, p.224.

데 「彼上烟亡廻去孔」을 「올릴 烟이 없어졌으므로 국가 측에서는 給田對象
토지를 돌렸다」[23]고 풀이하는 경우도 있다. 둘 중 후자는 최근에 兼若逸之
에 의해 제시된 것으로, 그와 같은 특이한 해석은 孔 자체에 대한 특별한 견
해에 따른 것이다. 즉 그는 본 촌락문서 자체를 「均田成冊」으로 규정하는
처지에서 [자료2]의 承孔이 토지와 관련되는 것을 드러내어, 孔烟을 烟과 엄
밀히 구분하여 「均田을 급여 받은 烟」이라고 보면서 이와 같은 풀이를 내놓
았다.[24] 그러나 앞서 살폈듯이 [자료2]의 承孔은 어디까지나 田의 長·方을
곱한 면적의 뜻으로서 결코 토지 자체를 대상으로 하는 뜻일 수가 없다. 그
의 풀이는 균전제를 지나치게 의식한 감이 있다.

위 두 구절에 대한 해석에서 기본적으로 인식하여야 할 것은 문서 자체가
일반 행정에서 통용되는 것이므로, 그 내용이 결코 복잡하거나 난해한 것일
수 없다는 점이다. 이러한 전제 아래 현재까지 이루어진 吏讀의 판독 예에
의거하여 풀이를 하면, 다음과 같은 해석이 가능하다.

　　가) 乙未年에 烟을 볼 새(또는 보샤되) 그 上烟이 도망해 가버린 孔이 하나. 이
　　　　合人 셋(丁 1, 丁女 2)
　　나) 乙未年에 烟을 볼 새 그 上烟이 도망해 가버린 孔이 하나. 이 合人 여섯(丁
　　　　2, 丁女 2, 小女子 2)

위 해석의 근거를 좀 더 상론하면 다음과 같다. 먼저 「乙未年烟見賜」를
「乙未年에 烟을 볼 새」로 해석함에는 앞서 살핀 [자료 1]의 가)부분(乙未年
烟見賜節公等前及白他郡中妻追移…)이 참작된다. 이 부분의 대익는 앞에서도
밝혔지만, 다시 全文을 풀이하면 「乙未年에 烟을 보샨 지위 公等의 앞에 미
쳐 삶아(아뢰어) 他郡의 妻를 追移……」로 된다.[25] 이에 따르면 乙未年은 곧

---

23) 兼若逸之, 앞의 〈新羅「均田成冊」의 研究〉, p.99.
24) 兼若逸之, 위의 글.
25) 《吏讀資料選集》, 亞細亞文化社, 1975에 제시된 지금까지의 判讀 例에 따라 그 근거를

式年을 맞이하여 당해 관리(公等)가 각 村을 巡視한 해로서, 위 두 구절에서 「乙未年에 烟을 볼 새」도 그 순시자의 所爲인 것이 분명하다. 당해 관리의 巡視는 같은 [자료 1] 가운데 라)의 경우, 위 가)와 같은 상황이면서도 한 해 앞서인 甲午年의 일이어서, 移去 당사자가 「內省」에 직접 가서 出去를 아뢰고 있는 사실로서도 명백하다.26) 이러한 풀이에 잘못이 없다면 이 촌락문서의 작성 절차도 저절로 드러난다. 즉 A촌에 보이는 촌주와 같은 在地의 어떤 담당자가 式年 사이의 변동을 일차로 파악한 다음, 公等 즉 당해 관리가 다시 직접 순시하여 그것을 실재와 대조하여 확인함으로써 완결지워지는 것이라고 하겠다. 본 문서 가운데 줄기를 이루는, 前式年 이후 當式年까지의 내용은 곧 이러한 절차를 모두 거친 것이고, 그것에 덧붙여 追記된 부분은 在地의 담당자가 當式年 이후의 변동을 파악한 것이라고 하겠다.

어떻든 위 두 구절에서 公等이 확인한 것은 「그 上烟이 도망해 가버린 孔」의 상황으로서, 이 변동이 孔 자체의 消失이 아니라 그 일부인 「上烟」의 亡去란 점을 유의하여야 한다. 기왕에 시도된 해석들은 모두 自然戶說에 입각함으로써 孔과 烟의 이와 같은 구분을 가질 수 없어서 명료성을 얻지 못한 것이라고 하겠다. 즉 孔과 烟을 전적으로 동일시하여서는 그것이 전후로 되풀이되는 문맥을 바르게 이해할 수 없었던 것이다. 孔烟은 결국, 두 사례상에서 볼 때 亡去한 「上烟」외에 다른 烟 또는 人이 합쳐서 이루어진 것이 분명하다. 망거한 上烟은 그 人數가 각각 3인(가), 6인(나)으로 밝혀진 만큼, 앞서 살핀 다른 移動 烟과 같은 형태의 자연가호임이 확실하다. 上烟이란 명칭은

───────────

밝히면 다음과 같다. 먼저 覞은 「보다」「보이다」「나타나다」 등으로 해석되는데, 여기서는 「보다」를 택함이 무난하며, 賜는 「하샤」「하산」「샤」, 節은 「지위」로 읽어 「시절에」「즈음에」「때에」「指揮」 등의 뜻을 가지니, 烟見賜節의 부분은 곧 「烟을 보샨 지위」로 풀이된다. 그리고 다음의 及은 「及良」을 「밋처」로 해석하는 예에 따라 「미치다」로, 白은 平常의 예대로 「솗」의 소리로서 「말하다」「아뢰다」의 뜻으로 보아 及白의 부분은 「밋처 솗다」로 해석된다. 他郡中妻의 中은 이 문서의 모든 예가 「에」「의」로 읽힌다.

26) 이 구절의 해석도 대개 註 25)의 판독 예에 따라 가능하다. 즉 內省中及白은 「內省에 미처 솗아」로, 그리고 다음의 色△△追以出去因白은 「色△△을 따라서 나간」으로 해석된다. 出去因白의 因白은 어조사로서 「은」의 소리를 가진다.

編戶로서의 孔烟에서 가지는 중심적 구실을 나타내던가, 아니면 단순히 위치상의 조건(즉 웃집)을 뜻하는 데 불과할지도 모른다.

A村의 當式年 이후의 변동을 표시한 다음의 追記도 孔烟의 위와 같은 풀이를 뒷받침하는 예로서 주목된다.

〔자료 4〕
가) 合孔烟十⊖
　　　　　　七　追子一·小子一
나) 列廻去合人三　以丁二　小子一
　　　　　　　丁婢一　丁女一

여기서 ○표와 고딕체의 부분이 곧 當式年 이후의 변동을 표시한 追記이다. 그 의미를 풀면 孔烟이 본래 11이던 것이 10으로 하나 줄고(가), 列廻去人은 본래 丁2·小子1로서 3인이던 것이 當式年 이후에 丁婢1·丁子1·追子1·小子1 등 4인이 더 늘어 모두 7인이 되었다(나)는 것이다. 當式年 이후 같은 A村에서 일어난 이러한 변동사항은 서로 밀접히 연관되는 것이다. 즉 가)의 孔烟 감소의 원인으로서는 나)의 사실 외에 달리 찾아지는 것이 전혀 없다. 「死合人」쪽을 보더라도 當式年까지의 9인(丁1, 小子 3, 丁女 1, 小女子 1, 老母 3)에 除母 1인이 追記되고 있을 따름이다. 이러한 상호 관련성을 염두에 두면, 當式年까지의 列去人 3으로는 扶持되던 것이 그 뒤 列去人의 증가로 더 이상 지탱할 수 없게 된 결과라고 하겠다. 여기서 列去人·死去人 등이 하나의 孔烟을 이룰 수 있는 조건은 뒤에서 다시 검토할 기회가 있겠으나,[27] 하나의 가족이 아닌 列去人의 증가로 孔烟이 소멸하고 있는 사실은 孔烟 자체가 자연가호가 아니라는 것을 뒷받침하기에 충분하다.

孔烟 소멸의 예는 D村의 追記에서도 다음과 같이 하나 더 찾아진다.

---

27) 이 책, p.61~62 참조.

〔자료 5〕

孔亡廻一, 合人十一　　以丁二　助子一　小子二　丁女二
　　　　　　　　　　　　助女子一　追女子二　小女子一

여기서의 「孔亡廻一」은 곧 「孔이 亡廻한 것 하나」라는 뜻이다. 孔烟 하나의 완전한 소멸을 표시한 이 구절에서, 앞의 다른 예들과는 달리 烟이란 말이 전혀 쓰여지고 있지 않은 것은 주목할 점이다. 즉 앞의 A村의 경우와는 달리, 當式年 이후 孔烟의 구성원 전체가 한꺼번에 亡廻하여 이러한 표기가 있게 된 것이다. 따라서 이 경우는 그 표기 형식 자체가 孔烟과 烟 곧 일반 자연가호와의 차이를 말해 주는 좋은 예이다. 이 亡廻의 孔은 그 총 人數가 11인에 달하고 있는 점에서 이미 앞서 살핀 自然家戶로서의 이동 烟과의 차이를 보이기도 한다. 그리고 그 11인의 구성관계 즉 丁·丁女 각 2인에 딸린 助子·女, 追女, 小子·女 등의 배율로 볼 때도, 이는 결코 하나의 가족일 수 없다. 이 경우는 오히려 두 개의 가족으로 구성된 하나의 編戶 곧 孔烟일 가능성이 많다.

孔烟에 대한 이해를 대체로 이상과 같이 가지면서, 앞에서 미루어 둔 B·C 兩村의 「三年間中收坐內烟」의 문제를 끝으로 살피기로 한다. 「3년 사이에 들어앉은 烟」[28]이란 뜻의 이 표기는 앞에서 지적하였듯이 等級烟의 말미에 한 차례 제시된 다음, 각기의 當式年 현재의 烟·人의 內譯 가운데 다시 「收坐內烟 合人 몇」이란 되풀이된 표기가 있다(〔자료 1〕의 나·다). 이 두 차례의 표기는 孔烟 自然戶說에 입각한 종래의 연구에서는 같은 것의 반복으로 이해하였다. 그러나 孔烟을 自然戶와 구분하는 처지에서는 그 해석이 달라진다. 두 표기 가운데 후자는 앞에서 살폈듯이 이동 烟으로서 자연가호인 것이 분명하다. 그러나 전자는 같은 「收坐內烟」이라도 일단 等級烟의 표기난에 오른 것이므로, 어디까지나 等級烟 곧 孔烟의 하나로 보아야 한다. 즉 전자를 중심으로 한 것이라도, 그것에 다른 烟·人의 添合이 가해진 내용상의 변화

---

28) 三年間中의 中은 「에」로, 收坐內의 內는 「은」의 소리로 읽힌다.

〈표 2〉 當式年 현재 村別人口 增·減

	增			減			對 比
	出 生	加 收	合 計	死 亡	廻 去	合 計	
A	13	2	15	9	8	17	-2
B	6	7	13	?	3+α	3+α+?	?
C	5	7	12	4	4	7	+5
D	4	4	11	20	18	38	-27

가 전제되어야 한다. B·C 兩村에서의 이러한 새로운 孔烟 편성의 가능성은 當式年 현재의 각 村의 인구 증·감의 상황을 정리하여 보면 위의 〈表 2〉와 같다.

위 표에서 증가는 出生·加收, 감소는 死亡·廻去를 각각 내용으로 한다. 그런데 對比의 결과를 살피면, 孔烟의 새로운 上程이 없던 A·D村은 모두 분명히 감소의 人數가 더 많다. 반면에 上程이 있던 쪽은, B村의 경우 감소표기 가운데 死亡分과 廻去分의 일부가 탈락되어 대비가 사실상 불가능하나, C村은 분명히 증가의 人數가 우세하다. 탈락 부분의 내용을 알 수 없기는 하나, B村도 C村과 비슷한 추세였을 것은 追記로 나타나 있는 當式年 이후의 인구 감소 상황으로 보아 어느 정도 짐작할 수 있다. 當式年 이후의 각 村의 인구 감소 상태는 다음 〈표 3〉과 같다.

當式年 이후의 감소 人數는 村別 표기 전반부의 當式年 現勢 人數 부분에서 追記의 형식으로 일단 표시됨으로써, 문서의 하단이 탈락된 B村의 경우도 감

〈표 3〉 當式年 이후 村別 人口 감소

	減小合人	減 小 原 因
A	5	死亡 1, 亡去 4
B	1	?
C	3	死亡 2, 亡去 1
D	12	死亡 1, 亡去 11

소의 원인은 알 수 없으나 그 수는 일단 알 수 있다. 위의 정리에서 보듯이 當式年 이후에는 4개 村이 모두 감소의 추세를 보이고 있다. 그런데 當式年까지에서 증가 쪽이 우세했던 C촌에 견주어, 감소 쪽이 더 많았던 A·D 兩村은 같은 감소라도 그 정도가 훨씬 큰 것으로 나타난다. 이 문서에 반영된 인구변동의 상황은 최대한으로도 두 차례의 式年 기간 곧 6년 내에서의 것이다. 따라서 전·후의 변동은 대개 같은 추세 속에 있는 것이라고 보아도 큰 무리는 없다. 그렇다면 B·C村은 A·D村에 견주어 어떤 형태의 것이든 안정성이 더 높은 조건에 있는 것이라 할 수 있으며, 따라서 追記의 分 곧 當式年 이후의 감소가 1인에 지나지 않은 B村은 3인인 C촌과 마찬가지로, 앞의 當式年에서 증가의 分이 더 우세했다고 판단하여도 좋을 것이다. 이러한 분석에 따르면, 兩村에서의 새로운 孔烟 편성은 구체적인 내용은 헤아릴 수 없더라도 그 가능성은 충분히 인정된다고 하겠다.

  이상 몇 가지 문제를 통해 孔烟이 종래의 說과는 달리 자연호가 아니라 編戶라는 것을 논증하여 보았다. 그 편성의 기준은 뒤에서 「計烟」의 해석 문제와 함께 따로 검토하겠지만, 編戶로서의 孔烟은 반드시 烟만의 合構에 따른 것은 아니라는 사실은 유의할 점이다. 주지하듯이 이 문서에는 烟 단위가 아닌, 人의 개별적인 이동이 「列加人」「列去人」 등의 표기 형식으로 적지 않게 보이고 있다. 이러한 개별적인 人의 이동이 있는 한, 編戶가 결코 烟만에 따를 수 없다는 것은 자명한 일이다. 말하자면 어떤 기준에 따라 하나의 자연가호를 중심으로 다른 자연가호 또는 人을 채우는 것이 孔烟 편성의 방식으로서, 각 단위체의 合構 결과에 따라 다시 등급이 매겨지는 것이라고 이해된다.

3. 編戶說에 입각한 烟·人 및 田畓 結數의 검토

孔烟을 編戶로 보는 처지에서는 이 기준에서 다시 문서에 나타난 제반 사항을 검토해 볼 필요가 있다. 먼저 孔烟이 自然戶가 아니라면, 실제적인 자연가호의 수부터 추정해 보아야 할 것이다.

앞에서 우리는 6개의 이동 烟의 사례를 살폈다. 자연가호로서의 이 移動烟들의 口數는 3인·4인·5인의 경우가 각 하나, 6인이 셋이었다. 이에 근거하여 그 평균치 5人을 자연가호의 일반 평균 口數로 잡는다면, 각 村의 合人數를 이로써 나누어 자연가호의 수를 추정해 낼 수 있다. 그 산출은 다음과 같다.

> A村 ; 147人÷5=29.4戶
>
> B村 ; 125÷5=25
>
> C村 ; 72÷5=14.4
>
> D村 ; 118÷5=23.6

공연 자연가호의 기준에서는 공연의 수가 그대로 가호수가 되어(A촌－11호, B촌－15호, C촌－8호?, D촌－10호), 촌의 규모로서는 過小한 감을 주었다. 위에 새로이 산출된 각 村의 호수는 그러한 과소성을 해소시켜 준다는 점에서 일단 타당성이 어느 정도 부여될 수 있다. 이 수치는 호당 전·답의 평균치 검토로서 그 타당성이 보다 더 확고해진다. 각 촌의 烟受有 田·畓의 결수를 이 수치로 나누어 호당 평균치를 새로이 구해보면 〈표 4〉와 같다.

표 4에 산출된 각 촌의 호당 전·답의 평균 몫은 대체로 전·답을 합쳐 4~9결의 범위이다. 이는 공연 자연호설의 기준에서 얻어지던 결수(10~16결)에 비하면 과다성이 크게 해소된 것이다. C촌의 9결어가 깅세이기는 하나 나머지 4~7결 정도의 보유량은 휴한법의 전제 아래「一易田」「再易田」의 존재를 인정, 감안하면, 연작법 아래의 조선 초기「小民」의 가의 보유상태(1~2결)에 어느 정도 접근하는 것이 된다.

우리나라의 농업이 고려시기까지도 휴한법의 제약 아래 놓인 것은 다음의 몇 가지 기록을 통해 알 수 있다. 즉 고려 文宗 8년 3월 判의 田品 규정

<표 4> 孔烟編戶說에 따른 戶當田畓結數算出

村	戶 數	田	畓	戶 當 結 數		
				田	畓	合 計
A	29	62結10負5束	102結02負4束	2結17負6束	3結51負8束	5結69負6束
B	25	109 · 05 · 8	63 · 64 · 9	4 · 36 · 2	2 · 54 · 6	6 · 90 · 8
C	14	58 · 07 · 1	71 · 67 · 0	4 · 14 · 7	5 · 11 · 9	9 · 26 · 6
D	24	77 · 19 · 0	29 · 19 · 0	3 · 21 · 6	1 · 21 · 6	4 · 43 · 2

가운데 「凡田品 不易之地爲上 一易之地爲中 再易之地爲下」[29]라고 하여 연
작지인 「不易田」과 함께 「一易田」「再易田」의 존재가 들어지고 있다. 그
리고 忠烈王代에 중국 강남지방의 발달한 농업기술을 직접 눈으로 본 적이
있는 이제현이[30] 또한 「鴨綠以南 大抵皆山 肥膏不易之田 絶無而僅有也」[31]
라고 하여, 당대의 고려에서 아직도 不易 곧 연작법이 일반화하지 못한 사
정을 지적하고 있다. 고려 후기까지 사정이 이러한 반면에, 조선 초기의 농
업기술을 반영하는《農事直說》에서는 전적으로 연작법을 전제한 耕法이 소
개되어 있다. 이는 곧 고려 말 이래 남송문화의 우수성에 자극되어 새로이
얻어진 성과의 일환으로서, 앞서 지적한 조선 초의 結의 단위면적 축소란
것도 실상은 이러한 농업기술상의 발전으로 생산력이 향상됨에 따라 일어
난 변화였다.[32]

본 문서의 전·답이 연작법에 따른 것일 수 없다는 것은 정상적인 農耕 노
동력의 평균 몫의 검토를 통해서도 살필 수 있다. 먼저 丁·丁女(奴婢 포함)만
을 대상으로 하였을 때의 1인당 평균 몫은 다음 <표 5>와 같이 산출된다.

---

29)《高麗史》卷 78, 食貨 1 經理條.
30) 李齊賢·權漢功 등을 萬卷堂에 招置한 忠宣王은 忠肅王 6년에 元帝로부터 寶陀寺 行香을
   허락받아, 위 兩人을 帶同하여 江·浙 지방을 遊歷, 紀行文으로서《行錄》1卷을 짓기도 하
   였다. 金庠基,〈李益齋의 在元生涯에 對하여〉,《大東文化研究》1, 1964;《東方史論叢》, 1974
   참조.
31)《益齋亂藁》史贊 景王篇.
32) 나는 이 책 제4장의〈14·15세기 農業技術의 발달과 新興士族〉에서 이러한 농업기술
   상의 문제들을 다루었다.

〈표 5〉 村別 丁·丁女 1人當 田畓面積

	田·畓 結數	丁·丁女의 數	1人當 田·畓 몫	1人當 合몫
A村	田 62結 10負 5束 畓 102·02·4	丁 29 丁女 42 } 71	田 0.87 畓 1.43	2.30
B村	田 109·05·8 畓 68·64·9	丁 31 丁 45 加收丁女 3 } 76	田 1.30 畓 0.86	2.16
C村	田 58·07·1 畓 71·67·0	丁 18 丁女 14 加收丁 1 加收丁女 2 } 35	田 1.65 畓 2.04	3.69
D村	田 77·19·0 畓 29·12·0	丁 19 丁女 37 } 56	田 1.37 畓 0.52	1.89

위 표에 따르면, 丁·丁女의 1인당 몫은 전·답을 합하여 최소 1.89결, 최다 3.69결이 된다. 당시의 1결은 앞서 언급하였듯이 약 16,700평 정도이다. 그렇다면 1인당의 몫을 평균 2결로 잡더라도, 연간 할당량은 33,400평 종도가 된다. 이러한 넓은 땅의 경작은 현실적으로 거의 불가능한 일이다.

丁·丁女 외에 年齡級의 명칭으로 보아 助子·助女가 丁·丁女를 도울 수 있다고 보아, 1인당의 몫을 새로이 산출하여 보면 다음 〈표 6〉과 같다.

이 산출에 따라서도 1인당 몫은 큰 차이가 없다. 즉 최소 1.52결, 최다 3.24결로 조금 그 양이 줄어들기는 하나, 過多性이 크게 해소되는 것은 아니다.

1인당 경지의 過多性은 牛馬의 畜力이용이란 측면을 고려해 볼 수도 있다.

〈표 6〉 村別 丁·助 1人當 田畓面積

	田·畓 結數	丁·助의 數	1人當 田·畓 몫	1人當 合몫
A村	田 62結 10負 5束 畓 102·02·4	丁·丁女 71 助子·女 18 } 89	田 0.69 畓 1.15	1.84
B村	田 109·05·8 畓 68·64·9	丁·丁女 76 助子·女 9 } 85	田 1.28 畓 0.80	2.08
C村	田 58·07·1 畓 71·67·0	丁·丁女 35 助子·女 5 } 40	田 1.45 畓 1.79	3.24
D村	田 77·19·0 畓 29·12·0	丁·丁女 56 助子·女 14 } 70	田 1.10 畓 0.42	1.52

각 村의 牛·馬의 頭數는 아래 〈표 7〉과 같이 정리된다.

<표 7> 村別 牛馬頭數

	牛	馬	計
A村	22	25	47
B村	12	18	30
C村	11	8	19
D村	8	10	18
計	53	61	114

위의 표에 제시된 牛·馬의 合數와 〈표 5〉의 丁·丁女의 合人數를 대비하면, 114頭:238인으로서 약 1:2의 비율이 된다. 즉 2인이 1頭의 牛 또는 馬를 활용할 수 있다는 조건이다. 그런데 여기서 61頭의 馬까지도 과연 농경의 畜力으로 직접 이용된 것인지는 의문이다.[33] 우리의 농경 전통에서 馬를 직접 이용한 사례나 그에 대한 언급을 찾기 어렵기 때문이다. 明石一紀는 이 문서에 나타난 馬의 보유상태를 검토하면서 아래 〈별표 1〉과 같이 等級烟에 따른 일정한 비율을 추출해 내고 있다.[34]

표에서 보이듯 산출상의 총계와 실재의 수는 A·D 두 촌에서만 각 +1씩의 오차가 있을 따름이다. 이 정도의 오차는 산출의 기준 곧 烟의 등급에 따른 배율을 위협하는 것이라고 할 수 없다. 따라서 이에 근거하여 그 배당이

〈별표 1〉

	馬 數	A 村	B 村	C 村	D 村
仲 下	4	×4=16			
下 上	3	×2= 6	×1= 3		
下 仲	2		×2= 4	×1= 2	×1= 2
下 下	1	×4= 4	×11=11	×6= 6	×9= 9
총 계	—	26	18	8	11
實 在 數	—	25	18	8	10

---

33) 金容燮, 앞의 글, p.77에서는 1人當 耕地의 이러한 過多性을 畜力農耕이란 측면에서 해결하고자 하였다.

34) 明石一紀, 앞의 글, p.29.

「軍事·力役의 使用馬의 飼育」을 목적으로 하는 것이라는 그의 견해는[35] 설득력이 있는 것이라고 하겠다. 牛의 경우와는 달리, 일정한 배정기준을 보이는 馬의 보유상태는 그 자체가 곧 용도성의 차이를 뜻하기에 충분하다. 이렇게 볼 때 馬의 농경에의 직접적인 활용은 기대하기 어렵다.

다음, 전체 전답 가운데 「烟受有」 이외의 특정 명목의 것이 의외로 적은 점도 휴한법 문제와 관련하여 검토될 여지가 없지 않다. 우선 이들 특정 명목의 전답이 차지하는 비율을 산출해 보면 다음 〈표 8〉과 같다.

〈표 8〉 村別 특정명목 田畓比率

	總 結 數	烟受有 以外의 結數		百 分 比
A村	164結 12負 4束	8結 00負 0束	(官謨畓 4結 / 內視令畓 4結)	4.8(%)
B村	182 · 70 · 7	3 · 66 · 7	(官謨畓)	2.1
C村	129 · 74 · 1	3 · 00 · 0	(官謨畓)	2.3
D村	106 · 38 · 0	4 · 20 · 0	(官謨畓 3 · 20 · 0 / 官謨田 1 · 08 · 0)	3.7
合	582 · 95 · 2	18 · 86 · 7		3.2

표에서 보이듯 官謨田·畓, 內視令畓 등의 특정 명목의 토지는 모두 18結 86負 7束에 불과하다. 다 알다시피 본 문서에서 전·답은 이 명목 외에는 모두 일반 촌민 보유의 것으로 「烟受有 田·畓」이며, 그 가운데서 특별한 것으로는 「村主位畓」 19結 70負가 표시되었을 따름이다. 內視令畓 및 관모 전·답은 그 명칭으로 보아 특정한 官人 또는 官衙의 몫이라고 하겠는데, 전체에 차지하는 그 비율은 3.2%로 극소하다. 물론 이들 전·답이 村別로는 소량이더라도, 그 전체적인 집적은 클 것이 충분히 예상된다. 그러나 600결에 가까운 경지 가운데 관인 또는 관아 몫의 것이 20結에도 미치지 못한다는 것은 어느 모로나 납득이 가지 않는다. 특히 특정한 신분의 관인일 內視令의 畓이 일반 가호의 몫에도 미치지 못함(孔烟 自然戶說에서의 비교)은 이

---

35) 明石一紀, 위와 같음.

해하기 어려운 일이다. 이러한 문제점은 결국 농업기술적인 면에서 각 토지의 조건이 서로 다른 것으로 전제하여야 비로소 해결되어질 수 있다. 즉 특정 명목의 것은 租의 年年 징수가 전제되는 것이므로, 가장 좋은 조건의 不易田으로 간주하는 한편, 일반 烟受有의 것은 「一易」「再易」의 경우가 대부분이었다고 한다면, 前者의 結受上의 過少性은 어느 정도 납득되어질 수 있다.

휴한법은 대체로 施肥·除草·灌漑 등의 기술이 발달하면서 그 제약이 극복된다. 이들 각 부면의 발전은 상호 연관성 속에서 이루어지는 것이지만, 그 가운데서도 특히 施肥는 地力회복에 직결되는 문제로서 중요성이 크다. 중국의 경우 唐代까지는 대체로 「豆科綠肥」가 일반적인 시비법이었으나 이는 아직도 작물로서는 1년 休閑을 전제한 것이다. 연작을 가능하게 하는 것으로 畜糞法이 없지 않았으나, 이것은 양적 제약으로 소량의 경지에 한정되는 제약이 있었다. 宋代에 들어와 이른바 강남농법에서 人糞의 활용법이 강구되면서 施肥術은 일대 혁신을 맞게 되는 것으로 알려진다. 즉 그것은 효능 면에서 畜糞과 같으면서 양적 제약을 받지 않아 연작의 일반화를 가져오는 데 결정적인 계기가 된 것이다.[36)]

우리의 경우, 조선 초기의 《農事直說》의 施肥法은 전적으로 중국 강남농법의 그것과 궤를 같이하는 것으로 분석된다.[37)] 이 시기에서 확실시되는 連作法을 이러한 施肥 기술상의 변화와 관련지울 수 있다면, 一易田·再易田이 많던 그 이전의 시비기술은 唐代까지의 것에 비견하여도 좋을 것이다. 이러한 풀이가 용납된다면 村落文書에 보이는 馬의 배당도 施肥上의 문제와 관련하여 일정한 의미가 더 부여될 수 있을 것 같다. 즉 그것은 軍事·力役上의 목적뿐만 아니라 畜糞의 마련에도 의미가 있는 것으로, 그 사육 과정에서 얻어진 畜糞은 일차적으로 內視令畓, 官謨田·畓 등의 경작에 활용되었을 것으

---

36) 이상의 中國 施肥術에 관한 敍述은 西山武一, 〈熟糞考〉, 《マジマ的農法と農業社會》, 1969, p.100~102에 따름.

37) 이 책 제4장 〈14·15세기 農業技術의 발달과 新興士族〉, p.121~123 참조.

로 짐작된다.

4. 孔烟과 計烟의 관계

지금까지 공연을 편호로 보는 기준에서 문서에 기재된 여러 사항들을 검토하여 보았다. 그러면 이제 끝으로 공연의 편성 기준을 살펴야 할 차례가 되었다.

이 문제와 관련하여 먼저 주목되는 것은 合孔烟의 수 다음에 바로 뒤이어 표기된 「計烟 몇 余分 몇」이라고 한 부분이다. 각 村別의 것을 옮겨보면 다음과 같다.

[자료 6]

A村 ; 計烟四余分三

B村 ; 計烟四余分二

C村 ; 不明

D村 ; 計烟一余分五

이 부분에 대해서는 지금까지 해독방식에서부터 논란이 많았다. 즉 計烟이 「몇余分몇」이라고 읽는 견해가 있는가 하면, 計烟과 余分을 각각 별개의 것으로 나누어 보는 해석도 있었다. 이 문서에 대한 본격적인 분석을 처음 내놓은 旗田巍의 논고에서 전자의 견해가 제시된 이후, 崔吉成이 후자의 이론을 내놓아 논란이 있었다. 旗田巍의 논고에서는 다음 〈별표 2〉와 같은 산출방식으로 각 村別의 「몇余分몇」의 내역이 추정되었다.[38]

표에서 보듯이 이 산출에서 주목되는 것은 余分이 소수점 이하 자리의 표

---

38) 旗田巍, 앞의 글, p.427~428.

〈별표 2〉

戶　　等	基 本 數	Ａ　村	Ｂ　村	Ｃ　村	Ｄ　村
仲　　下	0.67	×4=2.68	×1=0.67		
下　　上	0.55	×2=1.10	×2=1.10		
下　　仲	0.33		×5=1.65	×1=0.33	×1=0.33
下　　下	0.13	×4=0.52	×6=0.78	×6=0.78	×9=1.17
計　　烟		4.3	4.2	(1.11)	1.5

시로 이해된 것과 등급 사이의 평가 차등으로서 基本數가 설정된 것 등이다. 특히 후자는 이 計烟 해석에 실마리가 된 것으로 주목되는 점이 많았다. 그러나 이 연구에서는 당초 기본수 자체에 대한 설명이 거의 없었을 뿐더러, Ａ촌의 것에서 「4.3」이란 수치를 맞추기 위해 仲下烟의 수 하나를 임의로 바꾼 것(5를 4로) 등이 흠이었다.[39] 한편 최길성은 그것을 「計烟的 力役負擔戶」와 「余分的 力役負擔戶」의 분립 체계로 이해하여 각기의 구성 비율은 村에 따라 다른 것으로 풀이하였다.[40]

兩論이 제시된 뒤, 旗田巍의 견해는 明石一紀에 따라 더 보충되기도 하였지만,[41] 현재로서는 兩論을 절충한 虎尾俊哉의 해석이 가장 주목할 만한 것으로 사료된다. 그의 견해는 다음 〈별표 3〉에서 집약적으로 읽을 수 있다.[42]

표에서 보듯이 그는 基本數를 분수화하였다. 각 등급 사이에 일정한 차등을 둔 분수는 下下烟의 1/6을 제외하고는 실상 旗田巍의 그것과 값이 같은 것이다. 이 분수화의 과정에는 旗田巍의 것도 물론 참작되었으나, 일본사에서 大半·半·小半 등의 戶等 구분법에서 착안케 되었다는 것이 그의 설명이다. 한편 최길성의 「余分的 力役負擔戶」를 참작하여, 각 촌의 하하연에서 여분의 수만큼의 호수(표 중 고딕체의 수치)를 일단 제외하였다. 이 제외된 하하연의

---

39) 이의 문제점은 兼若逸之, 앞의 〈新羅古文書를 둘러싼 問題에 대하여〉에서 이미 지적되었다.

40) 崔吉成, 앞의 글, 제2절 「二つの基本數」 참조.

41) 明石一紀, 앞의 글, p.30 참조. 兼若逸之는 위의 글에서 旗田巍의 해석과 함께 이 明石一紀의 것도 비판하면서 自說을 따로 제시하였다.

42) 虎尾俊哉, 앞의 글, p.52.

〈별표 3〉

戶等	基本數	A 村		B 村		C 村		D 村	
		孔 烟	計烟換算	孔 烟	計烟換算	孔 烟	計烟換算	孔 烟	計烟換算
仲下	$\frac{2}{3}$	4	$2\frac{2}{3}$	1	$\frac{2}{3}$				
下上	$\frac{1}{2}$	2	1	2	1				
下仲	$\frac{1}{3}$			5	$1\frac{2}{3}$	1	$\frac{1}{3}$	1	$\frac{1}{3}$
下下	$\frac{1}{6}$	$5\left\{\begin{matrix}2\\3\end{matrix}\right.$	$\frac{1}{3}$	$5\left\{\begin{matrix}4\\2\end{matrix}\right.$	$\frac{2}{3}$	$6\left\{\begin{matrix}4\\2\end{matrix}\right.$	$\frac{2}{3}$	$9\left\{\begin{matrix}4\\5\end{matrix}\right.$	$\frac{2}{3}$
$\left\{\begin{matrix}計烟算入分\\余分\end{matrix}\right.$									
收坐				1		1			
孔烟		11		15		8		10	
計烟			4		4		1		1
文書의 表現		計烟4 余分3		計烟4 余分2		不　　明		計烟1 余分5	

수를 곧 余分戶로 보고, 각 공연의 호수를 기본 수로 곱하여 합친 값이 각 촌의 計烟의 수치와 일치하는 산출을 얻었다.

虎尾俊哉의 위와 같은 계산법은 실로 정치하다. 그러나 이에서도 많은 문제점이 발견된다. 위와 같은 산출을 토대로, 그는 計烟과 여분의 관계를 D촌의 경우(計烟一余分五)를 예로 하여 다음과 같은 설명을 덧붙였다. 즉 이 촌에 하하연 1戶가 더해지면 여분은 곧 6이 되고, 여분 6은 計烟 1의 의미를 내포하여 전체적인 평가는 결국 「計烟二」가 될 것이라고 하였다.[43] 그의 해석은 이 부연 설명으로 기준을 완전히 상실하고 말았다. 표에서 그의 산출 기준으로는 여분의 하하연 여섯이 計烟 1의 평가를 받을 수 있는 소건은 어디에서도 찾아지지 않는다. 그의 설명대로 余分의 하하연 6으로서 計烟 1의 평가가 이루어진다면, 하하연에서의 計烟 산입분과 여분의 구분은 전혀 의미가 없다. 그렇다고 여분의 것 여섯으로 하나의 計烟算入分이 된다는 뜻도 결코 아

---

43) 虎尾俊哉, 위의 글, p.53.

니다. 말하자면 그의 해석은 계산적 방식에 지나치게 집착한 감이 많다. 사실 기본수의 설정에서 下仲烟 이상의 것은 大半·半·小半이라고 하여 나름대로의 설명이 있었다고 하겠으나, 그 기초라고 할 하하연의 것(1/6)에 대한 설명이 없었던 것부터가 문제였다.

計烟에 대한 지금까지의 연구의 일차적인 문제점은 역시 孔烟을 자연호로 보는 견지 그 자체이다. 공연은 사실 그 자체가 等級烟으로서 완결적인 것이기 때문에, 하하연이더라도 計烟算入分, 余分 몫과 같은 구분이 있을 수 없는 것이다. 공연을 編戶로 보는 견지에서 가능한 計烟에 대한 새로운 해석을 위해, 우선 다음 〈표 9〉를 제시하여 본다.

〈표 9〉 計烟算出內譯表

	基 本 數	A 村	B 村	C 村	D 村
仲　　上	6/6				
仲　　仲	5/6				
仲　　下	4/6	×4=16/8	×1=4/6		
下　　上	3/6	×2=6/6	×2=6/6		
下　　仲	2/6	×0=0	×5=10/6	×1=2/6	×1=2/6
下　　下	1/6	×5=5/6	×6=6/6	×6=6/6	×9=9/6
合　　　　計		27/6	26/6	8/6	11/6
몫……나머지		4…3	4…2	1…2	1…5
文書의 表記		四余分三	四余分二	(一余分二)	一余分五

먼저 기본수에 대한 설명부터 가지면, 여기서의 것도 앞의 虎尾俊哉의 경우와 마찬가지로 분수일뿐더러, 그 값도 실상 환산하면 같다. 그러나 그 설정의 기준은 전혀 다르다. 전자의 경우, 앞서 언급하였듯이 大半·半·小半의 의미로 2/3·1/2·1/3의 구분이 있었지만, 여기서는 戶等이 본래 명칭상으로 9等이나, 중상연을 1로 잡아 기준으로 삼고 이하 하하연에 이르기까지 6등급으로 나뉜 것이 된다. 따라서 중상연 위의 3등급(上下, 上仲, 上上)은 7/6, 8/6, 9/6이란 기본수를 가질 수 있으며, 중상연이 이와 같이 6/6으로 기준이 된 것은

編戶라도 현실적으로 이 이하의 것이 대부분이었기 때문이라고 이해할 수 있다. 어떻든 이와 같은 체계의 기본수로서 각 等級烟의 수를 곱한 결과는 문서 표기의 計烟의 수치와 일치한다. 단 그 결과의 표기 형식이 나눗셈을 한자리에서 그쳐 표현한 점에 유의할 필요가 있다. A촌을 예로 들면, 總集의 결과 27/6을 소숫점 이하 자리 값까지 구하면 4.5가 되겠으나, 나눔을 한 차례로 그치면 4 나머지 3으로서 문서의 計烟 표기「四余分三」과 일치한다. 이러한 산출 근거를 가지는「四余分三」의「余分三」은 그 자체로서 완결된 것으로서 어떠한 채움을 기다리는 것이 아니며, 計烟과 분리되어 별개의 의미를 가지는 것은 더욱 아니다. 말하자면 尺度에서「몇 尺 몇 分」과 같은 의미를 가지는 것이다.

計烟의 수치가 지니는 내역이 대체로 위와 같은 것이라면, 그것은 곧 각 村이 져야 할 부담의 기준이 되겠다. 그리고 計烟의 뜻을 이와 같이 풀면서 한 가지 주목되는 것은, 다른 기재사항과는 달리 이 計烟의 수치만은 현재의 문서 상태에서 전혀 追記, 수정의 대상이 되고 있지 않은 점이다. 주지하듯이 當式年 이후의 변동은 計烟 평가의 바탕인 공연의 수까지도 追記의 대상이 되고 있다. 그러나 그 바탕이 수정되면서도 計烟의 수치 자체는 일체의 변개가 없다. 이것은 곧 計烟의 산정이 追記者의 영역 밖의 일이라는 것을 의미한다. 즉 앞서 지적하였듯이 孔然의 변동까지는 在地의 담당자의 所管이나, 計烟의 평가는 그 변동 사실을 토대로 다른 차원에서 조정되는 것이었다고 하겠다. 計烟의 산정은 式年마다 이루어질 것으로 짐작할 수도 있겠으나, 본 문서 가운데 前式年 이후 當式年 사이의 변동사항으로서 B·C 兩村의「三年間中新收坐內烟」이 等級烟의 난에 올랐으면서도 計烟 평가에는 전혀 참작되지 않은 사실로 보면, 그 산정의 주기는 더 큰 폭을 두고 이루어지는 것으로 보아야 할 것 같다.

그러면 각 촌의 부담의 기준으로서의 計烟을 이해하는 데는, 그 평가의 기초가 되는 孔烟等級 규정의 기준은 무엇인가가 검토되어야 하겠다. 이에 대한 구체적인 견해로는 丁數基準說로서 明石一紀의 것이 주목되는 바, 그 요

지는 다음의 〈별표 4〉를 통해 읽을 수 있다.[44]

〈별표 4〉

等 級 烟	丁 數	A 村	B 村	C 村	D 村
仲 下	8	×4=32	×1=8		
下 上	7	×2=14	×2=14		
下 仲	6		×5=30	×1=6	×1=6
下 下	5以下	×4=20	×6=30	×6=30	×9=45
各村의 最大限 丁數		66	82	36	51
各村의 實質 丁數		65	69	32	50

여기서의 丁은 男丁과 女丁을 모두 합친 것이며, 각 등급 사이의 차이는 하하연을 5인으로 잡아 1인씩으로 두어졌다. 이러한 상정 아래 얻어진 각 村別 최대한 丁數는 B촌 하나를 제외하고는 실재의 丁男·丁女의 수에 크게 접근한다. B村의 실재 丁數가 13인이나 부족한 것에 대해서는 이 촌에만 특별히 보이는 「余子」 「法私」의 役과 관련시킨 설명이 따로 제시되었다.[45] 그러므로 이 견해는 일단 나름대로 체계를 갖춘 것이라고 할 수 있다. 그러나 하하연의 기준 丁數를 「5인 이하」라고 한 것이 문제이다. 위의 산출에서 하하연의 기준을 5인으로 바로 설정치 못하고, 그 이하라고 한 것은 문서에 나타난 移動 烟의 실례 가운데 丁數가 2~3인에 그치는 경우가 다수인 까닭이었다. 이 견해도 기본적으로 공연 자연호설에 바탕을 둔 것이므로, 그 移動烟과 공연을 구분할 수 없는 처지여서 위와 같은 처리를 할 수밖에 없었다. 그러면서 마침내 하하연의 경우에서만은 丁 5인을 채우기 위한 編戶의 가능성을 비추는 데까지 이르기도 하였다.[46] 하하연에서만의 編戶說은 어떻든 논리적 일관성의 상실을 뜻하며, 이러한 결과의 주된 원인은 孔烟에 대한 이해의 잘

---

44) 明石一紀, 앞의 글, p.25.
45) 明石一紀, 위의 글, p.26~28.
46) 明石一紀, 위의 글, p.32~33.

못에 있는 것이라고 하지 않을 수 없다. 위 표에서 각 촌의 실질 丁數에 접근한 丁數는 下下烟이 모두 5인이 채워졌다고 가정하여 얻어지는 것이다. 그러나 孔烟을 自然戶로 전제하여 移動 烟도 모두 孔烟이라고 한다면, 문서에 나타난 그 실례는 대부분이 男·女의 丁數 2~3인에 그치고 있다. 그렇다면 산출상의 丁數는 하하연의 경우 5인이 아니라 2인 또는 3인씩으로 곱하여져야 실제적이라고 할 수 있는데, 이렇게 되면 실재 丁數와의 오차의 폭은 위 표의 것보다 훨씬 커지게 된다. 3인씩으로 곱하였을 때를 예로 하여 보면, 그 결과는 다음과 같다.

〈표 10〉

	A 村	B 村	C 村	D 村
算出丁數	58	70	24	33
實在丁數	65	69	32	50
誤差	-7	+1	-8	-17

위와 같은 결과는 하하연에서만의 편호설을 불가피하게 하는 것이나, 그 자체가 실상은 논리적 일관성의 상실을 뜻하는 것이므로 받아들이기 어려운 것이다.

공연의 등급 기준의 이해도 실례를 통한 접근이 역시 바람직하다. 본 문서에는 다행히 인적 구성관계가 모두 명시된 孔烟의 사례가 하나 등재되어 있다. 즉 D村의 追記로 오른 「孔亡廻一 合人十一」의 경우가 바로 그것으로서, 이는 앞서 달리 분석하기도 하였지만, 그 구성관계를 다시 옮기면 다음과 같다.

丁 2, 丁女 2, 助子 1, 助女子 1, 追女子 2, 小女 2, 小女子 1

이 공연의 등급은 문서에 밝혀져 있지 않지만, 亡廻의 사실 자체로서 하하연이라고 규정하여도 무리가 없을 것 같다. 즉 여러 공연 가운데 일차적으로

流離하였다면, 가장 열약한 조건의 하하연이었을 가능성이 그만큼 높기 때문이다. 이렇게 보면, 이 공연의 丁數 곧 男丁 2, 女丁 2는 앞의 明石一紀의 기준에서도 5인 이하에 해당한다. 그러나 이에 만족하기 전에 丁·丁女 다음의 助子·助女子란 年齡級을 좀 더 유의해 볼 필요가 있다. 이 문서는 丁·丁女 아래 幼少層에 대한 年齡級의 파악을 세밀히 추구하고 있다. 즉 小·追·助 3등급의 파악이 바로 그것이다. 이러한 파악 형식은 丁·丁女에 이르는 과정 조사로는 필요 이상을 자세한 것이라 하지 않을 수 없다.[47] 오히려 이것은 그 범위 자체 안에서 필요성이 전제된 것이라고 봄이 더 순리적이다. 다시 말하면, 丁·丁女가 아니라 한 단계 아래의 助子·助女에 이르는 과정을 알기 위한 것이라고 봄이 더 타당하다. 이러한 이해와 함께 아울러 주목되는 것은 助子·助女子란 명칭 자체이다. 즉 「助」라고 한 이상, 이 年齡級은 이미 丁을 도울 수 있는 능력이 평가된 것이라고 하지 않을 수 없다. 이러한 견지에서 공연의 등급 규정에서 人數가 문제되었다면, 그 대상에는 丁뿐만 아니라 助의 연령급도 포함되었다고 보고 싶다.

이 새로운 기준에서 위 공연의 사례를 다시 검토하면, 당해 인원은 丁·丁女 4인에 助子 1인, 助女子 1인 등이 더하여 도합 6인이 된다. 그러면 이 공연이 하하연이란 전제 아래, 하하연의 기준 인원은 6인이라는 가정이 성립한다. 그리고 A촌에서 공연 1의 감소를 가져온 인적 내용을 검토한 적이 있는데,[48] 이 경우도 위 공연과 같은 조건이 찾아진다. 즉 「列回去合人」7인의 내용 만에서는 丁 2, 丁女 1, 丁婢 1 등 도합 4인만이 추출되나, 「死合人」쪽까지 함께 고려하면 丁 1, 丁女 1 등이 더하여져 역시 6인이 된다. 이와 같이 丁·助의 수 6인을 하하연의 기준수로 잡고, 한 등급에 1인씩의 차등을 두어 想定 算出數와 실재의 人數를 비교하여 보면 아래 〈표 11〉과 같다.

---

47) 明石一紀는 위의 글 p.27~28에서 幼少層의 細分 파악을 花郞制度와 관련시켜 설명을 시도하였다. 즉 B村에만 보이는 余子·法私의 役을 곧 花郞制와 관련하는 것으로 보고, 幼少層의 年齡級 파악의 필요성을 이에서 찾고자 하였다.

48) 이 책, p.45 참조.

〈표 11〉 丁·助合計에 따른 等級烟別 구성원 비교표

	A 村	B 村	C 村	D 村
仲　下　烟	4烟×9人=36	1烟×9人= 9		
下　上　烟	2 ×8 　=16	2 ×8 　=16		
下　仲　烟		5 ×7 　=35	1烟×7人= 7	1烟×7人= 7
下　下　烟	5 ×6 　=30	7 ×6 　=42	7 ×6 　=42	9 ×6 　=54
合	82	102	49	61
實在의 丁·助의 數	89	89	41	72
차이	+7	-13	-8	+11

위 표에 나타난 산출인수와 실재인수와의 오차의 폭은 결코 작은 것이 아니다. 그러나 이의 부당성을 지적하기 전에, 등급 평가에 참작될 만한 다른 기준의 유무를 생각해볼 필요가 있다. 즉 그것이 부담 능력의 기준이라면, 비단 인력만이 아니라 다른 경제적 여건도 함께 고려되었을 여지가 있기 때문이다. 이러한 관점에서 각 촌의 전답 보유의 조건은 고려의 대상이 되어도 좋을 것 같다. 각 촌의 호당 전·답의 결수는 앞서 자연호설, 편호설 두 가지 기준에서 모두 검토하였다. 양자의 결과를 종합하여 다시 옮기면 다음 〈표 12〉와 같다.

4개 촌 가운데, A촌과 B촌은 각기 약간의 특수성이 개재되어 있다. 즉 전자는 촌주의 거주지로 되어 있고, 후자는 「余子」「法私」 등의 특수한 役이

〈표 12〉 村別 田畓結數 재정리표

	[가]			[나]		
	田	畓	合 計	田	畓	合 計
A 村	結 負 束 5·64·5	結 負 束 8·54·7	結 負 束 14·19·2	結 負 束 2·17·6	結 負 束 3·51·8	結 負 束 5·69·6
B 村	7·93·7	3·99·8	11·93·8	4·36·2	2·54·6	6·90·8
C 村	(7·35·0)	(8·58·4)	(15·93·4)	4·14·7	5·11·9	9·26·6
D 村	7·61·9	2·59·9	10·21·8	3·21·6	1·21·6	4·23·2

　※ [가] 自然戶說의 경우　　[나] 編戶說의 경우

부과되어 있다. 그러므로 이들에 대한 검토는 잠시 미루어 두고, 나머지 두 촌을 먼저 비교해 보기로 한다. 〈표 11〉에 따르면 C촌은 실제의 인원이 8이나 부족한 반면, D촌은 11인이나 더 많은 조건으로 나타났다. 그런데 위 〈표 12〉의 전·답의 조건은 C촌이 D촌보다 훨씬 유리하다. 즉 호당 결수가 D촌에 견주어 배에 가까울뿐더러, 전·답 사이의 비율도 D촌이 田을 많이 가진 반면 C촌은 畓이 훨씬 많다. 이러한 대비는 공연의 등급 평가에서 助·丁의 수와 전·답의 보유조건이 함수관계로 참작된 것을 상정케 한다.

B촌의 전·답 보유조건은 4개 촌 가운데 중간적 위치이다. 따라서 실재의 人數가 13人이나 부족한 상태는 앞의 明石一紀의 해석과 마찬가지로 이 촌에만 특별히 부과된 「余子」「法私」의 役과 관련시켜 이해하지 않을 수 없다. 즉 이 역 자체는 본래 일반 지방행정 체계와는 별도의 것이어서, 그 대상이 본 문서가 추구하는 村政의 체계에서는 제외된 것으로 보여진다. 다시 말하면 等級烟마다 책정된 이 특수역의 이행 助·丁의 수(等級烟이 14개이므로 곧 14인)는 처음부터 본 문서 現勢 人數 파악에서 제외된 것이었다.[49] 부족한 인원(13인)이 그 役의 수(14)와 거의 일치하고 있는 것도 결코 우연이 아닌 것 같다.

다음, 촌주의 거주지인 A촌의 경우는 공연의 편성에서 여러 가지로 유리한 조건을 누린 것이 엿보인다. 우선 전·답의 보유 조건이 결코 나쁘지 않으면서도, 助·丁의 실제 수가 7인이나 더 많은 점이 그러하다. 이를 D촌과 비교하면, A촌은 호당 결수로나 전·답의 비율에서 어느 쪽으로든 D촌보다 유리하면서도 실제의 助·丁의 수는 4인의 차이(D촌+11, A촌+7)밖에 나지 않

---

49) 註 47)에서 밝혔듯이 明石一紀는 이 役을 花郎制度와 연관시켰으나, 필자는 오히려 村落을 기초로 하는 부대로서의 法幢의 役과 관련시킨 본래의 여러 견해가 역시 타당한 것으로 본다(井上秀雄,〈新羅軍制考 下〉,《朝鮮學報》12, 1958, p.141~148; 旗田巍, 앞의 논문, p.33; 李基白,〈永川 菁堤碑 貞元修治記의 考察〉,《新羅政治社會史研究》, 1969, p. 293~294). 이 견해들에 따르면 法幢은 中央軍役의 체계에 드는 것으로, 地方의 村政體系에서는 제외된다. B村의 「法私」「余子」 등의 특수役이 이렇게 해석되면, 幼少層의 세분된 年齡級 파악도 花郎制와는 무관한 것으로 보아야 할 것이다.

는다. A촌은 자연호설과 편호설에 따라 그 호당 전·답의 결수가 현저한 차이를 보이게 되는 것이 다른 촌과 구별되는 특이점이기도 하다. 즉 자연호설에 따랐을 때([가]) 그 순위가 C촌 다음인 반면, 편호설의 기준([나])에서는 C, B촌 다음으로 떨어진다. [가]는 곧 공연 단위의 호당 결수이므로, 그것은 곧 이 촌이 타촌에 견주어 공연으로의 편성에서 그만큼 더 유리하였던 것을 의미하게 된다. 촌주 거주지의 이러한 優別은 통계적 파악에서는 齟齬가 생기지만, 실제적 이해에서는 그 자체가 설득력을 그만큼 더 가지는 것이라고 하겠다.

이상의 검토에 따르면, 공연은 결국 助·丁의 수를 일차적으로 기준하되, 부담 능력이 다른 일면으로서의 경제적 조건이 함께 참작되어, 그 등급이 규정된 것이라고 하겠다. 고려시기의 경우, 문헌상으로 戶等制가 人丁의 다과에 따른 것으로 알려지나,[50] 통일기의 신라에의 영향이 충분히 고려될 수 있는 唐制의 경우는 자산의 정도에 따른 것으로 되어 있기도 하므로,[51] 위와 같은 해석은 결코 불가능한 것이 아니다. 어떻든 위와 같은 내용으로 풀이되는 공연의 등급은 곧 각 촌에 부과되는 모든 부담의 이행 기준으로 활용되었을 것이 분명하다. 즉 촌 자체의 부담은 각 공연 간의 분배는 각기의 등급에 따른 것으로 이해된다.

각 촌의 等級烟 곧 공연이 져야 할 부담은 본 문서에서 대체로 다음과 같이 파악된다. 즉 官謨田·畓, 內視令畓 등의 경작을 위한 인력 동원, 貢物의 성격을 띠는 麻田·桑田 및 栢子木·秋子木 등의 경영을 위한 인력 동원, 그리고 馬의 사육 등이 그것이다. 이것들은 租·庸·調의 체계에서 모두 租·庸에 해당하는 것이다. 그런데 이 문서가 村政에 관한 것으로서 상밀성을 다하면서도, 租나 稅에 관한 사항을 전혀 보이지 않고 있는 것은 하나의 의문점이 아닐 수 없다. 租稅의 공인 규정 자체는 이 문서에 직접 오를 것이 아니라

---

50) 《高麗史》 卷 84, 刑法 1 戶婚條. 「編戶 以人丁多寡 分爲九等 定其賦役」
51) 《唐六典》 「凡天下之戶 量其資産 定爲九等」

하더라도, 각 촌의 田品에 관한 사항은 있어야 할 것이다. 비단 이 문서에서
뿐만 아니라, 사서를 통해서도 현재까지 통일신라기의 田品 또는 조세에 관
한 규정은 전혀 얻어지지 않고 있다. 이러한 실정에서 村政에 관한 이 문서
에서조차 관계 사항이 찾아지지 않은 점을 유의하면, 그것을 전적으로 사료
의 煙滅에 따른 것으로만 돌릴 수도 없을 것 같다. 오히려 여기서 가정해 볼
만한 것은 孔烟 의 등급 및 그것에 기초한 計烟의 수치가 실상 租·庸·調 전
반에 적용되는 것이 아닌가 하는 점이다.

본고에서 주장하는 바와 같이, 농업기술이 아직도 휴한법의 제약 아래 놓
인 상태에서는 전품 자체의 분화가 심하지 않아, 租의 징수 단위 인력에 기
준하는 데 그칠 수도 있다. 즉 대상 경지가 전 또는 답인 것에 따른 우열은
있을 수 있으나, 같은 類의 경지에서는 생산량이 인력의 수에 대체로 비례하
기 마련이다. 이러한 관점에서 새롭게 주목되는 것은 같은 正倉院에서 발견
된 다른 한 신라문서로서 이른바「佐波理加盤付屬文書」의 내용이다.

이 문서는 물론 우리가 살펴온 촌락문서와 직접적인 관계가 있는 것은 아
니다. 그러나 같은 통일기의 것으로 촌락문서의 4개 촌과 같은 단위의 「巴
川村」을 비롯한 수개 촌의 納上物에 관한 장부로서 상관성이 전혀 없는 것
은 아니다.52) 상급 기관이 巴川村 등 수개 촌으로부터 접수한 납상물을 살피
면「馬膺」「犭(猪)」「犭尾」등의 動物類品, 그리고 농작물로서「丑」「矢」
등의 특산물 및 일반의「上米」「米」「大豆」등으로 분류된다. 이 가운데
動物類品과 作物 속의 丑·矢 등은 貢物類로 볼 수 있으나, 上米·米·大豆 등
은 분명히 租稅의 체계에 들어야 할 物種이다. 그런데도 그 기재의 방식은
村別 集計에 그치고, 그것들을 서로 구분코자 하는 의도가 전혀 나타나지 않
는다. 뿐더러 巴川村 의 경우, 上米·米·大豆 등의 納上日이 작물의 수확기와
는 거리가 있는 正月一日, 二月一日, 三月一日 등으로 기재되어 있다. 이 점

---

52) 이하의 서술은 鈴木靖民,〈正倉院佐波理加盤附屬文書の解讀〉,《古代東アジア史論集》
上, 末松保和博士古稀紀念會 編, 1978에 주로 의거함.

은 그것이 조세일까를 의심케도 하지만, 한편 그 定期性으로 보면 특정한 행사를 목적한 일시적인 징수로 간주하기도 어렵다. 이 접수장부의 이상과 같은 조건에 대한 특별한 설명이 달리 강구되지 않는다면, 이것을 촌락문서의 計烟의 수치에 따라 부과 징수되는 것이어서, 그 접수 상황이 租稅·貢物 類가 혼재된 형태로 나타나는 것은 아닐까 한다.

공연의 등급과 그것에 기초하는 計烟에 대한 이해를 이상과 같이 가지면, 그것이 지니는 역사적 성격은 자못 주목할 점이 있게 된다. 편호로서의 공연은 형태적으로 고려시기에 養戶로서 부분적으로 확인되고,[53] 조선조에서 일반적인 것으로 파악되는 軍戶에 비견된다. 이를 바꾸어 말하면, 신라 통일기에서 조·용·조의 전 체계에 일괄적으로 적용되던 編戶的 지배방식이, 후대로 내려오면서 庸의 일환인 軍役체계에서만 뚜렷이 존재하게 된다는 말이 된다.[54] 이러한 변천을 확언하기에는 물론 아직도 확증되어야 할 점들이 많

---

53) 高麗時期의 養戶에 관한 기록으로는 다음의 것이 대표적이다. 「近來州縣官 祗以宮院朝家田 令人耕種 其軍人田 雖膏腴之壤 不用心勤稼 亦不令養戶輸粮 因此軍人飢寒逃散 自今先以軍人田 各定佃戶 勤稼輸粮之事 所司委曲奏裁」(《高麗史》 卷 79, 食貨 2 農桑 睿宗 3년 2월 制) 이 記事를 중심으로 한 養戶에 대한 해석은 종래 두 가지가 있었다. 즉 高麗의 軍制 자체를 府兵制로 보아, 하나의 軍戶가 正丁戶와 養戶로 구성되었다는 견해(姜晉哲,〈高麗初期의 軍人田〉,《淑明大論文集》 3, 1963), 그리고 中央軍(2軍 6衛)은 軍班氏族을 중심으로 하여 選軍에 의해 유지되었다는 전제 아래, 養戶는 본래 이들이 中央軍에만 配定되는 것이되, 하나의 編戶的 구성관계를 가지는 것이기보다, 中央軍 각기의 軍人田을 耕作할 者로서 본래 國家가 따로 配定한 존재이다가, 睿宗代에 와서 軍班氏族에 대한 국가적 보장책의 弛緩으로 軍人 자신이 佃戶를 택정하는 상황으로 변천하는 것이라는 견해(李基白,〈高麗軍役考〉,《高麗兵制史硏究》, 1968, p.150~151) 등이 그것이다. 위 두 가지 견해 가운데, 필자는 後者의 것이 더 時代的 단계성을 부각하는 것이라고 본다. 前者의 경우, 그것은 거의 朝鮮時代 軍戶制와 차이가 없는 것으로, 농업경제의 기반 자체에 차이가 있는 것으로 보는 본고의 처지에서는, 그것을 바로 받아들이기 어렵다. 後者에서 주장되는 바와 같이, 高麗 초기에서 軍人과 養戶가 별개로 존재하는 것은 村落文書에서 「法私」「余子」의 中央軍役이 村政과 별개의 체계를 가지는 것과 계승적 관계가 엿보이는 한편, 그것이 다시 중기에서 軍人 자신에 따른 佃戶의 택정으로 변하였다는 것은 사회경제적 여건의 변화로 보인다.

54) 村落文書에 나타나는 것으로는, 統一期 에서도 庸의 체계는 中央軍役이 별도로 파악되고 있는 한, 軍役과 徭役의 分化가 일어났다고 보아야 한다. 그리고 이에 따라 조선시대의 皆兵制下의 軍戶는 같은 編戶라도 반드시 統一期의 孔烟과 같은 성격의 계승적 관계에 있는 것이라고 할 수 없다. 오히려 그것은 「法私」「余子」의 役 및 고려시기의 中央軍人과 養戶의 관계 등이 확대된 형태라고 봄이 마땅하다. 같은 編戶이면서도 조

다. 시기적으로 과도기에 해당할 고려시기의 경우는 租·庸·調의 체계가 불
명한 점이 많고, 또 분야별로는 調의 경우, 조선조에서조차 그것이 과연 자연
호 단위의 부과로 완전히 전환하였는지 명확치 않다. 그러나 조세의 경우, 조
선조에서 제도상으로 자연호 단위로 전환된 것이 확실하게 드러난다. 이러
한 지배방식의 변화는 궁극적으로 농업기술의 발전에 따라, 단위면적의 생
산력의 향상을 수반하는 자연가호 단위의 집약농업의 실현에 따른 것으로
보아야 할 것이다. 앞에서 여러 차례 언급하였듯이, 통일기의 농업기술이 아
직도 휴한법의 제약 아래 놓인 것이라면, 생산력의 면에서 자연가호 단위의
경제는 자체의 생계와 국가에 대한 부담을 동시에 수행하기 어려운 조건이
라고 하지 않을 수 없다. 編戶的 지배방식의 역사적 불가피성은 바로 여기에
있는 것이라고 하겠다.

맺음말

　지금까지 신라 촌락문서를 기왕의 연구들과는 달리 공연을 편호로 보는
처지에서 전면적인 재검토를 가져보았다. 이에서 얻어진 성과를 간추리면서
몇 가지 添言을 붙여 결론을 대신하기로 한다.
　공연을 편호로 보는 견지에서는 우선, 문서의 내용 가운데 지금까지 해석
이 불명하던 이두식 표기의 구절들이 모두 풀릴 수 있었다. 바꾸어 말하면
이 해석을 통해 孔烟이 편호라는 확신을 좀 더 확고히 할 수 있었다. 공연이
이와 같이 편호로 규정됨에 따라, 문서의 내용 분석을 위해서는 자연가호의
일반적인 규모에 대한 추정이 따로 있어야 했는데, 이는 문서의 기재사항 가
운데서 몇 개 찾아지는 이동 烟의 사례를 통해 가능하였다. 이렇게 얻어진

선조의 軍戶가 이와 같이 내력을 달리한다는 사실 자체가 실상은 사회경제적인 조건
의 현격한 변화를 뜻하는 것이라고 하겠다. 編戶로서의 軍戶制 자체의 변화는 물론 후
술하는 租·調 체계상의 문제와 깊은 관련이 있을 것이다.

자연가호의 수 재구성도 가능하게 하였는데, 그 결과 종래의 孔烟 자연호설의 기준에서 야기되던 촌 구성의 호수의 과소성이 해소되었을 뿐더러, 계산상 자연가호의 수가 늘어남에 따라 자연호설에서 함께 의문시되던 戶當田畓의 평균 결수의 過多性도 어느 정도 배제될 수 있었다. 그러나 이렇게 새로이 얻어진 기준에 따라서도 호당 평균 결수는 후대 것과의 비교에서 과다한 것으로 분석되어, 당시의 농업기술이 아직 휴한법 단계에 있는 것으로 이해하여야 했다.

이 문서의 기재 사항 가운데 공연과 함께 중요시된 것은 計烟의 문제였다. 계연 수치의 근거에 대해서는 종래 여러 가지 풀이가 있었지만, 모두 공연을 자연호로 전제한 데서 문제점이 있은 것을 볼 수 있었다. 각 촌별로 제시된 계연의 수치는 결국 편호로서의 공연의 각 등급별 수를 1/6의 差率로써 곱하여 집적한 총계와 일치하여, 곧 각 촌이 져야 할 부담능력의 기준치 다시 말하면 부과의 기준으로 풀이되었다. 그리고 그 기초로서의 공연의 등급 평가는 男女 助·丁의 수를 일차적인 기준으로 하되, 각기의 資産上의 조건 즉 경지의 量 및 그 가운데 畓의 비중 등이 참작된 것으로 헤아려졌다. 村政의 이행을 위해 이 문서가 詳密性을 다하면서도, 조세 부면에 대한 사항을 전혀 싣고 있지 않은 점은, 그 계연의 수치가 실상 조·용·조의 체계 전반에 통용되는 것이 아닌가 하는 생각을 가지게 하였다. 다시 말하면 휴한법의 제약 아래서는 그 생산력이 인력에 좌우되기 마련이어서, 田·畓의 단위 면적 곧 결수에 기준한 별도의 租 징수체계의 필요성이 없었던 것이 아닌가 생각되었다. 이러한 이해는 이 시기 지배형태의 역사적 특성을 규정하는 것이 되겠지만, 그 중요성에 비추어 볼 때 앞으로 더 천착될 점이 많은 것으로 사료되었다.

본 논고에서는 종래의 연구들이 대부분 문제 삼은 祿邑制, 丁田制 또는 均田制와 이 문서의 관련성에 대해서는 직접적인 언급을 하지 못하였다. 이의 중요성은 물론 충분히 인지되나, 문서의 내용 자체로나 현재까지 분석의 성과로는 그의 대한 어떠한 언급도 하기 어려운 것으로 판단되었다. 문서가 보여주는 집요한 人의 年齡級 동태 파악이 정전제 또는 균전제의 가능성을 비추기도 하지만, 전·답에 관한 사항이 結數 외에 전무한 조건에서는 그것의 인원과의 관련성을 지적한다는 것이 어려운 일로 여겨졌다. 인의 동태파악은 오히려 인력 자체의 파악에 치우친 감이 많을뿐더러, 이 문서의 전·답이 정전제 또는 균전제 아래의 것이라면, 촌정의 모두를 밝히는 처지인 본 문서에서는 그와 관련되는 기재사항이 조금이나마 더 비추어져야 마땅하지 않을까 생각되었다.

녹읍제 설의 경우, 그 중요한 논거로 지금까지 內視令畓과 內視令에 따른 植樹의 사실 등이 주목되어 왔다. 즉 내시령이 귀족 신분의 중앙관인일 것이라는 전제 아래, 본 문서에서 촌정의 主管處로 파악되는 「內省」이 또한 그와 관련될 것으로 보아, 당해 村들의 녹읍으로서의 집단적인 예속을 상정하여 왔다. 4개 촌 가운데 A촌 하나에만 보이는 내시령답은 그 규모가 4結에 불과하여 논거로서는 미약한 점이 많으나, C촌에서의 「前內視令」의 식수 관여 사실은 논거로서의 강점이 없지 않다. 그러나 한편 내시령은 차치하더라도, 內省이 중앙관서란 충분한 증거는 이 문서 자체에서 얻어지지 않는다. 〔자료 1〕의 라)에서 검토하였듯이, D촌의 한 가족이 타군으로 移去를 알리기 위해 내성을 찾아간 사실로 본다면, 그 內省은 왕경의 중앙관서라기보다도 군현의 관아일 가능성이 훨씬 높다. 그것을 중앙관서로 본다면, 이문서의 촌들이 西原京 부근의 것들이므로, 타지로 移居를 고하기 위해 촌민이 왕경까지 왕래한 것으로 풀이하여야 한다. 이것이 사실로서 받아들여지기 어려운 한, 내용에서 무리감을 전혀 일으키지 않는 후자 쪽의 풀이는 결코 부인될 수 없다. 그리고 이 견지를 좀 더 끌어서, 내시령답을 곧 내성의 長의 몫으로 간주하는 한편, 그와 함께 제시된 다른 특정 명목의 전답인 官謨田畓을 내성의 官需用으로 본다면, 양자의 配率上의 조건도 수긍이 가는 점이 없지 않다. 뿐더러 이 견지에서는 문서 작성의 절차에 대한 내용 정리도 위화감 없이 이루어진다. 즉 문서 가운데 단편적인 관계 사실들을 묶으면, A촌의 촌주와 같은 어떤 재지의 담당자가 일단 관할 각 촌의 式年間의 변동 상황을 그때그때 파악하고, 그것을 식년을 맞이하여 정기적으로 내성에서 나온「公等」곧 군·현의 관리가 확인하여 마무리 짓는 것으로 이해된다.

위와 같은 견지에 따르면, 이 문서를 통해 확인되는 것은 촌락의 편호제적 지배와 그것의 군현제와의 연결성 등 두 가지 사실이 되겠다. 이것들은 물론 지금까지의 연구에서 중요시되어 온 정전제, 균전제, 녹읍제의 문제와 바로 배반적인 관계에 있는 것은 아니다. 그 어느 쪽의 것이든 위의 두 제도와는 공존될 수도 있는 것이다. 단지 본고로서는 문서 자체의 내용으로 볼 때, 현재로서는 그 어느 하나의 선택적 연결이 어려우며, 오히려 지금까지의 연구에서는 그러한 선택적 연결이 앞세워짐으로써 내용 파악에 많은 무리를 일으켰던 것이 아닌가 한다. 본고의 견지로서는 이 문서에 나타난 편호제적 지배방식이 구체적으로 이후의 시기에서 어떠한 변천을 가지게 되는가를 살피는 것이 사회사적인 측면에서 더 중요시되어야 할 점으로 판단된다.

【附錄】　新羅 村落文書 全文

[A]

現勢

〔村〕〔地周〕
〔烟〕　1　當縣沙害漸村見內山楷 地周五千七百廿五步　合孔烟十㊀　計烟四余分三

〔人〕　2　此中仲下烟四　下上烟二　下下烟五　合人百卅㊆ [二]　此中古有

3　人三年間中産并合人百卅五　以丁廿九 (以奴一)　助子七 (以奴一)

4　追子十㊁ [一]　小子㊉ [九]　三年間中産小子五　除公一　丁女卅㊁

5　以婢五　助女子十一以婢一　追女子九　小女子八　三年間中産小女子八 (以婢一)

6　除母㊁ [一]　老母一　三年間中列加合人二　以追子一　小子一

〔馬牛〕　7　合馬廿五 (以古有廿二 三年間中加馬三)　合牛廿二 (以古有十七 三年間中加牛五)

〔畓田〕　8　合畓百二結二負四束 (以其村官謨畓四結 內視令畓四結)　烟受有畓九[廿四]結二負四

9　束 (以村主位畓十九結七十負)　合田六十二結十負[五束] (並烟受有之)

〔柔栢秋〕　10　合麻田一結九負　合桑千四 (以三年間中加植內九十 [古有九百十四])

11　合栢子木百廿 (以三年間中加植內卅四 古有八十六)　合秋子木百十[二] (以三年間四加植內卅八 古有七十)

四加植內卅八

減少

〔烟人〕　12　乙未年烟見賜節公等前及白他郡中妻追移[去因]敎合人五

13　以丁一　小子一　丁女一　小女子一　除母一　列廻去合人㊂ [七]　以丁二 (追子一　小子一　丁女一　丁婢一)　小女子一　死合人㊈ [十]以丁一

14　小子三 (以奴一)　丁女一　小女子一 (除母一)　老母三　賣如白貫甲一

〔馬牛〕　15　合无去因白馬二 (並死之)　死白牛四

[B]

現勢

〔村〕〔地周〕　1　當縣薩下知村見內山楷 地周萬二千八百卅步　此中薩下知村古地周八

2　千七百七十步　榀加利何木杖苜　地周四千六十步

〔烟〕　3　合孔烟十五　計烟四余分二　此中仲下烟一 (余子)　下上烟二 (余子)

4　下仲烟五 (並余子)　下下烟六 (以余子五 法私一)　三年間中收坐內烟一

〔人〕　5　合人百廿五　此中古有人三年間中産并合人百十㊇ [七]

現勢
6　以丁卅一〔以奴四〕　助子五　追子二　小子二　三年間中産小子三
7　老公一　丁女卅五〔以奴三〕　助女子四　追女子十三　小女子六
8　三年間中産小女子三　除母一　老母二　三年間中加收內合
9　人七　以列加人三〔以丁一　追女子一　小女子一〕　收坐內烟合人四〔以助子一　老公一　丁女二〕
10　合馬十八〔以古有馬十六　三年間中加馬二〕　合牛十二〔以古有十一　加牛一〕　合畓六十三結六十四
11　負九束　以其村官謨畓三結六十六負七束　烟受有畓五十九結
12　九十八負二束　合田百十九結五負八束〔並烟受有之〕　合麻田一結
〔桑栢秋〕13　六負　合桑千二百八十〔以三年間中加植內百八十九　古有千九十一〕　合栢子木六十九
14　以三年間中加植內十　古有五十九　合秋子木七十一〔並古之〕

減少〔烟人〕15　乙未年烟見　賜以彼　上烟亡廻去孔一　以合人三　以丁一　丁女二　列廻去合

〔C〕〔烟〕1　以下仲烟一　下下烟六　三年間中新收坐內烟一
〔人〕2　合人 七十二（六十九）此中古有人三年間中産幷合人六十五
3　以丁十八（六）　助子二　追子七　小子七（六）　三年間中産小子三
4　丁女十四　助女子四　追女子三　小女四　三年間中産小女子二
現5　老母一　三年間中新收內合人七　以列收內小女子一
6　收坐內烟合人六　以丁一　追子一　小子一　丁女二　追女子一
勢〔馬牛〕7　合馬八〔以古有四　三年間中加四〕　合牛十一〔以古有五　三年間中加六〕
〔畓田〕8　合畓七十一結六十七負　以其村官謨畓三結　烟受畓六十
9　八結六十七負　合田五十八結七負一束〔並烟受有之〕
〔桑栢秋〕10　合麻田一結二負　合桑七百卅〔以三年間中加植桑九十　古有六百卅〕
11　合栢子木卅二〔並前內視令節植內之〕　合秋子木百七〔並古之〕

減少〔烟人〕12　列廻去合人三（四）　以丁二　丁女一　小女子一　列死合人四（六　丁一　小子一）　以丁女二　小女子二
〔馬牛〕13　合无去因白馬四〔以賣如白三　死白一〕　死牛一
〔栢〕14　前內視令節植內是而死白栢子木十三

[D]

[村][地周][烟] 1 西原京□□□村見內地周四千八百步 合孔烟十 計烟一余分五

[人] 2 此中下仲烟一 下下烟九 合人百十八〔六〕 此中古有人三年

3 間中産幷合人百十四 以丁十九〔七〕 助子九〔八〕以奴二 追子八〔六〕

4 小子十二〔九〕 三年間中産小子一 老公一 丁女卅七〔五〕 以婢四 助女四〔五〕

現 5 追女子十三〔三〕以婢一 小女子五〔三〕 三年間中産小女子六

6 三年間中列收內合人四 以小子一 丁女一 助女子一 老公一

勢 [馬牛] 7 合馬十 並古之 合牛八 以古有七 加牛一

[畓田] 8 合畓廿九結十九負 以其村官謨畓三結廿負 烟受有畓

9 廿五結九十九負 合田七十七結十九負 以其村官謨田一結

[桑栢秋] 10 烟受有田七十六結十九負 合麻田一結八負 合桑千二百

11 卅五 以三年間中加植內六十九 三古有千百六十六 合栢子木六十八 以古有六十三年間中加植內八

[烟人] 12 秋子木卅八 並古之 乙未年烟見賜以彼上烟亡廻去孔一

13 囚合人六 以丁二丁女二小女子二 列廻去合人八 以丁一助子一追子一 小子一

減 14 丁女二 小女子二 列死合人廿一以丁五 以奴一 追子一 老公三 丁女四 以婢一

15 小女子三〔三〕 老母四〔四〕 孔亡廻一合人十一 以丁二助子一 小子二 丁女二 助女子一追女子二 小女子一

少 16 甲午年臺月內省中及白 色□□追 以出去因白妻是子女子

[馬牛] 17 幷四 以丁女一 小子三 合无去因白馬三 以賣如白一 死白馬一 廻烟馬一

18 合无去因白牛六 以賣如白牛一 廻去烟 牛一 死白四

※ 본 附錄은 지금까지의 문서 내용 판독으로는 兼若逸之,〈新羅 「均田成册」의 研究〉에서의 것이 가장 충실한 것으로 판단되어 이에 의거한 것임.

제2장 휴전고畦田考
―통일신라 · 고려시대 수도작법水稻作法의 유추

머리말

근대 이전의 농업기술은 사회의 발전과 직결되는 문제로서 그 중요성이 매우 크다. 그런데 우리의 경우, 당대의 農書가 직접 전하여 농법의 실상을 구체적으로 알 수 있는 것은 조선전기부터이다. 그 이전의 것은 사료의 결여로 윤곽을 잡기조차 매우 어려운 형편이다. 이러한 실정은 조선전기의 농법의 내용이 구체적으로 알려진다 하더라도 그 자체가 지니는 의의를 제대로 평가할 수 없게 한다. 현전하는 우리의 最古의 농서인 조선 초의 《農事直說》은 連作法의 성립을 직접 말해주고 있다.[1] 休閑法의 극복에 따른 연작법의 성립은 근대 이전의 농업기술 발달에서 가장 중요한 단계의 하나로 간주된다. 《農事直說》에 담긴 농법의 내용이 이와 같이 중요한 문제를 내포한 것임에도 우리는 그 이전의 농법을 알지 못함으로써 그에 대한 어떠한 평가도 내리지 못하고 있는 것이다. 이 논고는 우리 농업사 연구에서 바로 그러한 공백을 메우는 데 일조하고자 통일신라 말기의 한 금석문에 보이는 稻作에 관한 「畦田」이란 용어의 해석을 중심으로 휴한법의 하한을 추적하는 데 주안을 두고자 한다. 그러나 사료의 難이 워낙 심하여 불가피하게 중국농업사 연

---

1) 《農事直說》의 稻作法이 連作인 것은 李春寧, 《李朝農業技術史》, 韓國研究院, 1964 및 金容燮, 〈朝鮮後期 水稻作技術―移秧法의 普及에 대하여〉, 《亞細亞研究》 7-1, 1964; 《朝鮮後期農業史研究―農業變動·農學思潮》, 1971에서 이미 지적되었다.

구의 성과까지 활용하는 처지가 되었지만, 그것으로 오히려 오류를 범함이
많게 되지 않을까 두렵다.

1. 통일신라기의 「畦田」과 그 작법

畦田이란 용어는 眞聖女王 5년(891) 건립으로 알려지는 전남 潭陽郡 소재
의 開仙寺 石燈記에서 처음 보인다. 그 가운데 관계 부분을 옮기면 다음과
같다.2)

龍紀三年辛亥十月日僧入雲京租

一百碩烏乎比所里公書俊休二人

常買其分石保坪大業渚畓四結　畦□□ / □□□

土南池宅土西川　奧畓十結　畦田南池宅土 / 東令行土北同　　　□東令行土西北同

위 인용문은 龍紀 3년 곧 眞聖女王 5년 10월에 중 入雲이 京租 100碩으로
烏乎比所里의 公書·俊休 등 2인으로부터 石保坪의 大業인 渚畓 4結과 奧畓
10結을 매입하였다는 내용이다. 畦田이란 말은 奧畓 10結에 대한 細註의 설
명에 직접 보이고 渚畓 4結의 경우에서도 田字가 탈락된 채 같은 표기로 보
인다. 細註의 설명은 四界 표시가 주된 것이며, 渚畓·奧畓의 명칭은 그 字意
로나 四界 표시를 참작할 때 畓의 소재처 조건을 나타낸 명칭으로 판단된다.
즉 서쪽이 川으로 표시된 渚畓은 川邊에 있는 것이며 奧畓은 奧地 곧 山谷에

---

2) 이 石燈記는 《朝鮮金石總覽》上, p.87과 黃壽永編 《續金石遺文》, p.95 등에서 調査되었
으나 文行의 배열에 차이가 있었다. 이러한 차이는 旗田巍, 〈新羅·高麗の田券〉, 《朝鮮
中世社會史の研究》, p.175~207에서 바로잡아졌다고 본다. 인용문은 바로 이 책의 것을
취한 것이다.

가까운 위치에 있는 것으로 이해된다. 그런데 畦田이란 말은 四界 표시와 함께 細註에 들어가 있기는 하지만, 字意上 四界와는 전혀 무관하여 그 의미가 매우 궁금하다.3) 畜에 관한 설명으로 渚·奧와 같은 소재처 표시, 그리고 四界 표시 외에 달리 상정될 수 있는 것은 畜의 형태나 경작방식에 관한 것밖에 없겠다. 畦田이란 용어가 만약 이와 같은 類의 것이라면, 그것은 곧 통일신라기의 稻作의 형태를 구체적으로 살필 수 있는 한 실마리가 될 수 있을 것이다.

통일신라기의 稻作에 관한 용어로서 이 畦田의 의미를 알기 위해서는 먼저 畦의 字意부터 살펴야 할 것이다. 畦字에는 밭 50畝(이랑)의 뜻과 밭 갈피 곧 田區의 뜻 두 가지가 있다.4) 둘 가운데 후자에 대한 설명이 되는 것으로 《急就編》註에 「田區謂之畦 今之種稻及菜爲畦者取名」5)이라 한 것이 있다. 이에 따르면 중국에서는 種稻·種菜의 田區에 대한 畦字를 썼던 것이 분명하다. 중국의 種稻·種菜의 田區와 畦의 관련성에 대해서는 조선후기의 저명한 農書인 《林園十六志》 灌畦志 卷 1 總叙·治畦法條에 《杏蒲志》6) 所引의 것으로 다음과 같은 자세한 설명이 있다.

菰宜區種 蔬宜畦種 區種之制 今治圃家種菰之法近之 其畦種之制 東人之素昧也 按字書 塍稻田畦也 又曰畦音圭 田起塍埒也 又按爾雅釋 丘水潦所還埒丘 註謂丘邊有界埒 水環繞之 埒小堤也 合此數說 而畦之制可得矣 環界起土 築作小堤以止水與今水田之制畧同 特菜畦小而稻畦大小無定制耳 蔬菜之類 多喜濕惡燥 其春種者尤畏風旱所以非畦不可也 故菜畦必近有泉可引有井可灌之地 東人所謂菜田皆脯田也 非吾所謂菜田也

---

3) 旗田巍, 위의 글은 이 石燈記에 대한 검토를 자세히 하고 있지만, 「畦田」에 대해서만은 다른 기회로 미루고 있다.
4) 일반 字書의 설명이 이러하다.
5) 《大漢和辭典》 稻字·稻畦項 참조.
6) 《杏蒲志》는 《林園十六志》의 編者 徐有榘 자신의 저술이다.

앞은 중국의 苽(오이)를 심는 「區種」法과 蔬菜를 심는 「畦種」法의 설명에서, 전자는 조선의 것과 근사하나 후자는 東人이 素昧한 바라 하여 그것을 詳論하게 된 것이다. 그에 따르면 「菜畦」란 것은 동인의 이른바 「菜田」과도 다른 것을, 밭의 갈피를 둘러 起土하여 小堤를 쌓아 止水케 한 형상으로, 「지금의 水田의 制와 대략 같은」 것이라고 하였다. 蔬菜를 심는 밭이 이러한 형태의 것이 되어야 하는 것은 소채류가 본래 습한 것을 좋아하고 건조한 것을 싫어할뿐더러 봄에 심는 것은 더욱이 風旱에 매우 약하기 때문이라고 하였다. 蔬菜의 필수 조건으로 또한 가까운 곳에 반드시 물을 공급할 수 있는 泉井이 있어야 한다는 점이 강조되기도 하였다.

중국의 菜畦의 특별한 점은 이상의 설명으로 어느 정도 짐작이 간다. 그런데 그것을 《杏蒲志》 저자가 당대(곧 조선후기)의 水田의 형태와 비교하게 된 것은, 菜田에서 「田起壋埒」의 형상을 한 것을 중국 古書에서도 「塍」 또는 「菜畦」라고 이름한 것에 근거해서였다. 菜田에서 「田起壋埒」의 형상을 한 것은 곧 논두렁으로서, 위와 같은 비교가 반드시 정당한 것이었는지는 별개의 문제로 하더라도, 중국 고대에서 「菜畦」라는 용어가 있었다는 사실은 「畦田」이란 말의 유래 추구에 큰 도움이 되는 것이라고 하겠다. 《杏蒲志》의 저자는 위의 설명에서 「특히 菜畦는 小하고 稻畦는 大小에 定制가 없다」고 하여 菜畦를 당대 水田의 논두렁으로 직결시킨 데 근거하는 것으로 믿어진다. 菜田에 일으켜진 壋埒(短垣)으로서는 사실 논두렁밖에 想定될 것이 없다. 그러나 뒤에서 다시 詳論할 것이기는 하지만, 고려후기의 稻田의 광경을 그린 李奎報의 「乾塊化碧畦」란 시구에서 보더라도 畦는 논두렁의 의미로만 단정할 수 없다. 여기에서 畦는 경계로서의 두렁보다도 두렁으로 구획지워진 種稻 구역 전체를 가리키는 뜻에 더 가깝다. 이러한 점을 감안할 때 原初의 사정을 추구하는 처지에서는 그 용어의 의미를 作法과 관련하여 파악해야 할 필요성을 느끼게 된다. 즉 原初의 것이 후대까지 비교적 큰 변화가 없었던 것으로 믿어지는 菜畦의 경우, 《杏蒲志》의 설명은 위 인용문에 뒤이어 「長可展 廣不可展 蓋畦之內 繞水沮洳 不容足踐 踐則令土堅傷苗 故

其鋤之也 須坐兩邊界埒而鋤之 畦太廣則不便耘也」라고 하여 畦의 설치 자체가 作法과 긴밀한 관계가 있음을 보여준다.

古代 稻田에서 畦의 의미를 반드시 作法과 관련하여 파악할 것을 주장함은, 그것을 단순히 後代의 논두렁과 같은 것으로만 이해하는 데 그친다면, 「畦田」이란 말이 하나의 용어로까지 제시될 필요가 없기 때문이다. 이러한 관점에서 다음으로 위 인용문에 비추어진 대로 중국 古代作法에서 畦의 구체적인 용례를 찾아보면《周禮》地官·稻人條와 그에 대한 鄭玄의 註기 주목된다.

○《周禮》地官 稻人條 稻人掌稼下地

　㉮ 以瀦畜水 以防止水 以溝蕩水 以遂均水 以列舍水 以澮寫水 以涉揚其芟
　　作田

　㉯ 凡稼澤 夏以水殄草 而芟夷之澤草所生 種之芒種

○ 同上 鄭玄 註

　㉮ 偃豬者畜流之陂也 防豬者旁堤也 遂田首受水小溝也 列田之畦埒也 澮
　　田尾去水大溝也 作猶治也 開遂舍水於列中 因涉之揚去前年所芟水草
　　而治田種稻

　㉯ 將以澤地爲稼者 必於夏六月之時 大雨時行 以水病絶草之後生者 至秋
　　水涸芟之 明年乃稼

위 인용의《周禮》와 그에 대한 鄭玄 註는 각각 前漢·後漢의 것으로 알려진다. 따라서 그 作法은 곧 漢代의 것이 되겠다. 인용문 가운데 ㉮의 것들은 일반적인 것에 대한 설명이고, ㉯는 澤地일 때의 특별한 점을 밝힌 것으로, 여기서 畦가 직접 언급된 것은 本文 ㉮의 「以列舍水」에 대한 註釋 ㉮의 「列田之畦埒也」라는 것에서이다. 즉 「列로서 水를 休止(舍)케 한다」는 것에 대해 그 列이 田의 畦埒이란 설명이다. 이로써 중국 古代稻作에서 畦의 존재는 명확해지지만, 그것의 作法上의 기능을 알기 위해서는 이 作法 전반에 대한 이해부터 가져야 할 것으로, 그것을 간추리면 대체로 다음과 같다. 먼저 水源은 豬(瀦)陂·防堤의 방식 두 가지에 따라 확보되는 것으로 밝혀지고, 豬·防에 일단 확보된 물은 溝(幹渠)를 통해 田으로 옮겨진다고 하였다. 溝를 통해 옮겨진 물은 다시 田의 머리에 만들어진 遂(小溝)에 의해 均水된 다음 田尾의 澮(大溝)로 排水된다고 하였다.[7] 列 곧 畦埒에 따른 물의 息止 과정은 바로 遂와 澮의 과정 사이에 드는 것으로, 이에 대해서는 같은 前漢의 農書인 《氾勝之書》에 「稻는 溫하고자 하니 溫하게 할 때는 그 塍을 빠뜨려(缺) 물길(水道)을 相直케 하고, 夏至 후에 大熟하면 물길을 섞이게(錯) 한다」고 하여 좀 더 詳說하고 있다.[8] 즉 水溫의 유지가 필요한 稻의 生長期에는 塍 곧 畦를 차단하여 물길을 溝·澮로 직결시키고 大熟한 뒤에 다시 틔어 놓는다는 것이다. 이러한 灌漑方式 자체에서는 사실 후대의 것과 어떠한 분명한 차이점을 찾기가 어렵다. 그러나 위 인용문 가운데 遂와 列 곧 畦의 다른 한 기능의 설명으로 「遂를 열어 列中에 水를 舍(息止)하게 하고, 인하여 물이 돌아(涉) 前年에 벤 水草를 揚去한다」고 한 것은 列(畦)을 중심한 이 作法의 한 특징을 보여 준다. 水草의 除去 문제는 뒤에서 다시 언급하겠지만, 古代의 稻作에서는 가장 어렵고도 중요한 문제에 해당한다. 따라서 그 작업이 이루어지는 列 곧 畦埒은 이 作法의 가장 중심되는 부분으로서, 통일신라의 「畦田」과 같이 그것을 중심으로 한 田名이 생겨날 수도 있는 것이다. 畦를 단순히 후대의 논두렁으로 비교한 《杏蒲志》의 저자는 稻畦에서는 大小의 定制가 없다고 하였지만, 중국 漢 당대의 농서인 上引의 《氾勝之書》는 種稻 구역의 크기를 「크면 水의 深淺이 不過하다」고 하였다.[9] 種稻地의 둘레를 起土하여 만든 塏埒로서의 畦는 결국 형상에서는 후대의 논두렁과 같다 하더라도 그 作法上의 기능에서는 차이가 있는 것이라 하겠다.

---

7) 이 作法에 대한 해석으로는 岡崎丈夫, 〈支那古代の稻米稻作考〉, 《南北朝における社會經濟制度》, 1935, p.45의 것이 비교적 자세하다.

8) 이에 대해서는 西嶋定生, 〈華北における水稻栽培法〉, 《中國經濟史研究》, 1969, p.207 참조.

9) 위와 같음.

上記 石燈記文에 보이는 통일신라에서의 畦田이란 용어는 그 자체가 어디까지나 漢字式이므로 중국의 위와 같은 古代稻作과의 유사성에 근거하여 붙여진 명칭이라고 할 수 있는 것이다. 그런데 《周禮》에 나타난 위의 漢代 稻作法에서 더 중요시해야 할 점은 그것이 일년휴한법이란 사실이다. 이 점은 위 인용문 가운데 除草 문제에 대한 언급에서 잘 드러난다. 즉 列中에의 灌水로서 「前年에 벤 水草를 揚去하여 治田 種稻한다」든가 「夏 6월에 大雨가 때 맞추어 오면 반드시 물로써 草의 後生者를 病絶시키고 가을에 물이 마른 다음에 다시 풀을 베어 明年에 稼한다」는 것이 바로 그것이다.[10] 제조 문제는 사실 휴한법의 제약의 근인이 되는 것이다. 곧 그 해결책이 어느 정도 강구되지 않은 상태에서는 그 제거만을 위한 1년의 시간이 따로 필요할 뿐만 아니라 시비가 또한 불가능하여 지력의 한계라는 제약까지 따르게 되는 것이다.

중국의 稻作에서도 휴한법은 비단 漢代에 그치는 것이 아니라 唐代까지로 그 하한이 내려오는 것으로 파악된다. 漢 다음의 三國~南北朝 시대의 대표적 농서인 賈思勰의 《齊民要術》에는 歲易直播法과 連作移植法의 두 가지의 稻作法이 소개되어 있다. 전자는 삼국시대 이래 새로운 稻作 개간 대상지가 된 淮河·泗水 일대에 일반적으로 행해진 것으로, 그 作法은 대체로 《周禮》의 것과 유사한 것으로 파악되나, 選地에서 水淸한 상류가 좋다는 점, 그리고 除草의 방식으로 稻苗가 7·8寸 가량 큰 뒤에 「拔而栽之」곧 移植한다는 것 등이 들어지고 있다. 이 작법은 連作이라는 점에서 전자보다는 한걸음 발전한 것으로 간주될 수 있을지 모른다. 그러나 작법의 내용을 구체적으로 살피면 혁신성이 그다지 인정되지 않는다. 이 작법은 이식이라고는 하나 苗坐와 本田의 구별이 분명치 않은 것으로 알려진다. 起耕 전의 燒草는 除草의 효과뿐

---

10) 이를 休閑法으로 해석한 연구로는 西嶋定生, 앞의 글 및 天野元之助, 《中國農業史研究》, 1961, 第2編 1章 〈水稻作技術의 展開〉 등을 대표적인 것으로 들 수 있다. 이에 대한 反論으로 西山武一, 〈中國における 水稻農業의 發達〉, 《農業綜合研究》 3-1. 1949; 《アジア的農法と農業社會》, 東京大學出版會, 1969가 그러한 除草 과정은 連作法에서도 이루어질 수 있다고 주장하였지만, 현재까지는 위의 것이 定說로 되고 있다.

만 아니라 연작에 따른 地力 한계의 보완까지 기대하는 것으로 판단된다. 그러나 7·8寸 生長 뒤에 「拔而栽之」 곧 이식은 「이미 歲易이 아니므로 草稗가 함께 자라 베어도 죽지 않으니 때문에 뽑아서 김맬〔拔而鏺之〕 수밖에 없다」는 註의 설명과 같이 除草의 난점이 조금도 해결되지 않은 상태에서 稻苗와 잡초와의 구분이 어려워 함께 파서 잡초를 없앤 뒤 다시 옮겨 심는 것에 지나지 않는 것이었다.[11] 이러한 작법이 連作法이라고는 하나 苗圃 관리의 집약성이나 稻苗의 分蘖 촉진, 本田의 肥培 등이 고려된 宋代 이후의 그것과는 근본적으로 다른 것임은 말할 것도 없으며, 같은 시기의 休閑法에 비해서도 그것은 오히려 많은 노동력을 所要하게 되어 발전성이 인정되기 어려운 것이다. 그 작법이 連作이면서도 稻作의 중심지인 淮·泗 일대의 것에 조금도 영향을 주지 못한 까닭도 바로 거기에 있었다. 이 작법이 그러한 단점을 가지면서도 華北지방에서 이루어진 것은 稻田이 이 지역에 극히 적었을 뿐만 아니라 陸田이 漢代 이래 代田法의 개발로 생산력을 높임에 따라 休閑을 시킬 수 없는 사정에서였던 것으로 알려진다.[12] 물론 이 시기에 중요 農書인 韓鄂의 《四時纂要》의 種稻 記事가 前記의 《齊民要術》의 그것과 거의 일치하는 것이 그 증거로 들어진다.[13] 물론 이 시기에 이르기까지 부분적인 기술의 개선이 없었던 것은 아니다. 唐末에 이르면 송대에 본격화하는 새로운 稻作法으로서 揷秧法 대두의 흔적이 보이기 시작한다.[14] 그러나 전체적인 형세는 기본적으로 일년휴한의 작법을 탈피하지 못하고 있었던 것이다. 송대의 새로운 連作移秧法의 진원이 되는 강남지방도 이전까지는 이른바 「火耕水耨」의 휴한법으로 일관하고 있었다.[15]

---

11) 이상의 敍述은 대체로 西嶋定生, 위의 《中國經濟史硏究》 第1部 〈中國古代農業の展開過程〉과 〈水稻作技術展開〉에 파악된 것에 따름.

12) 위의 책, p.221 참조.

13) 天野元之助, 앞의 책, p.206~210 참조.

14) 杜甫의 詩句 「六月靑稻多 千畦碧泉亂 揷秧適云已」 가운데 揷秧이 흔히 문제되나 宋代의 揷秧法과의 관계는 아직 구체적으로 설명되고 있지 못하다.

15) 西嶋定生, 앞의 책, 第1部 第4章 〈火耕水耨について〉, p.185~190 참조.

唐代까지의 중국 稻作의 위와 같은 사정을 살필 때, 용어의 유래 자체가 중국의 것에 있는 통일신라기의 畦田은 一年休閑의 동질적인 작법이었을 가능성이 그만큼 높은 것이라고 할 수 있다.

2. 고려시대의 稻作과 휴한법

통일신라 말의 稻作法이 이상과 같이 휴한법 단계의 것일 가능성이 높다면, 농법에 관한 고려시대의 사료 가운데서도 주목되는 것이 몇 가지 있다. 먼저 李齊賢의《益齋亂藁》史贊 景王篇 가운데「鴨綠以南 大抵皆山 肥膏不易之田 絕無而僅有也」라 한 것이 고려 말기까지도 다수의 易田 곧 休閑田의 존재를 지적하고 있어 주목된다.

고려시대의 사료로서 휴한·연작을 직접 언급한 것으로는 다음의 것들이 더 찾아진다.

① 凡田品 不易之地爲上 一易之地爲中 再易之地爲下

② 其不易山田一結準平田一結　一易田二結準平田一結　再易田三結準平田一結
（《高麗史》卷 78, 食貨 1 經理）

이 인용문은 文宗 8년 3월 判의 田品等級에 관한 규정으로 편의상 두 부분으로 구분하여 제시하였다. 그 가운데 ①에 따르면 고려에서는 連作으로서의「不易之地」, 1년 휴한으로서의「一易之地」, 2년 휴한으로서의「再易之地」등 3種의 田地가 있었음을 알 수 있다. 그런데 ①에서의 이러한 구분에 해당하는 것을 ②에서 찾으면 그것들이 각각「不易之田」,「一易田」,「再易田」등으로 표기된 것을 볼 수 있다. 그렇다면 不易의 경우뿐만 아니라「一易之田」,「再易之田」도 모두 정확히 표기한다면「一易山田」,「再易山田」이 되어야 할 것이므로, 위의 田品 등급 규정은 결국「山田」만을 대상으로 한 것이 된다. 이 규정의 이러한 전제조건은 사실 ②에서의 結數 對比의 기준이 한결같이 平田으로 되고 있는 데서 이미 드러나는 것이기도 하다. 「山田」과 「平田」은 그 字意로 보더라도 서로 대조되는 것임이 분명하지만, 위의 규정에 나타난 사실들을 좀 더 선명히 알기 위해서는 그 개념에 대한 검토를 더 가질 필요가 있다.

고려시대에는 《高麗圖經》 種藝條에 「平地가 적기 때문에 治田을 山間에 많이 하니 그 오르내림(高下)으로 말미암아 耕墾이 심히 힘들며, 멀리서 바라보면 사닥다리(梯)나 돌계단(磴)과 같다」고 한 것을 볼 때, 平地에서의 墾田 확보는 어떠한 한계로 말미암아 山田이 우세했던 듯하다. 이러한 상황에서는 가능하다면 산전에서도 稻作이 꾀해졌겠지만, 평지에 확보된 田地 곧 平田에는 대부분 稻作이 이루어졌을 가능성이 높다. 농법에 관한 많지 않은 고려시대의 史料에서 平田의 用例로 「且灌平田綠滿塍」이란 李穡의 詩句가 찾아진다.[16] 〈安州江〉이란 題下의 이 詩句에서의 平田이 稻作田이란 것은 내용적으로 의심의 여지가 없다. 평전의 개념을 이와 같이 稻作田인 것으로 하고서, 다시 위의 규정에 나타난 산전·평전의 결수 대비를 자세히 살피면, 평전 곧 稻田은 1년 휴한에 따른 것이란 점이 거기에 이미 전제되고 있는 사실을 보게 된다. 편의상 그 결수 대비를 다시 정리하여 옮기면 아래와 같다.

不易山田 1結 ──── 平田 1結

一易(山)田 2結 ──── 平田 1結

再易(山)田 3結 ──── 平田 1結

이 대비의 검토를 더 정확히 하기 위해서는 먼저 평전에 대한 앞의 개념 규정과는 전혀 무관한 처지에서 몇 가지 경우를 상정해 볼 필요가 있다. 우선 평전을 도작·전작의 구분 없이 단순히 비옥하여 不易하는 전지로 볼 경

---

16) 《牧隱詩藁》 卷 3, 〈安州江〉

우, 같은 不易인 산전과의 대비가 1 : 1로 나타나 평전의 장점이 드러나지 않는다. 그리고 그것을 도전으로 일단 전제하고 연작에 의한 것으로 가정할 경우, 이때도 山田과의 대비는 마찬가지로 나타나 도전 본래의 우위가 전혀 드러나지 않게 된다. 그런데 이러한 대비상의 不調는 평전을 一易 곧 1년 휴한의 도전으로 상정할 때 그대로 해소된다. 즉 같은 一易의 경우를 예로 들면, 평전 1결에 대해 산전은 2결로서 산전에 대한 도전의 우위는 배의 비중으로 나타나 수긍할 만한 것이 된다. 이러한 비율은 물론 不易·再易 산전과의 경우 모두에 다 적용되는 것이다. 위의 규정이 산전에 대해서는 휴한 여부와 그 햇수를 엄히 따지면서도 평전에 대해서는 아무런 언급을 하지 않은 것은 결국 평전 곧 도전이 1년 휴한에 따른다는 것은 당시 공지의 사항에 속하는 일이었기 때문일 것이다.

고려시대의 도작이 이와 같이 휴한법으로 인정될 수 있다면, 그것은 통일신라 말의 「畦田」과도 밀접한 관련이 있을 것이다. 말하자면, 그 사이 부분적인 기술의 개선이 있었다 하더라도, 다 같이 휴한법의 제약 아래 놓이고 있었다는 점에서 양자의 계승 관계는 충분히 인정될 수 있는 것이다. 그러고 보면 고려시대의 몇 안 되는 관계 사료에서도 「畦田」과 관련시킬 수 있는 단서로서 畦字를 앞세우는 것은 물론 바람직한 것일 수 없지만, 앞에서 살핀 바와 같이 휴한법 단계에서 畦의 기능상의 비중이 크고 또 연작법이 성립된 이후로는 작법의 변화에 연유하여서인지 거의 이 畦字가 보이지 않게 되므로 이에 대한 관심을 전혀 버릴 수 없게 된다. 畦字가 보이는 사례로서는 앞서 인용한 바의 李穡의 詩句 「且灌平田綠滿塍」부터 들 수 있다. 여기서의 塍이 稻畦란 것은 앞에서 이미 밝힌 바 있다. 같은 예는 그보다 앞선 인물인 李奎報의 다음과 같은 두 詩에서도 찾을 수 있다.17)

___

17) 이 두 시는 《東國李相國集》 卷14 所載의 것으로 연이어 수록되어 있다.

○ 東門外觀嫁
  乾塊化碧畦 費盡幾牛力 針芒到黃穗 勞却萬人役 幸免水旱災 萬一儻收得
  見玆嫁穡艱 一粒何忍食 凡以祿代耕 要當勖乃職
○ 稻畦魚
  播穀望西成 魚脾本非意 旣穫又烹鮮 人欲何窮已

　두 詩 가운데「碧畦」「稻畦」가 각각 畦의 존재를 직접 말해 주는 것임
은 재론할 필요가 없다. 그런데 첫 번째 것의 詩意는 詩題에 보이는「東門
外」와 관련하여 좀 더 유의할 점이 있다. 개경의 東門外는 곧 籍田의 소재
처인 것으로 알려진다.[18] 그리고 詩意는 농부의 艱苦를 생각해서도「以祿
代耕」의 처지인 관인은 그 직무에 힘써야 함을 강조하는 것이다. 이러한 내
용상의 부합은 곧 그 묘사의 대상이 籍田의 광경이란 점을 확신시켜 주는
것으로, 그렇다면 위 시에 나타난 畦의 존재는 그만큼 일반성이 높은 것이
된다.

　李奎報는 고려의 문인으로서는 드물게 농작에 관계되는 詩를 많이 남기고
있다. 그 가운데 〈得蟬鳴稻〉라는 題下에「不欲負其名 趁得蟬鳴日 眼見新穀
升 今年事亦畢」[19]이란 것이 찾아진다. 蟬鳴稻는 이 詩의 내용에서도 지적되
듯이 매미〔蟬〕가 울 때에 수확할 수 있는 早稻의 일종이다.[20] 稻種은 사실 작
법과 밀접히 관련되는 것이 상례여서 그 중요성이 크게 인정되지만, 고려의
경우 사료상 현재로서는 위의 것 외에 달리 보이는 것이 없다. 그러한 제약
아래 유일하게 찾은 것이기는 하지만, 이 蟬鳴稻의 존재는 고려의 稻作을 이
해하는 데 암시해 주는 바가 많다. 이 稻種은 중국 晉代의 郭義恭의 《廣志》
에「有虎掌稻 紫芒稻 赤廣稻 蟬鳴稻 七月熟」이라 하여 그 이름이 보인다.[21]

---

18) 《高麗古都徵》 卷 5, 壇廟考 籍田條 참조.
19) 《東國李相國集》 卷 14, 古律詩.
20) 이 시에는 「早稻謂之蟬鳴稻」라는 설명이 붙어 있다.
21) 《廣志》는 失傳의 史書로서, 그 내용은 《齊民要術》에 인용된 것에 따라 일부 알 수 있
　다.

宋 이전의 稻種을 전해 주는 사서로서는 유일한 것으로 알려지는 이《廣志》에는 위의 것들 외에도 수 개의 稻種이 더 보인다. 그런데 그것들은 대개가 旱稻일뿐더러 도작법이 근본적으로 달라지는 宋 이후는 그 이름이 대부분 전하지 않는 것으로 밝혀진다.[22] 이러한 사실들은 결국 고려의 도작법이 중국의 송 이전의 휴한법과 밀접히 관련되는 것임을 말해 주는 것이라고 하겠다. 고려 宣宗 8년(1091)에 있었던 宋의 佚書 訪求의 목록 가운데《氾勝之書》가 보이는 것도[23] 고려의 稻作이 唐 이전의 것에 관련되는 것을 방증하는 일면이라고 하겠다.

휴한법의 제약은 단위면적의 낮은 생산력을 통해서도 살필 수 있다. 우선 고려 전기의 단위면적 생산력부터 살피면 관련사료로서 성종 11년 判의 水·旱田의 上·中·下等에 따른 全田租의 石·斗數에 대한 규정이 직접적인 것으로 찾아진다.[24] 그 가운데 稻田이 확실시되는 水田의 경우만을 옮기면 다음과 같다.

<blockquote>

上等 1結　　2石 11斗 4升 5合 5勺

中等 1結　　2石 11斗 2升 5合

下等 1結　　1石 11斗 2升 5合

</blockquote>

이 石·斗는 收租率「四分取一」의 원칙 아래 제시된 것이므로 각 등급의 생산력은 각 石·斗數를 4배하면 구해진다. 이를 산출하여 제시하면 다음과 같다.

<blockquote>

上等 1結　　11石 8升 2合

中等 1結　　11石

下等 1結　　7石

</blockquote>

---

22) 加藤繁,〈支那に於ける稻作特にその品種の發達に就いて〉,《支那經濟史考證》下, 1952 및 周藤吉之,〈南宋に於ける稻の種類と品種の地域性〉,《宋代經濟史研究》, 1962 참조.

23) 金庠基,〈宋代에 있어서의 高麗本의 流通에 대하여〉,《亞細亞研究》18, 1965 및 屈萬里,〈元祐六年宋朝向高麗訪求佚書問題〉,《東洋學》5, 1975 참조.

24)《高麗史》卷 78, 食貨 1 租稅 成宗 11년 判의 記事.

　위와 같이 산출되는 三等級 田品의 1結當 생산량은 어느 모로 보나 높은 것이라고 할 수 없다. 그리고 전품 간의 생산량이 큰 차이를 보이지 않는 것도 기술 전반의 어떠한 한계를 보이는 일면이라고 볼 수도 있다. 그런데 위의 규정에는 곧바로 뒤이어 다른 한 기준을 제시해 놓고 있어 주목된다. 그것의 石·斗數와 위에서처럼 4倍했을 때의 수치를 산출하여 제시하면 아래와 같다.

　　　　上等 1結　　4石 7斗 5升　　18石
　　　　中等 1結　　3石 7斗 5升　　14石
　　　　下等 2結　　2石 7斗 5升　　10石

　公田租에 대한 기준이 이와 같이 두 가지로 제시된 것은 기록상의 어떠한 착오라기보다 《高麗史》 편찬 당시에 편찬자들이 접한 자료가 두 가지였던 데 말미암은 것으로 봄이 타당할 듯하다. 租率이 더 높은 후자는 기준의 변동에 따른 것이든지, 아니면 단위 면적의 생산력의 증대에 말미암은 것으로 보아야 할 것이며, 따라서 그것은 전자보다 후대의 것이 되어야 할 것이다. 같은 고려시대라 하더라도 후대로 내려올수록 생산력이 증진을 가져오는 稻作 기술상의 발전은 있을 수 있는 것이다. 그러나 상기한 양자 사이의 생산력상의 차이는 그 기술의 근본적인 개혁, 다시 말하면 휴한법의 극복 같은 근본적인 것의 성립을 뜻하기에는 미흡한 점이 많다. 上等田의 경우, 하나에는 6石餘의 차이가 나타나기도 하지만, 그보다는 오히려 다수였을 中·下等田에서는 모두 3石의 차이밖에 나타나지 않는다. 이러한 정도의 것은 부분적인 기술의 개선에 따라서도 충분히 달성될 수 있는 성질의 것이다.

　위 양자의 차이가 가지는 이러한 한계성은 휴한법의 극복을 토대로 하는 것이 확실시되는 조선 초기의 稻作 생산력과 비교할 때 좀 더 분명해진다. 조선 초기의 생산력을 말해 주는 한 기록을 들면, 「(前略) 慶尙·全羅 沿海의 水田 같은 것은 種稻 1·2斗에 소출이 혹 10餘石에 이르러 1結의 소출이 많은 것은 50·60石을 넘으며, 적은 것도 20·30石을 내려가지 않는다」[25]고 하였다. 앞의 3~6石餘의 차이는 비교가 되지 않는 이러한 급격한 생산력의 증대는 作法上의 근본적인 변화를 상정하지 않고서는 이해될 수 없는 것이다. 휴한법의 극복은 앞에서 잠깐 비추었듯이 단순히 連作의 성립만을 의미하는 것이 아니었다. 휴한법에서 제약의 根因은 바로 제초 문제의 미해결에 있었던 것으로, 그것의 해결에 따른 연작법의 성립은 동시에 施肥의 강구를 뜻하는 것이었다. 제초 문제가 해결되지 못한 휴한법 단계에서는 시비가 오히려 잡초의 생장을 촉진하는 결과를 가져오기 때문에 「其泥數斗 且漑且糞」[26]이라 하듯이 灌漑水에 쓸려드는 泥土에 지력 지탱의 효과를 기대하는 수밖에 없었던 것이다. 통일신라 및 고려의 稻作이 휴한법인 동시에 그 생산력이 조선 초기에 견주어 현저히 떨어지는 것은 바로 여기에 까닭이 있었던 것이다. 조선 초기의 農書《農事直說》에는 제초를 위한 특별한 처방이 제시될 뿐만 아니라 「入糞入土」를 비롯한 施肥의 방도가 분명히 따로 강구되고 있다. 고려의 稻作 생산력은 결국 후대로 내려올수록 다소 증진된 것은 인정할 수 있더라도 기본적으로는 조선 초기의 것과 현격한 차이를 보이고 있다. 이러한 형세는 결국 그 작법이 근본적으로 달랐던 데서 오는 것이라고 하지 않을 수 없다.

맺음말

이상에서 우리는 중국의 稻作法과의 관련 아래 통일신라와 고려시대의 도작법이 휴한법 단계의 것이란 사실을 논증하였다. 여기서 얻어진 결론은 물론 《農事直說》에 반영된 조선전기의 도작법이 혁신적인 것임을 뒷받침하게

---

25) 《世宗實錄》卷49, 世宗 12년 8월 戊寅條.
26) 班固의 「西都賦」에 대한 文選 李善 注의 一節임. 이에 대해서는 岡崎丈夫, 앞의 글, p.46 참조.

된다. 조선전기의 것에 대해서는 같은 논지로서 달리 정리할 기회를 가질 것을 기약하지만, 끝으로 휴한법 단계를 이와 같이 고려시대까지로 규정할 때 제기될 수 있는 몇 가지 문제에 대해 언급해 두고자 한다.

먼저, 고려 후반기까지도 휴한법이 계속된 것으로 본다면, 중국과의 비교에서, 이 시대에 도작 기술상의 낙후성이 인정되어야 하는 문제가 생긴다. 즉 중국 쪽이 圩田의 개발을 중심으로 한 강남농법의 성립27)으로 휴한법을 극복하는 시기가 고려로서는 바로 그 중기에 해당하는 것이므로, 후반기까지 계속된 휴한법의 제약은 분명히 낙후성을 뜻한다. 고려시대에 宋과의 교류가 전혀 없지 않으면서도, 이러한 낙후성이 상당한 기간 지속되었다는 것은, 고려 자체의 특별한 사정에서 이해되어야 할 것이다. 먼저 그 가운데 하나로 입지적 조건을 생각할 수 있다. 宋朝의 휴한법 극복의 중심 구실을 한 것은 바로 圩田으로서, 그것은 河川을 隄로써 쌓아 田畔을 그 수면보다도 낮은 곳에 확보하여 관개의 만전을 꾀한 다음 다른 제약점을 점차 해결한 형태의 것이다. 宋朝의 稻田은 흔히 高田과 平田(中田), 그리고 下田(抵田)의 셋으로 구분하는데, 下田은 바로 圩田을 가리키는 것으로, 이에는 흔히 晚稻가 심어져 앞의 둘을 早田이라 하는 한편 이는 晚田이라 別稱하기도 하였다.28) 휴한법 단계에서의 早稻가 主種을 이룬 데는 사실 灌漑의 제약도 있었던 것으로, 圩田에서처럼 그 제약이 완전히 해결된 상태에서는 晚稻의 재배가 가능할 뿐만 아니라 春期에 제초를 위한 시간적 여유가 그만큼 더 많아져 施肥를 수반하는 연작법의 성립으로 이어질 수 있었던 것이다. 결국 宋朝의 稻作 기술상의 혁신은 바로 圩田의 개발이 가능했던 데 있었던 것으로, 상대적으로 고려는 그러한 수리의 미비가 발전의 다른 한 제약이었다고 할 수 있다. 고려의 도전으로서 평전이란 명칭이 宋朝의 평전과 어떠한 관련이 있는 것인지는 갑자기 확언키 어렵지만, 그것만으로서는 어떠한 새로운 발전의 계기가 자생

---

27) 周藤吉之, 〈宋代の圩田と莊園制の〉, 《宋代經濟史研究》, 1962 참조.
28) 周藤吉之, 〈南宋稻作の地域性〉, 《宋代經濟史研究》, p.78~80 참조.

하기 어려웠던 것만은 분명하다. 송의 사신이 고려의 농경을 「不迨工技」[29]
라 지적한 것도 결코 우연한 일이 아니라 하겠다.

중국에서도 圩田에서 이루어진 작법이 平田·高田에로 적용 확산되는 데
는 적지 않은 시간이 소요되었다. 따라서 고려가 자체에서 발전의 계기를
잡을 수 없어 송의 것을 영향 받는 처지라면 결국 그것은 새로운 작법이 평
전에 적용된 이후에서나 가능하게 되는 것으로서, 그 시기는 더 내려오게
된다. 그러나 고려의 宋과의 교류는 완전히 단절된 것은 아니나 중반 이후
契丹·金 등의 북방민족과의 관계로 그 나름의 제약이 없지 않아 새로운 기
술을 접할 기회는 그다지 많았던 것이 아니었다. 그리고 고려 자체의 대내
적인 문제로서 농업기술의 개선에 대해 보다 적극적이었을 재지 중소지주
층의 대부분이 使行의 기회를 결코 가질 수 없는 향리의 신분에 편재되고
있었다는 사실도 다른 한 제약 조건으로 볼 수 있다. 이 점은 말기에 접어들
면서 그러한 身分制上의 규제의 동요로 그들이 중앙에 현저히 진출하였을
때 중국 것의 도입에 따른 농업기술 改新에 관심을 크게 보인 데서 상대적
으로 反證된다.

麗末의 향리 출신의 이른바 신흥 사대부 세력이 萬卷堂 활동 이래 중국에
대한 직접적인 지식을 풍부히 하게 된 것은 잘 알려졌다. 친명정책의 표방
이후 중국에 잦은 使行은 농업상의 문제에서 볼 때 강남농법을 직접 접할 수
있는 기회이기도 하였다. 이러한 기회로 얻어지는 새로운 見識이 자체 것의
改新의 욕구를 높였을 것은 말할 것도 없다. 李崇·禹確·姜蓍·李穡 등 모두
가 신흥세력의 부류에 드는 인물들이 관계한 것으로 알려지는 중국 元代의
농서《農桑輯要》의 구입과 편간은[30] 그러한 의욕을 보여주는 구체적인 증
거라고 하겠다. 그리고 恭愍王代 이후로 연해 지역을 「築堤捍水」[31]하여 새
로운 墾地를 확보하려는 추세가 현저해지고, 마침내는 李齊賢代와는 달리

---

29) 《高麗圖經》卷 19, 民庶條.
30) 《牧隱文藁》卷 9, 農桑輯要 後序 참조.
31) 《高麗史》卷 82, 兵 2 屯田 恭愍王 5년 6월條.

「自鴨綠以南 大抵皆山 肥膏不易之田 在於濱海」[32]라는 표현이 나오기까지 이르고 있으니, 그것은 곧 그러한 의욕이 실천에 옮겨져 가는 과도적 상황을 연상케 한다. 조선왕조에 들어와 世宗代를 중심으로 마무리되는 도작의 연작법 확립의 성과는 결국 麗末부터 이러한 새로운 움직임의 결집으로 이해되어야 할 것이다.

---

32) 《高麗史》卷 82, 兵 2 屯田 禑王 14년 8월條.

제3장 예천 개심사開心寺 석탑기石塔記의 분석
—고려전기 향도香徒의 일례

머리말

　신라·고려의 石塔·佛像·佛鐘 類는 흔히 그 조성 내역을 밝힌 記文을 남기는데, 醴泉 開心寺 석탑에 새겨진 기문은 고려 전기의 것으로서 그 내용이 독특하여 관심의 대상이 된 지 오래였다. 일찍이 鮎貝房之進의 〈俗文攷〉에서 해석이 시도된 바 있었고, 그 후에도 葛城末治 《朝鮮金石攷》, 丸龜金作 〈醴泉開心寺の石塔に就いて〉 등에서 그 내용 파악을 위한 노력이 있었다.[1] 그러나 지금까지 기문의 판독 자체가 명확하지 못하여 내용 이해에 많은 오류를 범하게 하였다. 필자가 이 기문에 관심을 가지게 된 것은 여기 적힌 두 개의 香徒(彌勒香徒, 椎香徒)가 향도에 관한 자료로서는 매우 구체적인 것이기 때문이었다. 향도는 불교가 융성하던 신라·고려에서는 사회적 비중이 커서 사회구조를 이해하는 데 도움을 줄 수 있으리라 생각해왔던 것이다. 그러나 향도에 관한 좋은 자료가 될 수 있는 이 기문은 《朝鮮金石總覽》에 수록된 것을 비롯해 대부분 문맥이 혼란되어 내용을 이해할 수가 없었다. 그러던 차에 이기백 〈高麗光軍考〉[2]에서 문맥이 닿는, 거의 완전한 내용으로 조사된 기문을 접할 수 있었다.

---

1) 鮎貝房之進, 《雜攷》 6 上卷 俗文攷, 1934; 葛城末治, 《朝鮮金石攷》, 1935; 丸龜金作, 〈醴泉 開心寺の石塔に就いて〉, 《朝鮮學會會報》 9, 1951.
2) 《歷史學報》 27, 1965; 《高麗兵制史硏究》, 1968.

필자가 관심을 가졌던 두 향도도 이 조사에서 그 윤곽을 드러내고 있었으며, 記文에 나타난 몇 가지 사실의 분석을 통해 향도의 村落構造와의 관계에 대해서도 필자 나름의 이해를 가질 수 있게 되어 본고를 초하기에 이르렀다.[3]

1. 石塔記文과 분석

고려 현종 元年(1010 A.D)에 始功하여 이듬해에 완공한 석탑 조성의 役事 내용을 적은 記文의 전부를 우선 소개하면 다음과 같다. 분석의 편의상 내용을 다섯 부분으로 나눈다.

① 上元甲子四十七統和二十七庚戌年二月一日 正骨開心寺到 石析 三月三日

② 光軍弐六隊 車十八 牛一千 以十間入矣

③ 僧俗娘合一萬人了入 弥肋香徒 上秬神丨廉長 長司正順 行典福宣金由工達 孝順位剄香德貞崙等卅六人 椎香徒上秬京成 仙郎 光叶金叶 阿志 大舍香式金哀 位奉楊寸 能廉等 四十人 隊正邦祐 其豆昕京 位剄侶平 矣典次衣等五十人

④ 棟梁戸長陪戎校尉林長富母主 崔祐 副棟梁△ △邦祐

⑤ 四弘爲身心 上報之佛恩 爲國正功德 普及於一切 辛亥四月八日立

<hr>

3) 본고는 처음에 〈士林派의 留鄕所 復立運動〉, 《震檀學報》34·35, 1972~1973(이 책 제6장 수록)의 한 부분으로 포함시키려 했던 것이나, 논문 체계상 불균형을 가져와 따로 독립시키게 된 것이다. 위의 글 첫머리에서 사림파의 성리학적 향촌질서 확립이 시도되기 전에 향촌의 상태가 어떠했던가를 문제 삼았었는데, 여기서 이때에 적지 않은 비판의 대상이 된 村落祭的인 祀神團體「祀神香徒」를 주목하였다. 향도는 본래 불교적인 신앙단체인데 이때는 불교와 관련이 적은 사신단체의 명칭으로 쓰이는 까닭이 궁금하였을 뿐더러, 「사신향도」의 성격을 알기 위해서는 고려 전기의 불교적인 향도를 소급해 살피지 않을 수 없었다. 고려 전기의 향도와 麗末 鮮初의 향도는 촌락공동체의 성격을 띠기는 마찬가지이나 그 질적인 차이를 필자 나름으로 지적할 수 있었다. 본고를 읽으면서 위의 글을 아울러 참조해 주기 바란다.

①은 起功年月日, ②는 역사에 동원된 노동력과 車·牛의 수 및 석탑의 면적, ③은 이 역사에 참가한 총인원과 弥肋(彌勒)香徒·椎香徒의 소개, ④는 역사의 棟梁·副棟梁, ⑤는 發願 및 完功日을 각각 밝히고 있다.

필자가 관심을 가진 두 향도는 ③에 소개되어 있다. ③의 내용을 구체적으로 보면, 石塔 造成에 참가한 총인원이 僧·俗·娘 모두 합쳐 1만인이었다는 사실을 밝히고 그 다음에 彌勒香徒, 椎香徒를 소개하였다. 두 향도의 소개는 이 役事의 주체가 그들이었다는 것을 밝히고자 한 것이라 생각된다. 두 향노에 관한 내용을 정리해 보면 다음과 같다.

彌 勒 香 徒	椎 香 徒
上秅　神丨廉長 長司　正順 行典　福宣·金由·工達·孝順 位剴　香德·貞嵩 等 36人	上秅　京成 仙郎　光叶·金叶 阿志 大舍　香式·金哀 位奉　楊寸·能廉等 40人 （隊正　邦祐·其豆·昕京） 位剴　偘平·矣典 次衣等 50人

두 香徒가 각각 가지는 上秅(祉) 이하 位剴(剛)에 이르는 여러 칭호는 모두 종교적 색채가 짙어 향도 자체의 職任으로 여겨진다. 특히 椎香徒에서 上祉와 大舍 사이에 있는 仙郎은 이 종교단체의 상징적 존재로 여겨지며,[4] 上祉·位剛은 두 香徒 다같이 가지고 있어서 이것들이 향도의 직임이란 추측을 더욱 강하게 한다.[5] 단 椎香徒에서 位奉과 位剛 사이에 긴 隊正은 軍職으로서 이들과 계열을 달리함이 분명한데, 여기에 이렇게 揷記된 까닭은 달리 있

---

4) 註 30) 참조.

5) 鮎貝房之進〈俗文攷〉는 位剛을 身分名으로 보았는데 이 추측은 記文의 내용이 혼란한 상태에서 나온 것이므로 취할 수 없다. 位剛에 관한 다른 한 사료로 「…月正十二日正 位剛隊正嵩啝 式漢 一品軍作△△等廿一人」(淨兜寺五層石塔造成形止記)의 正位剛이 있는데, 이것 역시 香徒의 職任인지 여부는 지금으로서는 판단하지 못한다. 이 形止記 역시 造塔事業의 내용을 적은 것이긴 하나 향도의 존재를 말하고 있지는 않다.

었던 것 같다. 이에 대해서는 뒤에 다시 언급하기로 한다.

어떻든 上祉 이하를 香徒 자체의 職任으로 볼 경우, 둘 다 상층은 소수로, 位奉·位剛 등의 하층은 다수로 나타나며, 각각의 총수를 산출해 보면 미륵향도는 42명의 임원을, 椎香徒는 95명의 임원을 가지는 단체로 파악된다. 이 숫자는 한 단체의 임원으로서는 매우 많은 것이어서 그것이 임원이 아니라 향도 구성원의 전부일지도 모른다는 생각을 가지게 한다. 그러나 우리는 여기서 신라·고려의 향도 가운데 數千의 구성원을 가지는 예가 있음을 상기할 필요가 있다. 신라 景文王 4년(864 A.D.)에 조성된 鐵原到彼岸寺 毗盧遮那佛 造像記에 「香徒佛銘文……結緣一千五百餘人」이라 한 것이라든지, 연대는 명확치 않으나 고려 때 것으로 보이는 경주 廻眞寺 鐘記에 「勸有緣者 三千餘人 入香徒」라 한 것 등을 그 예로 들 수 있다. 이러한 예에 비추어볼 때, 43명·95명이 임원이라는 것은 긍정적으로 받아들여질 수 있으며, 한 걸음 나아가 이만한 규모의 임원을 조직적으로 가진 향도라면 그 앞에 제시된 「僧·俗·娘合一萬人了入」의 1만인이 이 향도와 어떤 관련을 가지는 것이 아닐까 하는 추측을 할 수 있다. 다시 말하면 이 1만 인이 두 향도의 일반 구성원이고 그 뒤의 자세한 향도 소개는 그 임원을 밝히기 위한 것이 아닌가 생각된다.

향도는 일반적으로 신도로 구성되므로 「僧·俗·娘合一萬人」가운데 僧을 제외하더라도, 그것은 소수에 불과할 것이므로 1만 인이란 수에는 큰 변함이 없을 것이다. 1만 인이란 인원은 예천군민 전체로서도 당할 수 없는 규모이다. 세종 6년에 편찬된 《慶尙道地理志》에 따르면 당시의 예천군의 인구는 남 3,800명, 여 4,391명으로서 모두 8,191명밖에 되지 않는다. 이 地理志의 조사가 남자의 경우 16~60세의 國役 대상자만의 파악이라 하더라도, 고려 顯宗 초에서 이때까지 약 400년 동안의 인구증가율을 고려에 넣는다면 큰 차이를 가져오지 못할 것이다. 따라서 위 1만인의 인원은 예천군 하나로서는 생각할 수 없다. 우리는 여기서 기문에 나타난 향도가 두 개란 사실과 아울러, 役事의 棟梁은 한 사람인 것이 상례인데 ④에 밝혀진 이 役事의 棟梁은 戶長

陪戎校尉 林長富와 그 옆에 병기된 崔祐 두 사람으로 되어 있는 점 등을 유의해 볼 필요가 있다. 즉 이 役事는 開心寺의 소재지인 예천군[6] 단독으로 한 것이 아니라 어느 이웃 지방과 공동으로 이루어진 것이 아닐까 추측을 할 수 있는 것이다.

위와 같은 추측에 구체성을 부여하기 위해서는 기문의 내용을 더 살펴보는 방법밖에 없다. 조선 초에 편찬된 앞서 인용한《慶尙道地理志》나《世宗實錄地理志》등은 예천군의 성씨에 대해「土姓三 林·尹·權, 村姓 二 黃·邦」이라 밝히고 있다. 이 地理志에 실린「土姓」類의 血緣集團이 고려 초기에 이미 존재했던 예가 많이 있으므로,[7] 이 경우에서도 土姓 등을 기문에 보이는 인명들과 연관지워 보는 것은 큰 무리가 없을 것 같다. 기문 가운데 ④의 棟梁란에 보이는「戶長 陪戎校尉 林長富」의 林氏는 地理志 本郡「土姓」가운데서 찾아진다. 그리고 ④의 副棟梁이자 ③의 椎香徒 가운데 位奉·位剛 사이에 揷記된「隊正邦祐·其豆·昕京」의 邦祐는「村姓」邦氏에 연결되며, 또 土姓 權氏는 본래 昕氏인데 避諱하여 權氏로 改姓한 사실이 있으므로[8] 隊正 가운데 昕京은 土姓 權氏에 해당한다. 林長富·邦祐·昕京 3인을 제외하고는 ④의 崔祐의 崔氏가 성씨로 보일 뿐, 나머지 인명들은 모두 성씨를 가지지 않아 더 이상 비교할 수 없다. 그런데 이 崔氏는 예천군의 土姓·村姓 가운데서는 찾아볼 수 없다.

비교가 가능했던 3인을 향도와 관련지워 살펴보면, 그들이 모두 香徒 가운데 椎香徒에 소속한다는 사실이 주목되는 바이다. 즉 邦祐·昕京 둘은 다같이 隊正으로서 椎香徒의 位奉·位剛 사이에 끼었으며, 두 사람으로 되어 있는 棟梁 가운데서 本脈을 차지하는 林長富 母主의 林氏가 또한 本郡 土姓이며, 그 뒤의 副棟梁 邦祐 역시 本郡 村姓인 것이다. 이로 볼 때, 결국 役事

---

6) 慶北 醴泉郡 醴泉面 南本洞 203 番 所在.

7) 旗田巍,〈高麗王朝成立期の府と豪族〉,《法制史硏究》10, 1960 참조.

8)《慶尙道地理志》安東道 順興都護府 醴泉郡條.「一 土姓三 林 尹 昕 右昕 前朝 神宗時以 國諱改權…」

의 주체는 예천본군으로서 두 향도 가운데 임원의 수가 더 많은 椎香徒는 역사의 주체인 예천군민의 것이란 사실이 드러난다. 그러면 彌勒香徒는 어떻게 되는 것일까.

미륵향도의 임원 가운데는 불행히도 성씨를 가진 사람이 별로 보이지 않는다. 行典 金由를 金氏로 볼 수도 있으나, 이것 하나만으로는 어떤 실마리를 잡기 어렵다. 미륵향도의 인명 가운데서 비교 유추할 만한 아무런 근거도 얻을 수 없다면, 棟梁 2인 가운데 예천군과 아무런 관련이 없었던 崔祐가 彌勒香徒와 어떤 관련이 있지 않을까 생각해볼 만하다.

두 사람이 棟梁 가운데서 林長富母主가 椎香徒와 밀접한 연관을 가진다면, 나머지 한 사람인 崔祐는 彌勒香徒의 棟梁일 가능성이 크다. 그런데 예천군과는 전혀 연관 지워지지 않는 崔祐와 彌勒香徒를 醴泉郡民이 아니라고 볼 경우, 그들이 예천군 소재의 개심사 석탑 조성에 참가한 이상 예천군과의 어떤 유대관계는 있어야 할 것이다. 앞에 인용한 《慶尙道地理志》에 따르면, 예천군은 多仁縣을 유일한 屬縣으로 가지는데 多仁縣의 土姓은 「黃·張·睦·崔」 4姓으로서 이 중에 崔氏가 발견된다. 本郡과 屬縣의 관계, 崔祐와 土姓 崔氏 등 어느 것이나 彌勒香徒를 屬縣 多仁縣의 것이란 짐작을 가지게 한다. 뿐더러 地理志 편찬 당시의 多仁縣 인구는 3,422명(남 1,427, 여 1,995)으로서, 醴泉本郡의 인구와 합치면 1만 인을 상회하게 된다. 그리고 앞서 본 임원의 규모 차이도 本郡, 屬縣의 관계에서 있을 수 있는 것이다.

그러나 우리는 이러한 사실들로써도 아직 彌勒香徒가 屬縣 多仁縣의 것이라는 단정을 쉽게 내려버릴 수 없다. 왜냐하면 석탑 역사가 있은 현종 1~2년 당시에 두 지방이 本郡·屬縣의 관계였다는 확실한 기록이 찾아지지 않을뿐더러, 도리어 《慶尙道地理志》에서 말하는 속현관계는 이보다 훨씬 뒤인 元宗代에 시작된 것이란 기록이 찾아지고 있기 때문이다. 《新增東國輿地勝覽》 예천군 人物條는 林支漢이란 사람에 대해 「元宗時에 本郡吏로서 東都叛將 崔宗·崔積·崔思 등을 從征하여 有功함에, 職으로써 賞하려 했으나 支漢은 이를 사양하고 尙州 管內의 多仁縣을 본군에 이속해 주기를 청하니 元宗이 이를 허락하였다」는 사실을 적고 있다. 이 기록에 따르면 多仁縣이 醴泉郡의 속현이 된 것은 元宗 때인 것이다.

통일신라에서도 多仁縣은 상주의 領縣으로 예천군과의 관계는 별로 찾을 수 없다.9) 그러나 이 縣은 예천 西南方 40里 지점, 洛東江 상류를 바로 건너 위치하여 예천군과의 어떤 관계가 쉽게 생길 수 있는 지리적 조건을 가진다.10) 그런데 고려에 들어와서 예천군의 복잡한 연혁을 자세히 살펴보면 그러한 지리적 조건이 후삼국 爭亂期의 혼란 속에서 실제적인 관계를 맺기에 이르렀음을 알 수 있다.

예천군은 통일신라에서 多仁縣이 아닌 다른 넷의 領縣을 가졌다. 永安縣(本 下枝縣), 安仁縣(本 蘭山縣), 嘉猷縣(本 近品縣), 殷正縣(本 赤牙縣) 등이 그것들이다.11) 통일신라 때의 이 같은 편제는, 주지하듯이 후삼국 전란기에서 領縣의 長까지도 將軍・城主를 칭하며 독자적 행동을 한 형편에서 지속되기 어려웠던 것 같다. 이들의 경우를 보아도, 永安縣(下枝縣)은 태조(高麗) 5년 6월에 그 將軍 元奉이 本郡과의 아무런 관계없이 王建에게 내투한 사실을 알 수 있다.12) 그리고 嘉猷縣(近品縣)의 경우, 태조 10년 3월에 王建의 軍이 「近品城을 攻下하였다」는 것과,13) 동년 9월에 甄萱의 軍이 「近品城을 攻燒하고 신라 高鬱府로 進襲하여 郊畿에 逼至하였다」14)는 것으로 보아 그 군사적 비중이 컸으며, 따라서 이들에서도 下枝縣 같은 독자적 행동이 예상된다. 爭蘭期의 이러한 탓인지 고려에 들어와 네 領縣은 醴泉에 거의 남지 못하고 모두

---

9) 《三國史記》卷 34, 地理 1. 「尙州……領縣三……多仁縣 本達己縣(或云多己) 景德王改名 今因之……」

10) 《新增東國輿地勝覽》卷 24, 慶尙道 醴泉郡條. 「屬縣 多仁縣……在郡西南四十里 越入龍宮東村 別號仁陽」
　　실제 위치는 金正浩 「靑丘圖」로 확인함.

11) 《三國史記》卷 34, 地理志 1. 「醴泉郡 本水酒郡 景德王改名 今甫州 領縣四 永安縣 本下枝縣 景德王改名 今豊山縣 安仁縣 本蘭山縣 景德王改名 今未詳 嘉猷縣 本近(一作巾)品縣 景德王改名 今山陽縣 殷正縣 本赤牙縣 景德王改名 今殷豊縣」

12) 《高麗史》卷 1, 太祖 5년 6월 丁巳條. 「下枝縣將軍 元奉來投」

13) 《高麗史》卷 1, 太祖 10년 3월 辛酉條. 「王入運州 敗其城主兢俊於城下 甲子 攻下近品城」

14) 《高麗史》卷 1, 太祖 10년 9월條. 「甄萱攻燒近品城 進襲新羅高鬱府 逼至郊畿…」

상주 또는 안동의 管內가 되어 버린다.15) 그러나 그렇다고 하여 醴泉郡 자신
의 비중이 저하된 것은 아니었다.

예천군은 경덕왕 이래의 醴泉이란 郡名을 고려에 들어와 「甫州」라 바꾼
다. 改名의 시기는 《高麗史》 地理志에 「高麗初更名」이라 하였을 뿐 명확치
않으나,16) 地理志의 「高麗初」는 대체로 태조 23년 3월의 「改州府郡縣號」의
개혁과 관련되는 것으로 짐작된다.17) 이 개혁은 비록 체계적일 수 없었다 하
더라도, 爭亂을 막 끝낸 시기에 州로 남을 수 있었다면 그동안 그만큼 군사
적 비중이 컸음을 말해 준다. 따라서 州로서의 甫州는 신라 이래의 네 領縣
을 상실하였다 하더라도 그 대신 다른 현을 그 영향권 아래 확보하였을 가능
성은 크다. 인근의 多仁縣이 예천과 어떤 유대를 가질 수 있게 되었다면 그
것은 바로 이때에 이루어졌을 것으로 짐작된다.

그러나 甫州는 성종대의 일련의 지방제도 정비 조치에서 그 지위가 크게
위축된다. 그동안의 사정을 자세히 밝힐 수 없지만 동왕 14년 10道 12州 설
정에서 甫州는 嶺南道 尙州(牧)의 소관 아래 편입되었으며,18) 더욱이 이때에
州의 명칭으로 보기 어려운 「淸河」「襄陽」 등의 別號19)가 생긴 사실로 보

---

15) 註 11)의 《三國史記》기록에 의하면 4個 領縣 중 安仁縣은 史記 편찬 당시에 이미 「未
詳」으로 되어 그 뒤의 沿革을 알 수 없고, 나머지 셋은 《高麗史》 地理志에 따르면 山陽
縣은 尙州牧에, 殷豊·豊山 兩縣은 모두 安東府에 소속되었다. 그런데 이들은 新羅의 명
칭이 모두 「高麗初 更名」으로 되어 있는 것이 共通된다.

16) 《高麗史》 卷 57, 地理 2 安東府條. 「基陽縣 本新羅水酒縣 景德王改爲醴泉郡 高麗初更名
甫州 顯宗九年來屬…」

17) 醴泉이 甫州 이후에 가지는 別稱으로 註 19)에서 보듯이 淸河 襄陽 두 개가 있는데 이
것들은 成宗代의 것으로 밝혀지므로 그 이전의 甫州는 太祖 때의 개혁에 의한 것으로
보아야 할 것이다. 地理志의 「高麗初」가 太祖 때를 말하는 것이라 짐작한 것은 李基白,
〈高麗地方制度의 整備와 州縣郡의 成立〉, 《趙明基博士華甲記念佛敎史學論叢》, 1965; 《高
麗兵制史硏究》의 註 9)에서도 보인다.

18) 成宗 14년의 정비에서 慶尙道 全域은 尙州의 嶺南道, 金州(金海)의 嶺東道, 晋州의 山南
道 셋으로 나뉘었는데 嶺南道에서 醴泉 부근의 星州·榮州·龍宮·永同·善山·安東 등지
가 모두 포함되었으므로 醴泉도 이에 포함되었을 것은 물론이다. 그런데 醴泉은 이 근
처에서 防禦使가 나가는 단위에도 끼지 못하고 있다(이상은 李基白, 위의 논문, 成宗 14
년 地方制度一覽表 참조).

19) 註 16)과 같은 條. 「基陽縣……別號 淸河 襄陽 成廟所定」
《世宗實錄》 地理志 醴泉郡條에는 「成廟所定」을 淳化年間으로 밝혔는데 淳化 1년이

아 尙州管內 12州 48縣[20] 가운데 州가 아닌 縣이 되고 말았던 것 같다.

甫州의 이러한 지위 저락은 목종대에 다시 만회될 수 있었던 것으로 보인다. 성종대의 중앙집권적 정책은 그 후 지방 세력의 반발을 받아 그동안 행해진 지방제도 정비 조치를 모두 철회시켜야 했던 것이다. 목종 8년에 내려진 外官 汰去의 조치는 중앙정부의 지방호족에 대한 통제의 약화를 뜻하므로[21] 醴泉의 경우, 전날의 甫州의 지위가 되살아났을 것으로 짐작된다. 다시 회복된 甫州의 지위는 현종 3년의 75도 安撫使 실치에서는 그다지 큰 디격을 받지 않았을 것으로 생각되나, 同王 9년의 4都護·8牧 설정에서 安東府의 관내로 편입됨에 따라[22] 다시 그 지위가 성종 때의 형편이 되어 버렸을 것으로 보인다. 더욱이 이 安東府 관내로의 이입은, 多仁縣은 이때 그대로 尙州 관내로 남았으므로[23] 두 지방의 편제상의 隔絕을 가져오는 일이었다.

예천은 그 후 명종 2년에 이르러 太子胎의 藏所가 되어 基陽縣이라 이름을 고치고 縣令官으로 승격되는 지위 상승을 보게 된다.[24] 그리고 神宗 7년에 南道招討兵馬使 崔匡義가, 北上하는 東京의 亂徒를 이 지방에서 大破함으로써 基陽縣이 「知甫州事」로 승격되게 된다.[25] 이 州로 승격은 國初의 甫州의 지위가 再現된 것임을 뜻함은 물론이다. 상술하였듯이 元宗代 林支漢이 多仁縣을 속현으로 요구한 것은 바로 이 州의 자격으로서였던 것이다. 石塔記 棟梁난에 보인 戶長 林長富의 후예일 郡吏 林支漢의 多仁縣 요구는 그동안 本州의 지위 저락으로 상실당하고 말았던 多仁縣을 지위상승과 함께

成宗 9년에 해당한다.

20) 《高麗史節要》卷 2, 成宗 14년 7월 條. 「……又定十道……日嶺南道 管十二州四十八縣……」

21) 李基白, 《高麗兵制史研究》, p.196 참조.

22) 註 16) 참조.

23) 《高麗史》卷 57, 地理 2 尙州牧條. 「多仁縣……至高麗仍屬 後移屬甫州」 여기서 말하는 甫州로의 移屬은 물론 이 책 p.98~99에 언급된 元宗代의 일을 말한다.

24) 註 16)과 같은 條. 「基陽縣……明宗 二年 藏太子胎 改今名 陞爲縣令官」

25) 위와 같은 條. 「基陽縣……神宗 七年 南道招討兵馬使崔匡義 與東京賊 戰于縣地 大捷陞 知甫州事……」

되찾으려는 것으로 보아 옳을 것이다. 그는 자신이 吏의 신분에서 벗어날 수 있는 기회인 賞職을 사양한 대가로 多仁縣을 요구한 것이다.

國初 甫州로서 가질 수 있는 領縣은 다른 지방도 상정할 수 있지만 지리적 조건이나 그 후의 사정을 참작컨대 다인현만큼 유력한 지방은 찾기 어렵다. 그리고 우리가 문제 삼는 崔氏를 土姓으로 가진 지방은 경상도 내에서 다인현 외에 慶州·聞慶·靑杞 세 곳이 있으나 예천과의 관계가 모두 다인현만큼 가깝지 못하다.26) 그러므로 우리는 여기서 더 이상 뚜렷한 자료를 얻지 못하는 한, 崔祐를 多仁縣의 土姓 崔氏로 보고 彌勒香徒를 醴泉과 속현 관계였던 多仁縣의 것이라고 단정해 두기로 한다. 석탑 조성 역사가 있었던 현종 1~2년은 목종 8년에서 현종 9년 사이, 즉 중앙의 지방호족에 대한 통제가 후퇴한 시기에 해당한다.

2. 香徒의 구성과 郡縣

다음으로 향도와 당시 촌락구조와의 관계를 살펴보기로 한다.

앞서 隊正 邦祐·其豆·昕京 등이 椎香徒의 位奉·位剛 사이에 揷記된 것을 하나의 의문으로 남겨 두었다. 이 부분의 표기(位奉楊寸能廉_等四十人隊正_{邦祐}其豆昕京 位剛偝平矣_典次衣等五十人)로 보아서는 그들이 位奉·位剛 그 어느 쪽에도 속할 수 없음이 명백할뿐더러, 隊正은 外軍職으로 흔히 주어지던 것이란 사실을 참작컨대, 그들에 대한 표기는 삽기임이 틀림없다. 이러한 삽기는 다음

---

26) 필자는 崔祐의 존재가 궁금한 나머지 《慶尙道地理志》의 土姓란을 모두 조사해본 결과 崔氏를 土姓으로 가진 지방은 위 4個지방뿐임을 알았다. 慶州는 물론, 靑杞도 寧海都護府 任內로 醴泉郡과 멀뿐더러 이 縣은 忠烈王때의 大靑·小靑 두개 部曲이 합쳐져 만들어진 것이므로(《慶尙道地理志》 靑杞縣條 참조) 더욱 崔祐와 연결될 가능성이 없었다. 聞慶이 그 가운데 醴泉과 거리가 가까우나 이 지방은 新羅 이래 그 남쪽의 古寧郡의 領縣이었고 고려에 들어와서는 郡으로 승격되어 尙州 관내로 되었으므로(《高麗史》 卷 57, 地理 2 尙州牧 聞慶郡條) 醴泉과의 유대는 역시 찾기 어렵다.

과 같은 까닭에서 있게 된 것으로 추측된다.

外軍職으로서의 隊正 3인이 지휘할 군사는 기문 가운데 ②의 노동력으로 동원된 光軍 46隊(1,150名)이다. 光軍은 「地方豪族의 지휘 아래 놓인 農民豫備軍」으로 파악된다.[27] 隊正 3인이 椎香徒 임원 사이에 삽기된 것은 결국 그들이 造塔에 필요한 노동력으로 光軍을 동원 지휘한 공로를 기문에 남기기 위해, 郡內에서의 지위를 참작하여 삽기한 것이라고 풀이된다. 노동력 제공에 대한 優遇는 ②에 光軍 46隊가 같은 郡民이면서도 「俗·娘合一萬人」과는 구분해 別記된 데서도 나타난다. 그러나 공로와 지위를 참작한 揷記라 하더라도 그들을 위한 別行이 설정되거나 또는 미륵향도에 넣어지지 않고 추향도 안에 굳이 삽기되었다면 추향도와 어떤 관련이 있었기 때문일 것이다. 앞서 살핀 바에 따르면 이들 3인 가운데 2인은 本郡의 土姓과 村姓으로 말하자면 그들은 예천군민이었으며, 椎香徒에 함께 삽기된 것은 결국 그들이 모두 추향도의 구성원 자격을 가졌기 때문이라고 여겨진다. 그렇다면 우리는 이로써 「俗·娘合一萬人」이 향도의 한 구성원이어야 한다. 棟梁은 역사의 총책이기도 하지만 발원을 위한 역사에서 가장 많은 희사를 한 사람이므로 그도 香徒의 한 구성원인 것이다. 예천 본군의 棟梁이 戶長 陪戎校尉 林長富의 母主로 된 것은 林氏家의 희사가 母主의 명의로서였기 때문이라고 생각되나, 林長富 자신이든 그 母主이든 간에 林氏家를 이 役事의 주동이라고 볼 수 있다. 林長富의 직함인 戶長은 郡內의 首吏를 말하며 陪戎校尉도 首吏級에 주어지는 武散階이다.[28]

郡內의 제일 豪族인 林氏家가 役事의 주동이고 지방호족의 지휘 아래 놓인 光軍의 노동력으로 동원되었다면 이 役事는 擧郡的인 것이다. 그러면 향촌 유력층인 戶長과 隊正 등의 향리들이 향도에 깊이 관계되었음이 이로써 확실시되나, 이를 좀 더 명확히 하기 위해 〈淨兜寺五層石塔造成形止記〉에

---

27) 李基白, 앞의 〈高麗光軍考〉, 《高麗兵制史研究》, p.166~167 참조.
28) 旗田巍, 〈高麗の武散階〉, 《朝鮮學報》 21·22 合號, 1961 참조.

보이는 비슷한 시기의 若木郡의 경우를 비교해 보기로 한다.[29]

若木은 나중에 仁同郡의 屬縣이 되어 버리나, 석탑 건립 당시는 尙州任內의 郡이다. 군내 淨兜寺 5층석탑의 조성 내역을 적은 形止記는 開心寺 石塔記처럼 향도의 존재를 보여주지 않는다. 그 대신 석탑 조성의 주체가 本郡의 통치조직인 「郡司」였음을 밝혔다. 郡司는 戶長·副戶長 아래 戶·兵·倉 3계열의 正·副正·史 등이 갖춰 있는 郡 自治의 長吏集團의 기구로 분석된다. 郡司가 중심이 된 조탑사업은 그 비용을 희사에 의존하는데, 희사는 주로 유력층인 長吏들로부터 나오나 반드시 그들에 국한하지 않고 경제력이 있어 보이는 柒(漆)匠·鍮匠·樂人 등으로부터도 나오고 있다. 비록 香徒의 존재는 明記되어 있지 않지만 「郡內老少男女百姓等」의 發願으로 희사에 따라 경비가 마련되는 그 자체가 이미 향도의 성격을 띠는 것이다.

郡司가 造塔 역사의 중심이 되고 있는 若木郡에 굳이 향도 조직이 있었다고 강변할 수 없지만, 椎香徒·彌勒香徒를 가진 예천군과 다인현에 군사가 없었다고 할 수는 없다. 군사는 중앙으로부터 外官이 오지 않는 이 무렵의 郡·縣에서는 향촌 통치의 기초이기 때문이다. 예천 군사의 최고위일 戶長 陪戎校尉 林長富의 가문이 역사의 棟梁이 되고 있는 것은 이 役事에서 醴泉 郡司가 若木郡의 郡司와 비슷한 구실을 했다는 것을 뜻할 것이다. 군사의 長吏들은 직접 향도의 직임을 가지지 않았지만 군사와 자신들의 모든 능력을 동원하여 향도를 뒷받침해 주었을 것이다. 그러하였으므로 향도는 擧郡的인 조직일 수 있었으며, 실상 군민 전체가 포함되는 1만인을 한 역사에 직접 간접으로 모두 참여시킬 수 있었다면, 이러한 기존의 향도조직을 생각하지 않고서는 불가능한 것이다. 椎香徒는 香徒의 최고위직인 上祉 다음 서열에 상징적인 존재로서 光吖·金吖 두 아기(阿志)를 仙郎으로 두는 발달된 형태의 공동체 모습을 보여 주기도 한다.[30]

---

29) 이하 形止記에 관한 서술은 武田幸男, 〈淨兜寺五層石塔造成形止記の研究〉, 《朝鮮學報》 25, 1962에 따름.

30) 두 仙郎의 序列이 最高位인 上祉 다음이란 점이 상징적인 존재임을 말해 준다. 新羅의

郡 통치기구인 군사와 향도의 관계를 이해하는 데는 향도의 임원이 어떤 부류인가를 아는 것이 지름길이겠으나 불행히도 향도의 임원 가운데는 성씨를 가진 사람을 찾을 수 없다. 단지 光軍의 지휘자로서 향리의 신분에 속하는 隊正 邦祐 등이 位奉·位剛 사이에 삽기된 사실에서 향도의 임원이 향리와 동류이거나 그보다 열약하지 않은 부류일 것을 추측할 뿐이다.

맺음말

앞서의 인명 분석에서 본 것에 따르면 광군 지휘자 가운데 한 사람이며 副棟梁이었던 隊正 邦祐의 邦氏는 本郡「村姓」이었다.《慶尙道地理志》편찬 당시(世宗 6년)까지 일반 토성과 구별되는 村姓은 토성이 거주하는 군의 중심지와 떨어져 있거나 또는 어떤 독자성을 강하게 가지고 성장한 촌락의 성씨를 의미할 것이다.

일본 正倉院에서 발견된 新羅帳籍은 통일기의 촌락구조가 15호補)를 넘지 못하는 자연촌 3, 4개가 하나의 지역촌을 형성하여 촌주에 따라 통솔됨을 보여준다.[31] 이러한 지역촌은 다시 수 개가 모여 하나의 군 또는 현을 이루게

花郎徒의 별칭이 香徒임은 주지하는 사실로서 椎香徒의 仙郎은 그 遺制 같은 인상을 준다.《破閑集》卷下「鷄林舊俗……名日 花郎國人皆奉之 其徒至三千餘人……我太祖龍興以爲古國遺風 尙不替矣 冬月設八關盛會 選良家子四人 被霓衣 列舞于庭……苑是月城之四子……」라 하여 高麗 八關會의「良家子四人」이 花郎의 遺制임을 밝혔다. 그러나 八關會의「良家子四人」과 椎香徒의 仙郎과의 관계는 확실치 않으며, 新羅 香徒와 高麗 香徒의 구조적 차이도 알지 못하는 형편에서 더 이상의 언급을 할 수 없다. 단지 高麗의「仙郎」에 대한 자료를 하나 더 제시하는 데 그치기로 한다.《高麗史》列傳 閔頔傳에 忠烈王 때에 仙郎으로 이름난 閔頔가 國仙으로 뽑혀 東宮의 僚屬이 된 것에 대한 註記로서「國俗 幼必從僧 習句讀有面首者 僧俗皆奉之 號曰仙郎 聚徒或至千百 其風起自新羅……」라 한 것이 있다.

補) 이 戶數는 孔烟編戶說에 따르면 25戶 정도로 수정된다. 李泰鎭, 이 책 제1장〈新羅統一期의 村落支配와 孔烟〉참조.

31) 旗田巍,〈新羅の村落-正倉院にある新羅村落文書の研究〉,《歷史學硏究》226·227, 1958·59 참조.

되는데 군·현의 통치는 村主들에게 맡겨지되, 그들의 대표는 上村主라 불렸고 나머지는 第二村主, 第三村主로 불렸다. 통일기 촌주들의 이러한 서열적 호칭은 지역촌들이 고유한 명칭을 가질 정도로 발달하지 못했음을 뜻하며, 지역촌의 이러한 미숙성은 점차 자기성장을 통해 고려전기에 이르면 대체로 독자적인 村名을 가지기에 이른다고 한다.32) 이는 고려전기 촌락의 발전된 면모이기도 하지만, 한편 그 지역촌 아래 있는 자연촌들이 아직 독자성을 가지지 못하는 한계가 있는 것이었다.

위에서 본 군사는 실상 촌락발달의 단계가 그러한 정도였으므로 擧郡的일 수 있었다고 생각한다. 군내에서 개별성을 발휘할 만한 집단이 소수인 상태에서 하나의 체제로서의 연합은 용이하였을 것이며, 이 체제(郡司)가 형성된 뒤 개별성을 가질 만한 자연촌이 등장하더라도 그것이 소수인 한은 체제로부터의 이탈이 불가능했을 것이다. 조선초까지 「村姓」으로 구분되는 邦氏를 고려전기에 이미 독자성을 가질 만한 한 자연촌을 형성한 혈연집단이라고 보더라도, 그 유력자인 隊正 邦祐는 郡司 長吏集團의 일원으로 활약하고 있을 따름인 것이다. 그러나 이 무렵에 邦氏의 경우와 같이 성장을 빨리한 자연촌은 소수였고, 대부분의 자연촌은 훨씬 미약했을 것으로 짐작된다. 결국 이러한 단계의 고려前期의 촌락구조가 군사와 같은 통치기구를 가능하게 했고 그 뒷받침을 받는 향도 조직도 擧郡的일 수 있었다고 본다.

그러나 고려후기 이후에는 지역촌 아래에 있던 자연촌들이 꾸준히 성장하여 촌락구조도 변한다. 麗末에 자연촌의 단위 명칭으로서 「里」가 새로이 등장함은 그동안 자연촌들이 자기성장을 보아 독자성을 가지게 된 것을 의미한다.33) 이러한 변화에 따라 擧郡的인 규모의 공동체 모습을 보였던 향도도 변질되기 마련이었다. 더욱이 향도 공동체를 낳은 불교는 麗末에 이르러 사회적 구실이 크게 감퇴한다. 우리는 여말선초의 격변기에 향도란 명칭이 존

---

32) 李佑成, 〈麗代 百姓考〉, 《歷史學報》 14, 1961 참조.
33) 李佑成, 앞의 논문 참조.

속하나, 그것이 이제 불교와 직접적인 관련을 상실하고 자연촌[里]마다 가지는 각기의 수호신에 대한 祀神단체의 명칭으로 바뀌고 있음을 본다.34) 자연촌을 단위로 하는 향도의 변질된 모습은 고려적 향촌질서의 붕괴를 뜻하는 것이라 생각하며, 한편 불교적 용어인 향도가 불교와 관련 없는 祀神단체에 대한 명칭으로 그대로 남는 것은 그동안 향도가 향촌 공동체로서 절대적인 역할을 했다는 것을 말해준다.

결론적으로 말하면, 고려전기의 향도는 당시의 사회구조에 상응하는 거군적인 규모의 공동체였지만, 자연촌락의 성장이란 사회적 변화에 따라 여말선초에 이르면 자연촌[里] 단위의 촌락공동체로 그 규모가 줄어드는 변화를 겪게 된다는 것이다.

---

34) 麗末鮮初의 「祀神香徒」에 대해서는 李泰鎭, 〈士林派의 留鄕所 復立運動〉上, 《震檀學報》 34, 1972, p.8~15; 이 책 제6장 p.152~164 참조.

II. 집약농업기술의 실현과 사회변동

제4장 14·15세기 농업기술의 발달과 신흥사족新興士族

1. 문제의 제기

조선전기의 농업기술에 관한 지금까지의 연구는 대체로 세종 12년 편간의 《農事直說》을 중심으로 추구되어, 그 기술이 중국 華北지방의 旱地農法과 밀접한 관련을 가지는 것으로 지적되고 있다.[1] 이러한 이해에는 화북지방의 농업을 주 대상으로 한 元 司農司 撰의 《農桑輯要》가 기록상 당시에 가장 저명하고 또 《농사직설》 편찬에도 적지 않게 참고된 사실이 일차적인 근거로 작용된 듯하다. 이 시기에 이르기까지 우리의 농업이 화북지방과 같은 農業圈에 속하여 기술상으로 깊은 관련을 가진다는 것은 기본적으로 타당한 견해로 여겨진다. 《농사직설》 편찬에서 《농상집요》가 基準書的 구실을 하게 된 것도[2] 바로 그러한 전통이 제어하는 바였다고 믿어진다. 그러나 《농상집요》의 이러한 활용이 반드시 당시의 농업기술의 발전 방향을 바로 의미하는 것인지는 의문이다.

《농상집요》 편찬 당시(1273?)[3]의 중국 농업은 南宋 水稻作의 기술상의 일

---

1) 李春寧, 《李朝農業技術史》, 1964, p.28～29; 金容燮, 《朝鮮後期農業史研究》Ⅱ, 1974, p.246.
2) 金容燮, 위의 책, p.245～246에 兩書의 내용 대조표가 제시되어 있다.
3) 《農桑輯要》의 편찬 연대에 대해서는 至元 10년(1273)과 至元 23년(1286)의 兩說이 있으나 대체로 初稿 完成과 修正 完成의 연대로 각각 풀이되고 있다. 天野元之助, 《中國農業史研究》, 1962, p.476～477 참조.

대 발전으로 이제까지 화북 쪽이 누리던 선진성이나 우위성이 무너지는 변화를 겪고 있었다. 그러나 元 世祖 勅撰의 《농상집요》는 그것이 아직 영역 밖의 것이어서인지 거의 논외로 하고, 600년 전의 《齊民要術》을 중심으로 화북의 한지농업을 주 대상으로 정리하는 태도를 취하였다. 元朝가 남송을 멸망시킨(1278) 뒤 남·북 농업의 장단을 보완하는 《王禎農書》(1313), 《農桑衣食撮要》(魯明善, 1314) 등의 새 농서가 곧 뒤이은 것은 《농상집요》의 그러한 한계성을 바로 말하는 것이었다.4) 중국 農業史에서 《농상집요》의 이러한 특별한 사정을 염두에 둔다면, 조선 전기의 우리의 농업기술 평가에서 그것을 일차적인 기준으로 삼는다는 것은 좀 더 신중을 기해야 할 문제로 판단된다. 그에 따르면 결국 중국과 기술상의 낙차가 더 큰 폭으로 인정되는 결과를 가져오기 때문이다.

《농사직설》 편찬 당시에는 사실 《농상집요》 외에도 선진적인 강남농법을 반영한 농서가 들어왔을 가능성이 충분히 있었다. 종래의 연구에서도 이러한 가능성에 대한 지적이 없었던 것은 아니지만,5) 《농사직설》의 내용 검토로까지 바로 연결되지 못한 아쉬움이 있었다. 조선 전기의 농업기술은 우선 시기적인 면에서만 하더라도 중국 남·북 농법 양자 모두 비교에 따른 검토가 요청되는 것이라고 하겠다. 이 논문은 중국의 경우에서도 남·북 농법의 차이를 결정지운 가장 중요한 요소의 하나인 시비법을 중심으로 조선 전기 농업기술의 단계성을 검토하고자 하는 데 일차적인 목적이 있다. 그리고 농업기술의 발달에는 일반농민의 구실도 적지 않지만, 그것이 고도의 지식을 요하는 것일수록 지식인의 구실이 개재되지 않을 수 없는 것이므로, 이 시기에 새로운 역사 담당자로 부상한 이른바 신흥사족이 이에 어느 정도 관련되

---

4) 天野元之助, 위의 책, p.481~482 및 西山武一, 《アジア的農業と農業社會》, 1969, p.183~184.

5) 南宋의 《陳敷農法》 또는 元의 《王禎農書》의 도입 가능성은 李光麟, 〈「養蠶經驗撮要」에 對하여〉, 《歷史學報》 28, 1965, p.32에서 처음 지적되었지만, 金容燮 교수는 한편 그럼에도 《農桑輯要》와 《四時纂要》의 활용이 유독 컸던 것은 당시의 농업이 화북지방의 농법과 깊은 관련이 있는 증거라고 하였다(앞의 책, p.244).

었었는지도 아울러 살피고자 한다. 당시의 농업기술의 발전방향이 중국 강남농법의 수용에 있는 것이라면, 이는 그들의 새로운 지배이념으로서의 성리학 수용과도 상관관계가 닿아 당시의 문화 방향을 이해하는 데도 중요한 문제의 하나가 될 것으로 여겨진다.

2. 휴한법의 극복

중국에서 강남농법의 성립은 곧 휴한법의 완전한 극복을 의미하는 것으로, 이러한 획기적인 발전에는 시비법의 개발이 결정적인 요인이었던 것으로 파악된다. 이에 대해서는 뒤에서 다시 자세히 언급할 기회가 있지만, 조선 전기의 경우, 《직설》의 작법이 연작법인 것은 주지하는 사실이다. 그렇다면 이 시기의 기술수준을 파악하려는 처지에서는 이러한 연작법이 언제부터의 것인가, 다시 말하면 우리의 경우 휴한법의 하한이 언제까지인가 하는 문제가 먼저 규정되어야 할 것이다. 우리의 농업사에 대한 종래의 이해는 三韓 또는 三國時代의 犁耜의 제작이나 牛耕의 始用에 관한 단편적인 기록으로 深耕에 따른 연작법의 성립을 속단하는 경향이 있었다.[6] 그러나 관계 기록이 더 많은 중국의 경우로 볼 때, 전면 耕反이 가능한 有鐴耕反犁가 개발된 이후에도 「糞田」 곧 농지의 전면 施肥가 이루어지기 전까지는 휴한의 원리를 극복하지 못한 것으로 밝혀진다.[7] 휴한법 극복에 이르기까지의 농업기술의 발달의 이러한 단계성은 우리의 경우에서도 다름이 없을 것이다.

---

6) 李春寧, 앞의 책, 第1章 「歷史的 背景」에서 後代의 農耕條件의 기본적인 것은 늦어도 三國時代에 다 갖추어진 것으로 서술되고, 金容燮, 〈高麗時期의 量田制〉, 《東方學志》 16, 1975에서도 統一新羅期 後半에는 畜力의 이용이 많아 山田을 제외한 平田에서는 이미 休耕法이 극복되었을 것이라고 생각하였다(p.77).

7) 중국문헌에서 鐴의 初見은 魏(220~265)代이며 前漢 《氾勝之書》에서 有鐴一片面撥土의 사실이 인정되는 한편, 《齊民要術》에서 그 완성이 있었지만(天野元之助, 앞의 책, p.756 및 西山武一, 앞의 책, p.78, p.111), 《齊民要術》 단계에서도 休閑의 원리는 완전히 극복되지 못하였다. 「糞田」에 대해서는 註 29) 참조.

金容燮 교수는 고려 말·조선 초에 1結의 단위면적이 축소·재조정되는 사실을 고려 후·말기 이래의 농업기술 발달의 결과로 풀이하는 중요한 견해를 표명하였다.[8] 즉 무신란 이후 특히 대몽항쟁기에 농지가 한정되고 또 이후 수취제도가 가혹해짐에 따라 단위면적 생산력 증대의 필요성을 절감하는 일반농민의 노력의 결과로 모든 농지의 常耕(連作)化를 가능하게 하는 기술상의 발전이 있었다고 하였다. 이 연구는 고려 말의 농업기술의 발전을 처음으로 지적한 점에서뿐만 아니라, 우리 농업사에서 휴한법의 하한을 처음으로 직접 언급한 점에서도 그 의의가 자못 큰 것으로 생각한다. 그런데 여기서도 稻作地인 平田과 일부의 山田은 고대에서 이미 심경으로 연작이 이루어진 것을 전제하여, 이제까지의 휴한법은 결국 다수의 산전 쪽에서만 행해진 것이라는 논지를 보이고 있다. 그러나 이러한 견해는 앞서 지적하였듯이 심경이 반드시 연작법의 성립을 뜻할 수 없는 한, 좀 더 자세한 검토가 있어야 할 것이다.

휴한·연작에 관한 고려시기의 기록으로는 문종 8년 3월 判의 田品에 관한 다음의 규정이 먼저 주목된다.

   (가) 凡田品 不易之地爲上 一易之地爲中 再易之地爲下

   (나) 其不易山田一結 準平田一結 一易田二結 準平田一結 再易田三結 準平田
      一結(《高麗史》77, 食貨 1 經理條)

위 가운데 (가) 부분은 고려시기에 不易(連作)·一易(1년 休閑)·再易(2년 休閑)의 세 가지 작법이 있은 것을 말해 준다. 그런데 (가) 부분의 이러한 작법 차이에 따른 상·중·하 3등급의 田品은 (나) 부분의 아래와 같은 정리에 따라 그것이 본래 산전에 대한 것임을 알 수 있게 된다.

---

8) 金容燮, 앞의 글.

不易山田　　1結 ——— 平田 1結

一易(山)田　2結 ——— 〃

再易(山)田　3結 ——— 〃

　(나) 부분은 위의 정리에서 보듯이 평전 1결에 대한 세 경우 각기의 結數對比로서, 여기서 不易의 경우가「山田」으로 표기된 이상 그 이하의「一易田」「再易田」도 같은 산전의 略記로 보아야 할 것이다. 그렇다면 이로써 이 시기에 산전의 경우 세 가지의 작법 형태가 확인되는 한편, 그 비교의 기준이 된 평전 쪽도 1년 휴한을 전제한 것임이 아울러 드러난다. 산전에 상대되는 평전이 이 시기에서 대부분 水耕 稻作地로 활용되었을 것은 거의 의심의 여지가 없다. 그런데 위의 산전과 평전의 결수 대비는 평전을 연작으로 볼 경우, 산전과 평전과의 비율이 1 : 1로서 같게 되어 평전으로서 또는 稻作地로서의 우위가 전혀 드러나지 않는다. 성종 11년의 公田租에 관한 규정에 따르면 당시의 水田의 소출은 旱田(山田)에 견주어 陪의 量을 보이고 있어, 위의 대비는 결국 평전을 1년 휴한의 도작지로 간주할 때 비로소 순리적일 수 있게 된다.[9] 이러한 해석이 잘못되지 않다면, 고려 중기까지도 산전 일부를 제외하고는 휴한법이 일반적이었다는 결론이 얻어지는 것으로, 이는 益齋 李齊賢이 田紫科에 대한 한 비평에서「鴨綠以南 大抵皆山 肥膏不易之田 絶無而僅有也」[10]라고 지적한 것과도 일치하게 된다.

　휴한법의 일반성은 고려 이전의 통일신라기의 자료에서도 구체적인 증거를 얻을 수 있다. 즉 正倉院 발견의 촌락문서를 검토하면, 네 개 촌의 전·답이 호당 평균치(畓: 6結 20負, 田: 7結 30負)로나 정상적 노동력(丁男·丁女 및 奴婢)의 1인당 경지의 양(田·畓 공히 각 1結 上廻) 어느 쪽으로든 연작을 전제하여서는 납득키 어려운 점이 많은 것이 바로 그것이다.[11] 그리고 畓에 치우

---

　9) 文宗 8년 判의 위 규정에 대한 이러한 해석은 李泰鎭,〈畦田考―統―新羅·高麗時期의 水稻作法 類推〉,《韓國學報》10, 1977(이 책 제2장)에서 이미 시도한 바 있다.

　10)《益齋亂藁》史贊 景王篇.

처 설정된 관인 畓(內視令畓, 官謨畓)의 총량(21結 86負 7束)이 전체 畓에서 차지하는 비율이 의외로 적은 것도 실상 휴한법을 전제로 하면 쉽게 납득이 된다. 각 촌에 3~4결씩 설정된 이 畓은 결국 휴한법 아래서 그것에 구애됨이 없이 각기가 매년 납부해야 하는 도작 수확량의 표시로 보아야 할 것이다.

  고려 중기까지도 농업이 휴한법의 제약 아래 있었던 것은 단위 면적의 낮은 생산력을 통해서도 살필 수 있다. 신라통일기의 이에 관한 자료는 얻지 못하고 있으나[12] 고려의 것으로는 성종 11년 判의 公田租 규정에 따라 다음과 같은 水田·旱田 각기의 소출량이 산출된다.[13]

---

11) 金容燮 교수의 앞의 논문에 따르면 신라·고려의 1결의 면적은 17,500餘坪~16,700坪 정도로 算出된다고 한다(p.106). 그리고 이 論稿에서는 戶當 평균치가 큰 것에 대해 戶當 牛馬의 頭數가 2.5인 것을 근거로 하여, 畜力의 利用이 절대로 필요한 營農이었다고 주장하였다. 그러나 1戶當 田·畓 結數 13結 50負는 2.5頭의 牛馬로서도 耕起가 용이한 것으로 생각되지 않는다.

12) 原 論稿에서는 崇福寺 碑文 가운데 「一百結酬稻穀合二千苫」란 구절로서 1結당 10石이란 계산을 제시하였으나, 이 구절이 買入價를 표시하는 것임을 알지 못하여 오류를 범한 것이므로 바로 잡는다.

13)《高麗史》卷 78, 食貨 1 租稅條. 본 判文 가운데 水田 上等은 본래 2石 11斗 2升 5合 5勻으로 되어 있는데, 姜晋哲,〈高麗前期의 公田·私田과 그의 差率權收租에 대하여〉,《歷史學報》29, 1965에서 2石이 3石의 잘못일 것으로 주장되었다. 여기서도 그것이 합당하다고 생각되어 4倍數 15石 2合을 취한다. 그리고 旱田 下等도 原文에는 缺로 되어 있으나 姜교수의 差率 계산에 따라 6石 6斗 5升으로 산출되었다. 그런데 이 判文의 細註에는 다음과 같은 다른 한 기준이 제시되어 있다.

    水田 上等 4石 7斗 5升 18石
         中等 3石 7斗 5升 14石
         下等 2石 7斗 5升 10石
    旱田 上等 2石 7斗 5升 5合 9石
         中等 1石 11斗 2升 5合 7石
         下等 1石 3斗 7升 5合 5石

  본문의 것에 견주어 强勢인 이 기준에 대해서는 稅額 증가說, 試案說, 公田과 私田의 각개의 基準說 등 여러 가지가 있었지만(姜晋哲 , 위의 논문, p.4 참조) 前者를 고려 전·중기의 것으로 보고 細註의 것을 후기에 이르러 일정한 한계 속에서도 농업기술이 부분적으로 개선되어 생산력이 변동됨에 따라 내세워진 것으로 볼 수도 있을 것 같다.

田種 田品	水　田	旱　田
上　　等	15石 2合 (11石 2合)	7石 3斗 5升
中　　等	11石	6石 12斗 5升
下　　等	7石	6石 6斗 5升 (欠)

그런데 고려전기의 이러한 단위면적 생산력은 조선전기의 섯에 견주면 크게 떨어지는 규모의 것이다. 세종 12년의 貢法 논의에 보이는 한 기록은 당시의 사정을 「慶尚·全羅 沿海의 水田 같은 것은 種稻 1·2斗에 소출이 혹 10여 석에 이르러 1결의 소출이 많은 것은 5·60석을 넘고 적은 것도 2·30석을 내려가지 않으며, 한전 역시 극히 기름져 소출이 심히 많다」[14]고 하였다. 이 시기에서 경상·전라 연해의 지역은 최상의 농지로 꼽히지만, 어떻든 여기서의 수전의 경우 최하의 소출이 오히려 고려전기 것의 上等을 상회하는 현격한 차이를 보인다. 한전의 소출은 구체적으로 밝혀지지 않았지만 수전에 견주어 반의 소출은 최소한 보장되는 것이 일반론이므로 고려의 것에 견주어 역시 배 이상의 향상이 있었던 것으로 볼 수 있다. 1결 단위면적의 축소 사실은 일단 차치하더라도, 소출에서의 이러한 현격한 차이는 결국 作法上의 근본적인 변화에서밖에 그 원인을 찾을 수 없는 것으로, 조선전기의 것이 경지의 전면 肥培를 수반하는 연작법인 것이 분명한 한, 이전의 것은 그 반대의 경우, 곧 전면시비가 이루어지지 못한 상태의 것으로 보아야 할 것이다. 전면시비가 이루어지지 않은 상태의 작법은 또한 지력회복 문제로 휴한하게 되는 것은 당연한 일이다.

고려에서는 농업기술상의 이러한 일정한 한계로 수전 도작의 발전이 제약되는 한편, 산전이 크게 발달하는 형세였던 듯하다. 《高麗圖經》種藝條에 따르면, 주로 개경 주변의 정경이겠지만, 「평지가 적기 때문에 治田을 산전에

---

14) 《世宗實錄》卷 49, 世宗 12년 8월 戊寅條.

많이 하니 그 오르내림(高下)으로 말미암아 耕墾이 심히 힘들며, 멀리서 바라
보면 사닥다리(梯)나 돌계단(磴)과 같다」고 하여 산전이 극히 성행한 모습을
전한다. 한편 崔瀣의 〈送安梁州序〉에 따르면, 「厥田皆下濕」의 경상도 梁州(山)
가 말기까지도 「素稱難治」의 악조건을 해결치 못하여 토지가 모두 荒田으로
버려진 채 治竹으로 생계를 이어 道內에서 最貧한 사정이 지적되고 있으
니,[15] 下濕地가 결코 모두 수전으로 활용되지 못한 고려의 도작기술의 한계
를 이에서 읽을 수 있다. 下濕地의 개발에 성공한 중국 南宋의 田地 구분이
高田·平田(中田)·下田으로 구분된 반면,[16] 고려는 山田·平田(또는 旱田·平田)
으로 일관한 것도 결코 우연한 것이 아닐 듯하다. 수경 도작이 이처럼 일정
한 제약을 가지는 조건에서 확보된 평전이 대부분 도작지로 활용되었을 것
은 당연한 추세이며,[17] 그래서 전작은 결국 산전을 중심으로 활발히 전개된
것으로 믿어진다. 이 시기에서 산전 일부에 연작법이 먼저 성립한 것도 이러
한 산전 중심의 농업이 가장 좋은 좋건의 경지에서 달성할 수 있었던 성과가
아닌가 한다.

   그런데 고려 말기 특히 공민왕대부터는 농지 확보에서 새로운 추세가 대
두된다. 곧 국가적 차원의 경우, 屯田의 확보를 위해 「築堤捍水」까지 이용
해 연해지역의 개발이 이루어지는 가운데,[18] 李齊賢의 후배들 사이에 이제
농지의 분포에 대한 표현이 이전과는 달리 「自鴨綠以南 大抵皆山 肥膏不易
之田 在於濱海」[19]라고 하는 것이 하나의 상투어가 되다시피 하는 변화를 보
인다. 경지 확보에서 이러한 새로운 추세는 결코 국가적 사업이나 연해지역
에 한정되는 일은 아니었을 것이다. 上記의 梁州 지방의 경우도 비슷한 시기
에 溝洫을 깊게 하는 등의 새로운 방법의 강구로 濕地의 악조건을 해결함으

---

15)《拙藁千百》卷 1, 〈送安梁州序〉

16) 周藤吉之,《宋代經濟史研究》, 1962.

17)《牧隱詩藁》卷 3, 〈安州江〉題下의 다음의 詩는 平田이 바로 水田으로 쓰인 좋은 예이
    다. 「一帶淸江滑更凝 小舟恰受數人乘 雖然下日朝東海 且灌平田綠滿塍」

18)《高麗史》卷 82, 兵 2 屯田條의 恭愍王 5년 6월의 敎書.

19) 위와 같은 條의 禑王 14년 8월 憲司 上疏文.

로써,[20] 신왕조에서는 墾田 2,030結에 수전 9分의 4强이란 성과를 보인다.[21] 대몽항쟁기에 황폐화한 토전이 개경 환도 후 약 반세기만에 대개 복구되었을 것을 인정하면,[22] 공민왕대 이후의 위와 같은 변화는 전혀 다른 차원, 다시 말하면 새로운 기술에 바탕을 둔 경지 확보의 추세라고 보아야 할 것이다. 휴한법의 극복도 일단 이 시기를 전후하여 시작되는 것으로 暫定해 두어도 좋을 것 같다.

3. 중국 농법과의 비교

고려 말기부터의 농업기술상의 새로운 변화를 구체적으로 알기 위해서는 《농사직설》의 농법을 살피는 것이 순서이다. 그런데 《농사직설》의 농법은 이전의 우리의 농서가 따로 없으므로 중국 것과의 대비만이 그 수준 평가에 유일한 방법이다.

중국의 농업기술은 唐末·五代를 과도기로 하여 그 전·후에 현격한 차이가 있는 것으로 알려진다. 먼저 그 이전에는 淮·泗 일대에 稻作地가 형성되었지만, 화북의 旱地農業이 주류를 이룬 상태에서 작법은, 田作·稻作 간에 기본적으로 휴한의 원리를 벗어나지 못한 단계였다. 이 시기의 도작이 「歲易直播法」인 것은 《제민요술》을 비롯한 모든 농서가 명시하는 바이며,[23] 田作도 漢代에 이미 代田法의 성립과 같은 발전이 있었지만 근본적으로는 「豆科綠肥」의 立毛休閑의 원리가 그대로 남겨지고 있었다. 즉 綠豆·小豆·胡麻(깨)

---

20) 註 15)와 같음.

21) 《世宗實錄》 卷 150, 地理志 慶尙道 梁州條 .

22) 崔瀣의 泰定 丙寅(1326)의 科試 策問 二道 가운데 「……而比年 土田盡闢而國無加入 生齒漸繁而民無定居 府竭其財 官不足俸……」(《拙藁千百》卷 1, 問擧業諸生策二道)라고 한 것으로 참고된다.

23) 西嶋定生, 〈華北における 水稻栽培法〉, 《中國經濟史硏究》, 1966; 西山武一, 〈齊民要術における 淮域稻作の實體〉, 《アジア的農法と農業社會》, 1969.

등을 5·6월에 散播하여 7·8월에 犂耕한 뒤 翌春에 그 跡地에 禾穀을 심는 것이 田作에서의 地力 유지를 위한 당시의 일반적인 방법이었다(禾穀으로서는 결국 2年 1作).[24] 《齊民要術》은 화북의 하천 隈曲部에 한정되는 것으로 도작의 連作移植法을 따로 적고 있기는 하지만, 그것은 肥培의 방도가 전혀 강구되지 않은 채 田作의 代田法에 상응하여 全耕地를 휴한시킬 수 없는 사정에서 성립된 것으로 그 耕程에 어려움이 많아 도작의 중심인 淮·泗의 것에는 전혀 영향을 미치지 못한 것으로 파악된다.[25]

흔히 「自然主義的 농업」으로 표현되는 위와 같은 중국의 농법은 唐末·五代의 혼란기를 거치면서 강남지방으로 인구가 크게 이동하여 이곳의 稻作上의 호조건을 바탕으로 새로운 작법이 개발됨으로써 「人工主義的」 농업의 단계로 접어들게 된다.[26] 강남지방의 도작도 이전에는 「火耕水耨」[27]의 휴한법이었다. 그러나 송대에 들어와 확립되는 새 작법은 手耨·糞壤·客土·圍田 등을 특징으로 하는 田植連作法(移秧法)으로서, 그것은 곧 田作에도 영향을 미쳐 米·豆 혹은 麥의 年一作制를 성립시킨다.[28] 도작에서 비롯한 이러한 새로운 농법의 개발에는 이 지방의 충분한 水量에 힘입은 것이 크지만, 이전 것과 큰 차이는 糞田과 客土에 따른 지력 회복의 방법 강구였다.

중국 농업에서 시비법은 물론 이전에도 없었던 것은 아니나, 그 발전에는 일정한 한계가 있었다. 漢代의 《氾勝之書》에는 「糞種」만이 소개되고 全耕地 施肥로서의 「糞田」은 《齊民要術》에서 처음 보이는데, 이에 제시된 것은 다음의 세 가지이다. 즉 禾穀에 주로 행해진 앞에서 기술한 「豆科綠肥」, 특수 집약의 園藝作物(麻·瓜·葵·桃·梨)에 한정된 蠶沙·熟糞의 「糞科」, 그리고 廐肥(家畜糞)의 「踏糞」 등이다. 이들 가운데 踏糞은 黍와 穬麥의 年二毛作을

---

24) 西山武一, 위의 책, p. 62.
25) 西嶋定生, 앞의 책, p.211~212.
26) 이 표현들은 西山武一, 앞의 책, p.117의 것에 따름.
27) 西嶋定生, 〈火耕水耨について〉, 《中國經濟史研究》 참조.
28) 西山武一, 앞의 책, p.105~107.

가능케 한 우수성을 보이지만, 《제민요술》 자체의 것이 아니라 附載의 《雜
說》(唐代 저술)의 것일뿐더러, 이에는 300畝의 농토와 牛 3頭를 가진 富農을
예로 하여 一冬에 확보할 수 있는 畜糞(30車)의 肥培 면적이 6畝에 그치는 제
약이 있음을 밝히고 있다.29) 唐末 이전에 稻作의 地力 유지는「其泥數斗 且
漑且糞」이라 하듯이 관개수의 泥土에 의존하는 것이 유일한 방도였다.30) 이
시기에 施肥는 결국 田作에만 행해진 것으로 일반성이 높은「豆科綠肥」(苗
糞)는 휴한의 원리를 결코 깨뜨리지 못하는 것이었다.

그런데 위와 같은 미숙한 단계의 시비법은 남송 멸망 후 남·북 농법의 장
단을 보완한 《王禎農書》에서 큰 변화를 보인다. 즉 이에서는 《제민요술》의
것 세 가지 외에 火糞·石灰·大糞(人糞)·泥糞 등이 더 추가되고 있다. 이것들
은 모두 당시 남방에서 現行하는 것으로 남송대의 《陳敷農書》에서 이미 제
시된 것이지만, 여기서는 북방에서 倣用 가능성이 지적되기도 하였는데, 그것
들은 대개가 燒草·灰·人糞尿 등을 主材로 하여 이전의 廏肥가 가지던 양적
제약을 해소함으로써 연작법 확립의 궁극적 해결책이 될 수 있었던 것이다.31)

조선전기의 《농사직설》32)이 연작법인 것은 주지하는 사실이지만, 그 시
비법이 강남농법의 것과 같은 단계의 것이란 사실은 좀 더 주목할 필요가 있
다. 《농사직설》에도 《제민요술》 단계의 것으로 일반성이 높던 豆科綠肥類
의 것이 없지 않다. 同書 〈耕地〉條에「薄田 耕菉豆 待其茂盛 掩耕 則不荒不
虫變堉爲良」이라 한 것이라든지, 〈種大小麥〉條에「或於其田 先種菉豆或胡
麻五六月間掩耕 待草爛後 下鍾時又耕 種之如前法」이라 한 것 등이 바로 그
것이다. 그러나 여기서 주의할 것은 《농사직설》의 것이 《제민요술》의 것과
계열을 같이 하면서도 立毛休閑의 방식은 아니라는 점이다. 《제민요술》의

---

29) 이상의 肥培法에 관한 서술은 西山武一, 위의 책의 〈熟糞考〉, p.100~102에 따름.

30) 岡崎文夫, 《南北朝における社會經濟制度》, 1935, p.46.

31) 이상의 施肥法 개발에 관한 서술은 西山武一, 앞의 책, p.116~118에 따름.

32) 이상의 《直說》의 내용분석은 서울대학교 소장의 內賜本 《農事直說》(古貴 9100-8)을
토대로 함. 《農家集成》에 수록된 《直說》은 내용이 추가된 것이 많다.

것은 앞서 본 바와 같이 豆科의 犁耕이 7·8월로 하여 翌春에 種穀하는 것이지만, 여기서는 菉豆·胡麻의 掩耕이 5·6월로 된 한편 種穀은 다른 방식의 경우(매년 秋分 전후)와의 어떠한 차이도 언급되지 않고 있다.

菉豆·胡麻의 掩耕期는 사실 바로 麥田의 初耕期로서 이는 결국 《제민요술》 단계의 전통적인 방식을 개선하여 연작법의 활용으로까지 이끌어진 경우로 보아야 할 것이다. 그러나 田作에서 이러한 방법은 개량적 의의를 가진다 하더라도 다음 표에서 보는 바와 같이 이미 유일한 것은 아니었다. 오히려 강남

《농사직설》 시비 관계 기사

稻		作	田	作
直播法	旱稻	耕之冬月入糞(正月解氷 耕之入糞 或入新土亦得)	胡麻	和糞灰 稀種
	晚稻	(가) 水耕; 。正月氷解耕之入糞入土早稻法同(今年入土 則明年入糞 或入雜草 互爲之) 。埮薄則布牛馬糞及連枝杼葉 人糞蠶沙亦佳(但多得爲難) (나) 乾耕; 以稻種一斗 和熟糞或尿灰一石爲度(作尿灰法 牛厩外作池貯尿 以穀秸及穗粃之類 燒爲灰 用所貯池尿 拌均)	藁麥	。種子一斗 糞灰一石爲度(灰小則漬種亦可) 。田雖埮薄 多糞灰 則可收其實 。漬種法；燒牛馬糞爲灰 以子池尿盛貯木槽中 漬蕎麥種 半日漉出投灰中 令灰粘着種子
			黍粟	。田若埮薄 用熟糞 或尿灰種之(每黍粟二三升 和熟糞或尿灰一石爲度) 。青粱之類 五月伐草 待乾火之 灰未冷時 撒擲粟種
苗種法		布杼葉 或牛馬糞 臨移栽時 又耕之如法熟治	稷	。田若埮薄 用糞灰(熟糞與尿灰也) 。或先布雜草於畝間 後耕種
旱稻(山稻)		若埮 和熟糞 或尿灰種之	大小豆 菉豆	。田若埮薄 用糞灰 宜小 不宜多
			大·小麥	。以其草厚布田上 火焚擲種 及灰未散耕之 薄田倍加布草 。如未及刈草 用糞灰如大小豆法 。或於其田 先種菉豆 或胡麻 五六月間掩耕 待草爛後 下種時又耕 種之如前法 。春夏間 剉細柳枝 布牛馬厩 每五六日取出 積之爲糞 甚宜於麥

농법 계열에 속하는 「布草燒之」의 방식이 그보다 앞세워지고 있는 사실을 본다.

위 표에 따르면, 《농사직설》의 시비법은 앞서의 燒草의 방식뿐만 아니라, 그 主種이 熟糞·燒草·尿灰, 糞灰 등으로서 《왕정농서》의 그것과 거의 동질적인 것임을 바로 알 수 있다. 특히 稻作 晩稻·乾耕의 「尿灰作法」은 《王禎農書》의 火糞과 꼭 같은 것이기도 하다. 《농사직설》의 《왕정농서》와의 이러한 相似性은, 그 편찬작업 과정에서 직접적인 참고로 말미암은 면도 없지 않을 것이다. 그러나 그 참고가 결코 문헌상의 문제에 그치는 것일 수 없음은 《왕정농서》類의 시비법이 《농사직설》의 술 작물에 걸치고 있는 사실로서 자명하다. 다시 말하면 《왕정농서》의 참작에는 더 선진적인 것을 취하려는 욕구가 작용된 면도 없지 않겠지만, 그러한 처지도 자체의 토대가 동질적인 단계에 든 것을 전제하지 않을 때는 거의 나올 수 없는 것이라고 하겠다. 《농사직설》에는 한편 杼葉·細柳枝의 활용과 같은 조선 특유의 것이 보이기도 한다. 그리고 《제민요술》 단계부터의 牛馬糞·蠶沙의 法도 소개되어 있다. 《농사직설》의 시비법은 결국 당시로서 활용 가능한 신·구의 것을 모두 망라하여 정리한 것이되, 전체적인 수준은 중국 강남농법의 그것과 같은 단계의 것으로 규정된다. 田作에서 糞灰는 모두 종자와 섞는[和] 것으로 표기되어 「糞種」의 법으로 이해될 여지가 없지 않으나, 그 비율(蕎麥: 1斗－1石, 黍粟: 2·3升－1石)로 보면 糞田法에 해당하는 것이 역시 분명하다.

조선 전기의 농업기술이 종래 흔히 《농상집요》 단계의 것으로 비교된 데는 稻作에서 이앙법(苗種法)이 아직 일부 지역에 한정되고 직파법이 주류를 이룬 사실이 중요한 근거의 하나였다.[33] 이 시기에 이앙법이 경상도 일원에 한정된 것은 사실이다. 그러나 그것이 보편화하지 못한 것은 耕種法 자체보다도 수리시설의 한계에 중요한 까닭이 있었다. 이앙법은 충분한 수량이 확보되지 않는 한 失農의 위험이 크다. 그래서 초기(태종대)에는 법적 금지조치

---

33) 金容燮, 앞의 책, p.224.

가 취해지기도 했다. 이앙법이 실시된 경상도 지역은 당시 실제로 水利시설이 他道보다 훨씬 우수한 것으로 흔히 지적된다.[34] 그러나 이앙법의 장점은 제초의 노동력 省減에 있을 따름으로, 소출에서는 직파법과 차이가 크게 없는 것으로 지적된다. 이 시기의 직파법은 春旱이 길어져 水耕이 어려울 때 최후의 대비책으로 乾耕까지 가능한 장점이 고려된 것으로,[35] 수리 한계의 조건에서는 사실 최선의 것이었으며, 起耕·肥培(入糞入土)·手耨 등의 耕程은 본질적으로 이앙법의 그것과 큰 차이가 없는 것이다.[36]

《농사직설》에 반영된 조선 전기의 농업기술이 이상과 같이 중국에서도 선진적인 강남농법과 밀접히 관련된다는 사실은 고려 말기에서 기술발전의 계기나 이 시기의 문화 전반의 방향을 이해하는 데 중요한 국면의 하나로 여겨진다.

4. 기술발달과 신흥사족

앞에서 이미 소개하였듯이 대몽 항쟁기 이후를 우리의 농업기술 발달의 전환기로 보는 견해는 기본적으로 타당한 것으로 여겨진다. 그러나 그것을 일반농민의 생산력 증대의 욕구 하나만의 결과로 설명하기는 어려울 듯하다. 농업기술의 발달에서 실제의 경작지인 일반농민의 기여는 결코 경시될 수 없지만, 그들이 달성할 수 있는 성과는 경험에서 얻어지는 개선에 그치기 쉬운 것으로 획기적인 발전을 선도하는 것이기는 어렵다. 동일한 여건에서는 구습을 따르는 것이 일반농민의 일반적인 성향이므로 새로운 견문이나 고도

---

34) 예를 들면 「……麟趾等啓 慶尙道堤堰處居多 故土地沃饒 倍於他道……」(《世宗實錄》卷 105, 世宗 26년 8월 戊午條), 「韓明澮啓曰 昔新羅百濟高句麗三國鼎峙 惟新羅國富 以其民力農故也 今慶尙道卽古之新羅之地 其民之力農 倍於他道 凡堤堰川防無所不爲……」(《成宗實錄》卷 4, 成宗 元年 4월 戊午條) 같은 것을 들 수 있다.
35) 《農事直說》 種稻 晩稻 乾耕條.
36) 《農事直說》 種稻 참조.

의 지식을 요하는 기술 발전에는 오히려 일반 농민의 그러한 욕구에 동감하
는 지식인의 존재 여부가 더 일차적인 문제일 것이다. 이러한 견지에서 이
시기에 새로운 사회주도세력으로 등장한 이른바 신흥사족의 존재와 그 학문
적 견지는 좀 더 주목할 여지가 있다. 그들이 새로운 지배이념으로 수용한
성리학과 새로운 농업기술로서 강남농법이 실상 同源의 것이란 점이 더욱
이를 간과할 수 없게 한다.

  신유학인 성리학은 북송에서 이미 시작된 것이지만, 그 학문적 체계의 본
격적인 전개는 남송에서 이루어진 것이다. 성리학의 이러한 발전은 여러 가
지 배경에서 설명되지만, 경제적인 측면에서는 농업기술의 획기적인 발전이
일차적으로 그 담당자인 재지지주층의 기반을 안정시켜 그들로 하여금 수취
문제를 중심으로 한 지배관계의 개선(완화)의 논리까지도 추구할 수 있게 한
것으로 풀이된다. 농업 생산력의 증대와 밀접한 관계를 가지는 이러한 성리
학의 기본 입장은 사실 주자의 〈勸農文〉에서 상징적으로 잘 표현되어 있기
도 하다.[37] 그런데 남송에서 달성된 이러한 경제적·사상적 성과는 중기에
해당하는 시기의 일이지만 그것은 金의 대두로 麗·宋 양국의 외교가 使行의
단절(仁宗 14, 1136)로까지 악화됨에 따라[38] 고려사회에 접해질 기회가 일찍

---

37) 朱子 〈勸農文〉의 농업기술에 대한 평가는 金容燮, 앞의 책, p.246~251에 詳論됨. 南宋
  《陳敷農書》 이후의 農學이 이전 것과 근본적으로 다른 것은 중국농업사의 여러 연구
  자가 다 인정하는 것이지만, 西山武一씨는 宋·元代에 「새로운 노동수단과 기법의 採
  入에 따라 토지의 새로운 肥沃度를 顯現시켜 農學의 새로운 가능성의 길이 열림」에 농
  서의 성격도 「자연 혹은 왕권에의 隨順을 전제로 한 농학으로부터 人間의 自立과 가능
  성의 확신 위에 선 농학에로 전환」하였다고 하여, 兩者를 각각 「官農書」「民間農學」
  이라고 규정하였다. 그리고 송 이후의 민간농학의 사회기반에 대해서는 「農書의 저자
  들이 소속한 豪農=田紳들이 근세에 이르러 전통의 봉건왕조에 의하여 田主라는 새로
  운―상대적으로 자립적인―입장에 서기 시작한」 것이라고 하였다. 朱子의 〈勸農文〉
  도 기본적으로 이와 같은 민간농학에 속하는 것은 재론의 여지가 없으며, 그의 紹熙
  3년의 第3勸農文에는 향촌에서의 田主와 佃戶의 상호보조관계가 「佃戶旣賴田主給佃生
  借 以養活家口 田主亦藉佃客耕田納租 以供贍家計……佃戶不可侵犯田主 田主不可撓虐佃
  戶……」라고 詳論되어 있다. 田主·佃戶의 관계에 대한 이러한 기본 입장이 일종의 지
  방자치제로서의 사창제와 향약을 고안케 한 것은 주지하는 사실이다.

38) 金庠基, 〈高麗와 金·宋의 관계〉,《국사상의 제문제》5, 1959;《東方史論叢》, 1974, p.58
  1~599.

이 상실되고 있었다. 고려사회가 남송 문물의 성과를 접하게 되는 것은 주지하듯이 남송이 멸망한 뒤 元朝를 통해서였다.

중국의 성리학이 安珦에 의해 고려에 처음 전해진 것은 충렬왕 15년(1289) 무렵의 일이었다. 그런데 기록에는 고려사회가 중국 강남농법의 성과에 처음 접하게 된 것도 같은 시기의 일로 밝혀진다. 즉 고려가 일본정벌의 준비로 失農하게 된 데 대한 대책을 元朝에 요구하자 「江南米」가 同王 17년(10萬石), 18년(10萬石), 21년(3千石) 세 차례에 걸쳐 運載되어 왔던 것이다.[39] 이 일이 과연 고려사회가 강남농법의 우수성을 인지하는 데 어느 정도의 구실을 하였는지는 구체적으로 밝히기 어렵지만, 이후 신흥사족의 성리학 이해를 위한 노력을 더 강화하는 한편 강남지방에 대한 견문의 기회를 직접 가져 농업기술상의 낙후성에 대한 인식을 분명히 하는 과정이 뒤따른다.

충선왕이 개혁정치에 실패한 뒤 연경에서 연 萬卷堂(忠肅王 元年)이 고려 文士의 성리학 이해에 좋은 기회가 된 것은 잘 알려진 사실이다.[40] 그런데 이의 설치와 같은 시기에 또한 신서적 구입을 위한 柳衍·俞迪 등의 江南行이 따로 이루어지고 있었으니,[41] 이는 고려 측의 강남 문물 수입에 대한 열의를 보여주는 좋은 예라고 하겠다. 강남에 대한 직접적인 견문은 그 후 만권당 쪽에서도 이루어지고 있었다. 즉 충숙왕 6년에 충선왕이 元帝로부터 寶陀寺 行香을 허락받아 만권당에 초치된 李齊賢·權漢功 등과 함께 江·浙을 遊歷하였으니, 이 여행이 그들에게 인상 깊은 것이었음은 〈行錄〉 1卷이 따로 저술된 사실로서 잘 알 수 있다.[42] 앞서 인용하였듯이 이제현이 〈史贊〉 景王 篇에서 「鴨綠以南 大抵皆山 肥膏不易之田 絶無而僅有也」라고 한 지적도 그 바로 앞에 「三韓之地 非四方舟車之會 無物産之饒貨殖之利 民生所仰只在地

---

39) 《高麗史》卷 80, 食貨 3 賑恤條.

40) 金庠基,〈李益齋의 在元生涯에 對하여〉,《大東文化研究》1, 1964;《東方史論叢》, 1974 및 金哲埈,〈益齋 李齊賢의 史學〉,《東方學志》8, 1967;《韓國古代社會研究》, 1975 참조.

41) 《高麗史》卷 34, 世家 34 忠肅王 元年 6월 庚寅條.

42) 金庠基, 앞의 《東方史論叢》, p.240~242 참조.

力」이라는 논평을 붙이고 있는 것을 보면, 그것은 바로 중국에 관한 그의 넓은 식견에서 우러나온 상대적 비교라고 할 것이다.

이제현은 특히 安珦 이후 신흥사족 사이에 큰 비중을 차지한 인물인 만큼 그의 식견이 동료와 후배 사이에 미치는 영향은 컸을 것이 분명하다. 공민왕 11년의 白文寶의 다음과 같은 水車 제조 건의는 이 계열이 강남농법을 도입하려는 열의를 가장 직접적으로 보여주는 예로서 주목된다.

> 密直提學白文寶上劄子 江淮之民爲農而不憂水旱者 水車之力也 吾東方人治
>
> 水田者 必引溝澮 不解水車之易注……宜命界首官 造水車 使效工取樣 可傳於
>
> 民間 此備旱墾荒 第一策也 又民得兼務於下種揷秧 則亦可以備旱不失穀種(《高
>
> 麗史》79, 食貨 2 農桑條)

水車의 이로움을 말하면서 揷秧法의 보급까지를 기대하는 이 건의가, 강남농법의 우수성에 대한 인식을 깊이 한 것임은 재론할 여지가 없다. 그런데 이 백문보의 건의에서 처음 시작된 水車 제조의 활용문제는 신왕조에 들어와서도 계속 그 방도의 강구가 모색되고 있어 더욱 주목된다. 중국 水車의 유용성을 이미 알고 있던 가운데 세종 11년 12월 通信使 朴瑞生이 일본에도 그것을 사용하고 있는 것을 보고하자 이에 더욱 자극받아 익년부터 同王 17년까지 다각적인 시험이 행해졌던 것이다.[43] 이 시험은 결국 그것이 본국의 풍토에는 부적합하다는 판단 때문에 실패로 돌아가지만, 灌漑法에서도 선진적인 강남농법의 그것을 따라가고자 하는 노력의 일단으로서 주목된다. 역성혁명 후 신왕조가 취한 여러 가지 농업정책 가운데 수리시설의 확충은 가

---

43) 白文寶 건의 이후 太宗 12년에 司憲府의 「勸民造水車」의 건의(《太宗實錄》卷 12, 太宗 6년 12월 乙巳條)가 한차례 보인 뒤 世宗代의 시험으로 이어진다. 《世宗實錄》卷 46, 世宗 11년 12월 乙亥條;《世宗實錄》卷 49, 世宗 12년 9월 乙丑條;《世宗實錄》卷 52, 世宗 13년 6월 乙未條;《世宗實錄》卷 54, 世宗 13년 11월 辛酉條;《世宗實錄》卷 54, 世宗 13년 11월 己卯條;《世宗實錄》卷 60, 世宗 15년 4월 辛卯條;《世宗實錄》卷 64, 世宗 16년 6월 壬子條;《世宗實錄》卷 68, 世宗 17년 6월 丁未條 등 참조.

장 중요한 문제의 하나였다. 앞서 언급하였듯이 稻作이 耕地·施肥 등에서는 이미 강남 수준에 이르면서도 직파법을 그대로 답습한 것은 바로 이의 제약으로 말미암은 것이었다. 전통적인 제언의 정비 보강을 위한 정책은 이미 태종대에 시작되었지만,[44] 세종대에 시험된 水車法은 하천의 물을 바로 관개수로 이용코자 하는 것으로서 전자와는 다른 차원의 것이었다. 다시 말하면 그것은 강남지방의 圩田·圍田 등의 灌漑法의 장점을 깊이 인식한 데서 나올 수 있는 것이었다. 水車의 시험은 실패로 돌아갔지만, 관개 개선을 위한 노력은 문종대에 곧 川防사업의 강화로 이루어진다.[45] 천방은 당시에 이미 「我國自來」[46]의 것이라고 말해지기도 하지만, 실상은 아직 제언에 견주어 그 이용이 활발치 못했다. 그러나 후기에 이르면 그것은 洑라고 하여 제언에 못지않은 비중을 차지하게 되는 것으로, 이러한 본격적 발전은 실상 이때부터 새로이 시작된 것이었다. 이 시기에 천방의 중요성에 대한 재발견은 水車의 경우와 마찬가지로 농지의 조건이 전반적으로 下濕地로 이동됨에 따라 하천수 활용에 대한 인식이 높아진 결과로서, 그 과정에서 역시 중국 측 그것의 자극이 컸을 것은 徐有榘가 일찍이 「按我國灌田 率多此法(障川) 徃徃開溝旁引 至千里之遠 俗稱洑田 卽王氏農書水栅之制 未可爲東人之所獨也」[47]라고 지적한 것이 있다. 천방사업도 당초에는 어려움이 많아 반대의 논란이 적지 않았지만,[48] 결국 그것은 이후 관개법 논의에서 제언과 함께 항시 거론되는 위치를 차지하여[49] 크게 보급되기에 이르렀던 것이다.

---

44) 李光麟,《李朝水利史硏究》, 1961, p.16~18 참조.

45)《文宗實錄》卷 10, 文宗 元年 11월 壬子條의 親製諭書 참조.

46) 위와 같은 條의 諭書에서 인용함.

47)《林園十六志》卷 2, 水利 河渠 論障川條.

48) 京畿 지역에서의 川防 시험이 실패한 데에 대해 文宗은 「如綿者之種於我國 今不久矣 火藥精盡其利 在於乙丑 如此之類非一……至驗之京畿而不利者 盖亦人事未盡 豈川防之罪 哉」(註 45)와 같음)라고 하여, 木棉·火藥의 신개발과 같이 노력을 다하면 얻어질 것이라 비유하기도 하였다.

49) 文宗은 재위 1년여 만에 薨去하여 성과를 바로 볼 수 없었지만, 世祖·成宗代의 水利 논의에서는 堤堰·川防이 함께 거론되는 것이 상례이다.

水車·川防을 중심으로 관개기술 개선을 위한 이와 같은 노력은 앞서의 시비법의 경우와 마찬가지로 신흥사족 계열의 농업기술 개발의 목표가 강남농법의 실현에 있었음을 말해주는 다른 일면이다. 신흥사족의 이러한 노력은 강남농법 자체가 당시로서는 가장 선진적인 것이므로 역사적 정당성이 인정될뿐더러, 피지배층과의 관계에서도 그들이 새로운 지배층으로 자리할 수 있는 중요한 근거의 하나였다고 생각된다. 신흥사족계의 생산력 증진을 위한 노력은 元 世祖 勅撰의 《농상집요》의 구입과 편간에서도 살필 수 있다. 이 책은 杏村 李嵓이 충정왕 즉위(1349) 때 신왕을 모시고 연경을 왕래하면서 처음 가져온 것이었다.50) 李穡의 〈農桑輯要後序〉51)에 따르면, 첫 구입자인 李嵓은 그것을 外甥 禹確에게 전하였는데, 知陜州事 姜蓍가 이를 빌려 按廉使 金湊의 지원 아래 원본을 보급에 편리하도록 小楷體로 바꾸어 간행하게 되었다고 한다. 그리고 간행의 시기는 이에서도 밝혀지지 않았으나 빨라도 그것은 공민왕대의 일이었을 것으로 추측된다. 이 책은 앞에서 지적하였듯이 농업기술 자체는 화북농법을 주 대상으로 하여 결코 선진적인 것은 아니었다. 그러나 「凡衣食之所由足 貲財之所由豊 種蒔慈息之所由周備者 莫不門分類聚」52)라고 하듯이 그 나름의 장점과 특색이 없지 않았다. 李穡도 〈後序〉에서 고려의 「產農의 家는 하늘만 우러러보기 때문에 水旱이 바로 재앙[菑]이 되고, 스스로 돌봄[自奉]이 매우 소홀하여 貴賤老幼를 막론하고 蔬菜·鯆脯밖에 없을 따름이며, 秔稻를 중히 하여 黍·稷을 경시하며 麻·枲는 많으나 絲·絮[綿]가 적은」 습속의 폐단을 개선하는 데 이 책의 구실을 기대하였다. 말하자면 신흥사족 스스로가 본래 가진 「理生」53)의 방도에 대한 관심이 이 책의 장점과 가치를 발견하여 보급하기 이른 것이라고 할 수 있다.

---

50) 李光麟, 앞의 글, p.30.

51) 《牧隱文藁》卷 9.

52) 위와 같음.

53) 이 용어는 上記 〈後序〉에서 牧隱 자신이 「高麗 俗拙且仁 薄於理生」이라 한 것과 姜蓍의 《農桑輯要》에 접한 소감으로서 「理生之良法也」라고 소개된 것 등에서 바로 찾을 수 있다.

《농상집요》는 사실 신왕조에서 《四時纂要》와 함께 《제미요술》 단계의 舊農法을 정리 이해하는 데 적지 않게 활용되었지만, 그 자체의 선진적인 기술보급의 구실은 오히려 養蠶·養畜의 분야에서였다. 특히 양잠에서 이 책은 절대적인 구실을 하였다.[54] 모두가 신흥사족 계열의 인물들이 관여된 이 책의 구입과 편간의 의의를 이와 같이 하면, 농업기술 면에서는 그것이 결코 당시의 수준 파악의 일차적인 기준이 될 수 없다는, 이 논문의 기본 논지도 더 순리적인 것이 될 수 있을 것이다.

---

54) 李光麟, 앞의 글 참조.

제5장 고려말·조선초의 사회변화

1. 문제의 제기

한국사에서 고려 말·조선 초가 중요한 변동기의 하나란 것은 누구나 인정하는 사실이다. 지금까지의 연구에서 이 시기의 변화상으로는 대체로 다음과 같은 것들이 일반적으로 지적되어 왔다. 즉, 중소지주 출신의 신흥사대부 세력이 새로운 지배층으로 대두한 것, 정치체제상으로 강력한 집권관료제가 추구된 것, 경제적인 면에서 지주·전호제가 발달한 것, 이러한 정치적·경제적 변화들에 상응하여 신분제도에도 변동이 생긴 것, 그리고 사상적으로는 새로운 지배이념으로 성리학이 받아들여진 것 등이다. 그동안의 연구에서는 이 시기의 이러한 변화들이 한국사의 발전과정에서 어떤 의미를 가지는지 물어졌다. 시대구분 논의에서 이러한 변화들은 중세의 시작, 또는 중세에서 한 단계의 발전을 의미하는 것으로 규정되었다. 학자에 따라서는 그러한 변화가 서구의 중세사회보다는 더 발전된 단계의 것이라는 견지에서 이때부터를 근세로 부르는 것이 더 바람직하다는 주장도 있었다. 견해가 이렇게 엇갈리는 것은 이 문제가 아직도 논의의 여지가 많다는 것을 뜻하지만, 그렇더라도 논의가 이렇게 가해짐에 따라 이 시기가 변동기로서의 중요성이 확고해졌다.

고려 말·조선 초의 사회변화에 대한 인식은 이와 같이 그동안 상당히 진전을 보아왔지만, 변화의 동인이나 변화의 시발 등에 대한 이해에서는 아직도 미흡한 점이 없지 않다. 변화의 동인에 대한 지금까지의 이해는 정치적인 면에 치우친 감이 없지 않다. 즉 신흥 사대부세력이란 새로운 정치세력의 대두에서 모든 변화의 시원을 찾는 경향이 없지 않았다. 그러나, 설령 그렇더라도 신흥 사대부세력의 대두 자체를 가능하게 한 것이 무엇인가 하는 문제까지는 천착되지 못한 감이 있다. 그리고 고려 말·조선 초란 하나의 변동기의 시발점도, 무신란부터인지 아니면 그 후의 어느 다른 시점부터인지 명확하게 가려지지 않은 상태이다. 이 논문은 지금까지의 연구의 이러한 미비점을 보완하는 데 주력하면서, 이 시기의 변화상들의 유기적인 이해에 기여하고자 한다.

2. 농업기술의 대변동

먼저, 고려 말·조선 초란 하나의 사회변동의 단위시기의 상한 문제부터 보기로 한다. 이에 대해서는 지금까지 실상 무신란부터로 보는 견해밖에 구체적으로 제시된 것이 없는 것 같다. 무인정권 아래서 새로이 대두한 「能文能吏」의 문사들을 「新興 士大夫勢力」의 단초로 보는 견해[1]가 그 좋은 예이다. 경제적인 면에서 私田과 農莊과의 관계도, 전자는 후자의 단초로 인식되는 데 그치고, 양자 사이에 어떤 界線은 분명하게 그어지지 않았다. 주지하듯이 고려의 역사는 무신란 이후 내·외란을 거듭하였다. 아마도 이러한 혼란상이 사회의 질적 변화를 가리는 데 어려움을 주었던 것 같다. 즉 혼란의 연속 속에서 변화를 읽기 어려움에 따라 외양상의 최초의 혼란인 무신란을 그대로 고려 후·말기 사회 변화의 시작으로 보는 이해가 통용되기에 이른 것이 아닌가 한다.

그러나 이러한 파악은 그 자체에 상당한 문제점이 발견된다. 우선 무신란

---

1) 李佑成,〈高麗朝의 吏에 대하여〉,《歷史學報》21, 1964.

(1170)에서 조선왕조의 개창(1392)에 이르는 220여 년이란 기간은 한 사회단계의 생성 기간으로는 지나치게 길다. 그리고 무인정권 아래서「能文能吏」의 문사도 실상 신흥 사대부의 조형으로 보기에는 동질성이 박약하다. 양자 사이에는 문인이라는 공통점이 있기는 하나, 후자의 중요한 특징인 성리학에 대한 접촉이나 관심을 전자에서는 전혀 찾을 수 없다.

고려 말의 새로운 정치세력으로서 신흥 사대부세력은 주지하듯이 공민왕대(1352~1374)에 그 모습을 뚜렷하게 드러낸다. 따라서 정치적인 면에 지우치는 것이 되기는 하나, 일단 고려 말·조선 초라는 사회변동기의 상한은, 바로 그 공민왕대 신흥세력에 연결이 닿는 부류의 활약상을 추적하여 잡아 보는 것이 하나의 방법이 될 수 있지 않을까 한다. 공민왕대 신흥세력의 정치활동은 다 알듯이 친원세력의 배제와 전·민 문제에서 폐정의 개혁이 가장 주된 것이었다. 그런데 거의 같은 유의 것이 충선왕대(1309~1313)와 충목왕대(1344~1348)에 각각 한차례씩 추구된 것으로 밝혀진다. 즉 충선왕대에는 詞林院을 (첫 즉위하던 해 곧 충렬왕 24년, 1298), 충목왕대에는 整治都監을 중심으로 반원적인 처지에서 개혁정치가 꾀해졌던 것이다.[2] 이 두 경우가 이와 같이 내용적으로 공민왕대의 개혁정치와 같을 뿐 아니라 시간적으로도 하나의 연계가 이루어지므로, 고려 말·조선 초라는 사회변동기의 상한은 일단 이에 근거하여 13세기 말, 14세기 초로 잡아볼 수 있지 않을까 한다.

고려 말·조선 초라는 변동기의 시발점이 이렇게 일단 설정되면, 다음으로는 이때부터 어떠한 사회변화의 동인들이 대두 또는 생성되었는가를 살필 차례이다. 12세기 말엽에 무신란이 일어나고, 때를 같이하여 농민·천인의 난이 광범하게 일어난 것으로 보면, 고려사회는 이때에 이미 한차례 큰 변동을 겪은 것이 사실이다. 그러나 이 시기의 변화는 최씨에 의해 정국의 안정이 이루어진 뒤, 무인정권이 하나의 체제로서 약 50년 동안 지속된 만큼, 그 자

---

2) 李起男,〈忠宣王의 改革과 詞林院의 設置〉,《歷史學報》52, 1971.
　　閔賢九,〈整治都監의 設置經緯〉,《國民大論文集》11, 1977;〈整治都監의 性格〉,《東方學志》23·24 合輯, 1980.

체로서 한 시대를 이루는 것으로 보아야 할 것이다. 14세기의 시대적 여건은,
1259년에 최씨 무인정권이 무너지고 몽고와 강화가 맺어진 뒤, 몽고의 내정
간섭 아래서 친원배 귀족 중심의 사회가 약 반세기 동안 경험된 뒤의 것이므
로, 무인정권 아래와는 같은 것일 수 없다. 이 시기의 이러한 새로운 시대여
건 아래서 중요한 역사적 과제는 역시 외세에 따라 조장된 체제 모순의 척결
이었다. 14세기에 들어와서부터 반원적 개혁정치가 맥락을 이은 것은 바로
그 때문이다. 그러므로 그러한 정치적 개혁의지는 당연히 이 시기의 사회변
화의 가장 주된 동인으로 들어야 할 것이다. 다른 한편으로는 그러한 개혁의
지가 궁극적으로 성공할 수 있었던 바탕이 무엇인가 하는 것도 검토되어야
할 것이다.

고려 말의 반원적 개혁의지는 많은 파란 끝에 그 자체의 실현을 보았을뿐
더러, 사회적 발전도 동시에 가져왔다는 점에서 높이 평가되어 왔다. 그런데
종래 그 사회적 발전은 주로 토지의 소유 내지는 분배 관계상의 개선, 또는
신분체제상의 개선 등에 초점이 두어졌다. 이러한 발전적 개선은 특히 새로
운 지배층이 대지주가 아니라 중소지주 출신이었기 때문에 가능했다는 인식
이 일반적이기도 하였다. 그리고 일반 피지배층의 지위 향상을 위한 능동적
노력에 대해서도 일정한 관심이 두어졌다. 그런데 필자는 지금까지의 이와
같은 일반적인 인식에 더하여, 심층적 동인의 하나로서 이 시기의 농업기술
상의 성과를 지적해두고 싶다.

필자는 요사이 고려 말·조선 초의 농업 기술상의 일대 발전을 지적하여왔
다.[3] 즉 농업기술의 발달에서 가장 중요한 단계인 휴한법의 극복이 우리 경
우에서는 바로 이 시기에 이루어진 것이라고 파악하였다. 같은 견해가 최근
다른 연구자에 따라 제시되기도 하였다.[4]

---

3) 李泰鎭,〈14·15세기 農業技術의 발달과 新興士族〉,《東洋學》9, 1978; 이 책 제4장 및
〈16세기 川防(洑) 灌漑의 발달〉,《韓㳰劢博士停年紀念史學論叢》, 1981; 이 책 제7장 참조.
4) 宮嶋博史,〈朝鮮農業史上における 十五世紀〉,《朝鮮史叢》3, 1980.
金泰永,〈科田法體制下의 地主生産力과 量田〉,《韓國史研究》35, 1981.

　　조선 초기의 농업기술은 《農事直說》을 통해 구체적으로 살필 수 있다. 이에 소개된 당시의 농업기술이 휴한의 제약을 받지 않는 것이라는 것은 주지하는 사실이다. 세종대에 마련된 새 조세법인 공법에서도 양안에 일단 오른 「正田」은 진황 상태를 어떤 경우에도 인정치 않는다는 원칙을 두고 있다.[5] 그런데 고려시대에는 그 중기까지도 휴경하는 토지 곧 易田이 광범하게 존재한 것으로 파악된다. 문종 8년 3월 判의 田品 규정은 「凡田品不易之地爲上 一易之地爲中 再易之地爲下其不易山田一結準平田一結一易田二結準平田一結 再易田三結準平田一結」(《高麗史》 卷 77, 食貨 1 經理條)이라고 하였는데, 전체에서 다수일 中·下의 田地가 이와 같이 一易·再易이라면, 휴한법이 일반적이라는 것은 명백하다. 14세기 전반기에 주로 활약한 인물이기는 하나, 李齊賢은 경종대의 「田柴科始定」에 관한 논평에서 고려시대 농경의 일반적인 상황으로, 「鴨綠以南 大抵皆山 肥膏不易之田 絕無而僅有也」(《益齋亂藁》 史贊 景王篇)라고 지적하였다. 조선 초기 세종대의 공법 논의에서 한 관리가 「古有一易再易之田 必其地力之可休者也」(《世宗實錄》 卷 112, 世宗 28년 6월 甲寅條)라고 한 것은 앞 시대의 농업기술에 대한 구체적인 인식의 면모를 보여주는 좋은 예이다.

　　휴한의 제약은 본래 시비기술의 한계에서 비롯하는 것이다. 즉 犁耕 과정에서 제초의 수단이 확실하게 강구되지 않은 상태에서는 경지에 전면 肥培가 불가능하게 된다. 따라서 시비를 별도로 가하지 못하므로 지력 회복을 위해서는 최소한 隔年 휴경이 불가피하기 마련인 것이다. 휴한법의 제약을 벗어난 것이 분명한 조선 초기의 농업기술을 《농사직설》을 통해 보더라도, 당시의 농업기술은 詳密한 시비술의 강구를 중요한 특징으로 한다.[6]

　　그러면 《농사직설》에서 보는 바와 같은 휴한의 제약을 벗어난 농업기술은 언제부터 시작된 것일까? 이를 명확하게 제시해 주는 사료는 물론 찾을

---

5) 《世宗實錄》 卷 107, 世宗 27년 正月 乙亥朔條 「傳旨戶曹 貢法 凡屬正田而陳荒者 並皆收稅 已曾受敎……」
6) 李泰鎭, 이 책 제4장 〈14·15세기 農業技術의 발달과 新興士族〉, p.121~122.

수 없다. 그러나 조선 초기에는 분명히 연작법이 이루어졌으므로, 그 이행의 시기는 일단 고려 말기로 잡을 수 있을 것이다. 그러면 간접적이기는 하나, 고려 말기에 그러한 변화와 관련될 만한 사실 몇 가지를 검토해 보기로 한다.

조준의 상소문에 따르면, 14세기의 농장 발달 이후의 현상으로서 다음과 같은 일들이 큰 폐단으로 지적되고 있다. 즉 「奸兇의 무리들이 跨州包郡하여 山川을 標로 삼아 모두 祖業의 田이라고 지목하면서 相攘相奪하니 1畝의 主人이 5·6을 넘는다」(《高麗史》卷 78, 食貨 1 祿科田條)고 하고, 또 租를 책정하면서는 「1結의 田으로서 3·4結로 잡는다」(同上)라고 하였다. 이러한 현상은 지금까지 주로 소유와 수취 면에서의 폐단으로만 주목되었다. 필자도 물론 그러한 측면을 결코 부인하는 것은 아니다. 그러나 그러한 측면 하나로서만 본다면, 아무리 수취체계가 혼란에 빠졌더라도 부담자의 능력 면에서 그러한 현상이 과연 지속적으로 일어날 수 있는 것인가 하는 의문이 가시지 않는다. 바로 이러한 문제점에 際하여, 그러한 현상은 오히려 이 시기의 휴한법의 극복을 방증하는 자료가 될 수 있는 것이 아닌가 한다.

휴한법의 극복은 앞에서 지적한 대로 시비술의 강구를 통해 이루어지는 것이다. 그러므로 그것이 일단 이루어지면, 단순히 휴경을 하지 않아도 되는 것을 의미하는 데 그치지 않고, 단위면적의 생산력이 크게 증대하는 성과를 동시에 수반하게 된다. 이 점은 고려 초기와 조선 초기의 1결당 소출의 비교를 통해 확인할 수 있다. 고려 성종 11년 判의 1결당 公田租의 斗數를 1/4取租의 원칙에 근거하여 逆算하면, 당시의 1결당 소출은 대체로 6석에서 11석의 범위가 된다.[7] 그런데 세종 12년(1430)의 한 논의에 따르면, 당시 농업기술이 가장 발달한 경우의 것으로서, 「경상·전라 沿海의 水田 같은 것은……1結의 소출이 많은 것은 50·60石을 넘고 적은 것도 20·30石을 내려가지 않으며, 루

---

7) 이 책, p.116~117에 詳論됨. 上限 11石 2合은 姜晋哲, 〈高麗前期의 公田·私田과 그의 差率收租率에 대하여〉, 《歷史學報》 29, 1965에서 原文 2石이 3石의 誤記로 지적되어 15石 2合으로 정정되었으나 여기서는 原文을 따름.

田 역시 극히 기름져 소출이 심히 많다」(《世宗實錄》卷 49, 世宗 12년 8월 戊寅條)고 하였다.

연작법 실현 초기 단계인 14세기와 본격적인 전개의 시기인 15세기 사이에는 같은 연작법이라도 일정한 차이가 있을 수 있다. 그 점을 고려하더라도, 휴한법과 그것이 극복된 상태에서 소출 면의 위와 같은 현격한 차이를 염두에 두면, 14세기에서 한 땅에 주인이 5, 6인이 된다거나 1결이 3, 4결로 잡아지는 현상은 곧 농업기술의 변동으로 소출이 증대된 것을 전제로 한 유력자들의 수탈 행위에 따른 것으로 볼 수 있을 것이다.[8]

위와 같은 해석이 가능하다면, 같은 시기에서 토지 소유권을 둘러싼 「田訟」이 시종하여 큰 문제 거리였던 사실도 좀 더 유의해 볼 필요가 있다. 이 시기의 田訟 가운데는 대토지 소유자의 겸병에 따른 것이 역시 큰 비중을 차지하였겠지만, 위의 趙浚의 상소문의 표현대로 「안으로는 版圖·典法司, 밖으로는 守令·按廉使가 그 本職을 폐하고 날마다 田訟을 聽하는」 상황이었다면, 사회 전체가 이 문제에 빠져들고 있는 감을 가지지 않을 수 없다. 사실 농업기술상으로 휴한법이 극복되어 갔다면, 토지 소유권 문제에서도 파란이 일소지는 크다. 지력 회복을 위한 휴경기가 필요치 않게 된 상태에서는, 한 가구의 노동력이 감당할 수 있는 범위 밖의 토지는 자연히 타인의 경작이 개입되기 마련일 것이다. 그렇게 되면 자연히 소유권을 둘러싼 爭端이 생기지 않을 수 없는 것이다.

이러한 풀이와 관련하여 한 가지 더 생각해 볼 것은 같은 시기의 足丁·半丁의 소멸문제이다. 軍人·鄕吏 등의 職役에 대한 대가로 주어진 1足丁의 결수는 주지하듯이 17결이다. 이 결수는 「小民의 田은 1·2結에 불과한 것이 많고」(《世宗實錄》卷 112, 世宗 28년 6월 甲寅條), 「10結 이상을 경작하는 것은 모두 豪富의 民이며, 田 3·4結을 가진 자도 대개 적다」(《世宗實錄》卷 83,

---

8) 金容燮, 〈高麗時期의 量田制〉, 《東方學志》16, 1975, p.84에서 이와 거의 같은 해석이 가해진 적이 있다. 그러나 이 논고는 고려시대의 易田은 소수의 山田에만 한정되는 것이고, 다수는 이미 不易田이라는 견지에 서고 있어서 필자와는 견해상 큰 차이가 있다.

世宗 20년 11월 庚子條)고 한 조선 초기의 상황에 비교하면 매우 큰 양이다. 이러한 대비상의 차이를 고려하면, 하나의 職役 수행의 기반으로서 주어진 토지의 단위 면적이 17결로 잡아진 것은 처음부터 一易·再易이 감안된 것이며, 14세기에 들어와서부터 농업기술의 발달로 常耕化가 이루어짐에 따라 그러한 구성은 이제 존속할 필요가 없어 소멸되어 간 것이 아닐까 한다. 그러한 前期的인 구성이 무너져 가는 가운데, 농업 노동력과의 관계에서 생기는 잉여의 몫이 爭訟의 대상의 하나가 되었을 것이다. 그리고 같은 시기에는 민전이 발달한 것으로 지적되기도 하는데, 그것들은 개간에 의하기도 했었지만 이와 같이 휴경지가 소멸하는 토대에서도 그 발달의 터전은 마련될 수 있는 것이다. 이 시기의 민전의 발달이란, 양적인 것 외에 소유관념의 증대란 측면도 가지는 것이라 하겠는데 상경화는 분명히 그러한 측면에 큰 영향력을 줄 수 있는 것이다.

3. 사회주도층의 변화

지금까지 검토해 본 바와 같이, 14세기 이래 휴한법의 극복이란 농업기술상의 변화가 일어났다면, 그 사회적인 영향의 폭은 매우 컸을 것이 예상된다. 앞에서 이미 足丁의 소멸, 민전의 발달 등을 거론하였지만, 기왕에 알려진 이 시기의 많은 변화상들이 이와 관련지워 설명할 여지가 있을 것 같다.

위와 같은 농업기술의 발달은, 민전 발달의 다른 표현이기는 하지만, 이 시기의 일로서 흔히 지적되는 자영농 성장에 중요한 토대가 되었을 것이다. 그리고 지주·전호제도 농업기술의 발달로 생산력이 향상된 조건 아래서는 더 안정된 형태로 전개되어질 수 있는 문제이다. 조선왕조가 국역체계를 강화하여 그 의무대상으로 양인 확보정책을 강력하게 펼칠 수 있었던 것도 거시적으로는 그러한 농업경제상의 향상에 바탕을 둔 것으로 보아야 할 것이다. 향·소·부곡과 같은 특수 행정지역의 소멸은 이 시기의 중요한 사회적 변

화의 하나로 흔히 지적된다. 그 가운데 향·부곡은 그 주민의 생업이 일반
군·현의 경우와 마찬가지로 농업이었다. 단지 수취체계에서 전자에게 차등
이 가해져, 특수한 지역으로 다루어지고 또 그 주민은 천인시했던 것이다. 그
러나 이러한 차별은 농업기술의 발달로 사회전체의 경제력이 향상되어 감에
따라 더 이상 가해질 필요가 없었다. 차별은 오히려 생산의욕을 위축시키는
결과만을 초래할 따름이기 때문이다. 특정한 貢物 생산을 담당하는 所의 소
멸은 그러한 시대적 변모를 더욱 분명하게 보여주는 예라고 생각된다. 농업
의 새로운 가능성으로, 그 주민 노동력의 농업에 대한 투입이 전래적인 專業
을 요구하는 것보다 더 유리한 것으로 상황이 바뀌어 진 것이라고 보여진다.
  지방통치제도 면에서도 농업경제와 관련하여 중요한 변화가 일어나고 있
었다. 고려 초·중기에 권농의 임무는 按廉使(7道)·監倉使(兩界 5道)의 겸무였
다.「나중에 勸農使를 따로 두었으나」, 충렬왕 13년에「傷民」의 폐단이 많
아 다시 이전대로 돌리게 되었다는 것이《高麗史》勸農使條의 기록의 전부
이다.9) 그런데 새 왕조에 들어와서는 모든 州·府·郡·縣에 面마다 在鄕의
閑良品官으로서 勸農官을 삼는 것을 원칙으로 하였다.10) 이러한 변화는 권
농의 임무가 중시되는 가운데, 그 대책이 구체화, 실질화해 가는 것을 의미함
은 물론이다. 이 뿐만 아니라, 지방관의 임무에서도 변화가 생겼다. 주지하듯
이 唐의 刺使 6조에 근거한 고려시대의 지방관의 임무 여섯 가지에는 농업에
관한 것이 없었다.11) 그런데 새 왕조에서 守令 七事는「農桑盛」을 첫째 사
항으로 하였다.12) 고려시대에는 결국 휴한법의 제약 아래 농업발전의 특별

---

  9)《高麗史》卷 77, 百官 2 勸農使條.
 10)《太祖實錄》卷 8, 太祖 4년 7월 辛酉條.「使司據 前郞將鄭芬陳言以聞 其略曰 勸農之要在
    築堤堰……乞下都觀察使 令州府郡縣 擇其鄕閑良品官廉幹者 定爲勸農官……」
    《成宗實錄》卷 245, 成宗 21년 閏 9월 甲申條.「特進官尹孝孫啓曰 大典內 戶籍 每五家爲
    一統 置統主……每一面置勸農官……」
 11) 顯宗 9년 新定의「諸州府員奉行 六條」는 ① 察民庶疾苦 ② 察黑綬長吏能否 ③ 察盜賊
    姦猾 ④ 察民犯禁 ⑤ 察民孝悌廉潔 ⑥ 察吏錢穀散失 등이다.(《高麗史》卷 75, 選擧 3 銓
    注凡選用守令).
 12)《經國大典》吏典 考課條.「七事 農桑盛 戶口增 學校興 軍政修 賦役均 詞訟簡 姦猾息」

한 전망이 달리 없는 가운데, 농경에 관한 일체의 것이 각 지방의 향리들에게 거의 맡겨지고, 중앙정부로서는 별다른 관심을 기울이지 않았다. 14세기에서의 농업기술 발전은 내외 정세의 불안으로 결코 순탄하게 진행된 것은 아니었다. 변화는 이미 일어났으나 정책적인 차원에서 그것을 촉진시킬 겨를은 가지지 못했던 것 같다. 특히 그 중반 이후로 계속된 왜구의 침입은 이미 이루어진 성과에도 타격을 줌이 컸을 것으로 짐작된다. 새 왕조가 개창된 뒤 개간을 장려하면서 양전사업을 벌인 것은 정세가 안정되어 감에 따라 서둘러 그동안의 성과를 복구코자 한 것이었다. 정책적인 차원에서 본격적인 대책은 역시 세종대에서 이루어지기 시작하였다.

세종 11·12년 사이에 下三道 지방의 농업기술을 중심으로 《농사직설》이 編刊된 것은 주지하는 사실이다. 이 편찬사업은 그동안 변화된 농업기술의 정리라는 의미와 함께, 당시로서 가장 발달한 하삼도 지방의 농업기술을 그 이북 지역 특히 평안·함경도 지방에 보급하려는 목적 아래 이루어진 것이었다. 평안·함경 양도는 아직 휴한법의 극복도 제대로 이루어지지 못한 상태였다. 그리고 경기·강원도 일대도 휴한법은 극복되었어도 하삼도 지방과는 상당한 격차가 있었다. 《농사직설》의 편간은 바로 이러한 기술상의 격차를 해소하기 위한 것이었다. 그런데 이러한 기술상의 일원화를 꾀함과 동시에 조세체계의 개정이 도모된 것은 주목할 점이다. 세종은 《농사직설》의 편간이 이루어진 바로 그해 12월에 새로운 租稅法案으로서 「貢法」을 제시하면서 그것을 검토케 한다. 이 案이 熟議와 시험을 거듭하여 16년만인 同王 28년에서야 최종적인 결정을 보게 된 것은 잘 알려진 사실이다. 그리고 이 案은 수조율을 1/10에서 1/20로 낮춘 것으로도 유명하지만, 그동안의 농업기술상의 성과는 정전에서의 진황을 인정치 않는 원칙을 세운 것과 전품의 등급을 3등에서 6등으로 바꾼 것 등으로 반영되었다. 전품 등급의 세분화는 기술발달에 따라 전지 사이의 소출의 차등이 커져서였다. 요컨대 14세기 이래 농업기술의 변동에 따른 체제 재정비의 과제는 이 공법의 新定으로서 대단원을 이루었던 것이다.

농업기술의 변동은 사회의 구성에도 큰 영향을 미쳤다. 후대까지 상두꾼의 遺制로 남는 향도는 우리나라 촌락 공동체의 역사에서 매우 큰 비중을 차지하는 것이다. 필자는 11세기 초엽의 예천 개심사석탑기를 통해 고려 초기의 향도의 실례를 살펴본 적이 있는데,[13] 그것에 따르면 석탑 건립의 주체인 두 개의 향도 즉 예천본군과 그 속현인 多仁郡의 향도(椎香徒, 彌勒香徒)는 각기의 주민을 거의 망라하는 규모였다. 고려시대의 이러한 향도 조직은, 「國俗에 王宮·國都로부터 鄕邑에 미쳐 正月 望日로서 二夜에 燃燈한다」(《高麗史》 卷 69, 禮志 2 嘉禮雜儀條)고 한 것을 보면, 당시에 성행한 연등회·팔관회 행사를 수행하는 단체였다. 그런데 한편, 무신란이 일어나기 바로 직전인 의종 22년(1168)의 교서에 따르면, 「近來兩京八關之會 日減舊格 遺風漸衰」(《高麗史》 卷 18 世家 18 毅宗 22년 3월條)라고 하여, 초기의 그러한 습속이 이 무렵에 와서 동요하기 시작한 것을 알려 준다. 이러한 동요가 무인정권 아래서 어떻게 전개되었는지는 사료가 없어 전혀 알 수 없다. 그런데 14세기 이후의 향도 조직은 전기 것과는 전혀 다른 모습으로 나타난다. 같은 향도라고 이름하는 것이, 이 시기에는 대개 자연촌의 수호신에 대한 祀神 행위로 결속되는 모습을 보이고 있다. 그것은 자연촌의 사신 단체이기 때문에 전날의 것에 견주어서는 규모가 크게 축소된 형태였다.[14] 향도 조직의 이러한 변모는 이 시기에 이르러 자연촌에 里란 단위명칭이 붙여지기 시작하는 것과 같이 자연촌의 개체성 증대를 뜻하는 것으로 풀이된다.

향촌 공동체의 실체라고 해도 좋을 향도 조직의 위와 같은 변천은 과연 무엇을 의미하는 것일까? 필자의 생각으로는, 그것은 사회의 구성이 대단위적인 것에서 소단위적인 것으로 이행하는 것으로 판단되며, 그러한 이행의 가장 기본적인 동인으로는 역시 14세기 이래의 농업기술의 변동을 들어야 할 것이 아닌가 한다.

---

13) 李泰鎭, 이 책 제3장 〈醴泉 開心寺 石塔記의 分析 ─ 高麗前期 香徒의 一例〉 참조.
14) 李泰鎭, 이 책 제6장 〈士林派의 留鄕所復立運動〉, p.155~159.

휴한법 아래서 粗放農業은 단위면적의 생산력이 낮아, 사회가 필요로 하는 생산의 절대량을 확보하기 위해 집약농업 단계보다 더 많은 면적의 토지를 耕墾해야 하는 조건을 가진다. 그렇게 되면 자연히 일시의 인력 동원량이 많게 되거나 그 동원 방식이 집단성을 강하게 띠기 마련인데, 고려 前期의 향도의 대규모적인 면모는 바로 이를 반영하는 것이 아닌가 한다. 고려 초·중기의 지방의 군·현 사회는 주지하듯이 郡司에 모인 향리집단에 따라 이끌어짐으로써 군·현 중심의 성향을 강하게 지녔다. 그리고 그 아래 線에서도 자연촌보다는 지역촌의 單位性이 더 높았던 것으로 지적된다.15) 고려 초·중기의 이러한 특징적인 사회구성 관계가 바로 위의 향도 조직의 대규모적 면모와 짝하는 것임은 더 말할 필요가 없다. 노동력 동원체제의 실제를 보더라도 이 시기에는 一品軍·二品軍 류와 같이 향리들에게 동원권이 직접적으로 부여된 부류가 어느 시대보다도 많았던 것이 사실이기도 하다.

粗放農業에서와는 달리, 집약농업에서는 경지의 면적보다 집약적인 경작관리가 더 중요하게 된다. 다시 말하면 노동력의 일시적인 동원 여부보다는 耕程을 때맞추어 이루는 것이 더 중요한 문제가 된다. 요컨대 장시간의 집약관리의 대가로 대상 경지의 규모는 훨씬 적어지게 되어, 自然家戶의 노동력만으로서도 하나의 단위경영이 가능해진다. 이러한 자연가호 단위의 농업경영은 자연히 사회구성관계에서 이전처럼 자연촌 이상의 어떤 구조를 필요로 하지 않게 하였을 것이다. 고려 말의 사회구성관계의 이러한 변화에는 물론 다른 측면의 요인도 있었겠지만, 농업기술상의 변동은 그 기본적인 것의 하나였을 것이다. 이 시기의 자연촌의 개체성 증대의 면모는 중앙집권체제 추구의 일환으로 里長·里正제도의 실시가 꾀해진 데서도 엿볼 수 있다.

고려 말·조선 초의 사회변화의 한 측면을 끝으로 지배층의 변동과 그들의 농업기술에 대한 관심을 보기로 한다. 고려 말에 지방 중소지주 출신의 신흥 사대부세력이 새로운 지배층으로 대두한 것은 널리 알려진 사실이다. 그런

---

15) 李佑成,〈麗代百姓考〉,《歷史學報》14, 1961.

데 그들 가운데 하삼도 지방 출신의 비중이 컸던 점은 같은 시기의 농업기술 발달과 관련하여 좀 더 유의할 필요가 있다.

우리에게는 고려 태조대부터 의종대까지의 시기에 중앙에 진출한 관인들의 氏姓을 姓貫別로 분석, 정리한 연구가 있다.16) 《고려사》의 世家, 列傳 그리고 당대의 墓誌 등을 이용한 이 연구는, 3品 이상의 관인을 낸 氏姓들을 대상으로 하여, 3인 이상을 낸 경우와 2인 이하를 낸 경우 두 가지로 大別하여 파악하여, 전자로는 54개, 후자는 53개의 씨성들을 대상으로 주출하였다. 그런데 이 조사를 다시 성관 지역을 중심으로 검토해 보면, 전자 54개 가운데 하삼도 지역을 본관으로 한 것은 20개로서 3분의 1을 약간 넘어서는 정도이고, 그 이북 쪽이 훨씬 우세한 형세이다. 후자의 경우도 53개 가운데 하삼도 쪽은 25개로서 역시 다수가 되지 못한다. 그런데 이러한 형세는 14세기 이후로 크게 달라진다.

14세기 이후의 이른바 신흥 사대부들의 출신 지역을 직접 검토한 연구는 아직 이루어지지 않고 있다. 그래서 여기서는 편의적으로 고려 일대의 과거 합격자를 수록한 《등과록》17)을 이용하여 논지를 전개해 보기로 한다. 이 자료는 13세기 말엽 이후의 경우, 이전 부분과는 달리 비교적 많이 각 급제자의 본관을 밝혀 놓고 있어, 이로써도 대세의 파악은 일단 가능할 것 같다. 그리고 고려 말기까지도 이후와는 달리 본관이 출신지 또는 본거지와 대개 일치하므로18) 자료로서의 결함은 그다지 없을 것 같다. 검토의 범위는 일단 앞의 연구에 잇대어 무신란 때부터로 하였다.

다음 표를 보면 무인정권 때까지는 전체 120명의 합격자 가운데 성관 파악이 되어 있는 경우는 51명으로 半에 미치지 못하는 형편이다. 이러한 저조한 파악률은 물론 《登科錄》편찬 당시의 조건에 말미암은 것이지만, 이후의 80% 이상의 파악률과는 매우 대조적이다. 이러한 차이는 그 자체가 서두에

---

16) 李樹健, 〈高麗時代「土姓」研究〉上, 《亞細亞學報》12, 1976.
17) 이 《登科錄》의 성격에 대해서는 許興植, 《高麗科擧制度史研究》, 1984, p.241~243 참조.
18) 許興植, 《高麗社會史研究》, 1981, p.420~421 참조.

서 지적한 바와 같은 두 시기 사이의 시대적인 이질성을 반영하는 자료가 될 수 있는 것이 아닌가 하는 생각도 든다. 어떻든 성관이 파악된 경우를 다시 보면, 총 51개 가운데 하삼도 쪽의 성관이 전체 파악 대상 가운데서 62%를 차지하는 강세를 보이기 시작하고, 충선왕대에서 충목왕대까지는 급제자의 수는 현격하게 줄어드나 하삼도 쪽의 비율은 80%로 강세를 보인다. 그리고 공민왕대에서 공양왕대까지는 급제자가 급격히 늘어나는 가운데 하삼도 쪽의 성관은 77%의 강세를 유지하는 것으로 나타난다.

명종~공양왕 연간 과거합격자 姓貫분석

연 대	합격자 총수	성관 표시자	하삼도지역 본관
명 종(1171~1197)	38	15	7
신 종(1197~1204)	8	3	0
희 종(1204~1211)	9	5	4
강 종(1212~1213)	4	1	0
고 종(1213~1259)	51	22	14
소 계	120	51	25
원 종(1259~1274)	25	19	11
충렬왕(1274~1308)	83	58	39
소 계	108	77	50
충선왕(1306~1313)	4	3	3
충숙왕(1313~1329)	19	17	15
충혜왕(1330~1332)	10	7	6
충숙왕(1332~1339)	5	4	3
충혜왕(1339~1344)	9	6	5
충목왕(1344~1348)	7	7	5
충정왕(1349~1351)	0	0	0
소 계	54	44	37
공민왕(1351~1374)	210	118	87
우 왕(1374~1388)	203	141	112
창 왕(1389)	65	30	27
공양왕(1389~1392)	33	10	8
소 계	511	299	234

이 시기에서 과거 출신이 전체 관인 가운데 차지하는 수적 비중은 물론 큰 것이라고 할 수 없다. 그러나 그들은 관인 가운데서도 정예이므로 그들을 중심으로 하여 나타나는 특정한 성향은 그 나름으로 시대적 여건을 반영하는 것이 될 수 있다. 그러면 14세기의 하삼도 쪽 성관 출신의 그러한 현저한 우세는 무엇을 의미하는 것일까? 고려 초기부터 의종대까지 경기 이북 지역의 우세는 일단 이 지역들이 고려왕조 개창의 중심세력들의 근거지란 데서 일차적인 이유를 찾을 수 있다. 그러나 그러한 정치적 계기에 따른 우세가 약 2세기 반 동안 별다른 변화를 일으키지 않았다는 사실에서는 다른 조건도 고려해 보아야 할 필요성을 느낀다. 그 다른 조건으로서 필자는 이 시기의 농업경제의 상황을 우선적으로 들고 싶다. 고려 초·중기의 농업기술이 휴한법의 제약을 극복치 못한 것이란 점은 앞에서 누차 언급하였다. 그런데 이런 제약 조건 아래서 당시의 농업은 논농사〔水田〕보다 밭농사〔旱田〕의 비중이 훨씬 컸다. 조선 세종대까지도 수전이 전체 경지의 30%에 未及한 것으로 미루어 보면,19) 고려 초·중기에서의 밭농사의 강세는 충분히 짐작할 수 있다. 그런데 더 중시해야 할 것은 휴한법 아래서의 한전은 평지보다 산지가 더 유리하다는 사실이다. 산지는 평지보다 樹草가 많아 그것을 태워 耕墾하게 되면 지력면에서 훨씬 유리한 것이다.20) 앞에 든 문종대의 田品 규정에서도 平田과의 대비로 山田이 명시되었지만, 《고려도경》에서도 「평지가 적기 때문에 治田을 山田에 많이 하니, 그 오르내림〔高下〕으로 말미암아 耕墾이 매우 힘들며, 멀리서 바라보면 사닥다리〔梯〕나 돌계단〔磴〕과 같다」(種藝條)고 하여 산전이 성행하는 모습을 그리고 있다.

고려 초·중기의 농업조건이 이와 같이 한전의 비중이 큰 가운데 산전이 성행하였다면, 경기 이북 지역의 성관인들의 지속적인 우세 현상도 나름대

---

19) 宮嶋博史, 앞의 논문, p.46~47에 《世宗實錄》 地理志의 墾田 표기수치로 조사된 것임.
20) 고려시대 山田에 대해서는 地理學 쪽의 연구로서 金相昊, 〈李朝前期의 水田農業研究〉, 《1969年度 文教部學術研究助成費에 의한 研究報告書》別冊, p.29~30에서 비교적 자세히 다루어졌다.

로 설명을 얻을 수 있다. 즉 그러한 농업조건 아래서는 경기 이북 지역의 농업이 하삼도 쪽에 견주어 하등 떨어질 것이 없으므로 정치적 계기로 초기에 획득한 지위는 거의 침식당하지 않았던 것이다. 그런데 14세기 이후 이제 농업조건이 전혀 달라짐에 따라 큰 변동이 생기기 시작한다.

농업기술의 변동이 일어난 14세기에서도 한전의 비중은 높았다. 그러나 휴한법의 제약이 극복된 상태, 다시 말하면 경지의 全面 肥培가 가능해진 단계에서 한전의 조건은 이전과는 달랐다. 즉 산지보다 평지가 耕墾處로서 더 유리하게 되었다. 세종대의 공법 논의 때 한 의논 가운데 「我國平田旣分以三等 其山上山腰 則又有一甲二甲三甲四甲之法 此乃盡曲我國土地之法也」(《世宗實錄》卷 113, 世宗 28년 7월 戊辰條)라고 한 것이 있다. 여기서 지적된 산전 쪽의 等甲法은 산전의 오랜 전통을 엿보이는 것이라고 할 수 있다. 그런데 더 중시되어야 할 것은 그 산전의 평가가 평전과 이미 구분되고 있는 사실이다. 조선 초기에 이르면, 이외에도 「前此田品限以三等 故山上 山腰 山下之田 比常田 倍數計之」(《世宗實錄》卷 109, 世宗 27년 7월 乙酉條)라 한 것이나, 「嶺西則山田 戸出 倍於正田」(《世宗實錄》卷 74, 世宗 18년 壬寅條)라 한 것에서 보듯이, 산전이 「常田」「正田」 밖의 것으로 다루어지는 추세이다. 이러한 형세는 산전이 성행한 고려 초·중기와는 현저한 변모인 것이다. 고려 초·중기의 산전 성행의 조건 아래서 평전은 대개 稻作地 곧 수전으로 활용되었을 가능성이 많다. 그러나 휴한법이 극복되면서도, 관개가 가능한 평전은 여전히 수전으로 발달하였겠으나, 한전으로 활용되는 비중도 높았을 것으로 생각된다. 평지에서 한전의 이러한 개발조건을 염두에 두면, 14세기 이후로 아직도 한전의 비중이 높은 가운데서도 경기 이북 지역에 견주어 훨씬 많은 평지를 가지는 하삼도 쪽이 수전농업을 중심으로 경제력을 신장시킨 상황을 충분히 상정할 수 있다. 14세기 이후의 이 지역 출신들의 현저한 중앙 진출은 바로 이에 바탕을 둔 것이었을 것이다.

14세기에 농업기술 변동이 일어나는 가운데 진출한 신흥 사대부들은 그들 자신이 바로 그 농업기술 문제에 대해 상당한 관심을 보이고 있다. 충정왕 즉위 때(1349), 이암이 新王을 따라 연경을 다녀오면서 가져온 《農桑輯要》를 일군의 사대부들(禹確, 姜蓍, 金湊)이 보급에 편리하도록 小楷體로 바꾸어 간행한 사실은 바로 그러한 면모를 가장 잘 보여주는 것이다.[21] 《농상집요》는 화북지방의 전통적인 旱地農法을 주된 대상으로 하여, 당시의 중국의 가장 앞선 기술을 제대로 반영하지 못한 한계가 있는 것이지만, 고려의 사대부들이 그 보급판을 이렇게 따로 만든 것은 고려 자체의 농업기술 발전에 조금이라도 기여코자 하는 노력의 일단이었다.

공민왕 11년(1362)에는 또 백문보가 당시로서 중국의 가장 앞선 농업기술인 이른바 강남농법의 장점을 알고, 그 농법의 요체는 바로 수전농업에서 水車의 활용이니, 그것을 고려에서도 마련하여 보급시켜 보자는 건의를 올리고 있다.[22] 요컨대 당시의 新興士大夫들은 변동하고 있는 고려 자체의 농업기술을 더 효과적으로 이끌어 나가기 위해, 이웃하는 중국 쪽의 사정에 대해서도 상당한 관심을 기울이고 있었던 것이다.

신흥사대부세력의 학문적, 사상적인 측면에서의 새로운 면모는 성리학을 중심으로 하는 송대 이래의 신유학을 받아들인 것이다. 그런데 성리학의 大成者인 朱子는 그의 勸農文 가운데 하나에서 「佃戶는 田主에 의지하여 家口를 養活하므로 田主를 침범해서는 안 되며, 田主는 또한 佃戶에 힘입어 家計를 넉넉히 하므로 그를 撓虐해서는 아니 된다」고 하였다. 주자의 이러한 전주·전호 사이의 상보적 관계에 대한 인식은 중국사에서 이전의 어떤 사상체계에서도 찾아지지 않는 것으로서, 그것은 그 자체로서 성리학의 역사적 발전성을 보이는 것이다. 그런데 朱子의 이러한 새로운 인식은, 송대 특히 남송 이래 수전농업을 중심으로 휴한법을 완전하게 극복한 이른바 강남농법의 성과에 힘입음이 컸다. 즉 이 새로운 농업기술의 성과로서 생산력이 크게 증대하여 사회 전체의 경제력이 향상됨에 따라, 지주 일방적인 것이 아니라 쌍방

---

21) 李泰鎭, 이 책 제6장 〈14·15세기 農業技術의 발달과 新興士族〉, p.129~130 참조.
22) 《高麗史》 卷 79, 食貨 2 農桑條.

적 인식이 생겨날 수 있었던 것이다. 이로써 미루어 본다면, 14세기 고려의 새로운 지배층은, 아직 강남지방의 수전농업의 높은 생산력에 미치는 것은 못되나, 새로운 농업기술의 성과에 힘입어 성리학이라는 신학문에 접근하여 가기 시작하였던 것이다. 그들에 따른 전제의 개혁에서 유교적「民本」의 구현이란 취지 아래 수조율이 고려에 견주어 크게 낮추어진 것도 기본적으로는 기술발전으로 경제력이 신장된 데에 바탕을 둔 것이었을 것이다. 그리고 이색은《농상집요》보급판의 後序를 쓰면서 그 의의를「理生의 良法」이라고 하였는데,[23]「理生」 도모에 기여하는 그것이야말로 그들이 새로운 지배층으로서 보여야 할 가장 중요한 과제의 하나였다.

14세기의 농업경제상의 중요한 과제는 토지 지배관계에서 모순의 척결과 농업기술의 발전에 따른 변동 상황의 정비 두 가지였다. 주지하듯이 前者는 과전법으로서 일단 해결을 보았다. 그러나 후자는 세종대의 공법의 新定으로서 이루어지니, 14세기 이래의 과제는 결국 15세기 중반에서 일단 마무리 지어지게 된 것이라고 하겠다.

---

23)《牧隱文藁》9,〈農桑輯要後序〉.

III. 집약농업의 전개와 사회질서 지확립 추구

제6장 사림파의 유향소留鄕所 복립운동復立運動
―조선초기 성리학 정착의 사회적 배경

머리말

성리학이 조선왕조의 지배사상이었음에도 그것이 받아들여진 사회적 배경에 대한 설명은 별로 볼 수 없다. 이 방면에 대한 연구의 결여는 필시 성리학 자체를 긍정적으로 보려 하지 않던 종래의 일반적인 편향 때문이라 여겨지는데, 이러한 의식적인 회피는 결국 조선사회를 이해할 수 있는 기회를 그만큼 상실하는 결과밖에 가져오지 않을 것이다.[1] 성리학이 한 시대의 지배사상이었다면, 그것을 가능하게 한 그 나름의 시대적, 사회적 조건이 있었을 것이며, 성리학의 역사적 의의에 대한 평가는 이의 구명을 통해서만 공정성을 얻을 수 있을 것이다.

고려 말에 전래한 성리학을 돌이켜볼 때, 그 정착이 확고해지고 학문적인 꽃을 피우기에 이르는 것은 전래 이후 거의 2세기에 가까운 시간을 보낸 뒤의 일이다. 주목할 것은 정착을 위해 이 엄청난 시간을 보내는 동안, 조선의

---

1) 조선왕조의 성리학, 사화, 당쟁 등을 긍정적으로 본 연구로서 石井壽夫의 〈李朝後期黨爭史についての一考察―後期李朝理學至上主義國家社會の消長よりみたる〉,《社會經濟史學》10-6·7, 1940과 같은 것이 없지 않다. 石井壽夫 씨의 견해는 「後期 李朝 理學至上主義 시대의 성립을 革新原理의 승리라고 보며, 李朝는 다시 回春한 것이라고 생각한다」고 한 데서 요약된다. 필자는 이러한 견해에 전적으로 찬의를 표하며, 1940년에 발표된 이러한 견해가 그 뒤 전혀 진전되지 않은 데 대해서는 의아스러운 감을 금치 못한다.

성리학은 성리학의 본령이라 할 理氣의 철학에 대한 관심보다도 그것이 사회정책으로 제시하고 있는 社倉·鄕約 등에 대한 관심을 더 크게 보이고 있는 사실이다. 조선 성리학의 이러한 추세는 성리학도 사회적 관심 없이는 그 정착이 불가능했다는 것을 의미할 수 있다. 이러한 추세가 중종대 趙光祖 일파의 향약보급운동에서 강하게 나타남은 주지하는 사실이지만, 그보다 앞서 성종대에 金宗直 일파가 벌인 留鄕所 復立運動도 마찬가지 성격의 것이다.

성종대의 유향소 복립문제는 기왕의 연구들에서도 많이 언급되었지만,[2] 대부분 제도적인 측면에 관심을 두어 여러 해에 걸쳐 논란된 이 문제가 당시 김종직을 필두로 진출하고 있던 성리학파[士林派]와 밀접한 관련을 가진다는 사실을 파악하지 못하였다. 사림파의 운동은 세조 말경에 혁파된 유향소를 부활하려는 운동이었지만, 鄕射禮·鄕飮酒禮의 실행을 복립한 유향소의 중요 임무로 할 것을 강력히 주장하는 특징을 보인다. 이 두 의례는 향약과 취지를 같이하는 향촌 교화의 한 방법이므로, 이 복립운동도 결국은 성리학적 방법을 통해 향촌질서를 확립해 보려는 노력의 하나인 것이다. 성리학파의 이러한 노력은 또한 이때가 처음이 아니라, 세종말·문종대에 朱子 고안의 社倉法 시험을 추진한 데서 이미 한 차례 대두된 적이 있다. 사창법 시험, 유향소 복립운동, 향약보급운동 등 성리학파에 따라 주도된 일련의 사회운동을 서로 연관 지어 놓고 보면 성리학파의 활동으로서 다른 어떤 뚜렷한 것이 달리 찾아지지 않는 한, 초기 성리학파의 중요한 관심사는 시종일관 향촌질서의 확립이었다는 사실이 드러난다.

그런데 조선의 성리학이 이렇게 향촌질서 재확립의 수단으로 받아들여졌다고 한다면, 이를 통해 지양하고자 한 기성 향촌의 문제점은 무엇이었던가

---

2) 柳洪烈, 〈朝鮮鄕約의 成立〉, 《震檀學報》 9, 1938.
  周藤吉之, 〈朝鮮における京在所と留鄕所に就いて〉, 《加藤紀念東洋史集說》, 1941.
  金聲均, 〈京在所의 性格에 대한 一考〉, 《亞細亞學報》 1, 1965. 이 가운데 필자에게는, 柳洪烈 博士의 위 논문에서 鄕約 실시는 國初부터 있어오던 留鄕所를 바탕으로 한 것이라고 본 견해가 가장 주목되었는데, 그 후 이에 대한 좀 더 자세한 설명을 접할 수 없어 아쉬움이 많았다.

하는 의문이 제기된다. 이 의문에 대한 답은 물론 여말선초 향촌에 대한 전반적인 이해가 있어야만 얻어질 수 있다. 그러나 거기에까지 미칠 수 없는 필자로서는, 이 문제가 한편 성리학의 역사적 의의를 찾는 데는 빼놓을 수 없는 문제로 생각되기도 하여, 이를 회피하지 못하고 향촌문제에서 성리학적 처지를 항상 배격하고 나서는 「淫祀」의 문제만을 통해 살피는 편법을 취하였다. 향촌의 部落祭 같은 것을 음사라 강력히 배격하는 데는 단순한 관념적인 이유만이 아니라 「淫祀」로 형성 유지되던 당시의 향촌질서에 어떤 문제점이 있었기 때문인 것으로 생각되었다. 성리학 정착의 사회적 배경을 살피려는 본고로서 빼놓을 수 없었던 다른 하나는, 성리학이 사회적으로 어떤 부류의 사람들에 따라 받아들여졌느냐는 문제이다. 성리학은 중국사에서도 중소지주층의 학문으로 말해지고 있지만,3) 조선의 경우도 성리학파의 초기 관심이 사창·향약 등에 있었다면, 그들이 각 향촌에 생활기반을 직접 가지는 중소지주들이었기 때문이 아니었을까 추측한다.

본고는 대체로 이 두 가지 문제점에 역점을 두어, 성리학의 초기 정착과정을 살펴나갈 것이되, 그 하한을 일단 戊午士禍 때까지로 잡고 이후의 문제는 다른 기회를 가지기로 하였다. 본고의 결론이 또한 종래 부정적으로만 설명되던 사화에 대한 좀 더 합리적인 설명에 이를 수 있다면 그만한 다행이 없겠다.

---

3) 仁井田陞, 《中國法制史》(增訂版), 1963, p.154~157, 〈いわゆる「封建」とフ-エダリズ ム〉부분.
　今堀誠二, 《東洋社會經濟史序說》, 1964, p.51~57. 第3章 村落共同體 부분.

1. 여말선초 향촌 상태와 유향소 치폐

1) 향촌질서의 변동과 淫祀·祀神香徒

우리 전통사회에서 촌락공동체 형성에 큰 비중을 차지했던 것으로 향도를 빼놓을 수 없을 것 같다. 후대에까지 「상두군」이란 遺制로 남는 향도는 본래 불교의 祈佛團體이지만, 불교가 융성한 신라·고려에서 그것은 촌락사회의 구조와 성장에 밀착되어 공동체 형성에 큰 구실을 했던 것으로 짐작한다.[4] 신라의 경우까지 여기서 한꺼번에 언급할 수는 없지만,[5] 고려 전기의 경우 졸고 〈醴泉 開心寺 石塔記의 分析〉[6]에서 살펴본 11세기 초 무렵의 예천의 두 개 향도는 그 규모나 성격이 단순한 기불단체의 영역을 넘어서 향촌의 질서체제에 밀착된 촌락공동체의 모습을 보여주었다. 開心寺 석탑 건립에 참가한 두 개의 향도 즉 椎香徒, 彌勒香徒는 각각 예천 본군과 그 속현인 多仁縣의 자연을 바탕으로 한 조직으로서, 고려사회에서 향촌의 지배층을 이

---

4) 新羅·高麗社會에서의 香徒의 사회적 비중을 중요시한 說로서, 李晬光, 李圭景 등의 고전적 언급은 차치하더라도 崔南善, 金庠基 박사 등이 香徒가 이 시대 사회의 共同體的 결속에 절대적 구실을 했다고 지적한 바 있다(《故事通》, p.62,《高麗時代史》, p.934~935). 그런데 이 견해들은 麗末에 이르러 변질되는 香徒에 대해서는 단지 契의 형태를 띠어간다고 언급하는 데 그치고, 그 변질에 대한 사회적 배경을 추구하지 않고 조선왕조에서 향도가 갖는 비중을 뚜렷이 밝히지 못했기 때문에, 향도가 전통사회에서 차지하는 비중에 대해 회의를 표시한 견해(金三守,《韓國社會經濟史研究》, p.98~100, 第3章 「契」의 諸學說의 吟味)를 나오게 했다. 필자는 향도에 대한 긍정적인 두 분의 견해를 기본적으로 받아들이면서, 本稿에서 여말선초의 향도의 변질을 사회의 변화와 연관지어 설명해 보려고 노력하였다.

5) 신라사회에서도 香徒의 사회적 비중이 컸음은 花郎徒가 향도의 한 형태(예 : 金庚信의 龍華香徒)라는 데서도 짐작되는 바이다. 좀 더 구체적인 예를 들어 본다면 統一 직후의 癸酉名三尊千佛像銘에 「歲在癸酉年……香徒名△彌次乃眞牟氏……等二百五十人」이라 한 것이 있다. 이는 百濟遺民의 한 집단인 彌次乃에 사는 眞牟氏의 혈연집단이 發願하여 불상을 만들게 된 것인데, 그 혈연집단 250人이 하나의 향도를 이루고 있다. 이로써 당시의 향도는 혈연적인 유대로 촌락사회를 이루는 것이라 추측할 수 있겠으나, 신라사회에 대한 이해가 부족한 필자로서는 더 이상의 언급을 여기서는 피하기로 한다.

6)《歷史學報》53·54 合號, 1972; 이 책 제3장 수록.

루는 長吏集團이 그 기간이 되고 郡民 전체가 참가하는, 이를테면 擧郡(縣)的인 규모와 성격을 가지는 촌락공동체의 한 형태였다.

이러한 형태의 향도조직은 당시의 사회구조와 밀접히 관련되었으니, 고려 전기 향촌사회의 구조는 대체로 개개 자연촌은 각기의 독자성을 가질 수 있는 정도의 규모에 이르지 못하고 수 개의 자연촌을 묶은 지역촌 중심이었으며, 그 지역촌 수개로서 하나의 군 또는 현이 이루어졌다고 한다.[7] 이러한 군·현은 각 지역촌을 대표하는 대소의 장리들이 모여 최고위의 장리인 戶長을 중심으로 통치체제를 형성하고 있었다.[8] 예천에서 擧郡的인 규모에 이르는 향도가 조직될 수 있었던 것은 이러한 사회체제 아래서 가능한 것이었다고 생각한다. 그런데 여말에 이르러 불교의 사회적 구실이 감퇴하고 또 촌락구조도 달라짐에 따라 촌락공동체로서의 향도의 성격도 크게 변하게 된다.

불교와 직접적인 관련은 없어졌지만 여말선초에도 향도란 단체는 그대로 존속한다. 예컨대 「國俗에 契를 맺어 燒香함을 香徒라 이름하며, 서로 돌아가면서 연회를 베풀어 男女少長이 차례로 앉아 共飮함을 香徒宴이라 일컫는다」는 고려사 纂者의 註記나,[9] 《太祖實錄》 卷 4, 태조 2년 12월 乙巳條에 都評議使司의 年凶救荒策 가운데 糜費를 많이 들여 벌이고 있는 「淫祀」를 凶荒 중에는 금지시켜야 한다고 주장하면서, 그 「淫祀」의 모임을 「祀神香徒契」라 부른 것이라든지,[10] 《世宗實錄》 卷 22, 세종 5년 12월 丁卯條에 「지금 里마다 사람마다[里里人人] 모두 香徒를 맺고 있다」든지[11] 《世宗實錄》 卷 123,

---

 7) 李佑成,〈麗代 百姓考〉,《歷史學報》14, 1961.

 8) 武田幸男,〈淨兜寺五層石塔造成形止記の研究〉,《朝鮮學報》25, 1962에서 밝혀진 바에 의하면, 淨兜寺五層石塔은 소재지인 若木郡의 「郡司」의 주관 아래 「郡內老少男女百姓等」의 발원으로 조성된 것인데, 그 「郡司」는 戶長 副戶長 아래 戶·兵·倉 三系列의 正·副 正·史 등의 職이 갖춰 있는 郡 자치의 長吏集團 기구로 분석되었다.

 9)《高麗史》卷 122, 列傳 35 沈于慶傳.

10)《太祖實錄》卷 4, 太祖 2년 12월 乙巳條.「都評議使司 以救弊事宜 條陳上言……五日 今歲諸道 因旱年荒 如不早圖飢饉荐臻 且無知之民 不顧後患 以祀神香徒契內等事 糜費不少……願自今冬……禁酒 上從之」

11)《世宗實錄》卷 22, 世宗 5년 12월 丁卯條.「前知順安縣事 朴甸陳言四十八條……一人有疫疾而死 或草葬山間 或異置木枝 今里里人人 皆結香徒 而埋葬之……願自今 窮人之葬 全

세종 31년 正月 癸卯條에 사헌부의 婦女子風紀 지적에서 「지금 京外의 양반 부녀들이 혹은 香徒라 하고 혹은 神祀라 하여 각기 酒肉을 가지고 공공연히 聚會한다」고 한 것 등이 있다. 이 예들에서 말해지는 香徒, 祀神香徒는 이른 바 「淫祀」에서 사신을 함께 하는 무리를 일컫는데, 「淫祀」란 山川神 城隍神 등에 대한 민간의 사신행위를 儒家에서 부정적으로 대하여 쓰는 말로서 불교와는 직접적인 관계가 없는 것이다. 불교와 관련이 없는 「淫祀」의 사신단체에 불교적인 용어로서 향도가 그대로 쓰이는 것은 다음과 같은 까닭에서 일 것이다. 즉 고려의 향도가 祈佛단체인 동시에 향촌 공동체였듯이, 이때에도 사신향도가 촌락공동체적 요소를 그대로 유지하고 있었기 때문에 신앙의 대상은 달라졌지만 그 명칭은 공동체에 대한 대명사로 그대로 남았던 것이다.[12)]

여말선초에 이른바 음사가 촌락공동체 형성에 크게 기여한 면을 살피면, 태종 14년 正月에 충청도 都觀察使 許遲가 「淫祀」를 없애는 한 방법으로 중국의 里社法 도입을 주장하면서 현행 「淫祀」에 대해 언급한 다음과 같은 말이 있다.

> 이 法[里社]에 따라 향촌 각기에서 民戶의 多寡를 헤아리고 境地의 阻近을 따져 혹은 40戶 혹은 50戶마다 一社를 세워 祭祀토록 하고, 이후도 淫祀를 尙行하면서 神堂이라 이름하여 里中을 따로 세우는 경우가 있으면 하나같이 燒毀 痛理토록 해야 한다.[13)]

이 里社法 도입 주장은, 후술하는 바와 같이, 國初의 治者들이 통치 질서 확립을 위해 개별성이 강한 「淫祀」를 배제하고 향촌사회에 통일성을 부여

屬香徒」
12) 香徒의 代名詞的 用法은 《明宗實錄》 卷 29, 明宗 18년 9월 丁亥條에 「里巷人 結爲鄕約 者 俗謂之香徒」라고 한 史臣의 註記가 가장 좋은 예이다. 이에 따르면 불교와 전혀 관계없는 鄕約을 함께하는 里巷人의 모임도 香徒라 불렀던 것이다.
13) 《太宗實錄》 卷 27, 태종 14년 正月 癸巳條.

하기 위해 제시된 방법 가운데 하나인데,[14] 어떻든 여기서 거론된 현행「淫祀」의「神堂」은 획일적인 里社로의 대치가 주장될 정도로 각 향리에서 촌락의 구심적인 구실을 하고 있는 것이다. 신당은 흔히 인근의「岡巒林藪」의 神[15]이나「鎭山」「名山大川」의 神[16]에서 택해진 촌락의 수호신이 모셔진 곳으로서, 향도는 이 신당에서 수호신에 대한 사신행위와 이를 계기로 한 연회를「일 년에 몇 회」[17] 또는「매월 서로 돌아가면서」[18] 정기적으로 가졌다. 이는 향촌의 향도가 그만큼 조직적이었음을 말해 준다.

  사신향도의 공동체적 유대는 앞서 인용한「男女少長이 차례로 앉아 共飮한다」고 한 데서도 나타나고 있지만, 同徒人 가운데 喪葬의 일이 생겼을 때 함께 참석하는 모습에서 더욱 분명하게 드러난다.《太祖實錄》卷 15, 태조 7년 12월 辛未條에 향도에 대한 유교적 처지에서 벌인 한 비판은「外方의 백성들은 그 부모의 葬日에 隣里 香徒를 모아 飮酒歌吹하면서 조금도 애통해 하지 않는다」고 하였다. 부모의 葬日에 애통해 하지 않는다는 지적은 유교적 윤리관에 선 비판이겠지만, 향도의 飮酒歌吹하는 모습은 본래 퇴폐적인 것이 아니라 死者를 위한 사신향도의 어떤 전래적인 의식 같은 인상을 준다. 왜냐하면 사신향도는 상을 당한 사람이 死者를 위해 원거리에 있는 산신에게 사신하고자 할 때「半(伴?)行」이라 하여 그와 동행하는 습속을 가지기도 하기 때문이다.[19] 葬日의 향도 모습은《世宗實錄》卷 76, 세종 19년 2월 甲戌條에

---

14) 이 책, p. 181~183 참조.

15) 《成宗實錄》卷 214, 成宗 19년 3월 丙寅條.「掌令金楣…… 其書曰 全羅一道…… 其尙鬼神也 則岡巒林藪 皆有神號…… 男女雜踏 群遊露宿……」

16) 《太宗實錄》卷 24, 太宗 12년 10월 庚申條.「司諫院上疏…… 今國人 不識鬼神之不可欺 山川之不可祀 泯泯棼棼 靡然成習 自國之鎭山 以至郡縣名山大川 岡不瀆祀……」

17) 註 22) 참조.

18) 成俔,《慵齋叢話》.「今之風俗 日漸澆薄 惟鄕(香?)徒爲美 大抵 隣里賤人 皆相聚會 少者七八九 多者或百餘 每月相遞飮酒……」

19) 《世宗實錄》卷 52, 世宗 13년 5월 戊寅條.「判府事崔潤德啓…… 臣去歲 巡審下三道…… 獨淫祀大行 稱爲半行 遠山林神野祭……」
《世宗實錄》卷 34, 世宗 8년 11월 丙申條.「司諫院上疏曰…… 山川城隍 人皆得以祭之群飮 糜費 傾家破産…… 或稱祈恩 或稱半行 謟瀆鬼神 無所不爲……」

다음과 같이 좀 더 자세히 그려져 있다.

　오늘날의 민속은 평상시에도 尊卑를 막론하고 淫祀를 競崇하며……葬日에
는 酒饌을 많이 마련하여 賓主가 서로 위로하는데 豊厚를 애써 富者는 과장
하고 貧者는 억지를 부리니 賓朋은 召會함에 남녀가 雜踏하여 靡費가 심히
많이 드는데도 그렇게 해야만 스스로 心快히 여기고 鄕里에서도 칭찬하는 바
된다.

　여기서는 향도라는 이름이 직접 쓰이지 않았지만, 그 내용은 앞에 인용된
향도의 그것과 동일하므로 이를 葬日에 참가하는 향도의 모습이라 할 수 있
으며, 이에서 우리는 향도가 「鄕里」안의 「賓朋」 즉 同里人으로 구성된다
는 구체적인 지식을 얻을 수 있다.

　촌락의 수호신에 대한 祀神행위를 통해 결속되는 향도가 同里人을 그 구
성원으로 한다는 사실은 매우 주목해야 하리라 생각한다. 위에 인용된 여러
기록들도 「鄕里」「里中」「里里人人」이라 하여 한결같이 「里」를 그 단위
로 말하고 있다. 특히 許遲의 里社法 주장에서 중국의 里社는 본래 100호를
단위로 하는 것인데도[20] 40, 50호를 단위로 잡은 것은 당시의 음사의 신당이
평균치를 40, 50호 정도로 잡을 수 있는 규모의 촌락 즉 자연촌마다 두어지
고 있었기 때문인 것으로 판단된다. 좀 뒤늦은 시기의 기록이기는 하나 성종
대 成俔의 《慵齋叢話》에서도 향도의 인원은 「적은 것은 7·8·9, 많은 것은
100여를 헤아린다」고 하였는데,[21] 그 대소의 차는 자연촌의 규모의 차라고
생각된다. 고려 말의 巨儒 牧隱 李穡은 長湍 流謫 때에 國相의 신분을 감추
고 한 향도 모임에 참석한 것을 시로 읊어 남겼는데, 그 모임이 長湍 北里
金堆에 있는 郞將 李延의 집에서 벌어졌음을 밝혔다.[22] 이 香徒모임은 長湍

---

20)《太宗實錄》卷 27, 太宗 14년 正月 癸巳條.「忠淸道都觀察使 許遲 請行里社之法 書
　　曰……謹稽里社之制 凡各處鄕村人民 每里一百戶內 立壇一所……」
21) 註 18) 참조.

北里 아니면 金堆의 것일 터이다.

여말선초의 사신향도가 자연촌 즉 里를 단위로 한다는 점은 고려전기의 香徒가 擧郡的인 규모에 가까웠던 사실을 상기할 때 중요한 변화라 하지 않을 수 없다. 촌락공동체 규모의 축소, 그것은 사회구조상의 어떤 변화에 말미암은 것일 터이다. 우리는 여기서 고려 전기의 거군적인 규모의 향도를 가능하게 한 사회적 조건이 지역촌 중심의 향촌구조였다는 사실과 관련하여, 말기에 이르러 그 지역촌 아래 놓여 있든 자연촌 아래 놓여 있든, 자연촌들이 점차 성장하여 「里」라는 독자적인 명칭을 가지고 등장한다는 사실을 상기할 필요가 있다.23) 다시 말하면 이제까지 村名을 따로 가질 정도가 되지 못하던 자연촌이 그동안 꾸준히 성장하여 그 규모를 확대함에 따라 독자성을 발휘할 수 있게 되어 「里」라는 단위 명칭이 생겨났던 것이다. 여말선초 촌락 공동체로서 사신향도가 자연촌을 단위로 하는 것은 바로 이 「里」의 출현과 짝하는 사회적 변화라고 할 것이다.

자연촌이 「里」로 성장, 里를 단위로 하는 사신향도의 공동체적 유대 형성 등은 한편으로 군·현 또는 지역촌 중심으로 이루어지던 고려적 향촌질서의 붕괴를 뜻하기도 한다. 이러한 변화는 그 자체로서는 사회적인 발전이었지만, 이 새로운 변화를 규제할 수 있는 그 나름의 질서체제가 확립되지 않는 한, 治者의 처지에서는 분열적인 사회혼란으로 남는다. 신왕조 지배층의 유교적 처지가 민간의 사신행위를 음사라 불렀을 뿐더러, 그에 대한 부정적인 비판에서 연회의 낭비성을 지적하고 또 획일적인 里社로 대치 등을 모색한 것 등은 그것이 향촌질서 확립에 실제로 장애를 주고 있었기 때문이었을 것이다. 음사의 이 같은 현실적인 문제성은 치자로 하여금 그 제재의 명분으로 「天子·諸侯·士·庶人은 각기 제사할 수 있는 神이 정해져 있어서, 天子라

---

22) 《牧隱詩集》 卷 35, 〈李郞將延家 會香徒設醴 老夫往與其間 微醉先出〉, 「長湍北里有金堆 結社燒香歲幾回 趨取春風衆上罪座 攜來樽酒澍新醉 誰知國相今同席 我以隣翁共擧杯 軟飽 微吟眞樂甚 管絃何以動樓臺」

23) 李佑成, 앞의 글. 李교수는 지역촌은 面으로 발전하고 자연촌은 里로 발전한다고 밝혔다.

야 天地에 제사할 수 있고 諸侯라야 山川에 제사할 수 있는데, 지금 우리나라의 풍속은 庶人이라도 모두 산천에 제사하고 있으니 마땅히 금해야 한다」[24]는 유교적 分數論을 끌어들이게까지 하였다.

고려적인 향촌질서의 붕괴는 위에서와 같이 촌락 성장의 필연적인 결과라는 일반론적인 설명으로도 이해될 수 있지만, 여기에 여말선초의 특수한 사정을 더 고려해 본다면, 고려 후기에 들어와서 기존 향촌 구성원에 커다란 변동이 생긴 사실을 지적할 수 있다. 몽고 간섭 아래서 수탈정치에 견디다 못해 일어나던 각 향촌의 향리 및 일반 구성원의 유리현상은[25] 그 뒤 공민왕대부터 거듭하는 전란으로 말미암아 더욱 심해져 기성 향촌질서의 붕괴는 가속화되었다고 생각된다. 여말선초라는 격변기에 일어난 이러한 향촌 구성원의 대변동 상태는, 세종대 당시를 기준으로 그동안 없어진 氏, 새로 들어온 성씨 등을 각 군현별로 파악한 《世宗實錄地理志》의 조사를 통해 어느 정도 짐작할 수 있다. 이 책에서 각 군현별로 조사된 것을 편의상 도별 집계를 내어본 결과 다음 표와 같이 나타났다.[26]

《世宗實錄地理志》 성씨 이동 상황표

姓種　　道名	土 姓	亡 姓	來 姓	續 姓
京　畿	199	141	27	19
忠　淸	282	103	34	52
慶　尙	529	15	126	124
全　羅	572	26	31	84
江　原	100	70	20	78
黃　海	88	70	51	41
計	1,770	425	289	398

---

24) 《定宗實錄》 卷 6, 定宗 2년 12월 戊申條.

25) 梁元錫, 〈麗末의 流民問題－特히 對蒙關係를 中心으로〉, 《李丙燾博士華甲記念論叢》, 1956

　　李佑成, 〈朝鮮初期의 鄕吏〉, 《韓國史研究》 5, 1970, p.71 참조.

26) 表에 제시된 수치는 集計에서 약간의 누락이 예상되나 전체적인 상황을 파악하는 데 오류를 가져올 정도는 되지 않을 것이라 생각한다.

앞의 표는, 세종 당대의 사민정책으로 「入鎭姓」의 비중이 커진 平安·咸吉 양도의 성씨, 諸道에 소수로 나타나는 특수한 姓種 등을 제외하고,[27) 나머지 6개도의 土姓·亡姓·來姓·續姓만을 집계 대상으로 한 것이다. 그 대상이 된 성종의 뜻을 보면, 망성은 「古籍에 있는데 지금은 없는」 성씨,[28) 토성은 망성에 상대적인 것으로 古籍에도 있고 지금도 있는 성씨, 내성·속성은 다같이 새로 移來해 온 성씨이되 속성은 향리의 役을 지고 있는 성씨이다.[29) 그러면 그 가운데 토성을 제외한 망성·내성·속성 등은 그동안 이동한 성씨가 된다. 망성과 내성·속성과 중복될 수도 있으므로, 일단 내성·속성만을 이동 성씨로 볼 경우 그 총수는 687개이다. 이것을 토성 총수 1,770개와 합쳐 전체로 잡고 백분율을 계산해 보면 27.8%로 나타난다. 이 비율은 또한 적은 것은 아니나, 전화의 피해가 적었던 경상·전라 양도의 토성이 1,101개로 전체 土姓數에 차지하는 비중이 너무 커서 타도에 주는 영향이 크다. 이 단점을 고려하여, 양도를 제외한 나머지 四道 각기의 망성의 백분율을 위와 같은 방법으로 산출해 보면, 경기도 50.8%, 충청도 36.6%, 강원도 70%, 황해도 79.5%로 나타난다. 향촌 구성원의 변동을 말해주는 내·속성보다 더 작은 집적일 수 있는 망성의 이 같은 비율은 4개도에 격심한 구성원 변동이 일어났음을 말해주는 것이라 하겠다.

경상·전라 두 도의 망성 비율은 각각 2.8%, 4.5%로서 매우 낮다. 망성의 낮은 비율은 그만큼 사회가 동요되지 않았다는 것을 뜻할 수 있지만, 한편 두 도는 위의 4개도보다 내·속성에서 훨씬 많은 수(경상―250개, 전라―115

---

27) 특수 姓種으로는 「村姓」「外村姓」「百姓姓」「人吏姓」「賜姓」 등인데 이것들은 각기 가 의미하는 것은 중요한 면이 있다고 생각되나 통계에서는 무시해도 큰 지장을 주지 않을 정도로 소수였다. 그리고 표 작성에 있었던 다른 하나의 제한은 鄕·所·部曲의 姓氏는 모두 버리고 하한을 屬縣까지로 잡은 것이다.

28) 《世宗實錄》卷 148, 地理志 京畿道 廣州條.「凡稱亡姓 謂古籍所有而今無者」

29) 《世宗實錄》卷 148, 地理志 京畿道 楊根郡條.「續姓―咸 右咸氏 古籍所無 今據本道關續錄 後凡言續姓者 倣比」 이 註記는 續姓이 곧 鄕吏라고 밝히지 않았지만 同書를 펼쳐보면 續姓이 향리임을 쉽게 알 수 있다. 李成茂 씨도 앞의 논문에서 「續姓은 조선 초기에 새로 성립된 鄕吏姓」이라는 견해를 이미 표현한 바 있다.

개)를 보여 향촌 안정을 결코 낙관할 수 없게 한다. 新來人으로서의 내·속성은 土姓의 처지에서는 향촌의 이질분자로서, 양자 사이에는 토착인과 신래인 사이에 생길 수 있는 마찰이 예상되며, 그 가운데서도 속성은 향리로서 곧 유력자가 되었기 때문에 土姓에게는 매우 불만스러운 존재였다.[30] 新王朝 개창 이후 향리의 대부분을 차지하는 이 속성들은 위 두 도에 국한하지 않고 전체적으로 각 향촌에서 土姓의 在地 品官과 마찰을 일으켰고, 후술하는 바와 같이 土姓品官들은 향촌질서의 재확립에서 이들의 제어에 적지 않게 부심하여야 했다.[31]

촌락공동체로서의 향도가 여말선초에 이르러 자연촌 단위로 소규모화하는 것은 결국 거군적인 규모의 향도 조직을 가능하게 했던 고려적인 향촌질서가 후기에 접어들어 그 구성원의 대변동으로 붕괴되고, 그를 대신할 새로운 체제가 확립되지 못한 상태에서 그동안 성장을 보아온 자연촌들이 저마다 수호신을 가지고 그것을 통한 각기의 공동체적 유대를 굳혔던 결과라고 생각된다. 자연촌 단위의 공동체 형성에 큰 구실을 한 이른바 음사란 것이 이때에 크게 문제된다고 하여 고려에 없던 것이 새로 생겨난 것은 물론 아니다. 고려전기에도 그것은 민간에서 있어 왔지만, 당시 사회적 구실을 크게 가지던 불교와 어떤 융합점을 발견하여 그 이면에 있었을 따름일 것이다. 어떻

---

30) 李成茂 씨가 앞의 글(p.75)에서 續姓을 「轉入續姓」과 「土着續姓」 둘로 나누고, 전자는 근본 내력이 밝혀진 鄕吏, 후자는 「本不知」「本未詳」「來處未知」라 표시된 續姓과 「累代鄕吏」「有吏立役」이라 표시된 것을 모두 포함시키고, 「本不知」 등의 경우에 대해 「土着續姓에는 所從來가 없을 것은 물론이다」라고 하였다. 전자에 대해서는 필자도 이의가 없으나, 후자에서 「本不知」 등을 土着續姓에는 所從來가 없을 것은 물론이라고 본 데에는 찬의를 표할 수 없다. 累代鄕吏 등의 구분이 따로 있는 한 「本不知」「來處未詳」 등은 어디까지나 字意대로, 移來한 姓氏임이 분명하나 어디서 온지 모르는 경우로서 「轉入續姓」으로 보아야 옳을 것이다. 경상도 속성 124개를 분석해 본 결과, 所從來와 吏役을 지고 있음이 함께 밝혀진 경우는 69개, 吏役이 밝혀지고 所從來를 모르는 경우는 22개, 나머지 18개는 累代鄕吏든가 吏役有無가 明記되지 않은 경우이다. 타도의 경우를 모두 분석해 볼 여유를 가지지 못했으나, 구성원의 변동이 가장 적었던 경상도에서도 이렇게 土着鄕吏는 소수이고 轉入鄕吏가 압도적임을 볼 때 조선왕조 향리는 대부분 그 본거지를 바꾸어 새로이 형성된 것임을 알 수 있다.

31) 第2節 第2項 참조. 李成茂 씨도 이 문제에 대해 위의 글(p.76~81)에서 「守令과 鄕吏」「土姓士族과 鄕吏」의 삼각관계를 다루고 있다.

든 음사의 성행과 촌락마다 각기의 사신향도를 가지고 있는 향촌 상태는 사회질서의 회복, 나아가서는 통치질서의 확립이란 측면에서 제재를 받아야 할 문제들이었다.

앞서 언급한 것과 같은 신왕조 지배층의 음사, 사신향도에 대한 유교적 처지의 비판은 통치질서 확립 과정에서 실천에 옮겨진다. 그런데 그 제재에서 왕권의 중앙집권적 처지와 향촌에 직접 생활기반을 가지는 재지의 중소토호들의 처지는 서로 다르게 나타난다. 왕권은 처음에 淫祀의 근절을 표방하지만[32] 점차 왕권의 권위에 거슬리는 면들만 제거하는 데 그치는 소극적 태도를 취한다. 예컨대 諸神에 붙어 있는 대왕, 왕의 칭호와 神像을 없애고 「某岳之神」이라 쓴 위패만 두게 한다든가,[33] 또는 諸神을 岳·鎭·海·瀆의 신으로 구분, 그 수를 줄이는 한편 大·中·小祀의 등급을 설정하고 所在官의 수령으로 하여금 제사를 주관케 하는 것들이었다.[34] 왕권은 이 정도로서 자신의 권위는 확립되었다고 여기고 민간의 소소한 사신행위에 대해서는 관용적인 태도를 취했던 것이다.[35] 이러한 한편 왕권은 당면의 향촌질서의 확립을 음사 자체에 대한 제재에서보다는, 후술하는 것과 같이 수령에게 향촌에서

---

32)《太祖實錄》卷 2, 太祖 元年 9월 壬寅條에 「觀察使·守令만이 城隍祭를 지내고, 士族은 家廟祭를, 庶人은 寢祭만을 지내되, 나머지 일체의 淫祀는 禁한다」는 조처가 보인다.

33)《太祖實錄》卷 25, 太祖 13년 6월 乙卯條. 「改正祀典 禮曹啓曰……前朝 於境內山川 各加封爵 或設妻妾子女甥之像 皆與於祭 誠爲未便 及我太祖卽位之初 本曹建議 各官城隍之神 革去爵號 但稱某州城隍之神 旣蒙兪允 已爲著令 有司因循至今 爵號像設 尙仍其舊 以行淫祀 伏望 申明太朝已降敎旨 但稱某州城隍之神 只留神主一位……」

　　《世宗實錄》卷 28, 世宗 6년 2월 丁巳條. 「上命詳定提調星山府院君李稷等曰 各處城隍及山神 或稱太王太后太子太孫妃 無理爲甚 是誠妖神……」

34)《太宗實錄》卷 28, 太宗 14년 8월 辛酉條. 「禮曹上山川祀典之制……本朝承前朝之制 山川之祀未分等第 境內名山大川及諸山川 乞依古制分等第 從之 嶽海瀆爲中祀 諸山川爲小祀, 京城三角山之神 漢江之神……永吉道顯德鎭白頭山 皆仍舊 所在官自行……從之」

35) 淫祀에 대한 왕권의 관용적 태도의 좋은 예로서 세조의 다음과 같은 경우를 들 수 있다. 「傳于政院曰……祭淫祀 爲其妖妄也 則絶之 可也 今旣不可廢 而有城隍焉 有諸祀神堂焉 國遣香祝 又有神稅布 又令巫女救病於公家 如此而禁民祀神 可乎 如此細事 不許禁約者 累矣……傳曰……今之儒者 一朝暴貴 妄自高尙 不顧大體 專務目前之快 甚爲不可 今淫祀在所不禁 而有司必欲禁之 爲法吏漁取之地……」(《世祖實錄》卷 4, 世祖 2년 5월 乙亥條).

의 절대권을 부여하는 것 같은 행정적 면에서 기대하게 된다. 결국 왕권은 자연촌들이 음사를 통해 각기의 공동체를 공고히 한다 하더라도 자신을 대신하는 수령의 관권이 침투할 수만 있다면 음사에 대한 제재를 더 이상 가할 필요를 느끼지 않았던 것이다.

한편 재지의 중소지주들은 자신들의 기반을 더 안정되게 하려면 향촌의 질서를 자기 중심으로 하루 빨리 확립해야 했기 때문에 자연촌마다 독자성을 강하게 해주고 있는 음사에 대해 왕권보다 훨씬 더 부정적이지 않을 수 없었다. 그러나 왕조 개창 이래 음사에 대한 정책은 왕권의 처지에서만 행해지고 있었기 때문에, 그들의 요구는 달성될 기회를 거의 얻지 못하였다. 뿐더러 수령에게 절대권을 부여하는 왕권의 중앙집권적 향촌정책은, 후술하는 바와 같이 향촌에서의 그들의 활동을, 크게 위축시키기까지 한다. 양자의 이와 같은 서로 배치되는 관계는 재지세력의 자치활동 기구로 등장한 국초의 유향소 치폐 문제에서 잘 나타나고 있다. 이제 이 문제를 통해 왕조 초기의 중앙집권적 향촌정책에 대한 이해를 깊게 하는 한편, 뒷날 성리학적 방법에 따른 자치적 향촌질서 확립을 부르짖는 중소지주 출신들이 그 아래서 어떤 처지에 놓여 있었던가를 살펴보기로 한다.

2) 관권 우위의 향촌정책과 유향소 치폐

《太宗實錄》卷 11, 태종 6년 6월 丁巳條에 대사헌 許應 등이 올린 「時務七條」 上疏 가운데 유향소에 관한 다음과 같은 기록이 보인다.

> 其四,……鄕愿好事의 무리들이 留鄕所를 두고 無時로 群聚하여서는 守令을 詆毁하여 인물을 進退시키고 백성을 侵漁함이 猾吏보다 심하니 모두 革去시키기를 바랍니다.

혁파 요청에 관한 이 기록은 국초의 유향소에 대한 몇 개의 기록 가운데서 가장 앞서는 것이기도 하다. 이 기록의 논조 자체가 유향소는 「鄕愿好事의 무리」에 의해 조직된 듯한 감을 주고 있지만, 그 설치에 대한 언급이 전혀 없는 채, 혁파의 기록이 이렇게 나타나는 것은, 유향소가 관에서 공식적으로 설치한 기구가 아니었기 때문인 것으로 여겨진다. 일단 이러한 점을 고려하여 유향소가 「鄕愿好事의 무리」에 의해 자의적으로 만들어진 기구라고 볼 경우, 국초의 유향소는 재지세력의 자치적 기구로 등장하였지만, 수령을 詆毁하는 등의 反중앙집권적인 성향 때문에 이때 혁파되고 말았다고 설명할 수 있다. 그러나 우리는 이 정도의 설명에 만족할 것이 아니라, 유향소 설립의 주체로 말해지는 「鄕愿好事의 무리」의 정체를 밝혀, 유향소에 대한 이해를 좀 더 깊이 할 필요가 있다. 그들이 재지세력인 것은 쉽게 짐작되지만, 그들이 어떤 사회적 공인을 바탕으로 비공식적인 기구를 자의적으로 조직할 수 있었던가를 알기 위해서는 좀 더 구체적인 지식이 필요하다.

위의 상소문은 이어서 비슷한 취지의 다음과 같은 건의를 하고 있다.

> 其五, 前銜三品以下의 受田人員은 모두 居京侍衛케 하였는데, 兩府以上은 거론치 않았기 때문에 왕실을 侍衛치 않고 農莊에 退處하여 官府에 드나들면서 守令을 凌辱하고 鄕曲을 誅求하여 백성에게 해를 끼치는 자가 혹 있으니, 모두 糾理하여 赴京(侍衛)토록 하기를 바랍니다.

여기서 말하는 農莊에 退處한 前銜 「兩府 以上」의 鄕曲에서의 弊行은 앞서 「其四」의 鄕愿好事의 무리의 그것과 동일한 것이다. 같은 시무 7조 상소 가운데 「其四」「其五」 두 사항이 서로 연관된 것이라면, 「其四」의 鄕愿好事의 무리는 「其五」에서 말한 前銜 3품 이하, 양부 이상 등과 어떤 연관성을 가질 가능성이 있으므로, 여기서 잠시 이 상소가 있던 태종 6년을 전후하여 이를 「前銜」에 대해 취해진 일련의 정책을 살펴보기로 한다.

「其五」에서 赴京侍衛가 이미 이루어지고 있는 것으로 말해진 「前銜三品以下의 受田人員」은 태종 2년 무렵에 만들어지고, 同王 4년 6월에 처음 부경

시위의 명령이 내려진 受田牌를 가리킨다.[36] 「前銜」에 대한 부경시위 명령
은 이 이전인 태조 6년, 7년에 두 차례 양부 이상, 3품 이하의 구분 없이 前
銜 모두에 내려진 것이다.[37] 태종 2년의 3품 이하의 수전패 조직은 이 태조
때의 조치를 제도화한 것이며, 이때에 제외된 양부 이상은 同王 11년 12월에
前銜宰樞所가 설치됨으로써 마찬가지로 거경시위의 의무가 제도화한다.[38]
그런데 왕조 개창 초기에 문제되는 이 前銜의 부경시위 제도는 鄭道傳의
「宮城宿衛府」안에 근거하는 것으로 추측된다. 즉 고려 공양왕 2년에 왕
이 정도전에게 「罷僞朝添設職」의 방법을 물었을 때, 그는 宮城宿衛府를 설
치하여 在京의 添設職 출신뿐만 아니라 在外의 첨설직 출신들까지도 모두
왕성에 와서 시위의 의무를 가지게 하는 방안을 제시하였다.[39] 첨설직과
전함은 호칭이 다르지만, 신왕조에서 황성 시위의 의무로 문제된 부류가
전함 외에 달리 없는 한, 전함은 첨설직과 직접 관련되는 것이라 하지 않을
수 없다.[40]

첨설직은 공민왕대에 대외관계의 악화로 군사력을 확보하고자 同王 3년

---

36) 《太宗實錄》卷 4, 太宗 2년 11월 癸巳條.
　《太宗實錄》卷 7, 太宗 4년 6월 戊寅條.「申嚴閑良官宿衛之法 承樞府上言……今京牌
　載大小人員 居於外方其受田在外人員 八月初一日 不及赴京者 各於所居處充軍……」
　　受田牌 설치 문제는 韓永愚,〈麗末鮮初 閑良과 그 地位〉,《韓國史研究》4, 1969, p.50~
　51 참조.
37) 《太祖實錄》卷 11, 太祖 6년 4월 乙巳條.「命兩府以下前銜品官 常居京衛王室 兩府刻六
　月初一日 嘉善刻八月初一日」
　《太祖實錄》卷 13, 太祖 7년 2월 癸巳條.「慶尚道都觀察使李至上書 道內大小品官 名載
　居京之籍者 往還之際 馬多困斃 今復有令刻日赴京 故有傾家買馬者……」
38) 《太宗實錄》卷 22, 太宗 11년 12월 辛丑條.「賜前銜檢校宰樞所 議政府上言 前銜及檢校
　宰臣 於正朝誕日 凡賀禮 無所依處 宜給任使人與會所 從之」
　韓永愚, 앞의 글, p.55~57 참조.
39) 《高麗史》卷 75, 選舉 3 添設職條.「恭讓王 二年 正月 王謂鄭道傳曰 罷僞朝添設職 其術
　如何 對曰……昔趙末時 爲散官 設大丹館福源宮 或授提調 或授提舉 今亦效此 別置宮城宿
　衛府 而密直奉翊者 爲提調宮城宿衛事 三四品 提舉宮城宿衛事 然則政得其宜 體統嚴矣 又
　問曰 居外者 處之何如 對曰 居京城者 處之如此 則在外者 爭來赴衛王室矣 然後 以秩高下
　或爲提調 或爲提舉 從之」
40) 첨설직이 前銜品官 閑良品官에서 차지하는 비중이 크다는 견해는 濱中 陞,〈麗末鮮初
　の閑良について〉,《朝鮮學報》42, 1967에서 지적되었다.

에 처음 設行되었는데,[41] 그 후에도 거듭되는 전란으로 말미암아 동왕 10년, 12년, 20년 그리고 우왕 2년, 12년 등 수차에 걸쳐 설행되었다.[42] 당초에는 관직남설의 폐단을 어느 정도 예방하기 위해 그 수를 제한할뿐더러 범위도 3품에서 8품의 관직(六部 判書·摠郎 및 各司 3·4品, 42都府 每領의 5品 中郎將, 6品 郎將, 7品 別將, 8品 散員)에 한정하는 원칙이 있었지만,[43] 횟수를 되풀이함에 따라 그 원칙이 지켜질 수 없었을뿐더러, 정치적 혼란은 商議기관인 宰·樞府 즉 양부에도 첨설류의 관직 남설이 이루어지게 하였다. 그리하여 우왕 5년 무렵에는 「兩府의 類는 60에 이르고 密直 이하 封君 및 通憲 이상의 添設은 심히 많다」[44]는 실정이었다. 첨설직은 녹봉이 없는 非實職이었지만 관인으로서의 품계는 인정되는 것이었으므로[45] 그 수가 엄청나게 늘어나자 정치적 질서 확립을 위해서도 어떤 통제책이 강구되어야 했으며, 공양왕이 정도전에게 僞朝(禑王)에서 설행된 첨설직을 혁파하는 방법을 물은 것도 그러한 통제책 모색의 하나였던 것이다. 그런데 엄격히 말하여 고려 조정의 첨설직은 신왕조에 들어와서 첨설직이라 부르지 않고 공식적인 명칭은 전함이라 부르게 되었다. 이는 신왕조가 부분적인 경우를 제외하고는[46] 前朝 첨설직 출신의 관품을 박탈하지 않고, 그 대신 왕실 시위의 임무를 부여하여 그들이 획득한 지위를 인정하였기 때문에 그렇게 된 것으로 판단된다.[47]

---

41) 註 39)와 같은 條. 「恭愍王 三年 六月 六府判書摠郎 除政曹外 皆倍數添設 各司三四品亦 皆添設 又於四十二都府每領添設 中郎將郎將各二人 別將散員各三人 以授之 謂之賞軍政添 設之職 始此」

42)《高麗史節要》卷 27, 恭愍王 10년 10월條 및《高麗史》卷 75, 選擧 3 添設職條 恭愍王 13 년 閏 3월, 恭愍王 20년 12월, 辛禑 2년 正月 項 참조. p.140의 別表 참조.

43) 註 41) 참조.

44)《高麗史》卷 75, 選擧 3 添設職條.「辛禑 五年 正月 諫官上言 設官分職 自有定制 今兩府 之類 多至六十 密職以下 封君及通憲以上 添設甚衆……」

45) 위와 같은 條. 「辛禑 五年 正月 諫官上言……添設雖非實職 年久者亦出實 非古制 ……」

46) 예컨대 恭讓王 元年의 「命汰丙申年(恭愍 5) 添設」(《高麗史》卷 75, 選擧 3 添設職條)과 같은 경우를 들 수 있다.

47) 麗朝의 添設職이 신왕조에서 前銜 즉 前職으로 파악되는 例로 「大司憲 朴經等上疏 曰……伏望 自今 嘉善以下四品以上受添設職者 皆於敎命 錄其前職 以防僞濫……」(《太祖 實錄》卷 6, 太祖 3년 12월 辛卯條)과 같은 경우를 들 수 있다. 그런데 註 40)에서 언급하

전함에는 첨설직이 아닌 다른 계열의 것도 있겠지만,[48] 이 무렵의 관직 濫設에 대한 비판의 대부분이 첨설직을 일차적으로 문제 삼고 있으며,[49] 정확한 수를 알 수 없지만 그 수는 千을 훨씬 넘을 것으로 추측되므로[50] 첨설직 출신의 비중은 가장 컸으리라 생각한다.

태종 초에 부경시위의 의무를 요구받는 전함이 여말의 첨설직 출신이라면 유향소 설립의 주체인 「鄕愿好事의 무리」도 그러한 부류이기 쉽다. 그러면 첨설직이 대체로 어떤 부류에 의해 획득되었던가를 파악하면, 그 「鄕愿好事의 무리」의 정체가 드러날 것이다. 여기서 첨설직 출신의 한 인물을 예로 들어보기로 한다. 창왕 원년에 寧海지방에 유배된 적이 있는 權近은 이 지방에

였듯이 국초의 前銜에 添設職의 비중이 컸을 것이라는 견해를 濱中 陞氏가 표하였는데, 韓永愚 씨는 앞의 논문에서 이 견해에 대해 기본적으로는 찬성하나 添設職과 前銜이 같다는 것을 말해주는 직접적인 사료가 발견되지 않는다고 하여 약간의 이견을 제시하였다. 그리고 오히려 兩者를 서로 구분해 놓고 있는 사료가 발견된다고 하여, 禑王 14년 7월의 趙浚 田制改革 상소 가운데 「口分田……其受添設職者 考其實職給之…… 見任外前銜與添設受田者 皆屬五軍……」이라 한 것을 들었다. 여기서 前銜과 添設은 분명히 구분되고 있으나, 필자의 생각으로는 이것은 이 상소가 신왕조가 아닌 麗朝에서 있었던 것이기 때문에 서로 구분될 수밖에 없었다고 본다. 다시 말하면 앞의 前銜은 禑王 14년 당시에 實職에서 물러나 있는 正式의 前職官이고 添設은 처음부터 실직이 아닌 부류였기 때문에 서로 구분되지 않을 수 없었다고 생각한다. 그러나 이러한 구분은 왕조가 바뀜에 따라 위의 朴經의 상소에서와 같은 과정을 거쳐 모두 前朝의 관직으로 간주되었던 것이다. 添設職을 前銜으로 보는 이러한 내력이 있었기 때문에 신왕조에서 前銜과 添設職을 동일시하는 사료를 오히려 찾기 어려운 것이라 생각한다.

48) 致仕에 이른 정식의 前銜, 檢校官 등의 부류가 있다. 韓沽劤,〈勳官「檢校」考〉,《震檀學報》29·30, 1966 참조.

49) 一例를 들면 禑王 9년 2월 左司議 權近의 다음과 같은 上疏가 있다. 「左司議 權近言 比來四方兵興 國用虛耗 其有戰勝之功者 錢財不足 而難以盡賞 官職有限 而難以盡授 故先王權說添職而有定數 以賞其功 非有軍功者 不敢虛授 今添設大繁 至無其數 功否混淆 僥倖日開 至於工商賤隷皆得冒授 官爵之賤至如泥沙 我國家所賴 以賞有功縻人心者 只有官爵而 官爵不重 人皆輕之 則後雖有功 何以賞之……」(《高麗史》卷 75, 選擧 3 添設職條)

50) 첨설직 출신의 수에 대한 구체적인 기록은 물론 발견되지 않으며 「無筭 時有車載斗量之譏」(《高麗史》卷 75, 選擧 3 添設職條)과 같은 표현이 있을 따름이다. 그런데 《太宗實錄》卷 12, 太宗 6년 閏 7월 癸亥條에 따르면 前銜 가운데 受田人員으로 居京侍衛한 자들이 受田의 量이 적음을 탓해 匿名 投書를 한 일이 있어서 太宗이 이들을 闕門에 모이게 한 적이 있는데, 이때 모인 자가 「上命兵曹 聚受田人于闕門之外 至者五百餘人」이라 하듯이 500 남짓이었다고 한다. 受田 前銜이 이와 같이 500 남짓이었다면 田을 받지 않고 外方에 거주하는 無受田人員은 이보다 더 적지 않았을 것이므로 前銜 가운데 큰 비중을 차지하는 첨설직 출신은 千을 넘을 것으로 추측된다.

서 만난 朴强이란 인물을 「司宰少監 朴强傳」을 지어 소개하고 있다.[51] 이 전기에 따르면 박강의 집안은 「世爲本府吏」 즉 대대로 녕해도호부의 향리였으며,[52] 寧海 朴氏는 《世宗實錄地理志》에도 土姓 가운데 하나로 되어 있다.[53] 박강의 집안이 향리의 역에서 벗어난 것은 그의 증조인 成節이 本府에 세운 공 때문이었다. 녕해부는 한때 東女鎭 침략으로 함락되어 降號당한 적이 있었는데 이를 還號시키는 데 성절의 공이 컸던 대가였다. 이로써 그 다음 대인 박강의 조부, 부는 모두 吏役을 지지 않았다고 한다.[54] 그러나 吏의 신분에서 벗어난 朴氏 집안이었지만 중앙 진출은 父 天富가 공민왕 潛邸時 燕都에 扈從한 경력을 가지는 정도였다.[55] 박강 자신이 관품을 얻게 되는 것은 공민왕 10년에 있었던 홍건적 토벌작전에 참가하면서부터인데 그의 경력을 정리해 보면 다음과 같다.[56]

朴强의 添設職 受職表

年　　代	拜　職	品　階	軍　　功　　內　　容
恭愍王 10년	散　員	正 8	○ 福州 募軍에 응하여 開京收復作戰에 先鋒, 賊魁 殺害의 大功, 中郞將으로 超資 擬한 摠兵官鄭世雲의 被殺로 散員에 그침
〃　12년	別　將	正 7	○ 元帥 朴椿을 따른 泥城 從軍
〃　?	郞　將	正 6	○ 崔濡 반란 진압에 先鋒
〃　14년	中 郞 將	正 5	○ 父 天富의 舊功을 상기한 王의 特拜

---

51) 《東文選》卷 101, 權近述 司宰少監 朴强傳. 「朴强 寧海府人也 世爲本府吏……己巳冬 子
　　謫寧海 始知强……」
52) 위와 같음.
53) 《世宗實錄地理志》慶尙道 寧海都護府條. 「本府 土姓六 朴 金 黃 李 林 申」
54) 註 51)과 같은 條. 「……寧海卽古德原都護府 東女眞入寇城陷 降爲知官 以所管甫城 歸
　　于端川……强之曾祖成節……如京 遂訴于都堂 聞于內 陞爲禮州牧 復還甫城……州之人士
　　仕于朝者 及居鄕者 皆歸功于成節 聽其免役 成節曰 吾今老矣 雖免吾役 不復能爲士矣 請免
　　吾子孫 衆皆曰然 署牌以給 故其子學知及其孫天富 皆不役于鄕……」
55) 위와 같은 條. 「……天富卽强之父也 玄陵潛邸在燕都 天富實從之……」
56) 위와 같은 條에 따름(原文省略).

〃 16년	–	–	○ 西江에 침입한 倭寇와 싸움. 鐵甲, 弓劍下賜
〃 20년	司宰少監	從 4	○ 元帥 李希泌을 따라 鬱羅山 공격참가, 賊帥를 獲함
〃 ?	禮儀摠郎	正 4	○ 累遷, 以後 退鄕함
禑 王 12년	書 雲 正	從 3	○ 元帥 陸麗를 좇아 寧海 인근 松羅村 침입의 왜구 격퇴에 有功
〃 14년	–	–	○ 寧海 침입의 왜구 격퇴

위 표에 나타난 것과 같이 정8품에서 시작하여 종3품에 이르는 그의 관직은 모두 軍功에 따른 것이며, 그 배직 연대와 관직의 종류 또한 앞서 살핀 첨설직의 그것과 일치한다. 그의 최종 관직이 종3품의 書雲正인데도 권근이 공민왕 20년에 받은 종4품 司宰少監을 그의 정식 관직명으로 붙인 것은 우왕을 僞朝로 간주한 데 까닭이 있는 것으로 짐작된다. 따라서 그가 첨설직 출신이란 사실은 거의 의심할 바 없다. 신왕조에 들어와서 그의 행적은 권근의 기술이 더 이상 계속되지 않아 알 수 없지만, 박강의 경우를 통해 고려의 地方土豪的인 향리 가문의 출신이 麗末 첨설직의 넓은 문을 통해 중앙의 관품을 따서 신분을 상승시키는 한 유형을 찾을 수 있다. 그에 대한 권근의 인물평 가운데「간략한 글은 대강 알아 나의 講說을 부지런히 즐겨들으면서 갈줄을 몰라 했다」는 一節은[57] 그러한 유형이 이제 유학, 성리학에 가까워지는 모습을 떠오르게 한다.

朴强과 같은 예는 더 찾을 수 있다. 뒷날 영남 성리학의 大宗이 되는 退溪 李滉의 先代의 경우, 그의 5대조인 眞寶人 李碩은 縣吏였으며, 碩의 아들 子脩는 박강과 마찬가지로 元帥 鄭世雲을 좇아 紅賊 토벌에 참가, 공을 세워 松安君에 봉해졌다.[58] 앞서 인용한「密直 이하 封君 및 通憲 이상의 添設은 심히

---

57) 위와 같은 條.「……己巳冬 子謫寧海 始知强 日來謁子恭言 寡知粗書 聞子講說 亹亹樂聽不能去……」

58)《嶠南志》卷 29, 眞寶郡 人物條.
　　「李碩 眞寶人 以縣吏中司馬 廉謹恭儉 追封密直使」
　　「李子脩 碩子 明書業文 判典儀 從鄭世雲 討紅巾賊有功 錄安社功 封松安君」

많다」는 말에 따르면 宋安君도 첨설직에 해당한다. 뒤에 상술하겠지만 세종대에 이미 안동 유향소로서 鄕射堂을 세우는 南·裵·柳氏 三家의 경우, 이들은 각기 안동 부근의 英陽·興海·豊山 사람들로서 고려 말 중앙에 진출하였다가 신왕조의 교체에 際하여 모두 안동에 정착하는데, 그들은 모두「典書」라는 관명을 가진다.[59] 典書는「前朝 衰季에……마침내 첨설을 두어 軍功을 賞하더니 그 末流에 미쳐서는 典書를 添하는 者 이루 말할 수 없다」[60]고 하듯이 첨설직에 흔히 주어지던 것이다.

여말의 거듭한 전란 속에 軍功에 대한 賞職이었던 첨설직은 위의 몇 가지 실례를 통해 볼 때, 그것을 획득할 수 있었던 사람들은 특수한 경우도 있을 수 있지만 사회적 지위가 전혀 저열한 부류가 아니라 대체로 각 향촌에서 중소지주적 지위를 누리면서 아직껏 중앙에 진출할 기회를 얻지 못하고 있던 향리 또는 그 후예들이었음을 알 수 있다. 신왕조가 官爵濫設의 폐해를 지적하면서도, 이들이 획득한 첨설직을 박탈할 수 없었던 것은 이들의 사회적 지위가 그에 당할 만한 것이었으며, 또 향촌사회의 중심을 이루는 이들을 등지고서는 통치질서의 확립이 어려웠기 때문이라고 본다. 이들은 본래 在地 中

※《嶠南志》; 本書는 1940년에 星州 鄭源鎬 씨(著作 겸 發行人)가 경상도 諸邑의 邑誌를 종합 정리한 摠集이다. 필자의 견해로는 邑誌類에 散見되는 여말선초 시기의 사항들은 사료로 이용될 만한 것이 있다고 판단하였으며, 이하 경상도의 邑誌를 필요로 하는 부분은 邑誌로서 그다지 손색이 없는 이 책을 이용하였다.
　　李退溪의 先代에 대해서는《椽曹龜鑑》卷 2, 觀感錄에서도 언급한 것이 있는데, 그를 보면「李碩系出眞寶 麗季 以縣吏中司馬 後以子松安君子脩貴 追封奉翊大夫密直使 祖諱松柱考諱英贊 皆戸長……五代孫堣 六代孫瀋滉 相續迭興 大鳴於世……」라 하여 嶠南志의 내용을 다소 보충해 준다.
59) 第2節 第3項 참조.
60)《太宗實錄》卷 9, 太宗 5년 3월 辛亥條. 典書가 添設職에 흔히 주어졌음은 다음과 같은 사실에서도 드러난다. 태종 2년 4월에 「時散各品世系歷仕」를 조사케 하여 尙瑞司로 하여금 選用의 자료로 삼게 하였을 때 時散 가운데 散官에 대한 규정에서 「前銜典書以下六品以上姓名年紀出身……」(《太宗實錄》卷 4, 太宗 2년 4월 庚午條)이라 한 것이 있다. 여기에서 「前銜典書以下」는 곧 흔히 쓰는 「前銜三品以下」에 해당하는 것으로, 三品 이하 대신 三品의 職인 典書以下로 바로 쓴 것은 前銜三品에 典書가 차지하는 비중이 매우 컸기 때문이었을 것이다. 前銜에 첨설직의 비중이 컸다면 이러한 표기는 오히려 진면목을 드러내 주는 것이 된다.

小土豪들이었기 때문에 「前銜3品 이하는 모두 閑居를 얻고 있다」[61]든가 「受田은 京城에 거주하여 王城을 侍衛한다고 하나 居鄕者가 太半이라」[62]고 하듯이 지방 거주의 성향을 강하게 보였던 것이다.

재지 중소토호출신으로서 첨설직을 얻은 부류들은 비록 非實職이긴 하나 이제 중앙의 官品을 가지게 되었다는 커다란 성과를 얻고서는 이처럼 중앙에 머무를 필요성이 없어졌을 때 다시 향촌으로 돌아오게 되었던 것이다. 향촌에 돌아온 그들은 아직도 吏의 신분에서 벗어나지 못한 부류와는 물론 자신을 구분하려 하였으며, 이전 같으면 향촌의 주도권은 이들 향리 신분층에게 있는 것이지만, 고려사회에서 향촌의 주도권을 쥐던 향리집단의 진정한 후예는 오히려 그들 자신이었으므로, 이전과 마찬가지로 그들 자신이 계속 향촌의 주도권을 누리기 위해서는 그들 자신이 중심이 된 기구를 만들고자 하여 유향소를 세우게 된 것으로 판단된다. 고려에 없던 유향소가 신왕조에 들어와서 처음 나타나는 것은 실상 여말선초의 이와 같은 사정이 있었기 때문이었다. 그리고 같은 시기에 나타나는 前銜品官・閑良品官・留鄕品官 등의 새로운 사회 계층의 명칭도[63] 고려에서 향리의 신분으로 향촌의 기층을 이

------

61) 《文宗實錄》 卷 12, 文宗 2년 3월 丁酉條.

62) 《世祖實錄》 卷 11, 世祖 4년 2월 乙卯條.

63) 여말선초의 「閑良」 문제에 대한 연구로는 千寬宇,〈麗末鮮初의 閑良〉,《李丙燾博士華甲紀念論叢》, 1956을 필두로 濱中 陞, 韓永愚 諸氏의 앞의 논문들이 뒤를 이었다. 諸硏究에서 閑良이 「前銜品官」이란 사실은 분명하게 드러났으며 「前銜」에는 添設職의 비중이 크다는 것이 새로운 문제로 제기되었던 것 같다. 필자는 本稿에서 그들이 添設職 出身이 많았던 동시에 고려의 향리 및 그 후예란 점을 敷言해 보았다. 한 가지 더 添言해 두고 싶은 것은 添設職을 통해 대거 신분을 상승시킨 지방 중소토호들에게 붙여진 前銜・閑良・留鄕 등의 칭호는 처음에는 그들의 상태를 나타내는 형용사적인 용어였고 그 뒤 그들의 신분과 사회적 지위가 세습됨에 따라 階層名稱으로 고정되어 갔던 것이 아닌가 한다. 閑良이란 용어에 형용사적 용법이 많다고 閔賢九 씨가 이미 지적한 바 있지만(陸士 韓國軍事硏究室 編,《韓國軍制史》 近世朝鮮前期篇, p.30), 필자도 前銜・閑良・留鄕은 동일한 대상을 놓고 어떤 상태를 가리키기 위한 異稱에 불과한 것이라 생각한다. 즉 前銜은 현직이 아니라는(또는 前朝의 職) 것을 밝힐 때, 閑良은 職役・軍役 어느 것도 지고 있지 않다는 것을 밝힐 때, 그리고 留鄕은 주거 상태를 밝히는 것이라고 생각한다. 前銜이 閑良과 함께 쓰이는 예는 흔하므로 더 언급할 필요가 없지만, 留鄕品官의 경우는 初期에서는 의외로 드물게 보인다. 留鄕品官의 상대적인 용어는 「命都評議使司 給居京品官家基」(《太祖實錄》 卷 12, 太祖 6년 12월 戊午條)의 「居京品官」 같은 것이 되

루던 중소토호들이 이때 품관으로 신분을 대거 상승시킴에 따라 생겨난 새로운 명칭에 불과할 것이다. 따라서 그들이 조직한 유향소는 따지자면 고려 향리집단이 가졌던 향촌 통치기구(郡司)[64]와 비슷한 계열이라 하겠다.

고려 향리와 그 후예인 첨설직 출신 즉 前銜品官들이 자의적으로 조직한 유향소는 앞서 살핀 바와 같이 태종 6년에 사헌부의 건의로 혁파되고 말았다. 그 이유는 유향소가 수령을 詆毀하는 등의 폐단이 많다는 것으로, 말하자면 이 조치는 즉위 이래 일관하는 태종의 중앙집권 강화책의 일환이었다. 같은 시기에 있었던 前銜의 赴京侍衛의 제도화도 그들을 중앙의 통제 아래에 두려는 조치로서 유향소 혁파와 궤를 같이 하는 것이었다. 그러나 유향소 혁파와 같은 강경 조치를 내린 중앙집권적 군주인 태종도 지방세력의 전면적인 부정은 불가능하였던 것 같다. 왜냐하면 이 조치가 있은 뒤 얼마 되지 않아 그것을 대신하는 「申明色」이란 제도를 두었기 때문이다. 《太宗實錄》卷34, 태종 17년 2월 戊寅條의 사헌부의 다음과 같은 상소에서 그동안 신명색 설치의 사실이 있었음을 알 수 있다.

> 各官에 申明色을 둔 것은 守令에게 不義한 일이 있으면 直言勿諱토록 하여 민폐를 없애려는 것인데, 密陽 申明色 孫卜經은 府使 尹會宗을 弄誘하여 백성

지만, 前銜의 居京侍衛가 원칙적으로 내세워지던 세종 초까지도 留鄕品官이란 말은 별로 발견되지 않는다. 前銜品官의 外方居住가 공식적으로 허용되는 것은 세종 8년부터로서, 同年 4월에 農月의 宿衛解除 조치가 처음 있었고(《世宗實錄》卷 32, 世宗 8년 4월 乙亥條), 세종 10년 1월 年中 四仲月의 點考에만 임하게 하는 대폭적인 완화조치가 잇따랐다.(《世宗實錄》卷 39, 世宗 10년 正月 丁酉條). 留鄕品官이란 명칭은 우연하게도 이 이후에서야 나타난다. 필자가 實錄에서 조사한 留鄕品官의 첫 예는 《世宗實錄》卷 84, 世宗 21년 2월 辛酉條의 「京畿敬差官司宰副正 李師孟啓 各官溫井可疑處 隨其解永 輒掘鑿試之……留鄕品官 土姓品官 一邑之事 可能易知 然無論罪之法 匿不以告……」라 한 것인데, 같은 문제에 대해 同王 9년 무렵의 기록은 「一. 溫井近處居住 有慈心閑良人及可當僧人 定爲監考……」(《世宗實錄》卷 37, 世宗 9년 9월 壬子條)라 하여 閑良人이라 하였다. 나중에 흔하게 쓰이는 閑良品官이란 명칭이 초기에서 찾아보기 어려운 것은, 원칙적으로 外方居住가 허용되지 않았기 때문인 것으로 여겨진다. 세종 8년부터 점차 외방 거주가 허용되고 또 세종 10년에 유향소가 復設(p.179 참조)된 뒤에야 留鄕品官이란 말이 비로소 쓰이고 있다.

64) 郡司에 대해서는 註 8) 참조.

의 所耕田을 빼앗고, 槐山 申明色 崔普는 烟戶軍을 擅發하여 人家를 破毁하고 守令을 欺冒, 變亂是非하여 민생에 해를 끼치니 各官 申明色을 革去함이 어떠 합니까.

사헌부의 이 신명색 혁파 건의를 태종은 다음과 같은 논평으로 받아들 인다.

지난날에 晉山君(河崙)이 말하기를 各邑 守令은 無時로 遞代되어 條令을 잘 알지 못하므로 현명한 品官으로서 申明色을 정한다면 國家生民에 이로울 뿐 아니라 守令에게도 도움이 될 것이라 하였는데, 지금 申明色의 작폐는 이렇게 도 심하도다.

이에 의하면, 연월은 분명치 않으나 신명색 제도는 河崙의 건의로 설치되 었고, 지방사정에 익숙치 못한 수령을 돕게 하는 한편 直言勿諱의 권한을 주 어 수령의 비행을 견제토록 하려는 목적에서 둔 것임을 알 수 있다. 혁파된 유향소에 견줄 것은 못되지만 各官에 1인씩 두어진 신명색[65]에서도 토호의 지위는 중앙으로부터 인정받고 있는 셈이다. 그러나 신명색도 유향소와 마 찬가지로 강한 토호적 성향 때문에 역시 혁파되고 마는 것이다. 실상 건국초 의 수령들은 留鄕品官들보다 질적으로 나을 것이 없었으며, 유향품관들은 實職은 아니나 품계상으로는 오히려 높은 경우가 많았을뿐더러, 국초에 대 부분 과거를 거치지 못한 수령들에게서 자신들과 다른 차이점을 발견하기 어려웠던 것이다.[66] 때문에 그들의 수령에 대한 凌蔑행위는 잦게 일어났던

---

65) 申明色은 明의 申明亭을 본 딴 제도였던 것 같다. 洪武 31년(朝鮮 太祖 7년) 3월 宣布의 「敎民榜文」 第三條에 「凡老人里甲剖決民訟 許於各里申明亭議決 其老人須令本里衆人 推擧……」라 하였다.(淸水盛光, 《中國鄕村社會論》, 1951, 第2節 참조.)

66) 국초의 守令은 아래 기록에서 보이듯 대부분 吏典去官, 成衆去官의 부류들이어서 조 정에서도 적지 않게 문제되고 있었다. 「傳旨吏曹 高麗之季 郡縣猥多 率以吏典去官叅外 秩卑者 差任守令 庸琑不法 民受其弊 自我朝宗開國以來 首念此弊 先革支縣 定爲州郡之類

것이다. 신명색 혁파 조치 이후 이제 중앙정부의 재지 토호세력에 대한 정책은 토호세력의 사회적 지위를 크게 위축시키는 새로운 국면으로 접어들게 된다.

신명색 혁파 뒤 3년만인 세종 2년 9월에 조정은 향촌에서 수령의 권위를 최대한 보장하는 다음과 같은 법을 정한다.

> 府史 胥徒가 그 官吏를 고소하거나, 品官 吏民이 그 守令이나 監司를 고소하는 일이 있으면, 사실이더라도 宗社 安危에 관계없거나 非法殺人의 일이 아니면 在上者의 罪는 논하지 않으며, 만약 사실이 아닐 경우 在下者는 加几之坐로서 논죄한다.67)

이 입법 조치는 禮曹判書 許稠의 발의에 따른 것으로, 당초 三議政(柳廷顯·朴訔·李原)의 강력한 반대가 있었지만 上王(太宗)의 적극적인 지지로 관철되었다.68) 이 법은 중앙 각사의 경우(品官·吏·民) 두 가지를 함께 고려하고 있으나, 실제로 이때까지 전자는 별로 문제되지 않았으며 후자에서도 가장 말썽이 많던 품관을 억제하려는 것이 주목적이었다.69) 2년 뒤인 同王 4년 2월에 조문 가운데, 사실 여부가 거론되는 것은 일단 고소를 접수하는 것을 뜻하므로, 다시 「宗社 安危에 관계없거나 非法殺人의 일이 아니면 받지 않는다(勿

近年以來 沿革相因 郡縣尙多 人材難役 或以成衆去官者 選揀差遣 曾未處事 難堪其任 未久 見貶者 尙多有之 使考其數 甲辰年以後 成衆官除拜守令者 百有三十二人 罷軟貶黜者 十常 八九……」(《世宗實錄》卷 66, 世宗 16년 11월 癸巳條)

67) 《世宗實錄》卷 9, 世宗 2년 9월 丁丑條.

68) 立法 당시의 사정은 《世宗實錄》卷 15, 世宗 4년 2월 庚寅條에 다음과 같이 서술되어 있다. 「初 許稠爲禮曹判書 上此啓 上亦以爲然 下政府 該曹議之 柳廷顯 朴訔 李原等 力非之曰 如此 則守令益無所忌 民不堪也 稠曰 守令所爲 暴於千萬人之耳目 雖不使吏民言之豈 得不露 嘗言於太上曰 臣老矣 如得蒙允 死當瞑目矣 因下淚 太上感其言 卽從之」

69) 중앙 各司의 관원에 대한 고소가 별로 없었음은 세조 때의 다음과 같은 기록으로 미루어 보아서 알 수 있다. 「……先是 令部民得訴官吏不法 於是 義盈庫 掌苑署官吏等 皆被告該之果驗 上罪官吏 而賞告者 由是 告訴蜂起 諸司奴僕 一有不愜 則輒造飾虛僞 以傾官吏該之 往往多不實……」(《世祖實錄》卷 46, 世祖 14년 5월 乙亥條).

受)」고 고치고 그래도 고소하는 자는 「杖一百 流三千里」의 형벌에 처한다는 字句上의 수정이 가해져[70] 법은 더욱 강화되었다.

이 법은 중앙집권체제 확립에는 크게 기여하였겠지만 그 비호 아래 자행된 수령의 불법행위는 많은 사회문제를 가져왔다. 이 법으로 말미암은 수령의 불법행위는 처음부터 예상되어 朝官(察訪·御史) 파견이 대책으로 내세워졌지만,[71] 실제로 그것은 그다지 성과를 얻지 못하였다. 수령의 비행은 同王 13년에 위 법에 대한 부분적인 수정이 불가피할 정도로 그동안 늘어나고 있었다. 즉 수령의 「枉法杖辱」 「收奪職牒」 「濫差傜役」 「侵奪民田」의 경우, 피해자가 「自己寃抑」을 직접 伸訴할 때는 잘못된 것을 새로 分揀해 주도록 함으로써 종전의 「勿受」의 원칙을 완화시켰던 것이다.[72] 그러나 그것은 분간하는 데 그치고 수령의 죄는 불문에 붙인다는 조건이 따랐으므로[73] 실질적인 개선은 없는 것이나 마찬가지였다. 수령의 죄 불문은 留任을 뜻하므로, 비록 分揀으로 수탈당한 것을 되찾더라도 수령의 보복이 뒤따를 것임에 실제 伸訴를 하는 사람은 드물었던 것이다.[74] 이 수정은 또한 반대론과 절충에서 조관 파견의 제도를 없앴기 때문에[75] 수령의 비행을 더욱 조장하는 결과

---

70) 《世宗實錄》卷 15, 世宗 4년 2월 庚寅條. 「刑曹啓……且府史胥徒之考官吏 品官吏民之告監司守令者 受而理之 知所告之虛實然後 在上者不論 訴告者加罪 未便 請自今 非干係宗社及非法殺人者 勿受 杖一百 流三千里 從之」

71) 《世宗實錄》卷 20, 世宗 5년 6월 壬申條. 「上曰……予以爲 或遣使問民疾苦 或遣內官察守令政令 則不必使吏民訴守令 而守令之得失自見矣……」 朝官派遣의 실례는 《世宗實錄》卷 21, 世宗 5년 7월 辛巳條, 《世宗實錄》卷 27, 世宗 7년 3월 甲午條 등 참조.

72) 《世宗實錄》卷 51, 世宗 13년 3월 丙子條. 「政府六曹詳定所議 禁部民告訴便否以啓 上謂鄭招曰……招對曰 若非理枉辱父母 收奪職牒 濫差傜役 侵奪民田等事……上曰 如此之事不得告訴 則實是寃抑 若田地奴婢誤決等事 必待明辨 不告則何由而伸乎……乃從河演之議 自己寃抑 許令申理……」

73) 《世宗實錄》卷 62, 世宗 15년 10월 癸酉條. 「傳旨刑曹曰……自今 只受自己訴寃之狀 從正決斷 母坐官吏 以全尊卑之分……」

74) 《世宗實錄》卷 115, 世宗 29년 2월 癸丑條. 「議政府啓……無知人民 狃於告訴之禁 且官吏不罷 仍舊在任 故所告雖少 遭虐必大 民皆含嗪不信 寃抑莫伸……」

75) 《世宗實錄》卷 53, 世宗 13년 7월 癸酉條. 「詳定所都提調孟思誠 提調許稠鄭招等議啓…況旣已下敎 禁品官吏民告其守令 而又遣朝官 受其告計 實爲矛盾 乞除此法 從之」이 결정은 하루 전인 壬子에 「自己訴寃 亦令不受之論 未協予心」의 태도를 취한 세종이 적극적인 반대론자인 許稠의 「況時遣朝官 察守令非法之事 人人得言之乎」란 물음에 「旣立告

를 가져왔으며, 同王 17년에 다시 조관 파견의 제도는 부활되었지만,[76] 이제
自己冤抑뿐만 아니라 수령의 「貪汚·亂政·虐民」도 伸訴를 허용해야 한다는
주장이 나올 정도에 이르렀다.[77] 告訴 禁止法의 사실상의 폐기를 뜻하는 이
주장이 채택된 것은 10여 년 뒤인 同王 29년 2월의 일이었다.[78]

在上者(현직관리) 일변도적인 이 법이 생긴 뒤 피해를 입은 在下者들은 冤
抑을 펼 길이 없어 「驛吏가 朝官을 凌轢하고 常民이 수령을 打傷할뿐더러
大相의 처가 촌민에게 욕을 보고 舊官의 아들이 향리에게 受挫를 당하는」[79]
등의 폭발적인 보복행위를 보여, 향촌의 새로운 문제거리가 되었다. 조정은
이러한 풍조를 제어하기 위해 세종 10년 6월에 그동안 혁파되었던 유향소를
復設, 鄕村 吏·民의 在上者에 대한 능멸행위를 규제할 임무를 부여한다.[80]
이로써 유향소제도는 다시 생겨나지만, 이때는 유향소 자신이 告訴禁止法의
규제 아래 놓여 있었고 또 복설과 함께 「因緣作弊하는 品官을 법으로 痛繩하
기」위한 「留鄕所作弊禁防節目」이 따로 마련되고 있었기 때문에[81] 이전 유
향소나 신명색처럼 자치적일 수 없었다. 이후에도 유향소의 토호적 성향을

訴之禁 又遣朝官使民陳訴 實爲矛盾」이라 판단하고 내린 「幷削時遣朝官考察條」란 결정
의 반영이다.(《世宗實錄》 卷 52, 世宗 13년 6월 壬子條 참조).

76) 《世宗實錄》 卷 69, 世宗 17년 8월 戊申條. 「……上又曰 部民告訴……昨日 憲府請遣行
臺子·心以爲 已有禁訴之令 雖遣行臺 守令過失 人皆含黙 乃何 黃喜對曰 若遣行臺 訪察民事
則雖未得有過失者 守令必皆警省 遣之便 上曰 然則行臺訪問時 不荷不强 自然歷聞 甚可」

77) 《世宗實錄》 卷 77, 世宗 19년 6월 己未條. 「司憲府上疏曰……然近年以來 守令貪酷 加倍
於古……願自今貪汚亂政虐民等事 並許告訴 以伸冤抑……」

78) 《世宗實錄》 卷 115, 世宗 29년 2월 癸丑條. 「議政府啓……今後 一應改正自己冤抑之事
並令陳訴推劾 改正之際 輕事外 其貪婪虐民之事 發露 則以卑下之告 雖不加答杖 隨其輕重
卽令罷黜 以安民生 從之」 이 결정은 세종 31년에 「傳旨司憲府……近來 有司 若守令所
犯 則雖甚細微 亦皆推之……自今 各道監司守令所犯 唯貪墨虐民二事外 毋得推之……」
(《世宗實錄》 卷 125, 世宗 31년 7월 己亥條)로 재확인된다.

79) 《世宗實錄》 卷 40, 世宗 10년 6월 丁亥條.

80) 《鄕憲》 卷 1, 留鄕所節目條 「世宗 十年 六月……一 留鄕所 設立本意段 專爲糾察惡
吏……品官等不顧本意 假杖權威 反爲作弊 今後乙良 所在官守令及京在所 嚴加痛禁 必有
犯罪者 報觀察使 科罪這這改差……奉承傳 各道各官留鄕所 復設爲乎矣 因緣作弊品官乙良
痛繩以法爲只爲 禮曹傳敎爲良如敎乎等乙用良 向前留鄕所作弊禁防節目乙磨鍊 啓目後錄爲
去乎使內 何如」

81) 위와 같은 條 참조.

억제하기 위한 제재는 더 늘어나, 同王 11년 5월에 수령 고소의 일이 생기면 그 읍은 「知官 이상(郡以上)은 降號, 縣官은 屬縣으로 강등시킨다」는 조치가 있었고,82) 또 同王 17년에는 京在所 제도를 정비 강화, 현직관리들로 하여금 각기의 八鄕(父의 內·外鄕, 祖의 外鄕, 曾祖의 外鄕, 母의 內·外鄕, 妻의 內·外鄕)의 유향소를 장악할 수 있도록 하였다.83)

유향소에 대한 이와 같은 법적·제도적인 제재는 자연히 留鄕品官들로 하여금 자기보호를 위해서도 관권에 타협, 순종토록 만들어 갔으므로,84) 이러한 경향은 또한 양자의 상호 庇護的인 비법행위를 초래하여 향촌질서를 더욱 불안하게 하였다. 세조 말경에 재차 혁파의 운명에 놓이게 되는 유향소는 이제, 그 이유가 이전처럼 그 자체의 수령에 대한 능멸행위 때문이 아니라, 반대로 수령과 한편이 되어 部民을 괴롭힌다는 것이었다.

세조는 즉위하자마자 수령의 「貪汚·亂政」도 고소를 허용한다는 세종 29

---

82) 《世宗實錄》 卷 44, 世宗 11년 5월 丙辰條.「左議政黃喜 判府事卞季良 許稠 判書申商 摠制鄭招等言……一. 禁品官吏告訴守令之後 嗜嗾他人告狀者 有之……今後……如有嗜嗾告訴 身自告訴者 連續不絕則 知官以上 降號 縣官降爲屬縣……從之」

83) 《世宗實錄》 卷 69, 世宗 17년 9월 乙巳條.「禮曹啓 謹稽高麗士大夫戶口式 只錄四祖者謂之四祖戶口 其祖父母曾祖父母 外祖父母妻父母之四祖具錄者 謂之八祖戶口 今以八祖戶口觀之 父之內外鄕 祖之外鄕 曾祖之外鄕 母之內外鄕 妻之內外鄕 共八鄕 最爲切近 不可闕一 竊疑世俗相傳 二品以上八鄕之號 以此耳 據此八祖戶口之式 二品以上 八鄕 六品以上 除妻鄕 而以六鄕爲定 叅外 除祖及曾祖外鄕 以四鄕爲定 無職衣冠子弟 除父母外鄕 而以二鄕爲定 每鄕京在所議定 座首一員 叅上別監二員 叅外別監二員 以掌鄕中公務 毋得干與於本鄕守令政治 違者糾理 從之」

84) 留鄕品官이 관권에 굴복하고 마는 일례를 들면, 復設 조처가 있은 2년 뒤인 茂珍州 降號事件이 있다. 州에서 郡으로 降等당한 이 사건은 처음에 光州人 前萬戶 盧興俊이 「土姓部民」 金專과 함께 牧使 辛保安을 妬敵한 죄에서 발단한다. 처음 鞫問에서 「茂珍品官·人吏」들은 모두 두 사람의 죄를 掩匿하려 했지만 일단 定罪되고 降號의 조치까지 있게 되자 그들의 家舍와 家人들을 강제로 黜鄕시키는 과격한 행동을 보인다(《世宗實錄》 卷 47, 世宗 12년 3월 丙寅條; 卷 48, 世宗 12년 5월 己未條). 그리고 이후 品官·吏民들은 復號에 전력하여, 문종 元年에야 京在所를 통한 여러 차례의 진정으로 還號되게 된다(《文宗實錄》 卷 8, 文宗 元年 6월 甲戌條). 이뿐 아니라 告訴禁止法 이후 수령에게 굴복당하는 品官의 예는 「初 柳之禮爲南原府使 府人南叔甫 以事見忤 破家黜鄕, 朴孝誠 知豊德郡事 郡人黃得富不禮 亦令品官火其家黜之 收其田, 自部民告訴之法立 民有以守令過惡相告者 守令輒坐以是律 是以當時守令無所畏忌 專務貪殘 爭事掊克 百姓嗷嗷……」(《世宗實錄》 卷 112, 世宗 28년 4월 壬子條)라 한 바와 같이 급증하고 있었다.

년의 결정을 재천명하고, 일반 백성의 고소 의욕을 높이기 위해 어느 때보다도 朝官의 파견을 자주하였다.85) 수령 비행을 규제하기 위한 세조의 이와 같은 적극적인 정책은 「猾吏·奸民이(守令의) 一動一靜을 좌우로 窺伺하여 모두 고소하려 하기 때문에 수령은 고소에 겁을 먹어 어찌할 바를 모른다」든가, 「貢賦를 愚民이 오히려 거부하고 따르지 않으니 기한 내에 완료하기 어렵다」든지, 「分臺(御史)가 이름에 수령은 畏縮되어 무릇 할 수 있는 일도 하지 못한다」는 등의 말이 나올 정도로 강경한 것이었다.86) 제2차의 유향소 혁파 조치는 바로 이러한 분위기에서 취해진 것이었다. 세조 말 무렵 충주의 한 백성이 수령의 비행을 고소한 일이 있었는데, 충주 유향소는 「수령 고소는 옳지 못하다」고 하여, 그 백성을 심히 侵虐하였던 것이다. 충주 유향소의 행위는 분명히 즉위 이래 일관해 온 세조의 고소허용 정책에 위배되는 것이다. 이 사실을 안 세조는 비단 충주 유향소뿐만 아니라 모든 유향소가 이처럼 수령과 결탁하고 있다는 판단에서 전국적인 유향소 혁파 조치를 내리게 되었던 것이다.87)

　지방통치체제를 수령보다 조관 파견에 더 의존한 세조의 정치는 새로운 차원의 중앙집권정치 다시 말하면 전제적인 중앙집권정치로 풀이되지만, 어떻든 이에서 나타나는 수령 불신의 경향은 그동안의 관권 일변도적인 향촌정책이 실패하였음을 뜻한다. 수령의 절대적인 권위 아래 향촌의 외형적인

---

85) 《世宗實錄》卷 2, 世宗 元年 11월 己卯條. 「敎旨…… 自今 分遣御史于八道 巡行糾理…… 如貪墨虐民二事 予所痛心者 其令專委糾覈 且部民自己冤抑 亦依舊例 許令告訴 期於貪墨自戢吾民安業……」

86) 이것들은 모두 세조 3년 3월에 국왕이 鄭昌孫에게 告訴許容 이후의 동태를 묻자 鄭昌孫이 答한 것들이다.(《世祖實錄》卷 7, 世祖 3년 3월 乙亥條).

87) 《成宗實錄》卷 137, 成宗 13년 正月 辛卯條. 「…… 廣陵府院君李克培議 州府郡縣 各有土姓 其在京從任者 謂之京在所 京在所擇其居鄕土姓剛名品官 爲留鄕所 其來已久 在世祖朝忠州民告其州守令 其時留鄕所 以守令告訴爲不可 侵其人太甚 乃至上聞 以此罷之 非他故……」 유향소 혁파에 관한 기사는 당해 《世祖實錄》에서는 보이지 않고 위의 것이 혁파에 관한 기록으로는 최초의 것이다. 종래 흔히 말해지던 李施愛亂 膺懲說은 뒤에 밝히듯이 위의 李克培의 진술이 있은 뒤 유향소 복립이 결정되자 이를 막기 위해 반대론자인 成俊이 급작스럽게 내놓은 것인데, 成俊의 說에는 여러 가지로 조작의 혐의가 보인다.(第2節 第4項 참조).

질서는 잡혔을지 모르나, 향촌의 유력층인 수령 품관 향리 등이 이해에 따라 서로 손을 잡거나 仇敵視하고 그 사이에서 일방적인 피해를 입는 일반 백성의 반발이 잇따르는 상태에서 향촌의 내적인 안정은 기대하기 어려웠다. 세조의 적극적인 고소허용정책으로 일반 백성의 불만이 어느 정도 풀렸다 하더라도 그것은 근본적이거나 항구적인 대책은 되지 못하였다. 더욱이 세조 薨去 뒤 고소 금지법은 즉각적으로 되살아나고 있었다.[88]

　왕조 개창 이래 일관되었던 위와 같은 관권우위의 향촌정책을 볼 때, 여말 이래 새로운 체제의 확립이 요구되던 향촌사회는 아직도 근본적인 해결을 얻지 못하고 있었던 것이다. 음사를 통한 개개 자연촌 각기의 공동체적 유대만이 이루어지고 있는 여말 이래의 향촌에 어떤 통일성을 부여해 줄 만한 것이라고는 그동안 위와 같은 중앙집권적인 관권의 개입밖에 없었다. 관권은 어디까지나 행정적, 권력적인 것으로 향촌 결속의 근본적인 힘이 될 수 있는 윤리적인 것은 아니었다. 향촌 자치적 성향을 강하게 가지는 재지의 중소토호들은 처음부터 관권 일변도적인 향촌정책을 환영할 수 없었지만, 그것을 조정에서 강력히 추진함에 따라 그에 굴종할 수밖에 없었다. 그러나 그것이 근본적인 해결책이 되지 못하고 도리어 향촌을 더욱 불안하게 만들어감에 따라 일부의 중소토호들은 그들대로의 방법을 모색하게 된다. 그들에게는 분열적인 향촌에 어떤 통일성을 부여할 수 있고, 그동안 향촌 불안의 장본인이 되다시피 한 관권의 절대성을 어느 정도 배제할 수 있는 방법이 있다면 가장 바람직한 것이었다. 성리학이 마련하고 있는 사창, 향약 같은 것이 그들의 이러한 요구에 가장 부합하는 것이었다. 성리학은 이제 중소지주층에 퍼져 갔으며, 성리학을 접한 중소지주 출신들은 기회 있는 대로 중앙정계에 진출하여 이의 실천을 위한 활동에 전력을 기울이게 된다.

---

88)《睿宗實錄》卷 3, 睿宗 元年 2월 庚寅條.「詳定所啓……且部民告訴 關係宗社及非法殺人 自己訴冤外 吏典隸僕告其官員者 品官吏民告其監司守令者 並勿聽理 論以杖一百徒三年 品官吏民黜鄉 嗾嗾他人告官者 罪亦如之 從之」
　이 결정은 거의 같은 내용으로《經國大典》刑典 訴冤條에 실렸다.

2. 성종대 사림파의 유향소 복립운동

1) 社倉制 도입의 실패

　중소지주 출신의 성리학파의 향촌질서 확립 노력으로는 세종 말·문종대
의 社倉法 시험, 성종대의 유향소 복립운동 등을 구체적으로 들 수 있다. 먼
저 사창법 시험부터 살피기로 하되, 그에 앞서 거론에 그친 것이긴 하지만
정종·태종대에 거론된 적이 있는 里社法을 잠깐 살펴보기로 한다. 이사법
도입 주장을 반드시 中小土豪의 입장을 대변하는 것이라고 볼 수는 없지만,
소위 음사로 형성된 촌락공동체와 그것을 배척하고 대안으로서 성리학적 방
법을 제시하는 성리학파의 처지 등을 이해하는 데 도움이 될 수 있다.

　《定宗實錄》卷 6, 정종 2년 12월 戊申條에 정종이 음사 문제를 놓고 이를
금하면 백성이 悅服치 않을 것을 염려하자 應敎 金瞻이 그 한 방법으로서
「(中國) 古制를 본 따서 里社法을 세워 백성으로 하여금 모두 社를 가지게
한즉 백성이 悅服할 것이며 淫祀도 장차 없어질 것」이라고 한 기록이 있다.
里社는 중국의 전통적인 村落祭로서 里(100戶 단위)마다 社(土穀의 神)가 두어
져 春秋 두 차례 里民이 모두 함께 제사하는 제도이며, 明나라는 이를 향촌
자치의 방법으로 널리 행하고 있었다.89) 국초에 이 제도의 도입이 주장된 것
은 위의 金瞻의 경우처럼 향촌질서 확립의 시급함을 느끼는 사람들이 손쉬
운 방법으로 明에서 현행하는 제도를 그대로 받아들이려 했던 것으로 여겨
진다. 그러나 중국의 「社」 제도에 대한 이러한 이해는 그것을 받아들이기로
하여 州·府·郡·縣에 社稷壇이 설치되고 수령이 정기적인 제례를 행하도록
하는 성과를 보기도 하지만, 본래의 목적인 里社의 실시는 리 각기의 토속적
인 음사의 강력한 거부로 끝내 실현되지 못하였다. 앞서 인용한 태종 14년
正月의 許遲의 里社法 도입 주장은 실상 「지금 各道 州·郡에는 모두 社를

---

89) 淸水盛光, 앞의 《中國鄕村社會論》, 第2節 참조.

세워 守令이 때에 맞추어 致祭하고 있는데, 홀로 里社의 法만은 폐하고 있다」고 하듯이 그동안 성과를 얻지 못한 이사법의 실시를 다시 꾀하여 보려는 것이었다.90) 그의 이사법 소개는 이사의 제례 형식에 그치지 않고 이때 행해지는 里民의 誓詞, 연회 등에까지 미쳐 명나라 향촌자치의 大綱인 「教民榜文」의 소개 같은 인상을 주기도 한다.91) 그러나 그의 주장 역시 제의에 그쳤으며, 이후 里社法을 거론하는 경우는 거의 찾아볼 수 없다.

朱子 고안의 社倉法이 향촌자치의 방법으로 논의되기 시작하는 것은 세종 중기 무렵부터이다. 社倉은 低利의 賑貸制로서 향촌 자치적인 것이 특징이다. 이 무렵의 사창에 대한 한 이해를 예로 든다면 「外方 閑良品官이 慈惠心이 있어서 朱文公 社倉事처럼 私財를 내어 義倉을 세워서 里內의 飢民에게 賑貸하는」92) 것과 같은 것이다. 이에 따르면 사창은 「慈惠心 있는 品官」이 중심이 되어 진대란 경제적 수단을 통해 里 단위로 공동체적 유대를 형성, 凶荒을 타개하는 방법이다. 사창 주창자들은 그것이 경제적인 것임에도 불구하고 향촌에서 늘 문제되어 온 제례적인 음사에 대한 관심을 빠뜨리지 않고 있다. 문종대의 知中樞院使 李澄石은 사창과 내용을 같이하는 里倉을 말하면서, 관영 義倉을 비판하는 가운데 다음과 같은 말을 하고 있다.

다행히 歲事가 조금 나을 때라도 愚民은 장래를 헤아리지 않고 鬼神을 諂事하여 群聚會飲하는 데 穀物을 다 허비해 버리고서, 봄이 되어 耕種할 때 미

---

90)《太宗實錄》卷 27, 太宗 14년 正月 癸巳條.「忠淸道都觀察使 許遲 請行里社之法 書曰 朝廷頒降禮制 州府郡縣 皆立社 又於鄕村有里社 今各道州郡 皆立社 而守令以時致祭 獨里社之法 廢矣……」

91) 위와 같은 條.「忠淸道都觀察使 許遲 請行里社之法……謹稽里社之制 凡各處鄕村人民 每里一百戶內 立壇一所……至日約聚祭祀……祭畢 就行會飲 會中先令一人讀誓 其詞曰 凡我同里之人 各遵禮法 毋持力凌辱 一切非僞之人 並不許入會 讀誓畢 長幼以次就坐 盡歡而退……」

清水盛光, 앞의 책에 따르건대, 明의 教民榜文은 第28條에 里社의 祭祀를, 第25·35條에 위의 誓詞에 해당하는 「尊敬長上 和睦鄕里」의 규정을, 第27條에 會飲을 각각 정해 놓고 있다.

92)《世宗實錄》卷 88, 世宗 22년 3월 乙丑條의 左贊成 河演의 救荒策 上疏.

쳐서는 흉년과 다름없이 官에 의뢰하니 그 세 번째 폐단이다. 臣이 바라건대
는 州縣의 人民이 거주하는 里에 각기 里倉을 세워 매년 秋成 때에 그 里內
民戶의 所耕付種의 수를 헤아려 諸般穀種을 戶에 따라 거두어……里倉에 내
게 하고……里內의 公廉한 品官 1인을 監考로 정하여 斂散을 專掌케 하
고……93)

　李澄石의 이 건의는 후술하는 경상도 大丘郡에서의 사창 시험이 계속되고
있던 문종 즉위년 10월에 올려진 것이다. 그가 말하는 里倉은 里 단위라는
것, 里內의 品官을 중심으로 하고 관영 義倉을 대신한다는 것 등이 社倉과
공통된다. 그의 주장은 결국 진대만 고려되고 있는 社倉制에 穀種 비축의 기
능을 하나 더 첨가하자는 것이었다.94) 위에 인용한 세 번째 폐단에 앞서 지
적된 의창의 다른 결점들은, 그 법은 至精한 것인데도 그 덕을 본 백성을 찾
기 어려우며, 穀種까지 官에 기대는 의뢰심이 조장되고 있으며, 의창의 소재
가 거주지(里)에서 멀고 또 그 절차가 복잡해 播種失期하는 경우도 많다는
것 등이다.95) 요컨대 의창제 아래서는 촌락민들의 자립의 기회를 기대할 수
없고 그러한 분위기에서 전래적인 음사의 낭비성도 개선될 수 없다는 것이
그의 비판의 골자이다. 「鬼神을 謟事하여 群聚會飮하는」 것은 사신향도의
사신행위를 말하며, 앞서 살핀 것에 따르면 향도의 각 구성원은 月 1회 정도
돌아가면서 연회를 주관하여야 했으므로 곡물의 낭비는 지적될 만한 것이다.
社倉, 里倉에서 이처럼 음사의 낭비성이 지적되고 있는 것은 儒者의 음사에
대한 비판이 결코 관념적인 것이 아니었음을 말해준다.

---

93) 《文宗實錄》卷 4, 文宗 卽位年 10월 庚辰條.
94) 이 건의에 접한 議政府의 답변도 「社倉之法試驗後 更議」라 하여 社倉과 같은 유로 다
　루고 있다.
95) 註 93)과 같은 條. 「中樞院使李澄石上書 其一曰 常平義倉之役 救荒之長策也……是故
　聖朝 每於郡縣 皆置義倉 以救民生 其法至精 無復可議 然民之有蓄積者 百無一二 每歲之春
　諸色穀種 全仰於官 爲守令者 還上出納 未敢自擅 必報于監司 監司亦移文戶曹 待其回答然
　後分給 以致愆期之患 其弊一也 且民之所居 距官或三四息或四五息 則以還上受出之故其來
　徃經宿之際 亦失農事之期 其弊二也……」

사창제는 또한 長利를 일삼는 촌락의 豪富·豪强을 배척한다. 知大丘郡事
로서 사창 시험을 주관한 李甫欽은 그 결과를 말하면서「大丘에는 巨室 農
莊이 많아 빈민이 受價出食하다가 失所(流離)하는 者가 많았는데 境內 13개
처에 社倉을 세웠더니……경내의 백성으로 長利를 받는 자가 지난해에 비추
어 적어졌으며……豪富 侵漁의 폐단을 금하지 않아도 없어질 것입니다」[96]
라 하고, 또「경내의 인민이 모두 말하기를 義倉이 있고 또 社倉이 있으니
지금부터 누가 다시 私家長利를 받겠는가 하면서 사람마다 다 좋아하는데 오
직 장리를 私蓄하는 자만이 싫어하였다」[97]고 하였다.「巨室農莊」을 가지고
長利를 일삼으며 社倉을 싫어하는「豪富」는 社倉·里倉의 운영을 맡은「公廉
한 品官」,「慈惠心 있는」,「外方閑良品官」과는 같은 토호이면서도 유형을
달리하는 부류로 보아야 할 것이다.

세종대의 사창 논의는 관영 의창의 폐단을 시정하기 위해 대두된 것이
다.[98] 義倉의 賑貸는 守令·吏의 농간이 개재되어 고리화하였으며, 이를 이용
한 백성들은 부담 능력을 잃고 流移하는 경우가 빈발하였다. 流移는 다시 元
穀의 부족량을 빙자한 守令·吏의 농간을 가능하게 하는 악순환을 가져오고
있었다. 원곡 부족은 軍資穀으로의 대충이 공인될 정도로 보편적인 현상이
었지만, 세종 21년의 심한 흉황은 그러한 궁여의 수단조차 한계를 드러내게
하였다. 급증한 수요를 따르기에 관곡은 너무나 부족하였으며, 이런 형편에
서 장리가 성행할 것은 당연하였다. 이에 남아 있는 義倉穀을 저리의 社倉穀
으로 전용, 건실한 운영으로 모곡을 늘여 다시 義倉穀을 채운다는 방법이 모
색되었던 것이다. 사창제가 이렇듯 義倉 官穀의 轉用에 의존한 것은 고안자
朱子의 예에 따른 일면이라고 하겠다. 어떻든 義倉이 邑治 한곳에 두어지고
수령의 직접적인 관장 아래 놓인 반면, 社倉은 그 운영 방식이 어디까지나

---

96) 《文宗實錄》卷 12, 文宗 2년 3월 庚戌條.
97) 《世宗實錄》卷 120, 世宗 30년 6월 甲寅條.
98) 이하 社倉法 擡頭에 관한 것은, 宋贊植,〈李朝時代 還上取耗補用考〉, 《歷史學報》27,
    1965, p.30~31 참조.

里 단위로서 里內의 品官을 중심으로 하였기 때문에 지금까지 문제되어 온 관권의 직접적인 개입은 크게 둔화되었을 것이다. 중앙에서 社倉 실시를 추진한 사람들 즉 성리학파들은 이를 계기로 향촌에 산재해 있는 자신들과 동류의 「公廉한 品官」들의 지위향상을 꾀했을 것으로 짐작된다.

어떻든 社倉法은 수년간의 논의 끝에 세종 30년에 일단 채택되어 그동안 이 법의 실행을 적극 주장해 온 李甫欽을 知大丘郡事로 임명, 대구군에서 시험해 보기로 하였다.[99] 李甫欽은 곧 郡內에서 社長이 되고자 원하는 20여 인 가운데 13인을 뽑아 13개 처에 社倉을 두었다.[100] 그 성과는 문종 1년 9월에 경상도 내 10개 官(金山, 居昌, 永川, 慶山, 仁同, 新寧, 山陰, 知禮, 河陽, 軍威)에 확대 실시되는 것으로 나타나고 있다.[101]

---

99) 《世宗實錄》卷 119, 世宗 30년 2월 壬子條. 「諭慶尙道監司 以知咸陽郡事李甫欽 移任大丘 欲試社倉便否 及時置倉試之 亦諭于甫欽」社倉 可否에 대한 논의는 세종 26년 7월에 이미 凶荒打開策으로 거론되어 金宗瑞 등의 贊意表示가 있기도 했으나 실시되지는 못했고(《世宗實錄》卷 105, 世宗 26년 7월 辛酉條), 이듬해 7월에 李甫欽의 건의로 집현전에 가부를 묻기에 이르렀으나 贊反 兩論으로 엇갈리더니(《世宗實錄》卷 109, 世宗 27년 7월 乙未條) 이때에 이르러 試驗에 붙여졌다.

100) 《世宗實錄》卷 120, 世宗 30년 6월 甲寅條. 「知大丘郡事李甫欽報 頃承諭書及集賢殿議又將甲子年諭書 布告境內 言其立社倉本意及賞職社長 願爲社長者二十餘人 擇十三人爲社長 分爲十三社 每社 給本二百石 又作小圖書 付社長……」

101) 文宗代에 들어와서 社倉의 가부는 재론되었다.《文宗實錄》卷 8, 文宗 元年 6월 己巳條에 따르면 社倉制의 便否를 경상도에 물었더니 可 12官, 否 54官이었다 한다. 그리하여 議政府는 다음과 같은 이유를 들어 社倉制에 대한 반대의견을 표하였다.「議政府啓 民之不願者 居多 且於各官 皆置義倉 以時斂散之際 只收本數 不加一升 若社倉 則每年一石之息 定爲三斗 數盈千石 然後 收耗米一斗 其利害懸絶如此 而十二官之民情願 亦未可知也 壤地褊小之邑 則各村人民 無徃來留宿之弊 旣設義倉 又置社倉 則徒爲煩弊耳 義倉本無息米 守令又親監斂散 尙有高重收納之弊 民且怨之 況社倉斂散 委諸社長 則非惟斂散不以時 或有高重收納盜竊耗次之弊 借日 社倉之法 朱子所行 然時異勢殊 不可拘泥 遽試之十二官 恐未可也 觀察使 則一道之事 靡不詳知 請姑從觀察使所啓 限四五年」社倉制를 원하는 12官에의 실행을 반대하고 大丘에서의 시험 성과를 4, 5년 동안 더 기다려보자는 이 議政府案에 대해 右議政 南智만이 다음과 같이 反對意思를 보였다. 「(承前) 獨右議政南智以爲社倉試驗 臣於世宗時獻議 今更思之 雖三代之法 未嘗無弊 是則法非不善 在人焉耳 義倉之法 可謂美矣 然法久弊生 勢之自然 於其斂散之際 民之生怨 與夫守令監考冒濫之弊 固非一端 後日生弊 非獨社倉爲然 請姑令十二官 盡行試驗 然後 更議施行」. 文宗은 이 南智의 의견을 좇아 同年 9월에 12官에의 실행을 결정하고(《文宗實錄》卷 9, 文宗 元年 9월 戊申條) 같은 해 11월에 節目을 마련하기에 이른다(《文宗實錄》卷 10, 文宗 元年 11월 己未條). 그런데 社倉 설치를 원한 12관은 9월 결정에서 本文에서와 같이 10個官으로만 나타나고 있다.

「公廉한 品官」,「慈惠心 있는」「外方閑良品官」을 앞세워 社倉制를 주장하는 사람들은 사창법 자체가 朱子 고안의 것이므로 성리학에 대한 소양을 깊이한 사람들일 것은 자명하다. 사창법 실시에 깊이 관련한 李甫欽의 경우, 그는 경상도 永川人으로서 柳方善에 受學, 세종조에 문과에 급제 집현전 博士가 되었으며, 그의 행적으로는 冶隱 吉再의 묘에 文祭를 지낸 사실이 특기된다.102) 그의 스승인 柳方善은 鄭夢周의 문하인 卞季良의 제자로서, 태종조에 永川에 유배되어 謫居생활을 보내면서 李甫欽을 비롯한 이 지방 출신의 많은 제자들을 배출하였다.103) 鄭夢周의 學統은 그동안 영남 안에서 이 永川 지방 외에도 善山 金山 일대의 吉再, 醴泉·安東 일대의 趙庸 등의 활약으로 면면히 계승되어, 그 문인들로서 위의 李甫欽을 비롯해 金叔滋(吉再 문인)·尹祥·趙末生(趙庸 문인) 등이 중앙에 진출, 集賢殿 藝文館 등에서 활동하였다.104) 이들은 대표적인 인물에 불과할 것이며 세종의 문치정치로 대소의 관직에 나아갈 수 있었던 사람들은 적지 않았을 것으로, 李甫欽 등의 社倉制 주장은 바로 이러한 계열의 진출을 배경으로 한 것으로 생각된다.

사창제는 성리학파와의 이러한 관계 때문인지 영남 성리학파의 몰락을 가져온 世祖 즉위로 큰 타격을 받게 된다. 이 사건에 際하여 특히 영남출신의 대소의 관인들이 성리학적 節義를 내세워 관직에 물러나 遯居하는 경향은 두드러지게 나타나지만,105) 사창법 실시의 주역이었던 李甫欽 역시 몰락하

---

102)《嶠南志》卷 21, 永川郡條. 「李甫欽……受學柳方善 世宗朝 文 集賢博士 能文章有志 節性儉的 嘗爲文祭冶隱吉再墓」
103) 위와 같은 條. 「李甫欽……春亭卞季良門人 太宗朝中司馬 罹文綱 謫本州 除注簿不就 上命集賢博士往復質疑 待以師禮 當時品碩多出其門 後人名其講學之地以北習」
104) 吉再, 卞季良 등이 鄭夢周의 문인임은 주지하는 바이지만 참고로《朝鮮簪獻寶鑑》(宋秉游等編, 1914) 門生編에 실린 鄭夢周의 문인을 열거하면 吉再·權近·權遇·河演·咸傳霖·卞季良·李陽明·趙庸·朴信·鄭有·鄭熙·崔瀁·崔濬 등이다.
　金叔滋와 尹詳·趙末生 등의 활동에 대해서는 第2節 第3項에서 詳述함.
105) 世宗代에 많은 영남출신이 중앙에 진출하였다가 端廟禍로 下鄕함은 邑誌類를 一瞥하면 쉬이 발견할 수 있으나, 그것을 통계로 제시하기는 어려울 것 같다. 단지 여기서는 몇몇 대표적인 예를 제시하는 데 그친다. 死六臣의 하나인 河緯地와 함께 善山人이었던 生六臣 李孟專의 경우 그는 世宗朝에 進士, 文科를 거쳐 居昌郡事로 있을 때 端廟禍를 듣고 善山에 退居, 盲聾을 假託하여 30년을 지내면서 北面하지 않았다 한다. 그는 그

기는 마찬가지였다. 세조 즉위 후 知順興郡事로 補外되었던 그는 同王 3년에 錦城大君 瑜와 함께 영남 인사를 규합하여 단종 복위의 음모를 꾀했다는 혐의를 받고 관계에서 종언을 고하게 된다.106) 성리학파의 손에서 떠난 사창은 이후 세조에 따라 확대 실시되지만, 그 본질이 크게 상실되어 곧 혁파의 운명에 놓이게 된다.

세조는 즉위 2년 만에 그동안 경상도 일부 지역에서 실시되고 있던 사창의 실효 여부를 조사토록 명하더니,107) 同王 7년에 이르러 전국적인 확대 조치를 내린다.108) 그러나 이 조치는, 사창제가 효력을 보기 위해 전제되어야 할 조건들이 대부분의 지방에서 갖추어지지 않은 채 행해진 것이었기 때문

자신이 吉再의 문인이었을뿐더러 金叔滋와의 文義가 두터웠다 한다(《嶠南志》善山郡 人物條). 嶺南出身들의 端廟禍에서의 節義 隱居는 이와 같이 그동안 이 지방에 뿌리를 내린 성리학과 깊은 관련을 가지는데, 그러한 예는 후술하는 金海 金係錦의 경우도 있지만 가장 좋은 예는 후대 영남 성리학의 大宗을 이루는 李滉의 家이다. 李滉의 先代에 대해서는 앞서 添設職에서 언급한 바 있지만, 5代祖 李碩이 縣吏의 신분을 벗어났고 4代祖 子脩는 첨설직으로 封君되는 등의 사실이 있어서 그 선대가 麗末品官으로 신분을 향상해 가던 많은 토호적 향리 출신의 하나였음을 알 수 있었다. 그런데 그 후 3대조 禎을 보아도 그는 세종조에 崔潤德을 좇아 北鎭開拓에 功이 있어 原從에 錄勳되었고 善山府使에 이를 뿐 아직 文에 뚜렷이 가까워진 흔적이 보이지 않으며(이상은 《嶠南志》 卷 29, 眞寶郡 人物條) 禎의 아들 繼陽에 이르러 비로소 분위기는 달라진다. 우선 眞寶에서 禮安으로 移居하게 되었을뿐더러 繼陽은 端廟에 進士가 되고 난 뒤 禍를 듣고 國望峰에 築壇하여 매일 寧越을 향해 瞻拜했다고 한다. 그의 두 아들(埴·塤) 가운데 埴의 아들이 李滉이며 滉의 親叔인 塤는 「家學을 啓發하였다」는 평을 들었고 한편 李滉의 스승이기도 하였다(이상은 《嶠南志》卷 12, 禮安郡 人物條에 따름). 이상과 같은 李滉의 선대 經歷에서 이 가문이 성리학에 가까워지는 것은 李繼陽의 端宗에 대한 節義에서 뚜렷하게 구획 지워지는 것을 알 수 있다.

106)《嶠南志》卷 21, 永川郡條. 「李甫欽……丁丑 宰順興 往寧越拜端宗 與錦城大君瑜 結南中人士 謀復上王 被禍」
　　《世祖實錄》卷 9, 世祖 3년 10월 乙亥條. 「義禁府啓 瑜 自順興安置後 有異志 賂記官仲才 品官安順孫 金由性 安處强 安孝友 軍士黃緻 辛克長 鄕吏金根 安堂 金恪 使仲才之子好仁 招舊奴鄭有才 與其徒凡三百丁……共謀起兵 使各帶兵丈 又遣府使甫欽金頂子珊瑚笠纓 且言公 近日 必爲堂上官 甫欽不受……請公聚兵……瑜與甫欽謀逆明甚……命……甫欽金根杖一百流三千里……」

107)《世祖實錄》卷 4, 世祖 2년 7월 辛未條. 「承政院奉旨 馳書于慶尙道觀察使曰 道內大丘郡 曾設社倉試驗 果有利益於民否 其備細訪問以啓 且元給穀數 與今滋息之數 始設日明歛散條次 幷考以啓」

108)《世祖實錄》卷 24, 世祖 7년 6월 甲午條. 「頒給新鑄圖書于諸邑社倉長」

에, 얼마가지 못하여 도리어 전면적인 혁파조치를 가져오게 된다. 유력한 권세가가 자기의 근거지에 사창이 서지 못하도록 수령에게 압력을 가하는 형편에서,[109] 비록 사창이 세워진다 하더라도 능력 있는 책임자를 기대하기는 어려울 것이다. 사창제는 책임자의 무능과 관리의 부실로 비판받다가 성종 원년에 곧 혁파되고 말았다.[110]

이상과 같은 사창제 실시의 실패는 어느 모로 보나 그 추진자들의 힘의 부족을 뜻한다. 그러나 성리학파가 모색하는 향촌 안정을 위한 노력은 이에서 좌절되지 않는다. 같은 학통을 잇는 사람들이 다음 대에서 더 강한 정치세력을 형성하여 같은 문제를 해결 지으려 한다.

2) 鄕射·飮禮 도입과 유향소 복립운동

세조의 집권으로 물러난 영남 출신의 성리학파는 好文의 군주 성종의 즉위로 다시 중앙에 진출할 기회를 가지게 된다. 金宗直을 중심으로 한 이른바 이들 사림파는 중앙정계에서 그들의 위치가 어느 정도 확고해진 무렵부터, 이를테면 하나의 政綱으로서 유향소 복립문제를 내놓는다. 그것은 그들의 중심인물인 김종직이 外職을 마치고 중앙에 돌아오면서부터 시작된다.

성종 원년에 특채된 33인의 藝文館員 가운데 하나로 뽑힌 김종직은 同王 2년에 咸陽郡守로 나갔다가 4년 만에 秩滿하여 중앙으로 돌아와(同王 6년) 承政院 梁校에 拜해진다. 그 후 그는 同王 8년에 다시 외직으로 善山府使로 나가는데 재직 중인 同王 10년에 母喪을 당하였고, 服喪을 마치고 다시 弘文

---

109) 牙山에 屯田을 濫受받아 기반을 확대하던 左贊成 黃守身의 경우(《世祖實錄》 卷 27, 世祖 8년 정월 癸亥條)가 그 좋은 예이다. 그는 同王 8년에 牙山 舊公衙內에 社倉이 새로 세워지는 데 대해 亡妻의 葬地란 구실로 守令 咸禹治에게 勿置를 종용한 혐의로 司憲府의 탄핵을 받았다. 憲府의 論은 「惡其社倉而通書者 病於國也 移葬其妻而終不葬」이 요지였다(《世祖實錄》 卷 28, 世祖 8년 4월 丙戌條).
110) 《成宗實錄》 卷 3, 成宗 元年 2월 癸酉條. 「戶曹啓 陳言內可行條件……— 諸邑社倉典守者 任情斂散 以爲己利 請革罷 從之」 宋贊植, 앞의 논문, p. 31~32 참조.

館 應敎에 召拜된 것은 同王 13년 6월의 일이다. 이후 그는 弘文館 直提學 副提學을 거치고 承政院 同副承旨, 左副承旨, 都承旨 등을 역임하면서 왕의 측근에 있을 기회를 계속 누린다.[111] 유향소 복립이 건의된 것은 바로 이 동안이었다.

유향소 복립운동은 말할 것도 없이 세조 말에 혁파된 유향소를 부활하자는 것이다. 그런데 김종직 일파의 복립운동은 단순히 이전 제도의 부활만을 의미하지 않고, 《周禮》의 鄕射禮·鄕飮酒禮를 실천힐 기구로서 유향소를 기론하는 특징을 보인다.[112] 사림파의 복립운동이 시작되기 직전인 同王 13년 1월에 사림파와 관련 없는 사람들에 따라 유향소의 복립이 건의된 적이 있다. 그러나 이때의 건의는 사림파 계열이 전혀 참가하지 않았을 뿐더러,[113] 복립의 목적도 혁파 이래 京在所와 수령만으로 감당하고 있는 「猾吏·姦民」의 규제를 복립을 통해 좀 더 강화하기 위한 것이었다.[114] 말하자면 단순한 이전 기능의 회복에 불과한 것이었다. 어떻든 이때의 논의는 처음에는 성

---

111) 金宗直의 略歷은 《成宗實錄》 卷 268, 成宗 23년 8월 丁巳條의 그의 卒記에 의거함.

112) 이 책, p. 190~192 참조.

113) 이 논의의 참가자는 領敦寧 이상으로서, 領議政 鄭昌孫, 右議政 洪應, 宣城府院君 盧思愼 등이 반대 의견을, 靑松府院君 沈澮, 坡川府院君 尹士昕, 左議政 尹弼商, 領敦寧 尹壕, 廣陵府院君 李克培 등이 찬성 의견을 각각 표하였다.

114) 이때의 논의는 獻納 金臺의 다음과 같은 건의에서 시작된다. 「獻納 金臺啓曰 侵漁百姓 莫如鄕吏 守令未必皆賢 以此 民不得尊居 雖有京在所耳目 不逮 亦未得糾檢……留鄕所之法 甚美 中因革除 致此巨弊 復立何如」(《成宗實錄》 卷 137, 성종 13년 正月 庚寅條). 이 건의는 즉석에서 吏曹判書 李克培의 지지를 얻어 다음날 辛卯에 領敦寧 이상의 會議에 붙여졌다. 적극적인 贊成者인 李克培의 찬성론에는 세조 留鄕所革罷의 동기가 처음 밝혀지기도 하므로 全文을 提示해 두면 다음과 같다. 「廣陵府院君 李克培議 州府郡縣各有土姓 其在京從仕者 謂之京在所 京在所擇居鄕土姓剛名品官爲留鄕所 有司奸吏所犯 互相糾察 維持風俗 其來已久 中間廢之者 在世祖朝 忠州民告其州守令 其時留鄕所 以守令告訴 爲不可 侵其人太甚 乃至上聞 以此罷之 非他故也 其後奸吏 益無畏忌 恣行非法 京在所耳目 亦遠 未及見聞 無由禁防 橫行里落 侵擾民戸 守令一有所言 則暗錄過失 喙喋村民 發其過惡 乃至見罷 以此爲守令者 亦隱忍度日 風習之弊 一致於此 可嘆也已 雖復立留鄕所 固不可遽變風俗 然奸吏有所畏忌 不復防肆……」(《成宗實錄》 卷 137, 成宗 13년 正月 辛卯條) 그의 復立 留鄕所에 대한 기대는 「遽變風俗」에까지 이르지 않고 奸吏의 「畏忌하는 바 있게 된다」는 데 있다. 결국 세조 때 혁파되기 전까지의 留鄕所의 임무, 즉 猾吏·姦民의 규제를 다시 부활하자는 것이 그의 주장의 골자이며, 세조 때의 혁파 이유로서 忠州 留鄕所의 百姓侵虐說은 그가 유일하게 제시한 것이어서 주목된다.

종의 호의적인 관심으로 다음달에 復立事目이 마련되는 급진전을 보았지만,[115] 후술하는 바와 같이 세조 말경의 혁파가 李施愛의 逆亂을 응징하는 데 있었다는 새로운 주장이 나와 결정이 하루아침에 번복, 무산되어 버리는 결과로 끝났다.[116]

사림파의 유향소 복립운동에서 중요시한 鄕射禮·鄕飮酒禮는 대체로 다음과 같은 내용의 것들이다. 《周禮》司徒教官職條는 지방단위를 鄕·州·黨·族·閭·比로 나누고 그 長을 각각 鄕大夫·州長·黨正·族帥·閭胥·比長으로 정하였다. 그리고 鄕射禮는 州에서, 鄕飮酒禮는 黨에서 각각 행하는 儀禮로 되어 있는데, 鄕大夫가 국가의 「灋」(法)을 正月에 司徒로부터 受教, 그것을 州長에게 전수하면 州長은 정월 가운데 길일을 택해 鄕射禮를 하며, 黨正도 마찬가지로 하되, 四時 孟月의 길일을 택해 鄕飮酒禮를 한다고 하였다. 두 儀禮는 모두 邦法을 잘 지키는 자를 앞세우는 것으로 鄕射禮의 「射」 행위는 「正其志」를 뜻하고, 鄕飮酒禮는 飮酒의 순위를 齒位·德行·道藝의 순서로 정한다고 한다.[117]

여말 성리학의 전래와 함께 이 두 의례에 대한 지식도 이미 알려진 듯하나,[118] 그 진의가 잘 반영된 것으로는 《世宗實錄》의 國朝五禮儀 가운데 鄕射儀·鄕飮酒儀를 들 수 있다.[119] 鄕射儀는 五禮 가운데 軍禮의식으로서 「매년 3월 3일(가을에는 9월 9일)에 開城府 및 여러 道의 州·府·郡·縣에서 그 禮

---

115) 《成宗實錄》卷 183, 成宗 13년 2월 辛丑條. 「吏曹啓 前日命議諸邑留鄕所復立便否……請令諸邑京在所 擇居鄕曾經顯職識理人 府以上 四員 郡以下 三品 定爲留鄕所座首色掌糾察鄕風……從之」

116) 이 책, p.218 참조.

117) 《周禮》卷 12, 司徒教官之職條, 周禮鄭注.

118) 《三峯集》卷 7, 朝鮮徑國典上 鄕飮酒條에 紹介된 경우를 예로 들면, 「鄕飮酒之禮 先王所以教人意備矣 賓主揖讓而升 所以教尊讓也 盥洗 所以教致潔也 自始至終 每事必拜 所以教致敬也 尊讓潔敬 然後相接 暴慢遠而禍亂息矣 主人謀賓介 所以辨賢愚也 先賓後介 所以明貴賤也 賢愚辨貴賤明 人知勸矣 故其飮酒也 樂而至於流 嚴而不知於離 臣以爲不肅而教成者 惟鄕飮酒爲然也」라 하여 教人의 한 수단으로 云謂되고 있다. 그러나 이에서는 아직 사회적인 교화의 수단으로서 云謂된 감은 그다지 적극적이지 않다.

119) 《世宗實錄》卷 133, 五禮, 軍禮儀式 鄕射儀條 및 嘉禮儀式 鄕飮酒條.

를 행한다」고 하였고, 鄕射酒儀는 嘉禮의 하나로서 「매년 冬孟에 漢城府 諸道 州府郡縣에서 吉辰을 택해 그 禮를 행한다」고 하였다. 그리고 전자는 「孝悌忠信好禮不亂者」를, 후자는 「年高有德及才行者」를 각각 앞세운다고 하였다. 이 두 의례는 五禮儀에 이렇게 규정되어 있으면서도 실제로는 성종 때까지도 지방 수령 감사들이 거의 행하지 않았던 것으로 지적된다.[120]

사림파의 두 의례에 대한 관심은 유향소 복립운동이 본격화하기 전에 이미 찾아볼 수 있다. 김종직과 함께 예문관원으로 발탁되었던 그의 문인 曹偉는 同王 10년 4월 戊申의 경연에서 「鄕射禮는 民을 禮로서 가르치는 美事로서 一鄕 가운데 비록 豪右라 하더라도 心行이 不肖하면 참여치 못하게 하니, 한번 참여치 못하면 一鄕에 끼지 못해 그 사람 또한 悔悟케 된다」고 하여 그 勵行을 국왕에게 권한 바 있다.[121] 그리고 김종직의 從遊人인 鄭誠謹이 유향소 복립을 주장하면서 「臣이 듣건대는 金宗直이 이전에 善山府使로 있을 때 鄕中의 有行者를 뽑아 鄕射・鄕飮酒의 禮에 참석토록 하였더니 뽑히지 못한 자들이 모두 부끄러워했다」[122]고 한 것에 따르면, 김종직은 이미 同王 8년부터 10년까지의 善山府使 재직 때에 두 의례를 시험해 본 적이 있는 것이다. 사림파의 두 의례에 대한 관심이 이렇게 미리 나타나고 있을뿐더러 본격적인 복립운동에서도 두 의례의 실행을 항상 끌어들이고 있는 이상, 사림파의 유향소 복립의 목적은 제도의 부활 그 자체라기보다도 鄕射・飮禮를 실천할 기구를 얻자는 것이었음을 확신할 수 있다. 때문에 그들은 전술한 바 同王 13년 1월의 논의에서 대두된 李施愛亂 응징설이 이미 그들의 복립운동에도 큰 장애가 되고 있다는 사실을 알았을 때, 전례를 高麗 事審官制로 바꾸는 변통

---

120) 《成宗實錄》卷 100, 成宗 10년 正月 乙卯條.「傳旨禮曹曰……今鄕飮酒鄕射儀 具載禮文 次第擧行在良守令耳 第念 京城王化本源之地 敎民之典 未有成觀 予心缺然 其倣鄕酒射之儀 定制擧行」
　　《成宗實錄》卷 101, 成宗 10년 2월 己亥條.「禮曹啓 五禮儀註……行鄕飮酒禮……法非不詳 而守令因循不行 未便 請自今 留守觀察使申明擧行 從之」
121) 《成宗實錄》卷 103, 成宗 10년 4월 戊申條.
122) 《成宗實錄》卷 174, 成宗 16년 正月 己丑條.

을 부리기를 서슴지 않게 되는 것이다.[123] 유향소든 事審官이든 두 의례를
실행할 수 있는 기회를 제도적으로 보장받는다면 그들로서는 만족스러웠던
것이다. 復立이 결정되어 유향소가 곳곳에 세워졌을 때도 그들은 「지금의
유향소는 復立이 옛 黨正의 遺意라」하여 그것을 바로 周禮에 비유하였다.[124]

앞에서 살핀 바에 따르면 세종 10년 復設 이후 유향소는 수령을 고소하거
나 능멸하는 吏民 즉 「猾吏·姦民」을 규제하는 데 초점이 두어진 한계를 가
졌지만, 사림파가 주장하는 유향소의 임무는 향촌 내의 「不孝·不悌·不睦·
不姻·不任恤한 자」, 다시 말하면 「頑嚚自恣」하여 향촌질서를 파괴하는 자
모두를 통제하는 것이었다.[125] 복립 유향소의 이러한 권한은 유향소가 이제
향촌 자치의 중심이 됨을 뜻하는 것으로 중앙집권체제 확립의 시녀 구실에
그쳤던 이전의 유향소와는 판이한 것이었다. 향리에 대한 통제를 예로 들어
보면, 이전의 유향소는 주로 향리의 수령에 대한 능멸행위를 규제할 따름이
지만, 복립 유향소에서는 「奸謀를 품고 수령을 우롱하는」 경우와 「官威를
빌려 백성을 侵漁하는」 경우 두 가지로 나누어 놓고 있다.[126] 전자는 이전
유향소의 임무를 계승한 것이지만, 후자는 복립 유향소가 이전 유향소에서
한걸음 더 나아간 것임을 말해 주고 있다. 즉 복립 유향소는 어디까지나 향
리를 어디까지나 향촌 구성원의 하나로 보고 그들의 침학행위를 향촌에 대
한 不睦·不姻의 행위로 간주하여 제재를 가하고자 하였던 것이다.

그러나 복립 유향소가 자치적이라 하여 관권에 대한 직접적인 도전을 용

---

123) 이 책, p.195 참조.
124)《新增東國輿地勝覽》卷 24, 慶尙道 醴泉郡 樓亭條.「鄕射堂……權五福記……今之留鄕
所卽古之黨正之遺意也……」
125) 위와 같은 條. 權五福 記文에「……鄕有頑嚚自恣 不孝悌不睦不姻不任恤者 此堂得以議
之……」라 한 것에 의거함.
126)《成宗實錄》卷 196 成宗 17년 10월 丙申條.「大司諫金首孫等上疏曰……臣等伏望 國家
之設留鄕所 所以糾正鄕里之風俗也 鄕里之不孝不悌者 留鄕所可以糾之 鄕吏之不睦不姻者
留鄕所可以繩之 騁奸謀而愚弄守令者 則可以制之 假官威而侵漁百姓者 則可以懲之 其有關
風教大矣……」鄕吏 規制事項에 대한 이런 식의 논법은 앞의 權五福 記文에서도 똑같
이 나타난다. 즉「今之留鄕所 頑嚚自恣不孝不悌不睦不姻不任恤者 此堂得以議之 吏有包
藏姦慝 憑假城社侵漁百姓者 此堂得以議……」라 하였다.

납하는 것은 결코 아니다. 복립 주창자들도 「吏民이 수령을 가리켜 도적이라 부르고 船軍이 萬戶를 가리켜 도적이라 부르는」 풍조를 분명히 「淩上의 風」이라 지적한다.127) 그렇지만 그들의 복립논의에서 이와 같은 거론은 한 편으로 종래의 관권 일변도의 향촌정책에 대한 비판이 서려 있는 것이었다. 앞에서 살핀 것과 같이 이러한 풍조의 팽배 자체가 관권 일변도 정책의 소산이었으며, 비록 復立 주창자들이 위와 같이 그 일차적 책임을 吏民에게 돌리더라도 그것은 在上者의 淸白을 전제한 것이었다. 在上者의 不德으로 말미암은 향촌의 불안은 在上者에게 淸白을 요구하고, 그 뒤의 모든 문제는 교화적, 자치적 방법에 따라 향촌 자체 안에서 안정을 꾀한다는 것이 사림파의 향촌질서 확립에 임하는 기본적인 자세였던 것이다.

복립 유향소가 규제하게 되는 「不孝·不悌·不睦·不姻·不任恤」의 경우는 대체로 위와 같은 것이며, 「不孝·不悌」의 경우 이것은 매우 관념적인 것에 지나지 않을 것으로 보이나, 실제로는 매우 중요한 현실 문제를 배경으로 하는 것이었다. 사림파의 복립논의에서 구체적으로 들어지는 不孝·不悌의 내용은 재산상속을 둘러싼 부자형제간의 불화로 나타난다.128) 이 무렵의 상속제도를 한번 보건대, 오래전부터 사유재산으로서 상속이 인정되어 온 노비는 자녀균분의 기준이 확립되고 있었지만, 여말에 이르러 비로소 사유관념이 대두된 토지의 경우는 노비의 경우만큼 뚜렷한 상속기준을 가지지 못하고 있었다.129) 토지의 상속기준이라고는 고려의 功蔭田柴에 특별히 행해지

---

127) 《成宗實錄》卷 159, 成宗 14년 癸亥條의 李克基의 留鄕所 復立建議에서 들어진 例임. 李克基는 李克培 李克墩 등의 兄弟로서 勳舊家門에 속하나 그의 卒記(《成宗實錄》卷 224, 成宗 20년 正月 己巳條)에 따르면 「性理의 學에 뜻이 있은」 人物로 말해진다.

128) 《成宗實錄》卷 172, 成宗 15년 正月 乙未條. 「御夕講……僉判金宗直啓……近者 子구毆其父 其父訴官者有之 其像風敗俗 至於此極……左承旨成健啓曰 士族兄弟 不相和睦 又不如庶人 此非也 專以奴婢財産而然也 上曰 父母之於子 豈能一一平均乎」
《成宗實錄》卷 174, 成宗 16년 正月 己丑條. 「……上曰 予觀不孝不睦之人 皆由田民而爭訟 以至汚壞天倫 予意 若非田民 則必無此弊矣……誠謹啓曰 鄕村飮酒之禮 雖若迂濶 亦正風俗之一端也……」 위의 두 論議는 士林派측에서 留鄕所復立의 필요성을 구체적인 예를 들어서 國王에게 開陳한 것이다. 이 논의에 참가한 金宗直, 成健, 鄭誠謹 등은 모두 적극적인 복위론자에 속한다.

던 嫡長子單獨相續 관습 밖에 없었다. 여말 이래 私田이 발달하여 사유관념이 고조되고 그 상속이 인정되어감에 따라 토지상속은 일정한 기준을 가지지 못하여 상당한 혼란이 일어났다. 위의 적장자단독상속 관습은 고려사회의 특수성을 배경으로 한 것이어서, 사유가 일반화한 조선사회에서는 합리적인 기준이 될 수 없었다. 그럼에도 불구하고 그것은 유교적인 長子優位의 관념의 지원을 받아 이때까지 유력한 하나의 상속기준으로 버티고 있는 한편, 사유재산의 상속기준으로서는 오랜 전통을 가지는 노비 쪽의 균분관습은 토지가 이제 노비와 다를 바 없는 일반적인 상속재산이 되었다면 마찬가지로 균분되어야 함을 내세워 그에 맞섰다.130) 양자의 대립은 토지의 사유관념이 확실해져 감에 따라 더욱 심각해져 갔으며, 유향소 복립논의가 한창이던 성종대에서도 아직 어느 한쪽이 타당한 기준으로 택해지지 못한 채였다.131)

유향소 복립논의에 父子兄弟 사이의 불화를 향촌 불안의 한 요소로 본 사림파의 성리학적 입장은 그 해결책을 법률적인 방법에 따르지 않고 형제 사이의 도덕적인 양보에서 구한다. 즉 「數口의 奴婢는 때로 도망 병사하게 되고, 數畝의 田地는 때로 川反浦落하여 마침내 무익한 것이 되어 버리지만, 형제자매가 서로 해치며 화합치 못하면 향리에서 모두 배척하게 되고 나라에도 常法이 마련되어 있다」132)고 가르침으로써 화합적인 해결을 권유한다.

---

129) 여말선초의 相續慣習에 대해서는 旗田 巍, 〈高麗時代における土地の嫡長子相續と奴婢の子女均分相續〉, 《東洋文化》 19 참조.

130) 一例를 들면 《世宗實錄》 卷 11, 世宗 3년 正月 壬午條에 「父母早沒 其子息年壯者 與幼弱者 同居 耕其田而共食 及其成婚 雖各立門戶 以己之耕作已久 妄稱白根 不肯分給者有之 今後 待其年壯 並令均分」의 경우, 年壯의 兄은 오래 耕作한 것을 구실로 年少한 弟에게 均分을 거부하고 있으며, 이에 대해 朝廷은 弟의 처지를 도와 成婚한 뒤는 均分하도록 하는 원칙을 세운다. 朝廷의 이러한 태도는 經國大典에서 奴婢均分相續 규정 다음에 「田地同」이란 註記(《經國大典》 刑典 私賤條)를 두기에 이른다. 그러나 조정의 이러한 노력에도 불구하고 長子와 衆子 사이의 재산을 둘러싼 不和는 註 128)에서 보이듯 「不均」에서 비롯되고 있으며, 또한 「奪嫡」하는 경우도 있었으니 復立論議에서 擧論된 한 例로서 「典籍權灝 弄誘其父 數其兄順罪 奪嫡 其父死後 曾不寢苦守殯 而退處京家排斥其兄 傷敗彝倫 莫甚於此」(《成宗實錄》 卷 174, 成宗 16년 正月 己丑條)와 같은 경우가 있다.

131) 위와 같은 條 참조.

대체로 이상과 같은 내용을 가지는 김종직 일파의 유향소 복립운동은 성
종 14년 8월 丙子의 夕講에서 김종직 자신이 전술한 바 善山의 경험을 개진
한 데서부터 시작되었다.133) 그의 同調人들의 지원을 받으면서 복립운동은
김종직을 중심으로 끈질기게 계속되었지만134) 同王 13년 2월에 副承旨 成俊
이 제시한 李施愛亂 응징설을 믿은 성종은 좀처럼 이를 허락하지 않았다.135)
그리하여 사림파 측은 同王 15년 4월에, 전례를 유향소가 아닌 事審官制로
바꾸어보기도 하지만,136) 그러나 이것마저 수령조차 「得人」하기 어려운 형
편에서 「鄕中의 識理者」를 얻는다는 것은 더욱 불가능하므로 鄕中事를 監
司·守令에게 맡기는 현행의 제도가 낫다는 반대론에 부딪혔다.137) 이에 대
해 「十室의 邑에도 반드시 忠信이 있는데 小邑이라 하더라도 어찌 한 둘의
識理者가 없겠느냐」는 논법과, 監司는 임기가 짧아(1년) 鄕中事를 제대로 살
피지 못한다는 지적으로 맞섰지만,138) 복립을 기피하는 국왕의 반대론 지지

---

132) 이것은 中宗代 金正國의 「警民編序」에 나오는 句節이지만 金正國 自身이 金宗直의 學
　　 統에 속하고 그를 비롯하여 趙光祖 등 性理學派들의 鄕約勵行運動이 또한 金宗直 등이
　　 鄕射飮禮 勵行을 繼承한 것이라는 점에서 인용하였다.
133) 《成宗實錄》卷 157, 成宗 14년 8月 丙子條.
134) 金宗直의 첫 발의 이후 그의 전라도 出辭前까지 그와 그의 동조자에 따라 거론된 것
　　 을 筆者가 조사한 대로 전거와 擧論人을 적어 보면 다음과 같다.
　　 《成宗實錄》卷 159, 成宗 14년 10月 癸亥條 鄭誠謹 李克基
　　 《成宗實錄》卷 165, 成宗 15년 4月 己卯條 事審官制論議
　　 《成宗實錄》卷 166, 成宗 15년 5月 癸巳條 金宗直
　　 《成宗實錄》卷 172, 成宗 15년 11月 乙未條 金宗直 成健
　　 《成宗實錄》卷 174, 成宗 16년 정월 己丑條 安處良 李世佑 鄭誠謹
　　 《成宗實錄》卷 196, 成宗 17년 10月 丙申條 金首孫
　　 《成宗實錄》卷 198, 成宗 17년 12月 辛巳條 鄭誠謹 金宗直
135) 成宗 13년 2月 辛丑에 留鄕所 復立이 확정된 뒤 같은 날 晝講에서 成俊이 李施愛亂 膺
　　 懲說을 내놓았는데 成宗은 「宰相謂予曰 訴守令故世祖革之 卿言又如是 然則先王大計 不
　　 可不遵其考世祖朝日記以啓」(《成宗實錄》卷 138, 成宗 13년 2月 辛丑條)와 같은 태도를
　　 취했고, 이후 鄕風에 관한 논의에서는 「不必別立科條 專在監司察擧耳」(《成宗實錄》卷
　　 159, 成宗 14년 10月 癸亥條)라는 태도를 일관한다.
136) 《成宗實錄》卷 165, 成宗 15년 4月 己卯條.
　　 《成宗實錄》卷 166, 成宗 15년 5月 癸巳條.
137) 《成宗實錄》卷 174, 成宗 15년 5月 癸巳條. 「……上曰 朝廷欲擇守令 猶未得其人 鄕中糾
　　 察 豈易得其人乎……」
138) 위와 같은 條. 金宗直의 啓辭.

로 역시 실패하고 말았다. 이후에도 사림파의 국왕 설득은 집요하게 계속되지만 국왕은 선왕의 逆亂 응징의 조처를 철회해가면서까지 유향소를 복립하고 鄕射·飮禮를 실행토록 할 생각은 없었던 것이다.

사림파의 거두 김종직은 복립운동을 실현시키지 못한 채 同王 18년 6월에 전라도 관찰사로 출임하게 되며139) 이후 복립문제는 잠잠하게 된다. 그러나 이 출임은 의외로 복립운동의 새로운 전기를 가져오게 된다. 즉 그의 1년의 임기가 끝나갈 무렵인 同王 19년 3월에 掌令 金楣가 다시 제기한 복립논의는 동년 5월의 복립 결정으로 이끌어지게 되는데, 김미의 이 논의 재개는 김종직의 還朝를 염두에 두고 벌인 것으로 짐작된다.

김미와 김종직의 계보적인 관계는 밝혀지지 않으나, 그의 논의 재개는 다음과 같은 사실로 보아 김종직의 還朝를 염두에 둔 것으로 짐작된다. 즉 그의 논의 재개의 서두는 전라도의「頑悍한」풍속 여섯 가지의 지적에서부터 시작하여 이러한 풍속의 교정을 위한 구체적인 방안을 제시하였는데, 그것은 剛明正大한 자를 감사로 임명하되 임기를 3년 이상으로 늘리든가, 아니면 유향소를 복립하든가 해야 한다는 것이다.140) 논의의 재개가 시기적으로 김종직의 還朝 3개월 전이란 점, 거론된 예가 전라도 풍속이란 점, 감사의 임기 연장을 일종의 교환조건으로 내세우고 있다는 점 등이 그 건의가 김종직의 還朝를 염두에 둔 것이란 짐작을 가지게 한다. 김종직의 전라도 출사는, 이 지방이 성리학의 영향이 적었을 뿐더러 시기적으로 복립운동이 일단 실패한 뒤에 있었던 것이므로 사림파에게는 현지에서 그의 활약에 기대하는 바가 컸을 것으로 짐작된다. 그러나 짧은 임기로 별다른 성과 없이 돌아오게 되자

---

139) 《成宗實錄》卷 204, 成宗 18년 6월 戊子條.
140) 《成宗實錄》卷 214, 成宗 19년 3월 丙寅條.「掌令金楣…… 又於袖中 出書以進 其書曰全羅一道…… 而頑悍之俗 比他道尤甚…… 凡此六者 皆他方所無之俗 不可不革 臣以金堤郡守 在任六載 備諳外方治體 爲監司者 雖欲痛革其弊 一年之內 纔一二度巡行 守令賢否 且不能知 何暇移風易俗…… 臣意以謂 當擇剛明正大者 爲監司使之久於其任 三年乃遞 則其頑悍之俗 漸可革也 或又曰 古者 一鄕之中 擇品官正直一二員 爲鄕有司 以正風俗 名曰留鄕所 革罷以來 鄕風日以渝薄 臣意亦以爲復立留鄕所…… 則雖未能卒變薄俗 亦或有維持風俗 而頑惡之徒 庶少戢矣……」

김미의 위와 같은 건의가 사림파를 대표하여 다시 나오게 되었던 것으로 보인다.

김미가 전라도의 「頑悍한」 풍속으로 지적한 여섯 가지 가운데 세 가지는 우연하게도 김종직이 출임 석상에서 국왕과 대책을 논의한 이 지방의 세 가지 弊風과 일치한다. 김미가 지적한 여섯 가지는 ① 盜賊·水賊의 성행 ② 豪民·猾吏가 표리를 이루어 逋逃奴婢를 은닉한 「長籬複戶」의 존재 ③ 男女雜踏히여 群遊露宿을 일삼는 鬼神崇尙의 풍습 ④ 淫秋을 즐거 인륜을 잃는 풍조 ⑤ 邑吏의 사치한 생활에 대조적인 村氓의 貧寒 ⑥ 卒伍 吏民의 主帥守令에 대한 凌犯 등이다.[141] 한편 김종직이 대책을 논의한 것들은 이 가운데서 ①③④에 해당한다. 그는 전라도에 도적이 심한 것은 他道에 없는 場門이 있어서 臟物이 이곳에 팔려 버려 搜獲키 어렵기 때문이므로, 場門은 흉년의 救荒에 유익하여 없앨 수 없는 것이지만, 올해는 豊稔의 조짐이 보이므로 일시 파함이 어떤가를 왕에게 물었다. 그리고 또 水賊을 잡지 못하는 것은 居刀船을 사용하기 때문이니 居刀船의 私用을 일체 금함이 어떤가 물었다. ③④에 해당하는 것으로, 음사의 숭상은 羅州가 가장 심한데, 이곳에는 國祭祠宇외에도 私設 神祠가 5, 6개나 되며, 雲集露宿 때에 失節이 많아 마땅히 수령이 금해야 하는데도 그러지 못하는 것은 官에서 神堂稅를 받고 있기 때문이니 신당세를 없애도록 하자는 내용이다.[142]

두 사람이 전라도 풍속에 대한 견해의 일치는 단순한 우연이 아니라 동일한 관심에서 오는 것일 터이다. 김종직이 언급치 않은 ②⑤⑥은 豪右·鄕吏 등의 횡포, 在上者의 수탈에 대한 在下者의 반발 등에 관한 것으로 실상 이것들은 사림파의 복립론자들이 늘 문제 삼던 것에 지나지 않을뿐더러, 1년의 임기 안에 해결될 수 있는 성질의 것도 아니다.

그런데 里社, 社倉에서 부정되던 「淫祀」가 여기서 두 사람에 따라 다 같

---

141) 위와 같은 條. 原文은 길어서 전재를 생략함.
142) 註 139)와 같은 條. 原文 전재 생략.

이 부정되고 있는 것은 매우 주목할 점으로서, 「음사」에 대한 부정이 성리
학파의 공통된 처지였음을 말해주는 것이기도 하다. 「음사」는 어느 지방에
서나 행해지고 있었겠지만 두 사람의 비판에 따르면 전라도가 가장 성행했
던 것 같으며, 이러한 「음사」의 강인성은 이 지방이 나중에 성리학적인 鄕
射·飮禮를 받아들이는 데서도 나타나게 된다.《新增東國輿地勝覽》에 전라
도 안에서 향사음례를 행하는 곳으로 南原·龍安 두 곳이 표시되어 있는
데,143) 그 가운데 남원의 경우를 보면, 「州人이 봄〔春〕을 맞이하여 龍潭·栗
林에 모여 飮酒射侯로써 禮로 삼는다」고 하였다.144) 김미의 전라도 풍속 지
적 가운데 ③에 그려진 이 지방 「음사」의 모습이 「그 鬼神을 숭상함인즉
岡巒林藪가 모두 神號를 가진다」145)고 한 것에 따르면, 남원의 龍潭·栗林은
본래 「음사」가 행해지던 곳일 것이다. 龍潭·栗林에서 향사·음례가 행해지
게 된 것은 실상 이런 전래적인 바탕에 근거한 것이다. 남원 지방 향사음례
의 이러한 모습은, 경상도 諸邑의 경우에 후술하는 것과 같이 대부분 鄕射堂
이란 건물을 새로 마련하고 있는 것146)과는 대조적이다.

　남원의 향사음례는 성리학의 세력이 강했던 경상도 함양이 이웃하여 그
영향을 일찍이 받아서 행하던 것이지만, 대부분의 전라도 지방은 늦게까지
성리학에 대한 강한 거부를 보인다.147) 남원의 그것도 실상은 보수세력으로
부터 강한 반발을 받았다. 뒤에 詳述하듯이 이 지방에 겨우 발붙일 수 있었

---

143) 이 책, p.201 참조.

144)《新增東國輿地勝覽》卷39, 全羅道 南原都護府 風俗條.

145) 註 140)과 같은 條.「掌令金楣……其書曰……全羅一道……其尙鬼神也 則岡巒林藪 皆
　　有神號……男女雜踏 群遊露宿……」

146) 이 책, p.201 참조.

147) 예컨대 宣祖代 羅州鄕校 生徒들이 固城人 鄭介淸의 性理學을 거부한 다음과 같은 일화
　　가 있다.「湖南儒 自李一齋金河西以後 有鄭困齋介淸……隱居敎授 率諸弟子 行鄕飮酒之
　　禮於大安學舍 時公爲羅州敎授 州牧柳夢鼎往觀歎曰 三代之禮在此 此州之人 人材之府庫 而
　　徒務詞章 須得先生可以變士風 遂封疎 上聞除公爲州訓導……而施敎自小學及呂氏鄕約聖
　　經賢傳 以至性理大全心經近思 間以家禮儀禮禮記諸書 諄諄敎導行之……一時文人才子 徒
　　以詞華自高者 環聚而嘲戲之 有校生洪千璟者 自務文翰 一不入校 公告于牧伯 施罰遂致含憤
　　未幾 柳牧遞去 公亦辭歸家……」(張志淵,《朝鮮儒敎淵源》卷 3)

던 성리학은 무오사화 때에, 이곳 보수세력의 거두라 할 柳子光에 따라 강력한 탄압을 받았다. 유자광은 남원에 대토지를 가진 인물이었으며,[148] 그 이후에도 이 지방의 사회구조는 소수 대토지 소유자의 횡포가 극심했던 것으로 지적된다. 예컨대 중종 10년 무렵의 기록에 따르면, 이 지방「土豪品官」으로 金世基·黃愷·金楹 등은 府內의「三害」로 불리고 있다.[149] 일반적으로도 전라도 지방은 소수 대토지소유자에 따라 지배되는 사회로 말해지고 있지만, 성리학이 쉽게 안착될 수 있었던 경성도 지방이 中小 지주적 기반이 강하다는 사실을 참작할 때, 소수 대토지소유자 중심의 사회체제가「음사」를 오래도록 온존시키게 했던 것이 아닌가 한다. 즉 구체제를 떨치고 나오려는 중소지주의 처지가 새로운 윤리기준으로서 성리학을 쉽게 받아들일 수 있었던 반면, 대토지소유자의 처지는 자기중심의 기성체제를 그대로 유지하려 했기 때문에 그 체제 형성과 상관성이 많을 전래적인 음사를 쉽게 버릴 수 없었을 뿐더러, 기성의 권위보다 도덕적 윤리를 앞세우는 성리학을 받아들일 수 없었던 것이 아닌가 한다.

어떻든 성종 19년 3월 김미의 복립논의 재개는 두 달 뒤에 있게 되는 복립가결의 새 출발점이 된다. 그의 건의를 접한 국왕은 당초에는 이전과 마찬가지를 영의정 尹弼商의 의견을 따라 복립을 허용치 않지만,[150] 그의 건의 내용이 매우 구체적인 탓이었는지 복립을 주장하는 의견이 한 번 더 나오자

---

148) 《成宗實錄》卷 259, 成宗 22년 11월 戊戌條에 權景祐가 復立 留鄕所의 재혁파를 주장하자 柳子光이 이를 반대한 기록이 있는데, 史臣은 여기서 南原지방에서의 柳子光의 횡포를 다음과 같이 말하였다.「史臣曰 子光在南原 有田連阡陌 役官屬人耕耘之 守令畏中傷 不敢違忤 嘗壅水專利 民心怨疾……」

149) 《中宗實錄》卷 21, 中宗 10년 4월 丁未條.「臺諫…… 又曰 南原 有土豪品官 金世基 黃愷 金楹者 居鄕 强悍 特甚 故一時稱爲三害 觀察使金世弼 擇定剛明守令 使推問三切隣其切隣 亦皆畏怯 莫敢發言……」

150) 註 140)과 같은 條.「金楹…… 其書曰…… 上顧問左右 領事尹弼商啓曰 監司三年之法 如其賢則可矣 如或痛劣 則胎弊於民 且風俗非一朝一夕可變也 金楹曰 監司一期內 巡行不過三次 風俗薄惡 何暇治之乎 上曰 政丞之言正是 弼商曰 或云 留鄕所 於維持鄕風有益 或云留鄕所 非人則民反受弊 大抵法不自行 待人而行 要在監司守令得人耳 上曰 人能弘道非道弘人 吏不奉行 雖立新法 何益 風俗薄惡 當漸以治之耳」

「當更議」의 결의를 보이게 된다.

金楣의 건의가 있은 뒤 며칠 안 되는 4월 丙辰에 의외에도 훈구계열의 대표적 인물이라 할 유자광으로부터 「유향소는 不可不 복립해야 한다」는 의견이 제시되었다.[151] 유자광 같은 훈구계열의 인물이 이제 반대에서 찬성으로 태도를 바꾸고 나선 데는 후술하듯이 사림파의 복립운동을 역이용하려는 계산이 작용하고 있었던 것이다. 여하튼 성종은 다음 5월 乙亥에 議政府 領敦寧 이상과 六曹 漢城府 二品 이상에게 復立 便否를 논의토록 명하였고,[152] 훈구계열의 일부에서는 아직도 반대를 고집하는 사람도 있었지만 찬성하는 사람이 많아졌다.[153] 국왕은 유자광과 마찬가지로 이미 찬성으로 태도를 바꾼 영의정 윤필상 등의 의견을 좇아[154] 복립을 가결시켰고, 이에 따라 6월에 사헌부는 復立事目을 마련하게 된다.[155]

이렇게 하여 사림파는 그들의 오랜 숙원을 달성하게 되었지만, 그러나 얼마 가지 않아 그들은 그들의 끈질긴 노력으로 이루어진 복립 유향소가 그들이 의도한 것과 어긋나가고 있음을 발견하게 되어, 복립이 결정된 지 2년밖에 되지 않은 同王 21년 7월부터 유향소를 혁파해야 한다는 주장이 도리어 그들 쪽에서 나오게 된다.[156] 이와 같은 태도의 轉倒는 뒤에 자세히 살피겠지만, 반대에서 찬성으로 태도를 바꾸고 나선 훈구 계열측이 복립운동을 역이용하여 복립 유향소의 대부분을 그들이 장악하여 가고 있었기 때문이다.

---

151) 《成宗實錄》卷 215, 成宗 19년 4월 丙辰條.
152) 《成宗實錄》卷 216, 成宗 19년 5월 乙亥條.
153) 위와 같은 條.
　　尹弼商 李瓊仝 金克忸 權侹 尹垓 辛鑄 尹甫 洪貴達 李陸 韓懽 李拱 辛以中 崔景禮 李約東 具壽永 鄭蘭宗 魚世謙 李世佐 李欽石 등이 찬성의견을, 洪應 尹壕 許琮 愼承善 魚有沼 李克培 成俊 등이 반대의견을 표하였다.
154) 이때 尹弼商의 의견을 보면 「留鄕所 乃正風俗之一助 雖有因緣作弊者 國家當痛繩以法 安可以此 爲嫌而革之乎」(위와 같은 條)라 하여 얼마 전까지의 반대의견과는 판이하게 달라지고 있다.
155) 《成宗實錄》卷 217, 成宗 19년 6월 庚申條. 「司憲府啓 留鄕所復立事目 命議于領敦寧以上……傳曰 如憲府所啓 施行」
156) 이 책, p.213 참조.

3) 復立 留鄕所의 실례 분석

우리는 중종 26년 編刊의 《新增東國輿地勝覽》에서 다행히 이 사림파의 노력으로 복립된 유향소의 실례를 몇 개 찾을 수 있다. 同書 各邑 樓亭條에 복립 유향소의 건물로서 鄕射堂의 존치가 표시된 몇 개 읍과 風俗條에 향사·음례를 행하고 있음이 밝혀진 몇 개 읍을 각각 찾을 수 있다. 전자에 해당하는 읍으로는 安東·醴泉·金海·星州 등지이며, 후자에 해당하는 것으로는 南原·龍安 등지이다. 전자의 경우, 복립 유향소의 중요한 임무가 향사·음례의 실행이었기 때문에 그 건물을 鄕射堂이라 이름하였던 것이다. 사림파가 우세를 보인 지방의 복립 유향소는 무오사화 때 일대 타격을 받게 되므로 짧은 기간에 향사당이라 이름한 건물까지 가질 수 있었던 곳은 사림파의 근거지인 영남에서도 위와 같은 巨邑들만이었던 것 같다. 한편 전체적으로 성리학을 거부한 전라도에서 남원·용안 두 지방이 예외로 향사·음례를 실행하고 있는데, 이들 두 지방의 성리학 영향은 두 지방 모두가 영남에 인접한 지역이라는 지리적 조건이 그것을 가능하게 하였던 것 같다. 남원의 경우에 대해서는 앞에서 언급하였지만, 용안의 「향사·음례」 풍속은 좀 특수한 면을 보인다. 그 내용을 보면, 年齒順으로 서열지워 行禮한다든가 誓文에서 不孝·不悌·不信·朝廷誹訕·守令非毀의 경우를 배제한다고 한 것 등은 분명히 성종대 복립논의에서 늘 말해지던 것인데, 같은 誓文에 德業相勸·過失相規·禮俗相成·患難相恤의 향약이 첨가되어 있다.[157] 향약에 대한 직접적인 언급은 김종직대에서는 거의 찾아볼 수 없고 조광조대에서 비로소 나타나는 것이어서 용안 향음주례가 어느 때의 것인지를 분간하기 어렵게 한다.

---

157) 《新增東國輿地勝覽》卷 34, 全羅道 龍安縣 風俗條.「行鄕飮酒禮 邑人春秋辦具 爲鄕飮酒禮年八九十者一位 六七十者一位 五十以下一位 序以齒 令人讀誓文曰 父母不孝者黜 兄弟不和者黜 朋友不信者黜 誹朝廷者黜 非毀守令者黜 一曰 德業相勸 二曰 過失相觀 三曰 禮俗相成 四曰 患難相恤 凡同鄕之人 各盡孝友忠信 咸歸于厚 讀訖 俱再拜 以行飮射之禮」

영남 지방에서 있었던 위의 네 개의 향사당 가운데 성종 19년의 복립 결정으로 세워진 것이 확실한 것은 예천·김해 두 곳의 향사당 뿐이다. 이 두 지방의 향사당(김해는 會老堂)은 다행히 건립 記文을 남기고 있다. 그밖에 성주의 경우는 건물의 위치만 밝혀지고 있을 뿐이며,158) 안동은 기문이 있었던 것이 분명하나 자세한 내용은 알 수 없다. 그런데 이 안동의 경우는 읍지류에 산재된 관련 기사의 종합으로 의외로 자세한 내용을 알 수 있다. 이제 안동·예천·김해 세 곳의 향사당 내력 분석을 통해 사림파 복립운동의 성격을 좀 더 구체화해보기로 한다.

먼저 안동 향사당부터 보기로 한다. 《新增東國輿地勝覽》安東都護府條에 本府의 풍속으로 特記된「務本節用」은, 權偲의 〈鄕射堂記〉에 적힌「俗尙勤儉 務本而節用 有唐魏之風」에 근거함을 細註로 밝혔다. 권시의 〈향사당기〉는 전하지 않지만, 권시는 태종·세종대에 활약하였으므로159) 안동 향사당은 늦어도 세종대에 이미 있었어야 할 것이다. 《世宗實錄》卷 83, 世宗 21년 2월 甲子條에 侍講官 安止가「안동 풍속은 근검하여 唐의 風이 있는 것 같으니 他道 인민으로 하여금 본받게 할 만하다」고 말하자 왕이 안동 풍속은 과연 誠勤醇美하다고 답한 기록이 발견된다.160) 이 대화의 내용은 권시 향사당기의 표현과 유사하여 안동 향사당을 두고 나눈 대화가 아닌가 짐작케 한다. 그렇다면 안동 향사당은 세종 21년 이전에 이미 세워지고 있었어야 한다.

경상도 邑誌 總集의 하나인 《嶠南志》161) 卷 11, 安東郡 人物條는 南富良이란 사람을 다음과 같이 소개하고 있다.

---

158) 《新增東國輿地勝覽》卷 28, 慶尙道 星州牧 樓亭條.「鄕射堂 卽龍興廢寺」
　　《嶠南志》卷 13, 星州郡 舊公廨條에도 「鄕射堂 舊在龍興廢寺 今移建城內 有會老堂」
　　이라고만 밝혀져 있다.
159) 權偲 개인의 略曆은 國朝榜目에 따르건대 太宗 辛卯年(11년) 丙科 합격으로 官은 持平
　　執義에 이른 것으로 되어 있다.
160) 《世宗實錄》卷 84, 世宗 21년 2월 甲子條.「……(侍講官 安)止又啓曰 安東風俗勤儉 有唐
　　之風 可使他道人民效之 上曰 安東風俗 誠勤儉而醇美也」
161) 《嶠南志》에 대한 소개는 註 58) 참조.

南富良은 敏生의 아들로서 太宗朝에 武科하여 府使에 이르렀으며 鄕射堂을 刱建하였다.162)

이에 따르면 남부량 역시 태종대부터 활약한 사람이므로 그가 창건했다는 향사당은 권시가 기문을 쓴 향사당과 시기적으로 일치한다. 이로써 우리는 세종 21년 이전에 안동 지방에 이미 향사당이 세워졌음을 확인할 수 있는 바이다. 그러면 다른 지방에서는 성종 一代의 끈질긴 유향소 복립운동으로 비로소 나타나게 되는 향사당이 안동에서는 어떤 연유로 이렇게 일찍 출현하게 되었던 것일까. 그것은 아마도 성리학적 분위기의 형성 여부에 관계되는 문제일 것이다. 다행히 우리는 同上條에 보이는 남부량의 남씨 가문과 그 주위의 몇몇 가문에 대한 분석으로 안동지방의 이런 성리학적 분위기의 대두를 推察해 낼 수 있다.

남부량의 父인 敏生은 同上條에 다음과 같이 소개되었다.

南敏生은 琿珠의 아들로서 武科를 거쳐 少年에 이르렀으나 麗朝가 亡하자 (新王朝에) 僕從치 않고 歸遯하였다.163)

이 남씨 가문은 뒤에 제시되는 南琿珠의 경우에서 밝혀지듯이 본래 英陽人으로서,164) 그의 아들인 남민생의 신왕조에 대한 불복을 계기로 한 歸遯은 南氏家의 안동 정착의 시작이다. 남민생, 부량 부자는 위에서 보듯이 연이어 무과를 거침으로써, 이 지방 정착의 다른 한 가문인 裵씨와 함께 「南武裵文」이라는 별칭을 듣기도 하였다.165)

배씨의 경우, 同上條는 尙志・尙恭 형제가 함께 來居한 사실을 다음과 같

---

162) 《嶠南志》卷 11, 安東郡 人物條. 「南富良 敏生子 太宗朝 武 府使 刱鄕射堂」
163) 위와 같은 條. 「南敏生 琿珠子 武 少尹 麗亡罔僕 歸遯」
164) 註 173) 참조.
165) 註 162)와 같은 條. 「南富良 義良弟 武 副尉 兄弟五人 俱登科 時有南武裵文之稱」

이 적고 있다.

> ○ 裵尙志는 興海人으로서 柏竹堂이라 하며 恭愍朝에 官이 判事에 이르렀
> 고, 麗朝가 망하자 僕從치 않고 金溪村에 退居하였다.[166]
> ○ 裵尙恭은 尙志의 동생으로서 恭愍朝에 문과를 거쳐 典書에 이르고 고려
> 가 亡하자 형을 따라 河回村에 遯居하였는데 典書 柳從惠와 더불어 田園을 나
> 누어 살았다.[167]

이에 따르면 두 형제는 본래 興海人으로서 南氏家와 같은 계기로 안동에
처음 정착한다. 동생 尙恭이 田園을 나누어 함께 살았다는 柳從惠에 대해 同
上條는 또한 다음과 같이 전하고 있다.

> 柳從惠는 豊山人 判圖判書 葆의 아들로 官이 工曹典書에 이르렀으며 河回
> 에 처음 來居하였다.[168]

그의 來居 동기는 밝혀져 있지 않지만 배상공과의 관계로 보아서는 마찬
가지로 신왕조에 대한 불복이었을 것으로 추측된다.
「南武裵文」의 별칭이나 「전원을 나누어 살았다」는 말에 따르면 다같이
新來人인 이들 南·裵·柳 3家는 처음부터 어떤 유대관계가 형성되었을 것으
로 짐작되지만, 그들의 다음대에 이르러 3家의 유대관계는 성리학을 매개로
하여 좀 더 뚜렷하게 나타난다. 즉 남민생의 아들 부량이 향사당을 刱建한
사실과 짝하여, 배상공의 두 아들 桓·杠 등은 정몽주의 문인 趙庸의 대표적
인 제자가 되고 있다.[169] 조용은 眞寶人으로서 신왕조의 성립과 동시에 예천

---

166) 위와 같은 條. 「裵尙志 興海人 柏竹堂 恭愍朝 官判事 麗亡罔僕 遯金溪村」
167) 위와 같은 條. 「裵尙恭 尙志弟 恭愍朝 文 典書 麗亡 隨兄 遯河回村 與典書柳從惠 分田
　　園以居」
168) 위와 같은 條. 「柳從惠 豊山人 判圖判書葆子 官工曹典書 始來居河回」

에 유배되어 이곳에서 위의 두 형제와 예천의 尹祥·趙末生 등을 그 문하로
얻는다.[170] 남부량의 향사당 창건은 같은 신래인으로서 처음부터 유대를 굳
히고 있던 裵氏家의 이러한 성리학적 분위기에 힘입어 이루어진 것으로 생각
된다. 柳氏家의 경우, 이 무렵에는 아직 뚜렷한 인물이 발견되지 않으나 뒷날
《朱書節要》를 刱刊한 柳仲郢, 그의 아들로서 이황의 문인이 된 류성룡 등의
존재로 보아[171] 이 무렵에도 南·裵 兩家의 성리학적 분위기를 거부하지 않
았을 것으로 짐작된다.

그런데「고려가 亡하자 僕從치 않았다」(麗亡罔僕)고 표현된 3家 공통의
신왕조에 대한 불복은 그것을 사실로서 그대로 받아들이기에는 미심한 점이
많다.「罔僕」을 신왕조를 세운 집권층에 대한 정면의 정치적 도전으로 인정
하기에는 그들의 관직의 비중이 너무 미약한 것이다. 南敏生의 少尹, 裵尙志
의 判事 등의 직도 열악한 것이지만, 裵尙恭 柳從惠의 典書職은 앞에서 언급
하였듯이 공민왕 3년 이후에 設行된 첨설직에서 흔히 주어지던 관직이다.[172]
첨설직 출신의 혐의는 南氏家에서도 찾아진다. 남민생의 父琿珠의 경력을 보
면 다음과 같다.

南琿珠는 英陽人 英毅公 敏의 후손으로서 忠肅朝에 文科하여 三朝를 歷事
하다가 奇轍·權謙을 討伐하여 中郎將에 처음 拜하여지고 典書로 올랐다.[173]

---

169)《朝鮮籍獻寶鑑》門生篇에 따르면 趙文貞 庸의 門人으로는 尹祥·趙末生·裵恒·裵杠·崔
元亨·崔瑾 등으로 되어 있다. 그리고《嶠南志》安東郡 人物條에 裵尙志의 아들들로서
權(尙志子, 太宗朝 生員 官 持平), 桓(權弟, 文科), 楠(恒弟, 太宗朝 文 吏正), 杠(楠弟, 世宗
朝 進 文 吏正 有文名) 등이 있는데 이중 桓·杠이 위의 趙庸 門人에 나오는 인물들이다.
170)《嶠南志》眞寶郡 人物條.「趙庸 文 禮儀判書 博學能文 精於性理 謫居醴泉 敎授不倦趙末
生 尹祥 裵桓 皆出其門」
《新增東國輿地勝覽》卷 25, 眞寶縣 人物條.「趙庸 官至禮儀判書 諡文貞 博學能文 而尤
情於性理之學 嘗謫居醴泉郡 敎授不倦 多知名士 趙末生 尹祥 裵桓 裵恒 皆出其門」
171)《嶠南志》卷 11, 安東郡 人物條.「柳仲郢……中廟 文 海伯 至左副承旨……刱刊朱書節
要文學政事 名一世……柳成龍 仲郢子……登李滉門」
172) 註 60) 참조.
173) 註 171)과 같은 條.「南琿珠 英陽人 英毅公敏後 忠肅朝 文科 歷仕三朝 討奇轍權謙 遂拜
中郎將 陞典書」

이에 따르면 南暉珠는 이미 忠肅朝에 문과에 합격하나 그것은 그의 관로 진출에 아무런 구실을 하지 못한다. 그의 첫 관직은 공민왕 5년의 奇轍 一黨 제거에 참가한 공을 계기로 받은 五品의 軍職 中郞將이다. 이 중랑장의 軍職이 「처음 拜해진」 [遂拜] 것이라 한 이상, 그의 문과 합격의 사실은 그 자체가 매우 의심스러워지는 바이며, 어떻든 그것이 사실이라 하더라도 三朝를 거치는 동안 그의 문과 합격이란 자격은 5품의 군직만한 것에도 미치지 못하고 있다. 賞功으로 중랑장의 군직을 받은 이후 그는 그것을 발판으로 하여 典書에 이른다. 중랑장에서 전서에 이르는 관로는 이 시기에 성행한 첨설직의 전형적인 코스이다.

안동에 함께 정착한 南·裵·柳 三家의 출신이 첨설직 계열이라면 우리는 안동 향사당의 조기 출현을 다음과 같이 규정지을 수 있다. 향사당 건립에 주축 구실을 한 3家는 본래 인근의 英陽·興海·豊山 사람들로서, 많은 中小土豪들이 그러하였듯이 이들도 고려 말의 혼란 속에서 첨설직을 통해 품관으로 신분을 상승시킬 수 있었다. 그러나 대부분의 첨설직 출신이 신왕조의 관직체계에 흡수되지 못하고 향촌으로 돌아갔듯이, 이들도 안동지방으로 내려왔던 것이다. 「麗亡罔僕」이란 표현은 바로 이러한 사실을 미화한 것에 지나지 않을 것이다. 그들이 본 고향으로 돌아가지 않고 안동에 정착하게 된 특별한 이유는 발견되지 않으나, 일단 이 지방에 정착한 그들은 「田園을 나누어 살았다」는 표현에 따르면 중소지주적 기반을 쉽사리 마련할 수 있었던 것 같으며, 대부분의 「前銜品官」들이 그렇게 하였듯이 이들도 자신들의 유대를 공고히 하기 위해 유향소를 조직하기에 이르렀을 것으로 추측된다. 그러나 다른 부류와는 달리 그들은 일찍 성리학에 접하게 되어 안동 유향소를 향사당 건립으로까지 이끌어갈 수 있었던 것이다. 결국 안동 향사당의 조기 출현은 이 지방 성리학의 선진성을 의미하며, 성종대 김종직 일파의 유향소 복립운동은 이런 선진성을 따라가고 확대시키자는 것으로 보아야 할 것이다.

權五福의 예천 향사당 기문에 나타나는 예천의 사정도 안동의 경우와 비슷하다. 권오복은 예천군 출신으로서 김종직의 문인이었으며 성종대에 湖當

에 선임, 校理에 이르렀으나 무오사화 때 金馹孫, 權景裕 등과 함께 首刑을 받게 되는 사람이다.[174] 기문에는[175] 예천 복립 유향소의 임원을 「尹侯 季殷, 權候 推가 別監이 되고 나의 家君이 座首가 되었다」고 적고, 이어서 「季殷氏는 곧 尹提學 祥의 맏아들로서 家世文獻에 導民禮俗(의 방법)을 思(講究)하였으니 이것이 鄕射堂을 만들게 된 동기라」고 써있다.

別監 尹季殷의 父인 尹祥은 앞서 언급하였듯이 趙庸의 門人으로서 세종조에 중앙에 진출, 16년 동안 성균관의 長을 맡았으며, 官은 藝文館 提學에 이른 당대 儒宗의 하나로 꼽히는 인물이다.[176] 그의 이러한 경력은 그가 이 지방의 성리학적 분위기 형성에 주축이었음을 증명하고도 남는다. 그는 이 지방의 성리학적인 향촌질서 확립을 위한 방법(導民禮俗)을 따로 마련해 두고 있었으며 권오복의 말에 따르면 그것이 향사당 건립의 바탕이 되었던 것이다. 예천의 尹氏는 土姓 가운데 하나이나, 윤상 자신이 신왕조 초에 이르러 비로소 「郡吏로서 登第」하게 되는 사실로 보아 품관으로의 신분상승이 매우 늦은, 말하자면 토호로서도 좀 열약한 축이었던 것 같다.[177] 성리학이 접한 尹氏家는 이제 이 지방의 다른 한 유력 토성인 權氏와 제휴하여 이 지방의 지도층을 이룬다.

복립 유향소의 座首를 내고 있는 권오복의 權氏家는 본래 昕氏로서 고려 충목왕 무렵에 權氏로 改姓하였다.[178] 필자는 졸고 〈醴泉 開心寺 石塔記의

---

174) 《嶠南志》醴泉郡 人物條. 「權五福 五紀弟 號睡軒 著文章 金宗直門人 成廟進 文 選翰玉湖堂 至校里 與金馹孫 權景裕 首罹極刑」 그와 함께 本郡人 가운데서 김종직의 문인이 된 사람을 참고로 아래 적어 둔다.
  위와 같은 條. 「李文佐 慶州人判書元善玄孫 號細村 成廟進 文魁 承文檢校 文行夙著與金馹孫權五福 同遊佔畢齋金宗直門」
  위와 같은 條. 「辛守 號雙槐軒 佔畢齋金宗直門人 成廟進士 官叅奉 戊午禍 歸隱蘆浦」
175) 《新增東國輿地勝覽》卷 24, 醴泉郡 樓亭條.「鄕射堂 在郡西二里 權五福記……」
176) 《新增東國輿地勝覽》卷 24, 醴泉郡 人物條. 「……尹祥 以縣吏登第 學問精深 人誨不倦長成均凡十有六年 官至藝文館提學 年七十八 退老于鄕 學者雲集 八十三卒 近代師儒之最」
177) 위와 같은 條 참조. 그의 文集 〈別洞集〉에 표시된 世系에 따르면 그는 醴泉尹氏의 4世에 해당하며 1世 忠, 2世 臣端, 3世 善 등이 모두 追贈의 職衛을 가지고 있을 따름이다.
178) 昕氏의 權氏로 改姓에 대해서는 「權本昕氏 高麗神宗元年 避明宗諱 改賜權」(《新增東國輿地勝覽》卷 24, 醴泉郡條)라 하여 明宗의 諱를 피했다는 설과 「權暹 昕昇日子 避忠穆

分析－高麗前期 香徒의 一例〉[179]에서 고려 현종 무렵(11세기 초)의 이 지방의 사회구조의 일면을 살필 기회를 가졌는데, 당시 이 예천 권씨의 선조가 되는 昕京이란 인물은 長吏의 신분으로서 光軍의 지휘자인 隊正의 직을 가지고 있었다. 예천 권씨는 이처럼 고려 전기에도 이미 이 지방 유력층의 하나로 활약하고 있었지만, 그러나 당시의 이 지방에는 다른 한 유력 토성인 林氏家가 절대적인 우세를 보여 昕氏는 그다지 빛을 발하지 못하고 있었다. 上記 石塔記에 나타난 것에 따르면 그 林氏家의 林長富란 인물은 최고의 향리직을 가지고, 그를 중심으로 하여 이 지방 향촌 공동체로서 椎香徒란 것이 조직되고 있었다. 林氏家의 이러한 우세는 고려 一代에 거의 일관되었던 듯하다. 즉《新增東國輿地勝覽》本郡 人物條 高麗項에 오른 인물들이 모두 林氏(林民庇·林宗庇·林椿·林支漢·林惟正)이고 他姓은 하나도 발견되지 않고 있다. 그러나 林氏家의 이러한 우세는 여말의 혼란기에 점차 쇠퇴하여지고 權氏에게로 그 주도권이 넘어가게 된다.

權氏로 처음 改姓한 權暹은 進仕試를 거쳐 官이 禮賓卿에 이르고, 그의 아들 君保도 문과를 거쳐 府使에 이르는데, 그는 일찍이 秘書省에 있으면서 성리학자인 成石璘과 友善한 사실이 특기되며, 君保의 두 아들 誼, 詳 역시 문과를 거쳐 각기 判尹, 府使에 이르지만,[180] 權氏家의 文興은 그 다음 대인 孟孫에 이르러 크게 일어난다. 權孟孫은 세종조에 文科, 重試를 거쳐 藝文館 大提學에 이르렀으며, 그 활약의 시기는 尹詳과 비슷하다.[181] 그리고 그의 형 幼孫의 孫子로 五行·五紀·五福 삼형제가 나와, 五行·五紀는 弟 五福보다 늦

王諱 改賜權 從母姓」(《嶠南志》醴泉郡條)라 하여 忠穆王의 諱를 피했다는 설 두 가지가 있다. 두 왕 모두가 昕이 諱인데, 여기서는 權暹이 醴泉 權氏의 시조로 추대되고 있는 사실을 참작해 후자를 따른다.

179)《歷史學報》53·54 合號, 1972; 이 책 제3장 수록.
180) 註 174)와 같은 條.
　　「權暹 昕昇日子 避忠穆王諱……進士 官禮賓卿 贈典工判書……」
　　「權君保 暹子 文 府使 嘗在秘書 與獨谷成石璘友善 子 誼 判尹 詳 文 府使」
181) 위와 같은 條.「權孟孫 君保孫 世宗朝 文 重試 大提學 諡齊平 九秉銓衡 四鎭方面 著公淸」

게 燕山初에 문과를 거쳐 각각 正郎, 執義에 이르고, 五紀는 五福과 함께 「聯武淸路」하였다 하며 무오사화 때는 海南에 유배된다.[182]

예천의 權氏가 이와 같이 여말부터 성리학에 접하면서 尹氏와 함께 두각을 나타내고 있는 반면, 고려 일대 동안 이 지방의 第一豪族이었던 林氏는 이렇다 할 인물을 전혀 배출하지 못한다. 제일호족의 이와 같은 교체현상은 물론 여말의 사회적 혼란 속에서 林氏를 우두머리로 하던 이 지방의 향촌질서가 붕괴된 것을 뜻할 것이다. 그러나 새 유력자로서 權氏나 尹氏는 유력자가 되긴 했지만 아직 자기 중심의 질서체제를 확립하지 못하고 있었다. 그들이 명실상부한 향촌 지도층이 되려면 林氏가 누리던 椎香徒 같은 향촌 조직이 있어야 할 것이다.[183] 성리학자인 그들은 그 방법을 성리학에서 찾았으니, 尹氏의 「家世文獻」에 강구된 「導民禮俗」의 방법이 바로 그것일 것이다. 그동안 새로운 질서체제의 확립이 이들에게 얼마나 갈구되었던가는 권오복의 기문 가운데 다음과 같은 일절의 술회에 잘 나타나고 있다.

羅代로부터 지금까지 上下 수천년 사이에 무릇 邑宰가 몇이었으며, 鄕大夫가 무릇 얼마였던가는 알 수 없을 정도이지만, 古道에 뜻을 두어 古禮를 부활하여 導民禮俗을 능히 할 수 있었던 사람이 몇이었던고. 邑宰는 簿領에 급급하여 施設의 겨를이 없었고, 鄕大夫는 비록 化俗의 方途를 가졌다 하더라도 一邑에 所管 所謂할 바가 없어 善해도 받아들여지지 않으니 사람들이 믿지 않아 識者들이 근심하였다.

다음 金海의 경우를 본다. 김해의 복립 유향소는 그 건물의 이름을 향사당이라 하지 않고 會老堂이라 하였다. 金馹孫의 기문에 따르면 「鄕堂父老의 모

---

182) 위와 같은 條. 「權五行 君保玄孫 燕山朝 進文 正郎 權五紀 五行弟 號拙齋 燕山朝文執義 性端愨 儒學著世 與弟五福 聯武淸路 戊午禍 謫海南 如柳春成 崔山斗 尹衢 皆出其門」 《國朝榜目》卷 1, 戊子(太宗 8년)榜. 「……新榜 生員 權孟孫……父詳 祖君保……」 同書 卷 4, 丙午(성종 17년)榜. 「……生員 權五福……父善 祖幼孫 曾祥……」
183) 李泰鎭, 이 책 제3장 〈醴泉 開心寺 石塔記의 分析〉 참조.

이는 곳」이기 때문에 붙여진 이름이라 하나, 그 會의 목적이 「飮射讀法」이라 하였으므로 결국 향사당과 다를 것이 없다.[184]

기문은 유향소의 임원을 「前義城縣令 金先生 係錦, 前 靑山縣監 白啓英, 前 引儀 裵炯, 前 參軍 宋叔亨, 與吾從兄 進士 伯堅」 등이라 밝혔다. 座首 金係錦은 세종대의 예조판서 金墩의 아들로서 金海人이다.[185] 그는 단종 甲戌에 문과에 올라 義城縣令으로 있다가 이듬해 乙亥에 六臣殉節의 소식을 듣고 귀향한다. 향리에 歸遯한 그는 夷齋의 西山 採薇를 회상하여 뒷산을 「吾西」라 하고 자신의 호를 「西岡」이라 하였으며 「六一居士」(六臣添一의 뜻)란 世稱을 듣기도 하였다고 한다.[186] 前 參軍 宋叔亨의 경우, 그는 淸州人으로 父 承殷이 癸酉 靖亂 때 避座되어 漆原縣監으로 補外된 것을 계기로 김해에 처음 來居하였으며, 叔亨자신은 文行이 있어 金馹孫, 金係錦과 함께 「鄕憲」을 정하게 되었다고 한다.[187]

위의 金係錦, 宋叔亨은 세조 집권에 반대한 영남지방 성리학파의 실례가 될 수 있다. 이 지방의 성리학적 분위기 형성문제는 인근 密陽 출신의 卞季良을 끌어들일 수도 있지만,[188] 善山에서 밀양으로 移居해 온 金叔滋·金宗直 부

---

184)《新增東國輿地勝覽》卷 32, 金海都護府 樓亭條. 「會老堂 在府城北 弘治辛亥 邑之父老建 金馹孫記 堂以會老名者 鄕堂父老之所會也 會之何爲 飮射讀法 無非會也……」
185) 金係錦의 家系를 정리해 보면 다음과 같다.
　　《嶠南志》卷 51, 金海郡 人物條.
　　「金元鉉 金海人 評理 上護軍」
　　「金方礪 元鉉孫……判宗簿寺事」
　　「金墩 元鉉曾孫 太宗朝 文 禮判」
186) 위와 같은 條. 「金係錦 墩子 號西岡 端廟進文 持平 宰義城 乙亥聞六臣禍 棄歸 名基洞 日退隱 名其山日吾西 及卒薇蕨生墳」
　　慶尙南道輿志集成 金海邑志 人物條. 「金係錦 判書墩之子也……乙亥六臣殉節之日 棄官歸鄕……世稱六一居士者 亦取六臣添一之意也 文章行誼 則於濯纓先生會老堂記 可接而見也 又著莊陵史補 靖義諸賢錄 及戊午年遺賢錄 嶺南人物考 享年八十九 弘治癸丑卒……」
187) 註 185)와 같은 條.
　　「宋承殷 淸州人 官大成 癸酉靖亂 被左補外漆原縣監 始居本郡」
　　「宋叔亨 承殷子 武 參軍(武科項)」
　　「宋叔亨 承殷子 與西岡金係錦 濯纓金馹孫諸賢 議定鄕憲(文學項)」
188)《嶠南志》卷 52, 密陽郡 人物條. 「卞季良 仲良弟 號春亭 太宗朝 進文 世子師 典文衡二十

자의 영향이 더 컸을 것으로 짐작된다. 會老堂의 記文을 쓰고 있는 金馹孫의
가문은 본래 金海人이었으나 이때는 淸道에서 살고 있었다. 淸道의 김일손이
김종직의 문인임은 주지하는 사실이지만 양가는 이미 선대에서부터 깊은 학
연을 맺고 있다. 즉 김일손의 祖인 金克一이 金叔滋와 함께 吉再의 문인이었
으며, 그 아들 孟은 김숙자를 師事하였다 하며, 김일손은 바로 그 孟의 아들
이다.[189]

양가는 또한 대부분의 영남 성리학파가 그렇듯이 여말에 중앙 진출이 가
능해지는 지방 중소토호의 부류에 속한다는 공통점을 가진다. 김종직의 善
山 金氏가 吏의 신분에서 벗어나는 것은 김종직의 고조 光偉 때의 일로서,
金光偉는 善山 金氏의 「肇慶의 祖」로 받들어지기도 한다.[190] 한편 김일손의
선대를 보면, 김해에서 청도로 옮긴 것은 金管 때의 일로서, 그는 吏役을 지
던 이 가문에서 처음 登第한 인물로, 官은 判書에 이르렀으며[191] 증손인 金滑
는 공민왕 5년의 奇轍 토벌 때 郞將으로 참가, 2等功臣에 봉해진다.[192] 金克一
의 父요, 김일손에게는 증조가 되는 金滑의 이와 같은 내력은 청도의 金氏家

餘年……」
189)《嶠南志》卷 15, 淸道郡 人物條.
　　「金滑 金海人 判書管曾孫 文 義興縣監 騁中國 專對還 封盆陵君 錄佐理功 金克一 滑
子號? 菴 師事冶隱吉再 聞爲學方性至孝……」
　　「金孟 克一子 號南溪 世宗朝 進文 校理 錄佐理功 師事江湖金叔滋 得聞圃冶所傳程朱
之學 日誦大學 致力誠正」
　　「金駿孫 孟子 號東窓 成廟 文 校理. 金驥孫 駿孫弟 成廟 生員中甲科 第一甲科本只一
人自上擢其兄居弟二 同爲甲科 官至兵佐 金馹孫 驥孫弟……成廟生進文 校理……遊佔畢
齋金宗直門……被史禍戊午」
190)《椽曹龜鑑》卷 1, 吏職名目解,「醫生者 高麗朝 成宗時 貢生醫方足用之稱……金佔畢齋
高祖光偉 以戶長正朝延之子 登此科 爲金氏肇慶之祖……」
　　《椽曹龜鑑》卷 2, 觀感錄,「佔畢齋彝尊錄曰……良醞公諱光偉 正朝公 第二子 高麗末
始以明法業科 脫鄕籍 登于公朝 以啓我後人 官至宣德郎良醞令……」
191) 註 189) 참조.《嶠南志》淸道郡 人物條에 가장 앞서 올려진 사람이 金管이므로 일반적
인 邑誌 記載方式으로 보아 그가 처음 이곳에 온 사람임을 알 수 있으며,《椽曹龜鑑》
卷 2, 觀感錄에는 管이 吏로서 처음 登科한 사실을 다음과 같이 적고 있다.「金管 金海
吏以首露之裔……世爲戶長 始應科目 登于朝 玄孫處士克一 以孝旌閭 子孟官至摠經 孫駿
孫馹孫 同榜登第……」
192) 註 189)에 보이는 金滑의 「佐理功」이 奇轍 討伐 때의 것임은 閔賢九,〈辛旽의 集權과
그 政治的 性格(上)〉,《歷史學報》39, 1968, 表 1 誅奇轍功臣分析表 참조.

가 여말에 진출하는 신흥세력의 하나였음을 말해준다.

김일손은 기문에서 金海人이 首露王의 후손임을 강조하고 「오늘 此堂에 모인 사람은 모두 父兄宗族이라」 하였다. 임원 5명 가운데 金海 金氏는 金係錦과 김일손의 종형 金伯堅 두 사람으로서 회로당의 주축은 역시 金海 金氏라 할 만하다. 그러나 나머지 임원 가운데 前 參軍 宋叔亨, 前 靑山縣監 白啓英(扶餘人)이 新來人이며,193) 前 引儀 裵炯은 金海의 다른 한 土姓인194) 점을 고려하면 회로당은 결코 宗門 일변도적인 것은 아니다.

이상 安東·醴泉·金海 세 곳의 향사당 분석으로 우리는 일단 김종직 일파의 유향소 복립운동의 성격을 다음과 같이 규정지을 수 있다. 영남지방에 제한되는 것이기는 하지만, 고려 말의 혼란기에 고려적인 향촌질서가 완전히 붕괴되어 버리자 향촌의 중소지주적인 토호들은 새로운 질서의 확립에 부심하던 차에 그 방법을 성리학에서 발견하게 되어 성리학은 점차 이들에게 뿌리를 내리기 시작하였다. 안동처럼 그 수용이 빠른 곳도 있었지만, 전체적으로 보아 성리학의 향촌 침투는 완만한 것이었다. 많은 수의 지방 토호들이 성리학적 방법이 적절한 것이라 여겼으나, 자신이 성리학자가 되는 데는 오랜 시일이 걸렸던 것이며, 김종직대에 이르러 비로소 하나의 정치세력을 형성할 정도가 되었던 것이다. 그리하여 이들은 그들의 숙원이다시피 한 자기중심의 향촌질서 확립을 제도적으로 보장받기 위해 중앙에 진출하자마자, 이를테면 大政綱으로서, 유향소 복립문제를 내놓았던 것이다. 이들의 진출은 이전에 견주면 괄목할 만한 것이었고 또 그들의 소기의 목적도 일단 달성되었지만, 그러나 그들의 진출은 아직도 한계가 있었다. 얼마 가지 않아 세조의 집권으로 당한 좌절과 비슷한 것을 다시 한 번 더 겪게 된다.

---

193) 註 185)와 같은 條. 「白啓英 扶餘人 官縣監」
194) 위와 같은 條. 「裵炯 金海人 官弘儀」
  《世宗實錄地理志》 金海都護府條. 「本府土姓 六 金 許 裵 孫 宋 庚」

4) 勳舊勢力과의 대립과 복립운동의 한계

사림파의 유향소 복립운동은 그들의 세력이 우세한 곳에서는 위에서 본 것과 같은 성과를 얻고 있었지만 다른 대부분의 지방에서는 사정이 전혀 달랐다.

앞에서 미리 지적해 두었듯이, 사림파측은 복립이 결정된 뒤 2년밖에 되지 않아 도리어 유향소를 혁파해야 한다는 주장을 하고 있다. 성종 21년 7월 丁卯에 있은 공조판서 成健의 혁파건의를 필두로,[195] 같은 해 11월 戊戌의 司諫 權景祐의 혁파 주장이 잇따랐다. 그 이유는 「宰相들이 八鄕외에도 本鄕을 가칭하여 京在所를 장악」하였고, 또 留鄕品官은 「風俗規正에는 노력하지 않고 한갓 鄕曲立威만 일삼아 그 사사로움을 도모할」뿐더러 대부분이 향사음례는 전혀 행하지 않고 있다는 것이다.[196] 말하자면 대부분의 지방에서 복립 유향소는 사림파의 의도와는 반대로 훈구 재상들이 경재소를 통해 장악해 버렸던 것이다. 同王 19년의 결정 논의에서 유자광, 윤필상 등의 훈구 계열이 복립을 찬성하고 나선 데는 바로 이와 같은 역이용의 계산이 있었던 것이다.

유향소를 통한 향촌 장악은 훈구·사림을 막론하고 세력기반 확보란 점에서 매우 중요시했던 것 같다. 무오사화 발발의 근본적인 원인은 바로 이 유향소 문제에 있었다. 사화의 국문이 계속되는 가운데 起禍의 주역인 유자광은 연산군에게 다음과 같은 주장을 강력히 내세우고 있다.

---

195) 《成宗實錄》 卷 242, 成宗 21년 7월 丁卯條.

196) 《成宗實錄》 卷 247, 成宗 21년 11월 戊戌條. 「司諫權景祐曰 國家設立留鄕所者 欲使糾正鄕風也 今之留鄕品官 不務糾正風俗 徒事立威鄕曲 以濟其私 非徒無益 適足爲害 請革之……」

　《成宗實錄》 卷 285, 成宗 24년 12월 庚辰條. 「(正言李)世人又啓曰 鄕射之禮 三代所重賢者則與焉 否則不與焉 鄕人以此爲榮辱 今廢不行 甚不可」

　《成宗實錄》 卷 269, 成宗 23년 9월 乙未條. 「(獻納權)桂又啓曰 置京在所別監 爲正風俗也 間有庸人 憑營私産……特進官 金升卿對曰 權桂言是也 非徒別監爲然 宰相於八鄕之外 又假稱本鄕 欲衆公事者 專爲此耳……」

　　南原 咸陽은 모두 臣의 本貫이기 때문에 臣이 친히 본 바인데, 生員 進士들은 따로 一所를 세워 司馬라 이름하여 사사로이 서로 모여 群飮橫議하고 人吏에게서 조금만 마음에 들지 않는 일이 있으면 문득 채찍질하는 반면, 留鄕品官은 대부분이 老劣하여 一邑의 人吏는 유향소를 멸시하고 司馬所에 붙으니 그 폐단을 감당할 수 없으며, 守令된 자는 능히 금하지도 못할뿐더러 도리어 노비를 주어 穀貨를 늘리는 바탕으로 삼게 하니 국가가 세운 유향소 외에 또 이러한 무리들이 一所를 私立함은 심히 옳지 못합니다.[197]

유자광의 이 주장에 뒤이어, 그와 한편이 된 ·은 다음과 같은 건의를 한다.

　　근일 金宗直의 姦黨은 모두 群聚橫議를 일삼고 있으니, 이러한 풍조는 마땅히 痛革해야 할 것으로, 청컨대 八道 감사에게 書를 내리시어 무릇 司馬所라 일컫는 것은 일체 혁파토록 하소서.[198]

이에 따르면 남원 함양 두 지방에서는 복립 유향소가 유자광의 장악하는 것으로 되어버리자, 사림파 계열의 생원·진사들은 司馬所란 것을 따로 세워 이에 반발하고 있었다. 특히 함양은 김종직이 군수로 재직하던 곳이며 俞好仁·鄭汝昌·表沿沫 같은 사림파에서도 쟁쟁한 인물들의 고향이어서 그 대립은 치열했을 것으로 짐작된다.[199] 남원의 성리학이 이 함양에 영향 받았을 것이란 점은 앞에서 지적한 것과 같다. 유향소를 총관하는 경재소 제도가 재상들에게는 母와 妻의 內外鄕까지 관장할 수 있도록 되어 있었으므로,[200]

---

197) 《燕山君日記》卷 31, 燕山君 4년 8월 癸酉條.
198) 위와 같은 條. 尹弼商은 司馬所를 「七國之處士」「東漢之黨人」「趙末洛濁黨」 등에 비겼다.
199) 《嶠南志》 咸陽郡 人物條 참조. 金宗直의 咸陽郡守 出仕는 성종 2년에서 6년까지였다.
200) 註 83) 참조.

훈구 재상의 유향소 장악은 비단 유자광의 경우에만 해당하는 것은 아닐 것이다.

유향소 복립운동이 결국 徒勞가 되어버렸음을 알게 된 사림파는 중앙에서의 정치활동이 방향을 달리 잡는다. 同王 23년 말부터 사림파측은 훈구 계열의 정치자세에 대해 유례없이 폭발적인 비판을 퍼붓는다. 공격의 화살은 주로 훈구세력 가운데도「戚里」들의 權貴化에 겨누어졌다. 同王 23년 12월에 김종식의 문인인 성균관 儒生 李穆이 영의정 윤필상을「奸鬼」라 힐난한 것이 그 시발이었다. 그것은 大妃가 윤필상에게 禁僧法의 철회를 종용하자 윤필상이 왕에게 대비의 뜻을 거스르기 어렵다고 말한 데 대한 힐난이었지만,201) 근본적으로는 이 문제에만 국한한 것이 아니라 영상으로서의 윤필상의「貪濁貨殖」과 당시 가장 유력한 戚里인 이 尹氏 一族의 권귀화에 대한 불만이 한꺼번에 터진 것이다.202) 國舅 尹壕는 윤필상의 당숙으로서 同王 25년 무렵에는 우의정에 이르게 되며, 그의 弟 垓·坦 등도 이즈음 요직에 안배되고 있었다.203) 이들 尹氏의 권귀화의 일례를 들면, 同王 15년 무렵 靑松府使였던 尹垓가 摘奸 때에 범한 것이 없다고 하여 국왕이 특별히 加資의 賞을 내렸는데, 실상 윤해의「無所犯」은 摘奸을 맡은 朴文幹이 그의 不法事를 알면서도 윤호의 기세가 두려워「守法治民」이라 거짓 보고한 것이라 한다.204)

이목의 윤필상에 대한 힐난은 양파의 대립을 감정적인 것으로 몰아갔다.

---

201) 《成宗實錄》卷 272, 成宗 23년 12월 庚子條.
202) 위와 같은 條.「李穆等書啓曰 弼商自爲首相 其處心行事 無非奸巧 國人有耳目者 莫不聞之 未易校擧 以今觀之 自大學曁四學諸生 皆曰奸鬼 是亦國人也 傳曰 所謂奸巧之態 指何事 又何以謂鬼乎 首相 予所尊敬 其奸巧爲鬼之狀 須指斥言之 若不直言 是面欺也 穆等書啓曰……弼商 貪濁貨殖 其被論駁不一 況今逢迎誤說 導上不義 是謂奸 欲固其寵 附會慈旨 是謂巧 所行如是 而使人莫知 是謂鬼」
203) 尹弼商과 尹壕·垓·坦 兄弟 사이의 관계는 尹弼商 자신이「尹弼商議 衡老 臣之堂叔尹坦子也……」(《成宗實錄》卷 293, 成宗 25년 8월 甲子條)라 한 데서 바로 찾을 수 있다. 尹壕는 國舅로서 성종 25년 4월에 大匡輔國崇祿議政府右議政에 이르는데 그에 대한 史臣의 評을 빌리면「史臣曰 壕爲人 中無所主 浮浪詼諧 素不爲淸議所容 每當朝廷大議必曰 依所啓施行 時人稱之曰 依所啓宰相」(《成宗實錄》卷 289, 成宗 25년 4월 丁丑條)라 한 바가 있다.
204) 《成宗實錄》卷 165, 成宗 15년 4월 丙子條.

이 사건이 미처 마무리되기도 전에 윤필상 등 훈구계열이 포열한 의정부는 김종직의 시호(文忠)가 너무 과분한 것이라 하여 다시 고칠 것을 건의하고, 또 이런 시호가 나오게 된 과정을 조사하기까지 한다.[205] 훈구계열의 이러한 압박에도 불구하고 戚里의 권귀화에 대한 사림파의 공격은 계속된다.

이듬해 4월 사림파 측은 다른 하나의 척리세력, 당시 五衛都摠府에 포열하여 鼎足의 세를 이룬다는 任光載 李鐵堅 具壽永 등에 대한 공격을 시작하였다. 任士洪의 아들 光載는 睿宗一女의 駙馬, 李鐵堅은 世祖 妃(貞熹王后)의 姨姪, 具壽永은 成宗 3男의 舅로서,[206] 이들은 이와 같은 종실과의 척리 관계로 오위도총부를 포열할 수 있었다. 兵權이 병조보다 도총부에 더 치우쳐 가는 데 대해 이미 그 부당성을 지적한 바 있는 承旨 鄭誠謹이[207] 이때 오위도총부를 장악한 이들이 上番의 軍士로부터 布를 받고 면방시킨 사실을 폭로하기에 이르렀던 것이다.[208] 정성근은 변계량의 문인 鄭陟의 아들로서[209] 유향

---

205) 《成宗實錄》卷 272, 成宗 23년 12월 庚戌條. 「議政府啓曰 今觀金宗直諡議 乃如議聖人 且其文字解曰 道德博聞 如非程朱之傳道統者 不能當之 臣等謂定諡 必與才行相稱 乃可宗直之諡 不相稱 請改之 傳曰 諡已定 改之可乎 更問以啓」
　　《成宗實錄》卷 272, 成宗 23년 12월 壬子條 및 《成宗實錄》卷 273, 成宗 24년 正月 甲戌・乙亥・壬午・甲午條 참조.
206) 《璿源譜》 참조.
　　이들에 대한 史臣의 평을 적어보면 다음과 같다.
　　「史臣曰 任光載 元濬之孫 士洪之子也 元濬 自世宗朝 累爲攷試官 縱其私意 無所不爲 而潛托元濬 得中科第 至有居魁者 宋瑛是也……元濬實斯文之罪人也 士洪 亦猜險奸諂 光載又如此 時人譏刺 稱三父子」(《成宗實錄》卷 276, 成宗 24년 4월 辛酉條).
　　「史臣曰 光載年少 不識事體 恃寵驕縱 不足責也 鐵堅 以政府大臣 明比光載 陰行詭計 謀陷誠謹 有同市井之態 朝議鄙之 鐵堅 性奢侈靡淫巧 致飾車服 當世無此」(同上卷, 同月, 己未條).
207) 《成宗實錄》卷 275, 成宗 24년 3월 癸未條. 「都摠府書本府所爲事以啓 命示承旨鄭誠謹曰 何事 不干於都摠府乎 誠謹啓曰 都摠府爲事 不止於此 然所啓觀之 亦有不干之事 臣意 一切軍務 兵曹掌之可也 傳曰 今觀都摠府所啓 非專掌擅行 其來久矣 豈因比權歸都摠府乎 誠謹 有慙色啓曰 臣意 非以爲權歸於都摠府也 其間作弊事多 故敢啓耳」
208) 《成宗實錄》卷 275, 成宗 24년 3월 壬辰條. 「副承旨鄭誠謹啓曰……近來 營造王子君家甚侈大 人不堪其苦 大典軍士保人 每朔毋過綿布一匹 而臣爲海州牧使 番上軍士點考時 有一人手持綿布七匹 跪而笑曰 我爲軍士保人 二朔給綿布七匹 戶首猶以爲少而杖之 此專是營繕煩 而役苦 代立者倍取其直 故保人盡賣財産而給之 役民不可不節也 正兵番上爲侍衛也 而如都摠府兵曹 名爲伺侯 多數分定 濫收傭直而放送 承政院根隨 亦以正兵定送 侍衛軍士以根隨帶行 豈可乎……」

소 복립논의에서도 김종직을 적극 지원한 바 있는, 말하자면 사림파에서도
핵심에 속하는 인물이다. 그의 이 폭로는 收布免放의 행위 자체가 전연 새로
운 일이었기 때문에 더욱 큰 물의를 자아냈다. 그러나 이것 역시 국왕이 척
리를 두둔하여 불문에 붙여졌다.[210)

이후에도 사림파의 비난은 같은 해 7월에 尹殷老(尹壕의 아들), 尹琡(尹弼商
의 아들), 盧公裕(盧思愼의 아들) 등의 지나친 顯官任用을 문제 삼는 등,[211) 무
오사화가 갑자기 일어나기 직전까지 每擧하기 어려울 정도로 계속된다. 성종
23년 말 이후 갑작스레 쏟아지는 사림파의 權貴에 대한 맹렬한 공격은 전에
볼 수 없던 새로운 현상으로서, 이것은 유향소 복립운동의 실패와 관련짓지
않고서는 이해하기 어렵다. 그들은 그들의 주장에 따라 이루어진 복립 유향
소가, 도처에서 훈구계열이 장악하여 도리어 그들의 세력기반이 되고 있는
현실에 직면하여, 사마소를 세워 대항하기도 했지만, 힘의 한계를 절감하
여 다시 무대를 중앙으로 돌려 權貴들의 정치자세에 대한 공격을 펼쳤던

《成宗實錄》卷 275, 成宗 24년 3월 癸巳條. 「都摠管任光載李鐵堅鄭文炯具壽永 副摠管
呂自新辛鑄曺幹朴安性李朝陽來啓曰 鄭誠謹 於經筵啓云 都摠府堂上 受價布於伺候而放送
若問呂自新 則可知也 臣等聞之 不勝駭愕……」

209) 「史臣曰 成謹 晋州人陟之子也……」(《成宗實錄》卷 276, 成宗 24년 5월 乙未條). 鄭陟의
출신이 吏였음을 《椽曹龜鑑》卷 2, 觀感錄은 「鄭陟晋州吏登第 官至中樞院事修文殿大提
學……」이라 밝혔다.

210) 《成宗實錄》卷 277, 成宗 24년 5월 己丑·辛卯條.

211) 《成宗實錄》卷 280, 成宗 24년 7월 甲辰條. 「弘文館副提學金諶等上箚子曰 伏聞 近以領
敦寧尹壕妻田氏上言 特許其子湯老 仕加二階 不勝驚駭 今壕身享國舅之尊 長子殷老 不學庸
鄙 位至二品 次子湯老 筮仕未幾 驟陞三品……臣等竊恐以私滅公而毀法亂紀 自湯老父子
也……」

《成宗實錄》卷 283, 成宗 24년 10월 甲申條. 「司憲府大司憲許琛上疏曰……件者 都摠
管任光載李鐵堅之罪犯 決不可赦也而必赦之 左尹尹殷老 宗正李昌臣之貪妄 決不可用也而
必用之……而領議政尹弼商 奸諂巧佞 脂韋固寵 坐積謗議 久妨賢路 左賛成李鐵堅 不學無
術……而工曹判書韓健 浮浪鄙野 左尹尹殷老 庸鄙貪墨……左副承旨尹淑浮薄輕佻 右副
承旨盧公裕 才劣識暗……觀察使尹坦 以驕妄之資……」

《成宗實錄》卷 283, 成宗 24년 10월 戊辰條. 「御經筵……(獻納) 洪瀚曰 人君用人 不當
任私 或以戚里 或以宰相之子 而授之顯官……又啓曰 近來土木之役不息 故京畿之民 多至
絶戶而逃 如王子駙馬家舍史……史臣曰 韓斯文 繼禧之子 尹琡 弼商之子 盧公裕 思愼之
子 斯文 雖不由兩科 小識大體 而遇事則恭謹 尹琡輕薄佻躁 而猶有廉節 公裕 暗於事體 而
貪求無厭 臺諫之論 正指琡公裕也」

것이다. 성리학 특유의 淸白信條에 바탕을 둔 거침없는 공격받는 측으로 하여금 하나로 뭉치게 하였고, 드디어는 감정적인 보복행위를 불러일으키기에 이르렀으니, 연산군 4년에 일어난 무오사화가 바로 그 표출이었다. 이와 같이 그동안의 사림·훈구 대립의 근본 문제가 유향소를 중심으로 하고 있었기 때문에, 士禍 벽두에서 훈구세력의 거두 윤필상·유자광 등은 士林系의 사마소에 대한 탄압부터 가했던 것이다.

끝으로 이제까지 미루어둔 세조 말의 제2차 유향소 혁파 동기에 대한 成俊의 李施愛亂 응징설의 當否를 확인키로 한다. 이 검토는 발설자인 성준을 통해 척리가 아니면서도 권귀화한 훈구계의 한 유형을 살피는 기회가 될 수도 있다. 이 설의 요지는, 세조 13년에 일어난 이시애난에 함길도 안에 있는 각읍 유향소 품관들이 조직적으로 가담한 데 대한 응징으로서, 세조가 전국의 유향소를 혁파해 버렸다는 것이다.212) 함길도 留鄕品官들이 亂初에 이시애의 편에 가담한 것은 사실이지만, 逆亂 가담에 대한 응징이라면 혁파 조처를 함길도 유향소에 국한시켜야 타당할 것이란 점에서, 이를 그대로 받아들이기는 주저된다. 따라서 본고에서는, 忠州 유향소 百姓侵虐說이 전국 유향소에 모두 해당되는 더 설득력 있는 설로서, 이를 택했다.

성준의 설은 그것이 제시된 분위기부터 어떤 특별한 목적에서 조작된 인상을 준다. 李克培의 충주유향소 침학설이 제시된 것은 성종 13년 1월의 復立論에서였고, 그 정도의 이유였다면 다시 두어도 좋다는 국왕의 태도로 같은 해 2월 辛丑 朝會에서 復立事目까지 왕의 재가를 받기에 이른다. 성준의 응징설은 바로 이날 畫講에서 제시되어 아침에 끝난 결정을 극적으로 번복시켜 버린다.213) 이 주장을 들은 왕은 〈世祖朝日記〉를 조사토록 하지만214) 그 결과에 대한 보고는 보이지 않은 채 복립은 취소되고 있다. 그런데《世祖

---

212)《成宗實錄》卷 138, 成宗 13년 2월 辛丑條.「御畫講 講訖 左副承旨成俊啓曰 近者命復留
　　鄕所 昔世祖懲李施愛謀亂而罷 今雖復立 無益於國 徒憑勢作弊耳 上曰 宰相謂子曰 訴守令
　　故世祖革之 卿言又如是 然則先王大計不可不遵 其考世祖朝日記以啓」
213) 위와 같은 條.
214) 위와 같은 條.

實錄》의 당해 연월 부분에서는 유향소 혁파에 관한 기록이 전혀 발견되지 않는다. 〈世祖朝日記〉가 실록과 어느 정도 차이가 있는 것이며, 또 일기에는 실렸던 관계기록을 실록에서는 빼버린 것인지 그 어느 것도 일기가 전하지 않는 한 판단할 수 없는 문제다. 일기에도 실록처럼 직접적인 기록이 없었다 할 경우, 실록에 숱하게 실려 있는 함길도 유향품관의 역란 가담 기사만으로도 성종은 복립을 주저하지 않을 수 없었을 것이다. 왕의 처지에서는 직접적인 동기 여부를 따지기 전에 在地세력으로서의 유향소가 역란에 관계되었다는 사실 자체만으로도 이 제도에 대한 호감을 잃어버렸을 것이기 때문이다. 어떻든 이후 국왕뿐만 아니라 대부분의 사람들이 성준의 설로서 혁파 이유를 말하고 있다. 왜냐하면 이극배의 설이 제시되었을 때도 그것에 대해 이견을 말하는 朝臣은 하나도 없었기 때문이다.

성준의 설의 조작 혐의는 그 자신이 이후에 함경도와 특별한 관계를 만들어 가는 데서 더욱 짙어진다. 그는 함길도의 節度使, 觀察使를 두루 역임하면서 이 지방의 토호들을 포섭하고 道內 諸邑을 本鄕이라 가칭하여 경재소를 총관하게 되어, 도내의 사람들이 모두 그를 都堂上이라 불렀다고 한다.215) 그의 본향이 아닌 함길도에서 이만한 기반을 확립하려면, 이 道에 대한 특별한 관심을 가지지 않고서는 얻기 어려운 것이었다. 성준의 함길도에 대한 관심은 응징설을 갑작스럽게 내놓을 때 이미 시작되었다고 생각된다. 즉 역란에 가담한 일 자체로서도 위축되었고 또 그 이후 어떤 이유에서든 유향소조차 없어져버려 좌절감에 크게 휩싸인 함길도 토호들을 언젠가 관권을 통해 장악해 볼 뜻을 가진 성준이었기 때문에 그들의 재기의 기회가 될 수 있는 유향소 복립을 적극적으로 막고 나섰던 것이 아닌가 한다. 혁파 이유에 관한 직접적인 기록이 나오지 않는 한, 더 이상 자세한 언급은 할 수 없으나, 어떻

---

215) 《燕山君日記》卷 55, 燕山君 10년 9월 丁卯條. 「柳洵許琛朴崇質宋軼金壽童姜龜孫 抄書 言事不恭之人以啓曰 李克均成俊韓致亨條陳事……俊又貪饕無厭 其判吏兵曹 公行貨賂 大 搆第宅 至五六 資財充溢 且以觀察使節度使 久在咸鏡道 招接土豪呼爲戚屬 曲施恩意 又稱 咸鏡道諸邑爲本鄕 摠管京在所事 多占良民 稱伴倘 擇官賤役之 一道之人爭附之 謂之都堂 上……」

든 우리는 여기서 사림파의 방식과는 성격을 전혀 달리하는 훈구계열의 관권을 통한 향촌 장악의 한 유형을 살필 수 있다. 성준의 이같은 권귀화 성향은 그와 비슷한 유형의 李克墩과 함께216) 사림파와 함께 배척받았고, 때문에 그들도 무오사화에서 사림파에 보복을 가하는 一役을 담당하였던 것이다.

맺음말

　본고는 많은 지면을 빌려 장황하게 조선 성리학의 정착과정을 파악해보려고 노력하였다. 논리 전개상의 많은 비약과 미흡한 점들은 필자의 淺學菲才 탓으로 돌리고, 내용을 요약하여 결론에 대신하기로 한다.

　여말의 사회변동은 촌락 구조에까지 변화를 일으키는 대변동이었다. 長利 집단이 형성한 擧郡(縣)的인 고려 향촌질서는 여말에 이르러 개개 자연촌의 자기성장과 향촌 구성원의 대이동이란 촌락 구조상의 변화로 말미암아 무너지고 있었다. 자연촌은 그 규모가 커져 「里」란 새로운 명칭을 가질뿐더러 각기의 守護神과 그 祀神단체인 香徒로 뭉쳐지는 개별성을 발휘하였다. 이 새로운 변화는 그 자체로서는 사회적인 발전이었지만, 질서 확립의 측면에서는 분열적인 것이었기 때문에 사회 안정을 위한 체제정비가 뒤따라야 했다. 신왕조에 들어와 상반되는 두 개의 입장이 향촌질서의 재확립 문제를 놓

---

216) 成俊과 李克墩과의 밀접한 관계는 다음과 같은 記錄에서 잘 나타나 있다. 「對馬島 敬差官權柱 請以許城李世綸朴自範爲軍官 傳曰 可, 史臣曰 世倫 克墩前判兵曹 薦成俊爲永安道節度使 使俊 擧克墩之子世綸爲幕客 今判吏曹 薦柱爲對馬島敬差官 柱以其子世倫爲軍官 克墩語人曰 我再爲人所中」(《成宗實錄》 卷 287, 成宗 25년 2월 癸酉條)

　成俊과 李克墩의 人事問題上의 비위에 대한 詰難으로는 다음과 같은 것들이 더 있다. 「以成俊爲崇政行兵曹判書……史臣…… 又曰 俊有嬖妾曰李德 求官者 以貨賄多寡爲先後 唯李德之言是聽焉 吏兵曹判書 時人謂之李德判書」(《成宗實錄》 卷 290, 成宗 25년 5월 癸巳條), 「司憲府持平柳仁洪來啓曰 李守恭 李守元 乃吏曹判書李克墩四寸孫也 守恭爲刑曹政郎 未箇滿而遷爲文學 今未閱月 又陞爲僉正 守元以叅奉 陞爲奉事 於克墩 雖無相避 而皆陞職 必有情焉 請推克墩 而改正守恭等……」(《成宗實錄》 卷 288, 成宗 25년 3월 己酉條).

고 서로 다른 방법을 내세우게 된다. 하나는 왕권을 중심으로 한 중앙집권적인 입장이었으며, 다른 하나는 각 향촌에 직접 생활 기반을 가지는 재지 중소지주의 입장이었다.

중앙집권적 처지는 군·현의 수령에게 향촌에서의 절대권을 부여함으로써 관권중심의 향촌질서를 꾀하였다. 재지세력이 자치적 입장에서 조직한 유향소를 혁파한다든가 향촌의 品官·吏·民은 수령의 불법·비행 등을 일체 고소할 수 없다는 입법조치 등이 모두 관권 우위의 통치체제 확립을 위한 것이었다. 이렇게 하여 형성된 조선 초기의 관권 우위의 사회체제는 외형적인 질서는 잡힌 것 같았지만 향촌사회의 주축적인 토대 형성을 용납하지 않았을뿐더러, 관권 만능에 파생된 사회적 폐단이 크게 발생하여 향촌의 내적인 안정은 거의 기대할 수 없는 형편이었다. 한편 재지의 중소지주의 입장은 자신들의 지위가 무시당하는 이러한 사회체제를 처음부터 환영할 수 없었다. 이들은 실상 고려에서 향촌의 자치적 통치체제를 누려오던 향리집단의 후예들이었기 때문에 토호적 자치성향이 강하였다. 이들 가운데 여말의 사회적 격동 속에서 본거지를 바꾸어야 했던 부류도 많았지만 이런 부류도 새로 정착한 지방에서 다시 중소지주의 기반을 확립할 수 있었다면 마찬가지로 재지세력의 입장에서 중앙집권적인 관권의 개입을 거부하였을 것이다. 어떻든 이들 중소토호들은 그동안 향촌구성원이 크게 달라졌고 또 향촌의 질서도 각기 자연촌 중심으로 흩어지고 있는 현실에 직면하여 새로운 체제의 확립에 대한 필요성을 절감하고 있었다. 그러나 그들은 왕권의 중앙집권적 입장과는 달리 자신의 토호적 지위를 바탕으로 한 체제 확립을 추구하여 초기 유향소의 자의적 등장이 있게 되었다.

신왕조의 중앙집권력은 고려의 그것보다 훨씬 강한 것이어서 유향소 혁파 조치에서 볼 수 있듯이 재지 중소토호층의 지위는 그들 선대인 고려 향리집단의 그것보다 훨씬 더 열악해질 위험성이 많았다. 그러나 그들은 麗末의 정치·사회적인 혼란 가운데 그러한 위험성에서 벗어날 수 있는 방편을 얻고 있었다. 첨설직을 통한 품관으로의 대규모적 신분 상승, 그것은 그들로서는 지대한 수확이었다. 품관이란 신분은 吏의 신분이 받던 모든 제약을 떨쳐 文을 가까이 할 수 있는 기회를 제공했을 뿐더러 자신의 노력 여하에 따라 중앙관계로 진출까지 보장해 주었다. 文에 가까워지기 시작한 그들은 그들 앞에 가로 놓인 향촌의 현실 문제를 타개할 수 있는 방도를 성리학에서 발견하였다. 治者의 권위를 결코 부정하지 않되, 청백한 양심을 극히 중요시하는 성리학의 정치철학에서 관권의 일방적인 횡포를 비판할 근거를 얻었고, 사회정책으로 제시하고 있는 사창·향약 등은 향촌 자치적인 것이어서 만족스러웠다. 영남지방에 제한되긴 하였지만 성리학은 점차 중소지주층에 뿌리를 내리기 시작했다.

성리학에 접한 중소지주층은 기회가 닿는 대로 중앙정계에 진출하여 그들의 주장을 정치에 직접 반영시키고자 하여 그 첫 실현으로 세종 말·문종대에 社倉法의 시험이 있었다. 그것은 진대란 경제적 측면에 국한된 것이지만, 이를 통해 그동안 위축되고 있는 재지 중소토호 品官의 지위 향상이 예상될 수 있었으며, 이를 확대 발전시키면 향촌질서를 그들 중심으로 이끌어 갈 가능성이 있었다. 그러나 성리학파의 포부는 중앙집권 지향적인 世祖의 집권으로 무산되어 버렸다. 그렇지만 성리학파의 염원은 그들의 현실적인 사회적 지위와 직결되는 것이었기 때문에 이에서 물러날 수 없었다.

好文의 군주 성종의 즉위로 그들의 중앙 진출이 다시 활성화되었을 때, 그들은 더 강한 정치세력을 형성하면서 그들의 숙원을 실현할 기회를 기다렸다. 金宗直을 중심으로 하는 이른바 사림파는 정계에서 그들의 위치가 어느 정도 확립되었을 때 유향소 복립운동을 벌였다. 이 복립운동은 성리학적인 향촌 교화의 한 방법인 향사·음례의 실행을 통해 재지품관 중심의 향촌자치체제 확립을 목표로 하는 것이었다. 이 운동은 이러한 향촌 자치적 성격 때문에 그동안 이미 확고해진 중앙집권체제 속에서 權貴化해가던 훈구계열로부터 방해를 받지 않을 수 없었다. 약 5년간의 끈질긴 노력 끝에 성종 19년에 복립운동은 일단 실현되지만, 이로써 그들의 오랜 숙원이 달성될 길이 활짝 열린 것은 아니었다. 사림파의 기반은 아직도 영남일대를 벗어나지 못하고 있었기 때문에 다른 지방의 대부분의 복립 유향소는 훈구계열이 관권을 통해 장악하는 바가 되어 도리어 그들의 세력 기반을 공고히 해 주는 결과만 초래하였다. 힘의 한계를 다시 절감한 사림파는 同王 23년 말부터 훈구세력의 權貴的인 정치자세에 대해 비판을 퍼붓는 방향 전환을 하게 된다. 연산군 4년에 일어난 무오사화는 사림파의 치열한 공격에 몰린 훈구세력의 정치적 보복행위였다.

전통적인 지방 중소토호층이 여말에 이르러 吏에서 士族으로 신분을 상승시켜 그들의 입장을 중앙 정치에 반영시킬 수 있는 기회를 가지게 된 것은 조선사회의 발전적인 면이라고 한다면, 성리학은 그들이 필요로 하는 향촌 질서 확립의 방법과 그들의 지위를 개선해 나갈 수 있는 이론적 근거를 제공해 주었다는 데 그 의의가 있었다.

중소지주층의 입장을 대변하는 성리학파는 중종대에 다시 중앙에 진출하여 이제까지 활동의 연장으로서 趙光祖를 중심으로 하여 呂氏鄕約 보급 운동을 벌이고, 治者의 정치적 양심을 고창하는 도덕정치를 내세운다. 이때도 주지하듯이 己卯士禍로 그들은 실패하게 된다. 그러나 조광조의 출현은 성리학의 기호지방으로의 파급을 뜻하는 것이었으며, 그 문인들이 성장하여 영남 성리학파와 함께 훈구·척신세력을 압도하였을 때 성리학은 조선의 명실상부한 지배사상이 되었으며 그것은 또한 중소지주층의 승리를 뜻하는 것이었다.

제7장 16세기 천방川防(洑)관개의 발달
—사림세력 대두의 경제적 배경 일단

머 리 말

川防은 오늘날 洑로 더 잘 알려져 있다.[1] 《林園十六志》의 설명을 빌어 그 방식을 살펴보면 다음과 같다.

> 川을 끌어 물대는[灌] 田을 洑田이라고 한다 …… 그 방식은 田이 높고 川이 낮으면 上流를 막아[障塞] 물이 곁으로 돌도록[傍洄]하여 도랑[渠]을 만들어 끌고, 田이 낮고 川이 높으면 沿邊에 築岸하여 田段을 둘러막아 구멍[竇]을 내어 물을 대는 것이다. 먼 것은 十餘里, 가까운 것은 數十百武(1武는 3尺)에 이르고, 큰 것은 數千 頃, 작은 것은 數十百 畝를 물댈 수 있다. 大小와 遠近이 같지 않더라도 …… 끌[引] 수도 있고 흘려보낼[泄] 수도 있을 뿐만 아니라, 말릴 [熇] 수도 불릴[潤] 수도 있으니 가뭄에 災하지도 않고 큰 물결[潦]에도 거리낌 이 없이 水田에서는 이것이 제일[上乘]이다(本利志 1, 田制 洑田條).

---

1) 本稿에서 보듯이 15세기 중엽~17세기 초엽에서는 洑라는 용어가 아직 일반화하지 않고, 오히려 같은 류의 것이 川防·防築·防川·灌漑 등으로 주로 표현되었다. 이 가운데 防川 같은 것은 후·말기에서는 주로 河川水의 범람을 막기 위해 만드는 堤防의 용어가 되어서 혼동하기 쉽다. 우리의 水利技術史에 관한 연구로는 李光麟의 《李朝水利史研究》(韓國研究院叢書 8, 1961)가 유일한 것이라고 할 정도로 부진한 실정이다. 時代에 따른 위와 같은 류의 용어의 변화도 앞으로 연구에서 밝혀져야 할 문제이다.

이와 같은 형태의 보 곧 천방이 조선 후기에서는 이미 크게 보급되고 있어, 제언과 함께 양대 수리수단이 된 것은 다 아는 사실이다.[2] 그러나 정작 이것이 언제부터 본격적으로 개발된 것인가에 대해서는 명확하게 규정되어 있지 않다. 지금까지는 대체로 천방도 제언과 마찬가지로 고대에서부터 이미 발달해 왔을 것이라고 짐작하여 왔다.[3] 그러나 제언이 문헌상으로 고대부터 있어 온 것이 확인되는 것[4]과는 달리, 천방에 관한 것은 기록상으로 조선 초기 곧 15세기 초·중엽에서부터 비로소 논의의 대상이 되고 있다.[5]

같은 수리수단이면서도 천방은 제언과 방식을 전혀 달리한다. 즉 제언이 山谷을 가로막아 溪流를 이용하는 것인 반면, 천방은 위의 설명에서 보듯이 하천수를 직접 끌어 관개수로 활용하는 것이다. 하천수의 활용은 이웃하는 중국의 경우에서도 그 기술 자체가 한 단계 높은 것이어서 시대가 내려와서 본격적으로 발달하는 것으로 알려진다.[6] 하천수의 활용에는 水面과 耕地 사이에 일정한 높이가 있어서 그 引水에 기술적인 어려움이 있었던 것이다.

근래까지 흔히 보듯이 보 가운데는 數人의 힘으로 좁은 川流를 이용하는 것도 있다. 이러한 소규모의 것은 기존의 연구가 지적하듯이 고대에서부터

---

2) 李光麟, 위의 책, p.28, p.43~46.

3) 李光麟, 위의 책, p.5 및 李春寧, 《李朝農業技術史》(同上叢書 21, 1964), p.43~44. 이 두 연구에서는 모두 洑가 더 원시적인 것으로 간주되었다.

4) 李光麟, 앞의 책, p.2~3에 《三國史記》의 堤堰修築 관계기사가 조사 정리되어 있다.

5) 統一新羅 때의 洑의 用例로서 1968년에 발견된 永川 菁堤碑의 貞元(元聖王 14년) 修治記 가운데 「洑堤傷故所內使以見令賜矣」(洑堤가 傷하였기 때문에 所內使를 시키시되)란 一節이 있다. 李基白 교수는 〈永川 菁堤碑 貞元銘의 考察〉, 《考古美術》 102, 1969, p.6에서 「洑堤傷」의 부분을 「洑의 둑이 傷하여」라고 해석하면서 이것이 洑의 최초의 用例가 되겠다고 언급하였다. 그러나 菁堤는 野山 사이에 흐르는 川流를 둑을 쌓아 가로막은 형태로서 후대의 洑라고 보기 어려운 점이 많다. 《世宗實錄地理志》에도 이것은 「菁村堤」라고 적혀 있다. 필자의 조사로도 15·16세기의 기록에서 川防이란 용어가 주로 쓰이고 洑란 표현은 거의 찾기 어려웠다. 그래서 貞元修治記에서의 洑堤의 洑는 후대의 그것과 동일시하여 「물막이」로 해석하기보다는 「물흐름」이란 原意를 살려 「물흐름〔洑〕을 가로막은 것〔堤〕」이라고 풀이해야 하지 않을까 생각한다.

6) 岡岐文夫·池田靜夫, 《江南文化開發史》, 1941.
西嶋定生, 《中國經濟史研究》, 1966, p.17~19.
周藤吉之, 《宋代經濟史研究》, 1962, p.105~115.
天野元之助, 《中國農業史研究》, 1962, p.239~241.

활용되어 왔을지도 모른다.[7] 그러나 15·16세기의 천방에 관한 논의는 정책적인 차원의 것이므로 이러한 소형을 대상으로 한 것으로는 생각되지 않는다. 기술적인 어려움이란 것은 규모가 큰, 더 넓은 川水의 활용에서 제기되는 것이다.

이와 같은 본격적인 하천수 활용의 문제가 사료에 보이는 대로 15세기부터 문제되는 것이라면, 이는 곧 이때에 새로운 수리방식의 하나가 더 모색된 것을 뜻하므로 그 성과 여부는 우리의 수전농업의 발달과 관련하여 중요한 의미를 지니는 것이 된다. 그리고 그것의 본격적인 개발이 일단 확인된다면, 이는 곧 수전 농업의 양적·질적 확대를 수반할 것이 분명하므로, 이의 사회적인 영향도 작은 문제가 아닐 것으로 예상된다.

본고는 바로 이러한 관점에서, 조선 전기의 수전 농업 발달의 중요한 일면으로서 川防灌漑의 보급 시도와 그 성과의 실제를 검토하는 데 일차적인 관심을 두되, 한 걸음 더 나아가 가능한 한 그 개발의 실질적인 주도계층을 살피는 데도 힘써 보고자 한다. 당장에는 16세기의 지방 중소지주층의 정치적, 사회적 성장, 다시 말하면 사림파라는 새로운 정치적, 사회적 주도세력의 대두가 바로 이러한 농업경제상의 발전을 토대로 하여 가능했던 것이 아닌가 하는 생각이 앞선다.

1. 15세기 堤堰 개발의 한계성

문헌상으로 삼국시대부터 확인되는 제언이 우리의 수전 농업의 발달에 끼친 영향이 컸음은 두말할 나위가 없다. 조선왕조가 개창된 뒤에도 제언의 개

---

7) 李光麟, 위의 책, p.5에는 이에 관하여 「요컨대, 신라시대의 水利事業은 못이나 늪에 堤防을 쌓아 이용하는 데 중점을 두었을 것이며, 한편 李朝時代나 오늘날까지도 농촌에서 널리 이용되고 있는 「洑」가 많이 修築되었을 것 같다. 협곡에서 흘러내리는 물을 나무나 돌로 간단히 막아 농토에 引水하는 것은 가난한 농민들에게는 사실상 편리한 것이기 때문이다」라고 언급하였다.

발은 국가적인 차원의 중농정책에서 가장 큰 비중을 차지하는 것의 하나였다. 태종대부터 본격화하기 시작한 수리개발정책은[8] 일러도 세조대까지는 주로 지금까지 폐기상태에 놓인 제언을 수축하거나 새것을 축조하는 것이었다.[9] 후술하는 바와 같이 천방·수차와 같은 다른 수리방식의 추구가 없었던 것은 아니나, 당장에 성과를 볼 수 있는 것은 주로 이 제언 쪽이었다.

그러나 새로운 축조는 반드시 일정한 입지적 조건이 갖추어져야 하는 것이므로, 기술상의 획기적인 변화가 달리 일어나지 않는 한, 그 개발에 한계가 있기 마련이다. 왕조 초기의 제언 개발의 성과는, 경상도 한 지역에 한정된 것이기는 하나, 예종대(1468~1469) 편찬의 《慶尙道續撰地理志》(이하 《續志》라고 약칭함)를 통해 구체적인 것을 살필 수 있다. 즉 이에는 당시 이 道의 제언의 총수가 769개에 달한 것으로 조사되어 있다. 그런데 이 규모는 이후 약 반세기가 지나면서도 큰 변화가 없는 것으로 나타난다. 중종 18년(1523)에 堤堰司는 하삼도지역의 제언의 수를 도별로 보고하고 있는데, 이에서 경상도의 것은 아직도 800개를 넘지 못한 것으로 되어 있다.[10] 《續志》에 조사된 것은 물론 바로 앞 시기 곧 세조대까지의 성과를 반영하는 것이다. 따라서 이때에 얻어진 성과가 이후 반세기가 지나면서도 별다른 진전이 없었다는 것은 곧 당시의 기술로서는 그것이 최상한선에 도달한 것이었음을 뜻한다고 보아야 할 것이다. 앞에서도 언급하였듯이 태종대에서 세조대까지는 실제로 제언의 개발이 집중적으로 추구되던 시기였다.

---

8) 새 왕조에 들어와서 수리정책에 관한 陳言으로는 《太宗實錄》卷8, 太宗 4년 7월 辛酉條의 鄭芬의 것이 최초로 보이고, 이후 태종 중반 무렵까지 몇 차례 거의 비슷한 내용의 陳言이 거듭되다가 태종 14년 6월의 前仁寧府尹 李殷의 上書(《太宗實錄》卷 27, 太宗 14년 6월 壬子條)를 계기로 본격적인 착수 단계에 접어들게 된다. 즉 이 상서에 대해 이틀 뒤에 戶曹의 「可興水利事宜」가 이루어진 (《太宗實錄》卷 27, 太宗 14년 6월 庚戌 條) 뒤, 이듬해 正月에 각 道에 堤堰修築의 命이 내려져 (《太宗實錄》卷 29, 太宗 15년 正月 庚申條) 본격화하게 된다.

9) 李光麟, 앞의 책, p.14~20 참조. 초기의 제언수축을 중심으로 한 수리정책은 태종대 이후 세종·세조 양대에 다시 성과가 컸던 것으로 보인다.

10) 《中宗實錄》卷46, 中宗 18년 正月 庚戌條, 「堤堰司郎官啓曰……慶尙全羅兩道 則堤堰甚多 慶尙道則八百 全羅道則九百餘處……」

  이 시기의 제언 개발의 한계성을 구체적으로 살피기 위해서는 다음과 같은 기록을 우선 주목할 필요가 있다.

  ……守令이 堤堰을 만들 만한 곳을 찾아 물으면 백성들이 숨기고 告하지 않는 것은 그들의 기름진 田(膏腴之田)에 損만 있고 利가 끝내 없기 때문입니다. 왜냐하면……미리 백성들의 기름진 田을 빼앗아 少堤를 쌓아 貯水하더라도, 만약 春耕 때에 비가 饒洽하년 제언의 물에 힘입지 않고노 灌漑가 自足하며, 나중에 天旱이 들어서는 堰內의 물과 堰下의 地가 한꺼번에 같이 말라버리니, 그 田에 損만 있고 利가 끝내 없게 됩니다. 그래서 백성들이 모두 반기지 않습니다《世祖實錄》卷9, 世祖 3년 9월 己酉條).

  이 언급은 좋은 조건의 제언을 새로이 얻음이 쉽지 않다는 것이 그 요지이다. 그런데 여기서 지적하고 있는 기존의 「膏腴之田」과 새 제언과의 관계는 다음과 같은 사정에 근거하는 것이다. 우리나라의 稻作地는 본래 자연지리 조건상으로 河口의 델타 지역과 山谷의 溪流 주변에서 먼저 시작된 것으로 알려진다. 즉 전자는 低濕한 조건에서, 그리고 후자는 계류가 인력의 통제에 쉽게 들 수 있는 점 등에서 각각 도작지로서 유리한 점이 있었던 것이다.[11] 그런데 제언이란 것은 대개 산곡을 가로막아 계류를 저수하는 것이므로, 그 축조는 후자의 경우와 함수관계를 가지기 마련이다. 즉 제언이 만들어진 뒤에는 堰下에 새로운 蒙利의 경지가 얻어지는 것이지만, 한편으로 천연적으로 水利의 안전도가 높은 기존의 계류 주변의 畓을 침수시켜야 하는 것이다. 따라서 대개 제언으로서의 조건이 확실하게 보장되지 않는 한, 위 인용문과

---

11) 우리나라 稻作 발생의 自然地理的 조건에 관한 연구로서 金相昊, 〈李朝前期의 水田農業研究〉(1969년도 文敎部 學術研究助成費에 따른 연구의 보고서로서 別本으로서 刊行됨)란 논고가 있다. 이 서술은 이 논고의 머리 부분 「水田立地考察」에 전적으로 의존하였다. 이 논고의 견지에 따라 필자는 신라통일기의 〈開仙寺石燈記〉에 보이는 「奧畓」, 「渚畓」에 대한 풀이를 달리 가져본 적이 있다(李泰鎭, 〈畦田考〉, 《韓國學報》10, 1977, p.119~134; 이 책 제2장 참조).

같은 기피현상이 빚어지기 마련이었다. 引文에서 「膏腴之田」이란 것이 바로 계류 주변의 畓인 것이다.

계류 주변 답에 대한 집착은 기왕에 만들어진 제언에서도 다음과 같은 현상을 낳고 있었다.

> ……水利가 농사에 利가 됨은 크며, 我國의 堤防의 法은 오래입니다. 그러나 각 官의 주민들은 물이 적은 날을 몰래 틈타 제언의 안을 濫耕하는데, 물이 만약 많이 모이면 決斷하여 흘려보내고 그 안을 씁니다. 때문에 비록 물이 많은 곳이라도 이로 말미암아 쌓이지 않으니 매우 근심이 됩니다……(《世宗實錄》 卷112, 世宗 28년 5월 丁丑條).

여기서 말하는 堰內의 濫耕은 단순한 남경이 아니라, 제언이 만들어지기 이전의 계류 주변 畓의 좋은 조건에 대한 집착에서 비롯하는 것이다. 제언을 무너뜨려 물을 뺀 상태는 곧 이전의 것이 재현된 형태인 것이다.

새 왕조가 개창되었을 당시 김제의 碧骨堤를 비롯해 고부의 訥堤, 밀양의 守山堤, 부평 水桶堤 등 이름난 大堤堰들은 실상 모두 그동안의 통치체제의 불안으로 決潰 상태였다.[12] 그래서 새 왕조에 들어와서는 새 제언을 개발하는 것 못지않게 이 결궤 상태의 것들을 다시 修築하는 것이 중요한 일로 되고 있었던 것이다. 이런 大堤堰類는 특히 국가의 둔전 확보에 목적이 두어져 제언사의 중요한 임무로 지워지고 있었지만,[13] 한편 인근 주민들의 旣耕地와의 換置가 원활히 이루어지지 못해,[14] 위와 같은 결궤의 반발이 잦았던 것이다. 위에 든 벽골제와 수산제 같은 것은 수축이 그 사이에 여러 차례 있었음

---

12) 李光麟, 앞의 책, p.15~17 및 註 15) 참조.

13) 초기의 국가적 차원의 수리정책이 둔전 확보와 관계된 것은 문종에 대한 史臣의 다음과 같은 논평에서 잘 엿볼 수 있다. 「……時 上銳意屯田之策 又嘗謂農事 以川防堤堰 爲重 若築堤堰 以灌漑之 則旱乾不能爲之災矣 每於守令引見 必以此二事 論之」(《文宗實錄》 卷 6, 文宗 元年 2월 乙亥條)

14) 李景植, 〈朝鮮初期 屯田의 設置와 經營〉, 《韓國史研究》 21·22合號, 1978, p.86 참조.

에도 《世宗實錄地理志》(이하 《世志》라 약칭함)에는 不築상태인 것으로 명기되어 있다.15)

　새로운 축조가 기피될 뿐만 아니라 旣築의 것마저 이와 같이 고의적으로 결궤되는 상황은 당시 제언의 개발이 그만큼 어려웠던 것을 말해 주기에 충분하다. 앞에 제시한 《續志》에 나타난 세조대까지의 성과는 이런 어려움 속에서 일단 얻어진 것이었다. 그러나 초기에 달성된 이러한 성과는 하삼도 지방에서조차 그 관개 능력이 전체 수전 가운데 6분의 1밖에 미치시 못하는 것으로 파악된다. 예종대 편간의 上記《續志》에 조사된 각 제언의 관개 면적의 평균치(26結)를 《世志》의 3개 道의 총 水田結數에 대입시킨 결과가 이 정도에 그친다.16) 경상도는 당시 「堤堰處가 많아 토지가 비옥함이 他道의 倍」(《世宗實錄》 卷 105, 世宗 26년 8월 戊午條)라고 하듯이 후대와는 달리 제언의 확보상태가 가장 앞서고 있었으므로, 이에 기준을 둔 위와 같은 계산의 결과는 결코 과소한 평가가 아니다.

　제언이 당시로서 수리의 절대적인 방식이면서도 그 관개 능력이 이렇게 한정된 상태에서는 벼의 作法 자체에도 영향이 있기 마련이다. 조선 초기의 稻作法은 「乾畓直播法」이 일반적이고, 후대에 일반화하는 이앙법은 극히 일부지역(경상도)에 한정되었을뿐더러 이것마저도 중앙정부에 따라 억제되었다.17) 이앙법은 주지하듯이 苗垈의 秧苗를 本田에 옮겨 심어야 하는 耕程이 있으므로 수리의 혜택이 확실하게 보장되지 않는 한은 쓸 수 없는 것이다. 따라서 이것이 보급되지 못한 사실 하나로도 초기의 수리상의 제약은 충분히 짐작할 수 있지만, 건답직파법이란 것 역시 같은 사정에서 강구된 작법이었다. 곧 그것은 수리가 보장되지 않은 조건에서 볍씨를 당초에 건답에 직파하여 밭농사처럼 지으면서 봄가뭄을 이긴 뒤에 하절에 강우가 많아지면

---

15) 《世宗實錄》 卷 150, 地理志 慶尙道 密陽府條 및 《世宗實錄》 卷 151, 地理志 全羅道 金堤
　　郡條.

16) 李光麟, 앞의 책, p.28 및 金相昊, 앞의 논문, p.14.

17) 金容燮, 《朝鮮後期農業史研究》 Ⅱ, 1974, p.11~18.

수전농업의 형식을 취하는 것이었다.

세조 3년에 관개의 기술을 널리 구하는 국왕의 論書에 응하여 올린 沃川 人 郭瑜의 상소문 가운데 보이는 다음과 같은 一節은 당시의 수리상의 제약 으로 말미암은 벼농사의 어려움을 읽기에 충분하다.

> ……秔稻[메벼]의 본성은 旱耕에 水種을 하면 그 뿌리가 내려져서 가뭄이 있더라도 말라죽지 않아 다행히 雨露를 만나면 마침내 거두어들일 수 있지 만, 乾種을 하면 뿌리가 깊게 내리지 않아 가뭄을 만나면 말라 죽어버리고 맙 니다. 이런 까닭에 水種은 힘써 하지 않을 수 없는 것입니다. 梁氏가 水利의 要諦를 논한 것을 嘗觀하였는데……臣이 금년에 이 방법을 시험하여 보았습 니다. 그런데 臣의 水田에는 泉濕한 곳이 없고 臣의 田 위쪽에 다른 사람의 泉濕 沮洳한 田이 있어서 그 사람을 꾀어 그 논두렁을 높이 쌓아 눈 녹은 물 [雪水]을 담았다가 播種 때에 그 물을 터 내려 臣의 田에 끌어넣어 水耕水種 을 하니 비록 오랜 가뭄을 치루었어도 마르거나 시들지 않아 결실이 豊年에 못지않았습니다. 그런데 다른 乾種의 田은 모두 말라 시들어 버렸으니 이로 써도 稻田은 水種이 제일인 것을 알겠습니다(《世祖實錄》 卷 9, 世祖 3년 9월 乙酉條).

여기서 가뭄에 枯死의 위험도가 높은 것으로 지적되는 「旱耕」에 「乾種」 이란 것이 바로 앞에서 말한 건답직파법이다. 곽유는 다른 田에서 일반적으 로 행해지고 있는 이 방식에서 벗어나 雪水 곧 눈 녹은 물을 이용하여 파종 을 「水種」으로 한 결과, 당년에 가뭄이 들어 田이 모두 失農하였는데도 이를 이길 수 있었다는 것이다. 그의 언급에서는 이 방식이 「水耕水種」이라고 표 현되었지만,18) 이는 이앙법과도 전혀 다른 것으로서 단지 눈 녹은 물을 이용

---

18) 앞에서 「乾耕水種」이라 하고서 여기서는 「水耕」이라고 표현을 굳이 바꾼 이유는 잘 모르겠다. 그러나 그 요지는 水種 곧 파종만은 물이 있는 상태에서 해야 한다는 것 이므로 大意에는 큰 지장이 없겠다.

해서라도 파종만은 물이 있는 상태에서 해야 한다는 것이 그 요지이다. 조선 초기의 도작은 이와 같이 雪水의 이용이 하나의 방안으로 제시될 정도로 수리의 혜택에 제약이 많았던 것이다.

같은 시기에서 하천수의 활용이란 새로운 수리방식이 꾀하여지게 된 것은 전통적인 방식으로서의 제언의 개발이 지니는 이러한 한계성을 타개코자 한 데서 비롯하는 것이었다. 이제 장을 달리하여 그 구체적인 과정을 보기로 한다.

2. 河川水 활용의 새로운 시도

1) 水車 보급의 시도와 실패

하천수를 관개수로 활용해 보려는 시도는 水車의 제작·보급이란 형식으로 먼저 제기되었다. 이에 관한 것으로는 공민왕 11년(1362)에 密直提學 白文寶가 올린 다음과 같은 내용의 箚子가 최초의 것으로 보인다.

江·淮의 사람들이 농사를 지으면서 水旱을 염려치 않는 것은 오로지 水車의 힘입니다. 우리 東方人의 治水에서는 도랑[溝澮]으로만 물을 끌고 수차가 易(이)注함을 알지 못합니다. 때문에 田 아래에 개천[渠]이 있어도 尋丈의 깊이도 되지 않는데 내려다보면서 쳐 올리지[激] 못합니다. 그래서 묵혀 버려진[汚萊] 田이 십상팔구입니다. 마땅히 界首官에 수차를 만들도록 명하시어 기술을 본받고 모양을 갖추어 민간에 전하도록 함이 옳겠습니다. 이는 備旱·墾荒의 第一策일 뿐만 아니라, 이로써 백성들이 下種 揷秧도 함께 할 수 있게 될 것인즉 또한 旱災에 당해서도 穀種을 잃지 않음이 되겠습니다(《高麗史》卷 79, 食貨 2 農桑條).

여기서 「田 아래에 개천이 있어도 尋丈의 깊이도 되지 않는데 쳐 올리지 못한다」고 한 것은 바로 하천수의 활용이 당시까지 본격적으로 이루어지지 못한 것을 지적하는 것으로 보아 마땅하다. 그런데 하천수의 활용의 구체적 수단으로서 수차를 보급하면 備旱·墾荒 뿐만 아니라 揷秧까지도 가능하다는 이 건의의 내용을 원리적인 측면에서 알기 위해서는 머리에서 거론된 중국 江·淮 곧 江南·淮河 유역 일대의 수전 농업에 대한 이해가 앞서야 한다. 여기서 수차를 활용하여 수한을 염려치 않는다는 이 지방들의 농업은 곧 宋代에 달성된 이른바 강남농법을 가리킨다.

강남농법은 주로 수전 농법에서 수리와 시비의 기술에 일대 발전이 이루어져 도작이 휴경의 제약에서 완전히 벗어나는 한편, 새로운 작법으로서 삽앙 곧 이앙법이 성립된 것을 주된 내용으로 하는 것이다. 곧 인분의 활용을 중심으로 한 새로운 시비술이 개발되어 지력의 유지에 만전이 기하여지는 한편, 이 지방의 풍부한 江水와 하천수가 관개수로 이용되는 방안이 마련됨으로써 苗垈와 本田을 분리시키는 이앙법이 가능하게 되었던 것이다. 이 이앙법은 分蘖 촉진에 따른 소출상의 성과가 있었을 뿐만 아니라, 그에 앞서 씨뿌리기가 묘대에서 따로 이루어짐에 따라 본전의 除草작업이 충분히 이루어질 수 있는 것이 큰 장점이었다.[19] 씨뿌리기가 本田에서 바로 행해지는〔直播〕조건에서는 첫 번의 제초 작업이 불충분하여 이후의 재배과정에서 중간 제초 작업이 몇 갑절 더하는 어려움이 따르게 되는 것이다.

백문보가 위와 같이 수차의 보급을 주장하면서 삽앙의 가능성까지를 직접 언급한 것은, 곧 그 자신이 강남농법의 장점을 숙지하고 있는 것을 뜻함이 분명하다. 말하자면 중국에서 이미 달성된 이 발달한 농업을 수용하기 위해서, 그 요체인 수리의 개선을 위해 수차부터 보급해 보자는 것이 그의 주장

---

19) 이상 「江南農法」에 대해서는 필자가 1987년도 제8회 東洋學學術會議(檀國大 東洋學研究所 주최)에서 발표한 〈14·15세기 農業技術의 발달과 新興士族〉이란 글(《東洋學》 9; 이 책 제4장 수록)에서 주로 施肥術을 중심으로 정리해 본 적이 있다. 水利와 移秧法의 관계에 대해서는 註 6)의 諸書 참조.

의 기본인 것이다.

송대, 더 정확히 말하면 남송대에 완전하게 달성된 강남농법은 왕조교체기인 14세기 말, 15세기 초 우리의 농업 발전에서 한 지표가 되다시피 하였다고 해도 과언이 아니다. 왕조 초기에 우리의 농업기술을 다시 점검하여 새로운 발전을 꾀하는 가운데 강남농법에 관한 서적으로서 《陳敷農書》가 직접 활용된, 사실이 바로 그것을 말해준다.[20] 이 시기의 농업기술을 종합 정리한 세종대 편간의 《農事直設》의 농법을 살펴보면, 강남농법의 2내 요체 가운데 하나인 인분과 회를 활용하는 시비술은 이미 이에서도 달성된 것으로 나타난다.[21] 말하자면 稻作·田作 어느 것이나 휴경법의 제약은 시비술의 발달로 이미 극복되었으나, 도작에서 이앙법은 위에서 살핀 바와 같은 수리상의 제약으로 널리 보급되지 못한 단계였다. 이 시기에 하천수 활용의 시도는 바로 이러한 제약으로부터 탈피에 의미가 있는 것이며, 위의 백문보의 건의는 그 출발에 해당하는 것이라고 하겠다.

수차에 관한 논의는 공민왕대 이후 새 왕조에 들어와서 태종대에 다시 있게 된 것을 볼 수 있다. 즉 同王 6년(1406) 12월에 마련된 守令褒貶의 기준 가운데 「勸民造水車 每一里幾具 官造作分給 每一里幾具」란 사항이 보인다.[22] 즉 수령들로 하여금 민간에서 수차를 만들도록 권장하는 한편, 관에서도 직접 조작토록 하고 그 성과를 포폄에 반영토록 한 규정이 세워진 것이다. 그러나 태종대의 시도가 성공하지 못한 것은 「이전에 禹希烈이 수차를 많이 만들었으나 써본 지 수년 만에 끝내 그 利를 보지 못하고 파하였다」[23]는 태종대의 한 술회를 통해 알 수 있다. 우희열은 수리 전문가로서 태종대에 주로 활약한 인물이다.[24]

---

20) 조선 초기에 《陳敷農書》가 들어왔을 것에 대해서는 李光麟, 〈「養蠶經驗撮要」에 對하여〉, 《歷史學報》 28, 1965, p.32에서 이미 언급된 적이 있다.

21) 李泰鎭, 이 책 제4장 〈14·15세기 農業技術의 발달과 新興士族〉, p.121~125.

22) 《太宗實錄》 卷 12, 太宗 6년 12월 乙巳條.

23) 이것은 세종대의 수차 시험 때에 그 可否를 묻는 국왕의 질문에 대한 좌승지 金宗瑞의 답변 가운데의 一節이다(《世宗實錄》 卷 52, 世宗 13년 5월 庚辰條).

태종대에 이와 같은 한 차례 실패를 본 수차의 보급문제가 다시 거론된 것은 세종 11년 말의 일이었다. 즉 이때 通信使로서 일본을 다녀온 朴瑞生이 그곳에서도 수차가 많이 사용되고 있다고 보고하면서 재시도를 건의함을 계기로 해서였다.25) 중국뿐만 아니라 일본에서도 수차가 쓰이고 있다는 그의 보고는 국왕과 朝臣들을 크게 자극하였던 것 같다. 그래서 국왕 스스로「중국과 倭邦이 모두 그것(水車)을 이용하는데, 我國이 그 사이에 介在하여 어찌 쓸 수 없겠는가」26)라는 집념을 보인 가운데, 이후 수년 동안 재시도의 줄기찬 노력이 있게 된다.

이듬해 곧 세종 12년 초부터 도승지 安崇善과 공조참의 朴瑞生의 주관 아래27) 바로 착수된 이 재시도는 새로운 형태의 수차를 제작하는 일에서부터 시작되었다. 박서생은 당초의 보고서에서 倭水車의 장점과 개선점을 다음과 같이 피력한 바 있었다. 즉 장점으로는 그것이「爲水所乘」의 원리에 따라「自能回轉」하여「길어서 붓는〔挹注〕」형식으로서,「人力에 의해 붓는」방식이던「我國 昔年」의 것뿐 아니라 중국 것보다도 나으며, 개선점으로는 그것이 急水에만 설치토록 되어 있는데 이는 그 모형에 사람이 踏乘할 수 있는 장치만 붙이면 漫水에도 사용할 수 있다고 하였다.28) 그는 使行 중에 동행한 學生 金愼으로 하여금 倭水車의 모형을 자세히 그리도록 하여 보고 할 때에 그것을 제시하기도 하였다.29)

박서생이 제시한 새 모형의 수차는 곧 중앙의 工人들에 따라 제작이 정식

---

24) 禹希烈은 世宗 2년 12월에 死去하였다(《世宗實錄》 卷 10, 世宗 2년 12월 庚子條).
25) 《世宗實錄》 卷 46, 世宗 11년 12월 乙亥條,「通信使朴瑞生具可行事以啓……日本農人 有設水車斡水灌田者 使學生金愼審其造車之法 其車爲水所乘 自能回轉 挹而注之 與我國昔年所造之車 因人力而注之者異矣 但可置於急水 不可置於漫水也 水砧亦然之 臣竊料之 雖漫水 使人踏而升之 則亦可灌注矣 今略造其形以獻 乞於各官可置之處 依此造作 以助灌漑之利……造置水車條 僉曰 可試之……」
26) 《世宗實錄》 卷 52, 世宗 13년 5월 庚辰條.
27) 朴瑞生과 安崇善 등의 수차 시험 활약상은 《世宗實錄》 卷 52, 世宗 13년 6월 乙未條 및 《世宗實錄》 卷 60, 世宗 15년 4월 辛卯條 등에서 구체적으로 살필 수 있다.
28) 註 25) 참조.
29) 위와 같음.

으로 착수되었다.30) 그리고 같은 해 9월에는 중앙으로부터 각 도의 감사에게 수차의 모형이 내려지고, 그 제작 보급의 성과를 수령들의 殿最에 반영토록 하는 지시가 있었다.31) 그러나 이 新造水車는 공인들에 따라 제작되는 과정에서 박서생의 본래 의도와는 다르게 踏乘의 장치에만 주안이 두어져「輻大板厚」하게 만들어짐으로써 실제의 보급시험에서 회전이 잘 되지 않는 결과를 가져오고 말았다.32) 그래서 이를 시정하려는 노력도 있었지만, 모형은 倭水車이든 중국 水車이든 구애하지 않고 모두 활용하는 것으로 방침이 굳혀졌다.33)

그러나 수차의 시험은 激水가 아니라 滲漏에 문제점이 있는 것이 뒤늦게 드러났다. 즉 지질상의 문제로서「我國의 土性이 麤疎하여 泉水汚下에 비록 그 功을 배로 하여도 1일의 所灌이 1畝를 넘지 못하고, 일을 거두면 곧 滲漏해 버리」34)는 사실이 시험에 들어간 지 2년 만인 同王 13년까지 곳곳에서

---

30) 위 과정은 世宗 13년 6월에 박서생이 新造水車가 자신의 考案에 어긋나는 것이라고 하면서 「工曹參議 朴瑞生上言……工人不審金愼之言 而自用其智以造之故也……」(《世宗實錄》卷 52, 世宗 13년 6월 乙丑條)라고 한 데서 드러난다.

31)《世宗實錄》卷 49, 世宗 12년 9월 乙丑條.

32) 박서생은 이 점에 대해 註 30)의 引文에 이어 다음과 같이 말하고 있다.「……今工人之所造 非惟體制未盡善 欲其人踏而升之 故輻大板厚 體重即難自斡也 人踏而升之者 倭國所不爲 臣但因自斡之車得臆料之便 而并以聞耳 近聞外方監司定差使員 俾造設焉 差使員亦效京中造設之法 不以自斡爲尙 而皆設踏升之車故民見人力之費而惡之矣……伏望 殿下以此不論諸道仍命金愼校正於一方 示之以易 而使諸造者取法焉 則庶幾水車正而灌漑之利成矣 知申事安崇善啓 瑞生職掌工曹 同金愼令本曹匠人造作試驗 從之」즉 중앙 工曹의 匠人들이 만들어 지방에 보급된 것이 자신의 본래의 考案과 다른 것이 되어버려서 이를 다시 校正토록 할 것을 건의하였다. 이 제안은 末尾에 보듯이 그대로 받아들여졌지만, 이후에 그 결과에 대한 것은 전혀 보이지 않는다.

33) 두 가지 수차가 다 활용토록 된 것은 다음의 기록들로 알 수 있다.「……戶曹啓 水車監造官手本內 倭水車 若於田未盡乾時 用之 則二人一日之役 可灌數畝之田 宜移文各道 預備造車之材 令匠人指導造作……唐水車亦並造作……從之」(《世宗實錄》卷 54, 世宗 13년 11월 己卯條)
「工曹啓 倭水車及唐水車造作匠人 諸於京畿忠淸道并一名 全羅慶尙道 并一名 發遣, 從之」(《世宗實錄》卷 54, 世宗 13년 12월 丙辰條)

34) 이것은 世宗 15년 4월 辛卯에 水車시험의 功이 別無한 것이 곳곳에서 드러난 가운데 국왕이 「中國及倭邦 皆利其用 我國介在其間 安有不可用之理 但行之者 不用力 或未得其要耳」라고 한 데 대해 左承旨 金宗瑞가 前日의 견문이라고 하면서 답한 것이다. (註 36)과 같은 條).

들어온 보고였다.35) 이 사실이 알려진 뒤에도 수차의 시험은 중단되지 않았지만, 同王 15년 4월에 국왕이 지방에 행차하였을 때 行宮 근처에서 80여 명을 동원하여 시험하게 하였으며, 같은 결과가 나타남에 따라 그 사이에 이 일로 각 도에 파견된 敬差官을 돌아오게 하고 또 이에 동원된 인력도 풀게 하였다.36)

그러나 이로써도 국왕 세종의 수차에 대한 미련은 다 할 수 없었던 듯하다. 이후에서도 이듬해 6월에 晉陽·安平·臨瀛 등 여러 大君들에게 도승지 안숭선과 함께 藏義門 밖에 설치된 「自激水車」를 보고 와서 이를 옮겨 쓸 만한 곳을 물색토록 하는 지시를 내려37) 수차에 대한 관심을 버리지 못하고 있다. 그리고 공식적인 혁파조치로서 諸道의 수차를 자원하는 곳을 제외하고는 모두 철거하라는 지시가 내려진 것도 실상은 同年 14년 6월의 일이었다.38)

2) 川防 보급으로의 전환과 그 개발과정

하천수의 본격적인 활용이란 새로운 차원의 수리방식 모색으로서 고려 말 공민왕대부터 시도된 수차의 보급문제는 지금까지 살핀 바와 같이 태종·세종 양대의 시험에서도 모두 실패로 돌아가고 말았다. 그러나 같은 목적의 것이 방식을 달리하여 다음 대에서 다시 꾀하여지게 된다. 즉 문종이 새로운 대안으로서 천방의 개발을 주장하기에 이른 것이다. 문종은 그 즉위년 10월

---

35) 滲漏現象에 대한 보고로는 《世宗實錄》 卷 52, 世宗 13년 5월 庚辰條의 「知印李克剛啓 臣到鐵原水原觀排設水車之狀 機械皆具 令人激水 隨卽滲漏 不得灌漑……」라고 한 것이 첫 번째로 보인다.

36)《世宗實錄》 卷 60, 世宗 15년 4월 辛卯條. 「初 朴瑞生奉使日本回還 極言水車之利 上信 之……至是 令宦寺田吉洪 置水車於行宮近處 役百人激之 一日所灌 止一畝而盡滲漏 及令 崇善往觀之 崇善啓曰 宗瑞終始皆言不可用 請與俱行詰其利害 命許之 俱往役八十餘人 終日 激之 所灌不及一畝 而皆滲漏 崇善等回啓其狀命扈從宰相議之 皆曰不可用 卽命還各道敬差 官 其水車籍人力者 皆罷之 唯自激水車 不罷」

37)《世宗實錄》 卷 64, 世宗 16년 6월 壬子條.

38)《世宗實錄》 卷 68, 世宗 17년 6월 丁未條.

에 수리정책에 관한 다음과 같은 諭書를 諸道의 監司들에게 내렸다.

> 堤堰修築의 法은 元·續大典에 자세하게 실려 있고, 또 지금의 守令褒貶에는
> 川防·堤堰이 함께 七事 가운데 들어 있으니, 그 立法의 節目은 매우 상세하고
> 세밀하다. 그러나 제언인즉 水源이 얕은데 功役은 많이 들며, 천방은 물의 源流
> 가 있어 功이 적어도 利가 많다. 그러므로 천방이 가장 좋고 제언이 다음이다.
> 얼핏 듣건대 여러 道에 川防을 만들 수 있는 곳이 자못 많다고 한다. 물에 남겨
> 진 利(遺利)가 많으니 卿이 巡行하여 廣問하여 啓하라(《文宗實錄》卷 4, 文宗
> 卽位年 10월 癸酉條).

여기서 주목되는 것은 실효성 면에서 천방이 제언보다 앞세워지고 있는
사실이다. 지금까지의 제언 중심의 수리정책에서 천방이 직접 거론된 경우
도 없지만, 제언과의 비교에서 천방이 이렇게 훨씬 유리한 것으로 평가되고
있는 것은 획기적인 변화라고 하지 않을 수 없다. 이것은 제언의 개발이 앞
서 살핀 바와 같이 이 시기에 이미 크게 한계에 부닥친 상황을 염두에 두지
않고서는 이해하기 어려운 일이다. 그리고 수령의 七事 가운데 수리에 관한
것에서 천방이 끼어든 것도 이 유서에서 처음이다.[39]

문종이 보인 이러한 천방 개발의 결의가, 한편 세종대까지 추구된 수차의
시험과 잇단 것임은, 同王 元年 11월에 따로 내려진 다음의 유서에서 직접
언급되고 있다.

---

39) 守令 七事 가운데 수리에 관한 것에서 堤堰 외에 水車의 시험이 있을 때에 그것이 추
가되는 경우가 있었다. 즉 註 22)의 原文으로 태종 6년 12월 乙巳에 사헌부에서 올린
守令褒貶之法 가운데 「一 勸課農桑 境內堤堰幾所內修築幾所 任後勸民 …… 勸民造水車
每一里幾具 官造作分給 每一幾具 ……」라고 한 것이 그 좋은 예이다. 이러한 경우를 제
외하고는 태종 4년 7월 辛酉日에 鄭芬이 제언 수축에 관한 陳言을 최초로 올린 가운데
「勸農之要 在築堤堰 守令皆帶勸農之職 不急乎此 ……」(《太祖實錄》卷 8, 太祖 4년 7월
辛酉條)라고 하듯이 제언 하나로 거의 일관하였다.

내가 듣기로 중국은 水利를 盛用하여 수차를 이용함이 많다고 한다. 또 듣기로 倭邦이 또한 수차를 利로이 하여 비록 조금 水旱이 있어도 失農함이 드물어 民食이 늘 족하다고 한다. 我國은 自來(自古以來)로 또한 川防 貯水가 많이 있으나 遺利의 處가 많으니, 때문에 水旱을 만나면 백성들이 흩어져 유망한다. 先王께서 이를 유념하시어 수차의 법을 세웠지만, 본국의 土性이 浮疏하여 물을 싣지(載水)못해 수차의 법은 끝내 利를 보지 못하였다……그래서 내가 先王께서 留心하신 뜻을 잊지 못하고 있는데, 또 금년에 北道의 民生들이 어려움을 만나, 밤낮으로 생각하니 救民의 術을 繼志할 바는 川防 灌漑의 다스림을 서두름만한 것이 없다……(《文宗實錄》卷 10, 文宗 元年 11월 壬子條).

문종 스스로 水車 시험과의 관계를 밝히고 있는 이 술회에서 한 가지 주목되는 것은, 천방을 「我國 自來」의 것이라고 한 점이다. 이 표현에 따르면 천방이 이전부터 있어온 것은 확실시되지만, 한편 바로 잇대어 다음과 같이 그 실정이 지적되고 있는 것을 유의할 필요가 있다.

(이어서) 혹자는 我國이 開闢한 이래로 立國한 지가 오래어 만일 灌漑할 만한 곳이 있다면 古人이 이미 다해서 새 利를 볼 만한 곳이 없을 것이며, 또 이것이 이미 京畿에서 防築해 보았으나 물에 무너져버려 民力만 소모하고 끝내 利되는 바가 없음이 증명되었다고 하지만, 나는 그렇게 생각하지 않는다. 만약 古人이 모두 다 했다고 하면 다시 더 배려할 것이 없지만, 綿花가 我國에 심어진 일 같은 것은 지금으로부터 오래지 않으며, 火藥이 그 利를 精盡하게 된 것도 乙丑年에 있었던 일이다. 이런 류가 하나 둘이 아닌데 만약 혹자의 애기와 같다면 이런 일들은 모두 금일에 이용될 수 없어야 할 것이다. 京畿에서 시험하여 利를 보지 못한 것은 대개 人事가 다하지 못하여서이지 어찌 천방의 罪이겠는가(《文宗實錄》卷 10, 文宗 元年 11월 壬子條).

여기서 천방 개발의 가능성이 綿花, 火藥 개발에 비유된 것도 흥미롭지만, 경기의 어느 지역에서 실패에 관한 논란은 아직껏 그 개발이 소극적이었던 것을 그대로 말해준다. 요컨대 문종은 천방 개발의 현황이 매우 미진하다는 견해를 뚜렷이 하고 있다. 따라서 앞에서 「我國은 自古以來로 또한 川防貯水가 많이 있었다」는 그의 표현에는 수식상의 일정한 과장이 있는 것을 감안하여야 할 문제이다. 그가 말하는 「自古以來」의 上限은 고대로까지 거슬러 올라갈 수도 없지 않다. 그러나 이 경우는 앞의 백문보의 箚子에서 하천수 활용의 적극적인 수단이 제대로 강구되지 않은 것으로 지적된 점을 감안한다면, 그것은 대개 소규모적인 형태에 지나지 않는 것일 가능성이 많다. 그리고 한편으로 고려 말기에 백문보의 주장과 같은 류에 따라 하천수 활용에 대한 관심이 높아져 수차와 함께 천방의 개발이 달리 부분적으로 이루어졌다고 해도, 그 사이에는 한 세기라는 시간의 흐름이 있으므로 그 내력에 대한 기억이 명료치 않은 상태에서는 「我國自來」라는 표현이 쓰여질 수도 있는 것이다. 그 사이에 어느 정도 큰 규모의 천방이 만들어지고 있는 것은 세종대의 수차 시험 때에 그 발의자인 박서생의 다음과 같은 진술을 통해 확인할 수 있다.

> ……臣이 외방에서 生長하여 일찍이 築川 灌漑의 어려움을 보았습니다. 守令이 수시로 色吏를 보내 각기 농민을 인솔하여 가서 일을 하는데 防築이 큰 것은 반드시 수백인의 힘을 들여야 하고, 중간 것은 수십 인, 작은 것은 10여 인을 들여 여러 날 만에 이루어질 수 있습니다. 그리고 혹 물이 닥쳐 무너지면 또 그렇게 해야 되니 民力의 勞가 참으로 큽니다. 지금의 이 車(水車)는 그렇지 않으니 비록 필부의 힘으로써도 오히려 능히 할 수 있는데, 하물며 저절로 도는 〔自斡〕 車가 한번 만들어지면 인력을 쓰지 않고도 밤낮으로 저절로 돌아감에서라《世宗實錄》卷 52, 世宗 13년 6월 乙未條).

여기서 「築川灌漑」 또는 「防築」이라고 표현된 것이 바로 천방이다. 박서생은 善山 출신으로서,[40] 태종 元年에 처음 출사하였다.[41] 따라서 그가 자랄 때 보았다는 築川 사업의 광경은 왕조 개창 전후 무렵의 것이 되겠다. 그렇다면 비교적 큰 규모의 천방도 문종대 이전에 이미 만들어졌던 것이 이로써 확인이 되지만, 그의 진술에서 그것이 수차와 비교되고 있는 점을 더 유의할 필요가 있다. 그의 이 진술에서 그것이 수차가 방축에 견주어 힘이 덜 든다는 것을 강조하려는 것이 아니라, 漫水인 우리의 하천에서 수차를 더 쉽게 활용하는 방도로서 자신이 자랄 때 본 것과 같이 일부 지역에서 만들어지고 있는 방축을 수차에 接用하자는 것이었다. 즉 방축과 같은 시설을 만들어 물이 한 곳으로 급히 흐르게 하여 그곳에 수차를 설치하자는 것이었다.[42] 그러나 그의 이러한 언급에서도 천방의 일반성은 읽기가 매우 어렵다. 실상 천방의 보급이 일반화했다면 그 자체로서 하천수의 활용은 해결된 것이나 마찬가지이므로 수차 보급의 제안이 따로 있을 수 없는 일인 것이다.

대개 위와 같이 살피면 문종대에 천방 개발의 표방은 결국 다음과 같이 정리될 수 있겠다. 즉 천방의 내력은 고대로까지 소급될 수 있을지라도, 그것은 소규모의 매우 초보적인 형태에 지나지 않았을 것이며, 더 본격적인 것은 고려 말기에 하천수 활용에 대한 관심이 높아지면서 시작되었을 것으로 보이나, 이때까지는 같은 목적의 수차가 더 용이한 것으로 보여 이의 개발에 역점을 두다가 이것이 끝내 실패로 돌아감에 따라 천방의 집중적인 개발이 표방되기에 이른 것이라고 하겠다.

천방의 보급이 실제로 이때까지 부진했던 것은, 문종대부터 그 적극적인

---

40)《一善誌》卷 3, 人物條에서 朴瑞生은 「其兄比安人中郞將漸之後 居本府南栗谷……嘗受業於冶隱先生 序先生行狀」이라고 소개되어 있다.《國朝榜目》에도 比安人이라고 하였으나 거주지는 이에서 보듯이 比安에서 멀지 않은 善山 南面 栗谷이었다.

41)《國朝榜目》에 그는 태종 元年의 辛巳別試로 出仕하여 同王 7년의 重試를 거친 것으로 되어 있다.

42) 이에 대한 언급 부분을 옮기면 다음과 같다. 「自斡之車 在於漫流 因不可施 日本人有築川 通溝而設之者矣 今於漫流 小加防築 通一小溝而設之 則可以爲急流而自斡矣」(註 30)의 인용문과 같은 條).

개발이 꾀하여지기 시작하여 19년이 되던 해 곧 예종 2년에 간행된 《續志》
의 수리시설 조사에서 그것이 전혀 반영되지 않은 사실 하나로써도 충분히
알 수 있다.

즉위와 동시에 내세워진 문종대의 천방 개발정책은 앞의 諭書에서 본 대
로 반대론도 없지 않았지만, 국왕 자신이 신임 수령을 引見할 때는 항시 천
방·제언의 두 일로써 그 諭示로 삼을 정도로 큰 열의를 보임으로써 본격화
하여 갔다.[43] 그리고 元年 11월에는 스스로 「지금 下三道에서 그 利를 점점
얻고 있다」고 하면서, 함경·평안 등의 道에도 그 可當處를 물색하도록 명하
기도 하였다.[44] 그러나 문종 당대의 성과는 그의 재위기간이 짧아서 어디까
지나 국가적인 차원의 개발의 출발로서 의미가 있을 따름이다.

천방은 수차와는 달리 적게나마 이전부터 있어 온 것이므로 개발 자체가
수포로 돌아가는 일은 있을 수 없었다. 그 개발이 적극적으로 추구됨에 따라
오히려 점차 제언과의 비교에서 그 장점이 드러나기 마련이었다. 세조대에
서는 제언의 개발이 추구되면서도 한편으로는 「천방의 이로움은 제언보다
배나 되니 땅의 高下를 따라 제방을 만들면 그 取用이 무궁하다」[45]는 평가
가 지속되었다.

세조대에 개발의 구체적인 사례로는 다음과 같은 것들이 있었다. 첫 번째
로 同王 4년 4월에 국왕 스스로 西郊에 행차하여 「新水田防川」을 직접 보
고, 인근의 廣州·楊洲·原平·衿川·高陽 등지의 邑守들을 불러 천방을 만들
만한 곳의 유무를 물은 일이 있었다.[46] 그리고 同王 11년 6월에도 비슷한 일

---

43) 세종도 「龍潭縣令朴繼先辭 上御便殿 引見謂曰 守令之職 其大要不過勸課農桑 輕徭薄賦
惠養黎元而已 爾往哉」(《世宗實錄》卷 33, 世宗 8년 8월 癸未條)라고 한 예에서 보듯이
引見 때에 반드시 農政을 당부하였지만, 문종은 「新溪縣令柳忰 高敞縣監朴禮崇等辭 上
引見 謂禮崇曰 予聞下三道堤堰可築處頗多 川防堤堰耕農之本 盡心措處」(《文宗實錄》卷 5,
文宗 卽位年 12월 己未條)라고 하듯이 천방·제언의 일을 한결같이 말하였다. 그래서 史
官도 「王尤留意於農事 每見監司守令 必以務農水利 諄諄勉之」(《文宗實錄》卷 13, 文宗 2
년 5월 癸丑條)라고 別記하여 놓고 있다.

44) 《文宗實錄》卷 10, 文宗 元年 11월 丙午條.

45) 《世祖實錄》卷 10, 世祖 3년 11월 丁未條의 「堤堰敬差官導官注簿姜敦卿事目」 중의 一
節.

로 국왕 스스로가 다시 東小門 밖 多也院 천변에 나아가 閑地를 골라 두 승지에게 천방을 직접 만들어 보도록 한 일이 있었다.[47] 그런가 하면 그 4년 5월에는 泰仁 거주의 생원 殷孟傳가 천방 개발에 성공하여 주민들에게 혜택을 많이 주었다고 하여 상을 내렸고,[48] 같은 해 9월과 11월에는 金山郡 金泉驛前坪·高靈 客舍前坪·尙州 所火灘 등지 및 安山·廣州 등지에 천방을 만들도록 하는 지시를 해당관찰사들에게 직접 내리기도 하였다.[49]

개발 초기단계에서는 위와 같이 국왕 스스로가 앞장을 서다시피 하는 것이 하나의 특징이었다. 이는 그 자체가 곧 초기적인 면모에 해당하는 것이라고 보아야 할 것이다. 문종·세조 양대의 추구가 열기를 띠고 있지만, 그 성과는 성종 초반의 다음과 같은 논의에 따르면 아직도 국지적인 감을 면치 못한다.

> (侍講官 柳)洵이 또 啓하여 이르기를 …… 금년에 전라도에서 旱魃이 심하였는데 全州만이 풍년이 들었으니 (이는) 천방이 있어서입니다. 경기 振威의 前坪이 肥饒한 것으로 일컬어짐도 천방 때문입니다. 그런데 (이곳의) 川의 남쪽에 또한 田이 있어서 관개할 수 있는데도 물을 끌지 않아 遺利가 되고 있습니다. 이로써 미루어 보건대 다른 지방〔他官〕에도 천방을 만들 곳이 있을 것이고, 遺利도 또한 반드시 많을 것입니다(《成宗實錄》卷 48, 成宗 5년 10월 乙酉條).

성종대에는 앞의 두 王代처럼 국왕 스스로 나서는 일은 별로 찾을 수 없다. 그러나 천방의 중요성에 대한 인식은 이전과 마찬가지로 그대로 지속되고 있었다. 오히려 그 후반에 이르면 그 중요성에 대한 인식은 더 굳어져가

---

46) 《世祖實錄》卷 12, 世祖 4년 4월 戊辰條.
47) 《世祖實錄》卷 36, 世祖 11년 6월 庚辰條.
48) 《世祖實錄》卷 12, 世祖 4년 5월 己丑條.
49) 《世祖實錄》卷 14, 世祖 4년 9월 丙申條 및 同年 11월 辛亥條.

는 추세를 보인다. 同王 16년 8월 甲辰의 經筵에서 同知事 김종직은 국왕과의 문답에서 「川防灌漑의 이로움은 아주 많아[博] 거행치 아니할 수 없으나, 제언은 별로 이롭지 않으면서도 봄·가을로 수축해야 하니 백성들이 매우 힘들어 폐가 많습니다」[50]라고 하여 그 평가가 제언과 견주어 절대적인 것으로 바뀌고 있는 것을 볼 수 있다. 천방에 대한 인식의 이러한 변모는 물론 그것이 이제 수리 수단으로서 위치를 그만큼 확고하게 굳혀간 것을 뜻할 것이며, 성종대 후반에 이러한 상황의 변화와 함께 주목되는 것은 제언·천방 등의 개발 主管權이 同王 19년 閏正月에 다음과 같이 堤堰司에서 각 도 관찰사에게로 옮겨진 사실이다.

> 廣陽君 李世佐가 慶尙道觀察使를 갈마들이고 돌아와 復命하고서 啓하여 이르기를 "臣이 관찰사를 할 때 제언사에서 臣이 民을 擅發하여 제언을 쌓았다고 하여 推問키를 청하였습니다. 臣이 생각키로는 제언·천방은 비록 可當한 곳이 있더라도 반드시 먼저 堤築司에 알린 뒤에 修築하여야 하므로 왕래하는 사이에 일이 稽緩하여지고 마니 지금부터는 관찰사가 便否를 살펴 수축한 뒤에 啓聞함이 어떻겠습니까?"
>
> 傳曰 "그렇다. 이후로 제언의 일은 관찰사가 주관토록 하라"(《成宗實錄》卷 212, 成宗 19년 閏正月 乙亥條).

이 조치에서는 다음 두 가지가 주목된다. 먼저 堤堰司는 본래 둔전의 확보를 중요한 임무의 하나로 하였으므로, 그 주관권의 이양 조치는 곧 둔전정책의 이완을 뜻하는 것이 될 수 있다. 그리고 다른 한 가지는 문종대 이래 지금까지의 천방 개발이 주로 제언사의 소관이었던 점을 알 수 있게 된 것이다. 후자의 경우는 문종·세조 양대에 특히 국왕 스스로 그 개발에 깊은 관심을 표명하고 또 可當處가 중앙에서 직접 査問되어 방축이 지시된 사실로써도 그

---

50)《成宗實錄》卷 182, 成宗 16년 8월 甲辰條.

러한 낌새를 느낄 수 있다.[51] 그리고 둔전의 개발과 경영은 본래 賦役勞動에 의존함을 원칙으로 하였는데,[52] 이전의 천방축조에서도 그러한 사례가 나타난다. 즉 성종 16년에 국왕이 천방의 일을 논의하면서「蒙利의 백성은 본디 바라는 것이겠으나 혹 타도에 살아 蒙利를 얻지 못하면서도 赴役하는 자는 어찌 국가의 大計를 생각하여 즐겨 하겠는가」라고 하면서 천방 개발을 위한 인력 동원을 일단 중지케 한 사실이 있다.[53] 여기서 지적된 蒙利의 혜택과 무관한 인력의 동원이 바로 부역노동에 바탕을 둔 것임은 재론의 여지가 없다. 천방이 만들어지면 둔전 외에도 주변에 다른 蒙利畓이 생기기 마련이지만, 제언사에 따른 축조에서는 어디까지나 둔전의 확보가 일차적인 목적이었다고 하겠다.

조선 초기의 둔전은 國屯田과 官屯田 두 가지 류가 설정되고 있었는데, 15세기 후반부터 본래 定限制가 가해진 관둔전 쪽에서 특히 관인들에 의한 私占化 현상이 일어나고 16세기에 들어와서는 둔전 자체의 명목이 유명무실해지고 마는 것으로 파악된다.[54] 이러한 현상은 기존의 둔전을 私占하는 것이 아니라, 대소의 관인들이 둔전을 명목으로 하여 전혀 새로운 토지를 확보하여 私取하는 것이었다. 이러한 추세의 전개에는 천방과 같은 새로 개발된 수리기술이 그 중요한 수단으로 활용되었을 것으로 믿어지는데, 성종 6년 正月에「大邱府使 崔灝元이 農月에 바로 닿아 習陣을 빙자하여 發軍 천방한」일로 탄핵을 받은 것은[55] 그 전형적인 모습을 보이는 예가 되겠다.

성종 19년(1483)에 제언·천방의 주관권을 관찰사에게로 이관시킨 조치는 합법·비법이든간에 결국 새로운 기술에 따른 墾田 활동을 종래의 둔전정책의 틀 속에 묶어놓을 수 없게 된 데 연유하는 것으로 이해된다. 이 점은 같은

---

51) 문종의 수리 개발에 대한 관심이 바로 둔전과 관계가 있음은 註 13)의 인용문 참조.
52) 李景植, 앞의 논문, p. 103~104.
53)《成宗實錄》卷 182, 成宗 16년 10월 壬辰條의 「下諸道觀察使書」 가운데 一節.
54) 李景植,〈16世紀 屯田經營의 變動〉,《韓國史研究》24, 1979, p.48~58.
55)《成宗實錄》卷 51, 成宗 6년 正月 乙丑條.

시기에서 천방에 따른 것과 함께 새로운 墾地 확보의 중요한 대상이던 海澤
개발에도 동일한 조치가 바로 며칠 뒤에 적용된 사실로 보아서도[56] 더욱 그
러하다. 서해 연안 지역에서 「築堰捍水」에 따라 이른바 堰田을 확보하는 형
태의 이 시기의 해택 개발은 후술하는 바와 같이 당시의 중앙 권세가의 새로
운 부 축적의 일차적인 수단으로 활용되고 있었던 것이다.[57]

천방이나 해택의 개발 주관권이 관찰사에게로 넘겨졌다고 해서 그에 대한
관의 통제가 완전히 없어졌다고 말할 수는 물론 없다. 그러나 이로써 정책적
차원의 의도가 이완된 것이 분명하므로, 이를 계기로 그 활동이 더 자유로워
지게 되었을 것은 충분히 예상된다. 사실 둔전이란 것은 그 소요의 양이 일
정한 것이므로 개간의 가능성이 많을 때 이를 그 틀 속에 묶어둔다는 것은
무의미한 일이다. 성종 19년의 조치는 바로 이러한 사정을 현실적으로 인정
한 것이며, 따라서 천방 개발의 본격적인 전개도 이 무렵부터의 일로 보아
좋을 것이다.

3. 16세기 川防 개발의 성과
— 邑誌에 나타난 사례 검토

조선 초기에 편찬된 지리지 가운데 수리시설을 조사·등재한 것으로는
《世宗實錄地理志》(이하 《世志》라고 略함)와 《慶尙道續撰地理志》 등 두 가지가
있다. 이 가운데 세종 14년(1432)에 편찬된 전자는 대개 몽리면적 60結 이상
의 大堤類 37개(경기 1, 충청 12, 경상 19, 전라 5)만을 실은 반면, 예종 즉위년
(1468)에 착수된 후자는 경상 一道 안의 大小 규모의 것 거의 모두를 각 官別

---

56) 《成宗實錄》卷 212, 成宗 19년 閏正月 甲申條. 「忠淸道觀察使金礪石 …… 仍啓曰 川防
堤堰海澤等事 民所賴以資灌漑 然必申于堤堰司 及呈上言 然後令其道觀察使檢案施行 遷延
稽緩未便 川防堤堰等事 旣以李世佐之啓 但令其道監司檢與 請海澤事亦以此例, 上曰 可 但
海澤利重 狀告欲耕者 或有先後 而後告者 豪强則監司有不分先後所給之理 卿其審之」
57) 이 책, p.257~258 참조.

로 망라하여 놓고 있다. 그런데 이 두 곳에서는 어느 쪽이나 전통적인 것으로서 제언만을 대상으로 하였다. 후자는 그 편찬 시기가 이미 천방의 개발이 정책적인 차원에서 추구된 이후에 해당되지만 그에 관한 사실을 전혀 반영치 않고 있으니, 이는 아마도 그 성과가 아직 주목할 만한 것이 되지 못해서라고 믿어진다.

조선왕조 초기의 지리지 편찬은 주지하듯이 《世志》에서 시작하여 성종 12년(1481)에 찬수된 《東國興地勝覽》으로 일단락이 지워진다. 《勝覽》은 다시 두 차례의 개수를 거치지만, 어떻든 이후로 약 한 세기 동안 새로운 편찬은 조정이나 민간에서 전혀 이루어지지 않는다. 그러다가 16세기 말, 17세기 초에 지방의 유생 또는 지방관에 따라 읍지가 만들어지기 시작한다. 이에 해당하는 것으로서 鄭逑의 《咸州誌》(1589),[58] 權紀의 《永嘉誌》(1608),[59] 成汝信의 《晋陽誌》(1633 以前),[60] 李埈의 《一善誌》(1632~1635?),[61] 李晬光의 《昇平誌》(1618)[62] 등 몇 개가 現傳한다. 그런데 이들 읍지에서는 수리에 관한 사항

---

58) 서울대 奎章閣圖書 奎 12249. 撰者 鄭逑가 本誌의 편찬에 착수한 것은 그가 本郡의 군수로 재임중이던 시기[선조 19년(1586)~同王 21년(1588)]였으니, 이는 그가 同誌에 同郡의 「任官題名記」(성종 25년 同郡守 康伯珍 撰)의 跋을 쓴 사실로써 알 수 있다. 그리고 그 완성은 本誌의 말미에 수록된 佔畢齊行蹟 난의 後序가 「己丑上元前一日 檜淵野人書」라는 記名을 가지고 있어서, 그가 군수 직을 그만둔 바로 이듬해 곧 선조 22년(己丑)에 이루어진 것으로 파악된다. 檜淵野人은 곧 그의 雅號이다.

59) 서울대 奎章閣圖書 奎 15562. 本誌는 그 序의 名記가 「萬曆戊申正月旣望 永嘉後學 龍巒 權紀」로 되어 있다. 즉 광해군 즉위년(1608)에 권기가 쓴 것으로 되어 있다. 이 序에 따르면 同誌는 寒岡 鄭逑의 분부로 金得硏 權昭 李㷆 裵得仁 李適 柳友潛 李義遵 權克明 金近 孫浣 등 이 지방 儒生들이 다수 참가하였다고 한다.

60) 서울대 奎章閣圖書 古 4790-17. 찬자가 밝혀지지 않은 同誌의 序文은 南冥別集 師友錄을 인용하여 河澄이 처음에 2, 3人의 同志와 함께 晋州志를 共撰하다가 脫藁에 미치지 못한 사실을 細紀하고, 成汝信의 업적을 간략히 적고 있다. 이 序는 성여신의 생존연대를 명종 元年(1546)~인조 11년(1633)으로 밝히고 「晚與鄕老撰晋陽誌」라고 하여 완성 연월을 정확히 밝히지 못하고 있다.

61) 서울대 奎章閣圖書 奎 15484. 本誌의 편찬연대도 명기되어 있지 않으나, 本誌의 人物志를 만든 李埈을 통해 그 연대를 어느 정도 추정할 수 있다. 蒼石 李埈은 退溪門人으로 명종 15년(1560)~인조 13년(1635) 사이에 생존하였다. 따라서 그 편찬연대는 일단 1635년 이전에 이루어졌다고 볼 수 있는데, 同誌의 題泳난에 또 그가 「崇禎 壬申秋」(仁祖 10, 1632)에 지었다고 하는 詩가 들어가 있어 그 사이의 일로 판명된다.

62) 서울대 奎章閣圖書 奎 15591. 同誌는 「萬曆紀元之四十六年 初冬 中澣 芝峯 李晬光題」

으로 초기의 지리지에서 볼 수 없던 천방이 한결같이 실려 있어 주목된다. 이것은 천방의 본격적인 개발이 15세기 말엽부터 시작된 것이라는 지금까지의 검토의 결과로 볼 때 초기의 지리지들이 사실을 놓친 것이 아니라 16세기 일대에 이루어진 성과를 이들 읍지가 비로소 반영하게 된 것이라고 보아 틀림없다. 따라서 이에 대한 분석, 검토는 곧 지금까지의 고찰을 마무리 짓는 작업이 될 수 있다. 그리고 이것들은 《昇平誌》 하나를 제외하고는 모두 경상一道 안의 것이어서 《慶尙道續撰地理志》에 반영된 수리관계 사항과의 비교 검토가 가능해서 큰 도움이 된다.

〈표 1〉安東都護府 堤堰 확보상황 비교

續 志(15세기 중엽)			永 嘉 誌(17세기 초엽)		
神	堂	堤			
河	廻	堤			
小		斤			
筍		堤	筍		池
女	子	堤	女	子	池
技	谷	堤	技	谷	池
鵲		堤	鵲		池
(以下 右의 題名은 左上의 것에서 맞추어지지 않는 것임)			浦	項	堤
			松		堤
			大	峴	池

먼저 安東 것으로서 《永嘉誌》부터 살피면 이에 실린 제언 확보의 상황을 《續志》의 것과 비교해 볼 필요가 있다. 양자의 상황을 표로 작성해 보면 위와 같다.

위의 〈표 1〉에 따르면, 양자 사이에는 확보의 상황에서 큰 변화가 없다. 堰名이 다른 것이 각 셋으로 나타나지만 전체의 수는 같으므로, 이 지방에서는

___

라는 後序의 記名을 통해 光海君 10년(1618)에 本府使 李晬光에 의해 이루어진 것을 알 수 있다.

약 한 세기 동안에 제언을 통한 수리상의 진전은 달리 이루어지지 않은 셈이
다. 그런데 本誌는「堤堰」條 다음에「灌漑」條를 따로 설정하여 《續志》에
전혀 보이지 않던 것으로서, 다음과 같은 것들의 소재처와 灌注坪을 적어 놓
고 있다.

　　　伐於灌漑　琴召灌漑　居無敦灌漑　沙橋川防築　南水菴灌漑　龜尾灌漑　兒巖灌漑
　　(이상 7개)

　여기서 관개가 천방과 같은 류의 것이란 사실은 천방과 같은 뜻의 방축이
여러 관개들과 함께 열거된 사실로써 잘 알 수 있다. 방축이란 이름 붙여진
것은 沙橋川防築 단 하나이지만, 그 소개의 내용에도 큰 차이점이 나타나지
않는다. 즉 沙橋川防築의 경우「在一直縣東一里許　源出小斗易山　灌于府南
光音坪」이라고 하였고, 관개 쪽에도「在豊山縣西十步許　源出鶴駕山　灌于驛
前坪」(兒巖灌漑의 경우)이라는 형식을 취하고 있다.
　다음 《晋陽誌》(晋州)와 《咸州誌》(咸安)의 경우, 이 두 誌도 앞의 것과 마
찬가지로 項目(條)名을 관개라 하고서는 다음과 같은 것들을 소개하고 있다.

　　《晋陽誌》
　　明月岩防川　公需坪防川　國川防川　餅浦防川　廣柳防川　蔬浦防川　松吾里浦防川
　　官前防川　蛇嶺防川　石浦防川　元堂防川　士乙浦防川　齊林防川　澤溪防川　中浦
　　防川　申大浦防川　毛淡防川　洪景浦防川　車嶺浦防川　君丁浦防川　遠井防川　松
　　亭防川　黑石防川　馬前防川　梨谷防川(이상 25개)

　　《咸州誌》
　　龍淵防築　屈木防築　後防築　琴川防築　梨木防築　新防築　大坪防築　比吏谷灌漑
　　平廣灌漑　山足灌漑　石潭防築　眉山防築　寡母防築　柠連防築(이상 14개)

《晋陽誌》의 경우는 위에서 보듯이 灌漑條의 내용이 모두 防川으로 이름 붙여져 있다. 이는 천방이 방축이라 불린 것과 비슷한 표현으로서 내용상의 차이는 없는 것이다.[63] 《咸州誌》에서는 앞의 《永嘉誌》와 마찬가지로 방축 과 관개가 섞여 있다. 이로 보면 川防·防川·防築·灌漑 등은 동류인 것이 분 명하나, 관개란 용어는 일단 두 가지로 나누어 보아야 할 것 같다. 즉 條名으 로서의 관개는 이들 모두를 포괄하는 총칭으로서 넓은 뜻으로 보아야 할 것 이고, 개별 명칭으로서의 관개는 좁은 뜻으로서 천방·방천·방축과 동류이기 는 하나 형식을 약간 달리하여 이를 드러내기 위한 것이 아닌가 한다. 함양 의 세 개의 관개 가운데 比吏谷 관개의 경우,「眉山 餘航 毗盧 坎峴 大寺洞 等水 合爲一川 沿川築堤 有田必灌 旱不能災」라고 하였는데, 여기서 「沿川 築堤」의 방식은 川流를 차단키 위해 築物을 두는 천방, 방천, 방축 등과는 다른 것이다. 즉 이는 수량이 많은 곳에서 천변에 둑을 쌓아 그 물을 특별한 장치로 끌어 쓰는 형태인 것이다. 앞서의 《林園十六志》의 설명 가운데 田이 川보다 낮으면 연변에 築岸하여 구멍을 뚫어 물을 끌어 쓰는 형태에 바로 해 당하는 것이라고 하겠다.

善山의 《一善誌》에서는 池·堤와 구별되는 것으로서 渠란 것을 다음과 같 이 적어놓고 있다.

藝能渠 舞來渠 水項渠 灌心渠 竹川渠 東西渠 柳院渠 佛巖渠 社倉渠(이상 9개)

여기서 渠는 「開渠 引甘川 以漑灌心坪」(灌心渠)이라고 한 데서 알 수 있 듯이 川流를 끌어들이는 수로를 뜻함이 분명하지만, 그것이 위의 두 가지 방 식 가운데 어느 쪽에 해당하는지는 확실치 않다.

끝으로 《昇平誌》(順天)의 경우는 제언과 구별되는 것으로서 천방 6處(古

---

63) 朝鮮後末期에서 防川은 일반적으로 하천수의 범람을 막기 위해 쌓은 둑을 가리키는 용어로 쓰였다. 여기서 방천은 灌漑條의 사항이므로 물론 이와 구별하여야 한다.

龍沙田·驛田·獫蹄·伊沙川·新藪·仇味)를 소개하고 있는데, 여기서는 개발 초기 곧 문종대부터 공식적으로 쓰이던 천방이란 용어가 그대로 취해졌다.

천방·방천·방축·거·관개 등으로 불리는 이들 하천수 활용의 수리방식이 15세기 말엽에서부터 16세기 일대에 본격적으로 보급된 것이란 점은 앞에서도 길게 논증하였지만, 읍지에 보이는 여러 사례 가운데서도 축조의 시기가 구체적으로 밝혀지는 것이 다음과 같이 셋이 보인다.

① 晋州 明月岩防川：參奉 趙珵 鑿明月岩開渠 防多會灘作洑 以爲灌漑之地 晋州·昆陽兩界之民 多蒙其利 參奉死後 立祠以報其德 參奉乃承旨之瑞長子也
② 咸陽 新防築：丁亥春 採民情 創開 灌于僧衣·新芚谷等坪
③ 善山 灌心渠：萬曆辛卯年間 府使鄭景遠開渠 引甘川以漑灌心坪 壬亂後廢

①에서 築作의 유공자 趙珵의 생몰연대는 구체적으로 밝혀지지 않으나, 그 활동 시기는 대체로 16세기 초반으로 고증된다.[64] 그리고 ②의 丁亥는 新防築 자체가《咸州誌》의 撰者 鄭逑 자신이 군수로 재직하면서 만든 것이므로, 선조 20년 곧 1587년이 되며, ③의 萬曆 辛卯는 선조 24년, 1591년이다. 이들 세 경우만을 통해서 보더라도 천방 개발의 시기가 16세기 초반에서부터 그 후반에 뻗친 것이 그대로 드러난다. 이들 세 경우는 築作의 내력이 특별하거나, 그 開築이 읍지 편찬의 시기에 가까운 것이어서 명기되기에 이른 것에 지나지 않으니, 다른 사례도 대개 같은 기간에 이루어진 것으로 보아 무리가 없을 것이다. 이 점은 그 말엽에 이루어진 것의 하나인 ②의 경우가 이름을 新防築이라 부르고 있는 것으로 보아서도 더욱 확실하다.

우리들이 읍지를 통해서 한 가지 더 유의해야 할 것은 이 시기에서 같은

---

64) 인용문에 밝혀지듯이 珵은 承旨 趙之瑞의 아들이다. 父 之瑞는《國朝榜目》에 甲戌生 곧 端宗 2년(1454)에 출생하여 成宗 5년(1474)의 甲午榜에 합격한 것으로 되어 있다. 이에 따라 아들인 珵의 활동시기를 짐작할 수 있겠다.

수리 수단이면서도 제언에 견주어 천방의 유효성이 확연히 드러나는 점이다.
먼저 咸安의 경우부터 보기로 한다.[65] 〈표 2〉에서 보듯이 《續志》에서 6개이
던 이곳의 제언은 《咸州誌》에서 8개(池 2개, 澤 1개 포함)로 확인된다. 수적으
로는 거의 답보상태라고 판정되나, 《咸州誌》의 8개 가운데는 4개가 폐기되
거나 기능이 부실한 것으로 밝혀져 있다.[66] 따라서 전체적으로 제언의 기능
은 퇴조되고 있었다고 보아야 옳다. 반면 천방은 총 14개 가운데 기능이 나
쁜 것은 넷 이하로 되어 있다.[67]

〈표 2〉 咸安郡 堤堰 확보사항 비교

續志(15세기 중엽)	咸州誌(16세기 말)	續志(15세기 중엽)	咸州誌(16세기 말)
(郡內)　毛沙洞堤 (郡西)　箴峴堤 　　　阿道堤 (郡北)　刀晉谷堤 　　　桃沙堤	箴峴堤堰	(郡南)　大谷堤	池洞堤堰(上里) 池洞堤堰(安道里) 池洞堤堰(牛谷里) 白沙堤堰 蓼島池 內泉池 可泉澤

　晉州의 경우도 상황은 대체로 이와 비슷하다. 〈표 3〉에서 보듯이 《續志》
에서 총 33개로 조사된 이곳의 제언은 《晉陽誌》에서 31개로 숫자상으로 큰
변화가 없다. 그러나 후자의 총 31개 가운데 10개는 이미 폐기상태인 것으로
기록되고 있으므로, 내용상으로는 제언의 비중은 현저히 줄어든 것이라고

---

65) 原論稿에서 咸安을 咸陽으로 착각하여 서술상의 오류가 저질러졌다. 이번 기회에 그
　것을 바로잡았다.
66) 이에 해당하는 것을 옮기면 다음과 같다.
　池洞堤堰(在上里, 無源易涸 澤不遠及),
　池洞堤堰(在南山里, 廢爲民田),
　池洞堤堰(在牛谷里, 源淺小 不能濟旱), 白沙堤堰(在白沙里, 周僅二百餘尺 天旱則渴)
67) 不實한 防築 또는 灌漑는 다음과 같이 明記되어 있다. 平廣灌漑(谷水涓涓 澤不及稼 民
　多病旱), 山足灌漑(川澤低下 地勢高亢 蒙利者甚少), 寡母防築(今毁決 成川), 桴連防築(田高
　川下 灌不遍稼)

하겠다. 반면에 앞에 열거한 25개의 천방은 有故의 사실이 전혀 없는 것으로
되어 있다.

　다음 善山의 경우,《續志》에서 37개로 파악된 이곳의 제언은 《一善誌》에

<표 3〉晋州牧 堤堰 확보상황 비교

續志(15세기 중엽)	晋陽誌(17세기 초)	續志(15세기 중엽)	晋陽誌(17세기 초)
(州北) 釜　　堤	釜　　　池	於牙旀堤	於　伊　池
新　　堤		(任內 岳陽縣)	
(州西) 北 方 堤		豆 泡 岩 堤	
古 土 堤		北 龍 山 堤	龍 山 堤 堰
牙 谷 堤		省 台 洞 堤	
大龍洞堤		鳴　石　　堤	鳴 石 堤 堰(廢)
角 干 堤	角　干　堤	(任內 班城縣)	
乾　　堤	乾　　　堤	只　火　　堤	只 火 堤 堰(廢)
平 居 堤	坪 居 堤 堰	池　洞　　堤	池 洞 堤 堰(廢)
針 谷 堤	針 谷 堤 堰	綿　洞　　堤	
茆 谷 堤		過　出　　堤	
五 山 堤			大　寺　池
(州東) 五里亭堤		(以下 右의 堤名은	論　寺　池
反 界 堤	反　溪　堤	左上의 것과 맞추어	足 博 堤 堰
綠水岩堤		지지 않는 것임)	馬 山 堤 堰
今 山 堤	今　山　堤		馬　山　堤
釜　　堤	釜　　　池		濟　谷　濟
(晋城) 白 岩 堤	白　岩　堤		虛　項　濟(廢)
竹 內 堤			東 山 堤 堰(廢)
衣 峴 堤			大 寺 堤 堰
(州南) 地 藏 堤	地　藏　池		愁 里 嶺 堤 堰
豆仍馬堤			大 淵 堤 堰
內 坪 堤	內 坪 堤 堰		金 川 堤 堰(廢)
加次禮堤			康　州　池
			官 栗 堤 堰(廢)
			永 康 堤 堰(廢)
			臥 龍 堤 堰
			新 村 堤 堰(廢)
			三 寶 堤 堰

〈표 4〉 善山都護府堤堰 확보상황 비교

續志(15세기 중엽)	一善誌(17세기 초엽)	續志(15세기 중엽)	一善誌(17세기 초엽)
(府東) 仇 谷 堤	仇 谷 池		新 池(涸)
加 德 堤	加 德 池(涸)		新 涼 池(涸)
龍 興 堤	龍 興 池(涸)		熊 谷 池
元 興 堤	元 興 池(涸)	(海平) 蓮 花 堤	蓮 花 池
崇 山 堤	崇 山 池(涸)	紫 布 堤	
新 谷 堤	新 谷 池(涸)	可 項 堤	
法 華 堤		黑 井 堤	黑 井 池
龍 堤	龍 潭 池	鳩 築 堤	鳩 池
(府南) 龜古介堤	乞古介 池(涸)	釜 谷 堤	釜 谷 池
狐 堤	狐 池	呼背洞堤	
多 食 堤	茶 食 池(涸)	甘 丁 堤	甘 同 池
俗 離 堤		角 谷 堤	
夫 山 堤		眞 者 堤	眞 爵 池
多 松 堤	多 松 池	新 堤	
古所平堤		都里山堤	
(府西) 南 門 堤		義 性 堤	
蕁 堤	蕁 池	(以下 右의 堤名은 左上의 것들과 맞추어 지지 않는 것임)	鵲 池(涸)
大鳥洞堤			沙 谷 池
多 項 堤	多 項 池(涸)		大 池
赤 堤	赤 池		赤 夫 池(涸)
所法谷院堤			可 望 池
今晋山堤			永 溪 池(涸)
迂 等 堤 可			葛 池(涸)
古 平 堤			文 殊 池
(以下 右의 堤名은 左上의 것들과 맞추어 지지 않는 것임)	蓮 池(涸)		赤 林 池
	依 繡 池(涸)		

서 48개로 11개가 더 늘어나 있다. 그러나 내용상으로 48개 가운데 16개는 涸廢 상태인 것으로 기록되고 있으니(〈표 4〉 참조), 수적으로 이 지방 역시 줄어든 셈이다.

 각 지방 제언의 위와 같은 실태는 곧 앞에서 지적한 것과 같이 15세기 중·후반에 이미 드러난 그 개발의 한계성을 그대로 반영하는 것이라고 하겠다. 이러한 제약 아래서 새로운 방식으로 강구된 천방의 개발은 따라서 그만큼. 의의가 큰 것이라고 하지 않을 수 없다.

16세기의 천방 관개의 발달을 이상과 같이 확인하면서, 끝으로 이제 우리는 그 개발이 어떤 계층에 따라 주도되었는가를 살펴볼 필요가 있다. 그러나 우선 위의 읍지들은 이에 관한 지식을 별달리 제공해 주지 않고 있다. 앞에서 이미 예시하였지만, 진주의 明月岩川防, 선산의 灌心渠, 함안의 新防築 등 세 경우에서만 약간의 관계 사실이 보일 따름이다. 셋 가운데 관심거와 신방축 등은 당해 지방관이 각각 주도한 것으로 되어 있었다. 즉 전자는 선산부사 丁景遠이, 후자는 《咸州誌》의 撰者이기도 한 咸安郡守 鄭逑가 각각 주도한 것으로 되어 있다.

당해 지방관에 따른 이러한 축방의 사례는 개발 초기에 문제된 둔전을 명목으로 한 관인들의 私占化 현상을 연상시킬지도 모른다. 그러나 이 두 예에서는 大邱府使 崔灝元이 軍役에 임하는 지방민을 천방 축조에 동원했다가 탄핵받은 것과 같은 분위기는 전혀 읽혀지지 않는다. 함안의 신방축의 경우 군수 정구 자신이 당대 衆望을 모은 學人일뿐더러 그 축방의 계기가 「民情을 探하여」라고 밝혀져 있다. 그리고 선산의 경우도 당해 지방관이 수탈적인 처지여서 그 주도의 사실이 당해 지방에서 만든 읍지에 등재될 수 없을 것이다. 이 경우들은 오히려 지방관이 지방민의 여망을 구현시키는 데 기여한 것으로 풀이함이 더 타당하다.

천방 개발에서 지방민에 대한 배려는 晉州의 明月岩 천방의 경우에서 더 명확히 드러난다. 그 내력에 대한 설명을 보면 「參奉 趙珵이 명월암을 파서 開渠하고 多會灘을 막아 作洑하여 관개의 地로 삼으니, 진주·곤양 양계의 民이 그 利를 많이 입어 참봉이 죽은 뒤에 祠堂을 세워 그 덕에 보답하였다」는 것이다. 축조의 주도자인 趙珵의 參奉이란 직함은 같은 《晉陽誌》에서 父 之瑞의 승지직에 따른 蔭澤의 南行에 불과한 것으로, 그의 거주지는 牧內 桐谷里로 밝혀져 있다.[68] 따라서 그는 관료라기보다 앞에서 본 泰仁의 生員

---

68) 《晉陽誌》 南行條.

殷孟傳와 마찬가지로 지방의 한 지식인으로서 지방민의 이익을 위해 천방 축조에 앞장 선 것이라고 하겠다.

우리들의 사례 가운데는 순전히 관수용 전답의 관개를 목적한 것으로 보이는 것도 없지 않다. 《晉陽誌》에 보이는 「公需坪川防」이 바로 그러하다. 이는 그 명칭으로 보아 둔전과 같은 공수의 전답이 집중적으로 모인 들[坪]의 관개를 위한 것일 가능성이 많다. 대개 당해 지명을 취한 다른 사례 가운데도 둔전류와 관계되는 것이 전혀 없지는 않을 것이다. 그러나 그 모두가 둔전을 위한 것이라든지 또는 그것을 명목으로 개발된 것이라고 보기에는 그 수가 너무 많다. 누차 언급하였듯이 둔전이란 것이 그 所要에 일정한 한계가 있기 마련이므로, 이를 개발의 명목으로 취하는 데도 한계성이 있을 것이다. 따라서 위의 많은 사례들의 개발 동기에는 몇 개의 구체적인 실례가 바로 말해주고 있듯이 지방민의 편의가 크게 작용한 것으로 보아야 할 것이다.69)

16세기의 개간 활동에서 관권을 매개로 한 사점화 현상은 실상 海澤 쪽에서 집중적으로 일어나고 있었다. 서해안 일대에서 「築堤捍水」로 堰田이라 이름하는 것을 확보하는 형태의 이 개간사업은, 앞에서도 잠깐 비추었듯이, 16세기 일대에 천방에 따른 것과 함께 새로운 개발의 양대 주류를 이루는 것이었다.70) 그러나 이 경우는 천방에 견주어 노력이 매우 많이 소요되는 것이어서 그 주체가 중앙의 권세가에 한정되는 특수성이 있었다. 즉 제방을 쌓아 潮水를 막는 데는 한꺼번에 대규모의 인력이 동원되어야 하는 것이므로, 이는 권세가의 종용을 받은 당해 지역의 수령이 관권으로 지방민을 강제로 동원하여 이루어지는 것이 상례였다.71) 16세기에 그 추세는 충청도에서 경기·

---

69) 《水利ニ關スル舊慣》(朝鮮總督府月報 第3卷 1913年)에 따르면, 舊韓末의 상황으로 제언의 소유관계는 대부분 宮有·官有로 나타나고, 洑는 民有 가운데서도 共有의 형태가 압도적이었다고 한다(p.11 및 p.14). 이 조사는 16세기와는 時差가 많은 시기의 것이지만 그 자체가 각기의 개발 내력을 示唆해 주는 바가 많은 것으로 생각한다.

70) 李泰鎭, 〈16세기 沿海地域의 堰田개발—戚臣政治의 經濟的 背景 一端〉, 《金哲埈博士華甲紀念史學論叢》, 1983; 이 책 제8장 수록.

71) 《中宗實錄》 卷 96, 中宗 36년 8월 壬午條, 「參贊官權應昌曰 …… 古之宰相朝士 以廉恥相尙 近來黃海忠淸道等 築防海澤者 比比有之 非己力所爲 乃貽弊各官 百姓含冤 …… 非徒

황해·평안 등지로 대상지를 옮겨가는 형태로 전개되고 있었다.[72]

이 시기에 중앙 권세가들의 이러한 해택 개발사업은 당시의 집권적 위치에 있던 이른바 훈·척계의 사적 경제기반 확대의 실체로서, 그 방식은, 위에서 언급하였듯이, 강제적·비법적인 것이었다. 그 때문에, 당시에 정치적 비판세력으로 대두한 지방 중소지주 출신의 이른바 사림계로부터 심한 규탄을 받았다. 이 경우는 築堤 자체뿐만 아니라 확보되는 경지의 규모가 또한 광대한 것이었으므로, 그 경영에서도 수령의 협조가 요청되기 마련이었다. 그래서 이런 류는 축조 때와 마찬가지로 대개 수령과 이에 결탁한 유향소의 감독 아래, 역시 지방민의 노력을 강제적으로 동원하여 영위될 수밖에 없었는데,[73] 이러한 지속적인 노력의 강제동원이 바로 이 시기에 광범하게 일어난 流亡 현상의 주인을 이루었던 것이다.[74] 이 시기를 특징짓는 정치현상으로서의 사화가 사림계의 비판으로 궁지에 몰린 훈척계의 정치적 보복행위란 것은 주지하는 사실이지만, 사림계의 비판 가운데는 그들의 이러한 개간활동의 비리성에 대한 것이 적지 않은 비중을 차지하고 있었다.

16세기에 새로운 기술의 획득에 따른 개간사업의 위와 같은 전개를 살피면서, 한 가지 주목되는 것은 해택 쪽에서 많은 문제점이 논란된 반면, 천방 쪽에는 초기(성종대)의 몇 가지[75]를 제외하고는 거의 논란의 대상이 되지 않고 있다는 사실이다. 이것은 곧 천방 쪽에서는 비리성의 개재가 그만큼 희박

此也 王子駙馬有亦爲之 …… 史臣曰 …… 權重宰相 於黃海忠淸二道 築防海澤 ……」

72) 註 71)과 73) 참조.

73) 留鄕所까지 관여된 海澤 개발과 경영의 폐단은 다음의 기록이 잘 반영한다. 「正言李瓘曰 臣以平安道監軍御史 久在道內聞之 守令之虐民 非得已也 …… 下三道 則海澤稍有可耕之處 爭相築防 至無餘地 故今後移就平安道而爲之 民怨頗甚 …… 朝官宰相 聞本道海澤肥腴 則於守令告辭之日 請之甚力 故守令等 多給農糧 又定伴人 使之耕墾 限其等內 給復其戶 至令留鄕所監穫 如其數少 復以官庫之穀 輳足其數 載以船隻直納其家 積弊已成 至於難救…」(《明宗實錄》卷 16, 明宗 9년 5월 庚戌條).

74) 失澤康祐, 〈林巨正の反亂とその社會的背景〉, 《韓朝歷史論集》下, 旗田巍古稀紀念會編, 1979, p.561~571에서는 林巨正亂은 경기·황해 일대의 權臣家의 蘆田·海澤의 개발에 따른 피해가 主因이었던 것으로 지적되었다.

75) 이 책, p.246의 大邱府使 崔灝元의 탄핵 사실 같은 것이 그 대표적인 예이다.

하였다는 것을 의미하는 것으로서, 이러한 관점에서, 우리는 상기의 몇 개 사례 검토에서 드러난 지방민의 편의, 바꾸어 말하면, 그 혜택이 어느 정도 인정되어도 좋을 것 같으며, 아울러 훈척계의 해택 개발방식에 대해 비판적이었던 사림계에 속하는 인물들이, 그 동안 천방 개발에 깊은 관심을 표명해 온 사실을 새삼 주목해야 할 것 같다.

우리의 검토에 오른 인물 가운데, 진주의 조정과 같은 이도 궁극적으로는 사림계로 보아야 할 것이지만, 비중 높은 인물로는 김종직과 정구 등을 들 수 있다. 김종직은 성종대에 천방의 수리수단으로서의 절대성을 주장하였고, 정구는 함안군수로서 신방축의 축조를 직접 주관한 바 있었다. 그리고 지금까지의 검토에는 오르지 않았으나, 정구의 스승이면서 16세기 중·후반의 당대 사림의 師宗的 위치에 있었던 이황이, 丹陽郡守로서 단양천을 막아 일종의 천방인 復道沼를 만든 사실도 놓칠 수 없다.[76] 그러나 이 數少한 인물의 예로서 우리가 접한 많은 천방의 사례를 모두 이 계열이 주도한 것이라고 한다면 억단이 될지 모른다. 그렇더라도 사림계의 출신기반이 본래 재지 중소지주란 점에서는, 이들과 각지에서 개발된 천방과의 상관성은 더 검토해 볼 여기가 없지 않다. 이러한 견지에서 다른 한 예로서 이 계열의 중요인물 가운데 하나인 金安國의 경상감사로서의 활약상을 하나 더 주목해도 좋을 것 같다.

중종 12, 13년(1517, 1518)에 경상감사로 재임한 김안국의 중요 치적으로는 다음과 같은 것들이 꼽힌다. 즉 呂氏鄕約·正俗·農書·蠶書·辟瘟方·瘡疹方 등 風敎와 인식·인명 등에 관계되는 서적들을 諺文 또는 俚語로 직접 번역하여 道內에 廣布한 사실, 그리고 「人多土薄 하면서 堤澤이 드물어 관개를 하지 못해 백성들이 살기 어려운」 道內 比安縣에 巡到하여 「川澤을 相視하여 築堤儲水하여 一邑이 그 利를 입게」 한 일 등이다.[77] 그의 이름 字를 따

---

76) 이 沼의 축조사실은 그의 문집에서는 보이지 않으나, 지방에서는 그가 만든 洑로 전해오며, 부근 암석에 「復道別業」이란 親筆刻書가 있다고 한다(丹陽郡誌編纂委員會編, 《丹陽郡誌》, 1977, p.655).

77) 《東儒師友錄》卷 7, 寒暄先生門人條의 慕齋先生狀에는 이 사실들이 잇대어 적히고, 諺解에 관한 것은 《中宗實錄》卷 32, 中宗 13년 4월 己巳條에 김안국 자신의 啓辭에도 그

라 주민들이 堤名을 「安國堤」라 붙이기까지 한78) 후자의 일은 전자의 農書
諺解의 일과 함께 그것이 꼭 천방이 아니라 하더라도 그가 농업 기술의 개선
에 깊은 관심을 가졌던 것을 알기에 충분하다. 그리고 그의 이러한 면모와
관련하여 더욱 주목되는 것은 鄕約·正俗 등을 언해한 사실이다.

15세기 말, 16세기 일대에서 사림계가 향촌질서 확립의 구체적인 방도로
서 향약류의 보급을 정책적인 차원에서 꾀한 것은 이미 밝혀진 사실이다. 즉
성종대 후반에 김종직을 중심으로 한 신진사류들이 향사·음례의 보급을 시
도했고, 이를 뒤이어 중종 10년대 초반에 조광조 일파가 여씨향약의 보급을
추진하였던 것이다.79) 위의 김안국의 향약·정속의 언해가 바로 그러한 보급
운동의 일환으로 드는 것임은 재론의 여지가 없다. 사림계의 이러한 새로운
질서 확립운동은 곧 훈척계가 수령 개개를 종용하거나 경재소 제도를 통해
각지의 유향소를 장악하여 사리를 추구하는 기존의 향촌체제 자체의 문제점
을 지양키 위한 것이었다.

향약류는 유교적 교화를 앞세운 일종의 자치방식이므로, 이의 보급주창에
는 관권의 일방성에 따라 자행되고 있는 향촌사회 안의 비리를 배제하려는
데 일차적인 목적이 있는 것은 말할 것도 없다. 그러나 한편 기존의 향촌기
구인 유향소가 경재소 제도와 수령의 관권에 따라 이중적으로 통제되면서
중앙 권신들의 해택 개발에 직접 동원된 점을 상기한다면, 유향소를 대신하
여 향약류를 보급코자 한 처지에서도 그것을 통한 사회경제적 가능에 대한
기대가 없지 않았을 것이다. 다시 말하면 향약류의 보급이 어디까지나 재지
중소지주 출신의 새로운 정치세력 집단에 따라 줄기차게 추구된 것인 만큼,
그것이 같은 시기에 그들의 출신 지역 각 곳에서 새로이 전개되고 있던 천방
개발과 상관성이 전혀 없는 일이 아니었지 않을까 하는 추정이다.

대로 보인다.
78) 위와 같은 《東儒師友錄》의 行狀.
79) 李泰鎭, 〈士林派의 留鄕所 復立運動〉, 《震檀學會》 34·35, 1972·1973; 이 책 제9장 수록
   및 〈朝鮮前期의 鄕村秩序〉, 《東亞文化》 13, 1976 참조.

천방 축조에 소요되는 인력은 앞서의 박서생의 술회에 따르면「큰 것은 수백 사람, 중간 것은 수십 사람, 작은 것은 10여 사람」이라고 하였는데, 이 정도의 인력은 사실 본래 자연촌락을 기본단위로 하는 향약 조직에 따라서 충분히 동원될 수 있는 것이다. 훈척계가 큰 규모의 인력 동원에 직접 활용하면서 그 유지에 강한 집착을 보인 유향소 제도가 본래 군·현의 행정단위에 설치 기준을 둔 사실을 상기한다면, 위와 같은 향약과 천방 사이의 인적 규모면의 상응성은 결코 우연한 섯으로 몰리기 어려울 것이다.

위 양자의 상관관계는 그것을 직접 밝히는 구체적인 자료를 아직 찾지 못하여 단언을 내릴 수는 없는 형편이다. 그러나 향약류의 보급을 추구한 계열에 속하는 인물들이 천방 개발에 직접 관여된 사실이 엄연히 드러나고 있는 한, 양자의 관계는 앞으로 더 검토할 여지가 있다. 사실 향약류의 보급을 추구하던 사림계는 16세기 후반에 접어들면서 새로운 움직임으로 서원 건립 활동을 펼치게 되는데, 이러한 일이 경제적 뒷받침 없이는 불가능한 것이라고 한다면, 천방의 개발과 같은 것이 바로 그것을 가능하게 한 지방 중소지주층의 경제적 신장의 구체적인 면모로 들어야 할 것이 아닌가 한다.

맺음말

지금까지 우리는 하천수를 직접 관개수로 활용하는 수리방식인 천방, 곧 보의 보급 경위를 살펴보았다. 이 보에 대해서는 종래 고대에 그 시원이 있을 것으로 짐작하는 한편, 그 보급이 제언과 같은 비중을 차지할 정도로 본격적으로 이루어진 것은 조선 후기의 일일 것으로 보아왔다. 그러나 이 논고를 통해서는 그것이 15세기 후반 이후 16세기 일대에 본격적으로 이루어진 것임을 알 수 있었다. 하천수를 관개수로 활용해 보려는 본격적인 시도 자체가 14세기 후반에서야 비로소 대두된 사실로 볼 때, 천방이 제언과 마찬가지로 고대부터 일반화했을 것으로 보기는 어려운 일이었다. 14세기 후반 이전에는 비슷한 방식이 있었다 하더라도 그것은 수적으로 제한되거나 규모면에서 극히 영세한 것에 지나지 않았을 것으로 보인다. 하천수 활용의 방식으로는 수차에 의한 것이 천방에 앞서 14세기 후반에서부터 꾀해졌으며, 그것이 끝내 실패로 돌아감에 따라 천방의 개발이 집중적으로 추구되기에 이른 것으로 파악되었다.

하천수의 활용문제는 기본적으로 전통적인 수리방식인 제언의 개발이 한계에 부닥친 상황에서 추구된 것으로서, 그 성과는 따라서 농업기술사적으로나 사회적으로 의의가 큰 것이었다. 농업기술적인 면에서 천방관개의 보급은 우선 수전 자체의 확대를 가져오는 것일뿐더러 이앙법의 본격적인 보급의 토대도 마련하는 것으로 규정된다. 조선 초기에 이앙법이 경상도 일원에 한정되고, 또 그것조차도 국가의 農政上 오히려 억제된 것은, 기본적으로 수리의 안전도가 낮았기 때문이었다. 16세기에 천방 관개의 개발은 바로 그러한 수리상의 제약을 타개하는 의미를 가지는 것이므로, 그 성과에 따라 이앙법 보급의 제약도 자연히 해소되어 갔을 것으로 추정된다. 천방 관개의 보급과 이앙법과의 관계는 달리 또 구체적으로 검토되어야 할 문제이지만, 지금까지 일반적으로 주목되어 온 18세기의 이앙법의 보급은 16세기의 수리기술상의 성과와 결코 무관하지 않을 것으로 일단 추정된다.[80]

16세기의 천방 관개의 발달은 14세기 후반기부터 추구된 농업 기술의 한 지표의 실현이란 의미를 지닐 수도 있을 것 같다. 즉 특히 수전 농업에서 시비술과 이앙법에 特長을 지닌 중국 송대의 강남농법의 체득이나 실현의 토대가 이로써 잡혀진 것이 아닌가 한다. 15세기 중엽 곧 세종대에 편찬된《농

---

80) 孝宗 6년(1655)에 申洬(1600~1661)이 편간한《農家集成》에는《農事直設》種稻條의 移
秧法 사항에 9개의 사항을 새로이 추가하여 놓고 있다. 이에 대해 金容燮 교수는 앞의
책, p.252~255에서 새로운 방향제시라고 하였지만, 필자는 이를 오히려 16세기 일대의
성과의 반영이라고 보고 싶다. 明宗 10년(1555) 7월에 慶尙道觀察使 權轍은 本道의 旱魃
상황을 보고하는 가운데 「無水根之畓 嘆燥折裂 移秧之苗 並皆焦枯」(《明宗實錄》卷 19,
明宗 10년 7월 庚子條)라고 하였는데, 이에 따르면 「無水根之畓」은 곧 乾畓直播(旱耕乾
種)가 尙存하면서도 「移秧之苗」 곧 移秧法이 특별한 제약 없이 병행된 사실이 확인된
다.

사직설》에 반영된 당시의 농업기술은 시비술 하나에서는 분명히 강남농법
의 그것과 같은 수준에 도달하고 있었으므로, 이것으로써도 휴한법의 제약
은 일단 완전히 극복될 수 있었다. 그러나 수리상의 제약은 아직 타개되지
못하여 이른바 건답직파법이 수전농업의 일반적인 파종법으로 행하여지고
있었으니,《直說》이후의 천방 관개의 발달은 이제 그 제약까지도 해소시키
는 방향을 제시한 것으로 보여진다. 사실 하천수의 활용자체가 본래 강남농
법에서 본격적으로 강구되고 또 그 중요한 특장의 하나였던 것이다.

　새로운 수리기술로서의 천방의 개발은 당초에는 중앙정부의 둔전 확보정
책의 일환으로 추구되었다. 그러나 16세기에 접어들어 그 장점에 대한 인식
이 확고해지면서 각 지방사회 자체에서 주도되는 추세가 현저해진 것으로
파악되었다. 이것은 16세기 말, 17세기 초엽에 각 지방에서 직접 편찬된 몇
개의 현전하는 읍지들이 한결같이 그동안의 성과로서 천방류의 확보상황을
싣고 있는 사실로써 확인이 되었지만, 한편 원리적인 면에서 천방의 축조에
소요되는 인력이 본래 큰 규모의 것이 아니어서 개개의 지방사회가 자체의
힘으로 쉽게 이룰 수 있는 것으로 이해되었다. 그래서 이 천방 관개의 개발
을 통해 지방사회의 경제력상의 성과가 바로 지방 중소지주층의 정치적, 사
회적 비중 상승의 바탕이 된 것이 아닌가 하는 想定도 가져보았다. 다시 말하
면, 같은 시기의 사림파라는 새로운 정치세력의 형성이, 바로 그러한 경제력
상의 신장을 바탕으로 가능했던 것으로 이해되었다.

　16세기에는 천방에 따른 것 외에도 서해 연안지역의 해택 개발이 새로운
경지 확보의 다른 한 수단으로 활용되고 있었다. 「築堤捍水」에 따른 이른바
언전의 개발을 내용으로 하는 이 방식도, 그 단초는 하천수 활용의 문제와
마찬가지로 이미 14세기 후반에 나타난 것으로 보이지만, 그 본격적인 전개
는 16세기에 들어와서 이루어지고 있었다. 그런데 이 경우는 천방과는 달리
그 개발에 소요되는 인력의 규모가 커서 중앙의 권세가에 따라서만 주도되
는 형세였다. 즉 권신들이 당해 지방의 수령의 관권을 동원하고 또 경재소
제도를 통해 유향소를 장악하는 방식에 따라 소요 인력을 강제적으로 동원

하는 것이 상례였다. 16세기 일대는 요컨대 새로운 농업기술의 습득으로 개간활동에 많은 가능성이 있었던 시기였지만, 그 개발의 방식에서 서로 다른 두 개의 처지가 있었고, 그러한 두 처지의 상이성이 곧 이 시기를 특징짓는 사화라는 정치적 파란의 배경을 이루는 것으로 이해된다. 즉 여러 차례 사화의 탄압을 받은 사림계는 중앙권신 곧 훈척계의 해택 개발방식의 강제성 내지는 비법성을 정면으로 공격하였을 뿐더러, 그 수탈구조의 하부를 이루는 유향소를 없애고자, 그것을 대신하는 새로운 질서 확립의 구체적인 방도로서 향약류의 보급을 꾀하였던 것이다.

재지 중소지주 출신인 사림계의 향약류의 보급 시도와 천방 개발의 인력동원 구조와의 상관성은 본고에서 미진하게 다루어졌지만, 16세기 일대의 두 개 처지의 정치적·경제적·사회적 상충성은 해택 개발문제에 관한 後稿로 좀 더 명확히 밝혀볼 것을 약속해 둔다.

제8장 16세기 연해 지역의 언전堰田 개발
―척신정치의 경제적 배경 일단

머리말

필자는 근간에 몇 개의 논고를 통해 14·15세기의 농업기술 발달양상을 검토하여 왔다. 이 시기에 휴한법의 제약이 극복되면서 집약적인 기술단계로 移入한다는 것이 그 요점이었다.[1] 이러한 기술 전환의 가장 기초적인 토대는 施肥術의 강구였다. 《農事直說》에 나타난 당시의 농업기술 가운데 施肥 곧 「糞田」은 가장 기본적이면서도 공통적인 기술요건으로 파악되었다. 다른 요건으로 「及時播種」 「秋耕」 등이 강조되기도 하지만,[2] 連作 常耕에 일차적인 것은 역시 시비술의 강구였다.

집약농업의 출발점은 이와 같이 連作 常耕이나, 그것을 토대로 한 기술 전개는 매우 다양하게 이루어지게 된다. 위에 든 「及時播種」 「秋耕」 등도 그 일례이지만, 15세기 벼농사가 새로운 수리수단을 강구해 감에 따라 같은 연작법이면서도 새로운 진전을 보게 되는 것은 그 좋은 예이다. 15세기의 우리

---

1) 李泰鎮, 〈畦田考〉, 《韓國學報》 10, 1977; 이 책 제2장 수록 및 〈14·15세기 農業技術의 발달과 新興士族〉, 《東洋學》 9, 1978; 이 책 제4장 수록.
2) 이 두 가지에 대해서는 특히 世宗代에 勸農의 중요사항으로 자주 거론되나, 구체적으로 예를 들면 「及時」는 世宗 27년에 내린 〈勸農敎書〉에서 가장 중심적인 기술문제로서 강조되고 있어, 「秋耕」은 《世宗實錄》 卷 77, 世宗 19년 6월 辛未條에 「…我國之民 自古不識秋耕之術……自今可依農書之言 通論民間使之興行秋耕 以試其利……」 라고 한 것이 그 하나의 예이다.

의 벼농사는 일단 糞田을 통해 연작법을 성립시키고 있었으나, 아직도 수리
상의 제약이 커서 이앙법이 억제되고 건답직파의 방식이 주류를 이루는 형
세였다. 이 시기까지도 수리수단은 山谷 溪流를 가로 막아 貯水, 활용하는 제
언이 거의 유일하다시피 한 상태였으며, 그러한 한계를 타개하는 방도로서
14세기 중엽 이래 하천수의 활용문제가 꾸준히 모색되었다. 이 모색은 당초
수차의 보급을 통해 꾀하여졌으나, 거듭하는 시험 끝에 우리나라의 지질이
본래 삼투가 심해 그것에 따른 注水量으로 관개가 불가능하다는 사실이 판명
되어 15세기 중반에 포기하기에 이른다. 그러나 그 대신 천방 곧 보의 보급
이 꾀하여져 15세기 말엽에는 새로운 수리수단으로서의 그 장점이 충분히
인정되어, 16세기에 들어가서는 그 보급이 각지에서 활발하게 이루어지게
된다.3) 16세기의 천방의 보급은 물론 후대에 견주어 양적으로 단계적인 한계
성이 있는 것이겠으나, 지역에 따라서는 제언과 거의 같은 비중에까지 도달
하여 이앙법 보급에 새로운 토대를 마련하게 되었다.

　이 논고에서 다루고자 하는 연해 지역 특히 서·남 해안에서의 언전 개발
도 집약농업 기술의 바탕 위에서 달성되는 새로운 성과의 한 부면이었다. 연
작 상경의 기본 요건이 이루어진 뒤에 일어난 변화 가운데 가장 중요한 것은
경지가 전반적으로 고지에서 평지, 저지로 이동되어 간 사실이다. 고려시대
에 山田의 비중이 크던 것이, 조선조에 들어와서는 平田의 비중이 크게 높아
지고, 저지 개발도 점차 활발하게 되는 변화가 일어나게 된다.4) 연안 지역에
서 둑[堰]을 쌓아 바닷물을 막아 마련되는 경지로서의 언전도 기본적으로는
저지 개발의 한 형태이다. 이 언전개발도 그 시원은 하천수 활용문제가 대두
한 시기 전후로 거슬러 올라간다. 그러나 이의 개발은 큰 규모의 인력 동원
이 요청되는 것이어서, 그 방법을 알면서도 15세기에는 큰 진전을 보지 못하
다가 역시 그 말엽부터 새로운 발전의 전기를 맞게 된다.

<hr>

3) 李泰鎭, 〈16세기의 川防(洑)灌漑의 발달－士林勢力 대두의 經濟的 배경 一端〉,《韓㳓劤
　博士停年紀念史學論叢》, 1981; 이 책 제7장 수록.
4) 李泰鎭,〈高麗末·朝鮮初의 社會變化〉,《震檀學報》55, 1983; 이 책 제5장 수록.

언전의 개발은 이와 같이 천방의 보급과 함께, 15세기에 일단 바탕이 마련된 집약농업 기술이 16세기에 이르면서 새로이 얻게 되는 양대 성과에 해당하는 것이다. 그런데 앞서의 논고에서 비추었듯이, 양자는 그 개발 또는 보급의 주체에서 큰 차이점이 발견된다. 그 주체가 갈라서듯이 나뉘어지는 것은 아니나, 내륙의 하천 주변에서 이루어진 전자는 주로 地方士類에 따라 주도되는 추세인 데 반해, 후자는 거의 중앙 권세가 또는 王子·駙馬家가 중심이 되는 형세로 나타난다. 이러한 차이는, 농업기술 문제에서 한걸음 나아가 훈척 계열과 사림의 대립이라는 이 시기의 정치적 상황의 본질을 이해하는 데도 도움이 될 것으로 예상된다. 사화로 점철된 16세기의 정치적 파란은 지금까지 단순히 지배 양반신분층의 분열현상만으로 이해되어 왔다. 그러나 위와 같은 두 계열 사이의 농업경제상의 대비적인 면모를 감안하면, 결코 단순한 정치적 분열 현상으로만 돌릴 수 없는 문제가 된다. 본고는 어디까지나 언전 개발의 추이를 살피는 데 주안을 두겠으나, 가능한 한 위와 같은 정치적 상황과의 연계에 대해서도 관심을 기울임으로써, 16세기 정치사의 본질 이해에도 감히 기여하고자 한다.

1. 14·15세기의 沿海 지역 개간 형세

徐有榘의 《林園十六志》에는 堰田을 다음과 같이 설명하고 있다.

濱海에 염분이 많은〔斥鹵〕 땅에서 둑〔堰〕을 쌓아 潮水를 막고, 雨水를 막이, 瀦蓄하여 소금기〔鹵性〕를 洗去시킨 뒤에 畦를 지어 벼를 심는 것을 俗에서 堰田이라고 일컫는다. 이것은 반드시 堰內에 地勢를 相度하여 도랑을 파서 물을 끌거나〔開溝引水〕, 積水池를 만들어 瀦水한 연후에야 염분도 씻을 수 있고 救旱도 할 수 있게 된다. 그렇지 않으면 10년에 三熟밖에 하지 못한다……(本利志 卷 1, 田制 堰田).

이 설명으로 堰田의 형태는 어느 정도 짐작할 수 있다. 그리고 그 소재 지역이 으레 저습하여 지세만 잘 이용하여 雨水를 저장하면 稻作地가 될 수 있는 것이 큰 장점임도 쉽게 알 수 있다. 그러나 鹽分의 洗去가 개간의 성패를 좌우하는 문제로서 그렇게 용이한 일이 아님도 알 수 있다. 그리고 이 설명은 언전 개발의 경험을 오래 가진 뒤인 19세기 전반기의 시점에서 가해진 것이므로 통시적으로 적용될 수 없는 면도 있을 것이 예상된다.

문헌상으로, 언전이란 말이 하나의 고유명칭으로 대두하는 것은 16세기 전반기이다. 즉,《明宗實錄》에서 볼 수 있는 「海邊堰畓」[5]이란 말이 그 최초의 예이다. 그 이전에서는 「築堰播種」[6] 「築堤捍水」[7] 「海澤之田」[8] 등이라고 하여 서술적 표현을 하는 데 그치고 있다. 이러한 표현상의 시기적인 차이가 바로 그 개발의 진전도를 반영하는 것이라고 믿어진다.

해택 개발의 사례는 기록상으로 13세기 중엽까지 거슬러 올라간다. 필자의 조사로는, 고려 高宗朝에 西北面兵馬判官으로 몽고군과 싸우던 金方慶의 치적으로서 다음과 같은 사실이 최초의 사례였다. 즉 몽고군이 서북면의 여러 지역을 공격해 옴에 그것을 피하여 葦島에 들어갔는데, 그곳에 「十餘里의 平衍可耕處가 있으나 海潮를 우려하여 개간치 않고 있었는데 方慶이 築堰播種토록 하였더니, 백성들이 처음에는 힘들어했으나 가을에 大熟함에 모두 의지하여 버틸 수 있었다」[9]는 것이다. 그리고 이보다 조금 뒤의 일로서 고려 조정이 아직도 강화도에 머물고 있던 高宗 43년(1256) 2월에 「文武三品 이하에서 權務 이상이 차등을 가지고 丁夫를 내어 梯浦·瓦浦를 防築하여 左屯田으로 삼고, 狸浦·草浦를 右屯田으로 삼았다」[10]고 한 기록이 있다. 전자

---

5)《明宗實錄》卷 2, 明宗 12년 4월 戊申條. 「全羅道觀察使狀啓……靈光暴風大吹 雷雨交作 湖水漲溢 前古所無 海邊堰畓 鹹水入沈……」;《明宗實錄》卷 30, 明宗 19년 6월 癸丑條. 「傳于政院曰 京畿監司處……海邊堰畓 則必得水付種……」

6) 註 9) 참조.

7) 이 책, p.269의 인용문 참조.

8) 이 책, p.276의 인용문 참조.

9)《高麗史》卷 104, 列傳 17 金方慶傳.

10)《高麗史》卷 79, 食貨 2 農桑條.

의 「築堰」이나 후자의 「防築」이 海澤 개발에 해당한다는 것은 양자 모두 海島란 지리적 조건으로 보아 의심의 여지가 없다.

그런데 이 두 사례는 모두 戰時라는 특정한 여건 아래서 응급적으로 이루어진 것이므로 일반성이 인정되기는 매우 어렵다. 그리고 이후의 시대적 여건을 보더라도, 몽고와의 강화 이후 征東의 부담에 시달리고, 그 후에 蘇復의 겨를을 얻어서도 일단 舊耕地를 대상으로 농경의 회복이 이루어졌을 것이므로, 설령 그 개간방법을 알게 되었다 하더라도 노력이 많이 드는 海澤 개발이 계속적으로 이루어졌을 것 같지는 않다. 문헌상으로도 위 두 사례 다음으로는 한 세기 뒤인 공민왕 5년(1356) 6월의 敎書 가운데 다음과 같은 一節로써 그 예가 비로소 찾아진다.

> 全羅道의 臨陂 屯田은 근래 권세가들이 賜給을 칭하여 다 奪占해버렸다. 都評議使에 분부하노니 屯田官을 別置하여 諸家가 占奪한 것을 하나같이 모두 복구하라. 沿海의 땅에 둑을 쌓아 물을 막아(築堤捍水) 良田을 만들 수 있는 것이 왕왕 있으니, 마땅히 有司로 하여금 相地하여 防倭의 卒을 써서 농부를 삼도록 하라. 賊家의 賜給田으로서 平衍하고 기름져 屯田을 만들 수 있는 것은 賊家 및 行省이 차지한 人物로서 隊를 나누고(分隊) 땅을 주어(給田) 책임을 지도록 하며, 각 道의 모든 古屯田處는 다 臨陂 屯田의 예를 따르도록 하라(《高麗史》 卷 82, 兵志 2 屯田條).

주지하듯이 공민왕대 초반은 고려 후기사 전개에서 하나의 주요한 변동기였다. 즉위 한 해 전부터 왜구가 창궐하기 시작하여 그 대책이 강구되고, 또 때를 같이하여 반원의 기치 아래 부원세력의 타도, 축출이 과감하게 단행되었다. 위의 조치는 그 두 가지 일이 함께 하여 나온 것이다. 즉 부원배 귀족의 占奪土地들을 일괄적으로 둔전으로 돌려 방어 군사력의 기반을 증대 강화코자 한 것이다. 海澤 개발은 그 둔전 확보책 가운데 다른 하나의 방법으로 제시되고 있지만, 여기서 주의할 것은 그 개발이 둔전 확보의 구체적인 방법으로서 占奪土地의 還入에 따른 것에 부수적으로 언급되고 있는 점이다. 그 방법으로 良田을 얻을 수 있는 것이 「왕왕 있으니」라고 한 표현에 따르면 이전의 개발이 전혀 없는 것이라고 보기는 어려우나, 결코 활성화한 상태로 간주하기는 어렵다. 金方慶이 葦島에서 벌인 築堰이 군사들의 집단적인 인력을 이용하여 이루어졌듯이 해택의 개발은 본래 많은 인력을 일시에 동원할 수 있어야 가능한 것이므로 일상적인 여건 아래서는 쉽게 이루어질 수 없는 것이다. 위 教書 역시 필요한 인력은 防倭의 軍卒로 할 것을 구체적으로 지적하고 있다.

海澤 개발의 위와 같은 여건을 고려하면, 군사적으로 왜구 격퇴에 적극적인 대책을 세워 나간 공민왕대에 해택 개발이 더 적극화했을 가능성은 충분히 상정된다. 그리고 한편으로는 왜구의 침입이 장기화하는 가운데 그에 따른 피해도 컸을 것으로 짐작된다. 약 30년 뒤인 우왕 14년(1388) 8월에 憲司에서 올린 둔전 정비책에 관한 상소에서 그 후의 성과와 피해가 엇갈린 상황을 엿볼 수 있다. 이 疏文은 당시의 정황을 「鴨綠 이남은 대저 모두 山으로 기름져 해를 바꾸지 않은 田(不易之田)은 濱海에 있는데 沃野 數千理의 稻田이 倭奴에게 밟혔다」고 말한 다음, 그 복구책을 다음과 같이 제시하고 있다. 즉 「漢나라가 募民하여 塞下를 實하게 하여 흉노를 막은 古事에 따라, 亡邑 荒地를 개간하는 자에게는 30년에 한하여 그 田에 稅를 매기지 않고 國役도 지우지 않게 하옵소서. 오로지 水軍 萬戸府에 분부하여 城堡屯을 수립케 하여 노약자들이 斥候를 멀리하고 烽燧를 근면히 하게 하면서, 無事時는 耕耘·漁鹽·鑄冶로 먹고 살고 때로 배를 만들게 하다가, 왜구가 이르면 들을 비워〔淸野〕入保하는 가운데 水軍이 出船하여 공격토록 하옵소서. 合浦로부터 義州에 이르기까지 모두 이렇게 하면 수년이 되지 않아 流亡한 자들이 모두 각기의 鄕邑으로 돌아오게 될 것입니다」라고 했다.[11]

이 상소를 올린 우왕 14년대의 憲司는 田制改革論을 주도적으로 펼치던

---

11)《高麗史》卷 82, 兵志 2 屯田條.

관청이다. 이 건의도 그 개혁론의 일환이겠으나, 그 대책은 전형적인 屯田經
營論에 불과한 것으로서, 단지 공민왕대 이래의 屯田 개발의 성과가 그 사이
왜구에 의해 상당한 타격을 입은 것을 전해 주는 데 특별한 의미가 있다. 그
런데 피해를 입기 전의 상황이 굳이 「沃野 數千里의 黍田」으로 표현된 데는
海澤개발의 실상과 관련하여 유의할 점이 있다. 「沃野 數千里」는 다소 과장
된 표현이라 하더라도 그 작물이 굳이 黍라고 한 것이 주목된다. 黍는 蜀黍
곧 수수로서, 《農事直說》에는 「蜀黍 鄕名唐黍 宜下濕不宜高燥 二月早種 鋤
不至再而收多」라고 소개되어 있다.12) 그 作物性이 「下濕한 것에 맞다」는
것과 鄕名이 唐黍란 것이 이 시기의 해택 개발과 관련하여 주목되는 점이다.

　해택 개발지는 본래 低濕地로서 稻作地로 발전할 수 있다는 것이 큰 장점
이었다. 그러나 《林園十六志》의 설명대로 소금기〔鹵性〕를 씻어냄이 큰 문제
였기 때문에 처음부터 쉽게 벼농사로 들어갈 수 있는 것은 아니었다. 특히
이 시기와 같이 개발 기술이 처음으로 이루어지는 단계에서는 그러한 어려
움이 더 했을 것으로 짐작된다. 시간적으로 보아 고려 말보다는 기술이 향상
되었을 15세기 중엽까지도 해택 개발지에 쓰일 稻種이 문제되고 있었다. 즉
세조 9년(1464) 정월에 중국 使臣 魯參이 중국의 鹹(함 ; 짤)地에서 쓰이는 稻
種을 진헌하였는데, 이에 承政院은 奉旨로서 京畿道觀察使에 馳書하여 이르
기를 「지금 보내는 唐稻를 沿海 諸邑의 鹹氣 海澤에 심어 耕種하여 秋收를
기다려 아뢰라」고 하였다.13) 그리고 4년 뒤인 성종 元年(1470) 정월에는 王
이 경기도 관찰사에게 下書하여 「道內 諸邑에 唐稻를 分種하여 추수한 수가
江華府가 가장 적다. 이는 수령이 마음을 쓰지 않은 때문이니 추국하여 아뢰
라」고 한 기록을 볼 수 있다.14)

　이 두 가지 일로 미루어 보면, 15세기 중엽에서도 해택 개발지에는 벼농사
가 이루어지지 못한 것은 아니겠으나, 적절한 稻種을 얻지 못하고 있었던 것

---

12) 《大漢和辭典》 黍字. 《袗陽雜錄》 穀品條에는 唐麥을 「슈슈」라고 하였다.
13) 《世祖實錄》 卷 30, 世祖 9년 正月 戊午條.
14) 《成宗實錄》 卷 2, 成宗 元年 正月 己巳條.

을 알 수 있다. 후술하는 바와 같이 해택 개발은 성종대 후반에 접어들면서 비로소 활성화하는 추세를 보이게 되는데, 이에는 이러한 新穀種의 도입, 보급이 한 계기가 되었을 것으로 짐작된다. 어떻든 15세기 중엽의 이러한 사정을 감안하면, 고려 말에 둔전으로서 개발되기 시작한 해택지의 주작물이 벼이기 어려운 사정이 충분히 상정되며, 따라서 당시의 기록이 下濕한 것에 맞는 다른 작물로서 稌, 곧 蜀黍를 들고 있는 것은 결코 우연한 것이라고 할 수 없다. 蜀黍는 下濕한 곳에 맞을 뿐더러「호미가 두 번 가지 않아도 수확이 많다」고 하였으니, 戰時 아래서는 더 適宜한 것이 없었을 것이다.

《農事直說》 단계에서 蜀黍가 唐黍인 것도 주목할 점이다. 세조대의「唐稻」의 경우에 비추어 보면, 해택 개발이 시작된 고려 말의 시점에서 일차적으로 그에 適宜性이 높은 蜀黍가 중국으로부터 새로이 구입되었을 가능성이 없지 않은 것이다.15) 중국 쪽에서의 해택류의 개발은 晋 이래 특히 송대를 기점으로 海塘의 축조를 통해 활발하게 이루어져,16) 海岸 鹵性에 단련된 穀種이 앞서 나오고 있었던 것이다. 세종 13년(1431)에도 典農寺가 唐白黍란 穀種을 마련하여 경기·충청·전라·경상·강원·황해 諸道에 分給하면서 絶種이 되지 않도록 당부하고 있는 사실17)로 보면, 농업기술과 경지의 변동에 따른 새로운 곡종의 획득은 중요한 문제였던 것이 분명하다.

이상과 같이, 고려 말의 해택지 개발은 문헌상으로나 시대 여건상으로나 그 대부분이 둔전 확보책의 일환으로 이루어진 것이었다. 그런데 이러한 추세는 새 왕조에 들어와서 둔전의 정책 자체가 전면적으로 재검토됨으로써 크게 달라지게 된다. 주지하듯이 태조는 그 卽位敎書에서 國屯田과 浦鎭의 官屯田류의 전면적인 혁파를 선언하였다.18) 둔전은 軍資穀 마련을 위한 國屯田,

---

15) 忠烈王代에는 일본정벌의 준비로 失農함이 커서 元에 그 대책을 요구하여 그 17년, 18년, 21년 세 차례에 걸쳐 「江南米」가 船運으로 총 20여 만 石이 보내져 왔는데(《高麗史》 卷 80, 食貨 3 賑恤條), 이로써 보면 새로운 穀種의 구입 가능성을 충분히 상정할 수 있다.

16) 鄭肇經, 《中國水利史》 第7章 海塘 참조.

17) 《世宗實錄》 卷 53, 世宗 13년 9월 辛未條.

官衙의 경비 충당을 위한 官屯田 두 가지로 대별된다.[19] 위의 혁파 선언은 곧 군자곡 마련을 위한 둔전의 경영과 관둔전 가운데서도 특히 군사적 성격을 강하게 지니는 연안 浦・鎭의 것을 대상으로 하는 것이었다. 요컨대 그것은 고려 말에 계속된 전란 속에서 가중된 일반민의 군사적 부담을 줄여서 생업의 안정을 도모코자 함이었다. 전시 아래서 일반민은 대개가 군사로 差定되었을 뿐더러 재정체계가 전반적으로 혼란한 가운데 군자곡의 조달 수단이 달리 강구될 수 없어 그 군사들이 둔전 경작에도 함께 투입, 종사하는 실정이었다. 새 왕조는 이러한 현실을, 軍役은 良民皆兵制의 원칙 아래 輪番制에 따른 이행으로 이끌어 생업 종사의 기회를 부여하면서, 立役 가운데 군사로서의 기능만을 가지게 하여 軍制의 충실도를 높이는 방향으로 타개해 나가고자 하였다.

그러나 왕조 개창 당초의 이러한 입안은 군자곡 마련을 위한 수단이 쉽게 강구될 수 없어, 태조 당대에 곧 浦鎭의 관둔전을 부활시키는 수정을 가져야 했다. 그리고 태종대에는 국둔전의 사실상의 부활로서,「編戶營田」의 형태로서 戶給屯田法이 마련되어 民의 가중한 부담이 재현되기도 하였다. 그러나 이는 곧 폐지되고, 세종대에는 그 22년부터 六鎭・四郡의 개척이 시작되기 전까지 전면적으로 國屯田은 폐지되었다. 세종대 후반에 육진・사군의 개척으로 兩界지방에 한하여 부활된 국둔전은, 세조대에 이르러 전국적인 군사조직으로서 鎭管 체제가 확립됨에 따라 다시 전면적인 부활로 이끌어졌지만, 이 무렵에는 그 경영이 부역노동으로서는 지탱하기 어려워 병작형태로 전환해 가는 변화를 이미 보였다. 일반 관아 몫의 官屯田도 그 구조적 조건은 國屯田과 마찬가지였으나, 처음부터 혁파에서 제외된 것은 군자곡 문제조차 해결이 어려운 상황이었으므로, 혁파를 서두름으로써 부담을 한꺼번에 질 수 없었기 때문이었다. 그래서 이 경우는 그 경작 노동이 관노비류에 한정되어

---

18) 《太祖實錄》 卷 1, 太祖 元年 7월 丁未條.
19) 이하 屯田政策에 관한 서술은 李景植, 〈朝鮮初期 屯田의 設置와 經營〉, 《韓國史研究》 21・22合號, 1978에 주로 근거함.

야 한다는 원칙론이 요구되는 가운데 결국 세조 4년에 그 액수를 한정하는
定限制로 귀착을 보았다.

당초 국둔전과 함께 혁파되었던 浦鎭의 관둔전은 그것이 「且耕且戍」의 둔
전의 원칙에 바로 부합하는 것이라는 명분 아래 곧 부활되었지만, 실상 그것
도 군자곡 문제 해결의 부담을 덜려는 것에 불과하였다. 그 경작자로서의 船
軍 곧 水軍 역시 군역체계상 다른 일반 兵種과 다름이 없는 처지였다. 고려
말에 둔전으로서 해택지가 개발된 것은 대개 이 浦鎭의 관둔전류에 해당하
는 것이었다. 이 부류가 혁파 후 곧 부활되었을 뿐더러, 관둔전으로서도 정한
제가 늦게(世祖 6년) 적용된 점으로 보면, 새 왕조에 들어와서도 지속적인 개
발이 이루어졌을 가능성이 없지 않기도 하다. 그러나 水軍 자체도 輪番制로
정비되었을 뿐더러 전반적으로 둔전의 경영에서 부역 노동의 동원이 저항을
받는 분위기 아래서, 새로운 확대, 개발을 가진다는 것은 매우 어려운 일이었
다. 새 왕조에 들어와서 해택지의 개발이 크게 위축된 것은 바로 이러한 까
닭에서였다.

해택지는 둔전 외에 개인 소유지 곧 民田으로 개발될 수도 있었다. 황무지
또는 진전의 개간은 국가가 장려하는 것이었다. 단지 해택지의 개간은 다른
경우와는 달리 큰 규모의 인력 동원을 필요로 하는 것이기 때문에, 그것을
해낼 수 있는 私家가 어느 정도 있을 수 있는가가 문제였다. 기록상으로 확
인되는 이의 초기 사례로는, 태종대의 일로 두 가지가 확인되는데, 그 주도자
는 權近·河崙 등 당시 최상급 관인으로 드러나며, 그 방법 또한 순수한 사가
의 힘을 동원한 것이 아니었다. 권근의 경우는, 세종 8년에 그 아들 權蹈와
李明德이란 자 사이에 訟事가 벌어져, 史臣이 당해 토지의 내력을 밝혀 「처
음에 蹈의 父 近이 平澤縣의 海澤을 築堰作田하여」라고 한 것밖에 내용을
알 수 없으나,[20] 하륜이 태종 14년에 주도한 通津地 高陽의 防築事는 비교적
자세한 내용이 전하여 당시 민전으로서의 해택지 개간의 실상을 살피는 데

---

20) 《世宗實錄》 卷 33, 世宗 8년 9월 壬辰條.

큰 도움을 준다.

그 개간 대상은 「堤堰을 築하여 潮水를 막아(防) 穀 200여 石을 파종할 수 있는」 정도의 규모로서, 관계자는 모두 그의 門客·門人·親戚 및 親交人 등의 현직 관인들로 나타나 있다. 그 개간의 시말과 그것이 문제된 경위는 대체로 다음과 같다. 당초 그의 문객인 金訓이 京畿經歷으로 재직하면서 당해 지역의 개간을 제안하자, 河崙은 女壻인 摠制 李承幹으로 하여금 地品을 往審케 한 다음, 承幹과 함께 子인 都摠制 河久, 壻衆議 洪涉 및 禮判 偰眉壽, 典祀副令 河演, 直藝文館 朴熙中 등의 「連名狀告」로서 개간키로 하고, 이 일의 추진을 위해 문객인 李殷과 李賀를 각각 경기감사, 경기경력이 되게 하여 부근의 각 官의 民丁 또는 軍丁 700명을 동원하는 편의를 보았다는 것이다. 이 일은 본래 경기감사의 선에서 「密成」토록 된 것인데, 民丁 調發에 응하지 않는 수령들이 있어서 헌부에 앞서 국왕이 알게 되어 국왕이 신관을 시켜 그것이 「民에게 무익한」 일임을 확인하고서는 곧 경기감사와 경력을 함께 파직하는 조치를 내렸다. 이 일을 뒤늦게 안 憲府는 「軍丁을 擅調하여 私役을 徵治하였다」는 명목으로 連名告狀者 모두를 탄핵하고 나섰다. 그러나 이 탄핵은 태종이 「본래 種穀코자 한 것이 어찌 나라에 해가 되겠는가」라는 명분을 앞세워 「功臣이 관여된 일이므로 또한 논할 수 없다」고 하여 그의 측근 신하인 하륜을 優遇함으로써 관철되지 못하였다.21) 그리고 같은 해 9월에 강화도의 築堰地 약 1,000결을 船軍 耕作의 屯田으로 확정지으면서, 「通津地 高陽의 防築可耕地는 不多하므로 마땅히 전날에 自占한 모든 사람에게 耕治토록 한다」는 것으로 일이 마무리 지어졌다.22)

이 사례는 왕조 초기에 사유지로 해택의 개발이 이루어진 것을 확인해 주는 자료이다. 그러나 그것은 어디까지나 상급 權臣으로서 착수할 수 있었던 일이고, 또 국왕의 측근이었기 때문에 그 위법성에도 불구하고 각기의 사유

---

21) 《太宗實錄》 卷 27, 太宗 14년 5월 庚寅條.
22) 《太宗實錄》 卷 28, 太宗 14년 9월 丙戌條.

지로 처리될 수 있었다. 국둔전·관둔전류에서도 부역노동 자체가 논란거리가 되는 당시의 일반적 분위기 아래서, 그와 같이 큰 규모의 民丁·軍丁의 동원을 공공연히 가진다는 것은 현직의 관인으로서는 대부분 생각할 수 없는 일이었다. 이 시기의 사례가 권근·하륜 등과 같은 특별한 지위에 있던 관인의 경우에 한정하여 나타나고 있는 것 자체가 바로 그러한 정황을 말해 주는 것이다.

위 高陽 防築事의 連名告狀者의 한 사람인 河演은 26년 뒤인 세종 22년 (1440) 3월에 左參贊으로서 여러 救荒策 가운데 하나로 다음과 같은 해택개발안을 제시하였는데, 이것은 위의 일이 있는 뒤의 해택 개발에 관한 최초의 기록이기도 하다.

> 海澤의 田은 所出이 倍多합니다. 그러나 廣大悠遠한 浦인즉 하루 이틀 사이에 반드시 수백 인을 役使하여 물을 끊어 막아야 하니 그 饋餉과 酬功 또한 반드시 布貨 數十匹, 米 數十石을 들여야 감당할 수 있으니 財力이 매우 많이 듭니다. 때문에 饒富家라 할지라도 쌓을 수 없으니 엎드려 바라옵건대 2, 3일로 한정하여 船軍을 役使하고, 民으로 하여금 자원하여 혹은 斗數로 혹은 一石에 이르기까지 적당하게 헤아려 米를 내게 해서 공급하여 쌓게 하고, 각 사람이 낸 米布의 多寡로써 (耕地를) 分給케 하소서(《世宗實錄》卷 88, 世宗 22년 3월 乙丑條).

이 안은 결국 해택 개발에서 築堰에 필요한 대규모의 인력은 船軍을 동원하는 것이 가장 유용한 방법이라는 전제 아래, 새로운 경지를 원하는 사람들로부터 米·布를 거두어 그것을 축언에 동원된 선군의 饋餉과 酬功으로 삼아, 그 동원 자체를 합법화하는 한편, 획득된 경지는 출자의 다과에 따라 각인에게 분급하여 개발을 촉진시켜 나가자는 것이다. 이 제안은 그것이 본래 구황책의 하나로 제시된 점, 그리고 상정된 1인당 出資의 양(上限 1石 정도) 등을 감안할 때 결코 권세가 중심의 개발을 염두에 둔 것이라고 할 수 없다.

따라서 그것은 태종대의 高陽 防築事에서 河崙이 門人 尹自堅이 강제적 노
동력 동원에 대한 「小民의 怨咨」를 우려한 데 대해 「원망하는 것을 알지 못
해서(惑)이다…… 利가 나라에 미치는데 어찌 꺼리겠는가」[23]라고 답한 데
견주면, 의식상으로 큰 변화를 보인 것이다. 이 제안이 채택 실행된다면, 일
반 민의 사유지로서의 해택지 개발의 상당한 성과가 예상되었을 것임은 물
론이다.

　하연의 위 제의가 있은 세종 22년은 세종 초에 폐기가 선언된 屯田이 함
경도에서 처음으로 부활된 해로서, 때를 같이하여 이러한 제의가 있은 것은
곧 이 무렵에 새로운 경지 확보의 필요성이 여러 방면에서 점차 높아진 것을
의미한다. 새로운 경지 확보의 노력은 이전에도 있어 왔지만, 그것은 주로 개
간과정에 특별한 인력이 요청되지 않는 것에서 이루어지는 추세였다. 閑廣地
가 많은 兩界지방에 徙民을 시도하거나, 海島의 耕墾을 장려하며, 평지의 講
武場을 옮겨 그곳을 경지로 삼는 것 등이 그것이다.[24] 지금까지 해택지 개발
이 부진했던 것은 이러한 다른 가능성들이 인력 면에서 훨씬 용이했기 때문
이었다. 하연의 제안은 결국 이 무렵에 이르러 그러한 다른 가능성들도 어느
정도 한계에 도달하고, 또 인구증가의 압박을 받는 상황에서, 이를 타개코자
하는 적극적인 의미를 지니는 대책의 하나로 이해된다. 그의 案은 일단 戸曹
에 내려졌고, 이듬해 正月에 이르러 의정부는 호조의 呈文에 근거한 다음과

---

23) 註 21)과 같음.
24) 이 문제는 註 4)에서 밝혔듯이 앞으로 하나의 다른 주제로 다루어져야 할 대상이다.
　　여기서는 관계 사료 한 가지씩만을 제시해 두기로 한다. 兩界의 徙民이 새로운 경지
　　획득과 큰 관련이 있는 것은 「禮曹佐郎 李善老啓 臣自江界 窮歷諸山 以求新地 鴨綠以南
　　則無所疑也 然新地之說 喧騰已久 無知之民 謀避徭役 擧室連亡……」(《世宗實錄》 卷 110,
　　世宗 27년 11월 癸酉條)라고 한 것을 통해 단적으로 알 수 있다. 海島耕墾에 관한 것으
　　로는 《太宗實錄》 卷 34, 太宗 17년 10월 己酉條에 「籍海島新墾之田 依六典 每年踏驗作丁
　　申報主掌官 續書于籍 從之」라는 제도적 조치가 찾아진다. 그리고 講武場의 耕地로의 換
　　置 경우는 《太宗實錄》 卷31, 太宗 16년 6월 丙戌條에 「罷泰安講武所 命李原日 講武所以
　　橫川平康平山等處 鵲川以東永爲常所 非以耀武 乃講坐作行陳也 原日 此三所 無禽獸之地
　　願以泰安海州爲常所 上日 泰安海州 土地沃饒 可許耕農 且道路阻隔 且恐後世好武之君 從
　　獸無獻 遠事遊逸也 自今聽民耕嫁 俾不閑曠 其常所外 私獵耕稼濫禁 守令論罪」라고 한 것
　　이 대표적이다.

같은 海澤 개발에 관한 決案을 올려 王의 재가를 얻고 있다.

> 지금 生齒(人口)가 날로 번성하고 土田이 유한하여 民이 경작할 수 없어 산업
> 을 잃고 있습니다. 濱海의 州郡에는 海澤을 築堤하여 水田의 땅을 만들 수 있
> 는 것이 자못 많은데 民力이 미치지 못하여 그 利를 얻지 못하니 실로 闕典입
> 니다. 바라옵건대 각 道의 監司로 하여금 差人 審定으로 耕種하여 民産을 이롭
> 게 하도록 하옵소서(《世宗實錄》 卷 92, 世宗 23년 正月 乙丑條).

요컨대 인력 동원에 관한 구체적인 언급은 없으나, 民産을 이롭게 하기 위
한 감사 所管 아래 해택지 개발이 공인되는 절차가 이루어진 것이다. 이후,
단종 3년 2월에 의정부가 다시 전라도 관찰사의 啓本과 호조의 呈文에 근거
하여 「海水를 堤防하여 水田의 地를 만들 수 있는 것은 감사가 親審하여 啓
聞하고 가을을 기다려 防塞토록 하옵소서」[25]라는 건의를 올리고 있는 것을
보면, 監司 主管 아래 개발이 지역에 따라 실제로 착수되어 간 것을 알 수
있다.

세조 6년에 처음 刊布된 《經國大典》 戶典에는 해택 개발에 관한 두 개의
규정이 실려 있다. 즉 收稅條에 「海澤은 첫 해에 免稅하고 다음 해에 半收한
다」고 한 것과, 田宅條에 「3년이 지난 陳田은 사람들에게 告耕을 허용하되,
海澤은 10년을 기한으로 한다」는 것 등이 그것이다. 이 규정들의 내력이 될
만한 기록은 왕조실록을 통해 쉽게 찾을 수 없으나, 세종 22년 이후의 위와
같은 추세로 봤을 때 충분히 이해할 수 있다. 세조 당대로서도 관둔전은 定限
制를 펼쳤으나 국둔전은 전면적인 부활 조치를 취하여 새로운 墾田을 장려하
는 상황이었으므로 해택지 개발에 대한 관심이 없을 수 없다. 단지 해택지
개발의 기술적인 어려움을 고려할 때, 둘째 해 半收, 바꾸어 말하면, 3년부터
의 全收란 稅의 부과가 장려책으로서는 현실적으로 무거운 것으로 여겨진다.

---

25) 《端宗實錄》 卷 13, 端宗 3년 2월 壬寅條.

세종대 후반 이래 해택지 개발에 대한 새로운 관심은 일단《經國大典》에 두 개의 관계 규정을 두는 형태로 현실적인 반영을 본 것이라고 하겠다. 그러나 이 무렵에서도 실제적인 개발의 성과는 그다지 크지 못하였다. 하연의 안과 같은 형태의 다수의 일반민의 集力에 따른 개발 사례가 기록에는 잘 나타나지 않지만, 그러한 경우가 있었다 하더라도 기술적인 어려움은 築堰의 과정 그 하나에만 있었던 것은 결코 아니다.《林園十六志》의 설명에 따르면, 소금기[鹵性]의 제거 또한 기술적으로 결코 쉬운 문제가 아니었다. 앞에서 살핀 것과 같이, 바로 이 세조대에 醎氣 곧 鹵性에 길들여진 唐稻가 新穀種으로 큰 관심을 모았던 것도, 이 시기의 해택지 개발의 상황을 이상과 같이 살피고 보면 결코 우연한 일이 아니다. 성종 5년 10월에 大司憲 李恕長이 당시 大臣의 자리에 있던 蔡儀亨을 탄핵하는 箚子에서 밝히고 있는 다음과 같은 일은, 이 무렵의 해택지 개발의 기술적 한계를 인식시켜 주는 구체적인 자료로서 주목되는 점이 있다.

이 탄핵에서 문제가 된 海澤地는 扶安 소재의 것으로서, 그것의 「開基始築者」는 張龍과 勿金이라고 밝히고 있다. 그 始築의 시기는 지적되지 않고 있으나, 始築 후 그들은 그것을 폐기하고 말았고 그 뒤에 蔡儀亨이 그 터에 耕墾을 일으켰다가 그도 폐기하고 말았는데, 탄핵에서 문제된 것은 바로 그 폐기 기간이다. 즉 그가 폐기한 지 16년이나 된 당시 大典의 규정에 따르면 緣故權이 분명히 상실되었는데도 그는 耕墾에 새로이 나서 호조로부터 많은 혜택을 받기까지 하고 있다는 것이다.[26] 성종 5년(1474)으로부터 16년 전은 世祖 3년(1458)으로서, 張龍, 勿金과 蔡儀亨 등이 開築·耕墾과 폐기를 거듭한 기간은 결국 위에서 언급한 세종대 후반 이후가 된다. 始築은 이 진술의 내용으로 보아, 구체적으로 앞에 제시한 단종 3년의 전라감사의 防塞 건의 바로 그때에 이루어진 것이 아닐까 어림잡아지기까지 한다.

지금까지는 둑을 쌓아서도 폐기하지 않을 수 없던 것을 다시 耕墾코자 나

---

26)《成宗實錄》卷 48, 成宗 5년 10월 庚子條.

서고 또 戶曹가 稅制上의 혜택을 가한 일 등은 개발의 새로운 증표로 해석될 수도 있다. 그러나 憲府의 탄핵 자체는 蔡儀亨과 호조에 대한 국왕의 두둔으로 실효를 거두지 못했지만, 大典의 규정에 근거한 탄핵의 제기 그것은 아직도 개간의 활성화를 막는 한 요소라고 하지 않을 수 없다. 성종대 초반에도 기록상으로 활성의 분위기는 전혀 읽어지지 않지만, 위의 것과 함께 그 초반에 확인되는 다른 한 기록 역시 위법 탄핵에 관한 것이다. 즉 그 7년 6월에 邊鎭을 受任한 閔孝幹이 「農時에 무리를 모아 해택을 役築, 自耕之計로 삼았다」는 사헌부의 탄핵이 있었다.27)

요컨대 해택지의 개발은 세종대 후반 이후 새로운 관심의 대상이 되었으나, 성종대 초반까지도 여러 가지 기술적인 어려움으로 성과면에서는 부진을 면치 못하는 형세였다. 그러나 관둔전에 정한제를 가하면서, 그 밖의 것은 국둔전으로 흡수한다는 방침 아래, 국둔전을 전면적으로 부활시킨 世祖代의 둔전 정책상의 일대 전환은, 이후의 해택 개발 활성화의 중요한 바탕으로 작용하게 된다. 이러한 정책 아래서는 둔전 개발을 가탁한 관인층의 軍民 동원이 더 용이하여, 사적 경제기반 확대의 욕구를 충족시킬 수 있는 길이 그만큼 더 넓을 수 있었다. 그러한 비합법적인 인력 동원에 따른 관인층의 사적 욕구 충족은 다른 부면에서 이미 진행되고 있었으며, 해택 개발 쪽도 인력동원 외의 다른 기술적인 어려움들이 해소되면 본격화할 계제였다.

---

27) 《成宗實錄》 卷 68, 成宗 7년 6월 辛卯條.

2. 16세기의 堰田의 확대와 척신정치

1) 堰田 확대의 추이

해택 개발문제는 성종 19년(1488)에 이르러 하나의 새로운 전기를 맞게 된다. 이해 閏 正月 乙亥日에 경상도 관찰사의 직을 마치고 돌아온 李世佐는, 復命하는 자리에서 국왕에게 다음과 같은 건의를 올려, 즉석에서 허락을 얻는다. 즉 제언과 천방을 수축하려면 현재의 관행으로는 반드시 堤堰司에 보고한 뒤에 착수해야 하므로, 왕래하는 사이에 失機의 우려가 많으니, 「修築後 啓聞」으로 관행을 바꾸자고 하였다.[28] 이 일이 있은 지 며칠 뒤에 來京중이던 충청도관찰사 金礪石이 또한 해택 개발도 그에 준할 것을 건의하여 바로 허락을 얻고 있다. 이때는 「海澤은 利重하므로 狀告하여 耕墾하려는 자에 선후가 있을 것이니, 後告者가 豪强이면 監司는 선후 折給의 이치를 잃지 말아야 한다」는 附言이 따른 것이 앞의 것과 다른 점이다.[29]

이 건의들에서 운위된, 제언사를 반드시 거쳐야 한다는 舊慣은 세조대부터 있어 온 것이다. 즉, 이 때 국둔전의 전면적인 부활이 꾀해지면서 적극적인 둔전 개발책의 일환으로 제언사가 두어져 우수한 둔전 확보의 수단으로서 제언과 천방의 보수·신축이 모두 이 관청에서 관장되었던 것이다.[30] 세조 3년 11월의 「堤堰敬差官導官主簿」의 賷去事目이 그 大梗을 「救旱의 政은 오로지 築堤와 防川에 있을 따름이다」고 한 것이[31] 당시의 형세를 반영하고 있다. 해택의 경우가 제언·천방과 마찬가지로 제언사의 소관이 된 시기는 기록상으로 명확히 밝혀지지 않으나, 金礪石의 건의로 보면, 해택의 경우도

---

28)《成宗實錄》卷 212, 成宗 19년 閏 正月 乙亥條.
29)《成宗實錄》卷 212, 成宗 19년 閏 正月 甲申條.
30) 世祖초의 堤堰司 역할 상승은《世祖實錄》卷 15, 世祖 5년 2월 乙卯條의 「傳于戶曹 曰 自今堤堰川防等事 與堤堰司提調同議施行」이라고 한 데서 볼 수 있다.
31)《世祖實錄》卷 10, 世祖 3년 11월 丁未條.

그 후 어느 때인가 같은 개간 사업류로서 제언사의 통제 아래 들게 되었던 것이 분명하다.

필자는 앞서 다른 한 논고에서 16세기의 천방 개발의 성과를 살피면서, 위의 이세좌의 건의에 따른 새로운 조치가 그 개발의 새로운 이정표가 된 것임을 지적하였다.[32] 즉 천방 개발의 장려가 문종대부터 시작되었으나 세조대까지는 아직 그 성과가 저조한 단계여서 제언사에 의한 일괄적 통제는 하나의 적극책일 수 있었으나, 성종대 후반에 접어들면 하나의 새로운 수리수단으로서 천방의 장점에 대한 인식이 점차 높아져 개발이 활발해져 감에 따라, 제언사의 통제는 오히려 장애가 되기만 하여 위와 같은 건의가 있게 된 것이라고 하였다. 金礪石의 건의로 보면, 해택의 경우도 이제 비슷한 상황에 들어간 것이라고 하겠다.

김려석의 건의에 붙인 국왕의 부언을 통해서도, 이 무렵 해택 개발에 상당한 변화가 일어나고 있는 것을 읽을 수 있다. 이세좌가 위의 復命 다음날에 국왕이 다시 引見하였을 때, 경기 및 하삼도의 양전이 20년 단위의 기한이 지나서도 아직 이루어지지 않아 야기되고 있는 문제점을 지적하여, 「川反浦落으로 田이 모두 缺毁되었는데도 民이 면세 받지 못하는가 하면, 鹵瀉한 땅에 引水하여 水田을 만들어 民이 그 利를 누리는데도 그 稅가 빠뜨려져 民의 이해가 懸絶하다」[33]고 한 것도 그러한 변화상에 대한 것이다. 위 19년의 조치가 있은 이듬해 12월에 마련된 下三道堤堰敬差官 齎去事目 가운데 「新川防·堤堰及海澤可耕處 聽民申告 審便否啓聞」이란 규정은[34] 앞에 든 세조 3년의 事目과는 달리 川防·堤堰 두 가지에 「海澤可耕處」가 첨가되어 역시 그동안의 변화를 반영하고 있다.

성종 19년의 조치는 결국 監司에게 所管事를 일임시킨 것으로서, 그것은 외형적으로는 세조대 이전 상태로 복귀 같지만, 내용적으로는 개발의 새로

---

32) 李泰鎭, 이 책 제7장 〈16세기의 川防(洑) 灌漑의 발달〉, p.245~247.
33) 《成宗實錄》卷 212, 成宗 19년 閏 正月 丁丑條.
34) 《成宗實錄》卷 235, 成宗 20년 12월 丙午條.

운 추세를 반영하는 의미를 지녔다. 그리고 그 새로운 변화의 구체적인 상황
은 지금까지 검토된 사례로 볼 때, 개발 대상지역이 전라·충청·경기 연안 일
대에 모두 걸치게 된 사실로 정리된다. 지역별 개발 면적의 크기는 개발이
진전되어감에 따라 더 커져가겠지만, 지금까지 파악된 기록들의 관련지역들
을 정리해 보면 경기·전라·충정 등지로 점차 이어진 추세를 지적할 수 있다.
이러한 분포는 지금까지의 성과의 집적이지만, 그 上緯線이 경기도에 머문
것은 개발 추세의 한 단계성을 표시하는 것이 된다. 다음 16세기 중반에 본
격화하는 해택 개발 추세는 경기도 이남에서 밀도가 높아지면서 황해·평안
도로 북상하는 변화를 현저하게 보인다.

　성종 19년을 전후한 시점에서 해택지 개발은 이와 같이 경기·충청·전라
일대에 퍼지는 성과를 올리고 있었지만, 기술적인 제약은 아직도 커서 양적
으로는 16세기 중엽, 곧 중종대 후반 이후에 견주어 크게 미급하는 상태였다.
성종 24년의 사헌부의 탄핵에서 드러난 다음과 같은 사실은 이 시기의 그러
한 한계성을 보여주는 사례라고 할 수 있다. 淸風君 源이 耕墾한 仁川 소재
의 해택 개발지「數千頃」을 戚里인 韓健이 仁川府使 鄭眉壽와 결탁하여
「過限不耕」을 이유로 빼앗은 일이 그것인데, 이 때 사헌부 측에서 韓健·鄭
眉壽 측의 부당성을 지적하여「海水를 堤防하여 稻田을 만드는 것은 施功이
매우 어렵고 鹽氣 消盡을 기약해야 하기 때문에 10년 안에는 쉽게 다 개간하
기 어려운 것인데, 한건은 그 권세를 믿고 수령과 상응하여 京家의 率居奴를
新徙之民이라 冒稱하여 告狀 奪給하였다」고 하였으니,[35] 이는 곧 墾地 획득
뒤 耕程에서의 기술적인 어려움을 말하는 것이다. 일정한 墾地를 놓고 君家
와 戚里家 사이에 奪占 사태가 벌어진 것 자체가 그러한 제약 아래서나 일어
날 수 있는 일이었다.

　해택 개발에 대한 관심은 일단 더 높아졌으나 아직도 기술적인 어려움으

---

35)《成宗實錄》卷 273, 成宗 24년 正月 乙未條;《成宗實錄》卷 274, 成宗 24년 2월
　　己酉條.

로 본격적인 진전을 보지 못하는 상황은 중종대 초반까지 계속된다. 중종 초반의 해택에 대한 관심을 뽑아 보면, 5년 9월 庚辰日의 朝講 자리에서 領事(領議政) 柳順汀이 「해변에 만약 築堰하여 田을 만들 수 있는 땅이 있으면 民에게 築할 것을 권하여 務農의 바탕으로 삼게 하고 民이 혹 하기 어려우면 官이 또한 도와줌이 좋다」36)고 한 것은 오히려 적극론에 해당하며, 그 11년 7월 庚子에 三公이 건의하기로는 「外方의 海澤이 만약 利가 많고 해가 적다면 국법이 허용하여 부근의 民田을 파서 물을 끌 수 있도록 하는데, 근래 해택에 作田한 것이 혹 水患에 敗한 바 되어 正田을 많이 決毁하였으니, 금후로는 無弊 防塞 외에 正田을 훼손하여 물을 끌어 作田하는 것은 금함이 어떻겠는가」37)라고 하여 소극적인 태도를 보이기도 하였다.

이러한 형세에 견주어, 중종대 후반의 분위기는 현저한 차이를 보인다. 중종 36년(1541) 8월 壬午日 朝講 자리에서 參贊官 權應昌은 당시의 새로운 변모를 다음과 같이 밝히고 있다.

政敎·風化는 반드시 조정으로부터 시작되는 것으로서, 옛날의 宰相·朝士는 廉恥를 서로 숭상하였습니다. 그런데 근래에는 황해·충청 등지에 海澤을 築防하는 자가 무리짓는데(比比有之), 자신의 힘으로 할 수 있는 것이 아니어서 각 官에 폐를 입혀 백성이 寃을 머금고 있습니다. 이는 無主 陳荒의 땅이 아니라 窮民이 힘이 없어 自耕치 못한 것들입니다. 이뿐만 아니라, 王子·駙馬들도 역시 그러하여, 그 下人들이 市井의 사람들과 交結하여 혹은 上言하고 혹은 該司에 呈訴하여 심지어 無知한 蠢民들과 소송을 일으키고 爭辨하니 그것이 事體에서 무엇이 됩니까(《中宗實錄》卷 96, 中宗 36년 8월 壬午條).

---

36)《中宗實錄》卷 12, 中宗 5년 9월 庚辰條.
37)《中宗實錄》卷 25, 中宗 11년 7월 庚子條.

이 進言에 대해 史臣은 덧붙여 「이때에 廉恥의 道가 무너져 權種宰相들이 황해·충청 二道에서 海澤을 築防하면서 官을 청하여 役民하니 民이 매우 怨苦해 하기 때문에 應昌이 아뢰게 되었다」고 적고 있다. 그리고 이러한 추세는 명종대에 들어가서 더욱 고조되어 「下三道인즉 海澤에 조금이라도 耕墾할 만한 곳이 있으면 서로 다투어 築防하여 여지가 없어졌기 때문에 금후에는 평안도로 옮겨가고 있으며」, 「義州는 文官 및 有職武臣을 세워 牧使로 하기 때문에 宰相 朝官이 함부로 田庄을 두지는 못하나 그 밖의 龍川·鐵山·宜川·肅川·永柔 등처인즉 海澤에 閑曠之地가 없게 되었다」[38]고 하는 정도였다.

하삼도·경기 지역을 넘어 황해·평안도로 뻗어가는 이러한 새로운 추세는 대체로 중종 20년을 전후한 무렵부터인 것으로 파악된다. 중종 20년 10월 戊申日의 朝講 자리에서 南袞 등이 나눈 대화 가운데 다음과 같은 내용의 것이 보인다.[39] 즉 講經 서적 가운데 「蘇松熟 天下足」이란 구절에 접하여 領事 南袞이 「我國 황해도는 또한 中原의 蘇·松으로, 황해도가 豊稔하면 都下가 의지하여 足食하게 된다」는 말을 붙였다. 蘇州·松州는 宋代의 이른바 강남농법의 진원지로서 그 뒤 중국 농업경제의 중심지가 되어온 것은 널리 알려진 사실이다. 같은 자리에서 同知事 洪彦弼 역시 이 점을 강조하여 「지금의 江南이 바로 이곳으로 중국의 賦稅가 모두 이에서 나오는데, 우리나라는 황해·전라도가 豊稔한 연후에 都內의 民이 의지하여 살 수 있다」고 부연하였다. 황해도의 농업경제상의 비중에 대한 이러한 비유는 이전에서는 결코 찾아볼 수 없는 것으로서, 그것은 위의 권응창의 진언과 연관 지워 볼 때 해택 개발을 중심한 이 지방의 농업경제상의 새로운 성과와 비중을 지적하는 것임이 분명하다.

15세기 말엽, 곧 성종대 말엽에 관심이 提高되어 16세기 중엽에 본격적으

---

38) 《明宗實錄》 卷 16, 明宗 9년 5월 庚戌條.
39) 《中宗實錄》 卷 55, 中宗 20년 10월 戊申條.

로 활성화하기 시작한 해택 개발은 위 權應昌이 지적한 것과 같이 「權種宰相家」 「王子·駙馬家」 등에 따라 주도되었다. 이 시기에 정치가 勳臣·戚臣류에 따라 주도된 것은 주지하는 사실로서, 이들에 따른 해택 개발의 추세는 물론 그것에 상응하는 것이었다. 權勢家 및 王子·駙馬家 등의 私的 경제기반 확대는 이미 성종대 말엽부터 현저하였다. 단지 중종대 전반기까지는 해택지 쪽에 아직 기술적인 어려움이 해소되지 않아 다른 대상에서 주로 구해지다가, 그 후반 무렵부터는 해택지 쪽으로 옮겨갔던 것이다.

성종대 말엽부터 중종대 전반기까지의 권세가·척리가·왕자가 등의 축재 대상은 여러 갈래였다. 그 가운데 墾地의 경우, 해택지에 대해서도 일정한 관심이 두어졌으나 海島나 牧馬場의 折受, 耕墾의 비중이 컸다. 예를 들면, 楊洲 綠陽場의 경우, 그것은 국초 이래 上番甲士들의 放馬地나 馬草地로 설정되어 甲士場이라 별칭되기도 하였는데, 이 무렵에 이르러 권세가를 비롯한 서울 私家의 절수대상이 되어 논란이 거듭하였다.[40] 이 경우는 그 대상이 甲士場인 만큼 상징적인 의미가 크다. 그리고 중종 16년에 忠勳府와 恭愼翁主家 사이에 소유권 다툼이 있은 仁川 三木島의 경우는, 王子·公主家·功臣 사이의 새로운 墾地 획득에 대한 집요한 관심을 보여주는 좋은 사례이다. 忠勳府의 曹司堂上으로서 沈貞이 忠勳府의 입장을 밝힌 것에서 나타나는 사건의 전말은 다음과 같다.[41] 즉 본래 放馬地인 이 섬은 중종 16년 현재로는 같은 왕 2년에 충훈부가 受賜하여 반정공신의 하나인 朴元宗이 功夫를 많이 들여 畓 40여 石落, 田 30여 日耕을 개간하였는데, 그 이전 연산군 때에 折受權을 가진 恭愼翁主家에서 지금 소유를 주장하고 나서 문제가 되고 있지만, 이 섬은 당초 연산군 7년에 恭愼翁主家에서 上言하여 그 9년에 절수받았다가 이듬해 甲子年에 翁主가 유배당하여 昌寧大君家에 넘어갔다가, 反正 직후에

---

40) 楊州 綠陽場은 中宗 10년부터 문제가 되기 시작하였는데, 관계기록의 전거를 제시하면 다음과 같다. 《中宗實錄》 卷 22, 中宗 10년 6월 辛未條 및 7월 戊子·壬辰·戊戌條; 《中宗實錄》 卷 52, 中宗 19년 12월 戊申·己酉條; 《中宗實錄》 卷 53, 中宗 20년 2월 戊午條.
41) 《中宗實錄》 卷 43, 中宗 16년 10월 壬午條.

屬公되어 忠勳府의 차지가 된 것이므로 翁主家의 소유 주장은 부당하다는 것이다.

어떻든 이러한 복잡한 내력은 서울에서 멀지 않은 畿內의 海島가 새로운 경지로서 권세가의 큰 관심의 대상이었던 것을 그대로 말해준다. 海島 平衍地의 개간은 국초부터 있어 온 것이지만, 이 시기의 그 추세는 중종 17년의 한 지적이 「成宗朝의 馬籍을 살피면 그 수가 4만여 필에 이르는데, 지금은 겨우 2만여 필로서 그것도 쓸 만한 말이 없다」[42]고 하듯이 초기에 牧馬場으로 설정된 것들을 대상으로 하여 새로운 변모를 일으키고 있었다.

성종대 후반 이래 훈신·척신류의 사적 경제기반 확대의 욕구는 새로운 耕墾으로만 충족되지 않았다. 韓明澮가 驪州 川寧縣에 대해 縣衙까지 여주로 옮기게 하고, 그 건물을 農舍로 삼아 縣 전체를 농장으로 삼은 것[43]이 대표적으로 말해 주듯이, 좋은 조건의 旣耕地를 탈점하는 경우가 비일비재하였다. 농업 외에서도, 제도상으로 五衛의 都摠官을 비롯한 諸職을 除授받는 宗戚들은 番上軍을 放歸시켜 대가로 布를 받아 私取[44]하였고, 또 王子·駙馬家는 대개가 「謀利之徒」와 연결을 가져 防納에서 이득을 割受받고 그 이권을 뒷받침해 주는 관계를 가지는 것이 하나의 추세를 이루었다.[45] 이 시기 이러한 추세는 성종 말엽부터 큰 문제로 지적되고 있는 왕자·공주가의 第宅 및 과다한 혼례비 등의 사치 풍조[46]와 직접적인 관련성을 가지는 것이다. 왕

---

42) 《中宗實錄》 卷 44, 中宗 17년 2월 丁亥條.

43) 이 사실은 《中宗實錄》 卷 17, 中宗 7년 10월 乙卯條에 자세히 기록되어 있다.

44) 이러한 현상은 成宗 말엽부터 이미 대두하기 시작하였는데, 成宗 24년 3월에 副承旨 鄭誠謹이 처음 폭로한 사건은 수개월 동안 논란을 거듭하였지만, 끝내 국왕이 宗戚들을 두둔하여 무마되고 말았다. 이에 대해서는 李泰鎭, 이 책의 제6장 〈士林派의 留鄕所 復立運動〉, p.216~217 참조.

45) 이 문제 역시 하나의 연구과제이나 여기서는 관계사료 몇 가지를 제시하는 데 그치기로 한다. 이 추세가 극성하는 단계의 모습은 「諫院啓曰 近來市井商賈之徒 交通王子駙馬之家 凡所謀利之際 如田宅臧獲物貨 莫不憑籍謀奪 共分其利 弊習已成……」(《中宗實錄》 卷 97, 中宗 36년 12월 戊辰條)이라고 한 것과 같으며, 《燕山君日記》 卷 23, 燕山君 3년 5월 己酉條에 「臺諫啓 崇祖交通市人 盜用官物 人皆斥之爲盜……」라고 하여 駙馬 鄭崇祖의 소행을 지적한 것은 그 초기적 면모에 해당한다.

46) 王子·公主家의 修築은 대체로 成宗 14년부터 연속적으로 있게 되는데 (《成宗實

자·공주가의 사치를 극한 第宅의 신축·수보는 성종대 후반에서 시작되어 16세기 일대에 크게 유행하는데, 중종 33년의 한 기록은 그것에 대해「무릇 祖宗朝로부터 王子女의 第宅은 士大夫의 家舍와 다른 제도가 없는 것인데 성종조에 처음으로 그 터를 크게 하고 그 세움(構)을 웅장하게 하니, 그 流弊가 점차 궁궐을 侔擬하는 데 이르기까지 하니 이는 성종의 聖德의 더럽힘(累)이요 貽弊의 失이다」[47]고 지적하였다. 그리고 왕자·공주의 경우에서 시작된 과다한 혼례비의 지출은 사대부가 사이에서도 영향을 끼쳐 큰 논란거리가 되었다.[48]

지배신분층 사이의 이러한 사치 풍조는 상업적 분위기의 고조란 이 시기의 새로운 시대적 여건과 관련되는 것이었다.[49] 이 시기의 상업적 분위기의 형성은 지방 場市의 대두가 단적으로 말해준다. 성종대에 하삼도 쪽에서 대두하기 시작한 지방 장시는 중종 15년의 한 기록이「지금 諸道에 모두 場門

錄》卷 160, 成宗 14년 11월 戊子條), 그 말엽에 이르러서는「……上敎云 雖常民 必爲子女造家 國君反不如小民乎 臣等非以造家爲非也 但造家皆有定制 雖宮闕不過爲高大 況諸君翁主之宅乎」(《成宗實錄》卷 263, 成宗 23년 3월 戊戌條)라는 비평이 憲府로부터 나오고 있었다. 王子女 婚姻時의 사치는 成宗 22년 2월에 국왕이 禮曹에 禁斷의 조치를 지시하였을 때 史臣이 가한「習俗奢侈 王子女婚姻之際 競尙華麗 雖不旨禁之 而竟不能革」(《成宗實錄》卷 250, 成宗 22년 2월 戊辰條)이란 평을 통해 짐작할 수 있다.

47)《中宗實錄》卷 88, 中宗 33년 8월 戊戌條.

48) 다음의 기록은 그 좋은 예이다.「洪遺達書啓 當今奢侈之習 婚禮爲甚 王子女吉禮時 裝束之費 金銀珠玉彩段布帛之類 內出者不可勝數 故士大夫家應之者亦然 富者竭其財力 僅得取足 中下之家盡力規辨 猶不足 則稱貸於富家 求請於親朋 企而及之 故一家子女雖多 財産竭於一女子之婚 卒之貧窘 無以聊生矣 婚禮大侈 其弊至此 豈細故哉……」(《燕山君日記》卷 37, 燕山君 6년 5월 癸酉條).

49) 이러한 사치풍조와 工商業과의 관계는 앞으로 구체적으로 검토되어야 하겠으나(《燕山君日記》卷 48, 燕山君 9년 2월 庚戌條의 다음과 같은 기록은 그 상관관계를 단적으로 보여주는 것이다.「刑曹正郎 安璋曰 當今習俗奢侈 衣服飮食家舍器皿 咸以華麗相高 務勝於人 工商之家曳紈綺服珠玉 權勢之家亦多僭侈 物價騰踊 民貧財乏 職此之由 國家禁制 著在令甲 不爲不備 而糾擧之責 專在法司 日令書吏羅將課告 其奉行之道至矣 然書吏羅將 於工商則相與結契 於權勢則畏㤼自退 終不捕告……司饔院主簿 崔耕老曰 立市廛 使百工各售其業而得以生生 又設平市署 糾正工商之猥濫者 使不得誣愚民 國法詳而民之被澤均矣 然今觀市廛 賣者工商 而莫不狡詐 買者愚民 而莫不愚惑 市中之物 無小無大 罔不准價 而不爲廣示私藏署中 知此法者 唯商賈而已……」

(鄕市)을 設하고 있다」[50]고 하듯이 16세기에 들어와서는 이미 전국화하는 추세였다. 이러한 상업적 분위기의 고조는 기본적으로 15세기에 집약농업기술의 보급으로 농업경제의 규모가 확대된 데 따른 것으로서,[51] 그것은 중국·일본 등과의 무역관계로 연결을 가지면서 더욱 활성화하여 갔다.[52] 왕조 초기의 공물제도가 이 시기에 이르러 防納의 형태로 변질된 것도 단순한 제도의 문란으로 규정하기에 앞서 이러한 새로운 상업적 분위기와 연관지워 이해하여야 할 것이지만,[53] 유세가의 새로운 墾地 획득에 대한 집요한 욕구도 그러한 새로운 추세에 連繫 加乘된 것이었다. 이 시기 유세가의 농업상의 기반이 이와 같이 상업상의 「謀利」에 연결됨은 하나의 시대적 특성으로 지적될 수 있다.

15세기 말엽 이후 왕자·공주가를 진원으로 한 사치풍조의 대두, 그리고, 척신류의 정치적 비중 상승 등은 성종과 중종 두 왕이 각각 15男 11女, 7男 6女로 유례없이 많은 왕자녀를 둔 데도 원인이 없지 않으나, 근본적으로는 위와 같이 확대된 농업경제가 상업적 분위기의 형성으로 이어지는 시대조건으로 말미암은 것이었다. 가승된 경제기반 확대의 욕구가 그 대상을 원활하게 가지지 못하여 한때 훈신과 척신류의 宮禁勢力 사이에 충돌(甲子士禍)이 빚어지기도 하였지만,[54] 중종대 중·후반 무렵부터는 해택지 개발에서 새로

---

50) 《中宗實錄》 卷 38, 中宗 15년 3월 己酉條. 「南袞曰 今諸道 皆設場門(鄕市也) 臣爲 全羅道觀察使時 痛禁之 而今則又甚於前日 出市者幾萬人 此皆不務耕作之人 有妨於 民事 甚矣……」

51) 이 견해는 필자가 15세기의 농업기술을 검토하면서 얻게 된 것으로서, 이 시기의 地方場市 곧 鄕市는 고려시대의 상업과도 구별되는 한 중요한 면모로서, 전국적인 상업망으로서의 鄕市는 농업기술상의 새로운 발전을 전제하지 않고서는 대두할 수 없는 것이라고 본다. 이에 대한 정리는 稿를 달리하여 하고자 한다.

52) 이 책, p. 260~261 참조.

53) 조선 전기의 貢物制度에 대한 연구로는 田川孝三, 《李朝貢納制度の研究》, 1964가 있지만, 16세기의 防納 현상은 단순한 제도의 문란 이상의 것으로 다루어지지 못했다.

54) 이 점은 甲子士禍 때의 다음과 같은 기록을 통해 단적으로 잘 알 수 있다. 「傳曰 國朝 功臣 有己自成功者 有因人得功者 其考開國以後諸功臣勳功輕重以啓 時 王荒於宴樂 多內需 用度無節 賞賜臧穫田土無筭 國儲將竭 王欲還收諸功臣臧穫土田 故問之 未旣盡命還收 功臣 子孫 多以歲久文卷遺失 根枝難尋 莫能究納 官吏督責不已 莫不怨苦 柳洵等請停之 不聽」

운 탈출구를 얻어 정치적으로 척신 중심의 체제가 확립된 가운데 그 개발이 본격적으로 이루어져가게 되었던 것이다.

2) 堰田 개발·경영의 구조와 척신정치

고려 말과 조선조 초기의 해택지의 언전 개발의 구조에 대해서는 앞에서 이미 언급하였다. 즉 고려 말에 水軍의 노동력에 따라 개발 경작되는 浦鎭의 둔전이 개발 초기단계의 주된 형태였고, 새 왕조에 들어와서는 私家의 民田으로 개발되는 사례도 있었으나, 실상은 그 개발에 필요한 대규모의 인력 동원은 관의 힘을 빌지 않고서는 이루어질 수 없는 것이어서, 그러한 형태의 인력 동원 자체가 非法으로 규탄받는 가운데, 개발은 저조한 형세를 면치 못하였다. 세종대 후반에서 水軍의 노동력을 酬價 제공의 형식으로 동원하여 개발을 촉진하려는 안이 제기되기도 하였으나, 기술적인 어려움이 비단 築堰 하나에만 있는 것이 아니어서 15세기 말엽 이전까지는 전반적으로 개발이 저조한 형편이었고, 그 개발과 경영의 내면적인 구조도 아직 큰 문제거리로 대두되지 않았다.

15세기 말엽부터 개발에 대한 관심이 새로이 제고되어 16세기 중엽에 본격화하는 단계에서는, 그 개발과 경영이 전적으로 위세를 배경으로 불법적인 방식으로 이루어져, 정치적으로도 큰 논란의 대상이 되고 있다. 그 편모는 앞서 제시한 崔應昌의 開陳을 비롯한 몇 개의 기록에서도 볼 수 있었지만, 다음의 예들을 통해 좀 더 구체적으로 보기로 한다.

① 正言 李瓊이 아뢰었다. 臣이 평안도 監軍御史로서 오래 道內에 있으면서 들었습니다. ……朝官 宰相들이 本道의 海澤이 肥腴한 것을 듣고 그 守令이 告辭하는 날에 힘써 청하니, 때문에 수령들이 農糧을 多給하고 또 伴人을 정하

(《燕山君日記》卷 53, 燕山君 10년 5월 丁酉條).

여 耕墾케 하고, 그 等內에 한해서 그 戶를 給復해 주며 심지어 留鄕所로 하여금 監種케 하고 그 수가 적으면 다시 官庫의 穀으로써 그 수를 輳足시켜 船隻으로 그 家에 直納하니 積幣가 되어 難救하기에 이르렀습니다.……臣이 이르는 데마다 듣기로는, 民이 모두 海澤 때문에 애오라지 살 수가 없다고 하는 즉 수령이 侵暴하는 죄가 아니라 실은 京官의 所爲입니다. ……(《明宗實錄》 卷 16, 明宗 9년 5월 庚戌條).

② 持平 柳承善이 아뢰었다. ……川澤으로 말하면 海邊 泥生의 땅 가운데 民이 耕食하여 그 生을 資하는 것인데, 재상으로 勢가 있는 家가 모두 據奪 自占하고 邑民을 調發하여 防塞의 役을 시키며, 列郡에 收斂하여 供役의 資를 마련하니, 堤堰이 이루어지면 利가 자기에게 돌아가고, 비록 이루어지지 않더라도 자기 物은 들지 않으니 때문에 서로 다투어 힘써 합니다(《明宗實錄》 卷 25, 明宗 14년 2월 辛亥條).

③ 大司憲 李鐸, 大司諫 朴淳 등이 아뢰었다. 영의정 尹元衡은 ……海澤을 많이 막고(防) 또 良田을 沿海 및 內地의 邑에 차지하여 官家로 하여금 給種케 하고, 수령이 監農케 하며 백성은 모두 耕墾의 奴로 삼고 있습니다. 一國의 逋逃者가 또한 이에 모여듦에 일컬어 伴力之人이라고 하여 八道에 없는 邑이 없으니, 이는 실로 나라를 나누어(分國) 自占함입니다(《明宗實錄》 卷 31, 明宗 20년 8월 丁卯條).

④ 憲府에서 아뢰었다. 무릇 海澤을 許人告耕함은 法典에 실려·있는데, 이는 국가가 民과 더불어 함께 살려는 뜻입니다. 그런데 世降俗末에 利欲이 날로 성하여 窮民은 一畝의 토지도 없고 大利는 권세가에 돌아가고 있습니다. 沿海瀦澤의 땅을 다투어 折受함은 비록 小民의 連名狀告라고 하나, 실상 이것은 巨家의 所爲로 發軍赴役하여 大洋을 橫截함에 傍近의 列邑이 또한 떠들썩하며, 심지어 관가로 하여금 給種케 하고, 村民이 鋤治하고 수확을 輸運함

> 도 모두 公家의 힘을 빌리고 있습니다(《明宗實錄》卷 33, 明宗 21년 6월 丁
> 卯條).

이 네 개의 예들은 시간적으로 모두 앞의 중종 36년의 權應昌의 開陳을 뒤 잇는 명종대의 것들이다. 거의 비슷한 내용의 논박이 이와 같이 중종 말엽 이래 잇따르고 있는 것 자체가 이 시기에 해택 개발이 본격화한 것을 그대로 반영한다. 이들 논박들에서 지적되는 당시의 해택 개발의 실상은 대체로 다음과 같이 정리된다.

우선 위 예시들에서 한결같이 지적되고 있는 것은 築堰과 耕墾뿐 아니라 種穀의 給與와 運穀에까지 당해 지방관의 긴밀한 협조가 개재한 사실이다. 그러한 행위는 외양상 수령의 侵暴같이 보이지만, 실상은「京官」,「巨家」의 所爲라고 하였다. 이러한 지방관의 협조행위는 그 자체가 바로 권세가에 趨附한 실제 모습으로서, 척신정치가 행해진 이 시기에서는 강도가 그 만큼 높고 노골적이었던 것이 특징이다. 위의 예 ①에서 보듯이 그 耕墾 과정에서 유향소가「監穫」의 일로 참여하고 있는 점도 주목할 사실이다. 세조 말년에 혁파되었다가 성종 19년에 부활된 유향소 제도가 이후 勳臣・權臣류의 사적 경제기반 확대의 수단으로 이용되어 간 것은 주지하는 사실이다. 즉 유향소의 감독 기구인 경재소의 임원이 되어, 특정한 지방의 유향소를 장악하고 아울러 당해 지방관의 협조를 종용하여 수탈의 기반으로 삼았던 것이다.[55] 해택의 개발, 경영에서의 유향소의 동원은 바로 그러한 수탈구조가 그대로 투영된 모습으로서, 당시 훈구・척신류의 수탈 정치에 대해 비판적이던 士林系가 유향소・경재소 제도의 폐지를 제일차적인 과제로 내세운 것을 상기하면,[56] 그것은 거의 일반적인 것이었다고 해도 좋을 것 같다. 경재소 제도는 본래「朝官」만이 참여할 수 있는 것이 원칙이었으나, 연산군 9년 무렵의 한

---

55) 李泰鎭, 이 책, 제6장 〈士林派의 留鄕所 復立運動〉, p.214~217.
56) 李泰鎭, 〈朝鮮前期의 鄕村秩序〉, 《東亞文化》 13, 1976, p.166~167.

기록이 「王子諸君 또한 本鄕堂上이라 칭하여 邑吏가 上來하면 문득 侵責을 가하여 勢가 심하기 이를 데 없다」[57)고 밝혔듯이 王子家·戚里 계열에서도 수탈의 유용한 수단으로 여겨 그 관여에 나서고 있었다. 당해 지방관과 유향소의 동원 그것은 이 시기 훈척계의 구조적인 수탈 방식의 뼈대에 해당하는 것이었다.

다음으로 주목되는 것은 伴人·伴力之人에 대한 지적이다. 伴人이란 곧 伴倘으로서, 《經國大典》 兵典 伴倘條에 大君·王子君 및 堂上官·功臣 등에게 다음과 같은 수로 할당되고 있다. 즉 大君 15, 王子君 12, 一品 9, 二品 6, 三品(堂上) 3, 一等功臣 10, 二等功臣 8, 三等功臣 6명 등이다. 伴倘은 본래 軍役의 일환으로 파악되어 병기의 점검까지 받는 것을 원칙으로 하면서 皂隷·羅將 등의 京衙前류에 버금가는 존재로 간주된 것을 보면, 위와 같은 특별한 신분층의 扈從人으로 배당된 존재였다. 그리고 그 차정은 인물이 잔락한 永安·平安 兩道를 제외한 어느 도의 사람이든 상관없었다.[58) 요컨대 이들은 복심으로 활용될 수 있는 존재로서, 大典이 반포된 성종 당대에 이미 數外伴人이라고 하여 그 濫差가 軍額減下의 한 요인으로 문제가 될 정도로 諸君·官이 그 확보에 큰 관심을 기울이고 있었다. 성종·연산군 연간의 일급 훈신의 하나인 成俊이 갑자사화 때에 화를 당하면서,「咸鏡道 諸邑을 本鄕이라고 일컬어 京在所事를 摠管, 良民을 多占하고, 伴倘이라고 하여 官賤을 골라 부리니 一道의 사람들이 都堂上이라고 하였다」[59)고 규탄한 데서 보듯이, 그것은 京在所 제도를 통한 훈신·척신류의 특정한 지방사회 장악 구조의 한 부분을 이루는 것이었다. 위의 예 ④에서 지적되듯이 連名狀告로서 巨家의 海澤地 折受의 하수인 노릇을 하는 小民이 바로 이 伴倘·伴人들에 의해 이끌어졌을 것으로 믿어진다.

중종대의 受敎를 모아 중종 38년에 編刊된 《大典後續錄》에서는 伴倘의

---

57) 《燕山君日記》 卷 48, 燕山君 9년 正月 乙酉條.
58) 李泰鎭, 〈軍役의 變質과 納布制 實施〉, 《韓國軍制史(近世朝鮮前期篇)》, 1968, p.219~220.
59) 《燕山君日記》 卷 55, 燕山君 10년 9월 丁卯條.

定額을 大君 5, 王子君 4, 宗親·文武官一品 3, 二品 2, 三品 1, 功臣 一等 3, 功臣 二·三等 각 2, 功臣 四等 1명 등으로 하향 조정해 놓고 있다. 이 조정은 중종 10년 10월에 제기된 3분의 2로의 減下 건의[60]에 바로 따른 것으로서, 그것은 이 시기에 사림계의 진출 분위기에서 얻어진 결과로 보이나, 그들이 己卯士禍로 제거된 뒤는 그 규정은 현실적으로 거의 무의미한 것이 되고 말았다. 중종 36년 무렵에 사림계가 일시 다시 진출하면서, 이 私屬人化한 伴倘의 濫占을 규탄하여 시정코자 하였지만, 史臣은 현실적으로 그것이 쉽게 고쳐질 수 없는 것임을 다음과 같이 개탄하였다.

　　이 무렵에 公道가 쓸어버린 듯하고 慾心의 물결이 하늘을 삼킬 듯하여 朝廷의 벼슬아치들이 公卿으로부터 아래로 一令의 官吏에 이르기까지 혹은 伴人, 혹은 雇工이라 칭하여 양민을 다수 점유하여 자기의 奴로 삼고서는 끊임없이 徵索하여 自家를 부유하게 한다. 伴人이 된 자들은 처음에는 官役이 괴로워 百計로 投屬하였으나 끝내는 그들의 徵索을 견디지 못하여 本役으로 逃還하는 자 적지 않다. 재상 가운데 梁淵, 黃憲의 무리가 所占함이 가장 많아 50, 60인에 달하니, 그러므로 時人이 萃淵藪라고 일컬었다. 지금 (閔)世良의 啓로 하여 각 道로 하여금 數外伴人을 抄啓케 하나, 監司·守令이 사사로이 서로 감추어 實로서 抄하지 않고, 無勢 堂上官이나 武班堂上·儒生·散官 등이 점한 殘民數口로서 數外라고 하여 馳啓하니, 그 君上을 欺罔함이 이와 같으니 참으로 한탄스럽다(《中宗實錄》 卷 96, 中宗 36년 11월 辛亥條).

이때의 數外 濫占伴人의 抄啓는 기록상으로 이듬해 閏 5월에 경기도 한 곳으로부터 보고가 있은 것을 확인할 수 있는데, 이 보고는 위 史臣의 논평

---

60)《中宗實錄》卷 23, 中宗 10년 10월 丙辰條.「柳洵 鄭光弼 金應箕 申用漑 金銓 南袞 沈貞
　　議……京中及京畿各品伴倘甚多　軍額之耗　未必不由於此　各品減三分之二　悉定軍役爲
　　當……」

대로 洪暹·尹汝弼·林鵬 등을 비롯한 朝官 15인의 伴人으로 각 1인씩을 일률적으로 나열하여 형식적인 것이었음을 그대로 드러내고 있다.61) 이 보고에 접하여 국왕은 재상이 많이 관계되어 있음을 보고 크게 우려를 표하였지만, 그 보고에 대해 史臣은 「伴人의 수는 法典에 밝혀져 있는데, 私囑으로 濫占하여 郡邑에 列置하여 罔利의 資로 삼고 있다. ……宰相이면서 이에 빠질 수 있는 것을 自幸으로 여기면서 조금도 驚懼하지 않으며, 기강이 날로 陵夷하여 폐습은 끝내 고쳐질 수 없었다」고 하였다.62)

16세기의 權重宰相家·戚里·王子宮家 등에 의한 해택 개발과 그 경영은 결국 다음과 같은 성격의 것으로 정리될 수 있다. 우선 折受權에 근거한 개간(주로 宮家)의 경우도 없지 않겠으나, 그 개발이 주로 「小民의 連名狀告」의 형식을 취하고, 또 그 과정에서 당해 지방관의 협조가 긴밀하게 개재된 것은, 그 개발이 둔전의 명목을 빌려 이루어지는 경우가 많았음을 뜻하는 것으로 이해하게 한다. 그것은 유력한 척신이 실세하게 될 때, 그 所占의 개간지가 沒官되는 경우가 많은 사실63)로서도 확인되는 것이지만, 사실 아무리 척신정치의 비리가 자행되는 시대라 하더라도, 一郡·一縣 나아가서는 인근 郡·縣의 軍民까지 동원하는 대규모의 개간사업이 전적으로 사유지 명목으로 이루어질 수는 없는 것이다. 세조대의 國屯田의 전면적 부활로 둔전을 빙자한 관인층의 사적 경제기반 확대의 가능성이 높아진 것은 앞에서 여러 차례 지적하였지만, 거의 같은 시기에 둔전의 경영이 並作型으로 전환되기 시작한 것도 실상은 그러한 가능성을 더 유리하게 하는 것이었다.64) 連名狀告의 小民이 바로 그 並作農民들로서, 개간을 주도한 권세가들은 결국 국고로 돌아

---

61) 《中宗實錄》卷 98, 中宗 37년 閏 5월 戊午條.
62) 위와 같음.
63) 이 책, p.300 참조.
64) 이에 대해서는 李景植, 〈16世紀 屯田經營의 變動〉, 《韓國史硏究》 24, 1979에서 자세한 고찰이 있었다. 필자는 이 글의 논지에 기본적으로 찬동하나, 당시의 관인 신분층은 이 글에서처럼 하나로 획일시 될 것이 아니라, 士林系와 勳戚系로 양분이 있어야 한다고 본다.

가야 할 그 소출을, 당해 지방관의 협조 아래 自占해 버렸던 것이다. 사헌부 계열의 논박은 일차적으로 바로 그러한 비법성을 통탄하는 것이었으나, 개간의 주도자들 자신이 정치의 주도권을 쥐고 있는 한, 그러한 위법적 경영은 현실적으로 존속될 수 있었던 것이다. 개발의 인력 동원문제도 둔전의 명목을 빌렸으나, 耕墾 과정에서는 그것을 사유지화하여 주민을 병작자로 흡수시킨 것이 그 경영의 실제 모습이며, 私屬人으로서의 伴人은 현지의 半管理者的 존재로서 필요했던 것이다.

중종대 후반 이래의 權勢家·戚里·宮家 등의 해택지 개발에 대한 욕구는 개간이란 수단 하나로서 충족되지 않고, 旣墾地를 탈점하는 현상을 아울러 보였다. 양질의 토지에 대한 奪占은 이전 시기에도 많았지만, 海澤 개발지에서도 이제 같은 현상이 일어나고 있었다. 그 사례 몇 가지를 들어 海澤 개발지 경영의 내면에 대한 이해를 더하기로 한다.

첫째로 중종 35년 10월에 弘文館 副提學 鄭世虎가 「王子 2人이 한 海澤을 다투어 憲府에 訴訟하기에 이르렀다」는 내용의 箚子를 올려,[65] 憲府에서 그 일을 조사하여 書啓한 사실이 있는데, 이 書啓에 밝혀진 것은 다음과 같다.[66] 즉 두 왕자의 송사란 鳳山君과 海安君 사이의 屈浦의 海澤 墾地를 둘러싼 것으로서, 여기서 당해 해택의 立案은 모두 각기의 奴名으로 되어 있다고 지적하였다. 이 書啓는 이 문제 외에 禮山 거주의 甲士 李守良의 呈狀에 근거하여 內需司의 다음과 같은 탈점 사실을 아울러 보고하고 있다. 즉 내수사 관원을 칭하는 崔千孫이란 자가 德山에 있는 尹起貞 등의 田地를 탈취하여 두 공주가에, 그리고 牙山에 있는 奴 一山의 땅을 탈취하여 두 왕자가에, 또 申倫의 땅을 탈취하여 세 공주가에, 禮山에 있는 同人(申倫)·李守良 등 15인의 땅을 탈취하여 德陽君家에 각각 기록하여 올린 것 등이 그것이다.

다음, 인종 元年 4월 庚子日에 憲府가 밝힌 것으로, 아래와 같은 사실이

---

65) 《中宗實錄》卷 94, 中宗 35년 10월 庚辰條.
66) 《中宗實錄》卷 94, 中宗 35년 10월 壬午條.

보인다.67) 즉 충청도 舒川 毛知堰의 水田은 그 耕食者 丁世純 등이 여러 해를 두고(積年) 防築하여 壬子年(成宗 23) 量田時에 田案에 올린 것인데, 근자에 康子孫이란 자가 堰外陳地 100結을 追受하여 立案하면서 1字 위에 2劃을 加하여 300結로 하여 내수사에 進納, 發軍 防築하면서 堰內의 오래된 耕食의 民田도 幷打함으로써 丁世純 등이 呈訴하여 왔다는 것이다. 며칠 뒤 대사헌 宋麟壽가 자세히 밝힌 것에 따르면, 丁世純 등의 땅은 「收稅耕食」이기 때문에 그 전에도 세 차례나 訴訟에 붙여 得伸하였는데, 이에 康子孫이 궁한 나머지 내수사의 奴 鐵金에게 팔아 鐵金이 그것을 내수사에 진상하여 그들이 억울함을 당하고 있다고 하였다. 인종대는 사림계가 진출하여 척신의 세가 일시 억제되고 있었다. 이 일도• 국왕이 그 墾地를 丁世純 등에게 돌리도록 타결되었지만,68) 내수사가 위세로 일반 民의 海澤 墾地를 탈점한 전형적인 예이다.

끝으로 한 가지를 더 들면, 명종 11년 12월에 憲府에 제기된 다음과 같은 송사가 있다.69) 이 송사는 전라도 羅州·靈巖·珍島 등지에 거주하는 水軍 丁太仁 등 20여 명이 제기한 것으로서, 寃抑의 내용은 다음과 같다. 즉 贈右議政 朴墉의 妻(金氏)가 靈巖地 伏所浦와 羅州地 瓦浦 안의 海澤 正田 60負에 耕田 1結 25負를 합하여 내수사에 진상하여, 내수사가 이를 戶曹에 移文하자, 호조에서는 所在官 수령들로 하여금 함께 打量 成冊하여 上送토록 하였는데, 그 일이 진행되는 가운데 洪世貞이라 이름하는 자가 내수사의 書題로 내려가서, 元關付의 伏所浦·瓦浦는 전혀 審定치도 않고, 아무런 관계도 없는 康津防築·豆音方浦防築·仍邑防築·家呼水防築·島示洞防築 등의 正田 落種 백여 石의 땅을 所在官 수령들과 함께 看審하지도 않고, 단지 書員만을 끌고 사사로이 스스로 成冊하여 上來하여 와버렸다는 것이다. 이것은 寄進地 주변에 대한 내수사측의 직접적인 탈점의 예로서 척신정치가 극성을 부리던

---

67)《仁宗實錄》卷 1, 仁宗 元年 4월 庚子條.
68)《仁宗實錄》卷 1, 仁宗 元年 4월 壬午條.
69)《明宗實錄》卷 21, 明宗 11년 12월 丙戌朔條.

이 시기에서는 그 처분의 행방도 기록상으로 알 수 없는 형편이다.

위의 사례들은 내수사의 탈점행위뿐만 아니라, 군역을 지는 일반 민 사이에서도 해택지 개간의 일이 있어 온 사실을 보여주는 자료로서도 중요시된다. 일반 민에 따라 개발된 그러한 언전들은 모두 앞선 시기에 이루어진 내력의 것으로 밝혀지는데, 그런 류의 것들이 일차적인 탈점의 대상이 되고 있었던 것이다. 그리고 기간지마저 탈점의 대상이 되는 상황을 감안하면, 일반 民에 의한 경우는 권세가·궁가가 본격적으로 개간에 나선 단계에서는 배제되었을 것이 분명하다. 위의 사례들은 訟事에 계류되어 기록에 나타난 것으로서, 위의 예 ④의 尹元衡의 탈점 사실로 보면 氷山의 일각에 지나지 않는 것이며, 또 탈점의 주체도 내수사만이 아니었다. 명종 7년의 한 기록에서, 史臣은 「無勢한 사람은 비록 田·民을 가지더라도 有勢家에 빼앗기지 않으면 반드시 內需司에 빼앗기고 만다」고 하고서는, 그 구체적인 면에 대해 「만약 세력을 얻게 되면 남의 田民을 빼앗는 것을 일로 삼아, 혹은 비리로 訟事를 일으키고 혹은 文記를 위조하여 百端으로 用術하지 않는 것이 없으니, 심한 경우는 혹 虛事를 구성하여 死地에 빠뜨리고 혹 관리를 위협하여 虛言을 조작하니, 때문에 被奪者는 오히려 죽음을 면한 것으로서 다행으로 여긴다. 관리가 된 자는 세월을 끄는 것으로 良計로 여겨 날로 깊어지고 해마다 극성하여지는데도 도무지 부끄러움을 모른다. 내수사인 즉 背主逃亡한 무리들이 萬端으로 巧詐하여 헤아릴 수가 없다」고 하였다.[70]

요컨대, 중앙권세가·궁가 등의 해택지 확보는 개발뿐만 아니라 탈점의 수단에까지 의존하기에 이른 것인데, 이러한 추세는 곧 새로운 개발이 당시의 기술수준으로는 이제 어느 정도 포화상태에 도달하게 된 것을 의미한다. 권세가·척리·궁가 등의 이러한 해택지 확보에 대한 집요한 욕구가 같은 시기의 하나의 정치체제로서의 척신정치와 밀접한 관련을 가진다는 것은, 그 개간, 탈점의 주체가 대부분 바로 그들 척신계란 사실 하나로서도 의심의 여지

---

70) 《明宗實錄》 卷 13, 明宗 7년 5월 戊子條.

가 없다. 그러나 이 시기의 척신정치는 지금까지의 검토에 따를 때, 단순히 특수한 권력층의 利慾의 소산으로만 볼 것이 아니라, 이 시기의 사회적 경제적 변동과의 관련 아래 시대적 여건의 소산으로 규정지위야 할 소지가 많다. 앞에서 언급하였듯이, 이 시기에는 15세기의 농업경제상의 성과의 소산으로서 지방장시가 전국화하고, 그러한 새로운 상업적 기반을 토대로 貢物制度上으로 중간 차익을 누리는 계층이 대두하는 등 새로운 경제적 사회적 변동을 겪고 있었다. 권세가·척리·궁가류의 新墾地 획득을 통한 농업경제상의 새로운 재원은 일차적으로 그러한 새로운 상업적 유통관계에서 貿穀取益의 자본으로 활용되는 경향이 보이며, 나아가서는 국제무역의 去來資本으로 활용되는 추세였다. 이 시기는 국내상업뿐만 아니라, 중국의 고급 직조물을 매개로 국제무역이 또한 활성화하는 추세였다. 주로 支配上層의 사치풍조를 충족시키게 되는 그 고급 직조물은 은으로 매입되었는데, 採銀·買銀을 위한 미곡의 수요가 컸던 것이다. 이 시기의 이러한 중국과의 무역관계는 16세기 중엽에 이미 國內銀의 고갈을 가져와 日本銀이 유입되어야 할 정도였으며, 이 새로운 삼각무역관계 아래서 미곡의 수요는 더 컸을 것으로 예상된다.[71] 16세기의 해택지 개발 자체의 활성화도 바로 이러한 새로운 경제체제와의 관계 아래 이해되어야 할 것은 물론이며, 기형적 정치형태로서의 척신정치가 하나의 체제로서 장기간 존속할 수 있었던 것도 여기에서 까닭을 찾아야 할 것이다. 나아가서 지방 출신 지식인으로서의 사림계가 성리학적 처지에서 사회적 안정을 위한 윤리적 대책을 집요하게 추구한 시대적 배경도 이로써 좀 더 폭넓게 이해될 수 있을 것이다.

---

71) 이 시기의 국제무역 관계에 대해서는 韓相權, 〈16世紀 對中國 私貿易의 展開〉, 《金哲埈博士華甲紀念史學論叢》, 1983 참조. 한상권 씨와는 논문 작성 중에 같은 시기의 경제관계를 다루는 처지에서 의견을 나누어 도움이 있었다. 貿穀문제에 대해서는 崔完基, 〈朝鮮前期의 穀物賃運考〉, 《史叢》 23, 1979 참조.

맺음말

이상으로 고려 말에 새로운 경지 확보의 수단으로 대두한 海澤地의 堰田 개발이 15세기를 거쳐 16세기에 들어와서 활성화하기에 이르는 과정과 16세기의 그 개발의 실태를 당시의 척신정치 체제와 관련하여 살펴보았다. 이제, 명종 20년에 母后 文正王后의 死去로 尹元衡의 小尹政權이 몰락하면서 척신정치의 세가 일단 꺾인 이후의 海澤地 문제의 추이를 개관하여 맺음을 가지기로 한다.

尹元衡·李樑 등의 小尹系가 밀려난 뒤에도 明宗妃 仁順 沈氏系의 戚族이 남아 있었지만, 일단 소윤계의 占有地를 중심으로 상당한 정돈이 가해졌다. 즉 명종 20년과 21년 사이에 그동안의 그들의 비행에 대한 사헌부 측의 논박이 쏟아지는 가운데, 비법적 수단에 따른 개간지는 일단 沒官하여 收稅田으로서 일반 民의 耕食地가 되게 하고,[72] 그동안 關西 일대의 해택지 탈점의 主因의 하나이던 商賈의 船運 왕래를 일체 금지하며,[73] 이후로 士大夫家가 小民을 托名하여 해택을 折受하는 것을 금단하는[74] 조치 등이 잇따라 취해졌다. 명종 말의 정비는 대체로 이와 같은 것이었으나, 위 21년의 托名折受 금지 조치에 대하여, 史臣이 「沈通源·沈銓의 무리와 같은 巨家의 蠹民者를 드러내어 다스리지 않은즉, 뒷날의 托名冒受者가 어찌 戒하겠는가」[75]라고 지적하듯이, 척족이 아직 존재하는 상황에서는 一新의 성과는 결코 기대할 수 없었다.

1567년(명종 22) 7월에 선조가 즉위한 뒤, 사림계가 크게 진출하는 정국의

---

72) 明宗 20년 10월에 延安府使 李叔男(그는 尹元衡의 婢妾女를 作妾하였다)의 築堰作田地들에 대해 「其三處所築之田 皆出於民 實非叔男之物也 請令本道監司 以都事親審摘奸 無遺打量詳錄其數啓聞後 令戶曹處置」(《明宗實錄》卷 31, 明宗 20년 10월 乙亥條)라고 한 것이 이 경우로 이해된다.

73)《明宗實錄》卷 31, 明宗 20년 12월 癸未條.

74)《明宗實錄》卷 33, 明宗 21년 6월 丁卯條.

75) 위와 같음.

변환이 있은 것은 주지하는 사실이다. 그러나 사림계의 진출로 정국이 활성
화되는 분위기였으나, 그렇다고 정치가 사림계의 추구대로 이루어진 것은
아니었다. 위의 沈通源·沈銓의 존재가 바로 대표적으로 말하듯이 小尹系의
핵심을 제외한 대부분의 舊臣類가 그대로 官界에 남았다. 선조 초반의 정국
은 신·구의 두 요소가 혼재하는 하나의 과도기적 양상을 띠고 있었다.76) 仁
順 沈氏系의 沈義謙의 거취를 놓고 벌어진 사림계 자체의 분열도 실상은 구
체제적 요소에 대한 대응 문제를 둘러싼 대립이었다. 《宣祖實錄》은 이러한
과도기적 상황에서 그 7년 3월 癸未日에 「丁卯年(明宗 22) 이후에 사대부가
海澤의 官屯田을 冒占한 것은 모두 沒官토록 하는」 조치가 있었음을 기록하
고 있다.77) 주지하듯이 《宣祖實錄》은 그 25년의 임진왜란 전까지의 기록이
매우 영성하여, 海澤 문제에 관한 그동안의 사정도 잘 알 수가 없다. 단지 이
조치로 볼 때, 선조 즉위 이후에도 사대부 사이에 해택을 冒占하는 일이 적
지 않았던 것을 알 수 있을 따름인데, 사실 선조대 초반 정국의 과도기성을
염두에 둔다면 그것은 오히려 당연한 일이라고 하겠다.

　선조 13년 5월 甲午日 朝講 자리에서는 또 다음과 같은 일이 있었다.78) 즉
大司諫 金添慶이 「근래 士習에 사대부가 되어 간혹 의논이 있기를, 富한 뒤
에 善할 수 있다고 하여 비록 名士라도 모두 재산 늘릴 것만 생각하여 蘆田
과 海澤을 가지지 않은 사람이 없으며, 陳田까지도 혹 防築 掘浦함에 回文
을 내어 供力하는 자가 있으니, 이는 心術이 不明不可함이 큰 것입니다」라
고 하여 큰 물의를 일으킨 것이 그것이다. 이 발언이 물의를 일으킨 것은,
「名士」도 그렇다고 한 점 바로 그것이었는데, 이에 대해 史臣은 다음과 같
은 비평을 가하고 있다. 즉 「士가 되어 營産하는 것은 卑賤하여 어찌 족히
더불어 논의하랴. 단 太甚한 것은 분명히 적발하여 論劾함이 옳겠으나, 만약

---

76) 이에 대해서는 李泰鎭, 〈16世紀 後半 이후의 政治形態「黨爭」의 性格〉, 《韓國軍制史》 近
　　世朝鮮後期篇, 1977, p.51~53 참조.
77) 《宣祖實錄》 卷 8, 宣祖 7년 3월 癸未條.
78) 《宣祖實錄》 卷 14, 宣祖 13년 5월 甲午條.

그렇지 않으면 그대로 두어 논하지 않더라도 可하겠는데 어찌 분명치도 않고 흐리멍텅하게〔糊塗〕 사대부의 非로 엎쳐 가리켜〔泛指〕 營産으로서 士類의 詬病이라고 하는가. 이는 온 조정의 사대부를 모두 謀利하는 한 개의 鄙夫로 만들어 임금으로 하여금 心中에 의심을 쌓게 하여 다 똑같이 보게 하고서는, 아뢰어 이는 모두 謀利하는 염치없는 불길한 사람이라고 할 것인즉 바로 족히 君上이 士를 가볍게 여기는 마음을 가지도록 하여 他日에 말은 믿지 않게 하고 計는 쓰지 않게 하는 것이니, 이 설이 잘못이라고 하지 않을 수 있겠는가. 한탄스럽도다! 처음 발단을 일으킨 者(始作俑者) 어찌 그 죄를 지지 않을 수 있겠는가」라고 하였다. 여기서 始作俑者란 곧 前代에서 海澤 冒占의 발단을 일으킨 척신류를 가리킨다. 이 논평은 곧 전대 이래의 대규모적인 모점과 구별함이 없이, 약간의 기미만을 가지고 「名士」류도 같은 冒占·營産으로 몰아붙이는 것이 얼마나 분별없는 짓인가를 통박하는 내용이다.

위 金添慶의 발언에 際하여, 같은 자리에 참석한 여러 朝士들은 田莊營産事는 지난날 權奸이 하던 것으로서 오늘의 명사 사이에 그런 일이 있을 수 없다고 하는 한편, 그 발언의 근거가 될 만한 것을 들어 그 진상을 따로 밝히기까지 하였다. 金睟는 전날에 李珥의 이름으로 呈疏된 奉氏家와의 海澤相爭事가 있으나, 그것은 본래 형 李璠을 대신한 것으로서 李珥는 그 형을 이와 같이 구하지 못하고 呈疏하기에 이름으로써 奉氏家에서 請囑으로 지목하는 허물까지 입고 있지만, 그것도 실상은 남의 토지를 빼앗음은 아니라고 극구 논변하였다. 요컨대 구체제적 요소가 온존된 가운데, 新進士類의 「名士」들이 自別을 분명히 하여 두려는 것이었다.

《宣祖實錄》은 임진왜란으로 국왕이 播遷 길에 올라 개성에 머물렀을 때의 일로서 다음과 같은 사실을 적어 놓고 있다.[79] 즉 선조가 이곳 南大門에 臨御하여 「父老軍民」에게 「常時의 어려운 일」을 묻자 甲士 趙億麒가 王子君이 山林川澤을 多占하여 이로써 고되다고 답하고, 이어서 세 士人이 황해

---

79) 《宣祖實錄》 卷 26, 宣祖 25년 5월 辛酉條.

도의 蘆田을 거두지 않으면[不收] 백성들이 安業할 수 있을 것이라고 하였다
는 것이다. 난중 播遷 길에서 王子君의 山林川澤의 多占, 蘆田의 경영 등이
평시의 어려움으로 첫 번째로 꼽혔다는 것은 실로 중대한 문제라고 하지 않
을 수 없다. 황해도에서 蘆田 耕墾은 海澤地와 마찬가지로 低地 개발의 일환
으로 왕자·대군의 家, 권세가 등에 의해 추진됨으로써 명종대에 이미 林巨
正의 난으로 큰 반발을 받은 적이 있었다.[80] 이 지방민의 위와 같은 토로는
곧 그것과 같은 성격의 불만인 것이다.

  위 황해도 蘆田의 일은 국왕이 義州에 당도한 뒤, 8월 戊子朔日에 그 대상
이 구체적으로 鳳山·載寧의 蘆田으로 밝혀지는 가운데, 다음과 같은 결정이
내려질 정도로 중요하게 다루어졌다. 즉 당초 備邊司 측은 그것들을 屬公시
켜 獲利를 官에 돌리면 관리상 자연히 豊凶과 肥瘠을 헤아림에서 공정이 기
하여지지 못해 民의 怨咨가 다시 생길 것이며, 그렇다고 民에게 나누어주면
爭端이 분분할 것이므로 아예 폐기시켜 버리자는 의견을 제시하였으나, 국
왕은 虛棄는 옳지 않다고 하여 그것을 군공을 세운 자에게 折給해 주는 방향
으로 처리토록 하였다.[81]

  이 王子家의 蘆田의 일은 前代 척신정치 아래서 성행한 折受·冒占이 그대
로 존속한 것을 보여주는 것으로서, 이로써 당시 정국의 과도기성을 충분히
읽을 수 있으며, 그 사이에 취해진 冒占의 금지 조치가 실효성이 약했다는
것을 아울러 알 수 있다. 선조 일대에서 壬亂 전의 金公諒, 난후의 柳永慶 등
과 같이 戚臣類가 일시 득세한 것도 결코 우연한 것이 아니었다. 해택지의
점유와 경영에서 구체제적 요소의 지양은 역시 선조 36년에 취해진 京在所
제도의 혁파[82]로써 큰 계기가 잡혔을 것으로 보인다. 이 제도가 그동안 중앙
권세가·척리·왕자·공주가의 해택지 경영을 비롯한 지방사회 장악의 중심적

---

80) 矢澤康祐, 〈林巨正の反亂とその社會的 性格〉, 《朝鮮歷史論集》下, 旗田巍古稀記念會編,
   1979, p.561~571. 비슷한 일은 中宗初에 權勢家의 農莊이 많았던 仁川 지역에서도 이미
   「賊黨恣行」이라고 하여 일어나고 있었다.(《中宗實錄》卷 16, 中宗 7년 閏 5월 甲申條).
81) 《宣祖實錄》卷 29, 宣祖 25년 8월 戊子朔條.
82) 《宣祖實錄》卷 158, 宣祖 36년 正月 甲申條.

인 기구로 활용된 것은 앞에서 이미 살폈다. 이 혁파 조치는 정치적 위세로서 특정한 지방을 침탈하는 폐습을 일단 제도적으로 근절시키는 의미를 가지는 것으로, 그것은 곧 지금까지 훈척계의 비리에 비판적이던 사림계의 오랜 기간의 노력이 실현을 본 것이었다. 그리고 그 조치가 이때에 비로소 나올 수 있었던 것은, 근본적으로는 서원 건립에 따른 사림계의 지방사회에서 차지한 기반이 더 공고해진 데 따른 것이지만, 구체제적 요소의 기반이 壬亂의 충격으로 크게 무너진 데도 중요한 까닭이 있는 것으로 판단된다. 이 조치 이후 곧 임란 후의 蘇復 과정에서 이 문제가 어떻게 처리되어 갔던가는 다음 연구과제로 돌린다.

제9장 사림파의 향약 보급운동
―16세기의 경제변동과 관련하여

머리말

필자는 성종대의 유향소 복립운동에 관한 논고를 10년 전에 발표한 적이 있다.[1] 정치적 신진세력으로서 金宗直을 중심으로 한 사림파가 향촌사회의 안정책으로서 《周禮》의 鄕射禮·鄕飮酒禮를 보급할 목적에서 그 勵行의 중심기구로 세조대에 혁파된 유향소 제도를 부활시키고자 했다는 것이 그 논지였다. 그 운동은 성종 19년에 복립의 결정을 얻는 데 일단 성공하나, 당시 정치적으로 대립하던 훈신·척신 계열이 경재소 제도를 통해 복립 유향소의 대부분을 장악함으로써 사림계의 본래의 의도와는 다른 방향으로 흘러가 실제로는 실패하고 만 것으로 파악되었다. 그러나 사림계의 향촌사회 안정의 도모는 하나의 시대적 과제와 같은 성격을 지녀 중종대에 들어가서 향약보급운동으로 이어지게 된다는 것을 아울러 지적해 두었다.

중종대 이후의 향약 문제에 대해서는 그동안 다른 연구자들로부터도 많은 논급이 있었다.[2] 필자도 그 후 기회가 닿는 대로 片片으로 언급을 가졌지만,

---

1) 李泰鎭, 〈士林派의 留鄕所 復立運動(上)(下)〉, 《震檀學報》 34·35, 1972·1973; 이 책, 제6장에 수록.
2) 田花爲雄, 《朝鮮鄕約敎化史の硏究(歷史篇)》, 鳴鳳社, 1972.
　　金駿錫, 〈朝鮮前期의 社會思想―《小學》의 社會的 機能分析을 중심으로〉, 《東方學志》 29, 1981.
　　金武鎭, 〈栗谷鄕約의 社會的 性格〉, 《學林》 5, 1983.

당시의 사회상황에 대한 이해에 여러 가지로 부족함을 느껴 본격적인 정리를 지금까지 미루어 왔다. 필자는 그동안 사회상을 알기 위해서는 기본적으로 농업경제에 대한 이해가 있어야 한다는 판단 아래, 14세기 이후의 농업기술 발달문제에 대해 관심을 기울여 왔다. 그 결과, 미진한 점이 있기는 하나 14세기 이후 16세기까지 기간에 농업기술 발달에 따라 사회가 매우 큰 폭으로 변동한 것을 일단 확인할 수 있었다. 뒤늦게나마 이제 향약보급운동에 관한 정리를 서두르는 것은 이에 힘입어서이다.

중종대의 향약보급운동은 10년대와 30년대 두 차례에 걸쳐 있었다. 양자는 성종대의 향사·음례 보급 시도와 마찬가지로 일단 모두 실패로 돌아가게 된다. 그러나 그것은 어디까지나 정치적인 면의 실패에 불과한 것으로서, 사회적으로는 16세기 후반 이후 17세기 전반에 이르는 시기의 사회질서 확립의 기본방향으로서 매우 중요한 의미가 있었다. 본고는 바로 이러한 견지에서 16세기의 사회경제적 변동과의 관련 아래 중종대 향약보급운동의 역사적 의미를 찾는 데 주력하고자 한다. 중종 30년대의 것은 10년대 것의 재현이므로 10년대 것에 비중을 두어 살펴 나가기로 한다.

1. 鄕約 보급운동의 전개와 실패

1) 留鄕所 혁파론과 鄕約 시행론의 대두 과정

세조말에 혁파된 유향소 제도는 성종 19년 5월에 부활되었다. 그러나 前稿에서 밝혔듯이 복립이 결정된 뒤, 2년밖에 되지 않아 복립운동의 추진자 측에서 혁파를 주장하는 변이가 생겼다.[3] 그 이유는 「지금의 留鄕品官은 풍속을 糾正하는 데 힘쓰지 않고 한갓 鄕曲에서 立威를 일삼아 私利만을 추구하

---

3) 李泰鎭, 이 책, 제6장 〈士林派의 留鄕所 復立運動〉 p.213.

며」[4], 「宰相들이 八鄕 외에도 本鄕을 假稱하여 公事에 참여코자 하며」[5], 「京在所에 別監을 둔 것은 풍속을 바로 잡고자 함인데 그 가운데 庸人이 있어 의탁하여 私産을 營爲한다」[6]는 것 등이다. 요컨대 본래의 의도와는 다르게 향사례·향음주례는 勵行되지 아니하고, 유향소나 경재소가 모두 사익 추구의 도구가 되고 있다는 것이다. 그 사익 추구는 대개 훈·척계의 權臣類가 중앙의 경재소를 장악하여 그것을 통해 특정한 지역의 유향소를 지배하는 형태로 이루어지고 있었다.

이러한 추세 아래, 혁파만을 주장하기보다 본의대로의 시행을 다시 시도해 보려는 노력도 없지 않았다. 연산군 元年 5월에 忠淸都事 金馹孫이 「利病二十六事」를 條陳하는 가운데 第22條로 다음과 같은 내용의 「責留鄕以勵風俗」을 건의한 것이 그 대표적인 예이다.

(前略) 鄕射·鄕飮·養老 등의 禮는 착한 것〔淑〕과 간악한 것〔慝〕을 辨別하여 禮俗을 이루도록 하는 것으로서 슈甲에 명백히 올라 있는데 俗吏들이 태만하게 거행치 않고 있습니다. 臣이 바라건대 3년 후까지 이 일들을 留鄕(所)에 맡겨 기약하여 守令에게 고하여 행하도록 하옵소서. 무릇 一鄕의 사람들이 貴賤을 묻지 않고 孝·友·親·姻 가운데 一善이라도 본받을 만한 자는 함께 하고, 그 惡한 자는 들지 못하게 하며, 善이 큰 자는 수령에게 告하여 監司에게 아뢰어 周制의 移遂·移郊의 法을 쓰되, 名敎에 간여됨이 犯杖 이상이면 모두 入居시키도록 하옵소서. 入居를 勅令함에서는 단지 富實하여 본래 一罪도 없는 자를 취하기도 하는데 어찌 죄 있는 자를 불쌍히 여기겠습니까. 憲府가 京在所를 督責하여 鄕風을 交察토록 하여 鄕員이 맡은 바를 이행치 않으면 痛治토록 함이 또한 化民成俗의 一端이겠습니다《燕山君日記》卷 5, 燕山君 元年 5월 庚戌條).

---

4) 《成宗實錄》卷 247, 成宗 21년 11월 戊戌條의 司諫 權景祐 啓陳.
5) 《成宗實錄》卷 269, 成宗 23년 9월 乙未條의 特進官 金升卿의 啓陳.
6) 위와 같은 條의 獻納 權柱의 啓陳.

　요컨대 3년이란 시한을 설정하여 監司·수령의 협조 아래 본래 의도대로 향사례·향음주례의 실행을 도모해 보자는 것이다. 그리고 司憲府를 통한 경재소의 督責案은 경재소 자체가 대부분 그 시행을 방관 또는 방해하는 실정을 타개코자 하는 의도로 풀이된다. 그러나 유향소 제도를 다시 폐지하자는 주장이나, 제도적으로 鄕射·飮禮 시행을 독책해 보자는 건의 등은 어느 것이나 실현되지 못하였다. 前稿에서 밝혔듯이 향사·음례를 실제로 행한 유향소는 사림계의 기반이 강한 영남의 몇 개 지역에 불과하였다. 영남 안에서도 사림계의 성세가 어느 정도 있는 곳에서조차 유향소가 훈척계에 의해 장악되어 버린 곳에서는 司馬所란 것이 따로 세워져 대립을 보인 경우까지 있었다. 그러나 어느 경우를 막론하고 사림계의 움직임은 무오사화를 계기로 모두 탄압받고 말았다.[7]

　무오사화 이후, 경재소·유향소는 연산군의 학정이 계속되는 가운데 수탈기구로서의 면모가 더욱 두드러져 갔다. 연산군 6년 10월에 한 諫官은 경재소의 폐단을 지적하여, 「각 官에 유향소를 두고 京中에 경재소를 둠은 풍속을 바로 잡고자 함인데, 지금 各官의 吏가 서울에 올 때는 食物을 많이 마련하여 경재소 人員에게 바치는데 조금이라도 뜻과 같지 않으면 바로 침학을 가하며, 또 正朝日의 首吏의 肅拜에서는 食油와 蜜果를 준비하니 이러한 폐풍은 모두 혁거되어야 한다」[8]고 하였다. 이러한 양태는 어디까지나 京中에서 벌어지는 것에 불과하며, 이 제도를 통한 권세가의 지방사회에 대한 수탈은 후술하는 바와 같이 넓은 범위에 걸쳐 구조적으로 이루어지고 있었다.[9] 경재소 제도를 통한 지방사회에 대한 침탈은 이득이 큰 것이었기 때문에, 연산군 시대 후반에 이르면, 본래 제도상으로 자격이 없는 王子·諸君의 관여 현상까지 보였다. 즉 「경재소는 土姓朝官으로서 堂上·別監을 삼아 풍속을 규찰하려는 것인데 지금은 王子·諸君도 또한 本鄕 堂上을 칭하여 그 읍의

───────────

7) 李泰鎭. 이 책 제6장 〈士林派의 留鄕所 復立運動〉 p.212 및 p.218 참조.
8) 《燕山君日記》卷 39, 燕山君 6년 10월 己卯條.
9) 이 책, p.337~339 참조.

吏가 上來하면 문득 侵責을 가하여 폐를 감당할 수 없다」10)는 것이다.

王子·君의 경재소 관여는 연산군 10년의 갑자사화 배경의 일단으로 주목할 만하다. 이 사화는 주지하듯이 勳臣類와 宮禁勢力 사이의 알력에서 비롯된 것으로서, 경재소 차지 문제가 마찰의 한 원인이 되고 있었다. 당시 유력한 훈신의 하나로서 화를 당한 成俊의 죄목으로 다음과 같은 貪相이 지적되고 있는 것이 바로 그 좋은 예이다. 즉 「俊은 또한 貪饕가 無厭하여 吏·兵曹를 맡아서 貨賂를 공공연히 하여 第宅을 크게 지음이 五·六에 이르고 재산이 넘쳐흐르며, 또 觀察使·節度使로서 오래 함경도에 있으면서 土豪들을 招接하여 戚屬이라 부르면서 恩意를 그릇되게 베풀고 함경도의 諸邑을 일컬어 本鄕이라 하여 京在所의 일을 摠管하여 良民을 多占하고, 伴倘이라 칭하여 官賤을 택하여 부리니, 一道의 사람들이 다투어 붙어 都堂上이라 하였다」11)는 것이다. 국왕을 비롯한 宮禁側은 被禍훈신들의 토지를 탈취하였을 뿐 아니라,12) 경재소 지배권도 중요한 관심사였던 것이다.

경재소, 유향소에 의해 지방사회가 침탈되는 형세는 중종반정 뒤에도 개선되지 않았다. 반정공신 자체가 대부분 훈신류였기 때문이다. 향촌사회 문제에 대한 구체적인 논의는 반정 뒤 중종 7년에 이르러서야 비로소 향음주례의 시행을 중심으로 다시 일어나게 된다. 중종 7년 11월 壬辰日 夕講 자리에서 국왕과 侍講官 尹殷弼, 檢討官 蘇世讓, 參贊官 孫仲暾 사이의 논의가 최초였다. 이 논의는, 향음주례는 음주만이 아니라 그 예식을 통해 「名節을 닦고 鄕隣이 相睦할 수 있는 道」로서,《國朝五禮儀》에 이미 갖추어져 있는데도 오랫동안 행하지 않고 있으니 지방관을 통해 시행토록 하자는 것이었다.13) 그 논의는 이튿날(癸巳) 孫仲暾이 五禮儀에 근거하여 鄕飮酒禮뿐만 아

---

10)《燕山君日記》卷 49, 燕山君 9년 正月 己酉條.

11)《燕山君日記》卷 55, 燕山君 10년 9월 丁卯條.

12)《燕山君日記》卷 53, 燕山君 10년 5월 丁酉條.「傳曰 國朝功臣 有己自成功者 有因人得功者 其考開國以後諸功臣勳以啓 時王荒於宴樂 多內寵 用度無節 賞賜臧穫 田土無筭 國儲將竭 王欲還收諸功臣臧穫土田 故問之 未旣盡命還收 功臣子孫 多以歲久 文卷遺失 根枝難尋 莫能究納 官吏督責不已 莫不怨苦 柳洵等請停之 不聽」

니라, 鄕射禮도 함께 시행토록 하자는 啓請으로 마무리되어 可하다는 傳旨를 받았다.[14] 그런데 그 시행을 中外에 曉諭토록 하라는 敎가 예조에 내려진 것은 기록상으로 중종 10년 정월의 일로 확인된다.[15]

위 논의가 있는 중종 7년~10년은 趙光祖를 비롯한 사림계의 대폭적인 등용이 있기 전이다. 그러나 사림계의 기용은 소수이기는 하나 반정 직후에 이미 있었고,[16] 위 제의는 바로 그들에 따른 것으로 보인다. 그런데 여기서 주목되는 것은 시행의 대상이 성종대와는 달리 향음주례 쪽 하나로 기울고 있는 점이다. 이튿날의 손중돈의 啓請에서는 향사례가 첨입되었지만, 첫 논의와 예조에 내린 敎에서는 향음주례만이 거론되고 있다. 이 시기의 논의에서 풍속 교화의 방법으로 향음주례와 함께 거론된 것은 향사례가 아니라 親迎禮였다.[17] 말하자면 일반의 禮俗 變改에서 향사례의 비중은 그만큼 떨어지는 변화가 생기고 있었는데 그것은 향사례 자체의 성격 때문이었다. 이 시기의 향사례에 관한 구체적인 논의는 중종 14년 6월 庚午日의 경연 자리에서의 문답이 유일하게 보이는데, 여기서 향사례는 유생 중심으로 행해질 수 있는

---

13) 《中宗實錄》 卷 17, 中宗 7년 11월 壬辰條. 「御夕講 侍講官 尹殷弼日 鄕飮酒禮 雖煩文末節 我國不可不行 五禮儀註 詳載其禮 大邑則刺史爲主 郡縣則守令爲之 鄕中有德行者與焉 不善者不齒 相戒以孝於親 睦於隣 非徒飮酒而已…… 上日 鄕飮酒禮 此大禮 不可廢也…… 鄕飮酒之禮 廢之亦久 其禮則砥礪名節 鄕隣相睦之道大矣 而今不擧行於國家禮樂 豈非虧典 如此之禮 可以速修擧而復行之…… 」

14) 《中宗實錄》 卷 17, 中宗 7년 11월 癸巳條. 「左承旨孫仲暾啓日 鄕飮酒之事 考諸五禮儀 則每年孟冬行之 不須另行 鄕射禮 亦如此儀 請並擧行 傳日可」

15) 《中宗實錄》 卷 23, 中宗 10년 正月 丁未條. 「敎禮曹日 親迎之禮 聖人所制 須要遵行…… 鄕飮酒禮 亦禮文所載 而近不擧行 豈非闕典 自今親迎鄕飮酒禮 其曉諭中外 一依古制 施行」

16) 反正 직후인 중종 元年 9월의 人事에서 나중에 鄕約 보급에서 중요 역할을 하게 되는 崔淑生, 金安國 등이 각각 應敎·副校理가 되며 (《中宗實錄》 卷 1, 中宗 元年 9월 壬午條), 다음 달에는 甲子士禍時 士林系 被禍者 21인의 子孫錄用의 조치가 있었으며(《中宗實錄》 卷 1, 中宗 元年 10월 丁未條), 같은 해 12월에는 또한 李荇·金世弼·金安國·洪彦忠·申鏛·柳雲·金安老·金瑛·李希曾 등 「文學之士」 9인을 뽑아 淨業院에서 賜暇讀書토록 하는 조치가 있었다(《中宗實錄》 卷 1, 中宗 元年 12월 丁未條).

17) 註 15) 참조. 註 13)의 논의에서도 親迎禮는 다음과 같이 거론되었다. 「侍講官 尹殷弼日…… 且非但此也 婚姻親迎至大 然廢之已久 若婚姻不正 則人道廢矣 世宗欲正婚禮 以爲王子行之 則下人效之 今若自上行之 則士大夫庶人自然爲之矣 上日…… 且近日婚禮 或以男歸女家爲非 而上疏者有之 前已收議耳 今自大臣家行之 則下人自效矣……」

의식으로 간주되고 있다. 즉 국왕이 師友의 道가 久廢한 것과 함께 鄕射의 禮를 행했다는 것을 듣지 못했다고 말하자, 侍講官 韓忠이 「鄕射의 禮는 外方의 儒官이 혹 행하여 道로 삼고자 하여도 인심이 이미 時俗에 빠져 매번 곁에서 구경하는 자들의 웃음거리가 되어 행해지지 못하고 있다」고 그 까닭을 밝히고, 「鄕射의 본의는 揖讓의 사이에 있는 것으로서 모두 학술의 本이 되는 것」이라고 하였다.[18]

오례의나 성종대의 논의에서 향사례는 正志를 주장하는 방법으로 이해되었다.[19] 正志 역시 궁극적으로는 일반 예속의 유교화에 기여하는 것이지만 그 의식의 시행 주체는 유생들로 한정되는 것이었다. 이 시기에는 바로 이점에 유의하여 일반 습속 변개에 관한 논의에서는 일단 제외된 것으로 이해된다. 이 시기의 논의가 이와 같이 성종대의 것을 계승하는 관계에 있으면서도 향음주례에 치우치는 변화를 일으킨 것은 향촌사회 질서의 개선 내지 개편의 현실적인 필요성이 그만큼 절박해진 것을 의미한다. 후술하는 바와 같이 성종대에 이미 일기 시작한 사회변동과 그에 따른 사회 모순은 연산군대를 거치면서 크게 심화되는 추세였다. 사회모순 지양의 구체적 방안 모색에서 취사가 이루어진 것은 그 자체가 현실적 대응력을 고려한 것으로서, 방법상의 하나의 진전이라고 할 수 있다. 이 변화는 사실 성종대의 향사례·향음주례 보급운동이 중종대에 이르러 향약보급운동으로 발전해 가는 하나의 과정으로서 중요한 의미가 있다. 위 논의에서 향음주례를 통해 달성하고자 하는 「鄕隣相睦」 그것은 향약의 기본 취지에 해당하는 것이다. 鄕隣相睦의 실현은 당시의 시대적 과제였고, 그 방법은 우선 향음주례로 취해지다가 더 구체적인 것으로서 향약이 택해지는 순서로 나아갔던 것이다.

향약이 향촌질서 확립의 방법으로 처음 거론된 것은, 위 향음주례에 관한 논의가 단락 지워진 뒤 2년여 만이었다. 즉 중종 12년 6월 甲戌日에 함양 유

---

18) 《中宗實錄》卷 36, 中宗 14년 6월 庚午條.
19) 李泰鎭, 이 책, 제6장 〈사림파의 留鄕所 復立運動〉 p.190~191 참조.

생 金仁範이 「呂氏鄕約을 遵行하여 풍속을 바꾸자」고 상소한 것이 그것이다. 이 건의는 국왕으로부터 호의적인 반응을 받아 곧 예조에 내려졌다.[20] 그리하여 다음달에 예조는 의정부에 검토의 결과를 「《小學》·《正俗》은 이미 다수 印出하여 中外에 廣布하였는데, 여씨향약은 바로 小學 가운데 一事로서 반드시 따로 거행할 필요가 없으니 청컨대 거행치 말자」고 보고하였다.[21] 그러나 의정부는 「여씨향약은 비록 《小學》에 실려 있지만, 曉諭하여 따로 거행치 않으면, 보고서도 尋常히 여겨 한갓 法令만 갖추는 것이 되고 말 것이니 각 도 監司로 하여금 廣布함이 어떻겠는가」라는 啓目을 국왕에게 올려 윤허를 받았다.[22] 여씨향약의 보급 건의는 이와 같은 성종대의 향사례·향음주례 경우와는 달리 국왕의 호의적인 반응으로 순조롭게 받아들여지고 있었다.

여씨향약도 기본적으로 경재소·유향소 체제 아래 빚어지고 있는 지방사회의 여러 가지 모순을 지양하는 방안으로 제시된 것이므로, 그 시행의 논의에서는 자연히 두 제도의 혁파 건의가 따랐다. 위의 상소가 있은 뒤, 같은 해 12월에 西所入直 正兵인 崔淑證이 「各官에 유향소와 경재소를 둔 것은 풍속을 糾正하려는 것인데, 지금은 풍속을 바로 하고 있지 못할뿐더러 人吏가 침탈되어 流亡의 폐가 없지 않으니 청컨대 蘇復間에라도 경재소·유향소를 파하옵소서」라는 상소를 올렸다.[23] 이후, 향약보급운동이 한창 진행되던 중종 14년 6월에는 왕이 引見하는 자리에서 仁同 訓導 殷霖이 「유향소·경재소는 衙前鄕吏를 侵虐하여 심히 폐가 많으니 청컨대 향약의 都約正·副約正으로서 鄕風을 糾檢케 하고 유향소·京在所는 파하옵소서」라고 하여[24] 향약으로서

---

20) 《中宗實錄》卷 28, 中宗 12년 6월 甲戌條. 「咸陽儒生 金仁範上疏謂 遵行呂氏鄕約 以變風俗 傳于政府日 子觀咸陽儒生金仁範之疏 以草野寒生 傷嘆人心日偸 風俗日惡 欲變薄俗 而回唐虞之治 其志亦可嘉也 近來人心風俗之非 子亦憂慮 不知畢竟何如也……」

21) 《中宗實錄》卷 28, 中宗 12년 7월 己亥條.

22) 위와 같은 條.

23) 《中宗實錄》卷 31, 中宗 12년 12월 戊午條.

24) 《中宗實錄》卷 36, 中宗 14년 6월 乙亥條.

유향소의 기능을 직접 대신케 하자고 건의하였다. 유향·경재소로부터의 피
해가 위 두 건의에서는 한결같이 향리를 중심으로 말해지고 있으나, 향리에
대한 침탈이 실제적으로는 일반 민에게 넘겨지는 것이므로 그것은 사실상
지방사회의 피침을 표시하는 것에 지나지 않았다.

향약의 보급 시행이 공인된 뒤, 위와 같이 유향소·경재소 제도를 혁파하
자는 주장은 계속되었지만, 두 제도에 대한 혁파 조치는 내려지지 않았다. 말
하자면 두 제도가 존속하는 가운데, 그것과는 별개로 향약의 보급이 진행되
었던 것이다.

2) 鄕約 보급운동의 과정과 그 실패

여씨향약의 보급 시행이 공인된 중종 12년은 사림계가 정치적 우세를 획
득한 때였다. 비록 소수나마 중종반정 후에 기용된 이 계열의 士類들이 이
무렵에는 이미 고위의 직에 오르는 階梯에 있었고, 특히 중종 6년에 柳崇祖
에 의해 천거된 趙光祖[25)]에 대한 국왕의 優遇가 同王 10년 후로는 점차 두터
워지고 있었다. 향음주례와 여씨향약의 보급 건의는 바로 이러한 정치적 상
황의 진전과 보조를 같이하는 것이었다. 그러나 그 정치적 상황은 유향소의
전면적 혁파를 향약의 보급에 앞세울 정도로 크게 진전된 것은 아니었다. 그
들의 정치적 우세는 구세력의 축출에 따른 것이 아니라 국왕과의 관계에서
얻어진 상대적인 우위였던 것이다. 향약 보급의 구체적인 진행에서도 상황
은 마찬가지였다. 그 보급은 대체로 사림계의 중심적 인물들이 관찰사로 나
가 그들의 주관, 지원 아래 지역별로 진행되었다. 이 계열이 유향소·경재소
제도의 혁파를 서두르지 않은 것은 그러한 형태의 진행을 통해 유향소에 대
한 압도는 저절로 이루어질 것으로 전망해서였다.

중종 12년 이후의 여씨향약 보급에서 주목되는 존재는 金安國이다. 그는

---

25)《中宗實錄》卷 13, 中宗 6년 4월 庚辰·庚寅·丁酉條.

중종 12년 2월에 경상도관찰사로 임명받아 1년간 재임하였는데, 同年 3월 拜辭日에 붙여 史臣은 그가 「영남에 있으면서 敎化를 특별히 중히 하여 儒生들로 하여금 《小學》을 먼저 講하게 하고…呂氏鄕約을 印頒하여 鄕里에 권하였다」는 논평을 가하고 있다.[26] 여씨향약의 印頒의 일은 1년 뒤 서울로 돌아와서, 同王 13년 4월 초하루에 同知中樞事로서 자신이 王께 올린 啓辭에서 좀 더 자세하게 밝혀지고 있다. 즉 경상도관찰사로 재임하면서 왕께서 바야흐로 풍속의 轉移에 뜻을 가진 것에 부응코자 여씨향약·正俗 등 善俗에 관계되는 古人의 책을 諺解하여 道內에 印頒하였는데, 당시는 사무가 煩劇하여 詳悉을 다할 여유가 없어 착오가 반드시 많이 있을 것이므로, 지금 讎校하여 撰進廳에서 다시 印出할 수 있도록 해 줄 것을 청하였다.[27] 여기서 《呂氏鄕約諺解》印頒의 정확한 月日은 밝혀지고 있지 않으나, 그 보급의 성과가 컸던 것이 자부되고 있는 것을 보면, 재임 초반이었을 것으로 짐작된다. 그렇다면 그의 諺解 印頒의 작업은 이 시기 여씨향약의 시행, 보급에서 실로 중요한 계기라고 하지 않을 수 없다. 여씨향약의 보급에서, 앞의 예조·의정부의 논의에서 보듯이 그 자체를 《小學》 또는 《性理大全》으로부터 別萃하는 것도 의미가 있는 일이지만, 일반 민을 대상으로 하는 조건 아래서는 諺解本의 마련이 결정적인 구실을 하게 되는 것이라고 하지 않을 수 없다. 金安國의 언해본 印頒과 예조의 別萃本 마련의 상관관계는 불명하지만, 앞의 함양 유생 金仁範의 여씨향약 시행 건의는 경상감사 김안국의 활동과 깊은 관련

---

26) 《中宗實錄》卷 27, 中宗 12년 3월 庚寅條.
27) 《中宗實錄》卷 32, 中宗 13년 4월 己巳朔條. 「同知中樞府事 金安國啓曰 臣爲慶尙道觀察使 觀其道人心風俗 頹弊乃極 今者上方有志於轉移風俗 故臣欲體至意 變革頑風 而竊思其要 取古人之書可以善俗者 詳加諺解 頒道內以敎之 此等書冊 臣有志修撰 而第緣事務煩劇 未遑詳悉 錯誤必多 今方別設撰進廳 印出文籍 此等書使之更加讎校 印頒八道 別於淬勵風化 庶有小益也 如呂氏鄕約正俗等書 乃敦厚風俗之書也 鄕約雖載於性理大全 而無註解 遐方之人 未易通曉 故臣乃詳其諺解 使人接目便解 正俗亦飜以諺字 如農書蠶書 乃衣食之大政 故世宗朝 翻以俚語 開刊八道 今亦頗致意務本之事 故臣亦加諺解 如二倫行實 臣前爲承旨時 請開刊 如三綱之重 雖愚夫愚婦 皆知之 至於朋友兄弟之倫 凡常之人 或有不知 故臣依三綱行實 撰類以刊之……傳曰 卿在其道 盡心於學校轉移風俗之事 予聞之嘉美 又復撰此等書 以敎之 此書皆有關於風敎 下撰集廳 開刊廣布」

이 있는 것으로 판단된다. 김인범의 상소는 김안국이 감사로 부임한 뒤 2·3 개월째에 있은 것이므로, 영남 지방의 새로운 분위기를 반영하는 것이었다고 하겠다.

김안국의 여씨향약 언해본이 이 시기 그 보급운동에 결정적 구실을 한 것은 다음의 사실에서도 확인된다. 김안국이 同知中樞府事로서 중종 13년 4월 초하루에 讎校本의 頒刊을 청한 뒤인 同年 6월 丁亥日에 청주를 다녀온 홍문관 應敎 韓忠은 충청도에서 이루어진 보급상황을 다음과 같이 보고하고 있다. 즉 충청감사가 여씨향약을 刊印하고 耆老 가운데 一鄕이 推服하는 자를 택하여 都約正·副約正으로 삼는 등 그 보급에 힘쓰고 있을뿐더러, 자신이 鄕中의 小兒들이 읽는 향약을 보니 김안국이 讎校한 언해본이었다는 것이다. 그는 이에 덧붙여 그것을 팔도에 널리 보급함이 좋겠다는 의견을 제시하기도 하였다.28)

김안국의 讎校本 마련과 그 배포는 여씨향약 보급의 또다른 전기였다. 영남 밖의 지방에서 보급한 성과에 대한 기록은 위 한충의 보고를 비롯해 모두 시기적으로 그 이후의 것이 나타난다. 관련 사례를 摘記하면 다음과 같다. 첫째로 위 한충의 보고에 이어 같은 해(中宗 13년) 9월 壬寅日 朝講에서 參贊官趙光祖가 溫陽郡人들이 향약을 善行하여 성과가 많다고 하였고,29) 같은 달 辛亥日 朝講에서 大司憲 金淨의 발의로 향약 보급의 長久策에 관한 논의가 있었다.30) 그리고 이듬해 4월 戊辰日에는 구휼책으로서 향약을 장려하라는 국왕

---

28) 《中宗實錄》卷 33, 中宗 13년 6월 丁亥條.「(弘文館應敎) 韓忠曰 臣見 忠淸監司刊印呂氏鄕約 以敎鄕中年少之士 以故士皆知是非好惡之所趨 雖蚩蚩之民皆知爲惡之可惡 乃曰 某也不孝於其父母 某也不悌於其兄 皆欲斥而不齒……監司又擇其耆老爲一鄕之所推者 爲都約正副約正 以興勵一鄕 其所以善俗作民之道無過於此 臣見鄕中小兒所讀鄕約 乃金安國所校諺解者也 須廣印鄕約 頒于八道可也」

29) 《中宗實錄》卷 34, 中宗 13년 9월 壬寅條.「御朝講 參贊官趙光祖曰 臣聞 溫陽郡人 善行鄕約 若善行鄕約 則固美矣……」

30) 《中宗實錄》卷 34, 中宗 13년 9월 辛亥條.「御朝講……(大司憲金淨) 又曰 臣於外方見 呂氏鄕約大有 關於敎化 前此兄弟不和者知悔而和 爲悖逆者改而順 人皆知而行之 則厚倫成俗之道豈小補哉 然鄕曲小民 不知朝廷之意 而以爲監司一時之意 故皆曰 今監司遞去 則止之云 雖守令亦或莫之知也 當申諭此意 使知朝廷軫念之意 可也 上曰 呂氏鄕約行之 則美矣 大抵

의 八道監司에 내린 傳敎가 있었고,[31] 同年 6월 庚午日에는 도성에서 향약 시행의 타당성 여부에 대한 논의가 있었다.[32] 같은 달 7월 己酉日에는 한충이 여씨향약 책자를 外方의 유향소와 경성의 5部 各洞에 일제히 분급시켜 그 勵行에 다시 박차를 가하자는 건의를 올려 국왕의 동의를 얻고 있다.[33] 중종 14년 6·7월은 여씨향약 보급의 최절정기였다. 국왕은 이 해 6월에 향약 보급에 가장 공이 많은 金安國을 전라도 관찰사로 임명하여 그곳에서의 風化의 도모를 당부하였다.[34] 이 무렵 향약 보급의 열기는 후술하듯이 이때부터 비판론이 일각에서 대두하기 시작한 사실로서 거꾸로 짐작할 수 있기도 하다.

  김안국의 활약이 그대로 말하듯이 이 시기 여씨향약의 보급은 감사의 구실에 의존됨이 컸다. 중종 13년 9월 辛亥日에 대사헌 金淨은 보급운동 자체를 좀 더 강화시키려는 뜻에서 그것이 본래 국왕의 뜻(軫念)임을 밝혀두는 것이 좋겠다는 건의를 하면서, 현재의 실정은 「鄕曲의 小民들이 朝廷의 뜻임을 알지 못하고 監司가 한때 내리는 슈으로만 생각하기 때문에 모두 말하기를 지금이라도 감사가 遞去되면 중단될 것이라고 한다」[35]고 할 정도로 監司에 의존하는 정도가 컸다. 물론 그 시행, 보급의 현장이 지방사회이므로 당해 지방사회 자체의 여건 조성이나 호응 없이는 이루어질 수 없는 일이었다. 현전하는 기록으로서는 당시의 각 지방사회의 구체적인 상황을 거의 알 수

   敎化之宣 皆在監司 而朝廷之意 亦豈不知乎 在監司盡力耳」

31)《中宗實錄》卷 35, 中宗 14년 4월 戊辰條.「傳曰 近日八道失農 民生困瘁 憂慮罔極 是予未盡自修 而監司亦不得辭其責 前已下諭 使務農桑 而猶不勉焉 學校敎化 亦未見能盡其道者 呂氏鄕約亦可勸勉 且凡所蠲減 徒爲文具 而不令民知須令窮村僻巷 皆知恤民之意 而守令或有不謹 豈無依憑貢獻濫徵之弊 苟有此可即啓罷 若不檢擧 則監司亦當不饒 其以此意 下諭八道監司及開城府留守」

32)《中宗實錄》卷 36, 中宗 14년 6월 庚午條.「召對經筵官……(檢討官) 安處諴曰 近聞 有議之者 京城乃王化之本 不宜行約 今有京城之民聚而爲群 相約曰 不善之事 國有禁憲 不可犯焉 以此觀之 鄕約甚善 非但外方 京城亦可行之……」

33)《中宗實錄》卷 36, 中宗 14년 7월 己酉條.「韓忠啓曰 前日小學已頒給內外官矣 今呂氏鄕約 亦可皆給 請並分給於外方留鄕所 何如 上曰 呂氏鄕約 本爲民也 當如所啓 韓忠曰 京城之中 亦有坊里 必爲鄕約矣 此册令五部官員分給于各洞約正 何如 可之」

34)《中宗實錄》卷 36, 中宗 14년 6월 戊辰條.「全羅道觀察使拜辭 上引見曰 全羅道風俗不美而盜賊方爲民害 須與節度使同議處之 且學校風化所關 亦宜盡力」

35) 註 30) 참조.

없는 형편이지만, 중종 14년 7월 丁巳日에 한충이 「臣의 집은 淸州에 있는데 忠州와는 서로 멀지 않습니다. 忠淸一道의 향약은 타도보다 우세한데 충주가 道內에서 으뜸으로 그것을 처음으로 約한 자는 敎理 李廷慶입니다」[36]라고 하였듯이 당해 지역 출신 유식자의 기여 또한 중요했던 것이 사실이다. 감사의 활동은 지역에 따라 거의 결정적인 몫을 하는 경우도 있었겠지만, 대체로는 여건이 어느 정도 갖추어진 것을 실제의 구현으로 이끄는 데 큰 구실을 하였던 것으로 판단된다. 성리학의 정통적 입장을 추구하는 사림계의 세력은 실제로 이 시기에 이르러 영남지역을 넘어 기호지방으로 확산되어 가고 있었다.[37] 여씨향약 보급의 지역별 성과는 대체로 그 추세와 일치하는 것이었다.

여씨향약 보급운동은 중종 14년 5월 무렵 그 시행이 「王化의 本」인 京城에 미치면서 물의가 생기기 시작하였다. 이 달 甲午日(2日) 朝講에서 司諫 朴世熹, 掌令 奇遵 등은, 병조판서 李繼孟이 才器와 물망은 있으나 「근래의 振作의 일들에 모두 不肯하고」, 예조판서로 물망에 오르고 있는 權鈞은 바야흐로 風化가 일으켜지고 있는 이때의 판서로는 부적하며, 成均館 同知인 金世弼 또한 難信의 인물로 물망조차 없으니 遞任시켜야 한다는 등 일련의 人事에 관한 발의를 하였다.[38] 그런데 史臣은 이 기사의 말미에 이러한 인사 논의가 있게 된 연유의 하나로서 다음과 같은 사실을 적어 놓고 있다. 즉 『崔淑生이 사는 同里가 향약을 시행하여 淑生에게 都約正이 될 것을 청하였다. 하루는 繼孟이 申用漑를 방문하였는데, 얼마 되지 않아 淑生이 왔다고 하니, 繼孟이 고의로 門屛의 뒤에 숨고 조금 지체하여 淑生이 들어오니 繼孟이 갑자기 내달아 소매를 걷어붙이고 길게 소리 지르기를, 都約正이 들어오신다고 하였으니, 대개 힐난함이었다. 드디어 맞붙어 짖어대었는데, 淑生을 責하여 이르기를 「자네가 六卿의 尊位로서 時에 좇아 같은 閭里의 兒輩와 한가지가

---

36) 《中宗實錄》卷 36, 中宗 14년 7월 丁巳條.
37) 李秉烋, 〈朝鮮初期 嶺南·畿湖士林의 接觸과 그 推移〉, 《韓國史硏究》 26, 1979.
38) 《中宗實錄》卷 36, 中宗 14년 5월 甲午條.

되어 鄕中의 約을 主宰하는구나. 呂氏는 대개 行道를 이룰 수 없어 당시에 차라리 一鄕에서나 풍속을 厚善케 하고자 하여 이 約이 있게 된 것이다. 어찌 조정에 나온 재상이 할 바인가」라고 하였다. 用漑는 비록 淑生이 옳을 수 없다고 여겼으나 또한 繼孟의 방자함을 나무랐는데, 繼孟이 조금도 굽히지 않아 오히려 서로 꾸짖음이 그치지 않다가 말이 用漑를 侵하니 用漑가 끝내 웃고서 말았다」 39)고 한 것이 그것이다.

위의 일은 하나의 일화 같으나 실상은 京中에서 향약 시행을 둘러싼 날카로운 의견 대립을 전해주는 사례이다. 그 일로 해서 李繼孟에 대한 인사조치가 사림계로부터 제론된 것도 심상치 않은 일이지만, 며칠 뒤인 辛亥日의 晝講 자리에서 국왕과 參贊官 金湜 사이에 다음과 같은 논의가 벌어진 것 또한 주목할 점이다. 즉 국왕이 향약의 보급은 관찰사와 수령의 勸勉으로 효과가 충분히 기대된다고 말한 것에 대해, 金湜은「呂氏는 匹夫로서 天下에 행할 수 없어 단지 一鄕에서 행하였던 것인데, 成周의 때는 黨正·旅師·比長을 세워 相勸함으로써 그 규모가 천하에 행하여졌으며 또 一鄕과 一國은 그 勢가 다르니 지금 一鄕의 규모로서 一國에 행하고자 하니 혹 阻礙가 생겨 쟁투의 일이 있으니 마땅히 위로부터 周制에 돌아가 규모를 크게 세워야 합니다」라고 국가적 차원의 새로운 대응 마련을 촉구하였다.40) 史臣은 이 의론이 있게 된 사정을 다음과 같이 말하고 있다. 즉「이에 앞서 金安國이 경상도관찰사가 되어 風化에 뜻을 가지고 여씨향약을 倡行하여 一道에서 수령을 督責하고 吏胥를 鞭笞하니 사람들이 많이 불평하였으나 京中 및 他道가 또한 많이 본따서 행하였는데, 時議는 京中은 政敎의 本으로서 鄕黨에서 행하는 것으로써 행할 수는 없다고 하였다. 그리고 閭里의 소민들은 無知妄行하여 단지 聚會로써 일삼아 혹은 業을 폐하면서 奔趨하는 자까지 있어 都下가 騷然하니 湜이 그 폐를 고치고자 하였으나 끝내 建明이 없었고 上 또한 유의치 않

---

39) 위와 같은 條.
40)《中宗實錄》卷 36, 中宗 14년 5월 辛亥條.

았다」[41]는 것이다.

위 史臣의 논평은 사림계의 향약보급운동이 몇 달 뒤 기묘사화로 일거에 실패로 돌아가고 말게 된 사실을 염두에 두고 그 연유를 밝히는 처지에서 덧붙여진 것이다. 다시 말하면 京中에서 시행함으로써 많은 물의가 야기되고 있었고, 金湜의 제의처럼 그에 대한 대책의 모색이 없었던 것은 아니나 적극적인 것이 되지 못하여 그 물의는 끝내 해소되지 않은 채 사화에 이르렀다는 뜻이다. 京中은 관원, 관속 등이 다수 거주하는 곳으로서 이곳에서 향약이 시행될 때는 그것이 바로 국가의 정치조직과 동등한 것이 되기 때문에 문제가 되지 않을 수 없었다. 이 점은 반대세력으로부터의 좋은 반격의 구실이 될 수 있는 것이었다.

金湜이 一鄕의 약속인 향약을 국가적 차원의 규모로 확대시키는 방안으로 제시한 黨正·旅師·比長의 周制란 다름 아닌 향사례·향음주례이다. 향약은 이 두 의례보다 질서 확립의 방법으로서 더 구체적이란 판단 아래 택해졌던 것이지만, 그 보급의 범위가 京中에까지 미쳐 전국화의 가능성이 보임에 따라 그에 대한 관심이 새롭게 대두한 것이었다. 어떻든 그 周制가 바로 채택되지는 않았지만, 金湜의 제안 이후에도 경성에서 향약의 장려는 계속적으로 이루어져 나갔다. 같은 해 6월 庚午日 경연에서 檢討官 安處誠은 「요즈음 듣기로, 의논하는 자가 경성은 王化의 本으로서 향약을 행할 수 없다고 하는 것이 있으나, 지금 경성의 民이 모여 무리를 이루면서 서로 약속하여 이르기를 不善한 일은 나라에 禁憲이 있으므로 범할 수 없다고 한다니, 이로써 보더라도 향약은 매우 좋은 것으로서 外方뿐만 아니라 경성에서도 행할 수 있다」[42]고 주장하였다. 그리고 다음달 己酉日에는 앞에서 언급하였듯이 한충이 外方 유향소에 여씨향약 책자를 分給함과 함께 「경성 가운데도 方里가 있어서 반드시 향약을 행하니 이 책을 五部 관원으로 하여금 각 洞 約正

---

41) 《中宗實錄》 卷 36, 中宗 14년 5월 辛亥條.
42) 註 32) 참조.

에게 분급토록 함이 어떻겠습니까」라고 제의하여 왕의 可否를 얻었다.[43]

京中에서 시행을 계기로 여씨향약 보급운동은 실제적으로 많은 문제점이 제기되고 있었지만, 추진자 측의 반성적 기미는 좀처럼 나타나지 않았다. 사림계 측의 반성론으로서 기록상으로 확인되는 것은 중종 14년 10월 庚午日의 趙光祖의 다음과 같은 지적이 유일하다시피 한데, 그것은 기묘사화가 일어나기 십수일 전에 있은 것이다. 즉「향약의 본의는 이러한 것이 아닙니다. 지금의 향약은 크게 촉박한 듯하여 심히 王道의 일이 되지 못하고 있습니다. 그 까닭은 監司가 서둘러 행하게 해서인데 京中도 또한 그렇습니다. 그래서 臣은 五部의 관원을 불러 말하기도 하였는데, 治道는 급박히 할 수 없는 것으로서 마땅히 德으로써 優遊하여 民으로 하여금 化하게 하고 그런 뒤에 治를 말할 수 있습니다」[44]라고 한 것이 그것이다. 요컨대 급박한 시행이 많은 문제를 야기시키고 있다는 것으로서, 이 지적에 대한 史臣의 다음과 같은 논평은 그 상황을 좀 더 구체적으로 밝혀주고 있다. 즉「光祖가 향약을 논하는 말은 매우 마땅하다. 사람들이 그 要를 알지 못하여 安靜케 하지 못하였으니, 혹 贊成에 이르러서도 都約正의 일을 겸행하여 사람들이 비난하는 일이 있었다. 외방인즉 監司가 핍박하여 행하기 때문에 또한 소요가 있었다. 이것은 어찌 법의 허물이리오. 행함에서 그 要를 얻지 못해서 그런 것이다」[45]라고 하였다.

기묘사화의 원인으로 가장 직접적인 것은 주지하듯이 僞勳削除 문제였다. 趙光祖 등의 사림계 신진들은 중종반정의 封功 재조정에 대한 집요한 요구가 마침내 그 공신들의 직접적인 반발을 샀던 것이다.[46] 그런데 이 사화에서

---

43) 註 33) 참조.

44)《中宗實錄》卷 37, 中宗 14년 10월 庚午條.

45) 위와 같은 條.

46) 己卯士禍가 일어난 중종 14년 12월의 王朝實錄 最末尾에 史臣은 이 士禍가 일어난 동기에 대한 다음과 같은 논평을 붙이고 있는데, 여기서도 削勳 문제가 일차적인 것으로 지적되고 있다.「史臣曰 趙光祖等 以靖國功臣無功 濫錄者多 請追削論執 上偏任此輩 朝廷勳舊 多不悅 上亦忌之 至發此論 南袞嗾洪景舟 以危亡之禍 迫在朝夕 恐動之 上益疑懼 屢降密旨于景舟 而密旨有文義難曉者 或雜以諺書 今不錄之 其大槩則曰 人君與臣 謀除人臣 雖

향약은 賢良科와 함께 사림계 성세의 구체적인 수단 또는 기반으로서 탄압
의 대상이 된 것을 유의할 필요가 있다. 起禍 후 현량과가 곧 罷榜된 것은[47]
주지하는 사실이지만, 그동안 이루어진 여씨향약 보급 성과 또한 마찬가지
로 無로 돌려지게 된다.

사화가 일어난 뒤, 향약에 관한 제재는 다음과 같이 드러난다. 起禍 며칠
뒤인 중종 14년 11월 庚戌日에 국왕은 「近日에 듣건대 約中의 사람들이 스
스로 刑政을 하고 法司에 呈訴까지 하며 法司가 또한 그들이 한 것을 그대로
따른다고 하니, 이것은 刑政이 아래에 있는 것이니 끝내는 폐가 있기에 이름
이 없겠는가」[48]라고 하여 향약의 폐단의 일단을 지적하였다. 이에 대하여
영의정 鄭光弼은 역시 향약에서 刑政을 自用함은 본의에 어긋나는 것으로서
그 금함을 中外에 曉諭토록 하는 한편, 요즈음 듣기로 특히 경성에서 工商人
들도 자주 群聚하여 작업을 하지 못한다고 하니 향약은 「死喪相救」의 일 외
에는 하지 못하도록 함이 좋겠다는 의견을 제시하였다.[49] 여기서 거론된 刑
政의 自用이나 工商人의 聚會 등은 京中 향약의 문제점이기는 하나, 그 제재
는 아직 향약의 全廢에 미치는 것은 아니었다. 이때는 아직 起禍 초두로서
「향약의 본의는 곧 德業相勸으로서 그 뜻은 본디 아름다운 것이다」[50]라는
국왕의 호의가 어느 정도 견지되었고, 또 사림계에 대해 우호적인 영상 鄭光
弼의 영향력이 크게 줄어들지 않고 있었다.

향약에 대한 더 직접적인 제재는 다음달(12월) 초부터 가해지기 시작하였
다. 즉 사림계 일파를 검거하여 개별적인 죄목을 부과하는 가운데 향약 시행

近於盜謀 然奸黨已成 人君孤立難制 欲共謀除之 以安宗社云云」(《中宗實錄》 卷 37, 中宗 14
년 12월 條 末尾)

47) 《中宗實錄》 卷 37, 中宗 14년 12월 己巳條.

48) 《中宗實錄》 卷 37, 中宗 14년 11월 庚戌條.

49) 위와 같은 條. 「……光弼日 鄕約 古人有不得行道者 在鄕中相與爲善之事也 若京中則旣
有法司 尤不當爲也 此事 臣等將欲啓之 今可曉諭中外 使知其本意行之 可也 近聞 工商之人
頻數羣聚 不得作業 此亦有弊 雖京城 若使之死喪相救而已 則可也 毋令群聚自用刑政 亦
可」

50) 위와 같은 條.

에 대한 관여 등이 열거되었다. 예컨대 12월 己巳日에 臺諫은 翰林 李構가 전날에 전라·경상도에 도적이 興行하는데도 향약의 시행으로 「道不拾遺」하게 되었다고 아뢴 것은 「諛佞의 風」이므로 推鞫하여야 한다고 啓請하였다.[51] 그리고 같은 달 丙子日에는 대사헌 李沆이 주관하여 벌을 받아야 할 사람 17명의 貼名 單子를 올렸는데, 그 가운데 崔淑生, 金安國 등의 죄목이 향약 시행과 관련지워졌다. 崔淑生은 「연소배와 더불어 상종하였다」는 것으로 치부되고, 김안국은 「閭閻 사이에 小學을 務行함은 모두 그들로부터 부르짖어졌으며, 그들이 見竄된 뒤로 무지한 細民들은 모두 이르기를 被罪는 곧 小學을 행한 탓이라고 하니 듣기에 마음이 편치 않으나, 光祖 등의 被罪는 小學을 행한 소치는 아니더라도 사세가 이에 이르렀으니 또한 죄주지 않을 수 없다」고 사유가 붙여졌다.[52] 이 경우, 개인의 죄목으로서는 우활한 것이나, 起禍 측의 향약 시행에 대한 반감을 그대로 보여주는 것이라고 하겠다.

향약에 대한 본격적인 제재는 다음 달인 중종 15년 正月 초에 가해졌다. 그 셋째·넷째 날인 癸巳·庚子 이틀 사이에 사헌부가 중심이 되어 다음과 같은 논의들이 있었다. 즉 향약 실시 이후, 그 善籍과 惡籍이 私로써 또는 미움(嫌)으로써 만들어지고, 노비가 善籍에 들어 심지어 수령을 침해할 정도로 「下凌上」, 「賤凌貴」의 풍조가 생겨 인심과 풍속이 더욱 偸薄해졌는가 하면, 빈한한 사람이 相救를 위한 出財를 하지 못해도 刑杖을 가할 정도로 자체의 用罰이 심하고 또 刑曹가 徙民 대상자로 도망한 자를 잡고자 했으나 鄕約人들이 患難相救를 빙자하여 숨겨주기까지 하여 그 폐단이 매우 크므로 그 시행을 금하여야 한다고 주장했다. 그리고 조광조 등의 被鞫時에는 광화문 밖에 五部 坊里의 향약의 무리들이 몰려와 上言하여 구하고자 했을뿐더러, 決杖時에는 禁府에 몰려 執杖者가 손을 들 수 없게까지 하였으니, 그 都約正과

---

51) 《中宗實錄》 卷 37, 中宗 14년 12월 己巳條.
52) 《中宗實錄》 卷 37, 中宗 14년 12월 丙子條.

直月 등은 마땅히 치죄되어야 한다고 건의했다.[53] 起禍 측의 이러한 혁파 주
장은 둘째 날에 재차 강조되어 마침내 「빈한한 사람으로 하여금 出財토록까
지 하는 것은 옳지 못하니 파하여도 좋겠다」는 국왕의 말로써 일괄적인 혁
파가 가해졌다.[54] 사림계의 향약 보급 운동은 결국 2년 미만에서 전면적인
혁파로 종결되고 말았다.

2. 《小學》 실천운동의 면모와 그 의의

여씨향약 보급운동은 여씨향약 자체가 《小學》에 실려 있으므로, 《소학》
실천운동의 성격을 지니고 있었다. 주지하듯이 「修己治人」의 학문인 주자
학에서 《소학》은 《대학》과 함께 가장 중심적인 교본이었다. 《소학》은 修身
의 大法으로서 六禮·孝悌忠信 등의 事를 내용으로 하고, 《대학》은 그 이치
를 밝히는 상관관계를 가지는 것으로서, 《대학》을 읽기 전에 반드시 《소학》

---

53) 《中宗實錄》 卷 38, 中宗 15년 正月 癸巳條.「御朝講 掌令徐厚曰 近日令中外 皆行鄕約 善
　　矣 然十室之邑 雖曰有忠信 亦豈多得 雖在朝廷 少有其人 況外方乎 速縛而行鄕約之道 故人
　　心益偸 風俗益薄 況其善惡籍 率多以私以嫌 故無美事 古人不能申其所懷於天下 故爲此鄕約
　　而欲化一鄕之人 非以此欲馳驟天下之人也……
　　　正言 趙珍曰……至如鄕約 則金安國爲全羅道監司時 考其善惡籍 若載善籍則雖奴婢之賤
　　必侵其守令 使餽遺之 守令且有不能支焉 事出鄕約則必至刑訊 故人心橫逆 若安國不速遞來
　　禍必將至 且禮有尊卑上下焉 徒計其年齒 使賤隷反居其上 故下凌上賤凌貴之弊生焉 所謂鄕
　　約 肅聚無狀 在所當禁……
　　　同知事李沆曰 彼輩被鞫時, 鄕約之徒 群聚光化門外 謀欲上言以救而不得 及乃其決杖也 就
　　于禁府 其立如麻 故執杖者爲群聚者所迫,不得擧手以杖 無賴之徒 聚于闕門 而旣不禁 故又
　　聚于禁府 今若因而不之罪 則事有不可然 不可盡罪其類 若都約正直月者 固當治其罪也 領事
　　鄭光弼曰 鄕約 皆彼輩所造端也 頃者 刑曹有捕徙民逃亡者 鄕約之人敢匿之 拒其捕者 使不
　　得捕 徃告曰 患難相救 故乃敢救之……」
54) 《中宗實錄》 卷 38, 中宗 15년 正月 庚子條.「……上曰 京中爲鄕約之事 無上旨也 但以爲
　　京外無異 而頒其文 故京中亦爲之耳 (柳)灌曰 如士類之人爲之可也 率令無知之人盡爲之 豈
　　知其本意乎 都中則不可爲也……灌曰……頃日 罪彼輩之時 聚會光化門前 及其決罪時 奔
　　走叫呼 幾不得下杖 儒生亦多聚會 在今昇平時 固無可疑 不然則必生變也 隣家患難, 不相救,
　　自有其罪 雖無鄕約 自不得不相救也 貧寒而朝不及夕之人 若不能出財救之 至用刑杖 亦甚不
　　可 上曰 至令貧寒之人出財 不可 雖罷之 亦可」

을 읽을 것이 요구되었다. 《소학》은 수신서라고는 하나 단순한 수양을 목적으로 하는 것은 결코 아니었다. 그 내용은 灑掃·應對·進退의 節, 愛親·敬長·隆師·親友의 道에 미치는 것으로서, 말하자면 家뿐만 아니라 사회적인 윤리 관계를 제시하는 것이다. 주자가 〈小學題辭〉에서 강조한 「良材와 善俗」, 「聖人의 敎法이 행해지는 사회」 바로 그것이 《소학》이 목적하는 바였다.[55] 여씨향약은 바로 그러한 사회를 실현시키는 한 방안으로서 《소학》에 채택, 수록되었던 것이다.

고려 말기에 성리학이 수용된 이후, 《소학》의 중요성은 여러 차례 강조되었다. 그 가운데 權近의 〈勸學事目〉(태종 7년)을 계기로 교육과 科試(生員試)에서 그것이 필수과목으로 올려진 것은 교화정책에서의 제도적인 큰 성과였다. 그러나 이러한 정책적인 배려가 있었음에도 15세기 일대에서는 사회적인 성과가 거의 이루어지지 못하였다. 科試 자체가 製述 중심으로 치우치는 추세 아래, 유생들 사이에서조차 이 책은 전반적으로 소홀시 했다.[56]

《소학》은 15세기 말엽 곧 성종대에 이르러 지식층 일부에서 그 가치가 새롭게 주목되기 시작한다. 성종 9년 4월 己卯日에 「世祖朝의 功臣은 쓸 수 없다」고 한 朱溪副正 深源의 上書가 발단이 되어, 훈구계와 신진사류 사이에 한 차례 대립이 있었을 때, 훈구계의 신진들에 대한 공격으로 「聖明의 아래에서 어찌 붕당이 있겠습니까? 단지 (南)孝溫이 姜應貞 朴演 등 약간인과 더불어 小學契를 만들어 자주 群聚하여 강론하면서 應貞을 일컬어 夫子라 하고, 朴演을 顔淵이라 하면서 서로 표방하고 있다」고 하여 그들에 대한 推鞫, 응징이 거론된 일이 있었다.[57] 이때는 물론 그 주장이 받아들여지지 않았으나, 연산군 4년의 무오사화 때 柳子光이 그 일을 다시 문제 삼아 추국을 가하기에 이른다.[58] 이 일이 이와 같이 나중까지 문제된 것을 보면 두 세력 사이의 정치

---

55) 金駿錫, 앞의 글, p.123~127 참조.
56) 위의 글, p.131~133 참조.
57) 《成宗實錄》卷 91, 成宗 9년 4월 己卯條.
58) 《燕山君日記》卷 31, 燕山君 4년 8월 己卯條. 「承政院啓 子光所啓 姜應貞推考事 臣等以

적 대립에서 결코 사소한 것이 아니었음을 일단 짐작할 수 있다. 그런데 같은 일을 南孝溫 측에서는 다음과 같이 밝히고 있다. 즉《師友名行錄》姜應貞 條에서 그가「少時에 太學에 遊하면서 長安의 俊士와 더불어 朱文公古事에 따라 향약을 만들고 혹은 月朔에《小學》을 강론하였는데, 그에 뽑힘은 모두 一時의 名士였다」고 하여, 金錬叔·申從濩·朴演·孫孝祖·鄭敬祖·權柱·丁碩 享·康伯珍·金允濟 등 9인을 들고「이들은 그 가운데 두드러진 자로 나머지 는 다 적을 수 없다」고 하였다. 그리고 이어서「세상에서 그것을 좋아하지 않는 사람들은 그들을 비방하여 혹은 小學之契라, 혹은 孝子之契라 지목하 고 夫子·四聖·十哲이란 비난도 있었다」고 하였다.

위 두 가지 기록에 따르면, 성균관 유생 일부를 중심으로 한「俊士」들의 《소학》 강독의 모임이 있었던 것이 분명하다. 그리고 그 모임은 향약의 형식 을 빌리고 있었다는 것이 아울러 주목된다.「俊士」들 사이의 향약은 일종의 契의 형태일 것으로 그 본의에 일치하는 것이라고 할 수는 없다. 그러나《소 학》에 대한 관심이 향약의 조직으로 이어지고 있는 점은 중종대 향약보급운 동이《소학》에 대한 관심을 바탕으로 한 것의 시원적 모습으로서 주목할 만 하다. 그리고 그 향약 또는「小學之契」의 구성원 가운데 같은 시기의 향사 례·향음주례 보급운동에 관련된 인물들이 찾아지는 것도 유의할 점이다.59) 金宗直과 그 門人·從遊人을 중심으로 펼쳐진 향사·음례의 보급운동에서는 《소학》이 직접 거론되지는 않았다. 그러나 향사·음례나《소학》 또는 향약 이 모두 유교적 禮俗 강구에 관한 것이므로, 상호 연관성은 충분히 인정된다. 前稿에서 밝혔듯이《新增東國輿地勝覽》에는 성종대의 향사·음례 보급운동 의 성과로서 수개 邑의 시행 사례가 기록되어 있는데, 그 가운데 전라도 龍 安縣의 경우, 향사·음례를 행하면서 여씨향약의 德業相勸·過失相規·禮俗相

為未便 應貞退計三十年間 聚同志者 作小學契 以小學之道為事 時人譏之曰夫子 歲月已久 不宜追論 所且為之事 非關繫綱常 何必鞫之 傳曰 爾等但承命而已 不可相救」
59) 康伯珍은 金宗直의 문인이며, 權柱는 註 9)에서 밝혔듯이 유향소 복립운동이 본의와 어긋나게 전개되었을 때 향사음례를 행하지 않는 유향소는 오히려 혁파되어야 한다는 것을 강하게 주장한 사람 가운데 하나이다.

成·患難相恤 등을 誓言으로 읽는 것으로 되어 있다.60) 이것은 향사·음례 보급운동에서도 여씨향약을 유사한 방법의 하나로서 고려하고 있었다는 것을 뜻한다. 성종대의 향사·음례 보급운동 추진자들이 여씨향약을 일차적인 수단으로 직접 취하지 않은 까닭은 분명히 알 수 없으나, 여씨향약이나 그것이 실려 있는 《소학》의 중요성에 대한 인식이 있었던 것은 부정할 수 없다. 이 단계에서는 「長安의 俊士」들의 향약 구성에서 엿볼 수 있듯이, 각 지방사회에서 유생들의 규합도 미처 이루어지지 못한 상태였기 때문에 향사례를 통해 그것을 달성하는 한편, 일반 鄕民과의 관계는 향음주례에 따르고자 하는 의도에서 두 의례의 보급이 택해졌던 것으로 짐작된다.

김종직이나 남효온·강응정을 뒤잇는 연배에서 《소학》의 중요성에 대한 인식은 金宏弼의 예에서 보듯이 더 뚜렷해진다. 그는 주지하듯이 《소학》 一書를 손에서 놓지 않고, 누가 혹 時事를 물으면 반드시 小學童子가 어떻게 大義를 알겠는가라고 답할 정도였다고 한다.61) 그가 이러한 小學童子로 자처한 것은 물론 실천을 전제로 한 것이었다. 그리고 그가 《소학》을 중시하게 된 동기는 스승 김종직의 권유였던 것으로 알려진다. 즉 그가 學業을 청하였을 때 小學書를 내리면서 「진실로 學에 뜻이 있다면 이것부터 시작해야 할 것으로 光風霽月도 이것 밖이 아니다」62)라고 하였다고 한다.

김굉필에 이르러 《소학》에 대한 인식이 실천성을 강조하게 된 것은 그것이 다음 단계에서 정치적인 차원에서 사회운동화하는 과정의 중요한 디딤돌이었다. 앞에서 살폈듯이 중종대 향약보급운동에서 주도적 구실을 수행한 김안국이 바로 그의 문인일뿐더러, 당시 사림계의 구심이던 조광조 또한 그러하였다. 조광조의 학문 역시 「《小學》을 篤信하고 《近思錄》을 尊尙하여 여러 經傳에 發揮한」 것으로 지적된다.63) 《소학》의 중요성은 나중에 한 차례

---

60)《新增東國輿地勝覽》卷 34, 全羅道 龍安縣 風俗條 참조.
61)《東儒師友錄》卷 4, 金文簡門人 交敬公寒暄先生條 奇文憲公述 行狀.「……先生初從佔畢齋先生請業 金先生以小學書授之日 苟志於學 宣從此始 光風霽月亦不外此 先生眷眷服膺 手不釋卷 人或問及時事 必曰 小學童子何知大義……」
62) 위와 같은 條.

강조된 적이 있었지만,[64] 조광조, 김안국 등의 노력으로 마침내 중종 11년 11월에 《소학》을 「廣行印頒」토록 하라는 교서가 예조에 내려지게 된다.[65] 즉 《소학》이야말로 風化의 근본이 되는 것이라는 취지 아래 위로는 생원·진사의 覆試에서 필수적으로 考講케 하는 한편, 四部 學堂 및 향교의 교육에서는 물론, 아래로 鄕閭村巷에서 童蒙의 학습, 父兄의 자제 훈육 등에까지 널리 이용될 수 있도록 廣布하라는 것이었다. 이 지시는 중종 12년 7월에 예조가 「小學·正俗은 이미 다수 印出하여 中外에 廣布하였다」[66]고 보고한 것으로 보아 규모는 알 수 없으나 곧 한차례 간행되었으며, 1년 뒤인 同王 13년 7월에 다시 한차례 1,300건의 印進, 배포가 있었다.[67] 여씨향약 보급운동이 《소학》실천운동의 성격을 띤다는 것은 바로 이 《소학》의 廣布 기간에 그 보급운동이 전개되었다는 사실로서 의심의 여지가 없다.

여씨향약 보급운동과 《소학》의 장려와의 상관관계는 기묘사화 이후의 상황에서도 그대로 나타난다. 기묘사화를 계기로 향약의 시행이 전폐된 것은 앞에서 언급하였지만, 《소학》의 권장문제 또한 일체 논의됨이 없게 된다. 그 재론은 사림계의 재등용의 기운이 돌기 시작하는 중종 28년 말에서야 있게 되는데, 당시의 논의에서는 「《小學》·《近思錄》은 본래 마땅히 배워야 하는 것인데, 지금은 사람들이 함께 보는 자리에서 공연히 찢어서 벽에 바르면서 배우려 하지 않는다」[68]고 말하고 있다. 기묘사화 이후로는 「小學으로서 取

---

63) 《東儒師友錄》卷 6, 寒暄堂先生門人 文正公靜庵先生條 退溪先生述 行狀.

64) 《中宗實錄》卷 23, 中宗 11년 正月 丁酉條. 「……知中樞府事 李坫曰 前日 柳崇祖爲大司成時 凡下齋儒生入學者 皆講小學 亦此意也」

65) 《中宗實錄》卷 26, 中宗 11년 11월 癸未條. 「教禮曹曰……小學之書 旣爲時習所不尙 公私藏儲亦必稀少 其速廣行印頒 使京外學校 以至鄕間 無不得以學習師長之誨後進 父兄之訓子弟 朝廷之取選試 率以是爲急 學而行 習與性成化隨教興 則風俗何患不正 人材何患不美 其體予至意 曉諭中外 使小學之書, 公私廣布 崇勸學習節目 及生員進士試 申明嚴講節目 皆詳盡磨鍊施行」

66) 註 21) 및 金恒洙, 〈16세기 士林의 性理學理解〉, 《韓國史論》 7, 1981, p.137.

67) 《中宗實錄》卷 34, 中宗 13년 7월 己亥條. 「印小學一千三百件 遍賜朝官 而又擇可學宗親 幷賜之」

68) 《中宗實錄》卷 76, 中宗 28년 11월 甲寅條.

禍의 具로 여겨 父兄이 禁하고 師友가 戒하며, 머리 모양이나 발 모양이 혹 근사함이 있어도 가리켜 小學의 道(徒?)라고 하여 떠들썩하게 衆人이 못되게 여긴다」[69]든가 「趙光祖가 被罪된 뒤로 부형이 자제를 가리키면서 소학을 살인의 독약처럼 본다」[70]는 실정이었다. 중종 28년 말 이후 다시 진출하기 시작한 사림계는 《소학》의 권장과 향약의 보급을 재차 꾀하였다. 그러한 분위기는 인종의 즉위를 계기로 크게 성숙되어 갔지만, 주지하듯이 을사사화로 사림계가 다시 타격을 받음으로써 크게 위축되고 말았다. 이 사화로 말미암아서도 《소학》에 대한 기피현상은 더욱 심하여져, 오히려 명종과 그 모후 문정왕후가 그 책임을 전적으로 조광조 등에게 돌리면서, 신하들의 예의염치를 기르는 방도로서 그 권장이 도모되어야 한다는 전교가 여러 차례 내려지기까지 하였다.[71]

기묘사화 이전, 중종 10년대의 《소학》 보급에서 특별히 유의해야 할 것은 風化 곧 사회적 차원의 교화가 크게 의식된 점이다. 사회윤리는 물론 개개인 및 家의 윤리를 토대로 확립되는 것이지만, 이 시기에서는 그 구극의 목표인 사회윤리에 관한 직접적인 관심의 표출이 두드러진 것이 하나의 특징이다. 여씨향약 《소학》에서 別萃, 보급된 것은 일단 차치하더라도, 《正俗》이 당초부터 《소학》과 함께 보급의 대상이 된 것[72]은 유의할 점이다. 《正俗》은 元나

---

69) 《明宗實錄》 卷 12, 明宗 6년 9월 甲辰條.
70) 《明宗實錄》 卷 25, 明宗 9년 3월 丙辰條.
71) 위와 같은 條.「慈殿又敎曰 近來儒生 不以治平之道爲一身之事業 惟知習誦以取科第而已 佳者 趙光祖以小學爲名 引用其黨 終以貽害於國家 然人倫之道 莫備於小學之書 古者 人生 八歲皆入小學者 以此也 今之儒生尙不知有小學之書 況望其學習而有成乎 如此則 他日雖齒 諸朝列 將焉用之 予意以爲 如古人爲學之有次第 則亦庶幾知禮義廉取之方矣……」
　　慈殿의 이와 같은 지적은 《明宗實錄》 卷 12, 明宗 6년 11월 丙戌條에서 다시 찾아지고 《明宗實錄》 卷 19, 明宗 10년 閏11월 辛巳條에도 비슷한 내용의 명종의 傳敎가 찾아지기도 한다. 이 傳敎에 대하여 史臣은 다음과 같이 그것이 時宜를 외면한 空言에 지나지 않는 것임을 지적하고 있다.「史臣曰 勸講小學之敎 雖屢下 而未見一人奮然行之者 已爲可嘆 況乎 學校之政頹 敎化陵夷 風俗澆薄 有識之士 孰不慨然扼腕乎 究厥所由 師表之任 不得其人 作成之方 不盡其道 遺其本而擧其末 其何之收效哉 學校之解弛如此 無怪乎小學之不講也 然則何爲而可也 其惟上之人 躬行心得 明理學崇正道 闢異端息邪說 又擧今世之所謂賢者如李滉之輩 而置師表之位 則士氣自振 不必親規於勸小學興學校 而自有成效矣 惜乎 徒有是敎 而未施於事 承傳歸於空言 豈不重可嘆也」

라 王至和가 1345년에 知松江府事兼勸農事知渠堰事濟南路棣州로서의 직무를 다할 수 있는 한 방법으로 모색하여 만든 것이다.[73] 그 내용은 孝父母·友兄弟·和室家·訓子弟·睦宗族·厚親誼·恤隣里·愼交友·待幹僕·謹喪祭·重慎墓·遠淫祀·務本業·收田租·崇儉朴·懲忿怒·賑饑荒·積陰德 등으로서, 역시 사회적 관계에 관한 것이 큰 비중을 차지한다. 이《正俗》이 중종 12년의《소학》廣布 때 함께 그 대상이 된 것이나, 김안국이 그것을 여씨향약과 함께 諺解의 대상으로 삼은 것은 결코 우연한 것이 아니었다.[74] 김안국의 아우 正國이 지은《警民篇》은《正俗》의 조선판이나 마찬가지의 것이기도 하였다.[75]

이 시기의 사회윤리에 대한 관심의 특별한 분위기는《三綱行實圖》에 이어《二倫行實圖》가 김안국에 의해 찬집, 보급된 사실로도 살필 수 있다. 주지하듯이 세종대에 왕명으로 편찬된《삼강행실도》는 유교윤리 보급의 구체적인 방법으로서 강구된 것이다. 그것이 印刊에 붙여진 것은 성종대로서 뒤늦었지만,[76] 왕조 초기 유교윤리 보급의 지표에 해당하는 것이었다. 그런데 부자·군신·부부 사이의 윤리인 삼강은 수직적 상하의 관계만을 내용으로 한다. 반면에 붕우·장유의 이륜은 횡적인 다시 말하면 사회적인 윤리관계에 해당하는 것이다. 이 시기에 이륜에 대한 관심의 고조는 물론 삼강의 중요성을 부정하거나 대체코자 하는 것이 아니라, 첨가하는 형태의 것이었다.《삼강행실도》는 중종 6년 10월에 3,000 질 가량 印頒된 적이 있었다.[77] 그리고 同王 13년 4월 김안국은 여씨향약·正俗 등의 諺解 讎校의 일을 의논하면서, 「二倫行實의 경우 臣이 앞서 승지였을 때 開刊을 청하였는데, 三綱의 중함은 愚夫愚婦라도 모두 알지만 朋友·兄弟의 윤리에 이르면 범상의 사람들은

---

72) 이 책, p.312 참조.
73)《正俗》序文 참조.
74) 이 책, p.313~315 참조.
75)《警民篇》은 父母, 夫妻, 兄弟姉妹, 族親, 奴主, 隣里, 鬪毆, 勤業, 儲積, 詐僞, 犯奸, 盜賊, 殺人의 문제를 다루었다.
76) 金元龍,〈李氏朝鮮鑄字印刷小史〉,《鄕土서울》3, 1958.
77)《中宗實錄》卷 14, 中宗 6년 10월 丁酉條.

혹 알지 못함이 있으므로 臣이 三綱行實을 撰한 類에 따라 간행하고자 한 것입니다」[78]라고 하여 그 상관관계를 바로 지적하고 있다. 이 시기에 여씨향약, 正俗, 二倫行實圖 등의 보급은 결국 사회의 발달에 따른 사회의식의 발전의 표출로서 이해되어야 할 것이다.

붕우·장유의 윤리는 곧 향약 구성원 상호간의 관계에 직접 적용될 문제였다. 향약 시행의 폐단으로서 흔히 지적된 신분의 貴賤 혼효란[79] 長幼, 곧 年齒를 앞세운 데 따른 현상을 지적하는 것이었다. 향약 시행론자들이 신분제의 폐지를 전제한 것이라고는 결코 생각되지 않지만, 장유의 序次를 하나의 기준으로 삼는 가운데 신분의 귀천이 뒤섞이는 현상이 야기되었던 것은 분명한 사실이다. 향약 시행에서 신분의 귀천관계보다 장유의 서차가 일단 앞세워진 것은 그 보급이 경·향에서 급속한 진전을 볼 수 있었던 한 요인으로 작용하였을 가능성도 높다. 이 점은 그「善俗」에 관한 서적들이 모두 언해되어 보급된 사실과 함께 사회관계의 하나의 역사적 진전으로 주목해야 할 것이다.

3. 鄕約 보급운동의 사회경제적 배경

여씨향약 보급운동이 새로운 사회질서의 모색이란 것은《소학》실천운동으로서의 그 면모에 대한 앞의 검토로써 분명히 알 수 있었다. 그러면 그러한 새로운 사회관계의 모색이 어떤 여건에서 요청된 것인가를 살펴야 할 것이다. 이 문제와 관련하여 주목되는 것은 중종 11년 11월에《소학》의 廣布敎諭가 내려지고, 잇따라 同王 12년 6월에 여씨향약의 시행이 공인되던 기간에 거의 동시적으로 권농교서의 마련에 관한 논의가 제기되어 채택되고 있

---

78) 註 27) 참조.
79) 註 53)의 正言 趙珍의 啓陳 참조.

는 사실이다.

　권농교서 마련에 관한 논의는 중종 11년 11월 壬寅日에 執義 成世昌의 다음과 같은 발의로 시작되었다. 즉 人君의 治國에는 마땅히 「庶敎」가 급하나 富가 앞선 뒤에 교화가 가능하므로 세종이 農桑에 힘쓴 것을 본받아 申明을 가하여 外方에 曉諭토록 함이 마땅하다는 것이었다.[80] 이 제의는 한 달 남짓 뒤인 同王 12년 정월 丁亥日에 대사헌 金璫이 세종의 〈권농교서〉를 직접 進하면서, 새로운 교서의 필요성에 대한 더 구체적인 啓陳으로 이어져 급진전을 보게 된다. 즉 그는 「近日에 나라는 農政을 폐기하여 餘事로 여기며, 民은 末業을 좇아 田畝에 服하지 않고 甘食鮮衣하는 자는 날로 늘어나 獄訟이 일으켜지고 奸人이 滋甚하여 풍속이 점차로 澆薄해지고 있으며, 소를 끌고서는 장사(賈)를 일삼고 耘耔하기는 부끄럽게 여겨 田이 있어도 갈지 않아 쑥만 무성하니 膏雨·和風이 있어도 嘉穀을 거두지 못합니다. 단지 頑鈍貧悴하여 他業을 할 수 없는 자만이 농업에 들어 남의 田을 假耕하고서는 富家에 輸納하니 終歲토록 刻苦하여도 하루 먹을 것이 없으니 끝내 도둑질하지 않고 어떻게 되겠습니까」라고 하였으며,[81] 이에 대해 국왕은 「세종조의 敎旨가 이러해서 아랫사람도 역시 성의로서 奉行하여 그 효과가 쉽게 나타날 수 있는 것이라」고 전폭적인 동의를 표시 하였다.[82] 그리하여 다음 달인 2월 壬申日에 〈農桑敎書〉가 製進되어 바로 下諭되었으며,[83] 이듬해인 同王 13년 3월 丙午日에 그 효과가 미진함이 많다고 하여 다시 한차례 八道에 下諭가 있었다.[84] 이 일은 세종 27년의 교서 이후 처음 있는 것이었다.

　위 두 차례의 교서는 표현상에 약간의 차이가 있으나 本旨는 같은 내용의 것이다. 두 교서는 세종의 것을 바탕으로 하면서 내용에 새로운 것을 담기도

---

80)《中宗實錄》卷 26, 中宗 11년 11월　壬寅條.
81)《中宗實錄》卷 27, 中宗 12년 正月　丁亥條.
82) 위와 같은 條.
83)《中宗實錄》卷 27, 中宗 12년 2월　壬申條.
84)《中宗實錄》卷 32, 中宗 13년 3월　丙午條.

하였는데, 그 가운데 말미에서 특히 務農이 풍속 교화의 바탕임을 강조하고 있는 것은 당시 이미 전개되고 있던 여씨향약 보급과의 상관성을 직접 보이는 것으로서 주목된다. 즉「모두 務農興桑으로서 마음을 써서, 民으로 하여금 本을 가지고 末에 있지 않도록 하여 근면하여 게을리 하지 않는다면, 飢者는 먹을 것이 있고 寒者는 입을 것이 있게 되어, 교화가 이루어져 풍속이 아름다워질 것이다」[85]라고 한 것으로서, 12년의 것에서는 같은 부분이 좀 더 구체적으로「향촌의 안정」또는「안으로 親姻에 恭睦하고 밖으로 鄕黨에 協和한다」는 것 등으로 표현되었다.[86]

위는 곧 善俗의 바탕으로서 務農興桑을 강조하는 것이라고 하겠는데, 여기서 특히 務農興桑에 대한 대책이 새삼스럽게 제기된 까닭을 알기 위해서는, 위의 金璫의 논의에서「逐末」의 풍이 성하여 본업인 농업이 버려지다시피 하고 있다는 지적을 유의할 필요가 있다.「逐末」이란 곧 상업행위로서, 이 시기에서의 상업은 성종대 초반에 대두하기 시작한 鄕市 곧 지방장시가 전국화하여가는 추세 아래 실제로 크게 성행하고 있었다. 이 사실을 살피면,「향촌안정」을 위한 향약보급운동은 그러한 상업적 분위기의 고조란 새로운 경제적 상황에서 농촌사회가 겪는 문제점을 해결하려는 의도를 가지는 것으로 해석될 수 있다.

지방장시는 기록에서 성종 초부터 대두하기 시작한 것으로 확인된다. 즉「庚寅年(성종 1)의 凶荒에 전라 一道의 人民이 스스로 서로 聚集하여 市舖를 열고서는 場門이라 불렀는데, 사람들이 의지하기를 전적으로 이에 따랐다」[87]는 것이 그것이다. 전라 一道에서 발달한 이 새로운 현상은 중종 15년 무렵에 이르면「지금은 諸道가 모두 場門(鄕市이다)을 設하고 있는데, 臣(南

---

85) 위와 같은 條.
86) 註 83)과 같음. 관계 부분을 옮기면 다음과 같다.「……曾下教諭 俾守令出入阡陌 惟務
鄕村安靜 公私少事 時以巡省 以補不給……遵先聖厚本之教 體寡人重民之意 務興利而除害
毋奪時而屈力 庶使吾赤子養生送死 無輕家離鄕之心 家給人足 成富 庶熙皥之樂 內則恭睦於
親姻 外則協和於鄕黨 爭訟無所作 邪僞無所安 以教化成而風俗厚……」
87)《成宗實錄》卷 27, 成宗 4년 2월 壬申條.

衰-筆者 註)이 전라도관찰사였을 때 그것을 痛禁하였으나 지금은 전일보다 심하여 出市者가 幾萬人입니다」[88]라고 啓陳되듯이 전국화하는 추세를 보였다.

15세기 말엽부터 대두하기 시작한 지방장시에 대해서는 이전의 연구에서도 주목된 적이 없지 않다. 그러나 그 발생 동기나 기능은 「상업의 발달이나 화폐경제의 발달에 따른 것이 아니라, 기아 등의 天災와 軍役・租賦가 극심한 데서 도망・移村한 농민이 살아가기 위해 모인 것이다」[89]라고 하여, 극히 소극적, 부정적으로 규정되는 데 그쳤다. 이러한 이해는 이 시기의 역사상에 대한 부정적인 편견의 소치로서, 재고되어야 할 점이 많다. 전라도에서 場門의 첫 대두가 흉황을 계기로 한 것은 사실이지만, 이후 전국적인 확대가 이루어진 이상 그와 같이 소극적으로만 조명될 문제는 아닐 것이다. 실상 지방장시 대두 초기에도 그 대책에 관한 논의에서, 그것이 단순히 일시적인 문제가 아니라, 일반 民의 경제생활의 새로운 利便의 추세로 인식하여, 장려책 강구를 주장하는 의견이 없지 않았다. 성종 4년의 첫 논의에서 영상 申叔舟가 피력한 다음과 같은 의견이 그 좋은 예이다. 즉 그는 그것을 前日에 없던 것이라고 하여 당해 지방관이나 호조가 일단 금지의 조치를 내린 것을 「循常의 견해」요 「千載의 一機를 잃는 것」이라고 지적하면서, 「지금 반복하여 생각해서 큰 의논을 세우는 것은 아래로 민심을 따르면 그 이룸이 쉽다는 것으로서(中略) 外方의 大官(大邑)과 사람들이 빈번한 곳에 市舖를 세우는 것을 許하여 주고 이것 또한 강제로 하지 않고 그 請願에 따르도록 하여 민심이 쏠리는 것을 봄이 실로 便益하겠습니다」라고 하였다.[90] 그의 이 견해는 어느 모로나 단순한 民困에 대한 대책이라고 할 수 없을 것이다.

15세기 말엽의 지방장시의 대두는 그 앞 시기의 농업기술상의 성과를 유의하면 결코 우연한 것이 아니었다. 조선 초기 농업기술에 관한 최근의 연구 성

---

88) 《中宗實錄》 卷 38, 中宗 15년 3월 己酉條.
89) 宮原兎一, 〈十五・六世紀朝鮮における地方市〉, 《朝鮮學報》9, 1955.
90) 註 87)과 같은 條.

과에 따르면, 고려 초·중기까지 강하게 존속하던 휴한법의 제약이 14세기 이래 점차 극복되기 시작하여 15세기에 이르면 連作常耕의 집약농업기술의 틀이 잡히게 되는 것으로 밝혀진다.[91] 세종 11~12년(1429~1430) 사이에 편찬, 간행된《農事直說》은 하삼도에서 먼저 이루어진 새로운 농업기술을 그 以北 지역에 보급, 확산시키려는 목적에서 만들어진 것이지만, 한편으로 그것은 그동안의 농업기술 발달의 성과를 表識하는 의미도 가지는 것이었다.《농사직설》에 반영된 이 시기의 농업기술은 집약농업기술로서의 한계도 몇 가지 지적될 수 있으나, 기본적으로 집약농업기술의 가장 중요한 조건인 施肥術의 강구를 전면적으로 달성시키고 있는 것으로 분석된다.[92] 시비술의 강구는 곧 단위면적의 생산력의 증대를 가져오는 것이므로, 조선 초기의 농업경제는 결국 기술발달에 따라 그 기반이 크게 확대되는 발전을 보고 있었던 것이다. 15세기 말엽부터의 지방장시 대두는 바로 그와 같은 농업경제기반의 확대에 繼起하는 유통경제 발달의 추세로서, 집약농업기술이 선진적으로 달성된 下三道 지방에서부터 장시가 대두한 사실 자체가 결코 우연한 것이 아니었다.

　지방장시에 대한 종래의 부정적인 해석은 당대의 논의에서 우려논자들이 그것이 도적의 所奇處가 되고 있다든가,[93] 「지금 사방의 民은 10分 가운데 9分은 趨末하고 1分이 본업을 한다」[94]고 하여 농업으로부터의 이탈 추세를 크게 문제 삼는 것 등에 근거한 것이다. 실제로 그러한 현상이 있었던 것은 사실이나, 그것은 어디까지나 초기적인 미숙의 일면이지, 농업경제 확대에 계기하는 유통경제 발달의 역사적 추이 자체를 부정할 만한 것은 되지 못한다. 그러한 문제점들은 16세기 중반 경에 「一朝 안에 두 번 또는 세 번」「一

---

91) 李泰鎭,〈14·15세기 農業技術의 발달과 新興士族〉,《東洋學》9, 1978; 이 책 제4장 수록 및〈高麗末·朝鮮初의 社會變動〉,《眞檀學報》55, 1983; 이 책 제5장 수록. 宮嶋博士,〈朝鮮農業史上における十五世紀〉,《朝鮮史叢》3, 1980.

92) 李泰鎭, 이 책 제4장〈14·15세기 農業技術의 발달과 新興士族〉, p.121~122..

93) 예를 들면 다음과 같은 논의가 있었다. 「侍講官 李滉曰 外方場市 民多逐末 盜賊亦繁 故國家禁之 今者凶荒已極 民間交易有無 必頼場市以相資 今又禁場市 民何以資活」(《明宗實錄》卷 9, 明宗 2년 9월 乙亥條)

94)《中宗實錄》卷 29, 中宗 12년 8월 戊申條.

時出市」토록 하는, 다시 말하면 定期設場의 방법을 통해 해결되어 갔다.[95]

15세기 말엽 이후의 지방장시 발달을 중심으로 한 상업적 분위기가 위와 같이 확인된다면, 성종대의 향사음례 보급운동이나 중종대의 여씨향약 보급운동 등은 농업인력의 상업으로의 유출에 따른 향촌사회의 불안정성에 대한 대책으로 일단 볼 수 있다. 중종의 〈農桑敎書〉에서도 이 문제는 다음과 같이 직접 거론되고 있다. 즉 12년의 것에서는 農政의 진작이 새로이 강구되지 않고서야 「商賈末作의 사람으로서 厚利를 낚는 자들이 돌아가서 南畝에 服하겠는가」[96]라고 하였고, 13년의 것에서는 「나의 덕이 마치지 못하여 躬率치 못함에 비록 務本을 권하였으나, 趨末者가 많고 勤儉으로 이끌어도 奢靡가 그치지 않는다」[97]라고 하였다. 그런데 경제변동에 따른 문제점은 단순히 인력면에서의 농업·상업 사이의 함수관계 그것만이 아니었다. 이 시기의 경제변동 상황은 지방장시의 발달 하나가 아니라 더 넓은 범위에 걸쳤고, 따라서 사회문제도 다단한 양상을 띠고 있었다. 그에 대한 고찰을 할 때 우선 주목되는 것은 위 13년의 교서에서 「근검으로 이끌어도 奢靡가 그치지 않는다」고 지적한 사치풍조의 문제이다.

사치풍조에 대해서는 앞의 金瑠의 논의에서도 「甘食鮮衣하는 자가 날로 늘어난다」고 지적되었지만, 第宅·혼수·복식 등에서 사치 풍조에 대한 논란은 기록상으로 성종대부터 시작되어 명종대까지 거의 한 세기간 끊이지 않고 있다.[98] 그 풍조는 당초 王子·駙馬家, 「權重宰相家」 등을 중심으로 시작되었으나, 점차 京中士大夫家, 吏胥, 富商大賈는 물론 庶人層에까지 미쳐가고

---

95)《明宗實錄》卷 3, 明宗 元年 2월 庚戌條. 「三公啓曰……場市則全羅·慶尙·忠淸等道試
   之 有素貧民艱食賣其衣服連命者頗多 但出市之日或異 故互相貿遷以此盜賊興行 若於一朔
   之內 或二度 或三度 永爲恒式 一時出市 則庶無其弊矣……答曰……場市則定其出市之日
   各官 一時齊出事」
96) 註 83)과 같음.
97) 註 84)와 같음.
98) 이에 대해서는 韓相權, 〈16世紀 對中國 私貿易의 展開〉,《金哲埈博士華甲紀念史學論
   叢》, 1983, p.455～460 및 李泰鎭, 이 책 제8장, 〈16세기 沿海地域의 堰田 개발〉, p.287～
   288 참조.

있었다.[99] 그 풍조가 새로운 경제변동에 연유한다는 것은 그 시기가 바로 장시발달과 일치하고 있다는 사실 하나로서도 의심의 여지가 없다. 그리고 그것이 바로 중국과의 사무역 발달의 중요한 요인이 되었다는 사실은 주시해야 할 점이다. 왕조 초기의 중국과의 무역은 주지하듯이 공무역 중심이었으나, 15세기 말엽 이후로는 사무역이 성행하기 시작하여 공무역을 압도하는 추세를 보인 것으로 파악되고 있다. 그런데 富商大賈로 불리는 私商層에 따라 주도된 그 무역에서 주된 貿入品은 紗羅綾段의 고급 직조물 또는 그 原絲(眞絲 또는 白絲라고 일컬음) 등으로서 그것을 바로 혼수·복식 등에서 사치풍조에 연결되는 것이었다.[100]

중국과의 사무역에서 결제는 거의 비슷한 시기에 중국 자체에서 地丁銀制가 시행되어 그 상인들의 요구로 은으로 치러졌다. 따라서 그 무역 관계의 발달은 국내 은광업의 발달을 가져올 소지가 컸다. 私商들은 당초 「募銀」으로 필요한 銀量을 확보하였지만, 얼마 가지 않아 「探銀」에 나서야 했다. 探銀에 대하여 왕조정부는 당초 소극적이었지만, 私商들의 집요한 요구로 私採者들의 探銀業의 영위를 사실상 인정하는 「民採納穀制」가 중종 10년(1515)에 허용되었고, 약 반세기 뒤인 명종 16년(1561)에는 「民採納稅制」로 한걸음의 발전이 따랐다.[101] 중국과의 무역에서 그와 같은 은의 높은 수요는 일본을

---

99) 이 시기의 사치풍조에 관한 논란은 숱하게 찾아지나, 上層에서의 발달 양상에 관한 것으로는 우선 다음과 같은 것을 들 수 있다. 즉 「洪貴達書啓 當今奢侈之習 婚禮爲甚 王子女吉禮時裝束之費 金銀珠玉彩段布帛之類 內出者不可勝數 故士大夫家應之者亦然 富者竭其財力 僅得取足 中下之家盡力規辦 猶不足 則稱貸於富家 求請於親朋 企而及之 故一家子女雖多 財産竭於一女子之婚 卒之貧窘 無以聊生矣 婚禮大侈 其弊至此 豈細故哉……」(《燕山君日記》卷 37, 燕山君 6년 5월 癸酉條)이라 한 것이 그것이다. 이러한 양상의 아래로의 파급은 「敎政府曰……自踐祚以來 務遵儉約 凡飮食衣服之奉 一切裁減 以爲民先 奈之何 世習日非 奢麗相尙 費萬錢而饒酒食 擬人珍而誇鮮羞 芻豢厭於胥吏 歌鍾列於管庫 外則親民之官 不事字牧 專飾厨傳 竊取名譽 都中內王化所先 而上自公卿下及士庶 務廣第宅 土木被丹朱之彩 競服綺羅 工隷僭紅紫之飾 卿士之家 多畜女媵 出入乘轎 商賈之婦 服美于人 公然被貂 貴賤混等 驕淫矜誇 而風化頹靡」(《中宗實錄》卷 17, 中宗 8년 2월 乙巳條)라거나, 「至於士庶 無甔石儲 而競效豪侈之事 婚姻喪葬 奢僭踰分 婚姻者 非綾段金玉 不以爲用」(《中宗實錄》卷 59, 중종 22년 7월 己丑條)이라고 한 것과 같다.
100) 韓相權, 앞의 글 참조.
101) 韓相權, 위의 글 및 柳承宙, 〈朝鮮前期 後半의 銀鑛業 硏究〉, 《眞檀學報》 55, 1983 참조.

그 교역권에 편입시켜 삼각무역 관계의 성립을 가져오기도 하였다. 일본과의 무역도 16세기에 접어들면서 국내 私商들의 활약으로 三浦를 중심으로 私貿易이 자못 성행되고 있었는데, 그것을 발판으로 1540년(중종 35)에 이르면 조선상인들의 은의 높은 수요력에 말미암아 다량의 일본은이 유입되는 현상이 나타나고 있었던 것이다.[102]

15세기의 농업경제의 신장에 근원하는 사회경제적 변동상이 위와 같은 국제무역의 전개까지 수반케 하고 있는 것을 볼 때, 16세기의 상업발달이 결코 단순한 것이 아니라는 것은 의심의 여지가 없다. 국내외적으로 틀을 갖춘 유통경제는 다른 한편으로 농업 부문에 새로운 자극을 주기도 하였다. 16세기에 들어오면 국내 지방장시에서 貿穀활동을 통한 取益의 가능성, 對日 사무역에서 곡물수요의 증대, 중국과의 무역관계에서 비롯하는 採銀資本의 확보 필요성 등의 요인으로 왕자·부마가, 京中 권세가들 사이에서 새로운 墾地 획득의 욕구가 팽배하고 있었다. 그 욕구는 旣墾地의 점탈로도 표출되었지만, 섬 지역의 耕墾, 沿海지역에서 간척지 개발 등이 주된 수단으로 새로이 취해지고 있었다. 간척지 개발은 14세기 말엽에 이미 관심의 대상이 되었으나, 일시의 「築堰捍水」에 소요되는 대규모적인 인력 동원의 어려움으로 진전을 보지 못하다가, 15세기 말엽부터 점차 활기를 띠기 시작하여 16세기 중반에 이르면, 전라·충청·경기도 연안을 넘어 황해·평안도에 뻗치는 형세였으며, 堰田이란 그 고유명칭이 생긴 것도 이때였다.[103]

宮家, 권세가가 중심이 된 새로운 墾地의 획득 추세는 기존의 향촌사회의 인력 유출의 다른 한 요인으로 작용하였다. 그 개간지는 대부분이 대농장의 형태를 가지는 것으로서, 여기로 인력 유입은 부역체계에서 일반 民에 대한 침탈이 가혹하게 자행됨으로써 구조적으로 조장되고 있었다. 이 시기의 부역체계는 공물이 防納化하고, 군역이 布納化하는 등 큰 변화가 생기고 있었

---

102) 韓相權, 위의 글, p.469.
103) 李泰鎭, 이 책 제8장 〈16세기 沿海지역의 堰田 개발〉 참조.

다. 이 변화는 종래 이 시기의 제도문란의 표본으로 간주되어 왔으나, 그것은 단순한 제도문란이 아니라 기본적으로는 유통경제의 발달이라는 이 시기의 경제변동에 상응하여 일어난 제도운용의 변형이었다. 공물제도에서 防納 현상은 청부업자의 「차익」 추구를 기본구조로 하는 것이므로, 그것이 유통경제 발달의 전제 아래 生出될 수 있는 것이란 점은 재론한 필요가 없다. 단지 그 청부권이 일반적으로 궁가, 권세가로부터 보장받는 구조를 가지고 있었기 때문에 그 「차익」에 分益 몫까지 산정됨으로써 謀利性이 강한 것이 큰 문제점이었다.104)

군역의 布納化 역시 유통경제 발달의 추세 아래 布의 수요가 높아짐에 따라 일어난 변화였다. 이 점은 그 納布價가 상업발달의 추세 진행에 따라 점차적으로 上騰하는 사실 하나로써도 확인할 수 있다. 군역의 포납화는 성종대에 들어와서 立番正軍이 京居人에게 代立을 부탁하면서 값을 치르는 형태로 일어났다. 그 대립 발생 당초에서는 立番正軍의 편의가 작용하였으나, 京居人으로부터 요구되는 代立價는 점차 높아갔다. 그리하여 성종 24년(1493)에 그 과다성을 통제하기 위하여 왕조정부는 代立價를 公定하는 조치를 처음 취하였는데, 그것은 곧 포납화를 공인하는 조치나 마찬가지였다. 이후로는 대립 자체가 居京代立人 또는 軍事 책임자들로부터 강요되는 추세로 흘러갔기 때문이었다. 위 성종 24년의 公定 代立價는 1朔當 3匹(일반 농민의 兵種인 正兵의 一番 근무기간은 2朔임)이었다. 그런데 그 공정가는 중종 13년(1518)에 이르러 7필로 上騰하였다. 時行價로 보면, 성종 24년 당시 1朔당 8.5~9필이던 것이 중종 23년에는 50필, 同王 31년에는 100필로 각각 급상등하는 추세였다.105) 중종 10년대 이후는 전술한 바와 같이 採銀에서 「民採納

---

104) 富商大賈가 防納의 주체인 것은 「今富商大賈及各司之人 安坐而食 至於衣服奢侈者 皆防納之利也」(《明宗實錄》 卷 13, 明宗 7년 10월 甲辰條)라 한 것에서 단적으로 살필 수 있으며, 그들이 일반적으로 宮家 등과 결탁된 것은 「近來市井商賈之徒 交通王子駙馬之家 凡所謀利之際 如田宅藏獲物貨 莫不憑籍謀奪共分其利 弊習已成」(《中宗實錄》 卷 97, 中宗 36년 12월 戊辰條)이라고 한 것에서 바로 알 수 있다.

105) 李泰鎭, 〈군역의 변질과 납포제 실시〉, 《한국군제사》 근세조선전기편, 1968, p.243

穀制」가 허용된 것을 계기로 대외무역의 전개가 활발해지는 한편, 유통망의 부조리로 특히 도성에서 곡가의 변동이 심하였으므로, 위와 같은 軍布價의 급등추세는 결코 우연한 것이 아니었다. 중종대 이후로는 納布價 자체의 상등뿐만 아니라, 布種이 정규의 五升布 대신 四升布 이하의 것들이 「常布」의 이름으로 널리 통용되는 변화가 있기까지 하였다.106)

공물의 防納化와 군역의 布納化는 유통경제의 발달을 배경으로 그 원리가 생겨난 것이라 하더라도, 실제 운용에의 「非理」로 말미암아 일반농민에게는 큰 부담이 지워지고 있었다. 바로 그 가중한 부담이 다수 농민의 궁가·권세가 대농장으로의 유입을 촉진시키고 있었다. 궁가·권세가의 대농장은 그 과도한 침탈자로부터 어느 정도 벗어날 수 있는 곳이었기 때문이다.

15세기 말엽 이후의 경제변동은 분명히 하나의 역사적 발전이었지만 전반적으로 궁가·척리·권종재상가 및 이에 趨附한 다수의 官人, 京中 各司의 吏胥, 京商 중심의 私商層 등 주로 중앙권력에 관여할 수 있는 계층들에 그 取益의 기회가 편중된 데 큰 문제점이 있었다. 그러한 중앙 중심의 取益構造는 같은 시기의 정치형태가 척신 중심으로 흘러간 것과 표리를 이루는 것으로서, 개개 지방사회에서는 당해 지방관 및 유향소에 참여한 토호들의 附從을 통해 그 網을 뻗치고 있었다. 지방 중소지주 출신 지식인으로서의 사림계가 유향소 제도의 부활을 통해 향사·음례의 보급을 시도하고, 또 그것이 실패로 돌아간 뒤 여씨향약의 보급을 꾀하면서 유향소·경재소 제도의 혁파를 주장하거나 향약으로 그것을 대신하려는 움직임을 줄기차게 보인 것은 그것이 바로 대토지 확보 및 경영, 방납, 군포 등을 중심으로 한 지방사회 침탈의 중심기구였기 때문이었다.

15세기 말엽 이후의 경제변동 아래서 지방사회가 당면한 현실적 문제점이 대체로 위와 같이 파악되고 보면, 사림파 계열이 추구한 일련의 사회정책의

참조.
106) 위와 같음.

의미는 저절로 드러난다. 《소학》과 《二倫行實》을 중심으로 한 새로운 사회 윤리 의식의 함양 추구는 경제변동의 충격으로 빚어지고 있는 사회적 관계의 혼란을 지양, 쇄신시키려는 의미를 가지는 것이었다. 그리고 그러한 새로운 윤리의식의 보급을 바탕으로 하여 사회질서 재결속의 구체적인 방법으로 택해진 것이 바로 여씨향약이었다. 그 재결속의 방법이 성종대의 향사례·향음주례에서 여씨향약으로 바뀐 것은 후자가 전자보다 더 구체적인 것이란 전제 아래서 본다면 경제변동의 진행에 따라 사회 모순의 정도가 중종대에 이르러 더욱 심화되고 있었기 때문이라고 볼 수 있다. 중종 10년대의 일련의 사회정책은 이와 같이 일차적으로 새로운 경제변동 아래 빚어지고 있는 사회적 비리와 모순을 배제하여 새로이 질서를 안정시키고자 한 것이었다. 그러나 그것은 단순한 재결속이나 안정을 도모하는 데 그치는 것이 아니라, 새로운 경제변동에 상응하는 면모로서 일반 농가나 향촌사회의 경제적 신장, 발전에 대한 배려도 함께 도모되고 있었으니, 위의 두 정책과 함께 〈農桑敎書〉가 때를 같이하여 두 차례나 내려진 것이 바로 그것을 말해준다.

〈農桑敎書〉에서 당시의 일반적인 농가경제의 현실은 「田夫는 날로 瘠하고 遊手는 날로 늘어나며, 陂塘·溝洫의 다스림은 폐하여 관개의 利가 박하며, 役繕·徭科의 出이 잦아 耘種의 時가 잃어지고 힘이 農桑에 주어지지 못하고 功이 蠶積에 돌아가지 못하니, 終歲토록 苦身하여도 얻는 것은 적어서 禾가 겨우 등장하여도 이미 公家의 창고에 돌아가고 織이 틀에서 내려오기도 전에 質貸한 사람에게 갚아져 버리니 사람들이 비록 豊稔을 만나더라도 自贍하지 못하니 凶歉을 만난다면 어찌 溝壑에 떨어지지 않겠는가」[107]라고 지적하고 있다. 즉 逐末의 풍조 아래 농업 자체가 소홀시 될 뿐더러, 여러 가지 사회적인 모순으로 농가의 생산이 自贍의 바탕조차 되지 못한다는 것이다. 이 교서는 「務農興桑」을 도모하여 그러한 현실을 타개해야 한다는 취지로서, 그 구체적인 방법으로는 양잠과 관개의 장려 두 가지가 제시되고 있다.

---

107) 註 83)과 같음.

양잠과 관개에 대해서는 세종의 권농교서에서도 언급이 없지 않았다. 그러나 그것은 「漢文帝가 詔書를 여러 번 내려 種樹를 권하면서 租를 감하였다」든가, 태종(조선)이 「愚民이 樹藝의 宜를 알지 못하므로 儒臣에게 명하여 方言으로 농서를 번역토록 하여 중외에 廣布하였다」든가, 「龔遂가 渤海를 맡아 農桑을 권하기에 힘쓰고……돌아다니면서 水泉을 살펴 溝瀆을 開通하여 관개를 넓혔다」고 하는 등108) 정책의 古例·先例에 관한 것일 뿐이었다. 세종의 교서는 내용적으로 그 두 가지에 대한 구체적인 배려보다 耕農 일반에서의 「及時」가 강조되는 특징을 보이고 있다.109) 이에 반해, 중종의 두 개의 농상교서에서 관개와 桑蠶에 대한 언급은 훨씬 구체적이면서도 비중을 크게 두고 있다. 관개에 관한 경우, 13년의 교서에서는 「옛날의 循吏가……阡陌에 출입하면서 開溝漑田하여 殷富토록」 했다고 하여110) 前者처럼 古例를 하나 드는 데 그치고 있기도 하나, 12년의 것에서는 당시의 현실적 문제점이 「陂塘·溝恤이 다스림이 廢하여 관개의 利가 薄하다」111)고 지적하면서 그 개선을 촉구하였다. 桑蠶의 경우는 세종 것과는 달리 교서의 명칭에도 반영되었을 뿐더러, 정책의 大梗도 「務農興桑」이라고 표현되기에 이르고 있다. 구체적으로는 12년의 것에서는 「范純仁이 陽城을 맡아 民에게 課하여 種桑하고, 張詠이 崇陽을 다스리면서 茶를 뽑고 桑을 심도록 하여 民에 利토록 했다」는 種桑의 중국 新例가 제시되는 한편, 徭役의 번다가 蠶桑에 끼치는 폐단에 대한 지적과 함께 「桑을 따서 箔에 올리고 絲를 繰하여 帛을 織함은 반드시 때맞추어 서둘러서 不及하는 일이 없어야 한다」고 하여 자세한 과정에 대한 언급까지 곁들이고 있다.112) 13년의 것에서는 「蠶女」의 「機杼에 服事

---

108) 《世宗實錄》 卷 105, 世宗 26년 閏 7월 壬寅條.

109) 이 敎書의 맺음 부분이 다음과 같이 適期를 강조하는 것으로 되어 있다. 즉 「凡與我 共理者 其體予委任之意 遵祖宗厚民之典 視前賢課農之規 廣詢風土所宜 衆以農書所載 預期 措置 毋太早毋太晚 尤不可興務以奪其時……」(위와 같은 條)라고 하였다.

110) 註 84)와 같음.

111) 註 83)와 같음.

112) 註 83)와 같음.

하는 勤勉」이란 표현이 「농부」의 「體足을 沾塗하는 勞苦」에 대비적으로 쓰이고 있다.[113]

세종, 중종 양대의 교서가 같은 부면에서도 위와 같이 표현상에 많은 차이를 보이고 있는 것은 시대적 여건의 변화에 따른 것이라고 보아야 할 것이다. 잠업에 관한 중종 11년의 다음과 같은 한 기록은 그러한 시대적 변이를 보여주는 좋은 예이다. 즉 「옛날에는 국가에서 唐物을 귀하게 여기지 않았는데, 지금은 庶人도 모두 이를 쓴다……私商들이 私貿易을 통하여 貿買하는 물품은 紗羅綾段과 같은 彩段뿐만 아니라, 白絲도 다량 貿買하여 염색하고 있으며, 사대부가에서도 綾段을 직조한다」[114]고 한 것이 그것이다. 요컨대 그 동안 중국의 綾段류의 수요가 늘어나, 완제품 외에 原絲를 구입하여 염색, 직조하거나 순전한 국내생산 직조까지 대두하기에 이르렀다는 것이다. 〈農桑教書〉에서 「興桑」의 도모는 바로 그러한 여건에서 국내 일반농가의 잠업을 독려하여 그 경제력을 향상시키려는 것이었다. 그러한 일반농가의 잠업은 이미 地方場市가 성립되어 있었으므로 부업으로 충분히 자리잡을 수 있는 여건이었다. 단지 농가에 대한 외적인 침탈의 배제 여부가 문제였던 것이다.

桑鹽에 견주어서는 다소 덜 강조한 감이 있으나 관개의 경우도 독려를 통한 새로운 성과의 가능성은 세종대에 견주어 훨씬 클 수 있는 여건이었다. 세종대까지도 수리수단은 山谷을 가로 막아 그 溪流를 貯水하는 堤堰이 거의 유일한 것이었다. 그런데 세종대에 수차의 보급 시험으로 끝내 실패로 돌아간 하천수 활용의 문제가, 문종대부터는 천방 곧 보의 보급 시도로 이어져 성과를 보게 되어, 성종대 후반 무렵에 이르면 하삼도를 중심으로 각 지방에서 활발하게 보급되기 시작하였다. 그리하여 이후로는 천방이 제언보다도 더 유리한 수리수단으로서 각광을 받기에 이르는데, 그것은 제언보다도 그 시설이 간편한 장점이 있었기 때문이었다. 大小의 하천에 물막이를 설치하

---

113) 註 84)와 같음
114)《中宗實錄》卷 25, 中宗 11년 5월 己酉條.

는 천방은 실제로 그 소요 인력이 수십명에서 200명 미만 정도인 것으로 말해지고 있다. 바로 이러한 장점은 특히 사림계 인사들로부터 거론됨이 많았는데, 이 점은 그들이 추구한 향약의 구성원 규모가 그것에 상당하는 것이어서 주목되기도 한다.[115]

어떻든 성종대 후반 이후로 천방이 새로운 수리수단으로서 각광을 받게 된 사실을 일단 확인하고 보면, 〈農桑敎書〉에서 관개에 대한 독려가 있었다는 것은 심상하게 보아버릴 문제가 아니다. 이 점은 그 교서의 마련에 관한 제의가 있기 바로 직전에, 수리 강구에 관한 논의가 한차례 있었던 것으로 볼 때 더욱 그러하다. 그것에 관한 논의는 중종 11년 7월 庚子日에 三公이 「堤堰·川防은 예부터 있던 것인데 秋成에 미쳐서는 수령과 백성이 혹 漁獵으로서 決水毁防을 다 해버려 국가가 隄防하여 利民하려는 뜻이 없어지고 말고 있으니, 청컨대 금후로는 大臣으로 하여금 직접 가서 巡審케 하옵소서」라고 請啓한 것에서 시작되었다.[116] 이 일은 3일 뒤인 同月 甲辰日 朝講에서 다시 거론되어, 감사에게 巡審을 일임하는 방안과 堤堰司를 따로 설치하여 대신이 親審하는 방안 두 가지가 논란되었는데, 마침내 제언사의 설치로 합의를 보는 한편,[117] 며칠 뒤인 同月 乙巳日에 팔도 관찰사에게 督修를 당부하는 敎論를 따로 미리 내리는 것으로 처리되었다.[118] 이 의논을 처음 請啓한 것은 위에서 제시하였듯이 三議政이었다. 그 삼의정 가운데 鄭光弼·安瑭 등이 당시 진출한 사림계에 가까웠던 입장이었음을 참작할 때 상호의 영향관계를 상정할 수도 있지만, 사실 두 번째의 논의에서 결말로 이끈 데는 승지 김안국의 구실이 컸다. 즉 논의가 다른 방향으로 흘러감에 그는 「堤堰은 큰 일로서 古人들에게 河渠의 書가 있는 것은 水利를 중히 하여서입니다.

---

115) 李泰鎭, 〈16세기의 川防(洑) 灌漑의 발달〉, 《韓㳁劻博士停年紀念史學論叢》, 1981; 이 책 제7장 수록.
116) 《中宗實錄》 卷 25, 中宗 11년 7월 庚子條.
117) 《中宗實錄》 권 25, 中宗 11년 7월 甲辰條.
118) 《中宗實錄》 권 25, 中宗 11년 7월 乙巳條.

호조는 일이 많아 이에 專力할 수 없으므로 祖宗朝에서도 반드시 計料하여 局를 설치하였던 것입니다. 지금 三公이 모두 이곳에 들어와 있으니 지금 바로 정의함이 어떻겠습니까」라고 하여 최종 마무리를 짓게 하였던 것이다.119)

堤堰司의 설치가, 관개의 혁신을 도모하기 위한 것이란 점은 재론의 여지가 없는 것이지만, 이 경우는 시간적으로 〈農桑敎書〉와 바로 선후를 이루고 있다는 점에서 특별히 주목된다. 요컨대 《소학》의 보급, 여씨향약의 시행 등 일련의 새로운 사회정책과 궤를 같이 한 〈농상교서〉 下諭에 바로 앞서 수리 진흥을 위한 제언사의 설치가 있었다는 것은 앞서 살핀 桑蠶의 경우와 마찬가지로 일반 농가경제력의 신장을 통해 새로운 사회질서 확립의 토대를 얻고자 한 것이 사림파의 기본입장이었다는 것을 다시 확인하게 한다. 이 점은 《여씨향약》·《正俗》 등을 언해한 김안국이 「農書·蠶書는 곧 사회의 大政이므로 世宗朝에 俚語로서 번역하여 八道에 開刊하였는데, 지금도 자못 務本의 일에 뜻을 두고 있으니 臣이 역시 언해를 가하였습니다」120)라고 한 것에서 볼 때 더욱 의심의 여지가 없다.

맺음말

지금까지 성종대의 향사례·향음주례 보급운동이 실패한 뒤, 중종대에 이르러 그것이 여씨향약 보급운동으로 이어진 과정과 그 성격에 대한 검토를 가졌다. 이 고찰에서 무엇보다도 중시된 것은 두 운동이 있었던 시기, 곧 15세기 말엽 이후의 경제변동이었다. 이 시기의 경제에 대해서는 지금까지 거의 관심이 두어지지 않거나, 관심이 있었다 하더라도 오히려 피상적인 이해

---

119) 註 117)과 같음.
120) 註 27) 참조.

나 부정적으로 이해, 평가되는 경향이었다. 즉 농업 일변도의 경제체제 아래 지주·전호제의 모순 심화로 15세기에 닦아진 모든 왕조통치체제의 기반이 붕괴되기 시작하여 여러 가지 제도적 문란이 야기된 시기로 이해되는 것이 일반적이었다. 그러나 이 고찰에서 드러난 것으로는, 지주·전호제의 모순보다도 더 중시되는 사실로서 15세기의 농업 경제기반 확대의 결과로서 그 말엽부터 상업이 발달하는 큰 경제변동이 있었으며, 이 시기의 여러 가지 제도적 변화와 사회적 혼란은 그것으로 말미암아 야기된 것이었다. 위 두 운동의 성격도 기본적으로는 그 추이를 전제로 하여 이해될 수 있었다.

이 시기에 새로운 정치세력으로 대두한 사림계에 의해 주도된 위 두 운동은 기본적으로 같은 성격의 것이었다. 즉 그것들은 위와 같은 새로운 경제변동으로 여러 가지 변화와 혼란이 생김에 따라 사회질서를 재확립시켜야 할 필요성에서 나온 것이었다. 양자 사이에는 성종대의 향사례·향음주례에 견주어 중종대의 여씨향약이 더 직접적이고도 구체적인 것이라는 차이밖에 없었다. 경제변동 자체나 그에 따른 사회변화의 정도가 성종대보다도 중종대에 더욱 깊어지고 있었으므로 그와 같은 방법상의 變改가 따랐던 것이다. 이 점은 중종대의 여씨향약 보급운동이 《소학》·《正俗》 등의 頒刊, 〈農桑敎書〉의 下諭 등 여러 가지 병행조치를 수반한 것에서도 살필 수 있었다.

사림계의 사회질서 재확립의 방향은, 기본적으로 유교윤리의 보급을 통한 재결속의 모색이었다. 그러나 이 시기에는 같은 유교윤리에서도 三綱보다도 朋友·長幼의 二倫의 중요성이 강조되는 것이 하나의 특징이었다. 그것은 곧 사회윤리의 중요성의 발견과정으로서, 여씨향약의 보급운동은 기본적으로 그 선 위에서 꾀해진 구체적인 새로운 사회결속의 모색이었다. 그것에는 경제적인 면에서 대응도 함께 배려되고 있었다는 것이 주목되는 점이었다. 즉 그것은 상업의 발달이라는 새로운 조건아래서 향촌사회의 일반 농가가 경제적 안정을 기할 수 있는 방도를 강구코자 하는 것이었다. 그 모색은 富가 있은 다음에 교화가 있을 수 있다는 유가의 일반론에 근거를 두고 있지만, 새로운 경제변동 아래 중앙권세가 및 그 결탁층에 따라 자행된 향촌사회에 대한 침탈의 현실이 심각한 것이었으므로 매우 중대한 문제였다.

水利개선과 양잠의 독려를 통한 농가경제의 안정이나 향상의 도모는 바꾸어 말하면 상업의 발달이라는 새로운 시대여건 아래서 소농민경제를 안정시키고자 하는 것이었다. 이의 모색은 그 추진자 측인 사림계가 대부분 지방출신 지식인으로서, 그들의 중소지주적 기반 자체가 지방사회의 소농민층의 경제적, 사회적 안정 없이는 유지되기 어려운 상관관계에서 일차적으로 제기되는 것이었다. 그러한 상관관계는 그들의 사회적 존립에 직결되는 것이므로 정치적으로도 그만큼 중요한 것이었다. 이 시기에 사화로 거듭 표출되고 있는 사림계와 훈척계의 정치적 대립은 바로 그러한 경제적, 사회적인 면의 처지의 차이에서 발단하는 것이었다. 훈척계는 곧 상업의 발달이라는 새로운 경제여건에서 권력을 통해 사익을 크게 누리는 처지로서, 궁극적으로는 지방 향촌사회에 대한 침탈의 주체였던 것이다.

여씨향약 보급운동은 사회적으로는 향촌사회 재구성을 모색하는 것이었지만, 사상적으로는 그 자체가 《소학》 실천운동으로서 성리학이 정착할 수 있는 사회적인 토대를 닦는 과정이었다. 그런데 그 과정에서 그 시대의 여건으로 성리학이 상업적 분위기와 대응관계를 일정하게 가졌다는 것은 크게 중시하지 않을 수 없는 면이다. 성리학은 본래 농업사회에서 생출되고 또 그것을 부지하기 위한 사상체계로 일반적으로 이해되고 있다. 16세기 조선의 경우도 여씨향약의 보급운동이 기본적으로 농촌사회의 안정을 추구한 것이라는 점에서는 예외라고 할 수 없다. 그러나 지방장시의 대두를 비롯한 상업적 분위기의 조성 아래서 그 사회적 정착이 진행을 보았다는 것은 조선 성리학의 특성을 헤아리는 처지에서는 반드시 유의되어야 할 점일 것이다. 조선 성리학의 일상적 윤리의식의 하나로 시종 강조하는 「崇儉節用」 같은 것도 그 뿌리가 바로 이 정착기에서 찾아진다. 즉 상업적 분위기의 고조 아래 팽배한 사치풍조의 사회적 폐단을 지양하는 길로서 그 윤리의식의 가치가 재인식되는 경위가 확인된다.

사림계의 성리학적 처지는 이 시기의 상업발달이라는 새로운 역사적 변화에 직면하여 결코 유가의 전통적인 「務本抑末」의 사상에 얽매이지 않고 있다. 물론 그들 사이에 의견이 한가지로 수렴된 것은 아니나, 그 대표적 인물 가운데서도 지방장시가 민생에 도움이 되는 것이라면 굳이 억제할 필요가 없다는 의견을 보이고 있다.121) 물론 성리학적 처지에서 적극적인 상업장려론을 기대할 수는 없는 것이지만, 한 시대의 역사적 성과를 전면적으로 부정할 만큼 그들의 학문적 견해는 맹목적이지 않았다. 사림계의 성리학적 견해가 정치적으로나 사회적으로 구현을 보게 되는 17세기 전반기에도 16세기 상업발달의 기본 토대인 지방장시는 그대로 존속하였다.

　16세기의 경제변동에 직면하여 사림계가 의식한 큰 문제점은 경제변동 그 자체가 아니라 그 변동 아래서 빚어지고 있는 비리 그것이었다. 향약보급운동이 바로 그 비리 배제를 위한 가장 중심적인 과제였지만, 防納의 폐해를 지양하기 위한 그 후의 대책 모색 또한 그들의 기본적인 처지를 헤아리는 데 유의할 점이다. 방납의 謀利가 이 시기의 구조적 비리의 대표적 예의 하나라는 것은 여기서 재론할 필요가 없지만 그것을 지양할 수 있는 방안으로서 「代貢收米」의 법이 李珥·柳成龍·李元翼 등에 의해 잇따라 제시된 것은122) 주지하는 사실이다. 이 방안의 모색은 곧 16세기의 상업발달이라는 경제변동 아래 야기된 하나의 큰 문제점을 해결하려는 의미를 가지는 것으로서, 그것이 마침내 대동법의 실시로 제도적 구현을 보게 된다는 것은 크게 중시되어야 할 것이다. 17세기 중엽에 실시된 대동법은 종래 17세기 후반 이후의 경제변동의 계기로서만 이해되었지만, 16세기의 상업발달의 사실이 인지되고 보면, 위와 같이 다른 의미가 찾아진다. 17세기 후반 이후의 상공업 발달은 전혀 새로이 시작된 것이 아니라, 16세기 이래의 것을 토대로 한 재확대로 이해되어야 할 것이다.

　기묘사화로 실패로 돌아간 사림계의 여씨향약 보급운동은, 10여년 뒤인

---

121) 註 93)의 李滉의 견해가 그 좋은 예이다.
122) 李珥·李元翼의 代貢收米 제안은 널리 알려진 것이며, 柳成龍 또한 「貢物作米議」를 壬亂 직후에 제안한 것으로 확인된다(《西厓集》 卷 14).

중종 20년대 말에 사림계가 재진출의 기회를 가지면서 재현되기에 이른다. 그러나 이때는 전날의 실패의 경험이 유의되고 또 정치적 상황도 유동적이어서 전처럼 적극적이지 못한 가운데 을사사화를 계기로 그 움직임마저 다시 위축되고 만다. 이후에서는 선조대 초반에 이르러 비로소 재론이 있게 되는데, 이 즈음에서는 여씨향약대로의 획일적인 시행보다는 각 지방의 현실적 여건을 참작한 조정과 개별적 시행이 타당하다는 변화를 보이게 된다. 이러한 변화는 사림사회의 다른 한 구심으로 서원의 건립이 활발하게 진행된 것과 일정한 상관성이 있을 것으로 짐작되나, 그 전모는 사회경제적인 여건과 관련하여 달리 규명되어야 할 것이다.

Ⅳ. 집약농업경제하의 상품유통 발달

제10장 16세기 한국사의 이해 방향

1. 부정적 인식의 유래와 실상

16세기의 한국사에 대한 지금까지의 일반적인 인식은 매우 부정적인 것이었다. 거듭된 사화가 말해주듯이 지배층의 분열, 분쟁이 어느 시기보다 격렬하였으며, 이러한 소용돌이에서 15세기 일대에 닦아진 왕조의 모든 문물·제도가 거의 붕괴된 시대라는 것이 일반적으로 알려진 이 시대의 역사상이다. 16세기의 역사에 대한 이러한 부정적인 인식은 이 세기 말에 일어난 임진왜란의 이해 문제와 결부되어 일층 확고한 것이 되었다. 즉 이 시기에 나타나는 여러 가지의 변화가 전란 초기의 참담한 패배의 원인으로 간주됨에 따라, 이 시기 역사에 대한 부정적인 인식은 재고의 여지가 없는 것이 되었다.

연구사적인 관점에서 볼 때, 16세기에 대한 부정적인 인식은 1900년대에 비롯한 것으로서, 그 단초는 일본인 학자들의 사화, 당쟁에 관한 연구에서 찾아진다. 당시 일본인 학자들이 식민지주의사관 확립의 일환으로 붕당정치를 당쟁으로 규정짓고 한민족 민족성의 하나로서 당파성을 주장했다는 것은 잘 알려진 사실이다.[1] 이 당파성 이론에서는 싸움이 장기간에 걸쳤다는 것을 입증하는 것이 무엇보다 중요한 문제여서 16세기의 사화를 이른바 당쟁의

---

[1] 일본인학자의 「당쟁」에 관한 연구로서는, 幣原坦의 《韓國政爭志》(1907)가 최초인 것으로, 당쟁이라는 용어가 여기에서 처음으로 사용되었다.

단초로 보았다.[2] 당파성 이론이 통용되던 시기의 16세기사에 대한 연구는 거의 일관하여 사화 하나에 국한되어 이루어지고 있었다. 따라서 이 시기의 역사에 대한 긍정적인 이해를 기대하기는 어려웠다. 그 뒤 지금에 이르기까지 16세기에 대한 연구는 분야를 달리하여 추가된 것도 없지 않으나, 이 시기의 역사에 대한 기본적인 인식은 바뀌지 않았다.

16세기사에 대한 부정적인 이해는 조선왕조사 전체를 발전적으로 파악하는 것을 어렵게 한다는 점에서 큰 문제가 있다. 16세기의 대한 부정적인 인식으로 조선왕조사의 발전적, 긍정적인 면은 주로 15세기 또는 18세기에서 찾는 경향이었다(17세기는 대체로 16세기 역사의 연장으로 이해되는 경향이었다). 15세기와 18세기의 역사에 대한 연구는 지금까지 방법론상으로나 그 연구 성과면에서 큰 진전이 있었던 것이 사실이다. 그러나 16세기의 발전적인 면을 전혀 인정하지 않고, 15세기와 18세기의 발전을 말한다는 것은 논리상으로 모순이라고 하지 않을 수 없다. 이러한 문제점을 해결하기 위해서는 일단 16세기 역사에 대한 지금까지의 편견이나 선입견으로부터 벗어날 필요가 있다. 사실 16세기에 대한 부정적 인식의 근원이 되고 있는 사화에 대해서도 관점을 달리한다면 다른 해석이 가해질 수도 있다. 정치적인 면에서 나타나는 격렬한 대립은 사회적 변동이 그만큼 컸다는 것을 의미할 수도 있는 것이다.

본고는 필자가 그동안 15, 16세기의 역사에 관한 개별적인 연구를 통하여 얻은 16세기 역사의 기본적 성격에 대한 몇 가지 소견을 밝히려는 데 목적이 있다. 그것이 조선시대사의 새로운 체계화에 다소나마 이바지할 수 있기를 바란다.

---

2) 위의 《韓國政事志》의 경우에도 第2編(本論), 第1章의 제목이 「東人, 西人의 分爭은 李朝 黨爭의 濫觴」이다. 만약 그 이전에 黨爭之漸이 있었다면, 「東西 分黨에 대한 관계의 有無如何」라고 되어 있다.

2. 농·상·공업의 발흥과 국제교역

16세기는 정치, 사상면에서 실로 중요한 변화가 있었던 시기이다. 즉 새로운 정치세력으로서 사림파가 형성되고, 그들에 따라 성리학의 가치가 재발견되어, 그 사회적 정착과 함께 학문적 개화가 이루어지는 성과가 있었다. 이 글은 궁극적으로는 이 사실이 가지는 역사적 의미를 찾는 것으로 귀결되겠지만, 편의상 16세기의 변화상을 사회경제적인 측면으로부터 살펴보기로 한다.

16세기의 사회경제적 변화로서 무엇보다도 주목되어야 할 것은 鄕市 즉 지방 장시의 대두와 그 확대이다. 15세기 말엽부터 대두하기 시작한 지방 장시(기록상 최초로 나타나는 것은 성종 4년 즉 1474년이다)[3]는 1520년경에는 거의 전국적으로 보급되기에 이른다.[4] 이 사실은 이전에도 주목되었지만, 그 발생 원인과 기능은 「상업의 발단이나 화폐경제의 발달에 따른 것이 아니라, 기아 등의 天災나 가혹한 군역, 租賦를 피해 도망, 流離한 농민이 살아가기 위해 모인 것이다」[5]라는 극히 소극적인 논급에 그쳤다. 그러나 전국적인 유통 경제망의 성립을 뜻하는 이 변화는 앞 시기 즉 15세기의 농업경제상의 성과를 전제한다면 더 적극적으로 평가되지 않을 수 없다.

세종 11~12년(1429~1430) 사이에 《農事直說》이 編刊된 사실이 단적으로 말해주듯이, 고려 말·조선 初期에는 농업기술면에서 중요한 발전이 있었다. 즉 休閑法의 제약을 벗어나 連作常耕의 집약적 농업기술이 이 시기에 실현되고 있었던 것이다.[6] 이러한 농업기술면의 성과를 염두에 둔다면 15세기 말

---

3)《成宗實錄》권 27, 성종 4년 2월 壬申條.

4) 중종 15년(1520)에 南袞은 「今諸道皆設場門也 臣爲全羅道觀察使時 痛禁之 而今則甚於 前日 出市者 幾萬餘…」(《中宗實錄》권 38, 中宗 15년 3월 己酉條)라 하고, 그 발달 모습에 대해 언급하고 있다.

5) 宮原兎一,〈十五·六世紀朝鮮における地方市〉,《朝鮮學報》9, 1955

6) 李泰鎭,〈畦田考〉,《韓國學報》10, 1977; 이 책 제2장,〈14·15세기 農業技術의 발달과 新興士族〉,《東洋學》9, 1978; 이 책 제4장과〈고려말·조선초의 사회변화〉,《震檀學報》55, 1983; 이 책 제5장 및 宮嶋博史,〈朝鮮農業史上における十五世紀〉,《朝鮮史叢》3, 1980

엽부터 대두하기 시작한 지방 장시는 그 기술적인 성과를 토대로 농업경제 기반이 확대된 결과라고 보아 틀림이 없을 것이다. 집약적 농업기술의 보급이 선진적으로 이루어졌던 下三道 지방에서 장시가 먼저 대두하였다는 사실이 바로 그것을 말해준다.

15세기 말엽 이후의 지방 장시는 농업기술의 발달로 구매력이 증대된 기반 위에서 성립한 것이므로, 이전의 어떠한 상업적 분위기와도 질적으로 다른 것이었다. 전국적인 규모의 유통망, 그것은 이전의 어느 시기에도 없던 것으로서, 집약적 농업의 실현이라는 새로운 역사적 성과에 토대를 두는 하나의 사회경제적 발전이었다. 이 시기에 지방 장시의 확대를 우려하여 상투적으로 쓰여진「지금 사방의 백성은 10 중 9가 末을 따르고 1이 본업을 행한다」고 한 표현은 다소 과장된 것이긴 하나 그 번성함을 전하기에 족하다. 憂慮論者들의 지적대로, 장시가 도적의 기생지가 되고, 그것으로 말미암아 농업으로부터 이탈이 심해졌던 것은 사실이다. 그러나 이러한 것은 어디까지나 부수적인 문제로서 제도적인 개선을 통하여 지양되어 갔다. 즉「한 달(一朔)에 두 번 또는 세 번 一時에 出市」(《明宗實錄》 卷 3, 明宗 元年 2월 庚戌條)하도록 하여, 정기적으로 장시를 개설하는 것으로써 해결을 보아 갔던 것이다.

15세기 말엽 이래 경제변동과 관련하여 주목되는 현상의 하나는 사치풍조가 팽배한 사실이다.[7] 이 풍조는 당초에는 왕자·부마가, 權重宰相家 등을 중심으로 시작되었으나 점차 京中의 사대부가를 비롯하여 吏胥, 富商大賈는 물론 서민층에까지 미치고 있었다. 15세기 말엽에 시작된 이에 관한 논란은 16세기 후반에 이르기까지 거의 한 세기 동안에 걸쳐 끊이지 않았다. 그 내용은 上層의 경우 주로 第宅을 규정 이상으로 宏大, 화려하게 한다든가, 혼수를 과도하게 많이 준비한다든가, 복식을 화려하게 한다는 것 등이었다. 상층과

등에서 연구되었다.
7) 이에 관해서는 한상권,《16世紀 對中國私貿易의 展開》,《金哲埈博士華甲記念史學論叢》, 1983, p.455~460 및 李泰鎭, 이 책 제8장 〈16세기 연해지역의 언전 개발〉 참조.

는 어느 정도 차이가 있었지만, 하층에도 혼수나 복식에서 사치풍이 일어나 「貴賤混淆」「尊卑失序」의 측면에서 논란이 많았다. 폭군으로 알려진 연산군(1495~1505 사이 재위)의 방탕한 생활은 이 시기의 사치 풍조의 분위기를 짐작케 하는 좋은 사례이다. 어떻든 15세기 말엽부터 갑자기 문제가 되기 시작하는 사치 풍조는 같은 시기에 나타나는 상품유통의 발달이라는 사실이 일단 확인된 이상, 그것과 밀접한 관련이 있는 것으로 보지 않을 수 없다.

15세기의 대외무역은 주지하듯이 공무역 중심이었으며, 사무역은 《經國大典》 刑典 禁制條에 규정되고 있듯이 엄격히 금지되고 있었다. 그러나 15세기 말엽 이후 중국과의 사무역이 번성하기 시작하여, 그것이 점차 공무역을 압도하는 추세로 흘러가게 된다.[8] 그 주체는 당초에는 通事·軍官 등의 使行員들이었으나, 일반적으로 富商大賈라고 불리는 私商層이 개입하고 있었다. 사무역에서 중요한 수입품목은 紗羅綾段의 직조물과 그 原絲(眞絲, 白絲라 하였다)였다. 혼수, 복식에서 사치 풍조가 바로 그것들을 요구하였던 것이다. 16세기 초엽의 한 기록은 당시의 상태를 「옛날에는 國家에서도 唐物을 귀하게 생각지 않았으나, 지금은 庶人도 모두 이것을 산다. … 私商들이 사무역을 통하여 貿買하는 물품은 紗羅綾段과 같은 彩段뿐 아니라, 白糸도 다량으로 貿買하여, 염색하고, 사대부가에서도 綾段을 織造한다」(《中宗實錄》 卷 25, 中宗 11년 5월 己酉條)고 서술하고 있다. 고급직물에 대한 높은 수요는 중국으로부터의 彩段, 眞糸의 貿入뿐만 아니라, 국내에서 綾段의 직조까지 유발하고 있었던 것이다.

15세기 말엽 이래 높아진 사치 풍조에 따른 중국과의 사무역 발달은 다른 한편으로 국내의 은광업의 발달을 가져 왔다. 중국과의 무역의 결제수단은 금·은·철 등이었으나, 그 가운데 은은 당시 중국에서 地丁銀制가 행해지고 있었기 때문에 절대적인 비중을 차지했다. 중국과의 사무역의 성행으로 은이 고갈됨에 따라, 16세기 초에는 私商들에 의해 「産銀處」 즉 은광 개발이

---

8) 對中國 사무역에 관한 이하의 서술은 한상권, 앞의 글에 따름.

서둘러졌다.9) 1503년경 鉛塊로부터 은을 분리, 제련하는 새로운 鍊銀術이 개
발된 것은10) 이러한 경향에 부응하여 얻어진 새로운 성과였다. 원래 鉛産地
였던 端川이 이를 계기로 유명한 銀産地로 바뀐 것은 당시의 은광개발의 형
세를 말해주는 좋은 예이다. 왕조 정부는 국내 은의 고갈을 우려하여 기본적
으로 그 개발에 소극적인 태도를 취하였으나 私商들의 집요한 요구로 私採
者들의 採銀業 경영을 사실상 인정하는 「民採納穀制」가 중종 10년(1515)에
허용되고, 약 반세기 뒤인 명종 6년(1561)에는 「民採納稅制」로 한걸음 더 나
아갔다.

중국과의 무역에서 은의 높은 수요는 일본과의 무역관계도 아울러 자극하
였다.11) 원래 공무역 중심이던 일본과의 무역은 16세기에 들어와, 국내 사상
들의 활약으로 三浦를 중심으로 사무역이 크게 활기를 띠었다. 일본과의 무
역에서 중요 수출품은 麻布·綿布·綿紬 등의 직물류와 米·豆 등의 곡물류였
다. 그리고 일본으로부터 구입품은 銅·鐵·鑞·丹木·胡椒·蘇木 등이었다. 16
세기 초에는, 아직 일본과의 무역에서 은은 문제가 되고 있지 않았다. 그러나
직물류가 현저하게 유출되었기 때문에, 후술하는 바와 같이 番上軍의 代立軍
布價가 1520년대부터 폭등하고 있는 사실로 본다면, 그 무역이 어느 정도로
성행하였던가를 짐작할 수 있다. 貿入品으로서 동·철은 중국과의 무역에서
결제 수단의 일부로 쓰여졌다.

일본과의 무역은 1540년(中宗 35)을 전후하여 그 구입품이 동·철에서 은
으로 바뀌는 큰 변화가 있었다. 일본에서 은 산출량은 慶長·元和(1596~1622)
를 중심으로 그 전후 50년 동안이 최성기로 알려져 있다. 이는 16세기 초에
처음으로 조선의 새로운 鍊銀術이 전파되어 점차 산출량이 많아졌기 때문이
며, 1540년대 이후에는 銀價가 폭락하는 경향을 보이기까지 하였다. 産銀量

---

9) 銀鑛業에 관한 이하의 서술은 한상권, 앞의 글 및 柳承宙, 〈朝鮮前期 後半의 銀鑛業硏
究〉, 《震檀學報》 55, 1983 등에 따른다.
10) 《燕山君日記》 卷 49, 燕山君 9년 5월 癸未條 참조.
11) 이에 관한 이하의 서술은 한상권, 앞의 글, p.466~470 참조.

의 증가와 銀價의 하락은 자연히 수출량의 증대를 초래했다. 그런데 明나라와는 1523년 이후의 勘合貿易이 중단되어, 은의 유출은 조선에로 집중되었다. 1542년(中宗 37)의 한 기록은 「倭國이 銀을 만들게 된 지 10년도 되지 않아, 우리나라에 유포하여 모두 賤物이 되고 있다」(《中宗實錄》卷 98, 中宗 37년 閏 5월 丁巳條)고 서술하고 있다. 이 해에는 실제로 일본으로부터 은 80,000兩이 유입되고 있었다. 일본으로부터 이러한 다량의 은유입은 이미 하락하고 있던 국내 은가를 더욱 떨어뜨려, 일본측이 역수입 하는 현상까지 일어났다. 여하튼 은의 많은 물량과 그 시가의 하락은 중국과의 직물 무역에 종사하고 있던 조선 私商들을 그만큼 유리하게 해주는 것이었다.

　3국 사이의 무역관계를 위와 같이 고찰할 때, 15세기 말엽부터의 조선 상업의 발달이 단순한 교환경제가 아니라는 것은 누구나 인정하게 될 것이다. 이 같은 대내외적인 상업의 발달은, 한편으로는 그 토대가 되었던 농업경제의 발달을 더 촉진시키는 상승작용을 일으키고 있었다. 15세기 말엽부터 농업 부문에서는 서해안 일대에서 간척지 개간이 활발하게 일어나게 되어, 16세기 중엽에 이르면 전라·충청·경기도를 넘어 황해·평안도에까지 확산되었다. 堰田이라고 불린 이 간척지의 개간은 14세기 말엽부터 이미 부분적으로 행해지고 있었으나, 많은 인력을 일시에 동원해야 하는 어려움 때문에 15세기 일대에는 거의 부진한 상태이다가 그 말엽부터 戚里·權重宰相家·王子·駙馬家 등이 중심이 되어 활발하게 진행되었다.12) 언전은 염분이 완전히 빠지기까지 10년 정도의 기간이 걸려야 하는 단점이 있었지만, 일단 성공하면 그 耕地는 광대한 것이기 때문에 권세가의 큰 관심의 대상이 되었다. 16세기 대농장의 주류를 이루었던 이 언전의 개발은 상업면에서 이득의 가능성이 크게 기대되기도 하였다. 즉 국내적으로는 지방 장시를 통한 貿穀활동으로부터 이득이 직접 기대되는 한편으로 대외무역면에 필수적인 募銀 또는 採銀의 자본으로 활용될 다량의 곡물 확보가 이에서 기대되었다. 황해·평안도

---

12) 언전의 개발에 대해서는 李泰鎭, 이 책 제8장 〈16세기 연해지역의 언전 개발〉 참조.

에서 언전의 개발은 産銀地에 직결되는 유리한 점이 있기도 하였다.

16세기의 상업, 광업, 농업 등 각 부문에서 위와 같은 경제변동과 관련하여, 검토되어야 할 다른 문제는 군역의 布納化와 공물제도에서 防納 현상 등이다. 이 두 가지 현상은, 지금까지는 이 시기의 제도 문란의 대표적인 예로 들어졌으나, 위와 같은 경제변동의 양상을 고려한다면, 단순한 제도문란으로만 간주할 수 없는 점이 많다. 군역의 경우, 15세기 말엽부터 立番 의무자가 居京人(서울에 거주하는 자)에게 布로써 대가를 지불하고 立役을 부탁하는 형태로 출발하여, 점차 代立 자체가 공인되어지는 형세 아래, 代立價만을 보내는 納布制로의 전환이 16세기 전반기에 이루어지고 있었다.[13] 代立制가 발생한 당초에는 立役 의무자의 편의가 작용하기도 하였으나, 점차 정부나 군사지휘관 쪽으로부터 오히려 代立을 강요하는 경향이 생겨나 納布의 방식이 통용되기에 이르렀다. 그것은 곧 상업적 분위기의 성숙에 따라 公私의 어느 차원에서나 布 자체의 수요가 높아졌기 때문이었다. 군역의 納布制와 상업 발달의 이러한 상관관계는 다음 표에 나타난 성종 24년(1493)부터 中宗 39년(1544)까지의 番價 즉 代立價의 변동 상황을 통하여 살필 수 있다.

일반 농민층이 주로 부담하는 군역인 正兵과 水軍의 一番의 기간은 각각 2개월·3개월로 아래 표[14]에서는 그 代立價를 1개월 당으로 환산하여 제시하였다.

성종~중종년간 代立價 變動表

時　　　　期	1개월 당 代立價	布의 종류	비　　　고
성　종 24(1493)	8.5~9匹	五升布	
〃	3匹	〃	公 定
연산군 3(1497)	7.5~8匹	〃	

---

13) 李泰鎭, 〈군역의 변질과 납포제의 실시〉, 《韓國軍制史》 近世朝鮮後期篇, 1968 참조.
14) 이 표는 註 13)의 논문 p.243에서 조사된 것이다.

중 종 13(1518)	7匹	〃	公 定
〃　23(1528)	50匹	常 布	
〃　24(1529)	30～50匹	〃	
〃　31(1536)	100匹	〃	
〃　36(1541)	3.5匹	五升布	公 定
〃　39(1544)	60匹	常 布	

　　표에 보이는 五升布는 정규의 것이고 常布는 질이 떨어지는 四升布 등을 가리킨다. 이 표에 따르면 代立價에서 오승포는 중종 20년대 이후에는 사용되지 않게 되어, 이는 즉 布의 수요 증대에 따른 것으로 이해된다. 代立價 폭등은 오승포가 사용되지 않게 되는 것과 거의 때를 같이하고 있으며, 그 시기는 앞서 고찰한 대로, 일본·중국과의 무역이 布, 은의 給價 관계를 중심으로 큰 변화를 보이는 것과 일치하고 있다. 이러한 급격한 軍布價의 변동에 대하여 왕조 정부는 「公定」의 조치를 취하여 제동을 걸지만 효과는 없었다. 그리고 급등 시기에는 三升布, 二升布 등의 惡布가 많이 나돌았다. 軍布價의 폭등은 군역 의무자 측에 과중한 부담을 안겨주어, 소농민 분해 현상으로서 流亡 현상을 일으킨 것이 사실이다. 그러나 다른 일면으로, 군포의 수요가 급격히 증대된 이면에는 면포 생산의 증가라는 사실이 그 바탕이 된 것으로 판단되므로, 이 시기의 綿業발달 양상에 대한 검토가 상품 생산이란 관점에서 충분히 가해져야 할 것이다.

　　공물 防納化의 발단은 15세기 중엽에 있었던 것이 사실이다.[15] 그러나 그 본격적인 전개는 역시 16세기에 들어와서의 일이었다. 공물의 수취과정에서 청부업자가 개입한 것은 어디까지나 차익의 취득을 목적으로 하는 것이므로, 그 구조 자체가 유통경제의 발달을 의미하는 것이다. 국내외의 상업 거래를 통하여 자본을 축적한 부류가 官 또는 권세가와 결탁하여 防納權을 획득하

---

15) 田川孝三, 《李朝貢納制研究》, 1964.

여 차익 추구에 나섰던 것이다. 軍布의 경우와 마찬가지로, 防納은 소농민층의 유망 현상의 중요한 원인의 하나였지만, 그 자체가 유통경제의 발달 아래서 일어날 수 있었던 현상인 것은 의심의 여지가 없다.

3. 경제 발전과 정치적 마찰

16세기에 일어난 위와 같은 사회경제적 변동의 양상은 결코 단순한 교환경제의 범위에 머무르는 것은 아니었다. 그 역사적 성격은 좀 더 신중하게 규정되어야 하겠지만, 그 변화의 시대적 양상에 대한 이해를 좀 더 깊이 하기 위해 정치적 측면과의 관계에 대해 살펴보기로 한다.

한마디로 말해 새로운 경제 변동 아래서 이익을 누린 것은 척신을 중심으로 한 권세가 및 궁가에 치우쳐 있었다. 명종 8년 10월의 한 기록은 金安老, 李芑 등의 전횡 이후로 권신들 사이에 만연된 이익을 탐하는 풍조의 내용을 다음과 같이 지적하고 있다. 즉「혹은 伴人을 廣占하여 읍마다 각각 1人을 두고, 혹은 商賈와 사적으로 교류하여 各官에 防納을 청하여 그 이익을 나누고, 혹은 沿海의 各官에 널리 요청하여 官庫의 곡식을 내어 海澤을 막고, 혹은 陳地를 折受하여 各官으로 하여금 佃治케 하고, 혹은 魚·鰒·扇·帽를 徵索하여 赴京通事에게 주어 唐貨를 사오게 한다」(《明宗實錄》 卷 15, 明宗 8년 10월 丙申條)고 밝혔다. 防納, 海澤의 堰田 개발, 중국과의 무역 등 경제변동의 중요 부문의 주체는 권세가들이었으며, 그 권력에 「富商大賈」 등의 私商들이 결탁하고 있었다.

이 시기의 상업적 분위기 아래 소농민의 존재 형태나 소상인에 대해서는 앞으로 연구가 더해져야 하겠지만, 그 중심적 존재는 위 양자였다. 16세기의 정치가 흔히 척신정치로 표현되듯이 이 시기에서 척신의 비중은 매우 높았다. 私商들이나 현직자들이 이권을 추구하는 분위기 아래서 권력의 捷路인 척신의 정치적 비중이 높아져, 하나의 구조를 형성하기에 이르렀던 것이다.

私商 가운데도 「京商」의 비중이 절대적으로 우세했던 것도,[16] 그러한 구조와 유관한 것이었다. 양자의 치부 방식은 비리적 성향이 매우 강하였으며, 이 점은 이 시기의 상업 발달의 초기적 한계성의 일면을 보여주는 것으로서, 당대에도 그것은 정치적 파란의 불씨가 되기 마련이었다.

15세기 말엽부터 새로운 정치세력으로 대두하기 시작한 사림파의 중요한 정치적 쟁점은 훈신·척신들의 비리행위였다. 이 시기에 거듭 일어난 사화는 기본적으로 비리에 대한 이들의 비판으로 궁지에 몰린 훈신·척신들이 일으킨 정치적 보복 행위였다.[17] 이 비리에 대한 비판의식은 궁극적으로 학문적, 사상적인 면에서 「道」·「理」의 중요성에 대한 확신으로 연결지워졌으며, 앞서 고찰한 것과 같은 경제변동 아래서 지식인으로서 그들의 경험한 비리는 실로 큰 문제였다. 그들은 흔히 비현실적인, 비실용적인 성향의 도학자로 통념되어 왔으나, 그 도학의 세계는 실제로는 현실에 대한 강한 대응력을 가지고 있었다.

사림파 계열은 대개 지방에 중소지주적인 경제기반을 가진 지식인들로서, 15세기 말엽 이래의 경제 변동에서 그들 나름대로 능동적인 구실을 수행하고 있었다. 하천수를 관개용수로 활용하는 수리방식인 川防 곧 洑가 15세기 중엽부터 시험적으로 만들어지기 시작하여 그 이점이 확인됨에 따라 15세기 말엽부터 그 보급, 확대에 적극적으로 나섰다.[18] 이 새로운 수리 방식의 보급은 16세기 水田農業 발달에 큰 영향을 미친 것으로 생각되며, 중소지주 출신인 사림계열은 在官, 在野의 어느 기회에서나 그 보급에 적극적으로 기여한 것으로 파악된다. 이는 같은 시기에 중앙의 궁가, 권신들이 堰田 개발에 큰 관심을 가진 것과 좋은 대조를 이루는 것이었다. 이들 양자는 어느 것이

---

16) 한상권, 앞의 글에 따르면 對중국, 對일본의 사무역에서는 京商이 중심이 되고 있었다고 한다.

17) 李泰鎭, 이 책 제6장 〈사림파의 유향소 복립운동〉과 〈15·16세기의 신유학 정착의 사회경제적 배경〉,《규장각》5, 1981 참조.

18) 이것에 대해서는 李泰鎭, 〈16세기의 川防(洑) 灌漑의 발달〉,《한우근박사정년기념사학논총》, 1981; 이 책 제7장 참조.

나 결과적으로는 농업경제력을 향상시키는 것이었으나, 방법과 내용 면에서는 큰 차이가 있었다. 언전이 관권을 통하여 군, 현 단위의 대규모 인력을 강제적으로 동원한 반면, 川防은 인근 주민의 소규모 인력(50~200명)으로도 가능할 뿐 아니라 그 혜택이 다수의 사람들에게 돌아갈 수 있는 조건을 가지고 있었다. 이러한 차이는 곧 대민의식에도 차이를 가져오는 것으로서, 언전 쪽의 강제적 인력 동원은 물론 사림계 쪽의 중요한 비판의 대상이 되었다.

중종 12년 2월에 편찬된 〈農桑敎書〉19)는 사림파 계열의 농업정책에 대한 관심의 표현으로 매우 중요시된다. 이 교서는 세종 26년의 〈勸農敎書〉 이후로는 처음 나온 것으로서, 그 시기가 趙光祖를 중심으로 하는 사림 계열의 활동이 활발하던 때라는 사실로 미루어 보아, 그들의 영향에 따른 것이 확실시된다. 이 교서는 세종대의 것과 취지를 거의 같이하나, 기술적인 면에서 「灌漑의 利」나 「뽕을 따서 箔에 올리고, 실을 뽑아 비단을 짜는 것」 등을 강조하여 시대적 변화를 보이고 있다. 그리고 말미를 「향촌안정」과 「鄕黨協和」를 강조하여 끝을 맺고 있다. 이 말미 부분은 당시 사림파 계열이 향촌안정책으로 여씨향약의 보급운동을 전개하고 있었으므로 그것을 반영한 것이 분명하다. 이 향약보급운동은 勳·戚系가 향유해 온 기존의 지방사회 장악체제(유향소-경재소 체제)를 바꾸어 보려는 특별한 의도를 가지고 추진된 것으로서, 정치적으로는 매우 중요한 의미가 있었다. 이 운동은 기묘사화의 내면적인 主因이 될 정도로 훈신계의 강력한 반발을 받아 결국 실패로 돌아가고 말았지만, 당시의 경제변동 상황을 고려한다면, 사회경제적인 면에서도 큰 의미가 있었다. 즉 향민 사이의 상호부조와 協和를 강조하는 향약은 당시 이미 전개되고 있던 소농민 流亡 현상에 대한 하나의 대책으로 주목되었던 것이다. 요컨대 사림파의 재지 중소지주적 처지는 향민의 안정 없이는 그 지위의 유지가 어렵다는 판단 아래, 새로운 경제변동의 여파로서 발생하기 시작한 소농민층의 광범위한 유망 현상에 대해 그와 같은 대응책을 강구하기

---

19) 《중종실록》 권 27, 중종 12년 2월 壬申條.

에 이르렀던 것이다.[20]

  사림계열은 상업의 발달이라는 새로운 경제 변동에 대해 전면적인 거부 반응을 보이고 있지는 않았다. 위의 〈農桑敎書〉에서 보듯이 농업기술을 발전시키기 위한 관개기술(이 시기에 '관개'라고 하는 용어는 일반적으로 川防을 의미하였다) 및 養蠶織帛 등에 대해 적극적인 관심을 보였을 뿐 아니라, 지방 장시에 대해서도 결코 부정적이지 않았다. 물론 유교 본래의 務本抑末 사상에 바탕을 둔 부정론도 없지 않았으나 당시 대표적인 성리학자였던 李滉과 같은 인물은 「外方의 장시는 民이 逐末을 專業으로 하고, 도적이 또한 성하게 출몰하기 때문에 국가에서 금지하고 있지만, 지금은 흥황이 극심하여, 백성들 사이에 有無를 교역함에서는 반드시 장시를 통해 相貿하고 있는데, 지금 장시를 금한다면 백성들이 어떻게 資活할 수 있겠는가」(《明宗實錄》 卷 6, 明宗 2년 9월 己亥條)라는 의견으로서, 그 기능의 유효성을 인정하였다.[21] 상업의 발달이라는 새로운 경제변동에 대하여 이 계열의 의견이 하나로 수렴된 것은 물론 아니지만, 기본적으로 그들은 그 경제의 발전은 향촌사회를 파괴하는 것이 아니라, 향촌사회의 발전, 안정과 並行하는 것이 되지 않으면 안된다는 입장이었다. 따라서 그들은 지방 장시 자체에 대한 거부보다는 鄕民流離의 직접 원인이 되고 있던 防納, 軍布, 강제적인 인력 동원 등에 대해 철저한 거부 반응을 보여, 근본적으로 그러한 수탈행위를 가능하게 한 체제, 즉 경재소－유향소 제도의 폐지를 강력하게 주장하였던 것이다.

---

20) 李泰鎭, 위의 〈15·16세기 신유학 정착의 사회경제적 배경〉, p.14 참조.
21) 위의 글, p.14~17 참조.

4. 비교사의 전망

16세기에 양립한 勳·戚系와 사림계의 각각의 정치적 처지를 위와 같이 사회경제적인 면과 결부시켜 볼 때, 그들 사이의 마찰로 일어난 사화라는 정치현상을 단순한 권력투쟁으로 간주할 수 없다는 것은 재론의 여지가 없다. 그런데 16세기 한국사의 흐름을 이와 같이 파악할 때 주목해야 할 것은, 그 변화 양상이 중국사에서 이른바 명말·청초의 사회변동과 대단히 유사하다는 사실이다. 이 방면에 대해 필자는 문외한이나, 지금까지 이루어진 이 방면의 연구업적들을 산견하면서 얻은 소감으로서 그 점을 지적하지 않을 수 없다.22) 중국사에서 집약농업의 실현은 남송대로 소급되지만, 농업경제의 발달을 토대로 한 상공업의 발달, 즉 시장을 위한 상품 생산—농업으로부터 공업으로의 분리 기초—의 문제에 대해서는 명말기부터 집중적으로 검토되고 있다. 16세기 한국사의 경우, 絹帛·綿布 등의 직물류의 시장상품적 양상에 대해서는 아직 구체적인 연구가 나와 있지 않으나, 앞서 살핀 것과 같이 면포의 경우 對日 무역의 주요상품이 되고 있었다. 농업기술의 발달이 상품유통을 수반하고 있는 것이 양자 사이에 공통적일 뿐 아니라, 부역제도의 변화에서도 비슷한 점이 많다. 조선의 경우, 군역제의 변화가 納布制에 머물고 있기는 하나, 기본적으로 그것은 역의 稅化라는 면에서 중국의 地丁銀制와 동질적이다. 16세기 한국사에서 면포는 시장 상품적 성격이 강하여, 일면으로는 화폐의 기능을 가지고 있었기 때문에 본질적인 차이가 없는 것이었다. 공물의 경우도 防納이란 과도적 양상이 만연하는 단계였으나, 그 地稅化로의 전환에 대한 논의는 16세기 후반에 이미 사림계인사들로부터 사회적 모순을 배제하는 방안으로서 여러 차례 제기되고 있었다.23)

---

22) 이 방면의 일본학계의 업적으로는, 酒井忠夫, 《中國善書の研究》(1960)에 수록된 〈明末の社會と士人〉이 기초 연구에 해당하며, 그 밖에도 田中正俊, 小山正明, 重田德, 森正夫, 佐伯有一, 浜島敦俊, 川勝守 등 여러 학자의 연구가 있다.

23) 李珥, 李元翼 등의 代貢收米法에 대해서는 잘 알려져 있으며, 임진왜란 직후에 柳成龍도 貢物作米議(《西厓集》 권 14)를 제안하고 있다.

정치, 사상적인 면에서의 반응도 유사한 점이 많이 드러난다. 중국의 경우, 새로운 변동 과정에서 이권이 실제적인 권력층이던 환관에 집중되고 있었던 것에 대해, 조선에서는 권력의 捷路인 척신들에게 돌아가고 있었으며, 그 척신들에 대한 사림계의 항쟁은 환관들에 대한 東林派의 그것을 연상시킨다. 차이점이라면 사상적인 면에서 중국에서는 성리학 외에 양명학이 대두한 반면에, 조선에서는 그 양명학적인 사고가 거부된 점일 것이다. 勳戚계열로부터는 개인의 능력에 따른 새로운 부의 개발이 궁극적으로 國富를 초래한다는 주장이 표명되었으나,24) 그 致富 방식이 비리성을 면하지 못했기 때문에 현실적인 공감력을 얻지 못하고, 상대적으로 사림계의 성리학적 처지의 정당성만 높여주었다. 양명학적 사고의 결여는 당시 조선의 지식인층의 대부분이 중소지주층이었다는 데 중요한 원인이 있는 것이 아닌가 짐작된다.

중국사와의 이러한 비교는 앞으로 더욱 면밀히 검토되어야겠지만, 지금까지의 고찰로 보아, 동아시아사에서 사회발전문제를 다루는 데는 농업경제의 발달이라는 것이 일차적으로 중시되어야 할 점인 것을 재삼 확인하게 된다.

끝으로, 한국사에서 사회변화를 위와 같이 파악할 때, 그 이후의 역사와의 연결 문제가 다음과 같이 전망됨을 밝혀두고자 한다. 지금까지 조선 후기의 역사적 발전은 17세기 중엽의 大同法 실시를 계기로 일어난 것으로 파악하여 왔다. 이러한 이해는 그 基因을 한 측면에만 둔 것으로 반성의 여지가 없지 않다. 대동법은 실상 그 원리 자체가 16세기 防納의 중간 수탈을 지양하는 방안으로 그 후반에 이미 사림계열로부터 제시된 것으로, 17세기에 전혀 새롭게 대두된 것이 결코 아니다.

주지하듯이 선조의 즉위(1568)를 계기로 사림계열의 중앙 진출은 활발해지게 된다. 그후 이들의 정치적 활동은 일단 과도적인 조건에서 적지 않은

---

24) 중종 20년 南袞은 「…近來國論以下益爲重 官吏審其灾傷 下之下田 亦以灾傷不稅 故稅入之數甚少 國儲虛竭…大學曰 財聚則民散 以此觀之 財聚於上 則民散於下矣…」(《中宗實錄》卷 55, 中宗 20년 10월 戊申條)라고 언급하고 있으며, 이어 沈貞은 「…中原山澤鹽鐵 皆爲主掌 以取其利 我國則不然 肥沃不墾者頗多 地有遺利 屯田及海邊鹽利 則以才智有餘者掌之 何如」(위와 같음)라고 언급하고 있다.

제약을 받게 된다. 이들의 정치적 처지는, 前代 정치의 폐해를 청산한다는 것이 우선 일차적인 과제였으므로, 이에서는 상업발달을 적극적으로 추진하는 조치는 일단 기대하기 어려운 문제였다. 그러나 이들이 이념적으로 성리학에 투철한 처지라 하더라도 전대에 달성한 경제적 성과를 전면적으로 부정하는 입장은 결코 아니었다. 다른 분야에 관해서는 아직 충분한 연구가 이루어지지 않아 잘 알 수 없으나, 16세기 경제변동의 가장 중요한 성과인 지방장시는 이후에도 그대로 존속되었다. 이들이 문제시한 것은 경제변동 자체가 아니라 그 여파로서 일어난 비리현상 그것이었다. 선조 36년에 京在所 제도를 폐지한 것이라든지, 貢納의 地稅化를 모색한 것 등이 바로 그 구체적인 대응이었다. 이 같은 관점에서 볼 때, 17세기 후반 이후의 경제 발전은 돌출한 것이 아니라 앞 시기 즉 16세기 이래의 발전을 바탕으로 한 재확대였다고 규정해야 할 것이다. 이 같은 해석이 받아들여진다면 임진왜란이라는 외침을 기준으로 조선시대사를 전·후기로 구분하는 방식은 앞으로 지양되어야 마땅할 것이다.

제11장 16세기 동아시아의 역사적 상황과 문화

머리말

주최측[*]으로부터 요청받은 이 발표의 대상시기는 본래 일본사를 기준한 「近世初期」였다. 이 요청을 이행하려면, 일본사에서 織豐政權부터를 근세로 잡는 견해를 따르더라도 상한은 1570년 무렵에서 그쳐야 한다. 그런데 주최측은 한편으로 발표의 내용이 「李退溪의 學問·思想과의 關聯」이 반영될 것을 거듭 당부하였다. 退溪 李滉은 주지하듯이 1501년에 출생하여 일본에서 織田信長이 대권을 장악하던 무렵인 1570년에 타계하였다. 그렇다면 두 요구 사이에는 시간적으로 약간의 혼란이 빚어질 소지가 없지 않다. 그러나 16세기 一代를 대상시기로 잡는다면 주제 설정의 본의에 크게 어긋남이 없을 것으로 믿어진다. 이 발표가 시기 표시를 「近世初期」 대신에 16세기로 바꾼 것은 이러한 판단에 따른 것이므로 양해를 미리 구해 둔다.

중국사나 일본사 연구에서는 16세기가 그 동안 중요한 변동기의 하나로 크게 주목되어 왔다. 중국사에서는 이 세기가 명말·청초 사회변동 문제의 先端 부분으로서, 일본사에서는 중세에서 근세로 이행하는 변혁기로서 각각 주목되어 왔다.[1] 이에 반해, 한국사에서 16세기는 오히려 쇠퇴기 또는 암흑

---

* 이 논문은 1985년 8월 27일 일본 筑波大學에서 열린 제8회 退溪學國際學術會議 주제논문의 하나로 씌어진 것이다

1) 중국사에서 명말·청초에 대한 연구는 鈴木俊·西嶋定生 編, 《中國史の時代區分》(東京

기로 인식되어 다른 어느 시기보다도 오히려 연구가 뒤져 있는 형편이다.

한국사에서 16세기가 그와 같이 부정적으로 인식된 데는 나름대로 이유가 없지 않다. 다 알듯이 한국의 역사는 일제 식민지배 아래에서 많은 왜곡이 가해져, 오늘날까지도 불필요한 선입견이나 부정적인 인식들이 많이 남겨져 있다. 그 가운데, 조선왕조는 사화와 당쟁, 그리고 유학(주자학) 때문에 망했다는 인식은 매우 일반적인 것 가운데 하나이다. 한국사에서 16세기는 바로 사화가 빈발하면서 주자학이 융성하던 시대이다. 따라서 그러한 부정적인 인식이 先入된 상태에서는, 이 시대에 대한 특별한 관심은 결코 기대할 수 없는 문제였다. 최근에 이러한 편견을 타개해 보려는 노력이 한국사학계의 일각에서 대두하고 있지만,2) 어떻든 지금까지는 그러한 선입견 때문에 이 시대에 대한 연구가 거의 방기되다시피 하였다.

중국, 일본 두 나라 역사에서 밝혀지고 있는 16세기는 상품유통이 획기적으로 발달하던, 다시 말하면 상업자본이 크게 발달하던 시대이다. 국내적으로는 농촌시장이 전국적으로 광범하게 형성되는 한편, 국제무역상으로도 교역량이 크게 늘어나는 발전이 있었던 시대로 파악되고 있다. 그런데 이에서 주목해야 할 한 가지 사실은 이와 같은 경제적 일대 변혁기의 정치적 상황이 결코 평온하지 않았다는 점이다. 명 말기의 중국은 民變·奴變이 잇따르는 가운데 宦官과 士人의 충돌이 잦았으며, 일본 역시 一揆와 戰國의 상황이 한 세기를 거의 일관하다시피 하였다. 이러한 견지에서 본다면, 16세기 한국사에 나타난 사화의 빈발도 사회경제적인 변동과의 관련 아래 좀 더 적극적으로 조명될 필요가 있다.

大學出版會, 1957)이 새로운 전기를 마련하여 오늘에 이르기까지 鄕紳支配論을 비롯해 다각적인 검토가 이루어지고 있다. 일본의 戰國時代는 암흑기란 선입견도 없지 않았으나 1920·30년대에 이미 발전적인 방향의 연구가 제기되고 있었으며, 특히 1960년 이후의 「近世」의 준비기란 시각에서 체계적인 연구가 활발하게 이루어지고 있다.

2) 16세기 한국사에 대한 새로운 이해를 촉구하는 글로서 강만길, 〈16세기사의 변화〉, 《분단시대의 역사인식》, 창비사, 1980; 李泰鎭, 〈十六世紀の韓國史にたいする理解の方向〉, 《朝鮮學報》 110, 1984. 1; 이 책 10장 등이 있다. 양자는 경제사에 대한 이해에서는 많은 일치를 가지나, 정치사·사상사에서는 견해의 차이가 많다.

16세기 한국사에 대한 최근의 새로운 시각의 연구는, 중국·일본 두 나라 역사의 경우에 견주면 그 성과가 아직 극히 적은 양에 지나지 않으나, 경제사 부면에서는 일단 양국사의 연구에서 확인되고 있는 중요한 변혁들과 대비시켜 볼만한 근거를 얻고 있다. 이 발표는 그것들을 정리, 소개하는데 역점을 두어, 16세기 동아시아의 역사적 상황을 綜觀하는데 기여하고자 한다. 그 검토가 비록 경제적인 것이 중심이더라도 궁극적으로는 이 회의의 본령인 사상적 측면과 유리되는 것이 되지 않도록 노력하고자 한다.

1. 농촌시장의 발달과 화폐경제

중국사와 일본사에서 16세기의 상품유통 발달의 가장 중요한 면모로 파악되고 있는 것은 농촌시장의 형성과 발달이다. 정치적 중심지인 행정도시와 같은 곳에서 상거래는 고대부터 있어온 것이지만, 농촌사회에 근거를 가지는 시장은 대체로 이 무렵부터 본격적으로 발달하기 시작한 것으로 파악된다.

중국의 경우, 농촌시장의 단초는 송대로까지 거슬러 올라가나, 小市·村市·集場·草市·市集 등으로 불리는 여러 형태의 농촌시장이 정기적인 市日 체계를 갖추어 지역별로 블록을 형성하는 발전은 대개 명말·청초 사이에 달성된 것으로 파악된다.[3] 그리고 일본의 경우도, 월 3회 개설의 정기시가 14세기 중반에 이미 등장하였다는 적극적인 견해가 있기도 하나, 일본 농촌시장의 전형인 월 6회 개설의 六齋市는 應仁의 亂(1467)이후 戰國時代에 본격적으로 발달한 것으로 알려진다.[4]

---

3) 중국의 농촌시장의 역사에 대해서는 많은 연구가 있지만, 여기서는 斯波義信氏의 〈中國中世の商業〉, 《中國史講座》 3 中世の都市, 學生社, 1983에서 정리된 것을 주로 활용한다.

4) 豊田 武, 〈中世商業の種々相〉, 《體系日本史叢書》 13 流通史 1, 1969, p.68~69 참조.

　그런데 우연의 일치라기에는 너무도 공교로운 일로서, 한국사에서도 농촌시장의 대두는 거의 비슷한 시기에 있었던 것으로 확인된다. 15세기 중반까지도 조선에서는 국왕 세종이 「지금 우리나라는 京都에는 市가 있으나 각도의 州郡에는 모두 市가 없다」[5]고 직접 언급하였듯이, 지방장시가 아직 형성되지 않고 있었다. 문헌상으로 이 시기의 상인으로는 行商, 陸商, 水商, 海商 등이 확인되는데,[6] 이들은 원격지 사이를 왕래하는 일종의 隊商으로서 농촌의 정기시장에 근거를 두는 부류는 아니다. 조선 초기 상업의 이와 같은 상황은, 1470년 무렵에 전라도 일원에서 농촌시장이 대두하기 시작하면서, 크게 달라지게 된다. 도내 여러 읍의 사람들이 소재지의 街路에 「市舖」를 열고 매월 몇 차례씩 무리를 지어 모이면서 場門이라 일컫는다는 것이 그 초기의 모습이다.[7] 이러한 상황은 경상, 충청 두 도에도 곧 나타나기 시작하여, 16세기 초반에는 「모든 도에 場門이 개설되고」 있다고 할 정도로 빠른 진행을 보였다.[8]

　15세기 말엽에 이렇게 대두하기 시작한 조선의 농촌시장은 이전의 연구에서도 주목되지 않은 것은 아니나, 모두 상업 발달이나 화폐경제 발달로 연관지우는 것을 기피하였다. 이 시대에 대한 부정적 선입견에서 그것은 天災로 말미암은 기아나 軍役·租賦 등의 무거운 부담에 시달리던 농민들이 자구책으로 생계 도모를 위해 모인 것에 지나지 않는 것으로 규정되는 데 그쳤다.[9] 농촌시장의 대두, 발달에 관한 동아시아사 일반의 상황 검토는 한국사에 특별하게 가해지고 있는 이러한 부정적 인식을 불식시킬 수 있는 좋은 기회가

---

5)《世宗實錄》卷 59, 世宗 15년 正月 壬申條.

6)《經國大典》戶典 雜稅條.

7)《成宗實錄》卷 20, 成宗 3년 7월 壬戌條.「戶曹啓 前承傳敎 陳弊者有言 全羅道務安等諸邑 興利之徒 稱場門 群聚貽害於民 場門廢置便否 商議以啓 臣等文移 全羅道觀察使金之慶 報云 道內諸邑人民 所在街路 稱場門 每月兩度群聚 雖曰以有易無 捨本逐末 物價騰踊 利少害多 已令諸郡禁之 請更令觀察使嚴加禁斷」

8)《中宗實錄》卷 38, 中宗 15년 3월 乙酉條.

9) 宮原兎一,〈十五·六世紀朝鮮における地方市〉,《朝鮮學報》9, 1955가 그 대표적인 예이다.

되리라고 믿는다.

동아시아 3국이 15·16세기에 다 같이 농촌시장의 대두, 발달을 겪게 되는 것은 결코 우연이 아니었다. 3국은 그 앞 시기에서 다 같이 농업기술상의 일대 혁신으로 농업경제력이 크게 신장되고 있었다. 농촌시장은 바로 그러한 신장된 농업경제력을 바탕으로 대두하기 시작한 것이었다.

중국, 한국, 일본 등 3국의 농업은 약간의 시차가 있기는 하나 대체로 12세기에서 14세기 사이에, 농업기술사적으로는 가장 중요한 단계의 하나인 連作常耕農法에로의 이행을 치르고 있었다. 중국의 경우, 唐代까지도 豆科綠肥에 의존하는 隔年休閑이 일반적인 가운데[10] 이랑과 고랑을 번갈아 활용하는 「代田法」이 기술적인 최선이었다.[11] 그리고 일본도 莊園制 아래의 농업에서는 부분경작을 뜻하는 「片あらし」가 일반적인 것이다가, 室町時代의 농업에서 비로소 「滿作」이 보편화하기에 이른다.[12] 한국의 경우 역시 고려 중엽까지도 정기적 休耕을 뜻하는 「一易田」「再易田」이 널리 존재하다가, 15세기 초의 농서인 《農事直說》 단계에서 常耕田만이 正田을 뜻하게 된다.[13]

중세농업에서 휴한법의 극복은 복합적인 요인에 따라 달성된다. 사회적인 측면에서는 인구증가 같은 것이 중요한 요인이었을 것으로 상정되며 농업기술상으로는 무엇보다도 시비술의 강구가 가장 직접적인 문제였다. 씨앗에 肥培하는 것과 같은 초보적 시비기술은 고대 농경에서부터 시작되었으나, 지력의 회복을 목적으로 하는 경지 全面에 대한 肥培는 기술적으로 많은 어려움이 있었다. 전면 비배를 위해서는 우선 우수한 起耕具의 개발을 통해 잡초 제거의 안전도를 높여야 할 뿐더러, 경지 전면에 쓸 수 있을 만큼의 다량의

---

10) 西山武一, 〈齊民要術の農學〉, 《アジア的農法と農業社會》, 東京大學出版會, 1969, p.62~
 63.
11) 西嶋定生, 〈代田法の新解釋〉, 《中國經濟史研究》, 東京大學出版會, 1966 참조.
12) 戶田芳實, 〈中世初期農業の一特質〉, 《國史論集》 1, 京都大 文學部 讀史會編.
13) 李泰鎭, 〈14·15세기 농업기술의 발달과 신흥사족〉, 《東洋學》 9, 1978; 이 책 제4장 및
 〈고려말·조선초의 사회변화〉, 《震檀學報》 55, 1983; 이 책 제5장 및 宮嶋博史, 〈朝鮮農
 業史上における十五世紀〉, 《朝鮮史叢》 3, 1980 등 참조.

施肥物을 확보한다는 것도 결코 쉬운 일은 아니었다.[14] 동아시아 일대에서는 이러한 기술적인 문제들이 남송대의 강남농법을 필두로 12~14세기 사이에 해결되기 시작했던 것이다.[15] 3국이 다 같이 人糞과 樹草를 태운 회 등을 활용하여 施肥物의 양적인 문제를 해결하고 있는 것은 하나의 지역적인 공통점이라고 할 수 있는 것이다.[16]

본격적인 시비술의 강구는 경지의 連年 이용뿐만 아니라, 단위면적의 생산력을 크게 증대시키는 성과를 수반하였기 때문에 그 역사적인 의의가 매우 크다. 농촌시장의 형성도 바로 이 성과를 토대로 한 것임은 말할 것도 없다. 사회 전반적으로 농업경제력이 향상됨에 따라, 소농민들도 시장을 위한 상품의 마련이 가능하게 되어, 농촌에 뿌리를 두는 시장이 광범하게 형성되기 시작하였던 것이다. 요컨대 16세기 동아시아의 농촌시장 발달의 共時的 상황은 농업기술 발달의 前史에서 비롯한 것으로, 그러한 상업 발달의 공시적 여건은 뒤에서 살피게 되듯이 국제무역을 통해 3국이 서로의 발전을 자극하는 계기가 되기도 한다.

16세기 동아시아 상품유통 발달의 다른 한 면모로는 화폐경제의 성숙을 든다. 주지하듯이 화폐는 고대에 이미 출현한 것으로서, 그 역사 자체는 매우 오래다. 그러나 화폐의 발생과, 화폐의 통용에 따른 통합적인 경제체계의 확립은 차원이 전혀 다르다.[17] 중국을 예로 들면, 고대에 이미 소액 화폐가 출연하였으나 그것은 농촌경제와 연결성을 가지지 못하였으며, 그렇다고 큰

---

14) 이상의 시비술에 관한 서술은 西山武一, 앞의 책에 수록된 〈熟糞考〉에 따른다.

15) 남송 강남농법에 대해서는 일인학자 天野元之助, 西嶋定生, 西山武一 등의 뛰어난 연구가 있다. 한국에서는 14세기 후반에 그 강남농법에 자극받아 늦어도 14세기 후반에 휴한법 극복의 노력이 본격화했으리라는 논증이 있으나 (李泰鎭, 앞의 〈고려말・조선초의 사회변화〉) 그 開始는 좀 더 위로 잡힐 가능성이 없지 않다. 일본에서의 집약농업 실현에 대해서는 여러 논증들이 있으나 대체로 13세기 후반에 명료한 변화가 나타난 것으로 파악되고 있다(永原慶二, 〈中世經濟史總論〉, 《日本經濟史大系》2 中世篇, 東京大學出版會, 1965).

16) 西山武一, 위의 〈熟糞考〉; 李泰鎭, 앞의 〈14・15세기 농업기술의 발달과 신흥사족〉; 寶月圭吾, 〈中世の産業と技術〉, 岩波講座 《日本歷史》 中世 4, 1976 등 참조.

17) 이하 중국화폐에 관한 서술은 斯波義信의 논고에 따른다.

규모의 거래에 상응하는 화폐가 따로 등장하였던 것도 아니다. 말하자면, 소액화폐는 특정한 사용범위에서 필요로 한 가치척도에 불과한 것으로서, 이러한 제한적 유효성이 곧 고대 화폐의 특성이었다. 주지하듯이 중국의 화폐경제는 송대 이후에 동전과 은전 두 가지 체계로 국내·외의 모든 대·소의 거래가 망라되면서 새로운 단계에 접어들게 된다.[18] 원대와 명초에 지폐의 보급이 시도되었으나, 역시 은·동의 금속화폐가 효용성을 더 강하게 발휘하는 가운데, 明 후반에서는 地丁銀制의 시행과 함께 국제교역의 번성으로 은의 비중이 크게 높아져, 같은 동아시아뿐만 아니라 세계의 은이 중국을 향하는 추세였다.[19] 한편 일본은 宋錢, 明錢 등 중국 황제의 頒賜品인 동전을 활용하다가 16세기 말에 이르러 그동안의 상업발달을 배경으로 豊臣政權 아래서 금화, 동전의 주조가 처음 이루어지고, 그것이 바로 德川幕府의 출범과 동시에 금화·은화·동전 등의 주조로 이어져 본격적인 화폐정책이 시작된다.[20]

한국의 경우, 15세기에 지폐인 楮貨와 正布(麻布)가 國幣로 지정되고,[21] 상품유통이 새로운 전개를 본 16세기에는, 면포가 화폐의 구실을 하였을 뿐, 금속화폐인 동전은 다음 세기인 1625년에서야 비로소 주조된다. 금속화폐에 기준을 둔다면, 한국은 3국 가운데 가장 발전이 늦은 셈이 된다. 그런데 이 시간적인 선후 문제에 앞서 직시해야 할 것은 17세기 초반의 동전 주조의 사실이 지금까지 16세기 상업에 대한 이해의 결여로 서로 연관지워지지 못했다는 사실이다. 16세기의 상업발달이 빠뜨려진 이전의 이해체계에서는 면포의 통용도 단순한 사용가치에 따른 것으로만 이해되었고, 따라서 17세기의

---

18) 宮崎市定, 《五代宋初の通貨問題》, 1943.

19) 梁方仲, 〈明代國際貿易與銀的輸出入〉, 《明代社會經濟史論集》 3, 1979, 存粹學社編集; 佐伯富, 〈中國近世史發展と銀の問題〉, 《中國史研究》 3, 東洋史研究叢刊 21의 2, 1977, 京都大學 東洋史研究會.

20) 豊田 武, 〈中世商業の種々相〉 p.74 및 〈商品流通の躍進〉, p.120, 《體系日本史叢書》 13, 流通史 1, 1969 참조.

21) 《經國大典》 戸典 國幣條.

금속화폐는 어디까지나 當世紀가 生出한 새로운 시작으로 파악될 수밖에 없었다. 그러나 한국의 화폐경제는 실상 16세기에 그 기반이 거의 다 닦아지고 있었다.

한국에서 면포의 생산은 15세기 후반에 접어들면서 대폭적으로 증가하여 麻布로부터 正布의 자리를 넘겨받는다. 그리하여 16세기 초에 이르는 사이에는 等價物로서의 통용뿐만 아니라 소액화폐로의 분화까지 이루어지는 빠른 변화상을 보인다. 면포의 正布로서의 표준은 五升布였으며, 실제적으로는 四升布가 그것에 준하는 常布로서 통용되었다. 그런데 16세기 초에 이미 그러한 기준체계를 깨뜨리고, 三升布·二升布 등이 麤布, 惡布로 지목되면서도 널리 통용되는 변화가 일어난다.[22] 이 추포들은 결코 옷감으로 쓸 수 없을 정도로 거친 것으로서, 등가물로 사용하기 위해 별도로 짜여졌다. 미곡과의 교환율로 보면, 오승포·사승포는 고액 화폐로서, 그리고 이·삼승포는 소액환으로서 각각 기능하였던 것이 확실시된다. 다시 말하면, 농촌시장을 중심으로 한 소농민의 경제생활에서는 이 추포들이 절대적으로 필요한 등가물이었다.

화폐로서의 정포·추포의 이원체계는 16세기 조선의 경제가 화폐경제의 여건을 기본적으로 갖추고 있었다는 것을 뜻한다. 같은 시기의 중국과의 무역에서 은이 일차적인 결제수단으로 다량으로 확보, 통용되었다는 사실을 상기하면[23] 그 화폐경제 체계가 금속화폐 체계로 전환되지 않았다 하더라도, 이미 그것에로 쉽게 전환될 수 있는 성숙된 기반을 가진 것임이 충분히 인정된다. 그러한 성숙된 여건을 배경으로 16세기 초반에 실상은 이미 금속화폐 주조론이 강력하게 대두하고 있었다.[24] 그 제의는 곡물과 면포를 다량으로 보유하여 현물통용으로써 막대한 이익을 누리던 大商·大權力層의 不

---

22) 이하의 麤布·正布에 관한 서술은 宋在璇, 〈16世紀 綿布의 貨幣機能〉, 1985, 서울대학교 대학원 석사학위논문.

23) 이 책, p.377 참조.

24) 송재선, 앞의 논문, p.20~21 참조. 중종 10년 6월의 「用楮貨錢幣事」 논의에서 楮貨專用論 鑄錢論 등이 갈리었다.

動으로 當世紀에서는 실현을 보지 못하였지만, 이 시기의 화폐경제의 여건을 보여주는 좋은 측면이다. 1625년의 동전 주조는 정치적 변화로 그러한 장벽이 무너져 그동안의 제의가 늦게서야 실현을 본 것에 지나지 않는다.[25]

16세기 동아시아의 상업발달의 다른 한 증좌로는 부세체계의 金納化 추세를 더 들 수 있다. 중국의 지정은제의 시행이 그 대표적인 예가 되겠으나, 조선에서 군역의 布納化나 공물의 防納化 등도 같은 관점에서 이해되어야 할 문제이다.[26] 특히 중국사의 경우 이 부문에 관한 연구 성과가 많이 축적되어 있지만, 여기서 이 문제까지 다룰 겨를은 없다. 이제 장을 바꾸어 16세기 동아시아의 상품유통 발달의 심도를 국제무역의 측면에서 보기로 한다.

2. 국제교역의 증대와 전쟁

동아시아의 교역관계는 唐末·北宋 때에 중국 상인들이 동남아시아로까지 진출하면서 이미 새로운 조짐을 보였다. 그러나 14세기 말엽에 명이 책봉체제로서 새로운 국제질서를 추구하면서부터 본격적인 변화가 시작된다. 명의 책봉체제는 주지하듯이 중국의 전통적인 화이사상의 발로로서 이웃하는 나라들에게 臣屬을 요구하는 외교형태였다. 그런데 그것은 신속의 구체적인 표시를 조공으로 요구하였듯이, 명분에 못지않게 교역상의 실리에 대한 배려도 적지 않게 하고 있었다. 책봉체제는 그 의의가 하나의 「通交機構」의 성립으로 규정되듯이, 동남아시아로까지 확대된 교역권을 하나의 질서로 안착시키려는 데 중요한 의도가 있었다.[27]

하나의 「통교기구」 아래 새로이 출범한 동아시아의 교역은 활발한 전개

---

25) 宋贊植, 《李朝의 貨幣》, 春秋文庫 9, 1975, p.12～13에서 이 첫 鑄錢과 16세기 綿布의 상관성이 비쳐졌다.

26) 李泰鎭, 이 책 제10장 〈16세기 한국사의 이해 방향〉 참조.

27) 田中健夫, 〈東アジア通交機構の成立と展開〉, 岩波講座 《世界歷史》16, 近代 3 西洋篇, 1970.

를 보여 교역량이 크게 증대하는 한편으로, 16세기 중반에는 유럽 상인까지 참여함으로써 세계경제의 한 중심으로서의 면모까지 보였다. 중국을 비롯한 한국, 일본 등의 3국이 물론 그 교역의 중심을 이루었으나, 명의 조공무역체제의 특별한 운영방식으로 琉球 또는 유럽 상인들이 담당한 중계무역의 비중도 적지 않았다.

명의 조공무역체제는 다 알듯이 海禁政策을 병행하였다. 해금은 통교의 전면적인 봉쇄가 아니라, 명 국내인만을 그 대상으로 한 정책으로서, 명정부가 무역 독점권을 지속적으로 누리려는 데 참뜻이 있었다. 그래서 중국의 연해지역 사람들을 대신하여 유구인들이 중계무역에 나서게 되었던 것이다. 그들은 남해 물산인 胡椒와 沈香, 蘇木 등의 藥材를 가지고 명뿐만 아니라 조선, 일본 등지에도 빈번하게 드나들었다. 그러나 16세기에 접어들면서 중국의 연해인들은 국내산업의 가속적인 발전을 배경으로 더 이상 해금에 구애받지 않고 심지어 왜구를 가장하면서까지 교역에 나섬으로써 유구인들의 구실은 퇴조할 수밖에 없었다. 16세기 중반 포르투갈인을 필두로 한 유럽상인들의 진출은 그 퇴조를 돌이킬 수 없게 하였다.[28]

조선은 명의 책봉체제 아래서 당초 조공의 부담을 줄이는 데 주력하였다. 따라서 양국 사이의 통상은 오히려 부진한 형세였다. 그러나 15세기 말엽부터 견직물[紗羅綾段]이나 그 原絲(白絲)를 명으로부터 다량으로 매입하기 시작하면서 전혀 새로운 국면에 접어들게 된다.[29] 이 시기에 일어난 견직물에 대한 높은 수요는 그동안 농업기술의 발달로 사회적으로 농업경제력이 신장됨에 따라 일어난 현상이었다. 견직물의 높은 수요는 상당한 기간 사치풍조의 일면으로 정치적으로 큰 논란의 대상이 되기도 하지만, 서민층 사이에서도 그것이 이제는 혼수의 필수물이 될 정도로 수요층의 범위가 사회적으로

---

28) 이상의 서술은 田中健夫 위의 논문; 山口啓二, 〈日本の鎖國〉, 岩波講座 《世界歷史》 16, 1970; 佐夕木銀彌, 〈東アジア貿易圈の形成と國際認識〉, 岩波講座 《日本歷史》 中世 3, 1976 등에 의거하였다.
29) 韓相權, 〈十六世紀 對中國 私貿易의 展開〉, 《金哲埈博士華甲紀念史學論叢》, 1983 참조.

확대되고 있었다.30)

중국으로부터 견직물 및 그 원사의 매입은 은으로 결제가 요구되었기 때문에, 조선의 국내 은광업 발전의 새로운 계기가 되었다.31) 조선은 1429년(세종 11)에 금과 은을 조공품에서 제외시키는 데 일단 성공한 뒤, 그것들이 다시 요구의 대상이 되지 않도록 하기 위해 국내생산을 거의 허용하지 않았다. 불가피하게 필요한 것은 최소량의 범위에서 일본으로부터 사들여 쓰게 하였다. 그러나 15세기 말엽부터 명과의 통상에 위와 같은 변화가 일어나면서, 富商·大賈들의 집요한 요구로 정책을 바꾸지 않을 수 없게 된다. 1515년(중종 10)에 취해진 「民採納穀」制는 民間採鑛을 공식적으로 허용하는 것이었으며, 1551년(명종 6)의 「民採納稅」制는 그 개방성을 더 확대시킨 조치였다.

이 시기 조선에서 은광업의 발전에는 기술면에서 새로운 뒷받침이 있기도 하였다. 1503년(연산군 9)에 궁중 세공에 동원되어 있던 양인 金甘佛과 奴 金儉同 두 사람이 鉛塊로부터 은을 분리 제련하는 방법을 새로이 발명한 것이 바로 그것이다.32) 연괴에는 본래 은이 다량으로 함유되어 있었지만 이때까지도 그 분리기술의 미발달로 활용되지 못하였는데, 두 사람이 처음으로 그것을 해결하였던 것이다. 근대에서까지 한국의 가장 유명한 은광으로 알려진 함경도 단천은 본래 鉛産地이다가 이 발명을 계기로 은광으로 바뀌게 되었다.33) 그리고 이 기술은 곧 일본인들에게도 전수되어, 일본이 16세기 후반 이후로 은 생산량을 증대시키는데 결정적인 기여를 하게 된다.34) 이러한 사실들을 유의하면, 두 사람의 이 발명은 16세기 동아시아의 상공업 발달사에

---

30) 李泰鎭, 이 책 제10장 〈16세기 한국사의 이해 방향〉, p.354~356 참조.

31) 이하의 서술은 한상권, 앞의 글 및 柳承宙, 〈朝鮮前期後半의 銀鑛業研究〉, 《震檀學報》 55, 1983에 의거하였다.

32) 申奭鎬, 〈朝鮮中宗時代の禁銀問題〉, 《稻葉博士還歷紀念 滿鮮史論叢》, 1938, p.410~411.

33) 위의 글, p.412 참조.

34) 위의 글, p.421~422에 새 기술의 일본인으로의 傳受에 관한 자료로서 魚叔權의 《稗官雜記》의 「倭人舊不知用鉛造銀之法 只持鉛鐵以來 中宗末年 有市人挾銀匠潛往倭奴泊船地方 轉以其法 自此倭人之來 多賫銀兩…」라는 기록이 제시되었다. 16세기 후반 이후 일본의 銀生産 증대에 대해서는 小葉田 淳, 《金銀貿易史の研究》, 法政大學出版局, 1976; 田代和生, 《近世日朝通交貿易史の研究》, 創文社, 1981 등 참조.

서 결코 잊혀질 수 없는 일이라고 하지 않을 수 없다.

한편, 조선은 일본과의 교역에서 금·은·동 등을 사들이고, 곡물(米·豆)과 綿紬·綿布 등을 수출하는 관계에 있었다.35) 금·은류의 수입은 앞에서 언급했듯이 15세기까지는 명과의 관계에서 免貢政策에 따른 것이었다. 그리고 16세기에 은광의 民採가 허용된 뒤에도 일본 은이 적지 않은 양으로 유입되고 있었는데, 그것은 명으로부터 견직물 수입의 증대로 그 거래의 필요한 은을 더 많이 확보해야 했기 때문이었다.36)

일본사에서 언급되는 것에 따르면, 일본의 서민문화는 명과의 교역보다도 조선과의 교역을 통하여 더 많은 영향을 받았다고 한다. 명과의 관계는 주지하듯이 조공무역의 한 형태인 勘合貿易으로 이루어졌다. 15세기 초에 시작된 이 무역은 당초 그 주체가 막부였을 뿐 아니라, 十年一貢의 원칙이 적용되어 빈도가 높지 못하였다. 그리고 15세기 중반 이후로는 큰 寺社, 有力大名, 堺·博多 등지의 상인들이 참여함으로써 다소 활기를 띠었으나, 이때에도 그 買入品(回賜品)은 서민사회와는 거리가 먼 것들이었다.37) 명으로부터는 주로 견직물과 그 원사 그리고 동전을 받았는데, 絹織·原絲는 대부분 상급사회의 수요로 돌려졌으며, 동전 또한 대부분 귀국길에 견·원사로 바꾸어졌다. 일·명 관계의 이러한 양상과는 달리 조선과의 통교는 그 창구가 三浦와 對馬島로 한정되는 통제가 조선으로부터 가해지기도 하였으나, 그 참여층이 위로 막부의 장군으로부터 아래로 소농어민에 이르기까지 매우 넓었을 뿐더러, 買入의 대상도 생필품류여서 서민사회에 끼친 영향이 컸다는 것이다.38)

조선과의 교역에서 일본이 얻은 가장 중요한 소득은 木綿製品과 그 재배기술의 습득이다. 일본 綿業에 관한 한 개척적인 연구에 따르면,39) 16세기

---

35) 佐々木銀彌, 앞의 글 및 中村榮孝, 《日鮮關係史の研究》; 田中健夫, 〈中世における明·朝鮮·琉球との關係〉, 《對外關係と文化交流》, 思文閣史學叢書, 1983 등 참조.
36) 申奭鎬, 앞의 글 및 한상권, 위의 글, p.474~478 참조.
37) 田中健夫, 〈中世海外貿易の性格〉, 《日本經濟史大系》2, 中世.
38) 佐々木銀彌, 앞의 글.
39) 小野晃嗣, 〈本邦木綿機業成立の過程〉, 《日本産業發達史の研究》, 至文堂, 1941.

초에 시작되는 일본 목면의 국산화는 전적으로 조선으로부터 가져간 종자와 織布術에 따라 이루어졌다고 한다. 조선으로부터 목면 제품의 수입은 15세기 전반기에 綿紬 중심으로 증가 추세를 보이다가, 그 후반기 특히 應仁·文明의 大亂 이후로 면포 중심으로 급증하여 연간 10만 필에까지 달하는 가운데, 그러한 기술적인 전수가 이루어졌다고 한다. 1510년에 발생한 삼포왜란은, 조선정부가 급격한 면포의 유출을 통제하게 되자, 이제까지 면포무역을 통하여 큰 이득을 누리던 대마도인들이 반발하여 일으킨 것으로 파악된다.

일본에 수입된 조선 면포는 「목면혁명」이라 일컬어질 정도로 여러 부면에 두루 쓰여 생활과 기술문화에 일대 혁신을 가져왔다.[40) 의복용에 앞서 兵衣·武具·火繩 등 戰國의 상황에서 긴요한 군수용도가 의외로 높았다. 그리고 교통의 발달에도 결정적인 기여를 하였다고 한다. 일본의 선박들은 이때까지도 藁草帆을 쓰고 있었는데, 이제 그것을 조선 면포로 바꾸게 됨으로써 적재량이 늘어나고 操帆術이 훨씬 용이해져 航速도 빨라지게 되었다는 것이다. 岐阜縣의 한 지방에 전승되고 있는 祭禮儀式 「朝鮮軸」에서는 朝鮮服 차림의 조선왕에게 「木綿의 靴」를 신기고 있는데,[41) 그 靴는 「목면혁명」의 충격을 발자취로 남기는 靴라고 해도 좋을 것 같다.

16세기 동아시아의 국제교역은, 각기의 국내경제의 발전과의 일정한 관련 아래, 대체로 이상과 같은 형태로 전개되었다. 그런데 한·중·일 3국의 관계는 그 세기 말에 豊臣秀吉의 이른바 「唐入」(중국침입)으로 전쟁의 소용돌이에 빠져든다. 秀吉의 「당입」 구상은 정치적인 면에서는 戰國大名(다이묘)들 사이의 갈등을 해소하려는 의도를 가진 것으로 풀이된다. 그러나 경제적인 면에서는 일본이 처한 교역상의 열세와 불리를 한꺼번에 타파해 보려는 「체제변혁전쟁」[42)으로 파악된다. 일본의 교역상의 불리는 삼포왜란을 계기로

---

40) 이하의 목면 활용에 관한 서술은 杉山 博, 〈中國·朝鮮·南蠻の技術と軍事力〉, 岩波講座《日本歷史》中世 4, 1976에 따랐다.

41) 李進熙, 〈唐子踊りと朝鮮軸〉, 《江戸時代の朝鮮通信使》, 映像文化協會編, 1979, p.59.

42) 中村榮孝, 《日朝關係史の研究》中, 吉川弘文館, 1969, p.55.

조선이 통교량을 반으로 줄인 것이 그 始端이나, 명이 일인들이 소란을 피운 寧波의 亂을 계기로 1547년 이후 감합무역을 폐쇄시켜 버린 것이 결정적이었다. 이후의 대명 교역은 거의 왜구에 손에 맡겨지다시피 하였으나 그 구실은 포르투갈 상인의 「우월」을 뛰어넘을 수 없었으며, 조선과의 관계도 좀처럼 개선되지 않았다.[43] 秀吉은 바로 이러한 불리를 전국의 통일을 치른 군사력으로 타파해 보려했던 것이었다.

16세기 일본의 상공업 발달은 주지하듯이 全國大名(다이묘)들의 領國經營 속에서 이루어졌다. 領國別로 戰國의 항쟁 속에서 큰 규모의 군사력 유지에 필요한 재원 마련을 위해 상공업에 대한 적극적인 장려책이 따랐다. 농업에서도 치수사업을 통한 新田開發과 같은 노력이 없지 않았으나,「樂市樂座」制로써 상·수공업을 장려하는 한편, 무역에 필요한 금·은을 마련코자 광산을 적극 개발한 것 등이 전국시대 領國들의 일반적인 상황이었다.[44] 領國經營의 실상이 이러하였던 만큼, 그 領國들을 통합한 織豊政權에서도 국내의 상권과 국제무역권은 정치적으로 중시될 수밖에 없었다. 織豊政權은 대륙과의 통교 창구인 博多 등지의 장악을 통일의 최종사업으로 삼다시피 하였다.[45] 상권과 무역권이 통일정권 확립에 이처럼 중요시되었기 때문에, 전국통일의 막바지에「당입」이 정권의 새로운 활로로서 모색되기에 이른 것이었다.

秀吉의「당입」구상은 일본사회 흐름에서는 피할 수 없는 것이었을지 모르나, 16세기 동아시아의 상황으로는 결코 실현될 수 없는 일이었다. 16세기 후반에 일본이 전국통일을 앞두고 경제적으로 크게 발전한 것은 사실이나, 그것은 어디까지나 일본경제 자체 내의 한 단계의 발전이지, 명이나 조선을

---

43) 山口啓二, 앞의 글, p.447~449.

44) Kozo Yamamura, 〈Returns on Unification : Economic Growth in Japan, 1550~1650〉,《Japan before Tokugawa》, Princeton U. Press, 1981.
   永原慶二, 〈大名領國制の構造〉, 岩波講座 《日本歷史》 中世 4, 1976.
   藤木久志, 〈大名領國の經濟構造〉,《日本經濟史大系》2, 1965 등 참조.

45) 脇田 修, 〈織豊政權の商業·都市政策〉, 永原慶二 編,《戰國時代》, 吉川弘文館, 1978.

앞지르는 수준의 것은 결코 아니었다. 일본은 16세기 초반에 조선으로부터 목면 재배술, 鉛銀 분리법 등을 전수받았을 뿐 아니라 1543년에는 鐵炮를 포르투갈 상인으로부터 구입하였다. 그리고 신무기 사용에 필요한 화약은 한동안 중국으로부터 사들여 썼다. 요컨대 일본은 16세기 전반기까지도 중요한 기술문화를 이웃나라들로부터 전수받는 처지였다. 같은 세기 후반에 이루어진 그 기술문화들의 국산화는 일본사 자체로서는 매우 중요한 것이나, 동아시아 전체의 상황에서 볼 때 그것은 후진의 만회이지 결코 선진은 아니었다.[46]

조선에 침입한 일본군의 鐵炮가 상당한 위력을 발휘한 것은 사실이다. 그러나 그들의 화약병기가 이것 하나뿐이었다는 것은 실상 문화적인 취약점을 그대로 드러낸 것이었다. 해전의 경우, 철포 하나로만 무장한 일본수군은 대형 화포를 艦載하여 사용하는 조선수군을 결코 이길 수 없었다. 조선군은 陸戰에서 당초 철포의 위력에 눌려 크게 고전하였으나, 곧 오랜 전통의 화약병기술의 힘을 발휘하여 여러 가지 攻擊(攻城)用의 무기들을 만들어 열세를 만회하여 갔다.[47] 조선군뿐 아니라, 명의 南兵은 순전히 왜구에 대처하기 위해 개발된 浙江兵法을 구사하고 있었으므로 일본군을 크게 압도하였다.

豊臣秀吉이 전국통일을 눈앞에 두고 1586년에 絢爛豪華를 다하여 聚樂第를 지은 것은 유명한 사실이다. 16세기 동아시아의 기술문화를 검토한 杉山博氏가 秀次의 자살로 그 聚樂第가 하루아침에 소멸해 버린 것을 「秀吉의 文祿의 役에서 戰國의 군사력이 명군이나 고려군의 군사력에 따라 내밀린 모습과 흡사하다」[48]고 서술한 것은 매우 인상적인 표현이다. 秀吉의 팽창주의와는 달리, 德川幕府가 조선과의 통교 회복을 서두르고 쇄국정책으로 대외교역의 단일적 통제체제를 갖춘 것은 이 무렵 일본의 통일정권이 동아시

---

46) 杉山 博, 앞의 글.
47) 임진왜란 때까지의 16세기 조선의 火器 발달에 대해서는 許善道,〈李朝 中期 火器의 發達〉,《歷史學報》, 30·31, 1966 참조.
48) 杉山 博, 앞의 글, p.87.

아의 일원으로서 취할 수 있는 최선의 대외정책이었다고 믿어진다.

3. 정치적·사회적 동요와 사상적 대응

16세기의 동아시아 3국이 지금까지 살핀 것과 같이 경제적으로 중요한 변화를 겪었다면, 그에 따른 정치적·사회적 파동도 적지 않았을 것이 충분히 예상된다. 글의 머리에서 잠시 언급하였듯이 이 시기의 3국의 정치적 상황은 모두가 실제로 평온하지 않았다. 중국은 民變이 계속되는 가운데 환관과 士人의 충돌이 잦았으며, 일본은 농민의 一揆가 잇따르는 가운데 대·소영주 사이의 알력으로 戰國의 상황이 벌어지고 있었다. 조선의 경우도 중앙에서는 사화가 거듭되는 한편으로 林巨正의 반란을 비롯한 「賊亂」이 전국에 미치고 있었다.[49] 3국이 모두 이와 같이 상·하의 계층을 막론하고 동요를 일으킨 것은 당시의 경제변동이 그만큼 심대한 것이었음을 뜻한다.

중국·일본 양국사에서는 이미 그러한 동요의 본질이 경제적 변화와 연관지워지고 있다. 즉 새로이 生出되는 財富를 둘러싼 지배신분층 안의 알력, 대립 그리고 농민층 분해에 따른 파동 등으로 구명되고 있다. 중국의 경우, 명대 중반 이후 상·수공업 발달이 가속화하면서 농민층으로부터 소상인, 고용노동자 등이 광범하게 생출되는 가운데, 당시 황제 절대권 아래서 실권을 누리던 환관과 그 僚屬들이 鑛業, 鹽業, 織造, 窯業 등에서 직접적인 경영 또는 稅政을 통한 횡포를 일삼자, 민변의 반발이 광범하게 일어난 것으로 풀이된다. 지배신분층에 속하는 鄕紳, 士人 등은 東林黨과 같이 그들만의 조직을 결성하여 저항하는가 하면, 상인, 임금노동자, 농민 등이 벌이는 민변에 직접 관여하기도 하였다.[50] 일본의 경우도 室町時代를 거치면서 농업, 상업, 수공

---

49) 矢澤康祐,〈林巨正の反亂とその社會的背景〉,《朝鮮歷史論集》上, 旗田巍先生古稀記念會編, 1979.

50) 傳衣凌,《明代江南市民經濟試探》, 上海, 人民出版社, 1957; 劉炎,〈明末城市經濟發展下的

업 등에서 생산의 잉여가 증대하여 그것을 둘러싸고 守護大名을 비롯한 상급 領主層과 在地의 小領主層 사이에 긴장과 대립이 고조하는 한편으로, 惣공동체의 발달을 통해 농민층의 결속 또한 강화되어 경제변화에 따른 이해관계를 그들 나름대로 표시함으로써 一揆와 戰國의 혼란이 한꺼번에 닥친 것으로 설명된다.[51] 조선에서의 동요도 두 나라의 이러한 여건과 기본적으로 다르지 않았다.

조선에서도 상업발달로 농민층 분해가 심하게 일어나고 있었다. 다소 과장된 것이기는 하나, 「지금 사방의 백성은 十分가운데 九分이 趨末하고 一分이 本業을 한다」[52]고 표현될 정도로, 농민의 소상인으로의 전화가 심하였다. 이 과정에서 근거를 상실해 버린 「遊手者」들은 「賊亂」의 무리가 될 수밖에 없었다. 이러한 변혁 속에 지배신분층은 기성의 관료로서 특권적 성향을 강하게 보인 훈신·척신계와 신진의 관료군인 사림계 둘로 나뉘어 대립상을 보였다.[53] 양자 가운데 훈척계는 명의 환관이나 일본의 대영주층에 비견되는 존재였다. 이들이 왕권 또는 왕실과의 특별한 관계를 통하여 지위를 보장하고자 한 것은 명의 환관과 기본적으로 다를 것이 없었다. 그리고 그 致富의 片片은 위 양자의 그것과 비슷한 것이 적지 않았다. 그들은 특정한 부류에게 防納權을 보장해 주면서 일정한 대가를 관례적으로 상납 받았을 뿐더러, 서남 연해지역에서 지방관을 사주하여 다수의 지방민을 강제로 동원, 간석지를 개발하여 그 수익을 貿穀활동의 자본으로 삼거나 은광 개발에 투자하였다.[54] 이들은 곧 새로운 경제변화 속에서 관권을 매개로 富商大賈들과

初期市民運動〉,《明代社會經濟論集》1, 1979; 酒井 忠夫, 〈明末の社會と士人〉,《中國善書の硏究》, 1960 등 참조. 이 방면 연구는 많으나 일일이 들지 않는다.

51) 戰國時代에 관한 日本史學界의 論著는 많아 이 자리에서 일일이 들기 어렵다. 앞에 든 永原慶二 編,《戰國時代》가 집중적인 연구로 주목된다.

52)《中宗實錄》卷 29, 中宗 12년 8월 戊申條.

53) 李泰鎭, 〈사림파의 유향소 복위운동〉,《震檀學報》33·34, 1972, 1973; 이 책 제6장 및 〈사림파의 향약보급운동〉,《한국문화》4, 1984; 이 책 제9장 등이 무오사화, 기묘사화의 배경을 중심으로 양자의 대립을 구체적으로 다루었다.

54) 李泰鎭, 〈16세기 연해지역의 언전 개발〉,《김철준박사화갑기념사학논총》, 1983; 이 책 제8장.

결탁하여 치부를 가장 크게 누린 부류였다. 양자의 관계는 중국이나 일본에서도 큰 문제가 되었던 官·商의 유착관계 바로 그것이었다. 조선에서 거듭된 사화는 곧 신진의 사림계가 그 치부방식의 비리를 비판, 공격하고 나서자, 궁지에 몰린 훈척계가 정치적 보복으로 일으킨 것이었다. 재지 중소지주 출신이 주류를 이루는 사림계의 정치적 처지는 일본의 재지 소영주층이나 중국의 동림당 계열의 향신·士人 등과 비슷한 것이었다.

매우 개괄적이나마 위에서 지적한 것과 같은 3국의 정치적·사회적 상황의 많은 유사점은 결국 경제변동 자체의 역사적 동질성에서 비롯하는 것으로 보아야 할 것이다. 끝으로 그러한 정치적·사회적 동요가 어떠한 형태로 수습되고 이끌어졌는지가 관심의 대상이 되지 않을 수 없다. 그러나 이 문제는 16·17세기 사상계의 동향 전반에 관련되는 것이므로 제한된 지면에서 구체적으로 살피기 어렵다. 그 추이는 대체로 중소지주층 또는 그에 준하는 계층이 성리학과 양명학 또는 성리학 하나만으로 새로운 사회질서를 모색한 것으로 파악되지만, 여기서는 성리학 하나만을 취한 특징을 보이는 조선에 대해서만 간략한 언급을 가지기로 한다.

조선이 중국·일본과는 달리 양명학을 배격한 이유는 잘 드러나 있지 않다. 성리학은 흔히 농업 중심의 통치이념으로 이해되고 있지만, 그렇다고 해서 성리학만을 취한 조선사회를 상업의 발달이 부재하거나 뒤떨어졌다고 이해하는 것은 온당치 않음은 지금까지의 고찰로써 명백하다. 성리학은 실상 조선사회가 상품유통의 발달로 큰 변동을 겪고 있는 가운데 하나의 대응관계로서 뿌리를 내렸던 것이다.

1480년대의 향사례·향음주례 보급운동,[55] 1510년대의 향약보급운동[56] 등은 조선 성리학의 사회적 정착과정에서 가장 중요시된 정치활동이었다. 이 두 가지는 사림계가 사회의 유교적 교화를 꾀한 정치활동이나, 그 대상이 된

---

55) 李泰鎭, 이 책 제6장 〈사림파의 유향소복립운동〉 참조.
56) 李泰鎭, 이 책 제9장 〈사림파의 향약보급운동〉 참조.

것은 상품유통의 발달로 야기된 사회적 동요 바로 그것이었다. 다시 말하면 농민층 분해를 비롯한 격심한 사회적 동요를 겪고 있는 현실을 유교적인 방식으로 다시 안정시켜 보려는 것이 그 목적이었다. 사림계의 성리학적 처지가 농업과 농촌사회의 안정에 비중을 둔 것은 분명한 사실이다. 이 시기에 사림계가 水田농업 발달에 필수적인 수리사업으로 하천수 활용의 새로운 관개방식인 천방(洑) 보급에 앞장선 것도 그러한 면모의 일단이라고 할 수 있다.57) 그러나 이러한 처지가 바로 상업의 발달 자체를 거부하는 함수관계에 있는 것은 아니었다. 농촌시장으로서의 場門에 대한 置廢 논의가 있었을 때, 退溪 李滉을 포함한 다수의 사림계 인사들이 그것이 민생에 도움이 되는 것이라면 존속시켜야 한다는 주장을 펼치고 있었다.58) 뿐만 아니라 향약보급운동 단계에서는 견직물의 국내생산 촉진과 더불어 일반농가의 부업으로서의 양잠의 장려가 꾀하여졌으며,59) 유통질서의 혁신을 목적으로 제기된 금속화폐 주조론은 이 계열로부터 많은 지지를 받았다.60) 조선 성리학의 상업적 분위기에 대한 대응관계는 崇儉精神을 중시하고 있는 것에서 가장 잘 드러난다. 앞서 언급하였듯이 조선사회는 경제변동의 한 여파로서 성종대 후반부터 명종대까지 복식·혼수·第宅 등을 중심으로 한 사치풍조가 크게 일어나 정치적으로도 큰 논란거리가 되었는데, 이러한 분위기에서 유교 본래의 근검절약이 특별히 주목받게 되었던 것이다. 요컨대 사림계는 務本抑末의 관념에서 상업 자체를 맹목적으로 배격한 것이 아니라, 재지 중소지주라는 계층적 처지에서 농촌사회의 안정을 전제로 한 상업정책을 추구하고 있었던 것이다.

거듭된 사화가 말하듯이 16세기 일대에서 사림계의 정치적인 태도는 野的

---

57) 李泰鎭, 〈16세기의 천방(보) 관개의 발달〉, 《한우근박사정년기념사학논총》, 1981; 이 책 제7장.
58) 李泰鎭, 이 책 제10장 〈16세기 한국사의 이해 방향〉, p.361~363 참조.
59) 李泰鎭, 이 책 제9장 〈사림파의 향약보급운동〉, p.341~343.
60) 송재선, 앞의 글, p.20~22.

인 것으로서, 그들의 주장이 실현될 기회는 적었다. 그 세기 말에 접어들어 척신정치의 종식으로 정치적 상황이 호전되어 오랜 숙원들이 비로소 하나하나씩 실현을 보기에 이른다. 1625년에 처음으로 금속화폐가 주조되고, 또 긴 논의과정을 거쳐 1650년대에는 공납제도상의 구조적 비리를 혁신하는 대동법이 시행되기에 이른 것61) 등이 그 대표적인 예이다. 사림계의 성리학적 처지는 주지하듯이 결코 적극적인 상공업주의는 아니다. 그러나 농촌경제, 농촌사회의 안정을 우선시킨 그들의 이러한 대응은 이후 조선사회의 문화적 특성을 이루는 것으로서, 임진왜란을 치른 뒤 다시 호란을 두 차례나 겪으면서도 17세기의 조선사회가 붕괴되지 않은 까닭도 바로 이러한 견고한 사회적 대응에서 일차적으로 찾아야 할 것이다.

맺음말

지금까지 16세기 동아시아 3국의 상품유통 발달과 그것으로 말미암은 정치적·사회적 동요에 대하여 살펴보았다. 중국, 일본 두 나라 역사에서 이 문제는 그동안 이미 많은 연구가 이루어져 결코 새로운 것이 아니다. 그러나 두 나라 역사에서 다 같이 유사한 변화들이 확인되면서도, 한국사 쪽의 사정이 불명한 탓으로, 그것을 동아시아사 전체의 것으로 조명해 보려는 시각은 제시되지 않았다. 이 글은 그것을 시도해 본 것으로서 나름대로 의의를 찾고자 한다. 이 글에서 활용된 16세기 한국사의 상황에 관한 지식들은 앞으로 좀 더 깊은 연구를 통하여 보충되어야 할 것이 적지 않다. 그러나 한편으로 이와 같은 비교사적인 정리의 기회는 연구의 낙후성을 좀 더 빨리 극복할 수 있는 하나의 길로서 유익한 것이 되리라 믿는다.

중국사와 일본사를 통하여 이미 지적되고 있듯이 16세기에 시작된 동아시

---

61) 高錫珪, 〈16·17세기 貢納制 改革의 방향〉, 《韓國史論》 12, 1985.

아의 상품유통 경제의 발달은 18세기에 최성기를 누리며, 이 기간의 동아시아의 번영은 세계사적으로도 매우 중요한 의미를 가진다. 그런데 한국사의 경우, 지금까지 임진왜란을 기준으로 조선시대사를 전·후기로 나누는 기이한 구분법이 일반적으로 쓰여, 18세기의 경제발달은 임란 이후 것으로 간주된 채 그 출발이 16세기에 있는 것을 상정조차 하지 못해왔다. 이 점은 시급히 시정되어야 할 것이다.

약 3세기에 걸치는 이 기간의 경제발전이 동아시아사로서 얼마나 중요한 것인가는, 산업혁명으로 세계경제의 중심이 서구로 기울어졌을 때, 3국이 다 같이 큰 파란을 일시에 겪게 되는 사실로써 충분히 반증된다. 3국은 주지하듯이 19세기에 접어들어 太平天國의 亂, 世直し, 민란 등 민중의 대규모적인 동요를 다 같이 거의 동시적으로 겪게 된다. 이러한 큰 격동의 원인은 내적인 면에서도 여러 가지로 찾아야 하겠지만, 그 激發의 동시성에서 볼 때 국제적인 경제여건의 변화가 가장 일차적인 요인으로 고려되어야 할 것이다.[62] 중국을 중심으로 하는 이전까지의 동아시아 경제의 세계적인 우세는 19세기에 접어들어 中國銀의 逆流出이 말하듯이 서양 산업자본주의의 발달로 무너지기 시작하여, 중국뿐 아니라 같은 경제권인 한국, 일본 등지에서 모두 내적인 파란을 피할 수 없었던 것이다.[63]

동아시아사의 흐름을 이상과 같이 파악할 때, 성리학과 양명학은 상업자본 발달기의 동아시아의 가장 대표적인 사상체계로서 그 역사적인 의미가 새삼 주목된다. 동아시아 지역이 현대 산업경제사회로 전환해 가는 데서도 그것들은 역사적으로 상업적 분위기에 대한 구체적인 대응을 가진 사상, 윤리체계로서 여러 가지로 음미되어야 할 점이 있을 것이다.

---

62) 寺田隆信, 〈新安商人と山西商人〉, 《中世史講座》 3 中世の都市, 1983, 學生社는 그러한 경제적인 상황의 변모를 新安商人의 경우를 통해 잘 드러내 보여준다.

63) 17·18세기 동아시아 무역권에 관한 연구 가운데 田代和生, 위의 《近世日朝通交貿易の研究》는 日·朝 양국의 관계에 초점을 두었으나 중·조·일 무역권의 구조를 새로운 측면에서 보고자 하는 연구로서 매우 주목된다.

V. 조선후기 수전水田 집약농업의 추이

제12장 건경직파乾耕直播 도작과 도휴稻畦·무종수전畝種水田

머리말

필자는 몇 해 전에 〈畦田考〉(《韓國學報》 10, 1978)라는 글에서 통일신라기의 금석문인 담양 開仙寺 石燈記에 보이는 畦田이란 용어를 검토해 본 적이 있다. 이 용어는 渚畓, 奧畓이란 두 가지 畓에 대한 細註 가운데 보이고 있어서, 당시의 벼농사와 관련지어 해석을 가해 보았다. 즉 畦田의 畦를 후대와는 많은 차이가 있을 당시의 作法과 관련이 있는 것이라 보고, 그 字意가 본래 堳埒 곧 두둑이므로 止水·排水의 장치로서 「種稻地의 둘레를 起土하여 만든 堳埒」이라고 추측하였다. 그리고 이러한 장치는 비단 통일신라 때만이 아니라 李奎報의 詩에 「稻畦」란 말이 보이므로 고려 때도 존속한 것으로 보는 한편, 그러한 특별한 장치는 休耕의 제약을 벗어나지 못한 상태의 작법에서 요청된 것이라고 짐작해 보았다.

고려 후기에 이르기까지 우리의 벼농사나 밭농사가 휴경의 제약에서 아직 벗어나지 못하고 있었다는 견해는 지금도 변함이 없다.[1] 그러나 畦田·稻畦에 대한 해석은 자료의 제약으로 미심쩍음이 많았는데, 그 사이에 관련지을 만한 자료를 몇 가지 새로이 가지게 되어 다른 풀이를 가져보고자 한다. 前

---

[1] 우리의 농업기술이 休耕의 제약에서 벗어나는 것이 고려 말·조선 초기라는 견해를 필자가 〈畦田考〉에서 제시한 후, 宮嶋博史, 〈朝鮮農業史上における十五世紀〉, 《韓鮮史叢》 3, 1980에서 전적으로 이에 同意하였다.

考에서는, 우리 쪽의 자료가 부족해서, 중국 측의 華北 지방 稻作을 전하는 《周禮》의 地官·稻人條, 그것에 대한 鄭玄의 註,《氾勝之書》,《齊民要術》 등 통일신라기까지에 해당하는 시기의 중국 농서들을 주로 활용하였는데, 이들 농서의 관련 기사가 한결같이 止水·排水의 과정을 강조하고 있어서, 畦를 앞에서와 같이 해석하게 되었던 것이다. 본 논고에서는 「稻畦」에 관한 조선 초기의 용례를 새로이 얻고, 18세기 초의 저술인 李重煥의 《擇里志》에 보이 는 水田의 「畝種」이란 표현이 역시 이 문제와 관련된다고 판단하여 畦의 문 제를 乾耕直播 전통의 始終 속에서 새로이 이해해 보고자 하였다.

1. 乾耕直播와 「稻畦」

前稿에서도 잠깐 비추었지만, 徐有榘는 《杏浦志》,《林園十六志》 등에서 稻 田에서의 畦에 관한 古記에 접하여 그것을 논두렁으로 해석하였다. 18세기 후반 이후 畦가 이와 같이 논두렁으로 인식되는 것은 丁若鏞의 《經世遺表》 卷 9, 「魚鱗圖說」에 관한 설명 가운데 다음과 같은 일절에서도 볼 수 있다.

> ……假如一畦之畓 十斗之落 其八斗之落 總爲四畳 其二斗之落 乃鄰畦之畳
> 犬牙來入者 ……

여기서의 畦는 명백히 논두렁으로서 한 논두렁으로 싸인 畓이 다른 것과 들쑥날쑥한 상태를 설명하는 구절이다.

그런데 洪萬選(1664~1715)의 《山林經濟》 種稻條에 「直說補」라는 典據 로 인용된 일절의 記事에서는 다음과 같이 파종하는 자리를 가리켜 畦라고 하 였다.

> 乾秧法 春旱 秧基無水 熟耕乾畓 治令無塊 作小畦 將稻種和灰糞 種如乾播

而一斗落地 可種七斗 得雨移秧 則勝於水秧

즉 乾秧法이라고 하여 봄 가뭄으로 秧基에 물이 없을 때 유효한 방법을 소개하였는데, 乾畓을 잘 갈아서 흙덩어리가 없도록 한 다음에 「小畦」를 만든다고 하였다. 그 小畦에 바로 灰糞을 섞은 볍씨를 乾播法과 마찬가지로 뿌리고 나중에 비를 만나 移秧한다는 것이다. 여기서의 畦는 결국 파종하는 두둑이니 이랑인 것이다. 이 소개에서 파종하는 방법이 같다고 한 乾播를 같은 책에서 찾으면, 「乾播種」의 다음과 같은 내용이다.

春旱不可水耕 宜乾耕(唯種晚稻) 其法耕訖 以檑木(鄕名 古音波) 打破土塊 又以木斫 (鄕名 所訖羅) 縱橫摩平 熟治後 以稻種一斗 和熟糞 或尿灰一石爲度(作尿灰法…) 足種驅鳥(以苗生爲限) 苗未成長 不可灌水 雜草生則雖旱苗橋 不可停鋤(古語云…)

이 내용은 《農事直說》의 「乾耕」 부분을 그대로 옮긴 것으로써, 씨 뿌린 뒤에 밟아주는 「足種」의 구체적인 과정이다. 이에 따르면, 앞의 乾秧法에서도 小畦에 씨를 뿌린 다음 그것을 발로 밟아주는 것이 씨뿌리기의 주된 과정이 되겠다. 乾耕에 관한 위 설명문에서는 畦를 짓는 과정이 빠져있으나 檑木과 木斫을 사용하는 경지의 熟治 과정에 그것이 이루어지는 것으로 보아야 할 것이다. 이 점은 《농사직설》이 편간된 조선 초기 바로 그 시기의 벼농사에서 畦의 존재가 다음과 같이 확인되기 때문이다.

다음의 詩는 세조 5년 4월 癸酉(22)일에 왕과 왕비가 궁중 후원 翠露亭에서 稼穡 광경을 觀御할 때, 李克堪이 製進한 것으로서,[2] 그 가운데 稻畦란 말이 보인다.

---

2) 《世祖實錄》 卷 16, 世祖 5년 4월 癸酉條.

후苑雨初足　稻畦發新綠

楊柳正依依　池水淸漣漪

天心自怡樂　對時看天工

群臣拜獻壽　稽首鴻恩濃

이 시에는 「觀稻畦發苗雨澤沾洽」이란 설명이 서두에 붙여 있기도 하다. 「新綠이 돋아나는[發]」 또는 「苗가 돋아나는」 곳이라고 한 稻畦는 앞에서 살핀 것과 마찬가지로 파종이 이루어진 부분인 것이 의심의 여지가 없다. 權近의 다음의 시3)에서도 畦는 역시 작물의 파종처로 이해된다.

危樓百尺控長天　風景森羅机案前

川近水聲流檻外　檻山橫色聳雲近

千畦壠畝禾經雨　十里閭閻樹帶烟

匹馬南遷過勝地　可堪登眺忝賓筵

「千畦壠畝禾經雨」에서의 禾는 반드시 벼라고 할 수는 없다. 그러나 그것이 어떤 작물이든 간에 「千畦」의 畦는 다음의 「壠畝」이란 표현까지 곁들인 것으로 보아 작물이 심어지는 두둑 곧 이랑임에 틀림없다.

그런데 조선 초기에 이와 같이 확인되는 稻畦는 같은 시기의 《농사직설》에 제시된 벼의 파종법 가운데 乾耕直播에만 해당하는 것으로 보아야 할 것 같다. 《직설》에는 묘종법도 소개되어 있으나, 직파법을 일반적인 것으로 다루면서 그것에는 건경과 수경 두 가지가 있다고 하였다. 그 가운데 건경은 앞에서 본 바와 같으나, 수경은 볍씨를 물에 담구어[漬水] 싹을 틔운 다음에 「水田中에 均撒한다」고 하였다. 따라서 이 경우는 파종자리로서의 이랑을 상정하기 어렵다.

---

3) 《慶尙道續撰地理誌》, 密陽都護府 題詠條.

20세기 초엽에 평안·황해 양도의 여러 곳에서 행해지고 있던 「乾畓法」에 대한 조사 보고서는 지금까지 언급한 건경직파의 耕程을 이해하는 데 큰 도움을 준다.4) 이 작법은 관개설비가 없이 벼를 乾地에 파종하여 田作物같이 키우다가 우기에 빗물을 담아 비로소 일반 水稻와 같이 다루는 것으로서, 耕起·整地·作畝·鎭壓·培土·中耕 등 건조기의 培土 관리에 중점을 둔 그 耕程은 대체로 다음과 같다. 즉 雙頭犁로 耕起한 다음에 평후치(일종의 一頭犁)로 「作畦」하고 홈(犁溝)을 만들어 이 위에 파종하여 施肥하는 것이 첫째 단계이다. 이 과정이 끝나면 메후치(一頭犁)로 「畦間」에 올라온 흙을 갈아 播溝가 덮히도록 하고, 이어서 살번지(木製 攪土器, 三齒 牛曳)가 흙을 덮은 위를 지나가면서 碎土攪擾하여 均平케 하고, 그 다음에 다시 그 위를 매번지(木製木刀, 牛曳)가 지나가면서 碎土와 鎭壓을 겸하여 이루도록 한다. 이와 같은 攪擾와 鎭壓은 4·5일 동안에 2·3회(건조가 심하면 4·5회) 정도가 되도록 하는데, 이 작업은 토양 표면의 수분의 증산을 막고, 지하 수분의 상승을 돋우어 씨 뿌린 부위에 보유되도록 하는 세밀한 조치라고 한다. 파종 뒤 2·3주일이 지나 催芽되면 소가 끄는 밀번지를 씨뿌린 자리(播條) 위로 끌어, 굳어진 表土를 긁어 터뜨리면 발아가 고르게 촉진되는데, 이렇게 한 뒤로는 우기가 될 때까지 때때로 제초와 培土(호미 사용)를 가하면서 가끔 밀번지와 통번지로 흙덩이를 부숴주면서 육성을 북돋우어 간다고 하였다.

위와 같은 乾畓法은 결국 《농사직설》의 건경직파가 오랜 기간에 세밀한 발달을 본 것이다. 그리고 그 耕程에서 畦가 만들어지고 그 위에 播溝가 갖추어지는 사실은, 조선 초기의 건경직파에서의 稻畦를 이해하는 데, 결정적인 도움을 주는 것이라고 하지 않을 수 없다.

조선 초기의 稻畦가 이렇게 파종하는 이랑으로 규정된다면, 前稿에서 제시했던 이규보 시 가운데 「稻畦魚」나 「乾塊化碧畦」에서의 稻畦·畦도 마찬

---

4) 〈平安南道に於ける 乾畓〉,《勸業模範場 朝鮮の農業》, 朝鮮總督府, 1928, p.15~43. 이 조사는 李春寧,《李朝農業技術史》, 韓國研究院, 1964, p.38~39에 자세하게 소개되었다.

가지로 이해해야 할 문제이다. 마른 흙덩이가 푸른 畦로 바뀐다는 표현은 乾
耕直播法을 너무도 사실적으로 묘사해내고 있는 것이다. 뿐만 아니라 신라
말기의 開仙寺 石燈記의 畦田이란 것도 같은 선상에서 해석을 구하는 것이
더 타당할 것 같다. 단지 이 두 경우까지도《농사직설》단계의 것과 마찬가
지로 휴경의 제약을 극복한 것이라고 보기 어려운 점만은 달리 유의해야 할
것이다. 같은 건경이라도 조선 초기 것에 견주어 20세기 초의 평안·황해 등
지의 것이 세밀한 발달을 보이고 있듯이, 조선 초기와 신라 말기 내지 고려
중기 사이에는 큰 차이가 있을 수 있는 것이다. 이 점에 대해서는 前稿에서
표명했듯이 14세기가 되기 전까지는 농업기술이 대체로 휴경의 제약에서 벗
어나지 못하였으므로, 벼농사에서 건경으로 다같이 畦가 찾아지더라도 시비
가 본격적으로 강구되지 못한 상태의 것으로 구분하여 보아야 할 줄로 안다.

　乾耕稻作의 일반성이 높던 시기에 파종처가 이상과 같이 畦라고 일컬어짐
에 따라, 논두렁은 혼란을 피해 塍이란 글자로 주로 표기했던 것 같다. 예컨
대 세종 25년 11월에 호조가 마련한 量田事目 가운데 「一山谷及陵坂傾側水
田　則塍最多者　於實績減二十分之一　次多者減三十分一」《世宗實錄》卷　102,
世宗 25년 11월)이라 한 것이다, 李穡의 「且灌平田綠滿塍」(《牧隱詩藁》3, 安
州江)이란 詩句 등이 그러하다. 塍의 字意는 「稻田畦也」라고 하여 畦와 거의
구분되기 어려웠으니, 앞서 살폈듯이 서유구 같은 농학의 대가도 그 때문에
畦의 古例 풀이에서 큰 혼동을 빚었던 것이다.

2. 乾耕直播의 변용으로로서의 「畝種水田」

　조선 초기의 벼농사의 파종에는 앞서 언급하였듯이 직파의 乾耕, 水耕 그
리고 苗種法 곧 이앙법이 있었다. 그런데 그 가운데 묘종법은《농사직설》에
서 水利가 확실하지 않은 상태에서는 失農의 위험이 많다고 하여 소극적으
로 소개되었다. 조선 초기의 수리기술은 당초 후대에 많이 쓰인 洑가 아직

제대로 개발되지 못하고, 거의 山谷 溪流를 활용하는 제언이 유일한 것이다시피 하였다. 바로 이러한 제약 조건 아래 묘종법 곧 이앙법은 아직 위험시되었던 것이다. 볍씨를 싹틔워 「均撒하는」 水耕直播는 아마도 이앙법보다는 훨씬 적은 양의 물로써도 가능한 것이라고 보여지지만, 전반적으로 水利의 제약이 많아 건경직파의 비중이 자연히 컸던 것이다.

조선 초기의 제언 일변도의 수리조건은 하천수의 관개수로의 활용이란 방향에서 그 타개가 모색되었다. 태종·세종 양대에 水車의 보급이 여러 차례 시험된 것이 그 첫 단계였다. 그러나 이것은 끝내 실패로 돌아가고, 문종대에 새로운 대안으로 川防 곧 洑의 보급이 꾀하여져 15세기 말엽부터 주로 삼남지방을 중심으로 점진적인 보급성과가 이루어졌다.[5] 보의 보급은 지금까지 제약을 받던 이앙법을 최소한 삼남지방에서는 용이하게 하고 또 직파에서도 건경보다 수경의 비중을 높여 놓았을 가능성이 많다. 그러나 수리기술이 이렇게 발달해 가는 가운데서도 건경직파의 전통은 쉽게 소멸하지 않는다. 16세기에서의 천방 곧 보 보급의 성과와는 별개로 18세기 초엽에 다시 한차례 보와 제언 등이 크게 늘어나던 단계까지 존속한 「畝種水田」은 바로 그러한 건경직파의 변용의 실례로서 주목된다.

이중환의 《擇里志》에서 보이는 「畝種水田」의 사례는 다음과 같다.

① 平壤…地雖宜五穀綿絮 少陂堤溪澗只事田種 然惟下流有碧只島 在江中
　　水縮泥 土人爲水田其中 收皆畝種(平安道條)

② 南原…府東南爲星園 有崔氏世居 頗有溪山之致 又南爲求禮縣 自星園至
　　求禮 通爲一野 多畝種水田…(全羅道條)

③ 自此一枝逆行爲玉帳人聖等山 止於抹馬里 卽己卯名賢十淸金世弼退居之
　　地 子孫至今世居 閭閻數百戶 皆饒給自足 前有大川 灌漑水田 多畝種 故

---

5) 천방의 보급 과정에 대해서는 李泰鎭,〈16세기의 川防(洑)灌漑의 발달〉,《韓㳓劤博士停
　　年紀念史學論叢》, 1981; 이 책 제7장 참조.

自古少凶歉歲…(忠淸道條)

④ 至於離嶺之下…當以公州甲川爲第一　全州栗潭爲第二　淸州鵲川爲第三
善山甘川爲第四　求禮九灣爲第五　甲川則原野極曠　四山淸麗　三大川合注
於中　而並得灌漑　土皆畝種　又宜木綿 … 栗潭則東挾高山　西隣良田　南有
大川　水田皆畝種(卜居總論)

위에 든 사례는 평양 대동강 가운데 碧只島, 남원 부근의 星園·求禮 사이,
충주 抹馬里, 공주 甲川 주변, 전주 栗潭 일대 등지에 관한 것으로, 이곳들의
水田들이 「畝種」함이 많다는 것이다. 지금까지 《擇里志》의 번역본은 몇 가
지가 나왔지만, 농업기술에 대한 연구가 不詳한탓으로 모두 이를 잘못 번역
하여 왔다. 「畝種」이란 말을 그대로 놓고서는 이해가 되지 않으므로 種을
鍾의 잘못일 것으로 誤斷하여 1묘(畝)에 1종(種; 중국의 量 단위로 엿 섬 너
말 상당)을 거두는 水田이라고 하였다.6) 이러한 해석은 명백한 오류로서 그
본의는 표현 그대로 畝種하는 수전, 다시 말해서 이랑에 파종하는 수전이란
뜻이다. 문맥상으로 달리 더 해석될 수도 없지만, 乾耕直播에서 稻畦를 확인
한 처지에서는 이러한 해석이 자연스럽게 더해진다. 그런데 조선 초기의 상
황과 다른 점으로서 유의해야 할 것은 이 사례들의 대부분이 매우 양호한 관
개 조건을 가지는 수전들이란 사실이다. 따라서 이랑에 씨뿌리는 방식이 같
다고 해서 그것을 《농사직설》의 「乾耕」과 꼭 같은 것으로 규정할 수는 없는
것이다.

인용문 ④에 따르면 공주 甲川, 전주 栗潭 일대는 하천 주변에 이루어진
마을로서는 생업의 조건이 전국적으로 첫째, 둘째로 꼽히는 곳으로 川水로
관개를 한다고 하며, ③ 抹馬里도 그 畝種水田은 大川의 물로 관개하기 때문
에 예부터 凶歉을 만나는 해가 적다고 하였다. 이렇게 양호한 관개 조건 아
래서의 畝種은, 수리가 확실하게 보장되면 건경이든 수경이든 직파도작은

---

6) 盧道陽, 李翼成 譯(乙酉文庫 62) 등이 모두 그러하다.

이앙법으로 이행하게 된다는, 우리의 일반적인 인식으로는 매우 납득하기 어려운 것이다. 그러나 그것이 명백한 실재의 사례이므로 재검토되어야 할 것은 우리의 지금까지의 인식 쪽으로서, 이에서 도작기술의 전개가 결코 단순한 것이 아님을 새삼 느낀다.

「畝種水田」은 관개 조건이 양호하게 개발되어 가는 가운데서도, 봄가뭄에 失農할 위험이 거의 없게 개발된 전통적인 건경직파를 그대로 활용하면서, 發苗 후의 耕程에서는 또 수리의 안전도를 크게 높인 형태의 것으로 상정된다. 다 알듯이 우리나라는 봄가뭄이 특히 심한 기후조건을 가져, 제언이나 보를 가져서도 수리의 안전도를 확실하게 보장할 수 없는 경우가 적지 않다. 하천수의 관개수로의 활용이 이루어진 뒤에서도「畝種」은 하되 파종만은 건경법으로 고수한 것은 봄가뭄에 대한 안전도를 확실히 하기 위한 것임이 분명하다.

「畝種水田」은 抹馬里의 경우「예부터」라고 하였으나,《농사직설》에는 그러한 절충방식이 언급되지 않았으므로 상한이 그 이상으로 올려질 수는 없다. 그런데 앞에서 언급했듯이 우리나라에서 하천수의 관개수로의 활용은 보로서 이루어지고, 이 방식은 15세기 말엽부터 본격적인 성과를 보기 시작하였다. 위의 사례들은 모두 하천주변의 경우로서, 관개 수단은 구체적으로 洑라고 보아 무리가 없으며, 그 시작도 최대로 15세기 말엽이라고 일단 잡아볼 수 있다. 이러한 상정 아래 주목되는 것은 성종 5년(1474) 10월 乙酉日의 경연에서 侍講官 柳洵이 말한 다음과 같은 지적이다.

　　……금년에 전라도에서 旱魃이 심하였는데 전주만이 풍년이 들었으니 (이는) 川防이 있어서입니다. 京畿 振威의 前坪이 肥饒한 것으로 일컬어짐도 川防으로서입니다. 그런데 (이곳의) 川의 남쪽에 또한 田이 있어서 관개할 수 있는데도 물을 끌지 않아 遺利로 남겨 있습니다. 이로써 미루어 보건대 다른 지방(他官)에도 천방을 만들 곳이 있을 것이고, 遺利도 또한 반드시 많을 것입니다(《成宗實錄》卷 48, 成宗 5년 10월 乙酉條).

이 기록은 천방 곧 보 보급의 초기 분위기를 잘 나타낸다. 그런데 여기서 천방을 갖춘 전주는 栗潭을 중심으로 한 것이라고 단언해도 무방할 것 같다. 《擇里志》는 전주의 경제조건을 말하여 「珠華山 이북 여러 골짜기의 물이 高山縣을 지나고, 전주 경계에 들어와서 栗潭·良田浦·五百洲 등의 큰 시내(大溪)로 되어 관개하므로 땅이 아주 기름지다. 그리고 벼·생선·생강·토란·대나무·감 등이 잘 되어 천 마을 만 부락(千村萬落)의 삶에 이용할 물건이 다 갖추어졌고, 서쪽의 斜灘에는 생선과 소금을 실은 배가 통한다. 官衙가 있는 곳에는 인구가 조밀하고 물자가 쌓여 있어, 경성과 다름이 없으니 하나의 큰 도회이다.」(《擇里志》, 全羅道)라고 하였다. 18세기 초의 이러한 형세의 토대는 역시 농업이며, 이 지방의 농업조건에서는 역시 栗潭이 가장 앞세워지고 있는 것이다. 18세기에 누려진 이 지방의 우월한 농업조건은 하천수의 관개수로의 활용이며, 그것은 15세기 말엽부터 개발되기 시작한 것이 축적된 결과라고 보아야 할 것이다.

위와 같은 풀이가 틀리지 않는다면, 필자는 「畝種水田」을 15세기 말엽이후 16세기에 천방 곧 보 관개가 보급되면서 절충적으로 창안된 稻作의 한 방식으로 보고자 한다. 15세기의 제언 중심의 水利 조건 아래서도 이앙법을 활용하려는 경향이 강하던 경상도 지역은 16세기에 천방이 보급됨에 따라 이앙법을 추구해 나갔을 가능성이 많다. 명종 10년(1555) 7월에 경상도 관찰사 權轍이 本道의 旱魃 상황을 보고하면서 「無水根之畓 嘆燥折裂 移秧之苗 並皆焦枯」(《明宗實錄》卷 19, 明宗 10년 7월 庚子條)라고 하여 畓을 말하면서 「無水根之畓」과 「移秧之畓」 두 가지만 든 것이 그러한 추세를 보이는 것이 아닌가 한다. 그리고 보면 「畝種水田」의 사례가 충청·전라 등지의 것으로서 모두 경상도 지역이 아닌 것도 결코 우연한 것이 아닐 것 같다.

앞에서도 언급했듯이 「畝種水田」은 건경직파를 뼈대로 하여 파종 후의 水耕 단계에서 水利의 안전도나 효용도를 확실하게 한 것이다. 이러한 작법은 그 유형이 바로 《농사직설》 다음 단계, 다시 말하면 15세기 말, 16세기 초부터의 것임을 그대로 말해 준다. 단지 18세기 초엽까지 이러한 방식이 水利

의 조건이 특별하게 좋은 곳에서 늦게까지 존속한 까닭이 의문이다. 왕조 초기의《농사직설》이후, 후기에 이앙법이 일반화해 가는 단계 사이에 변용적인 耕法이 쓰여진 것은, 앞에 든「直說補」에 인용된《山林經濟》의 乾秧法을 통해서 충분히 알 수 있다. 典據로 들어진「직설보」에 대해서는 현재 자세한 것을 알 수 없지만, 그것이《농사직설》이후《산림경제》이전 시기에 해당하는 것은 분명한 사실이다. 따라서 지금까지의 추론에 따르면, 건앙법은「畝種水田」과 같은 시기에 강구된 것이라고 하겠는데, 기술의 원리상으로도 水秧에 대한 乾秧은 移秧水田에 대한「畝種水田」의 관계로 대비될 수 있는 것이다.「畝種水田」을 이와 같이 16·17세기에 강구, 활용된 도작의 한 방식으로 본다면《擇里志》에 제시된 사례들은 생성단계의 선구적인 예가 아니라 본래의 적정조건이 워낙 유리하여 소멸단계에서 늦게까지 남아 있는 경우로 보아야 할 것이다.

맺음말

이상에서 17세기 이전의 우리의 농업사에서 畦의 문제를 건경직파의 전통과 관련지어 검토해보았다. 18세기 후반 이후 어느 시점에선가 휴의 일반적인 의미는 논두렁으로 굳어지게 되나, 그 이전에서는 직파의 파종처인 이랑을 뜻했던 것이 확인되었다. 이랑으로서의 휴를 짓는 직파의 벼농사는 오랜 기간 존속하였다. 그러나 다 같이 휴를 두는 작업이라도 농업기술이 계속 발달하여 감에 따라 작법 자체에는 차이가 있기 마련이었다. 휴의 첫 용례로서 9세기 말의 開仙寺 石燈記에서 畓을 설명하면서 굳이 畦田이란 표시를 둔 것은 휴를 쓰는 작법 자체가 새로운 것이었기 때문이 아닐까 추측해 본다. 그렇다면 벼농사에서 이랑을 짓는 방식은 대개 이 무렵부터 시작한 것이 되나 어떻든 그러한 방식이 고안되어서도 14세기에 접어들기 전까지는 농업 기술의 전체적인 발전 추세로 보아 그 휴에서 파종에 시비가 본격적으로 강구되지 못하는 한계가 있었다. 다시 말하면 건경직파의 틀은 잡혔으나 시비기술의 한계로 休耕의 제약을 벗어나지 못한 방식이 고려 일대에 존속하였던 것이다. 대체로 14세기부터의 성과를 반영하는 것이라고 할 수 있는 《농사직설》의 乾耕은 連作法으로서 그 시비술은 種穀 1斗와 尿糞, 灰 1石을 섞는 것이었다.

연작법 아래서 건경직파는 15세기 말엽부터 천방, 곧 보가 활발하게 보급되어 나감에 따라 한 차례의 변용을 다시 가지게 된다. 즉 18세기 초의 저술인 《택리지》에 몇 예로 실린 「畝種水田」이 수리의 조건이 좋아진 뒤에도 이앙법으로 바로 옮겨가지 않고 春旱期는 여전히 건경으로 치루고 발아 후의 水耕 단계를 풍부한 水源으로 더 철저하게 거치는 새로운 작법으로 분석되었는데 그것은 대체로 15세기 말엽 이후의 보의 보급 성과에 상응하는 변화로 파악되었다. 이러한 「畝種水田」은 우리의 도작의 직파법으로부터의 이탈, 바꾸어 말하면 이앙법의 일반화 경로가 그렇게 간단하지 않았다는 것을 말해주는 일면으로 주목될 만한 것이다. 건경직파 가운데는 이앙법으로 직접 옮겨간 경우도 있겠지만 「畝種水田」처럼 수경 단계를 더 발달시키는 과정을 거쳐 넘어가는 경우도 있었던 것이다.

본 논고는 결국 16·17세기의 우리의 벼농사의 일면을 살피는 것이 되었다. 이 시기의 벼농사는 지금까지의 일반적으로 《농사직설》의 그것에서 별다른 변화가 없었던 것으로 이해되어 왔으나 이러한 이 시기만의 정체적 이해는 앞으로 여러 측면에서 재검토되어야 할 것이다.

제13장 조선시대 수우水牛·수차水車 보급 시도의 농업사적 의의

머 리 말

동아시아 水稻作의 역사에서 水牛와 水車는 지역에 따라 매우 중요한 구실을 하여 왔다. 아열대성 기후에서 생장하는 수우는 지금도 동남아시아, 남부 중국 등지의 수도작에서 양호한 畜力으로 이용되고 있다. 수차 또한 중국, 일본 등지에서 널리 활용되던 수리수단이다.

그런데 우리 농업의 역사에서 이 두 가지를 이용한 흔적을 오늘날 찾아보기는 매우 어렵다. 그러나 시대를 조금만 거슬러 올라가서 조선시대의 상황을 살피면, 이 두 가지를 농경에 직접 활용코자 하는 시도가 거듭된 것을 발견하게 된다. 수우, 수차는 본래 수도작에서만 쓰일 수 있는 것이므로, 그러한 시도는 곧 수도작 발전을 위한 노력의 일단이라고 할 수 있다.

우리 농업에서 수도작의 역사는 오래이나, 밭농사보다 그 비중을 더 높이려는 노력이 본격적으로 전개되기 시작한 것은 고려 말엽부터였다.[1] 수우, 수차에 대한 관심은 바로 그러한 수도작 향상을 위한 새로운 노력의 한 표현이었다. 고려 말엽부터 일기 시작한 수도작 확대의 노력에는 남송대에 확립된 이른바 강남농법으로부터 자극이 적지 않았는데, 수우와 수차는 본래 그 강남농법의 중심이 되던 수도작에서 유용하게 쓰이던 것이다. 조선조 一代에

---

1) 李泰鎭, 〈14·15세기 農業技術의 발달과 新興士族〉, 《東洋學》9, 1979; 이 책 제4장 수록.

서 거듭 되풀이된 수우, 수차의 보급 시도는 곧 당시의 동아시아 농업에서 가장 선진적이던 강남농법의 장점을 수용코자 하는 적극적인 노력의 일단이었다.

조선조에서 중국 강남문물에 대한 동경이나 선망은 의외로 컸다. 조선 후기에 이르러 물산이 풍부한 특정한 지방에 대한 표현에서 강남지방을 흔히 그 비교의 대상으로 삼은 것에서 그러한 분위기를 쉽게 느낄 수 있다. 柳馨遠이 「호남의 民物은 蘇州·杭州에 비교된다」[2]고 한 것이라든가 《擇里志》에서 황해도 南五里江 東西岸을 가리켜 「물을 끼고 長堤를 쌓아 그 안쪽이 모두 水田이어서 메벼(秔稻)가 一望無際하니 중국의 蘇州·湖南과 같다」[3]고 한 것 등이 그 좋은 예이다. 남송 이래 강남은 동아시아에서 경제적으로 가장 선진적인 지역이었던 만큼, 이 지역 문물에 대한 그러한 동경심은 생활의 개선, 향상에 대한 염원을 표시한 의미를 지니는 것이었다.

본고에서 다루고자 하는 것 가운데 수우의 활용과 보급의 시도는 기록상으로 세종대에서 중종대 사이에 문제가 되던 것이다. 이에 대한 기왕의 정리는 전혀 보이지 않는다. 반면에, 고려 말엽에 처음 제기되어 조선 말기까지 여러 차례 거듭된 수차의 보급문제에 대해서는 한두 차례의 정리가 이미 있었다.[4] 그러나 그것들은 자료 정리의 한계를 크게 벗어나는 것이 아니었다. 여기서는 강남농법의 수용이란 시각에서뿐만 아니라, 거듭된 그 보급의 시도가 지니는 각 시기마다의 水利史的인 의미를 밝히는 데 역점을 두고자 한다.

---

2) 《磻溪隨錄》 卷 3, 田制後錄上 堤堰條.
3) 《擇里志》 黃海道條.
4) 《增補文獻備考》 卷 146, 田賦考 6 堤堰條에 附記된 것과 李光麟, 《李朝水制史研究》(韓國硏究叢書 8, 1961)의 제4장 〈水車의 利用〉 등이 있다.

1. 水牛 양육 보급시도의 始末

중국으로부터 수우를 매입코자 하는 논의5)가 왕조실록에서 처음 확인되는 것은 세종 10년 11월 丁卯條이다. 그러나 이때의 논의는 耕田의 畜力으로서가 아니라 造弓의 부품 확보를 둘러싼 것이었다. 즉 세종 자신이 「造弓에는 水牛角만 한 것이 없다. 내가 上國에 請하여 전라도의 춥지 않은 지방에 두고자 한다」고 의중을 밝히자, 병조판서 崔閏德이 武士의 都試에서 弓의 脫弦이 잦은데 水牛角을 쓴 것은 그렇지 않다고 찬의를 표시하고, 좌의정 黃喜 또한 「사서 가져오는 것(買來)에 어려움이 있지만 청한다면 明帝가 어찌 허락지 않겠는가」라고 역시 동의를 표하였다.

그러나 위의 일은 그 뒤 특별한 진전이 없다가, 세종 14년 2월에 이르러, 이번에는 耕田用으로 그 「易換」의 奏請 문제가 논의된다. 즉 이번에도 국왕 스스로

> 水牛는 力壯하고 耕田케 할 수 있어서 내가 易換을 奏請코자 하나, 단지 本國은 中朝의 南方과는 風氣가 같지 않아 혹 盛치 않게 될까 두렵다(《世宗實錄》 卷 55, 世宗 14년 12월 壬寅條).

고 제의하자, 判書 申商이

> 臣이 듣기로 水牛가 耕田함은 常牛보다 倍나 된다고 합니다. 전라도의 風氣는 南方과 서로 비슷하여 畜養할 수 있을 것입니다(위와 같음).

라고 응답하였다. 그 자리에서 許稠 또한 그 이점을 말하였다고 한다. 그러나 이 재론 또한 직접 奏請으로 이어지지 않는다. 당시 명 측이 만주

---

5) 《世宗實錄》 卷 42, 世宗 10년 11월 丁卯條.

建州衛의 都督 李滿住의 피살사건으로 動兵을 계획하면서 조선측에 食用으로「牛 1萬隻」의 措辦을 요구해 와 이의 철회를 모색하던 중이어서 이 문제가 선결되지 않고서는 수우의 주청이 제시될 수 없는 것으로 판단하였던 것이다.6)

세종대에 수우의 매입에 관한 논의는 위와 같이 두 차례밖에 확인되지 않는다. 그런데 이 두 차례의 논의에서 10년의 造弓用이 14년에 耕田用으로 그 용도가 바뀌고 있는 것은 세종대의 農政의 추이와 관련하여 유의할 만하다. 세종대의 농정은 주지하듯이 고려 말엽부터 일어나고 있던 連作常耕農法의 전국적인 확산을 도모하는 데 초점을 두어 그 11년에 下三道의 常耕農法을 探訪토록 하여 12년에《農事直說》을 편찬 간행케 한 것을 계기로 본격적인 단계에 들어가게 된다.7) 수우의 용도에 대한 관심이 10년과 14년 사이에 현저한 차이를 보이게 된 것은 농업정책의 그러한 진전에 따른 것이었다.

세종대에 수우에 대한 이러한 새로운 관심을 거쳐, 수우가 실제로 조선에 들어온 것은 세조 7년 11월이었다. 그리고 그 來入 경로는 중국을 직접 통한 것이 아니라, 일본을 통한 것이었다. 이에 대한 당시의 실록 기록을 옮기면 다음과 같다.

> 이전에 水牛를 日本國 大內殿에 찾았더니〔索〕, 이때에 이르러 大內殿이 僧 能縣을 보내어 雌・雄 二頭를 가지고 來獻케 하여 경상도 熊川에 도착하여, 行上護軍 趙得琳에게 명하여 웅천에 가서 喂養하여 봄을 기다려 押來하도록 하였다(《世祖實錄》卷 26, 世祖 7년 11월 丁亥條).

---

6)《世宗實錄》卷 56, 世宗 14년 5월 癸酉條.「右副代言 權孟孫啓 …… 船匠及水牛 將奏請 上國 今謝恩之行 奏請否 上日 …… 若水牛則或以珍禽奇獸 不當奏請 然此物不是奇獸 耕田 服車 所繫甚重 但今朝廷所求牛一萬隻 若未拱辦而請免 則不可奏也 ……」
7) 李泰鎭,〈世宗代의 農業技術政策과 그 成果〉,《世宗朝文化研究》Ⅱ, 1984, p.84.

이 일이 있은 뒤 19년째인 성종 10년에 일본에서 온 외교문서가 밝히기로
는 당시 大內殿[8]이 중국에 水牛 雌雄 4首를 청하여 얻었는데, 그 중에 雌雄
二首를 조선에 보내고 나머지 二首는 자기네가 길렀으나 실패하고 말았다고
하였다.[9] 그리고 성종 16년의 실록 기록에 따르면, 일본국 大內殿이 중국으
로부터 허락받은 수우는 琉球 것이었다고 한다.[10]

이와 같은 경위로 확보된 수우는 일본에서 滅種의 실패[11]와는 달리, 蕃息
에 일단 성공하여 이후 반세기 동안 농경 畜力으로서의 이용이 여러 가지로
모색된다. 우선 來入 직후부터 번식이 생기면 지방(남쪽 지역이 물론 우선적
이었다)에 분양하여 지역별로 번식을 도모했던 것 같다. 성종 10년에 司僕寺
에서

> 여러 邑에 水牛를 分養하여 壬午年(世祖 8년)부터 금년에 이르기까지 蕃息이
> 겨우 七十餘頭이니, 지금부터 守令으로서 蕃息을 잘하는 자는 청컨대 資品을
> 올려 권장토록 하옵소서(《成宗實錄》卷 101, 成宗 10년 2월 辛亥條).

라고 한 것이 그동안의 사정을 말해준다. 이보다 앞서, 같은 왕 4년에 국
왕이 諸道 監司에게

> 우리나라가 水牛를 多畜하였으나 耕田을 익히지 않아 쓰임새에 도움이 없다.
> 해당 各官으로 하여금 農器를 갖추어 習耕케 하여 能耕 與否를 보고토록 하라
> (《成宗實錄》卷 101, 成宗 3년 6월 癸巳條).

---

8) 大內殿은 周防(現 山口一帶) 지역에 자리잡은 大名으로서, 《芝峯類說》 諸國部에는 百
   濟臨政太子의 後裔란 說이 있을 뿐더러 우리나라와는 가장 친한 倭人이라고 밝혔다.
9) 《成宗實錄》卷 103, 成宗 10년 4월 丁未條.
10) 《成宗實錄》卷 184, 成宗 16년 10월 戊子條.「上曰 …… 水牛來自琉球 蕃育於我國 胡椒
   安知必不生長乎」
11) 註 9)와 같은 條에 밝혀졌음.

는 교서를 내린 것을 보면, 諸邑에 분양이 역시 본래 耕田用 畜力 확보에 목적을 둔 것이었음을 바로 알 수 있다.

세조 8년(1462)부터 성종 10년(1479)까지 17년 동안 두 마리의 수우가 70여 두에 이르렀다면, 상이한 기후조건에서 한 양육으로서는 성공적이었다고 해도 좋을 것이다. 성종 16년에 胡椒 求入에 대한 논의에서 胡椒木의 生長 가능성이 문제되었을 때 「水牛가 琉球로부터 와서 我國에서 蓄育하였는데 胡椒가 어찌 생장치 않으리라고 여기겠는가」[12]라는 자신감이 피력될 정도였다. 그러나 畜力 활용의 길은 그렇게 용이하지 않았다.

성종 24년 8월에 수원, 남양에서 畜養하던 수우가 사람을 치받아 상해하는 일이 발생하였다. 이에 대하여 국왕은 다시 관련 諸道의 관찰사에게 下書하여 그러한 사고의 발생은 수우의 惡性의 탓도 있지만 그것을 기르는 사람(守者)이 馴擾에 힘쓰지 않고 原野에 내버려둔 데도 까닭이 있으므로 馴擾에 힘쓰도록 당부하게 된다.[13] 세종 이후 農政에 가장 열의를 보인 국왕이라고 할 수 있는 성종은 수우에 대한 관심이 특별하였다. 위 下書를 내린 후 두 달 만에 그는 다시 「수우가 날로 늘어나고 있는데 늙어지면 쓸모가 없으니 민간에 분산하여 耕田에 쓰도록 하고자 하는데 어떻겠는가」라는 의견을 승정원에 내린다.[14] 지금까지의 각 지방에 한 분양은 각 邑官에서 양육을 맡은 것으로서, 성종은 이제 거기에서 한걸음 더 나아가 민간에 그것들을 分給하여 본래의 목적인 耕田에 직접 활용케 하려 했던 것이다. 그러나 이러한 국왕의 열의와는 달리 주변 朝臣들의 의견은 부정적이었다. 下問을 받은 승지들은 수우의 본성이 조급하여 건조한 땅에서는 耕者가 따라가지 못할 정도로 질주하고, 습지에서는 버텨 서서 나아가지 않아 耕田에 부적당한 점을 지적하였다.[15] 그리고 李克培가 일찍이 이를 하사받아 수레를 끌어 짐 나르는

---

12) 註 10) 참조.
13) 《成宗實錄》 卷 281, 成宗 24년 8월 壬午條.
14) 《成宗實錄》 卷 289, 成宗 24년 10월 乙丑條.
15) 위와 같음.

데 이용하였으나 얼마 되지 않아 죽어버린 것을 예로 들어 재상가에서도 하지 못한 것을 민간에게 기대키 어렵다고 하여 전처럼 관부에서 그대로 기르도록 해야 한다고 하였다. 국왕은 이 의견들에 좇아 민간에 頒賜를 단념하였다.[16] 성종대에서는 이후 더 이상 수우에 대한 논의를 찾아볼 수 없게 된다.

성종 薨去 이후로 수우에 대한 정책적 배려는 거의 없었던 것 같다. 연산군 8년 8월에 正言 趙玉崐은 자신이 전라도 扶安에 살면서 보기로는 各官에 나누어 기른 수우는 대부분 수령들이 백성에게 喂養케 하고 있어서 그 폐단이 적지 않을 뿐더러 國用에도 무익하니 海島의 목장에 放養토록 하자는 의견을 제시하였다.[17] 이 제의는 정승들에게 형식적인 문의를 거쳐 그대로 채택되어, 이후 양육정책의 사실상의 포기인 海島 목장에 放育이 원칙으로 세워졌다.

海島放育에 대한 再考의 논의는 중종 4·5년 사이에 한 차례 제기된다. 같은 왕 4년 7월에 相臣 柳順汀은 兵曹兼判書의 자격으로 병조판서 金應箕와 함께, 海島放育은 耕種에 활용코자 한 祖宗朝의 본의가 아니라는 전제 아래 청하기를, 민간에 分給하여 사망이 생기더라도 죽게 한 죄를 묻지 않으면 재산이 있는 백성들이 혹 능히 잘 길러 점차 耕種에 익도록 하여 그 利를 보게 될 것이라고 하였다.[18] 이 제의는 곧 廷議에 붙여져 「所在의 各官으로 하여금 백성들의 情願에 따라 분급토록 하는」 결정을 보았다.[19] 그러나 이 결정은 결코 정책적인 적극성을 표시하는 것은 아니었다. 그것은 어디까지나 희망하는 民人에게만 분급토록 하는 것이므로 海島 放育이 이로써 중단되는 것은 아니었다. 그래서 한 해 뒤 領相 柳順汀은 다시 자신이 하사받은 수우를 일찍이 仁川農莊에서 耕田시켰더니 그 「一日之役」이 常牛의 「數日之役」이나 된 것, 李蓀이 金海府使 때 水牛를 耕田에 써서 常牛보다 倍나 성과

---

16) 위와 같음.
17) 《燕山君日記》 卷 45, 燕山君 8년 8월 辛亥條.
18) 《中宗實錄》 卷 8, 中宗 4년 7월 己酉條.
19) 《中宗實錄》 卷 9, 中宗 4년 8월 乙丑條.

가 있은 것 등을 예로 들어 放育의 금지를 거듭 건의하는 상황이었다.[20]

조선조의 水牛에 관한 정책적인 배려는 결국 이것으로써 끝나게 된다. 최종적인 결정이 위와 같이 민간에서 원하는 경우에 한하여 분급해 주고, 그 외는 海島 목장으로 放逐하는 것이었으므로, 耕牛로 이용은 사실상 포기하는 것이었다. 아열대 지방의 양질의 畜力을 활용해 보려는 노력은 결국 궁극적으로는 기후상의 조건에서 오는 馴馳를 이루지 못하여 반세기만에 포기하고 말았다.

2. 水車 보급 시도의 추이와 그 水利史的 의의

水牛 활용의 노력이 중종대 초반에서 끝나버린 반면에, 水車 보급의 시도는 간헐적이기는 하나 고려 말에서 조선 말기까지 실패를 거듭하면서도 계속된다.

수차는 하천수를 관개수로 활용하는 방법 가운데 하나이다. 따라서 그것은 山谷 溪流를 저수하여 활용하는 제언과는 같은 수리수단이면서도 기본 성격은 달랐다. 주지하듯이 우리나라 농업에서는 고대 이래 제언에 의존도가 높았으며, 하천수를 활용해 보려는 노력은 문헌상으로 고려 말에 처음 확인된다. 즉 공민왕 11년에 密直提學 白文寶가 중국 江·淮 지방에서 水旱을 염려하지 않고 揷秧을 하는 것은 水車의 덕분이라고 하면서, 그 보급을 건의하였던 것이다.[21] 하천수의 활용문제는 이와 같이 당초 수차의 보급을 통해 추구되었다. 그러나 이 방법은 끝내 보급에 성공하지 못하고 문종대에 방법을 바꾼 川防 곧 洑가 성공하기에 이른다. 수차는 洑에 견주어 제작과 사용에서 간편함이 기대되었으나, 流速과 地質上의 문제, 제작비용이 일반 농가

---

20) 《中宗實錄》卷 12, 中宗 5년 9월 庚辰條.
21) 《高麗史》卷 79, 食貨 2 農桑條.

에서 감당하기 어려운 점 등으로 말미암아 끝내 보급에 성공하지 못한다.[22] 그러나 거듭하는 실패에도 불구하고, 각 시기의 보급 시도는 나름대로 水利 史的인 의미를 지니고 있어서 결코 放棄해 버릴 문제가 아니다.

白文寶의 건의부터 문종대의 川防으로 방법 변개까지에 대해서는, 필자가 천방 보급문제를 검토하면서 한 차례 살핀 적이 있으므로, 여기서는 그 개요 만 옮기기로 한다.[23] 그 사이에는 태종대와 세종대에 각기 한 차례씩 보급의 시도가 있었는데, 세종대의 것이 더 적극적인 것으로 주목되었다. 즉 태종대 의 실패로 이 문제는 사실상 포기되다시피 하였는데, 세종 11년에 통신사로 일본을 다녀온 朴瑞生이 그곳에서 사용하고 있는 水車의 모형도를 올린 것 을 계기로 17년까지 약 5년간 다시 한 차례 적극적인 시도가 있게 되었던 것 이다.

중국에서는 삼국시대와 漢代 사이에 고안된 翻車(일명 龍骨車)가 16세기 이전까지 주로 쓰였으므로, 白文寶가 건의한 것도 이 종류였을 것으로 믿어 진다. 그리고 朴瑞生이 보고한 倭水車는 「自轉」하는 것이었는데, 중국《王禎 農書》에 소개되어 있는 「水轉水車」의 류로 짐작된다. 그러나 그 수차는 시 험 결과 漫水인 우리나라 하천에서는 自轉이 되지 않는 것이 판명되어, 人踏 의 형태로 다시 개량하였으나, 이때에도 滲透가 심한 地質上의 문제점이 새 로이 드러나 끝내 중단되고 말았던 것이다.

문종대의 川防 보급은 하천수의 활용이란 같은 문제를 방법만 바꾼 것이 었다. 문종은 大君으로서 수차 시험에 깊이 관여하였을 뿐 아니라, 측우기의 제작도 그가 주관한 것이므로, 우리나라 水利史에서 획기적인 성과로 나타 나게 되는 천방의 보급이 그에 따라 적극화되었다는 것은 결코 우연한 일이 아니었다. 이후 水利政策은 성종대 후반까지 거의 이 천방의 보급에 힘이 기 울여지고 또 괄목할 만한 성과를 얻게 된다.

---

22) 李泰鎭, 〈16세기의 川防(洑)灌漑의 發達〉,《韓㳓劤博士停年紀念史學論叢》, 1981; 이 책 제7장 수록.
23) 위의 글 참조.

수차가 세종대 이후 다시 주목받게 되는 것은 성종 19년 무렵의 일이었다. 이 무렵에 判司直 崔溥가 중국 紹興府로 漂流하여 그곳의 「手轉」의 수차 제작법과 사용법을 배워온 것이 계기였다.[24] 그의 귀국 소식을 들은 국왕은 곧 전라도 관찰사 李諿에게 下書하여 崔로 하여금 직접 제작을 지휘하도록 하여 결과물을 上送해 오도록 했던 것이다.[25] 그 제작물에 접한 뒤 성종은 그 것을 다시 京工匠이 만들어 오도록 했던 것 같다. 이듬에 3월 국왕은 도승지 韓堰 등으로 하여금 경복궁에 가서 李末이 만든 「激水機械」를 살피고 오도록 지시하고 있는데,[26] 이 기계는 激水의 방법으로 보아 崔溥의 것에 준한 것임이 거의 확실시된다. 그 수차는 「機械가 精巧하여 功役이 중대하면서도 물을 퍼 올리는 쓰임은 十步內에 그쳐, 그 節制가 넓지 못한」 단점이 있기는 하나, 「돌려 퍼 올리는 것은 무궁하고」「곁에 있는 물을 이쪽에서 퍼 올려 저쪽으로 붓는 것은 이점이 또한 많은」 장점이 인정되어, 경기 지역 안에서 일단 試用해 보도록 하였다.[27]

崔溥가 배워 온 수차는 주위로부터도 많은 주목을 받았던 것 같다. 성종 21년 正月에 수리의 진흥을 건의하는 한 상소가 그것을 試用해 보자고 제의하였다.[28] 그리고 연산군 2년 5월에는 때마침 大旱을 겪고 있는 호서지방에 그가 직접 가서 주민들에게 그 제조법을 가르치도록 하는 王命이 있었다.[29]

실제적인 성과는 잘 알 수 없으나 崔溥의 표류가 계기가 된 水車試用의 파장은 연산군 후반에까지 길게 뻗친다. 군왕의 폭정이 한창이던 8년 3월에 승지 張順孫이 그동안 金益慶이 만든 水車가 정교하여 힘을 적게 들이고도 효과가 많으므로, 그것을 諸道에 보내어 본떠서 보급토록 해보자는 제의를

---

24) 《成宗實錄》 卷 219, 成宗 19년 8월 乙未條.
25) 《成宗實錄》 卷 217, 成宗 19년 6월 丙辰條.
26) 《成宗實錄》 卷 226, 成宗 20년 3월 乙卯條.
27) 위와 같음.
28) 《成宗實錄》 卷 236, 成宗 21년 正月 丁丑條의 前掌樂院正 林重의 上疏.
29) 《增補文獻備考》 卷 146, 田賦考 6 堤堰附水車. 「燕山二年 五月 湖西大旱 遣儒臣崔溥 往 敎水車之制 九月乃還」

하였다.30) 그런데 이에 대한 군왕의 반응은 황당하면서도 방관적인 것이었다. 즉「水車는 만들기가 쉽지 않아 민간에서 운용치 못하기 쉬우며, 큰 가뭄이 들면 水車가 아무런 도움이 되지 못할뿐더러, 雨澤이 때를 맞추면 그것이 없어도 아무런 손해가 없다」는 것이 그 답변이었다. 뿐더러 군왕이 지적한 시험 대상지역은 水田 농사가 적은 황해·강원 등지여서 張順孫이 경기·충청도로 바꿀 것을 다시 건의하는 형편이었다.31)

水車 논의는 이후 30여 년 뒤인 명종 원년에 朴孫 등 제주인 12인이 琉球에 표류하여 중국을 거쳐 귀국하는 길에 福建省의 水車 제도를 배워온 것을 계기로 다시 있게 된다.32) 그들이 배워온 大·小의 水車 두 가지도 호조의 관장 아래 실물로 만들어져 서울 근교 盤松池에 시험되었으며, 그 가운데 小型이 민간에서 제조할 수 있는 대상으로 관심을 끌었다고 한다.33) 그러나 大·小의 수차가 구체적으로 어떤 것인지는 기록조건상으로 알 수가 없다《芝峯類說》은 또 광해군대의 일로서, 楊萬世가 일본을 다녀오면서 가져온 수차의 제도가 매우 편리한 것인데도, 「우리나라 사람들은 성질이 拙하여 慴用하고자 하지 않아 애석하다」는 기록을 남기고 있다.34)

성종대에서 임란 직후까지의 이상과 같은 보급시도는 한마디로 공민왕~세종 년간의 그것과 대차없는 것이라고 하겠다. 즉 水車를 직접 쓰고 있는 중국 강남지역이나 일본 등지를 견문한 것이 논의의 중요한 계기였다. 그리고 보급이 잘 되지 않는 이유로서 제작비용의 문제 같은 것이 새로이 지적되고 있으나, 앞서 언급하였듯이 문종대 이후 특히 16세기는 같은 하천수 활용의 수리방식으로서 천방이 활발하게 보급되고 있었다는 사실을 기억할 필요

---

30) 《燕山君日記》卷 43, 연산군 8년 3월 乙亥條.
31) 《燕山君日記》卷 43, 연산군 8년 3월 丙子條.
32) 《明宗實錄》卷 3, 명종 원년 2월 戊子條.
33) 《明宗實錄》, 明宗 元年 4월 己酉·乙卯·癸丑條
34) 《芝峯類說》卷 19, 服用部 器用條.《光海君日記》(太白山本) 卷 106, 光海君 8년 8월 초
　　5일 癸卯條에는 楊萬世에 관한 다음과 같은 기록이 있다. 「尊崇都監啓曰 學官 楊萬世
　　爲人有才 雕刻入絲等事 極其精巧 別監造官稱號 指敎工匠 依欽敬閣例 付軍職 冠帶常
　　仕……」

가 있다. 천방 곧 洑란 것도 나무와 돌 정도의 재료, 그리고 촌락민 규모의 노동력으로서도 쉽게 만들 수 있는 것이었으므로 수차보다 유리한 점이 없지 않았던 것이다. 천방 選好의 경향은 임란과 호란을 치룬 뒤 耕地의 복구 기간에서도 여전히 계속될 수밖에 없었다.

임란, 호란 후의 시기에 수차에 대한 본격적인 관심은 효종대에서 비로소 제기되었다. 그 元年 5월에 내려진 다음과 같은 교서가 바로 그것이다.

지난달 燕京 瀋陽 사이의 길에서 水田을 다스리는 기구를 자세히 살폈더니, 灌漑의 용도로는 水車만 한 것이 없었다. 그런데 우리나라는 이 제도를 전혀 몰라서 지척에 비록 잇따라 흐르는[袞袞] 물이 있어도 地勢가 조금만 높으면 말라 시드는 것을 서서 보기만 하니 끝내 어떻게 되겠는가. 참으로 한탄스럽다. 농사는 나라의 大本으로 그 器가 불리함이 이와 같아서는 심히 걱정스럽다. 지금 工匠으로 하여금 그 모양을 만들어 내게 했으니 廟堂에서 그 便否를 살펴 쓸 만하면 外方에 傳布하여 勸農의 一助로 삼도록 하라(《孝宗實錄》 卷 4, 孝宗 元年 5월 丁卯條).

즉 淸에 볼모로 있을 때, 燕京·瀋陽 사이에서 본 수차를 工匠으로 하여금 만들게 하여 그것을 諸道에 보급할 뜻을 표하였던 것이다. 이 뜻은 비변사로부터 전폭적인 찬의를 받아 공조의 관장 아래 같은 5월에 열 개를 만들어 八道와 開城, 江都 등에 하나씩 分送시켰다.[35] 그러나 이것 역시 실제적인 효과를 거두지 못하였다. 숙종대 초반의 기록들이 「孝廟가 唐人의 수차를 보고 와서 각도에 分送하였으나 그 후에 廢閣하여 쓰지 않았으니 매우 잘못되었다」[36]라든가, 「孝廟가 水旱이 잦게 일어나는 것을 걱정하여 수차의 모양을 燕山에서 얻어 민간에 반포하였으나 수령으로서 하나도 奉行하는 자가 없어

---

35) 《孝宗實錄》 卷 4, 孝宗 元年 5월 丁卯條.
36) 《肅宗實錄》 卷 8, 肅宗 5년 正月 己亥條.

백성들이 은혜를 입지 못했다」[37]고 그동안의 사정을 전한다.

효종대는 전란을 거듭한 뒤라는 시대적 여건으로 농정에도 큰 힘이 기울여지지 않을 수 없었다. 《孝宗實錄》의 〈孝宗大王行狀〉에는 위 수차 보급의 사실에 바로 잇대어 「公州牧使 申渫이 農書를 編得하여 鋟拔印進하니 嘉獎하여 상을 주고 該曹에 명하여 많이 인쇄하여 廣布케 하였다」는 것을 밝히고 있다. 그러나 효종대에 가장 중요시된 정책은 북벌을 위한 군비의 확충이었으므로, 농정 강화의 필요성을 느끼고 있었다 하더라도 더 이상의 적극적인 조치는 따르지 못하였다.

전란 뒤 수리를 중심으로 한 농정의 강화는 현종대에 들어와서 비로소 찾아진다. 즉 그 3년 正月에 堤堰司를 復設하고 그 업무 규정으로서 〈賑恤廳堤堰事目〉이 마련된 것이 바로 그것이다.[38] 이 〈賑恤廳堤堰事目〉은 당시의 농정의 초점이 수리사업에 있다는 것을 비롯해 당시의 상황을 종합적으로 파악할 수 있는 매우 중요한 내용을 담고 있다.

첫째로, 이 事目의 명칭이 바로 말하고 있듯이 당시의 수리사업은 진휼책의 하나로 취해진 것이 특징이다. 우선 復設된 堤堰司의 편제부터 호조판서와 진휼청 당상 양인이 提調가 되도록 구성되었다.[39] 수리사업이 진휼을 겸해야 하는 논거로는 송대 范仲淹의 考案을 예로 들어 「饑民의 就食之地」가 되어야 하는 당위론이 개진되었다.[40] 이러한 원칙은 단순히 亂後의 경제적 불안을 반영하는 것이라고 볼 것이 아니라, 16세기 이후 상업의 새로운 전개에 따라,[41] 인력동원 사업에서도 雇賃制로 變移가 현저해져 가는 것을 보이는 것으로서 주목해야 할 것이다.

둘째로, 이 사목은 내용적으로 제언사란 기구 명칭과는 전혀 동떨어지게

---

37) 《肅宗實錄》卷 14上, 肅宗 9년 正月 庚午條.

38) 《備邊司謄錄》第22冊 顯宗 3년 정월 18일條 및 26일條; 《顯宗改修實錄》卷 6, 顯宗 3년 1월 庚寅條; 《顯宗實錄》卷 5, 顯宗 3년 1월 丁酉條.

39) 事目의 第1條.

40) 事目의 第8條.

41) 李泰鎭, 이 책 제10장 〈16세기 한국사의 이해 방향〉 참조.

수리정책의 주 대상은 제언이 아니라 「大川을 堤防하는」[42] 사업 즉 천방 곧 보에 두고 있다. 사목을 이루는 총 15개 조목 가운데 수리수단에 관한 규정은 모두 9개로서, 그 가운데 하나를 제외하고는 모두 천방에 관한 것이다. 즉 기존의 제언을 決潰하여 그 堰內를 宮家 또는 鄕曲土豪들이 冒耕하는 것을 금해야 한다는 것이 제언에 관한 유일한 규정이다.[43] 현종대의 수리정책이 이와 같이 천방 곧 보 쪽에 두어지고 있는 것은 15·16세기 동안의 성과가 전란으로 폐기된 것이 많아 그것을 다시 복구해야 하는 관계에서라고 판단된다. 그러나 이 사목이 「우리나라 사람들은 川澤이 조금만 커도 堤防치 못하여 무한한 川澤의 물이 虛圯로 내버려지고 있다」고 지적하면서 「大水」 곧 大河川까지도 대상에 올리고 있는 것은[44] 그 실제의 성과가 어떻든 간에 하나의 적극적인 면모라고 할 수 있다.

셋째로, 이 사목의 새로운 면모로서 특기할 것은 송대의 水利學을 적극적으로 활용하려는 태도이다. 范仲淹을 필두로 하는 송대의 수리학은 이른바 강남농법 개발의 모태가 된 것으로서 大河川의 이용이 그 초점이다.[45] 이 사목이 이전에 보기 어려운 면모로서 대하천의 제방을 특별히 표방한 것은 바로 그것을 의식해서였다. 즉 「范仲淹이 大堤를 쌓아 民을 이롭게 하였으며 先儒·大賢이 모두 이로써 임무로 삼았으니 어찌 금일의 官守들이 마땅히 본받아야 하지 않겠는가」[46]라고 한 것이 그것을 말해 준다. 그리고 이 사목이 胡安定의 湖學에서 「水利齋」를 두어 인재를 기른 것을 「正學者의 일」의 표본으로 거론하면서 수리에 밝은 인재의 양성을 적극 주장한 것도[47] 같은 처지에서 나온 것이었다. 고려 말 이래 강남농법에 대한 관심이 新儒學 수용의 일환이었다는 것은 필자가 여러 차례 지적한 것이지만,[48] 성리학의 朝鮮化

---

42) 事目의 第4條의 표현.
43) 事目의 第3條.
44) 事目의 第4條.
45) 岡崎文夫·池田龍夫,《江南文化開發史》, 弘文堂, 1940 참조.
46) 事目의 第10條.
47) 事目의 제11조.

가 최고조에 달한 이 시점에서 송대의 성리학 대가들의 수리학이 이와 같이 본격적으로 관심의 대상에 오르고 있는 것은 그 추세가 깊이를 더해가는 데 따른 것이라고 생각된다.

요컨대 17세기 중반의 시점에서 보더라도 전란 후의 복구라는 여건으로 수리정책은 여전히 천방 중심이었으며, 이러한 상황에서는 수차 보급도 이전과 다른 진전을 새로이 가지기 어려웠다. 이후 영조 때까지 이전과 별다른 차이가 없는 보급 시도가 몇 차례 더 되풀이 된다.

먼저 숙종대는 그 5년, 9년, 26년 등 세 차례에 걸친 논의 또는 시험이 확인된다. 첫 번째의 것은 그동안에 쇠퇴해진 堤堰司의 기능을 활성화해야 한다는 논의 가운데 수차 제조기술에 능한 李敏哲이란 자의 기용에 관한 것이었다.[49] 그리고 9년 2월에서는 그동안에 구해진 「倭制水車」를 堤堰司 堂上의 주관 아래 각도에 통행할 수 있는지를 시험해 보게 한 일이 있었다.[50] 이 무렵에도 일본 수차가 관심의 대상이 되었던 것은 같은 왕 26년에 밝혀진 일로서 忠州牧使 沈楫이, 尹就五가 일본에서 가져온 수차를, 만들어 보았다고 한 것으로서도 알 수 있다.[51] 26년(1700)에는 江華人 權倬이 제조한 수차와 輪船이 모두 성능이 좋은 것으로 판정을 받아, 수차는 각도에, 輪船은 統營과 全羅水營에 각각 分送하여 試用해 보도록 하였다.[52] 그러나 영조대의 한 기록이 「숙종 때에 역시 그 제도를 영남에 내렸으나 民이 繼造치 못하여 끝내 永廢되었다」[53]고 술회하고 있듯이 여전히 보급에는 성과를 얻지 못하고 있었다.

영조대에도 16년과 17년, 30년 등 세 차례의 논의가 확인된다. 16년 4월에

---

48) 李泰鎭, 이 책 제4장 〈15·16세기 농업기술의 발달과 신흥사족〉 참조.
49) 註 36)과 같음.
50) 《增補文獻備考》卷 146, 田賦考 堤堰附 水車條.
51) 《備邊司謄錄》卷 51册, 肅宗 26년 7월 27일조와 《肅宗實錄》卷 34 上, 肅宗 26년 7월 丙辰條.
52) 위와 같음.
53) 《英祖實錄》卷 52, 英祖 16년 11월 丁亥條.

우의정 俞拓基가 효종대에 만든 수차가 지금 비변사에 傳存하고 있으니 그
것을 호조로 하여금 樣成케 하여 三南 지방에 分送토록 하자고 제의하였
다.54) 이 제의로 같은 해 11월에 수차가 일단 만들어지기까지 하였으나, 「車
를 만드는 工力이 많이 들어 鄕民들이 갖출 것이 못 된다」는 의견이 다수여
서 諸道에의 頒給은 중단되고 말았다.55) 이듬해 2월 우의정 趙顯命이 다시 그
것을 분송할 것을 건의하였으나, 국왕은 「비용은 많이 들면서 효력이 적을
것을 염려하여」 허락지 않았다고 한다.56)

영조 30년에는 이듬해가 반드시 흉년이 든다고 하는 乙亥年이어서 이에
대비하는 뜻에서, 숙종대에 만든 수차를 다시 조성, 시험해 본 다음 五軍門에
서 각 2件을 만들어 8道와 兩府에 하나씩 배당하였다.57) 이 조치는 모처럼 각
道까지 분송되는 성과를 보였지만, 어디까지나 60년 周期의 「必凶」에 대비
하는 것이었으므로, 일반성이나 적극성은 그만큼 減下된다.

이상과 같이 영조대까지도 수차의 試用은 답보상태였으며, 水利史的으
로도 새로운 면모는 거의 없었다. 그런데 정조대에 이르러서는 수리정책에
새로운 변화가 생기고 그에 따라 수차의 보급 논의도 다른 의미를 지니게
된다.

정조대의 수리정책은 지금까지 등한시 해 온 제언 쪽을 중시하는 변화를
보였다. 그 2년 1월에 마련된 〈堤堰節目〉58)은 현종 3년의 〈賑恤廳堤堰事目〉
과는 반대로 총 10개 조목 가운데 제언에 관한 것이 9개이고, 防川引水(洑)에
관한 것은 단 1개의 조목이었다. 이 事目은 오랫동안 성행해 온 堰內 冒耕
현상을 중단시켜 舊 제언을 복구, 수리를 확충하는 것에 本旨를 두고 있었
다.59)

---

54) 《英祖實錄》卷 51, 英祖 16년 4월 乙亥條.
55) 註 53)과 같음.
56) 《英祖實錄》卷 53, 英祖 17년 2월 丁巳條.
57) 《英祖實錄》卷 82, 英祖 30년 7월 甲辰條 및 《備邊司謄錄》第127册, 英祖 30년 7월 29일
　　조.
58) 《備邊司謄錄》第159册, 正祖 2년 1월 13일條.

堰內의 冒耕이란 기존의 제언을 決潰하여 貯水를 없애고서 원상으로 되돌려진 山谷 溪流의 주변을 경작지로 삼는 것을 뜻한다. 이러한 형태의 경지는 우리나라에서는 일차적인 水稻作地로 선호하는 경향이 있으며,[60] 임진왜란 이후 전란의 피해를 복구하는 과정에서 宮房, 士大夫家, 豪强 등이 양질의 경지를 손쉽게 획득하는 방법의 하나로 크게 재현되는 추세였다.[61] 廢堤 冒耕의 저지는 실상 현종 3년에 復設된 제언사의 중요한 임무의 하나였으나,[62] 그 점유자 층의 권세에 눌려 오히려 제언사 자체의 信任이 상실되어가 그 기능이 위축되는 형편이었다.[63] 그리하여 堰內冒耕은 그 當否가 거듭 논란되던 끝에 숙종 45년에 마침내 「복구가 불가능한」廢堰은 耕墾을 허용해 주고 稅를 받는 것으로 결정을 보아 冒耕 자체를 사실상 공인하는 단계에 이르렀다.[64] 정조 2년의 舊堰 복구를 위한 조치는 곧 그러한 추세에 일대 제동을 거는 것으로서, 그 작업은 同王 6년에 현존 및 복구의 堤堰數를 전국적으로

---

59) 이 事目은 總序에서 이 점을 특히 강조하여 언급하고 있다.

60) 李泰鎭, 앞의 〈16세기 川防(狀) 灌漑의 發達〉참조.

61) 이 사실에 대해서는 李景植, 〈17世紀 農地開發과 地主制의 展開〉, 《韓國史硏究》 9, 1973, p.97~98에서도 약간 지적되었으나, 《增補文獻備考》 卷 146, 田賦考 堤堰條의 다음과 같은 정리 기사가 당시의 상황을 적극적으로 표현한 것으로 본다. 「仁祖元年 備邊司啓 各處堤堰 皆是祖宗朝相視水利 築筒儲水 雖或荒廢 不容耕種 而壬辰以後 處處堤稟 多爲勢家之占 丁未(宣祖 40년-筆者) 以前分明有折受立案收稅耕食者外 戊申(선조 41년·광해군 즉위년-筆者)以後 立案冒耕者 并請修築儲水 上從之」

62) 이 점은 위 〈賑恤廳堤堰事目〉중의 유일한 堤堰事項인 第3條의 다음과 같은 내용을 통해 짐작할 수 있다. 「我國自古設置堤堰 處處有之 各道各邑堤堰 形上長度尺數 皆載版籍 而近年以來 農政不修 法禁解弛 久遠堤堰破決塡塞 至於諸宮家 間或折受鄕曲土豪冒耕堤內 略無顧忌 古來儲水之地 盡爲乾堤 灌漑之利 逐至廢絶 誠極痛心 今此令下之後各邑守令 凡境內堤堰 一一親自習審 破決之處 完固改築 塡塞之土 悉爲開拓 以爲及時儲水之爲白乎旀 堤內之地 一依形上尺量 諸宮家折受及土豪冒耕之處 盡爲還陳 此後 如有冒耕犯禁者 守令報于監司 爲先刑堆後 轉報本司 依律全家徙邊 守令如有不勤擧行者 論以重律 鄕所邑吏 自本司捉致京獄 依法科罪爲白齊」

63) 李光麟, 앞의 책, p.113 참조.

64) 《備邊司謄錄》第72冊, 肅宗 15년 8월 14일條. 「… 今八月十三日 藥房入診入侍時 提調閔鎭遠所啓 臣之主管賑廳事已半年史 … 臣意則三南廢堰爲先盡屬本廳 而今此量田時 各其廢堰 … 打量 且察其修築當否 成册移送於本廳後 修築而可以蒙利處 則自本廳分付該道諸邑 調發民丁 使之修築 以爲蒙利之地 而蒙利民田 量捧干水稅 其中湮塞已久 水道變迁 雖或修築 終不可蒙利處 則許民耕墾 仍收其稅 如是措置 則設合爲 民興利之道 而歲可收數千石穀物矣 … 上曰令廟堂稟處可也」

조사, 置簿하여 決潰, 塡塞, 冒耕을 다시 할 수 없는 것으로 명시해 두는 형태로 마무리 지어졌다.[65]

정조대 초반의 위와 같은 廢堤堰 복구사업은 지금까지의 수리 복구가 주로 천방 위주였던 사실을 상기하면 매우 중요한 의미를 가진다. 同王 2년의 節目에서도 「防川引水의 利는 堤堰에 비해 훨씬 크다」[66]고 하여 천방의 우세를 직접 지적하고 있다. 그런데도 「民人의 私力으로서 미치기 어려우면서 전답의 蒙利가 甚廣한 것」은 이제 官이 보조하여 제언을 신축하거나 복구하여 간다는 것이었으니,[67] 그것은 곧 수리수단 내지 시설의 倍加를 뜻하는 것이었다. 下三道지역을 중심으로 한 조선 후기의 제언 관개에 관한 宮嶋博史의 논문 〈李朝後期の農業水利〉[68]는 바로 이 시기부터 19세기 전반까지 제언의 확보나 이용도가 높았다는 결론을 얻고 있다. 이 시기에 水稻作에 일대 발전이 있었다는 것은 두루 아는 사실이나, 그 발전에는 반드시 이러한 수리 기술상의 일단의 진전이 고려되어야 할 것이다. 정조대를 거치면서 이렇게 확충된 수리사업의 성과의 하나로 단적으로 들 수 있는 것이 反田이다. 陸田을 갈아엎어 水田으로 만든 경지로서의 反田을 徐有榘(1764~1845)는 다음과 같이 설명하고 있다.

反(音 翻)田이란 것은 陸田을 뒤엎어[翻] 水田으로 만든 것이다. 무릇 陸田으로서 샘[泉]에 가깝거나 강[河]에 가까워 물을 끌어 관개할 수 있는 것은 畦塍으로 고쳐 만들어 벼를 심으니 지금 南北 水田의 10분의 3은 모두 反田이다. 비록 쌀밥을 먹는 풍조가 옛날보다 盛한 것에 緣由하더라도 田地를 아껴야 利가 많다(畦種을 하면 땅을 아끼고 수확이 倍가 된다). 그러나 陸田은 1年에 再種하고 벼는 一熟만 할 따름이니 이른바 利害가 相半하는 것이 됨이다(《林園十六志》

---

65) 註 58)의 정조 2년 「堤堰節目」 참조. 이때 道別로 조사된 堤堰의 數는 《增補文獻備考》 堤堰條에 실려 있다. 李光麟, 앞의 《李朝水利史硏究》 p.24~27 참조.
66) 「堤堰節目」의 第9條.
67) 위와 같음.
68) 《東洋史硏究》 41-4, 1983.

本利志 卷 1 諸田條).

　　정조대의 수리정책은 그 초반의 제언의 복구, 확충으로 지금까지 천방 한 쪽으로 치우쳤던 경향에서 일단 벗어나게 된 것이 새로운 면모였다. 그리하여 이 시기의 水利論은「산 가까이에는 堤가 있어서 貯水하고, 들 가까이에는 洑를 두어 引水하고, 바다 가까이에는 堰을 두어 防水하니, 堤·洑·堰 三者는 水功을 일으키고 旱災에 대비하는 것이라」[69]고 하는 것이 정형적인 표현이 되다시피 한다. 이 가운데 堰은 간사지 개척을 가리키는 것으로서, 堰田의 개발은 천방과 함께 16세기부터 얻어진 농업경제상의 새로운 성과의 하나로서, 三者는 모두가 堤堰司 소관의 일이었다.[70]

　　대체로 위와 같은 배경 아래 정조대의 수차 보급에 관한 논의는 제언 修補의 일이 일단 종결을 본 이듬해, 곧 同王 7년 7월에 처음 있었던 것이 확인된다. 즉《海東農書》의 저자로 유명한 徐浩修가 이조판서로서 龍尾車 十數具를 만들어 八道·兩都에 보내, 각 도의 監·兵營으로 하여금 列邑에 보급토록 하자고 제의하였던 것이다.[71]

　　정조대의 수차 논의는 이전과는 달리 龍尾車를 보급의 대상으로 삼은 것이 새로운 면모였다. 용미차는 주지하듯이 천주교 신부 熊三拔의《泰西水法》(1612년 刊)을 통해 소개된 서양 수차로서, 徐光啓(1562~1633)의《農政全書》에 그 내용이 실렸으나 우리나라에서는 정조대에 들어와서 비로소 거론되기 시작한다.[72] 이 용미차는 중국에서 고안된 龍骨車類에 견주어 성능이 훨씬 우수하였다. 그래서 이것이야말로 大川, 江水를 관개수로 활용할 수 있게 하는 것으로서 관심을 크게 모았다. 徐浩修가 위의 세의에서「江川의 가까운 곳과 넓은 들(野)이 설사 오랜 가뭄을 만나더라도 충분히 관개할 수 있

---

69)《正祖實錄》卷 50, 정조 22년 11월 己丑條.「求農書綸音」에 대한 申在亨 上疏文.
70) 堰田의 개발에 대해서는 李泰鎭, 이 책 제8장〈16세기 沿海地域의 堰田 개발〉참조.
71)《正祖實錄》卷 16, 정조 7년 7월 癸巳條.
72) 李光麟, 앞의 책, p.84~88 참조.

어 國計民生이 기필코 이에 의도하지 않을 수 없다」[73]고 한 것이라든가, 같은 왕 15년 9월에 司直 愼基慶의 건의에서 「車가 큰 것은 3丈의 높이까지 물을 끌어 올리고, 작은 것은 1·2丈까지 올린다고 하니 川이 깊고 땅이 높은 것이라도 어떤 제약이 있겠는가」[74]라고 한 것 등이 그러하다.《擇里志》山水條에 「물이 깊고 크면 관개할 수 없다」고 하듯이, 수심이 깊고 폭이 넓을수록 수면과 陸地面의 간격(높이)이 커서 그 江川의 관개수로의 이용에는 그만큼 고도한 기술이 요청되었다. 그동안 천방 곧 보를 통해 활용된 하천이란 것은 徐有榘가 「우리 東方에서 江水를 이용하여 灌田하는 것은 絶罕하며, 남북에서 관개하고 있는 水는 대저 모두 川渠라」[75]고 지적하듯이 대천, 강수가 아니었다. 정조대의 水車論은 그동안 洑로서도 활용의 대상이 될 수 없었던 大川, 江水를 이용하자는 것이 중요한 목표였다. 同王 22년 11월의 李宇炯의 상소는 이 점을 「平郊 廣陸이 곁에 大川을 끼고서도 보를 쌓지 못하는 것은 수차를 쓰지 않을 수 없다」[76]고 명백하게 지적하고 있다. 새로운 단계의 수리 지향을 뜻하는 정조대의 이러한 논의는 무엇보다도 용미차란 새로운 수단의 획득을 중요한 계기로 하는 것이었다.

정조대의 水車論은 비교적 횟수가 잦을 뿐만 아니라 확고한 체계성을 보이고 있는 점에서도 주목된다. 同王 7년의 徐浩修의 첫 논의는 「車가 만들어졌으나 頒賜되지 못하는」[77] 것으로 끝났으나, 그 뒤 15년의 愼基慶의 제의, 19년의 李宇炯의 건의 등으로 계속되었다. 그리고 22년의 「求農書綸音」은 역시 가장 활발한 논의의 계기가 되었다. 이 綸音에 응한 27인의 陳疏 가운데 실록에 내용이 소개된 18인의 것에서 수리를 논하는 경우가 11개, 수차를 직접 거론한 것이 그 가운데 7개나 되었다.[78] 이 논의들은 모두 《農政全書》

---

73) 註 71)과 같음.
74)《正祖實錄》卷 33, 正祖 15년 9월 辛卯條.
75)《林園十六志》卷 2, 水利總叙「論灌田江不如湖」條.
76) 註 69)와 같은 條.
77) 註 71)과 같음.
78) 水利를 논한 인물 11人 가운데 水車를 말한 자를 밑줄을 그어 표시하면 다음과 같다.

의 것들을 근거로 삼고 있다.

정조대의 水車에 대한 관심은 논의에만 그치는 것이 아니었다. 논의를 활발히 가지는 한편 실제로 보급도 꾀하여졌다. 同王 18년에 華城이 完築된 뒤, 그 外城의 개간에 신식 수차를 활용해 보도록 하였다.[79] 그리고 순조 11년의 경상도 安東지방의 다음과 같은 상황도 정조대의 그러한 고조된 분위기의 한 여파로 본다.

> 本邑은 穀貴民貧합니다. 連阡의 旱田에 물을 끌어 開畓하는 일에서 한 해의 豊歉은 水田의 有水 여부에 전적으로 달려 있습니다. 桔橰의 관개는 그 힘이 약하여 水車처럼 멀리 뻗치지 못합니다. 단지 我國의 民俗은 素習에 익숙하고 처음 보는 것은 홀시하여 水車가 있어도 사용해 볼 줄을 모릅니다. 그러나 굳이 官에서 倡勸服習을 잘하면 행해지지 않을 리가 없습니다. 한번 쓰게 된 뒤에는 利가 됨이 반드시 넓을 것입니다. 本道의 昌原에서 이미 이 방법을 試用하여 효과가 있었다고 하오니, 지금 本州에서도 이 例를 본따서 試用해 볼 뜻입니다. 道臣에게 분부하시어 該邑에 일을 맡기도록 하여 주십시오(《純祖實錄》 卷 14, 純祖 11년 3월 戊寅條).

新都란 특정 지역뿐 아니라 지방사회에서도 신식 수차에 대한 기대가 컸던 것을 그대로 보여주는 것이라고 하겠다.

19세기 중반 무렵의 저술인 徐有榘의 《林園十六志》, 崔漢綺의 《陸海法》등이 한결같이 《農政全書》의 신식 水車類에 관한 내용을 자세히 담고 있는 것도 당시의 관심을 반영하는 일단이다. 그러나 앞서 인용하였듯이 서유구는 같은 《林園十六志》에서 아직도 「江水를 이용하여 灌田하는 것은 絕罕하다」

申再亨, 柳東範, 卜台鎭, 鄭始元, 李宇炯, 劉宗燮, 金夏璉, 李齊華, 柳鎭穆, 林博儒, 張炘.

79)《正祖實錄》卷 42, 正祖 19년 2월 庚午條. 「前佐郎李宇炯上疏曰 … 批曰 水車之制 其利可勝言哉 古人以興水利爲利用厚生之本 鄭鑿史引 豈有別術 去冬綸音 水原山城外 開墾曠土 於約播百包之地 導光敎水以漑之者 亦出於興水利 第不見用 莫今時若爾能開口言之 許令度支之臣 面詰於爾 又使巧思者 造出試之 咸以爲便 則可爲生民一大蒙利之端」

고 하여 노력에 견주어 성과가 미미했던 것을 짐작케 한다. 水車의 보급이 집요한 노력과는 반대로 이와 같이 끝까지 성과를 얻지 못하는 것은「처음 보는 것을 忽視하는」[80] 습속에도 이유가 없지 않으나 비용이 역시 가장 큰 문제였다. 정조 24년 4월 華城 幼學 禹夏永이 〈時務十三條〉를 올린 가운데 華城 試用의 수차를 列邑에 보급하는 것을 건의하였을 때, 국왕 정조가「수차의 制는 근래 장용영에서 여러 개 만들어 둔 것이 있으나, 단 비용이 매우 많이 들어〔甚鉅〕列邑에 두루 頒給하기는 매우 어려울 것 같다」고 직접 답한 것에서 그 사정을 잘 살필 수 있다.[81]

앞에서 언급한 宮嶋氏의 下三道지방 제언에 관한 연구는 19세기 중엽 이후 지역을 불문하고 제언의 廢堤化가 진행된다는 것을 밝히고 있다. 龍尾車를 중심으로 한 서양 수차에 대한 관심은 바로 그 民亂期의 廢堤化 추세 속에서 더 이상 지속될 수 없었을 것이다. 따라서 宮嶋氏가 같은 연구에서「洛東江 錦江 등의 대하천 下流域의 본격적 개발이 진행된 것은 20세기에 들어와서」라고 지적하였듯이, 大川·江水 주변의 평야지와 畓地로의 轉用은 미미한 범위에서 그쳤을 것이 분명하다. 《增補文獻備考》의 수차에 관한 정리는 光武 2년(1898) 水輪課를 설치하여 官有·民有를 막론하고 高燥한 田地에는 水輪을 敷設하여 掘浦하거나 築堰하여 개간 관개로 民人으로 하여금 蒙利케 하였다는 사실로서 끝을 맺고 있다.[82] 大川·江水의 관개수로의 이용은 이제 水輪 곧 蒸氣 활용의 단계로 넘겨졌던 것이다.

맺음말

지금까지 조선왕조 一代의 水牛·水車 보급 시도의 槪況과 그 농업사적 의

---

80) 위 《純祖實錄》의 인용문.

81) 《正祖實錄》卷 44, 正祖 24년 4월 庚子條.

82) 光武年間의 水輪課 및 그 전후의 사정에 대해서는 李光麟, 앞의 책, p.119~125 참조.

의를 살펴보았다. 그 내용을 간추려 결론에 대신하기로 한다.

수우와 수차는 남송 이후 동아시아의 水稻作을 대표하는 강남농법의 상징물이다시피 한 것이었다. 따라서 조선에서 그 보급 시도는 강남농법의 기술적 선진성을 追及한다는 의미를 지니고 있었다. 그 시도가 우리 농업의 수도작으로 傾斜와 때를 같이하여 처음 있게 된 것은 결코 우연이 아니었다.

세종대부터 시작된 수우의 도입, 양육 시도는 그것이 土牛보다 더 우수한 耕牛가 될 수 있다는 판단에서였다. 이 시도는 양육에는 일단 성공하나 耕牛로서의 활용단계에서 끝내 난점을 극복하지 못하고, 중종대 초반을 끝으로 더 이상 보급의 노력을 찾아볼 수 없게 된다.

하천수 활용의 한 수단인 수차의 보급 시도는 고려 말에 시작되어 조선 말기까지 거의 5세기 동안에 걸쳐 부단하게 이어진다. 그러나 이것 역시 끝내 보급에 성공하지 못한다. 하천수 활용의 방법으로서는 간편한 것이라는 예상과는 달리, 可動水量을 이용하는 개별 농가가 그 제작을 감당하기 어려운 재정상의 문제점이 해결되지 못함으로써 끝내 실용의 域에 들지 못한다. 수리사적으로 하천수를 관개수로 활용한다는 것은 조선시대 수도작의 새로운 과제였으나 그것은 문종대에 새로운 대안으로 시도된 川防 곧 洑의 보급을 통해 실현을 보았던 것이다. 洑가 더 손쉬운 방법으로 보급의 성과를 보고 있는 한, 수차는 보급되기 어려운 상황에 있었다.

조선 一代에 試用의 대상이 된 수차는 두 가지 종류가 있었다. 중국의 전통적인 수차인 龍骨車와 泰西水法의 龍尾車 두 가지가 그것이다. 시기적으로 용골차는 영조대까지, 용미차는 정조대부터 試用의 대상이 되었다. 徐光啓의 《農政全書》에 이미 소개된 용미자가 이렇게 늦게서야 주목된 이유는 확실하지 않다. 그런데 용골차에 견주어 성능이 훨씬 우수한 용미차를 보급코자 한 정조대의 논의는 그것으로 활용코자 한 대상 川水가 달라지는 변화가 있었다. 즉 이전까지 수차를 대신하여 크게 보급된 보로서는 이용하지 못했던 大河川 江水를 관개수로 활용하여 그 주변을 水田 稻作地로 만들어야 한다는 것이 주된 논의였다. 정조대의 수차 보급논의는 16세기 말 17세기 초의 外侵 戰亂의 피해를 복구하는 과정에서 주로 洑가 많이 보급되는 가운데 곳곳에서 폐기되어 버린 堤堰까지도 복구하는 조치를 가진 다음에 제기된 것이므로 그 의의는 농업사적으로 자못 큰 것이라고 하지 않을 수 없다.

　새로운 수차인 용미차가 보급되지 않은 상태에서도 정조대부터는 陸田을 水田으로 바꾸는 이른바 反田이 많이 만들어지고 있었다. 그것은 곧 洑와 제언 두 가지에 따른 것이더라도, 이 시기의 水利上의 성과가 이전의 어느 때보다도 컸다는 것을 뜻한다. 새로운 기술로서 江水까지도 관개수로 활용코자 한 것은 바로 그러한 성과를 더 확대시키려는 것으로서, 수도작 발달의 역사에서는 매우 중요한 시도라고 하지 않을 수 없다. 용미차로서 이루고자 한 江水의 활용이란 것이 현대의 전력 펌프로서 달성하고 있는 바로 그것이란 사실을 유의하면, 그 시도의 중요성은 새삼 누구나 인정하지 않을 수 없을 것이다.

VI. 조선후기 집약농업하의 사회변동

제14장 17·18세기 향도香徒 조직의 분화와 두레 발생

머리말

필자는 오래 전부터 향도 조직이 늦어도 고려시대 이후로는 지역 공동체의 실체로 사회 운영에 차지하는 비중이 크다고 보고, 그 연구의 중요성을 느껴왔다. 불교적인 명칭은 불교가 성행한 시대 조건의 반영에 불과한 것으로 그 실체는 지역 공동체로서, 이의 각 시대별 구성과 기능에 대한 연구는 곧 사회 발전단계 파악에 중요한 몫을 할 것으로 믿어 왔다.

이러한 인식 아래 고려 시대와 조선 전기의 향도에 대해서는 약간의 고찰을 가져 다음과 같은 사실을 확인하였다. 즉 고려 전기의 향도는 하나의 郡縣 주민이 거의 대부분 그 구성원이 될 정도로 규모가 컸던 반면에, 조선 초기의 것은 하나의 자연 촌락이 구성단위가 되어 소규모적인 것으로 바뀌었다는 것이다.[1]

향도 조직의 위와 같은 변화의 원인은 여러 가지 측면으로 검토되어야 하겠지만, 필자는 고려 말기의 농업기술 발달을 주목하여 다음과 같은 이해를 잠정적으로 가졌다. 즉 고려 전기의 농업은 아직도 기술적으로 休閑法의 제약으로부터 완전하게 벗어나지 못하였으며, 이러한 제약을 가진 사회는 인

---

1) 李泰鎭, 〈醴泉 開心寺 石塔記의 分析 — 高麗 前期 香徒의 一例〉, 《歷史學報》 53·54 합집호, 1972; 이 책 제3장 및 〈高麗末·朝鮮初의 사회변화〉, 《진단학보》 55, 1983; 이 책 제5장.

력 통제의 필요성을 상대적으로 강하게 지녀, 지역 공동체로서의 향도의 구
성이 그와 같이 대규모적이게 되었을 것이라는 이해였다. 휴한농법은 기본
적으로 粗放的인 것이므로, 노동력의 투입 기간은 짧으면서도 한차례의 동
원 규모는 커야 하는 조건을 가지게 되어, 그 사회적 구성이 집단성을 강하
게 지니는 것으로 이해되었다.[2] 농업의 소득이 기술적인 한계로 제약을 받
을수록 貢物 조달의 비중이 커진다는 이해로서도,[3] 휴한농법 아래서 사회구
성의 집단성은 부정하기 어려울 것으로 생각된다.

고려시대와 조선 초기의 향도에 대해서는 미흡한 대로 대체로 위와 같이
그 변천의 줄기를 잡을 수 있었지만, 그 이후의 사정에 대해서는 지금까지
아무런 견해도 표명하지 못하였다. 체계적인 파악을 가지기에는 관련 史料
가 너무나 부족하였기 때문이었다. 향도는 주지하듯이 순수한 농민세계의
것이므로, 기록이란 것이 대개 官邊이나 士族들에 의해 이루어진 이 시대에,
이에 관한 기록은 본래 적을 수밖에 없는 것이다. 그러나 이 점을 감안해서
도 관련 사료가 너무도 적다는 것이 그동안에 가지게 된 소감이다. 현재 이
분야에서 활용되고 있는 자료는 조선 당대의 것보다도 태반이 일제 식민 당
국이 식민정책 수립의 목적으로 여러 가지 조사사업을 벌인 가운데 얻어진
것으로, 이의 소급적인 활용은 많은 한계가 있는 것이라 하지 않을 수 없다.

그런데 사료 여건이 이렇게 나쁜데도 이 문제를 직접 다루거나 간접적인
언급을 가한 연구는 그렇게 적은 것도 아니다. 일반 농민사회의 실상을 알기
위해서는 이 문제가 빠뜨려질 수 없는 것이기 때문이었다. 어쨌든 현재까지
의 연구 상황을 살피면, 근대에 관한 것은 큰 무리가 없다 하더라도 조선시
대에 관한 것은 자료상의 제약으로 불가피하게 가해진 추론들에 문제점이
적지 않게 발견되었다. 그 문제점들은 조선시대의 것에 대한 이해의 한 결함
으로 끝나는 것이 아니라, 이 문제의 중요성에 대한 역사적 인식에 큰 차이

---

2) 李泰鎭, 위 〈고려말·조선초의 사회변화〉, p.116.
3) 宮嶋博史, 〈朝鮮史から見たタイ〉, 《東南アジアからの知的冒險》(東京: Libro, 1986),
   p.258~264.

를 줄 수 있는 것으로, 단순한 오류로 치부하고 넘어갈 수 있는 것이 아니라고 생각되었다. 자료상의 제약은 그동안 조금도 타개되지 않았지만, 서둘러 이 과제를 다루는 것은 이러한 문제점에 대해 주의를 환기시키는 구실이라도 하는 것이 연구자로서 해야 할 도리의 하나라고 생각해서였다. 이 논고에서 그동안의 연구 성과에 대한 정리를 앞세운 것은, 연구동향 그 자체를 반성해 보는 의미도 있지만, 사료 부족의 제약으로부터 조금이라도 벗어날 수 있는 방편이 될 것을 기대해서였다.

1. 공동노동 조직에 대한 기존의 연구성과 검토

1) 일제하의 조사와 연구들

우리나라 농촌사회의 공동노동 조직은 지역에 따라 그 명칭이 매우 다양하나 일반적으로 조직 규모의 대소에 따라 품앗이와 두레 두 가지 형태로 분류된다. 이 공동노동 조직에 대한 조사, 연구는 일제가 통감부를 설치하여 침략의 토대를 마련하던 시기에 이미 착수되었다. 1906년에 간행된 《韓國土地農産調査報告》는 경기도·충청도·강원도·경상도·전라도 등지에 두레가 현행하는 郡邑들을 파악하였다. 이전에도 간단한 견문보고 같은 것은 없지 않았지만,[4] 일괄적인 조사 형식을 취한 것은 이것이 처음이었다.

그러나 이 조사를 뒤잇는 특별한 작업은 상당한 기간 안에 포착되지 않는다. 1910년내 안에 이루어진 관련 조사, 연구로는 豊田重一의 〈農社·農樂に關する研究〉(《朝鮮彙報》, 1916年 4月)와 張蓬昌의 〈農社に關いて〉(같은 책, 1917년 8월) 등 간략한 글들이 확인되는 정도이다. 1910년 병탄 후의 침략정책이 面長制의 시행을 통해 면 단위의 장악이 우선적인 과제로 세워졌기 때

---

4) 加藤末郎, 《韓國農業論》, 1904, p.168.

문에5) 그것을 중요한 문제라고 인식해서도 전념할 겨를이 없었다. 3·1운동이 일어난 시기를 전후해서도 일제 식민 당국은 《契に關する調査》(《朝鮮民政資料》, 1923)를 내놓는 정도였다.

일제 식민당국의 한국 촌락사회의 공동체 조직에 대한 조사, 연구는 1930년대에 들어와 적극화하기 시작하였다. 군국주의의 길로 들어서면서 里洞 폐합 조치를 단행, 촌락사회의 직접적인 장악을 도모하고, 사회주의 농촌운동에 대응하여 농촌진흥운동을 펼치면서 농촌사회의 기존 공동노동 조직에 대한 관심을 높이게 되었던 것이다. 1925년에 착수된 간이 國勢調査 사업은 30년대의 통치체제 강화에 큰 도움을 주는 것이었다. 이 사업이 처음부터 이동 폐합조치를 겨냥한 것은 아니더라도, 결과적으로 그것은 폐합 조치의 기초 자료를 제공하는 것이 되었다. 1929년에 간행된 《朝鮮の小作慣習》, 1933년에 간행된 《朝鮮の聚落》上·中·下 등도 이 조사 사업의 중요한 결과물들이었다.

1920년대 후반 무렵 우리 농촌사회에 대한 일제의 관심은 정책적 차원의 조사활동뿐 아니라 학술적 차원에서 논평이 나올 정도가 되었다. 大阪 상과대학 교수 猪谷善一이 《朝鮮經濟史》(1928)라는 저술에서 조선의 雇只隊에 대하여 논평을 가한 것이 그 좋은 예의 하나이다. 고지대란 20세기 초두에 특히 충청남도, 전라북도 등지를 중심으로 성행한 농업노동자들의 노동 청부 단체였다. 이 임금노동자 조직의 출현을 놓고 그는 식민 통치 아래 조선의 전래적인 農社 곧 두레가 가야할 길로 규정하고자 하였던 것이다. 즉 전통적인 '노동 이용조합'의 형태는 자본주의 경제의 이식에 따라 임금노동 단체로 바뀌는 것이 자연스러운 코스라고 지적하였다(p.87~88). 같은 문제에 대한 거의 비슷한 견해가 7년 뒤 久間健一의 〈勞動隊制度と雇只隊制度〉(《朝鮮農業の近代的 樣相》에 실림, 1935)란 글에서 훨씬 더 체계적인 형태로 표명되었다. 이 글은 조선의 노동조직에 관한 드물게 보는 본격적인 논문으로서, 20세기

---

5) 《朝鮮施政年報》大正 7~9年度 第14章 地方行政 第72節 地方制度 참조.

초두에 발생한 조선의 고지대를 19세기 중반 이후 영국의 특정한 지역에서 성행한 같은 종류의 조직인 노동대 곧 Gang system과 비교하여, 고지대 발생의 자본주의적 여건을 강조하고자 하였다. 다시 말하면, 일본의 통치와 거의 때를 같이하여 일어난 이러한 변화는 결코 우연이 아니라 자본주의경제 실현과 깊이 관련되는 것임을 드러내고자 하였던 것이다.

그런데 農社 곧 두레와 고지대 둘의 관계를 놓고 두 사람이 다 같이 후자가 전자의 '근대적 방향'이라고 강조한 점은 당시 계획되거나 이미 실행에 옮겨진 里洞 폐합 조치를 정당화하려는 의도를 지니는 것으로 주의를 요한다. 1933년에 단행된 폐합 조치는 62,532개의 이동을 28,336개로 줄여 區長制를 도입하는 것을 골자로 하였으며,[6] 이로써 이동 단위로 형성되어 온 전래적인 사회적 자율성은 크게 손상되는 길을 걸었다. 후술하듯이 40년대의 여러 보고, 연구들은 이동 단위의 두레나 농악이 쇠퇴한 것은 이 조치 이후라고 지적하는 경우가 많아 주목된다.[7]

두레 조직은 일제 침입에 대한 초기의 대대적인 저항이었던 동학 농민군 활동에서 이미 핵심적인 농민 동원의 조직으로 기능하였을 뿐더러, 이 무렵에도 각종 농민 저항 운동과 연관되어 있었을 가능성이 대단히 높다.[8] 따라서 이에 대해 일제가 적극적인 대책을 세우는 것은 당연한 순서로서, 단지 그 시기의 선택이 문제였을 따름이었다. 이 문제는 사실 1910년대의 식민 지배체제 확립의 중심 과제이던 면장제 시행에 맞먹는 비중을 차지하는 것으로 가장 바람직한 대책이란 것은 그 운영 조직의 단위가 되고 있는 里洞制 자체를 흔들어 놓는 것이었다.

다 알듯이 일제는 1937년의 중일전쟁을 전후하여 전시체제로 돌입하여 이른바 總力同盟운동을 벌였다. 식민지 조선의 노촌사회는 이 비상 동원체제의

---

6) 《朝鮮の聚落》上, p.198.
7) 이 책, p.435.
8) 신용하, 〈甲午農民戰爭과 두레와 執綱所의 폐정 개혁〉, 《한국사회의 신분계급과 사회변동》, (한국사회사연구회논문집) 제8집, 문학과지성사, 1987.

목적 수행과 관련하여 다시 새로운 각도에서 주목되었다. 같은 해에 있었던 《朝鮮の鄕土神祀; 部落祭》의 간행은 이 무렵의 그러한 상황 변화를 잘 반영해 주는 예의 하나이다. 이 책은 조선 농촌사회의 전래적인 '部落祭' 부활의 과제 실현을 목적으로 편찬된 것으로, 서문에서 그 필요성이 다음과 같이 주장되었다. 즉 그동안 추진된 조선의 생활개선, 농촌진흥을 위해서는 경제갱생뿐만 아니라 心田開發도 함께 도모되어야 한다고 하면서, 정신문화의 많은 것이 옛 전통의 소산이라고 볼 때, 정신문화가 싹터 나오는 곳으로서 심전개발을 위해서는 지방 향토에 보존된 정신적인 행사인 향토신사 그 가운데서도 가장 사회적, 공동적인 부락제를 장려할 필요가 있다는 것이었다. 이 서문은 그 '부락제'란 것이 2,30년 전만해도 성대하게 행해졌는데 지금은 그렇지 않으므로, 앞으로 이를 진지하게 거행하는 부락을 건전부락으로 지정하는 정책을 취해서라도 부활시켜 나가는 것이 마땅하다는 주장을 폈다.

30년대 말엽에서 일제가 우리 농촌사회에 대한 정책을 위와 같이 대폭 수정한 것은 전시체제라는 새로운 상황에 대처하기 위한 목적도 있었지만, 그동안의 정책이 성공적이지 못한 점을 인정하여 수정을 단행하는 것이기도 하였다. 면장제의 도입뿐만 아니라, 이동 폐합으로 기존의 최하부의 자율적인 기반까지 흔들어 놓은 것에 대한 직접, 간접의 저항으로 식민지의 인력, 재력의 동원이 쉽게 이루어지지 않자 새삼스럽게 이동 단위의 전통적인 노동동원 체제가 연결을 가지고 있던 祭禮의 행사를 주목한 것이었다.

전시체제의 비상동원에 기여하기 위한 조사, 연구는 물론 부락제만을 관심의 대상으로 하지는 않았다. 총력 동원에 활용될 수 있는 유용한 제도로서 동족부락·향약·계 등에 대한 글을 내놓는 연구자가 많았다. 이전까지 조선의 근대자본주의 문제와 대구 호적 분석에 주력하던 京城帝大의 四方博이 동족부락·향약·계 등에 관한 논고를 잇달아 내놓은 것이 그 대표적인 예의 하나이다.[9]

---

9) 四方博, 〈朝鮮における 大家族制と同族部落〉, 《朝鮮》 270, 1937; 《朝鮮社會經濟史研究》

전시동원을 위한 조선 농촌사회에 대한 일제의 조사작업은 농촌사회학자까지 동원하였다. 1940년에 《日本農村社會學》을 펴내 명성을 얻은 鈴木榮太郎의 참여가 그 대표적인 예이다. 四方이 경성제대 창설 초기인 1926년부터 부임하여 활동한 것과 달리, 그는 1942년에 처음으로 경성제대에 조교수로 부임하였다. 그의 조선 농촌에 대한 관심이 남다른 우호적 동기에서 비롯한 것인지는 잘 알 수 없으나, 부임하자마자 총력연맹 연구반을 이끌고 조선 농촌에 임하였다.[10] 그가 조선에서 벌인 조사 활동은 1944년에 중병으로 일본으로 돌아감으로써 2년 정도의 단기간에 그쳤지만, 짧은 조사 기간에 견주어 그의 연구 보고에는 사회학자 특유의 관찰력이 십분 발휘된 것이 많아 주목된다.[11]

鈴木의 결론은 조선 농촌사회에서 진정한 자율적 단위성을 가지는 것은 1933년에 취해진 이동 폐합 조치 이전의 舊洞里라는 것이었다. 당국이 추구하는 부락제의 부활과 같은 방법으로 자발성을 유도하려면 그 구동리를 단위로 하는 것이 효과적이라는 것이 그의 견해였다. 이러한 결론에 대한 식민 당국의 반응이 어떠했는지는 알 수 없으나, 그는 이미 일본 농촌에 대한 연구에서도 명치유신 이전의 舊幕時代의 자연촌이 진정한 자율적인 사회단위라는 것을 지론으로 삼았다. 조선 농촌에 대한 그의 견해도 전혀 새로운 것

上, 國書刊行會, 1976;〈李朝時代鄕約の歷史と性格〉,《京城帝大法學會論文集》14-4, 1943;《朝鮮社會經濟史研究》,〈李朝時代と契規約の研究〉,《朝鮮總督府調査月報》15-7, 1944;《朝鮮社會經濟史研究》.

10) 木野巽,〈朝鮮の自然村を中心にして〉鈴木榮太郎著作集Ⅴ,《朝鮮農村社會の研究》에 수록, 未來社, 1973 참조. 이 글은 그가 壹岐 출신으로 對馬에서 중학교를 다닌 것이 조선에 대한 관심을 특별하게 가지게 하지 않았을까라는 추측을 적고 있으나, 큰 의미를 담은 것은 아니다. 그의 참여가 당초 정책적이었던 것은 확실하나, 후술하듯이 조사, 연구에 임해서는 조선 농촌사회의 구성과 운영에 대한 학자적 관심이 크게 발동되었던 것을 느낄 수 있다.

11) 註 10)의 그의 저작집 Ⅴ에 묶인 조선 농촌에 관한 글들은 다음과 같다.
　1. 朝鮮の農村 2. 朝鮮の農村社會集團について 3. 朝鮮の契とプマシ 4. 朝鮮農村社會瞥見記 5. 朝鮮農村社會踏査記 6. 湖南農村調査野帳拔書 7. 朝鮮の年中行事(草稿) 8. 黃海道瑞興郡月灘里部落(草稿) 9. 朝鮮北部および西部の共同作業(草稿) 10. 朝鮮年中行事の調査(野帳) 11. 朝鮮民俗採集の記錄(野帳)

이라기보다도 일본 농촌에 대한 견해를 확대 적용한 형태였다. 그의 사회학적인 현지 조사는 오늘의 연구에서도 구체적인 자료로 활용될 만한 것이 많지만, 일본 농촌사회의 여러 조직들과 비교를 통해 조선 농촌사회의 여러 조직, 단체들에서 나타나는 상대적인 발전성을 부정하지 못하는 듯한 느낌을 강하게 주는 논평을 남긴 것은 대단히 주목된다. 이 점은 이때까지 조선총독부의 이 분야 담당 관리로 활동해 온 善生永助, 村山智順 등에게서는 전혀 찾아 볼 수 없는 면모였다.

그러나 鈴木의 구실은 결코 총독부의 정책을 바꾸어 놓을 수 있는 것은 아니었다. 총독부의 관심은 여전히 총력동원을 위해 조선의 전통적인 공동노동 조직을 어떻게 최대로 활용하느냐는 것이었다. 그는 단지 일본 舊幕時代의 자연촌과 거의 동질적인 조선의 里洞의 실제에 접하여 학자적 정열을 쏟으면서 어용의 大路에서 약간 비켜서 있었을 따름이었다.

같은 시기에 이 분야에 글을 남긴 연구자로 姜鋋澤, 印貞植 등 두 사람이 주목된다. 姜의 연구결과는 〈朝鮮にねける 共同勞動의 組織とその史的 變遷〉(《農業經濟研究》 17, 1941) 하나밖에 확인되지 않지만, 앞의 鈴木에 못지않은 연구 수준을 보여주어 주목된다. 이 논문에서 특히 주목되는 것은 우리 농촌의 공동노동 조직을 (1) 전체적 강제적 공동작업－農社 주관의 洞 두레, (2) 多人數의 임의적 결합체의 공동조직－일반 농가 중심의 두레, (3) 소를 중심으로 한 小人數 결합의 공동작업, (4) 임시적인 手間替에 따른 공동작업－품앗이 등으로 분류한 점이다. 지금까지 이 문제에 대한 조사가 農社 곧 두레 하나를 중심으로 하는 경향이 강했던 것에 반해, 이 연구는 이러한 분류로 학문적 체계화에 적지 않은 기여를 하였다. 이러한 체계적인 파악은 앞의 鈴木의 연구에서도 품앗이와 두레 두 가지로 크게 나누는 파악을 제시하였다. 즉 姜의 (1), (2)가 두레 하나로, (3), (4)가 품앗이로 묶이는 파악체계였다. 두 체계의 타당성 문제는 별개로 하고, 체계적인 파악을 위한 이러한 분류 작업 자체는 이 시기 연구의 한 새로운 국면으로 평가된다.

姜의 연구는 분류 그 자체가 궁극적인 목적은 아니었다. 그의 연구는 併呑

후의 공동노동의 실태까지 대상으로 하였다. 즉 병탄 뒤부터 1932년까지의 기간은 일제의 增産政策에 따라 극히 제한된 부분에서나마 신기술도입과 노동집약화를 목적으로 한 공동노동의 '再興'이 도모되었고, 1933년부터 1939년까지는 농촌진흥운동의 추진으로 공동경작이 발흥한 시기로 파악하였다. 특히 1939년 3월부터는 隣保相助의 정신함양을 기조로 한 진흥운동이 勤勞報國의 봉사로 공동작업이 바뀌는 변화가 일어난 사실을 주목하였다. 이를 이어 1940년부터는 事變下의 전체적 공동작업의 재건 단계로 들어갔는데, 이때의 공동작업은 인력이 농촌사회 밖으로 유출된 조건을 극복하는 것이 과제가 되어, 부락 단위의 기계 기구의 공동 이용뿐만 아니라 신규 노동력으로 婦人 노동력이 동원되고 근로가 곧 보국이라는 관념 아래 개인적 이기적 노동관념이 배제되는 것이 특징이라고 지적하였다. 농민의 勞動心을 죽이고 있는 이러한 동원체제가 과연 성공할 수 있을 것인가가 그의 최종적인 물음이었다.

姜의 논문은 일제의 농촌정책에 대한 항변을 간접적인 형태로나마 담은 것이었다. 이에 반해 印貞植은 매우 타협적이다. 그의 《朝鮮農村再編成の研究》(1943) 제5장에 피력된 그의 견해는 앞서 久間, 猪谷 등 일인 학자들이 편 것을 그대로 따르는 것이었다. 즉 두레, 품앗이 등의 옛 공동 노동형태와 현재 추구되는 것은 근본적으로 성격이 다른 것이라고 하였다. 즉 전자가 노동력 부족이 나타나지 않은 사회 여건에서 상호부조적 연대관념에 바탕을 두고 발달한 것과 달리, 후자는 노동력 부족이란 여건 타개를 목적으로 賃銀 노동의 계기를 내포하여 성립한 화폐경제적 협동조직이란 것이다. 따라서 오늘의 조선 농촌사회의 효과적인 공동노동의 실현을 위해서는 옛 것의 무조건적인 부활이 아니라 기계화, 有畜化를 본령적인 과제로 삼아야 한다는 주장을 폈다.

일제 식민지배체제 아래서 공동노동 조직에 대한 연구는 끝까지 식민통치를 위한 자료의 조사와 정책 연구의 틀에서 벗어나지 못하였다. 부분적으로는 그러한 처지에 대한 비판적인 자세가 없지 않았지만, 전체적인 경향을 바꾸어 놓을 수 있는 것은 결코 아니었다. 그리고 기본적인 시각이 이식자본주의를 합리화하는 차원에서 공동노동 조직이 검토되었기 때문에 전통적인 노동조직의 역사적 성격 규명 같은 것은 거의 고려되지 않았다. 조선 농촌의 전통적인 공동조직의 강한 결속력은 식민정책을 입안하는 처지에서는 탐나는 것이었지만, 식민 경제체제를 새로운 자랑거리로 내세워야 하는 처지에서는 그것은 씻어야 할 전근대의 찌꺼기로 규정하지 않을 수 없었던 것이다.

2) 해방 뒤 북한 측의 연구

공동노동 조직은 그 성격상 해방 뒤 공산주의체제를 추구한 북한 쪽에서 관심을 많이 가질 문제였다. 북쪽에서 나온 연구로는 다음과 같은 것들을 확인할 수 있다.

(1) 전장석, 〈두레에 관하여〉(《문화유산》 1957년 2월호)
(2) 림학선, 〈과거 우리 나라 농사에서의 상호 로력 부조 조직에 대하여〉(《고고민속》 1965년 2월호)
(3) 조대일, 〈과거 우리 나라 공동 로동의 형태와 그 특성〉(《고고민속론문집》 5, 1973)

(1)은 북한 측의 이 부면의 최초의 연구로 짐작된다. 1957년의 시점에서 이러한 연구가 발표된 사정은 이 글의 결론 부분에서 포착된다. 즉 토지개혁 후 특히 "가혹한 조국해방전쟁" (6. 25 동란을 가리킴)에서 "로력 부족과 축력 부족을 전통적인 공동 로동과 상호 부조의 미풍을 발휘하여 타개"하는 성과를 거둠으로써 역사학적인 정리도 뒤따르게 되었던 것이다. 북한 공산주의의 농업정책이 집단농장제를 추구한 것은 다 아는 사실이다. 여기서 그 자세한 과정을 언급할 필요는 없겠으나, 그 집단화 과정에서 전통적인 공동노동 조직이 과도적으로 활용되었던 것이 분명하다.

공동노동 조직의 활용은 현실적으로는 불가피한 것이었지만, 이론적으로는 그렇게 달가운 것만은 아니었다. 사적유물론의 체계에서 공동체란 것은 원시사회 단계의 것이므로 그 잔재의 활용이란 것이 따지고 보면 그렇게 명예로운 것일 수 없다. 이러한 이론적 문제점은 이 글에서도 그대로 의식되어 결론 부분에서 원시공동체의 구체적 파악, 특히 노예제 존부 문제와 봉건적 토지 소유의 성격 문제 해명에서 제기되는 공동체의 특성과 공동체 잔재의 평가에 관한 문제 등이 앞으로 시급히 해결되어야 할 과제라고 지적되었다.

정치적, 이론적인 배경은 어떻든 간에 전통적인 공동노동 형태에 대한 정리는 기본적으로 일제 말기까지 이루어진 여러 조사·분석을 십분 활용하였다. 크게 품앗이와 두레 두 가지 형태로 나누면서, 두레 조직의 분포 상한선을 줄다리기, 부락제의 금줄, 호미씨시, 보습, 농악 등의 분포 상황과 관련지어 파악하고자 한 것이 특별하다. 단지 분포 상황의 조사 근거를 거의 제시하지 않은 것이 큰 결함으로 눈에 띤다. 품앗이는 밭갈이, 두레는 水田耕作과 깊이 관련된다는 것이 기본 관점이다.

(2)는 (1)의 정치적·이론적 태도를 그대로 견지하면서, 공동노동 조직 자체에 대한 조사·연구를 보강하는 것이었다. 즉 품앗이형으로 북한 일대에 남은 소겨리, 들계, 두레형인 황두 등을 주로 조사 대상으로 하면서, 앞 시대에 소겨리가 이남지역에서도 존재했을 가능성을 《千─錄》의 자료를 통해 살핀 것이 특징이다. 전통적인 공동노동 조직은 분산된 농민들이 공동노동 조직의 우월성을 체험하고 규율성을 배양하는 기회로서 역사적인 의의가 인정된다는 정치적인 평가가 여기서도 그대로 견지되었다.

(3)은 '70년대에 접어들어 이 문제에 대한 북한 측의 견해가 수정된 것을 보여준다. 이 글은 전통적인 공동노동 조직을 원시 공동체사회의 잔재로만 보아 온 것이 잘못된 것이라는 비판으로 시종하였다. 과거의 견해는 역사발전의 일반적인 합법칙성과 우리나라 봉건시대의 사회경제 발전에 부합되지 않는 것으로, 무엇보다도 그 조직이 오랜 기간 존속한 사실이 이러한 견해의 부적성을 드러내는 것이라고 하였다. 결론적으로 그 성원들의 토지와 노동

도구가 개인 소유인 점으로 보아 그것은 봉건시대의 것으로 성격지워야 마땅하다는 것이다. 다시 말해 "우리 나라 봉건시대의 개인 경리는 자급자족적인 자연경제에 기초한 것으로 그 경리는 매우 령세하였다. 게다가 락후한 농기구에 의거하였으므로 작업이 매우 힘겨웠던"것이 공동 노동조직을 발생시킨 기본적인 조건이었다는 것이다.

요컨대 공동체이기 때문에 원시사회의 잔재로 규정한 과거의 잘못을 수정하여, 역사발전 과정의 단계 파악을 새로이 다듬는 처지였다. 그러나 그 봉건시대란 기원 전후 시기에 시작한 것으로 규정하는 것이 북한 학계의 기본 입장이어서, 품앗이·두레 등의 공동조직의 시원에 관한 논증도 무리한 점이 적지 않게 보인다.12)

전통적인 공동노동 조직에 대한 이해가 이렇게 수정되면서, 그것의 사회주의적 공동노동과의 차이도 재천명되었다. 봉건시대의 노동조직은 농업생산력을 일정하게 높이고 상호협조적인 미풍양속을 발휘하여 당시로서는 진보적인 면이 인정되나, 현재의 사회주의적 공동노동 조직과는 근본적으로 다른 것이라고 하였다. 즉 "사회주의적 공동로동은 그가 의거하고 있는 사회경제적 기초와 공동생활을 하는 근로 인민들 사이의 호상관계와 정신도덕적 기초에서 과거의 공동로동과는 근본적으로 다르며 그 형태도 같지 않다"고 단정하고, "그러므로 지난날의 공동로동 조직을 계승하고 그 좁은 울타리 속에서 사회주의를 건설하는 근로자들을 생활하게 한다는 것은 사실상 사회를 뒤로 돌려세우는 행동으로 된다. 때문에 과거 공동로동 형태를 오늘의 현실에 재생시켜 계승할 수 없다"고 하였다. 단지 근로 농민들 사이에서 발현된 미풍양속은 민족국가 단위로 혁명을 하는 조건에서 버려서는 안 될 좋은 것으로, 이것마저 버리게 되면 허무주의적 과오를 범하게 된다고 하여 유보적인 해석을 덧붙였다. 그러나 이런 판단 아래 남겨진 것은 노동이 노래와 춤

---

12) 북한의 고대 노예국가, 중세 봉건국가의 시대 구분의 문제점에 대해서는 논평의 기회를 한 차례 달리 가져보고자 한다.

으로 연결된 두레의 전통을 근거로 한 노동주악대 뿐이었다. 이 글의 표현을 빌리면, 그것은 민족적인 감정에 맞는 것에다 사회주의적·혁명적인 내용을 담는 것이었다.

해방 뒤 북한의 공산주의가 전통적인 공동노동 조직에 대해 관심을 가지게 된 것은 집단농장제 실현 과정에서 그것이 과도적으로 이용될 수 있는 것이라는 판단에 따른 것이었다. 사회주의적 역사관은 그 조직의 본질을 봉건적인 것으로 규정하여 긍정적인 평가의 界線을 그었지만, 더 본질적으로는 그것들이 사유재산 제도를 바탕으로 발달해 온 것이라는 점이 더 이상의 긍정적인 평가를 어렵게 했던 것으로 판단된다. 이처럼 관점이 특정한 것에 고착됨으로써, 이 조직들이 가지는 가장 중요한 성과라고 할 수 있는 자율적인 면모는 조금도 평가되지 않았다.

3) 해방 뒤 남한 학계의 연구 동향

전통사회의 공동체적 조직에 대한 관심은 해방 뒤의 남한 학계에서도 적지 않았다. 契에 관한 것까지 망라하면 그 수가 결코 적지 않을 것이지만, 여기서는 품앗이, 두레 등 공동노동 조직에 관한 것만 거론하기로 한다.[13] 향도, 향약 등도 어떤 형태로든지 간에 이 공동조직과 연계될 것이지만, 여기서는 번거로움을 피해 이에 관한 그동안의 연구성과도 구체적으로 거론하지 않기로 한다. 필요한 것은 본론 전개에서 직접 언급하기로 한다.

이 문제에 대한 남한 학계의 그동안의 관심은 두레를 중심으로 한 것이 특색이다. 두레에 대해서는 1950년대에 일찍이 李丙燾의 고전적인 해석이 있었다. 그는 공동체의 종류를 (1) 혈연공동체 (2) 지역공동체 (3) 정신공동체 셋으로 나누고, (1)은 가정·씨족·부족 등, (2)는 마을 즉 村 집회소, (3)은 두레

---

13) 契에 관한 연구들에 대해서는 김필동, 〈契 연구의 성과와 반성 재정향〉, 《한국사회연구》, 1985년 12월, 서울대 사회학 연구회의 연구사적 정리가 있다.

등이 각각 그 실제라고 파악하였다. 두레의 어원은 '둘레', '둘려'일 것으로, 역사상의 각 시대의 기록에 나오는 徒, 接, 契, 社 등은 모두 우리말 두레의 번역일 것이라고 하였다.14) 그의 이러한 해석은 대개 고대사 연구의 차원에서 개시된 것으로, 후대의 두레에 대한 여러 조사를 직접 활용한 것은 아니었다.

두레에 관한 연구로는 愼鏞廈의 (1) 〈두레 共同體와 農樂의 社會史〉(《한국사회연구》 2, 한길사, 1984) (2) 〈두레와 농민문화〉(《현대자본주의와 공동체이론》 한길사, 1987년 2월) (3) 〈甲午農民戰爭과 두레와 執綱所의 폐정개혁〉(《한국사회의 신분계급과 사회변동》, 한국사회사연구회 논문집 8, 문학과지성사) 1987년 12월 등 최근의 논고들이 주목된다. 이 가운데 (1), (2)는 두레에 관한 일제시대 이래의 여러 조사, 연구들을 종합하면서, 그 자신의 견해를 정립하여 두레 연구의 중요성을 피력한 것이다. (1)에서 그는 두레를 "한국사회에서 독특하게 존재했던 공동노동을 위한 마을 성인 남자들의 작업공동체(Arbeitsgemeinschaft)라고 규정하고, 그 기원은 삼한, 삼국 시대까지 거슬러 올라가는 것으로 보았다. 이런 관점에서 발생 초기부터 1945년까지의 변천 단계를 다음과 같이 나누었다.

> 제1단계(촌락공동체 해체기~삼국시대) : 마을에 사회신분, 계급의 분화가 거의 없는 조건에서 마을의 모든 성년 성원들이 의무적으로 참가함.
>
> 제2단계(통일 신라시대~조선왕조 말기) : 마을에 사회신분, 계급의 분화가 진전되어 귀족과 지주는 두레에 참가하지 않고 오직 평민과 생산 농민층만이 의무적으로 참가함. 그 노동력의 수요는 주로 폭주한 水田 농업의 작업.
>
> 제3단계(일제 강점기) : 마을에 화폐경제가 침투, 지배하고 일제의 식민지정책

---

14) 이병도, 〈古代 南堂考〉, 《서울대 논문집》 1집, 1954 및 《國史와 指導理念》, 일조각, 1955, p.66~69.

으로 중요 존속기반인 촌락 공유지가 박탈되고 자치성이 소멸하는 등 큰 변질을 겪던 끝에 조직 자체가 없어짐.

신용하의 연구는 (1), (2)가 종합화의 성격을 지니는 것이라면, (3)은 대단히 독자적인 성과를 올린 것일뿐더러, 19세기 이후의 우리 역사 연구에서 두레의 중요성을 크게 제고시킨 연구로 주목된다.

이 논문은 새로운 고문서 자료를 통해 갑오동학농민전쟁에서 두레가 농민군 동원과 그 활동의 중심적인 조직으로 활용되었다는 새로운 사실을 밝히면서, 다른 새 자료인 草稿本《東學史》의 폐정개혁안에 "토지는 平均分作할 事"에 이어 "農軍의 두레法은 장려할 事"라고 한 것을 풀이하여 집강소가 당초 "均作과 공동노동에 기초한 두레 농장제도, 두레협업농장제도에 의거하여 토지문제와 농업문제 해결을 촉구했던 것으로 해석할 수 있다"고 하였다. 나아가 또 다른 한 새 자료(《康津邑誌》名僧草衣傳)에 근거하여 그것은 丁若鏞의 井田制說에 직접 영향을 받아 지주제도의 폐지를 전제로 한 井田制的 토지 平均分作제도와 이를 공동노동으로 경작하는 두레농장제도였을 것으로 보았다. 정약용의 새로운 토지제도 구상에서 두레의 존재에 대한 배려는 39세 때 지은 閭田制에서 이미 강하게 작용되었다는 것이 그의 견해이다.

위와 같은 연구 결과는 구명된 사실 자체가 새로운 것일뿐더러, 그 내용도 19세기 농민사회 파악에 결정적인 단서가 될 만한 것으로 학계에 큰 자극을 주는 것이라고 하지 않을 수 없다. 그러나 이 논문에서 구명하고자 한 것이 모두 확연하게 된 것 같지는 않다. 두레가 농민군 동원에 관련된 것은 확실시되며, 집강소의 개혁안으로 파악한 두레 농장제도 문제에서 지주제도의 폐지는 물론 대전제가 되었을 것이나, 자영농의 토지 소유가 어떻게 다루어졌는지는 구체적으로 언급되지 않았다. 기존의 자영농의 토지소유를 부정하지 않았다면 그 평균분작은 토지 사유제도를 인정한 토대 위에서 모든 농민의 자영농화를 의미하는 것이 되며, 그것까지 부정하는 것이었다면 共産化의 추구가 되므로 양자 사이에는 큰 차이가 있게 된다. 필자의 판단으로는 두레 공동체 자체가 본래 사유재산제도에 입각하여 발달해 온 것이므로 전자 쪽이라야 옳다고 생각되는데, 이 논고에서는 이에 대한 명백한 지적이 없어 아쉽다. 이 문제는 곧 우리 농민사회의 근대적 지향의 기본 방향에 직접적으로 관련되는 것이므로, 앞으로 이에 대한 학계의 적극적인 관심이 요망된다. 어떻든 이 연구는 두레 연구의 새로운 경지를 연 것으로 연구사적인 의의가 대단히 큰 것이라고 생각된다.

전라도 一圓의 茅亭에 대한 사회학적인 조사, 연구 방법을 구사한 다음의 논문들도 공동노동 조직과 관련되는 연구로서 주목된다.

崔在律, 〈茅亭이 農村社會經濟에 미친 영향〉(《湖南文化研究》 6, 1966)
朴光淳, 〈茅亭의 사회경제적 기능의 推轉 過程〉(위와 같음)

위 두 논문들은 역사학적인 연구가 아니라 1960년대의 시점에서 현존하는 모정에 대한 사회학적인 조사의 결과에 대한 분석이다. 그러나 그 조사에 나타난 여러 사실들은 모정의 역사적 내력에 대한 탐구에 유용한 것들이 적지 않아 주목된다. 이 연구들의 성과는 본론에서 부분적으로 활용되겠지만, 모정이 조선 후기에 발달한 두레 조직의 구조물에 해당한다는 파악이 대단히 주목된다.

해방 뒤 남한쪽에서 이루어진 이상과 같은 연구 성과는 앞으로 이 분야 연구에 중요한 기여를 하게 될 것으로 믿는다. 그러나 공동노동 조직의 발생과 그 시대적 변천에 대한 파악은 일제시대 것이나 북한쪽의 연구들과 별다른 차이가 없다. 공동노동 조직의 발생과 변천에 대한 종래의 인식이 과연 타당한지는 이 글의 중요한 논제의 하나가 된다.

2. 15 · 16세기의 농업과 향도 공동체

고려 말 이후 향도의 구성이 자연촌락을 단위로 소규모화한 것은 현재까지의 연구 결과로 보아 거의 의심의 여지가 없다.15) 그런데 이 시기의 향도의 모습과 기능으로 확인되는 것은 신앙적, 사회적인 측면뿐으로 경제적인 면은 거의 드러나지 않는다. 사료상의 여건으로는 경제적인 기능이 있었을까가 의심될 정도이다. 그러나 농업이 일차적인 경제기반을 이루던 사회에서 지역 공동체가 경제적인 기능이 전혀 없었다는 것도 납득하기 어려운 일이다.

필자는 앞서의 연구에서 그 경제적인 면모를 애써 찾던 끝에 조선 초기 문종대(1450~1452)에 향도 모임에 種穀 보관의 기능을 제도적으로 부여하자는 다음과 같은 제안이 있었던 것을 주목하였다.

……다행히 歲事(농사)가 조금 낫더라도 愚民들은 장래를 헤아리지 않고 귀신을 아첨하여 섬겨 群聚會飮하는 데 곡물을 다 허비해 버리고, 봄이 되어 耕種할 때가 되면 흉년이나 마찬가지로 官에 의뢰하니 이것이 그 세 번째 폐단입니다. 臣이 바라건대는 州縣의 人民이 거주하는 里에 각기 里倉을 세워 매년 추수 때 里內의 民戶들이 이듬해에 쓸 種穀의 수를 헤아려 모든 곡종을 호별로 거두어 한 섬마다 표지를 달아 그 주인의 이름을 적어 里倉에 납부하면 관에서 封하여 마을 사람들로 하여금 돌아가면서 지키게 하고, 里內의 公廉한 品官 1인을 監考로 택정하여 斂散 곧 거두고 내는 것을 專掌하고 봄에 농사가 바야흐로 무르익으면 그 주인에게 각각 나누어 주어 耕種을 督令토록 하면 농사 때도 잃지 않고 곡식을 허비하는 걱정도 없을 것입니다(《문종실록》 권 4, 문종 즉위년 10월 庚辰).

---

15) 고려 말, 조선 초의 향도에 관한 연구로는 註 1)의 필자의 논고 외에 李海濬, 〈埋香信仰과 그 主導集團의 성격〉, 《金哲埈博士華甲紀念史學論叢》, 1983이 있다.

위 인용문에서 어리석은 백성들이 귀신을 섬기면서 무리를 지어 會飮한다는 것은 향도모임을 가리키는 것이다. 즉 마을의 수호신에 대한 신앙 행사의 일환으로 香徒宴을 구성원들이 돌아가면서 주관하는 것이 경제적으로 낭비가 심하므로 최소한 이듬해에 쓸 종곡이라도 간수하는 대책을 세우자는 제의이다. 그리고 종곡 관리처로 里倉을 두자고 한 것은 朱子의 社倉制度를 시행해 보자는 의견이 수년 전에 제기되어 당시 경상도 일원에서 시험 중이던 일을 직접 의식한 것이다. 즉 우리의 현실을 참작하여 사창제도의 본래 기능에 종곡 관리의 기능까지 부여토록 하자는 것이 이 제의의 본의로 헤아려진다.[16] 이 논의에 나타난 향도는 주로 신앙적인 것으로 경제적인 기능은 오히려 새로이 부여하려는 사항이다. 그러나 반대로 향도가 본래 농경과 전혀 무관하다면, 이러한 제의 자체가 나오기 어려울 것이다. 따라서 이 제의는 결국 농경생활과 밀접한 관계를 전제로 하여 조직성과 능률성을 새로이 부여하려는 것을 본의로 판단하는 것이 옳을 듯하다.

세조 4년(1458)의 다음과 같은 조치도 이 문제와 관련하여 주목된다.

> 호조가 아뢰다. 농가가 파종하고 풀벨 날은 많지 않아 한번 때를 놓치면 추수를 바랄 수 없게 된다. 여러 邑의 守令들은 役民이 때를 놓치기도 하고 勸課를 바르게 하지 못하는 경우도 있으므로 可行條件을 마감하여 적습니다. …… 수령이 勸農할 때, 일 하는 것의 勤慢을 따지지 않고 늦게 오는 사람 하나만 죄를 주어 헛되이 煩擾하기만 합니다. 금후로는 한 마을의 농민으로 함께 김매는 사람들(一里農民同耘者)은 이름을 적고 色掌을 미리 정해, 수령이 巡幸할 때 그 勤慢을 헤아려 태만한 것은 색장을 죄주고 근면한 경우는 그 戶의 雜徭 하나를 면해주어 勸懲을 보이도록 합시다. ……왕이 따르다(《世祖實錄》 卷 12, 世祖 4년 4월 乙卯).

---

16) 李泰鎭, 〈사림파의 유향소 복립운동〉, 《진단학보》 34, 1972, p.31 또는 이 책의 제6장 p.184~185 참조.

호조의 조치는 수령들의 권농 직무가 실제적으로 효율성을 가지도록 里마다 色掌을 두도록 한 것으로, 여기서 주목되는 것은 농민들의 농경생활의 실제를 "한 마을의 농민으로 함께 김매는 사람들"이라고 표현한 것과, 그것을 국가가 행정체계의 말단을 이용하여 통제하려고 한 사실 등이다. 특히 전자에서 함께 김매는 사람들의 이름을 적자[錄名]고 한 것은 그 단위가 임의적, 일시적인 것이 아니라 일정한 고정성을 지니는 것을 의미하여 주목된다. 농민들의 농업 經理 자체에 어떤 관례적인 고정성이 전혀 없었다면, 농경활동을 통제하려는 국가적 처지의 이러한 발상 자체가 있기 어려운 것이라고 판단된다. 위 인용문의 내용은 향도가 결성되고 있는 한 마을의 농민이 바로 하나의 공동노동 조직을 이룬 것으로 해석하기는 어렵지만, 촌락 안에 공동노동 조직으로 "同耘者" 그룹이 형성되고 있었던 것을 전제한 것이라고 해석된다.

마을의 공동노동 조직과 향도의 상관성에 관한 자료는 직접적인 것은 아니지만, 16세기에 토착적인 조건을 고려하여 제시된 鄕約案에서도 단편적으로 얻어진다. 李珥가 청주목사로 재직하면서 마련한 西原鄕約이 그 좋은 예이다.17) 이 향약은 주지하듯이 청주 안의 25개 掌內 곧 面을 기본 시행단위로 삼아 契長 1인씩을 두고, 그 아래 里 단위에는 別檢을 1인씩 두는 구성을 취하였다. 이런 구성 아래 제시된 여러 약조 가운데 주목되는 것은 지금까지 향도조직의 일로 간주되었던 사항들이 다수 거론된 점이다. 첫째로 里中의 喪事는 향도가 담당한 가장 중요한 일이었는데 이를 향약이 맡도록 하였고, 喪事 때 모여서 杯盤을 차려 음주하는 것을 금지하도록 한 조항도 있는데 이것은 종래의 이른바 香徒宴의 풍습을 직접 겨냥한 것임에 틀림없다.

16세기에 제기된 향약 시행 문제가 지방 사족들이 성리학적인 이념에 바탕을 두어 사회질서를 그들이 주도하는 형태로 재편성하려는 데 본의가 있는 것으로, 일반 농민들의 향도가 직접적인 억제 대상이 되거나 하부 조직으

---

17) 《栗谷全書》 권 16, 雜著 3.

로 편입 대상으로 구상되었던 것은 이미 밝혀진 사실이다.[18] 서원향약의 위
와 같은 喪事에 관한 일련의 규정도 종래의 향도가 기능을 대신하고자 한 것
이 명백하다. 그런데 한 가지 더 주목되는 것은 향도와의 관계가 민감하게
의식된 里 단위의 약조 가운데 공동 노동문제에 관한 것이 하나 발견되는 사
실이다. 즉 7번째의 약조로, 문을 닫을 정도의 병환으로 농사를 폐기하는 자
가 있으면 里中이 각기 耕耘할 사람을 내어 돕는다고 한 것이 그것이다. 병
들어 농사지을 수 없게 된 집에 대한 이러한 협조는 단순한 扶助라기보다도
어떤 형태의 공동노동 조직 생활에서 有故가 생긴 것에 대한 구성원 사이의
협조를 명문화한 것으로 보인다. 성리학적 향촌자치 방안인 향약은 본래 농
업노동 관계를 직접적인 사안으로 삼지 않았다. 따라서 촌락사회의 공동노
동에 대한 배려는 患難相恤의 차원에서 위와 같은 정도로 처리할 수밖에 없
었다고 생각된다.

　조선 전기 곧 15·16세기의 촌락사회의 농경의 공동노동 조직에 관한 문헌
자료는 현재 더 이상 직접적인 것을 찾기 어렵다. 이 밖에 도움이 될 만한
것은 20세기에 들어와서 벌인 각종 조사에서 확인된 여러 노동 조직의 관습
적 사례들뿐이다. 구체적인 실상 파악을 위해 이렇게 늦은 시기에 조사된 것
을 직접 활용한다는 것은 위험 부담이 큰일이지만, 그렇다고 문헌자료의 한
계가 명확한데도 이것을 외면해 버리는 것도 옳은 태도라고 할 수 없다. 후
대에 조사된 것이라도 각기의 역사성을 잘 헤아린다면 전혀 도움이 되지 않
는다고 할 수도 없을 것이다.

　앞의 연구사 정리에서 이미 언급하였듯이 20세기 초두의 각종 조사는 대
개 전통적 공동조직으로 품앗이형과 두레형 두 가지가 있었던 것으로 밝혔
다. 농경에서 품앗이는 거의 밭농사에서만 이루어지고 그 규모는 최소 2인에
서 10인 안팎 정도에 그치고, 두레는 水田농업의 모내기, 김매기 노동을 중심

---

18) 한상권, 〈16·17세기 향약의 기구와 성격〉, 《震檀學報》 58, 1984; 金仁杰, 〈조선후기 鄕
　　村社會 統制策의 위기〉, 같은 책.

으로 하여 하나의 里洞을 단위로 조직되어 전자에 견주어 규모가 훨씬 큰 것이 특징으로 보고되었다. 그리고 각기의 분포지역을 정리해 보면 품앗이는 지역적 제한이 없으나, 두레는 수전 농업지대에 한정되고, 20세기에도 수전지대가 조금씩 북상함에 따라 두레의 북방 상한선도 올라간 사실이 확인되기도 하였다.[19]

밭농사의 품앗이와는 별도로, 두레가 수전 농업지대의 북상에 따라 그 분포지역을 넓혀갔다는 사실은, 두레가 고대에 이미 발생하여 발달해 온 것이라는 종래의 일반적인 인식에 대해 의문을 가지게 한다. 그것이 고대 이래로 발달해 온 것이라면, 20세기 초두의 시점에서는 이미 보편화되어 그 분포지역의 북상과 같은 현상은 있기 어렵다. 두레가 하는 일 중에 김매기는 고대의 벼농사에서도 생략될 수 없는 耕程이지만, 다른 하나의 일인 모내기는 17세기 후반 이후에 본격적으로 보급되기 시작하였다. 그렇다면 후대에 조사된 것과 같은 두레의 모습은 일러도 17세기 후반 이후에 성립된 것이어야 한다. 이렇게 판단하면, 20세기의 조사에서 밝혀진 한반도 북부지역의 공동노동 조직인 두레가 발생하지 않은 점에서 15·16세기의 공동노동 조직의 실상에 가장 가까운 것이 될 수 있다. 이 논고는 이 관계를 구체적으로 검토해 보는 것에 역점을 두고자 한다.

한반도 북부 지역에 대한 조사는 일제시대에도 단편적으로 행해진 것이 있지만, 해방 후에 북한 측이 일제시대의 조사를 참조하여 새로 조사를 실시하여 보고한 것이 더 많은 내용을 전한다. 그것에 따르면, 밭농사에서 소겨리와 들계, 벼농사의 황두 등이 가장 대표적인 공동노동 조직들로 들어진다.[20]

---

19) 1906년에 간행된 《朝鮮土地農産調査報告》에서는 동북의 상한은 강원도의 양양, 伊川, 安峽 등지 서북은 경기도 연천, 장단, 개성 등지가 각각 상한선으로 조사되었다. 그런데 해방 후의 북한 측 조사에 따르면, 1957년의 전장석의 글에서는 홍기문의 증언으로 북강원도의 농악 곧 두레는 일제 강점 초기에, 리상춘의 증언으로 개성 이북 황해도에 두레가 파급된 것은 그다지 오래지 않다고 한 것을 소개하였다(위 〈두레에 관하여〉 p.17).

20) 앞에 든 북한 측의 연구 가운데 밭농사의 소겨리, 들계에 대해서는 림학선의 글, 황두에 대해서는 조대일의 글이 각각 자세하다. 아래 서술은 이 두 글들을 주로 활용하

소겨리는 한 마을 안에서 소[農牛]를 가진 집과, 없는 집이 5호 안팎 정도로 겨리[結]를 이루어 각 호에서 낸 5~6명의 인력이 보잡이, 재군, 씨붙이군, 자귀군 등의 일을 서로 분담하여 공동으로 일하는 조직으로, 이웃과 친척끼리 겨리를 맺는 경향이 강하다고 하였다.[21] 북부지역의 밭농사는 대개 소 두 마리로 밭갈이를 하여 소겨리도 소를 가진 집 둘이 중심이 된다고 하였다. 그리고 들계는 밭 김을 공동으로 매기 위한 조직으로 삼수·갑산 일대는 자연부락 단위로 이루어졌으나, 그 밖의 지역은 5~15호, 따라서 한 마을에 4~5개의 들계가 있는 것이 보통이라고 하였다.[22] 이러한 조직들은 일제시대의 조사에서는 품앗이로만 간주되어 그 개별적인 특성이 주목되지 못했다는 것이 새 조사자들의 논평이다.

한편 황두는 룡강, 강남을 연결하는 대동강 하류 이북으로부터 북으로는 박천, 대녕강 이남의 지역, 동쪽으로는 순천 이서의 지역을 포괄하는 논농사 그것도 건갈이 벼농사 지대에 한정되는 것이라고 하였다. 이 조직은 김매기에 능한 장정 20~30명으로 구성되어 대단히 규율적이고 능률적인 활동을 하는 것이 특징이며, 마을 전체가 하나의 조직 단위를 이루고 호미를 주요 노동도구로 삼는 것은 두레와 차이가 없는 것이라고 하였다. 그리고 두레처럼 農旗, 農樂은 없으나 대신 대부분 박주라를 사용하여 규율적인 행동을 조장하였다고 한다.[23]

요컨대 한반도 북부지역의 전통적인 공동노동 조직은 밭농사에서는 소겨리, 들계 등의 품앗이가 주류를 이루고, 벼농사에서는 황두가 행해졌던 것으로, 남부지역처럼 두레가 존재하지 않은 것은 전적으로 벼농사에서 이앙법이 보급되지 않거나 보급되어도 비중이 약했던 때문이었다. 그런데 여기서 주목되는 것은 이 공동노동 조직들이 고려 말, 조선 초기 무렵부터 촌락별의

였다.
21) 림학선, 위의 글, p.20~21, p.144~146.
22) 림학선, 위의 글, p.21~22.
23) 조대일, 위의 글 p.147~148.

지역 공동체가 되어온 것으로 밝혀지는 향도와 일정한 관계가 엿보이는 점이다. 우선 황두의 경우, 조사자들은 그 명칭이 향도의 와전이라고 하였고, 또 품앗이가 행해진 里洞 안에 향도라는 공동체적 질서가 공존했던 사실이 달리 확인된다. 후자는 일제 말기 1940년대 초에 鈴木榮太郎이 남긴 함경북도 明川郡 下雲面 明川洞에 대한 조사에서 다음과 같이 확인된다.

이곳에는 예부터 두레는 없다. 품앗이도 드물게 있으나 많지는 않다. ……無賃銀 勞力 봉사의 관행적인 제도로 鄕徒와 附近이 있다. 향도는 四祭 때 一洞內의 各戶로부터 奉仕를 내는 제도이다. 봉사받는 집은 酒食을 내어 후히 대접한다. 10세 이하의 유아가 죽었을 때는 향도가 행하지 않고 부근이 맡아 한다. 부근은 완전히 일방적인 원조로, 받는 자는 어떠한 보답도 하지 않는다. 鄕徒는 酒食 제공으로 어느 정도 謝恩의 뜻을 표시한다. 부근은, 원칙적으로는 사람이 아파 어려운 집을 위하는 것과 같은 일로, 洞의 尊位(동장: 필자)가 全洞民을 이끌고 제초 따위를 하는 것과 같은 것이다. 부근은 지금도 행해지고 있다. 집을 새로 지을 때 같은 것에도 부근을 행한다. 부근은 한 동내의 全戶를 내는 경우도 있고, 특별히 가까운 몇 사람이 행하는 경우도 있다. ……규모는 여러 가지이지만, 최대 규모 때는 尊位가 명하고 公員이 실제로 지휘를 한다.[24]

이 보고에 따르면, 명천동에는 품앗이, 향도, 부근 등 세 가지의 공동조직이 있었던 셈이다. 품앗이는 드물다고 하였지만, 그것은 조사 당시에 雇人夫 즉 賃銀노동자의 비중이 높아지거나 다른 어떤 변화에 따른 것이지, 이 전통적인 공동노동 방식이 이 지방에만 처음부터 드물었다는 의미가 될 수는 없다.[25] 품앗이의 내용은 구체적으로 언급되지 않았지만, 앞의 들계나 소겨리

---

24) 鈴木榮太郎,《朝鮮農村社會の研究》의 九, 朝鮮北部すよび西部の共同作業(草稿), p.456~457.
25) 鈴木은 농번기에 雇人夫를 들인다고 하였다. 이 시기에 품앗이가 줄어든 다른 하나의

같은 것이었을 가능성이 높다. 임은노동의 증가나 다른 요인으로 품앗이는 감소되는 변화를 겪었지만, 품앗이와 공존해 온 향도와 부근은 변동을 겪지 않은 상태이다. 두 가지가 임은노동의 증가와 같은 농업노동 관계의 새로운 변화로부터 큰 영향을 받지 않은 것은 본래 계통이 달랐기 때문이라고 생각된다. 鈴木은 향도, 부근 등을 단순히 無賃銀 노력 봉사의 관행이라고 파악하였지만, 그것은 葬事를 비롯한 농사 외의 地緣的 협력을 본무로 하는 것으로 품앗이와는 계통이 기본적으로 다른 것으로 판단된다. 향도, 부근의 일은 오히려 앞의 문헌자료를 통해 살핀 15·6세기에 촌락마다 자연공동체로 향도가 결성되었을 때도, 향도와 품앗이가 공동노동 조직으로 공존했을 가능성을 보여주는 사례로 주목해도 좋을 것 같다.

명천동의 향도, 부근 등은 양자의 상호관계로 보아, 그 유래가 15·16세기까지 소급될 수 있는 것으로 판단된다. 동 단위의 향도란 명칭 자체가 15세기 이래의 것일뿐더러, 그 향도에 부근이란 다른 하나의 지역 공동체가 덧붙은 것이 오랜 역사를 말해주는 一端이다.

명천동은 구성상 자체 안에 北門洞을 비롯한 일곱 개의 舊동리를 포함하고 있으며, 부근이란 용어는 그 일곱 구동리의 지칭인 동시에 각 동민의 상호협력 행위를 가리키는 것이라고 한다.26) 이러한 사실은 이 지역이 당초에는 명천동으로 출발했으며, 그때는 향도만이 있다가 洞이 점차 커져 洞 안에 여러 동을 가지게 됨에 그 새 洞의 향도를 전자의 향도와 구별하여 부근이라 부르게 되었던 것으로 풀이된다.27) 葬事에서 부근보다 향도의 지위를 한 격

이유로 일제의 총력 동맹체제의 영향을 생각할 수 있다. 이 조사에서도 각 區의 이사장의 지휘 아래 남녀노소를 막론하고 참여하는 공동작업반이 많은 耕地를 경작한 것으로 보고되었다. 이 공동 작업은 가호별의 경지의 대소를 따지지 않았다고 한다. 필자의 생각으로는 이 공동작업의 비중이나 구성 관계 등으로 보아 오히려 이 공동작업반이 종래의 품앗이로 이루어지던 공동노동의 대부분을 대신한 것이라고 여겨진다.

26) 附近의 洞名은 北門洞, 東門洞, 水邊洞, 籃橋洞, 三伐洞, 瓦峴洞, 校前洞 등이라고 밝혀졌다.

27) 조선 전기의 里와 후기의 里의 차이에 대해서는 金俊享, 〈18세기 里定法의 전개〉, 《진단학보》 58, 1984, p.77~78에서 검토된 것이 있으나 앞으로의 본격적인 연구가 요망된다.

높이고 있는 것은 이러한 연혁에서 선후 내지 주종의 관계가 의식된 것이라고 보여진다.

　이상의 검토로 명천동의 향도가 조선전기부터 있어온 것일 가능성은 충분히 인정된다. 그것이 왕조 초기의 徙民政策 후에 형성된 것이라 하더라도 15·16세기의 상황을 파악하는 데는 하등 장애가 되지 않는다. 그러면 다음으로 같은 명천동에서 이루어진 품앗이가 구체적으로 소겨리, 들계라는 가정 아래, 그것들도 조선 전기부터 있었을 가능성을 검토해 볼 필요가 있다. 이것이 입증된다면 향도 공동체 속에 노동조직으로 소겨리, 들계가 공존하는 관계를 사실로 받아들일 수 있게 된다. 앞에 인용한 세조 4년의 기록 가운데 "한 마을의 농민으로 함께 김매는 사람"(一里農民同耘者)이라고 한 것이 바로 들계에 해당하는 것으로 판단되지만, 한편 소겨리의 실재 가능성을 말해줄 만한 자료로 이와 거의 시기를 같이하는 다음의 자료가 주목된다.

　　　……말은 본래 軍政에 크게 필요한 것이고 소는 또한 농사에 크게 쓰이는 것입니다. 대저 一里 안에 農牛를 가진 자는 불과 一二家라서 一家의 소로 …里의 갈이를 의지하는 것이 반이나 됩니다. 만약 소 한 마리를 잃으면 바로 一里의 사람들이 모두 갈고 김매는 것을 때맞추어 하지 못하게 됩니다. 한 마리의 소의 존망으로 한 마을의 貧富가 관계되니 소의 쓰임은 참으로 큽니다……(《端宗實錄》卷 7, 端宗 元年 9월).

　農牛 문제는 농업기술과 농업경영의 변천을 살피는 데 필수적인 검토 대상이다. 그러나 현재 이에 대한 구체적인 연구는 전혀 찾아볼 수 없는 형편이므로, 단편적이나마 위와 같은 자료에 의존하여 개황적인 지식을 가지는 것으로 만족할 수밖에 없다. 어떻든 이 자료에 지적된 것과 같이, 한 마을에 소를 가진 집이 한둘밖에 없는 조건에서는 소겨리와 같은 조직이 만들어지지 않을 수 없다. 북한 측의 보고는 한 소겨리가 5~6호 곧 5~6명으로 구성된다고 하였지만, 한 마을에 소가 한두 마리밖에 없는 조건이라면 한 마을에

하나의 소겨리 밖에 만들어질 수 없는 형편이다. 이렇게 되면, 한 마을의 향도와 소겨리 사이에 엄격한 구분이 서기 어렵게 된다. 한반도 북부지역의 소갈이가 20세기 초두까지도 雙頭犂에 따랐던 것으로 보고될뿐더러, 18세기 후반의《千一錄》에도 경기 이북의 밭농사가 모두 二牛耕이라고 하였다. 一牛耕은 都城 이남을 경계로 하나, 호서에서는 峽田과 일반 田畓의 일부에서 二牛耕이 행해지고, 영남의 田, 호남의 峽田 등에도 二牛耕이 이루어진다고 하였다.[28] 다시 말하면 도성 이남의 一牛耕으로의 전환은, 18세기에도 아직 과도적인 단계로, 그 이전은 二牛耕이 일반적이었을 가능성이 높다.[29] 二牛耕이 이루어지는 여건에서 위 인용문에서와 같은 소 보유 상황은 여럿의 소겨리의 형성을 그만큼 상정하기 어렵게 한다.

조선 전기 두레 발생 전의 벼농사에서 공동노동 조직에 대한 검토를 위해서는 서북 지역에서 조사된 황두를 좀 더 자세히 살필 필요가 있다. 이 조직에 대한 보고에서 무엇보다도 주목되는 것은, 그것은 乾畓直播의 벼농사에서 이루어진 것이란 점이다. 건답직파는 조선 전기 곧 15·16세기의 벼농사에서 상당한 비중을 차지한 파종 방식으로, 황두의 유래는 따라서 이때까지로 소급될 가능성이 대단히 높아지게 된다.

세종대에 편간된 농서인《農事直說》은 주지하듯이 벼농사의 파종방식으로 건답직파와 水耕直播 두 가지를 주로 소개하고 移秧法은 水利의 안전이 절대적으로 보장되지 않은 상태에서는 대단히 위험한 것이라고 하여 오히려 금하는 정책을 취하였다. 따라서 이 시기의 벼농사는 直播의 방식을 취한 것이 시대적 특성이라고 하겠는데, 직파란 씨뿌리기를 밭 곡식처럼 하는 것으로, 水耕直播의 경우 물기가 어느 정도 있는 상태에서 파종하는 것이 건파와 다르나, 양자 사이에는 원리적으로 큰 차이가 없는 것이었다. 다시 말하면,

---

28) 림학선의 위 글 및 関成基,〈李朝犂에 대한 一考察〉상,《歷史學報》87, 1980, p.149 참조.

29) 関成基,〈朝鮮後期 旱田輪作農法의 展開〉,《釜大史學》6, 1982, p.154에서 二牛犂가 朝鮮前期犂에도 주축이었다고 지적했다.

파종뿐 아니라 파종 후의 중요한 耕程인 김매기에서 양자 사이에는 근본적인 차이가 없었다.[30]

황두에 대한 조사 보고는, 바삐 뛰어다니는 사람을 "황두꾼 같다"는 말이 있을 정도로, 이 조직은 민첩한 행동을 대단히 중요시하였다고 한다. 박주라란 악기 사용도 빠른 시간 안에 구성원이 일정한 장소에 모일 수 있도록 하고 또 경지까지의 왕래와 김매기 작업에 규율성을 부여하기 위한 것이었다고 한다. 경지를 왕래할 때에는 길을 무시하고 들판을 가로질러 다닐 정도로 바삐 다녔다고 한다. 그리고 구성원도 대개 20세로부터 35, 36세의 실한 장정들을 중심으로 하여 작업의 능률을 중요시하였다고 한다.[31]

황두의 위와 같은 외양적인 특성은 하는 일의 조건에서 말미암은 것이었다. 황두가 하는 주된 일은 김매기로서, 조직의 활동이 시작되는 것도 대개 夏至부터였다고 한다. 그리고 작업의 진행방식은 황두를 조직하는 데 가장 노력을 많이 한 황두꾼의 논부터 또는 연령순으로 모든 황두꾼들의 논김을 차례로 매는 형식을 밟았다고 한다.[32] 제한된 시간에 많은 작업량을 빠짐없이 해내야 했기 때문에 그처럼 활동이 분주하였던 것이다.

조선 전기의 벼농사의 주류를 이루고 또 평안도 일대에 마지막까지 잔존했던 직파법이 본래 김매기 부담이 컸던 것은, 조선 후기에 이앙법이 보급될 때 "이앙의 功力이 播種에 비해 5에 4는 감한다"고 한 것으로도, 그 정도를 짐작할 수 있다.[33] 직파법은 水利의 보장 없이도 봄가뭄을 이길 수 있는 장

---

30) 조선 전기의 직파법에 대해서는 金容燮, 〈조선 후기의 水稻作 기술〉, 《아세아연구》 13, 1964 ; 《조선후기농업사연구》(Ⅱ), 일조각, 참조. 20세기 초두까지 평안도 일대에 행해진 건답직파법에 대해서는 武田總七郎, 〈學理上으로 본 乾畓栽培法〉, 《朝鮮彙報》1916년 4월호가 참고된다.

31) 조대일, 위의 글, p.145.

32) 위와 같음.

33) 宋贊植, 〈朝鮮後期 農業에 있어서의 廣作運動〉, 《이해남 박사 화갑기념 사학논총》, 1970, p.107. 《世祖實錄》 卷 14, 世祖 4년 10월 계해조의 경기도관찰사에 대한 국왕의 諭示에 水田除草를 5, 6차례 하는 것을 '上農', 3, 4차례 하는 것을 '次農', 이에도 미치지 못하는 것을 惰農으로 다루는 慣行이 언급되어 있다. 이의 作法은 물론 直播法이었다. 그런데 이앙법에서는 우선 제초의 횟수가 2, 3차례로 줄뿐더러(金容燮, 위 책, p.32),

점을 가지나, 파종 전에 이앙법처럼 本田에 잡초를 한 차례 본격적으로 제거할 기회를 따로 가질 수 없어 파종 뒤의 김매기 부담이 큰 약점이었다. 이러한 약점은 수경직파의 경우도 마찬가지였다.

황두 조직과 직파 벼농사의 관계가 이상과 같이 밀접하다면, 벼농사에서 직파법이 일반적이던 조선 초기에도 황두 조직이 있었을 가능성은 대단히 높다고 하지 않을 수 없다. 황두란 명칭이 향도의 와전이라면 더욱 그렇다.[34] 조선 초기의 農政에서 유별나게 及時 곧 때맞추기가 강조된 것도,[35] 김매기의 부담이 컸던 황두꾼의 사정에 대한 이상과 같은 검토를 참작하면, 결코 우연한 것으로 생각되지 않는다.

이상의 검토로 조선 전기의 농경을 위한 공동노동 조직은 촌락 공동체 조직인 향도와 관련하여 일단 다음과 같이 정리할 수 있을 것 같다. 우선 20세기에 한반도 북부지역에서 조사된 소겨리, 들계, 황두 등과 같은 공동노동 조직의 존재가 조선 전기에도 있었다고 보는 것은 무리가 없을 것 같다. 유관한 공동 조직들의 호칭의 내력이나 생산수단의 조건 등에 대한 검토를 통해, 이러한 판단은 큰 오류가 없을 것이라고 믿어진다. 그러나 이러한 공동노동 조직이 과연 이 시대에 처음 시작된 것인지에 대해서는 별도의 검토를 가지지 못하고, 里 곧 자연촌락 단위의 향도 공동체가 바로 고려 말, 조선 초의 시기부터 시작된 것이라는 전제 아래 논증을 전개시켰다. 마을 수호신에 대한 신앙으로 결집되고 喪葬의 일을 중요 所管事로 하는 향도와 위의 여러 공동노동 조직과의 관계는 현재로서는 자세하게 알 수 없지만, 규모면에서 향도 모임이 바로 공동노동 조직이 되거나 그 테두리 속에 몇 개가 조직될 수 있는 것으로 일단 보아도 좋을 것 같다.

里 단위 또는 그 이하에서 결성되는 공동노동 조직은 휴한법의 극복이라

한 차례의 제초작업에서 일의 부담이 훨씬 가벼웠다. 예컨대 직파법에서 20인을 요하는 작업이 3인으로 해결될 수 있을 정도로 차이가 컸다고 한다(宋贊植, 위의 글, p.104).

34) 이 점은 림학선의 글(p.24), 조대일의 글(p.147) 등이 모두 지적한 사실이다.

35) 李泰鎭, 〈세종대의 천문연구와 농정〉, 《애산학보》 4, 1986, p.140 참조.

는 고려 말의 농업기술상의 일대 발전을 배경으로 일어난 사회적 변화였다. 고려 전기에 郡縣 단위로 결성되던 향도 조직이, 고려 말 이후로는 자연촌락의 조건변화로부터 유래하는 것으로 보아야 할 것이다. 이렇게 소규모화한 노동조직 단위로 그 규모가 크게 작아지는 변화는, 기본적으로 이러한 농경노동 조직에 대한 국가적 관리는 일찍부터 도모되었던 것 같다. 고려 말 공양왕대의 이른바 개혁파 집권시에 시도되었다가 수년 만에 폐기된 鄕社里長法, 태종~세종 년간에 시행된 隣保法에서 流移를 금지하고 호구 파악, 조세 수취를 용이하게 하면서 農桑의 勸課도 아울러 도모한 것, 세조대에 한 마을 안의 "同耘者"들의 대표로 色掌을 두고자 한 것 등이 모두 그러하다.[36] 그러나 이러한 특별한 대책들은 대개 주효하지 못하고 里長·里正制를 통한 행정적인 지배체제만이 제대로 관철될 수 있었다. 16세기에 수취제도가 문란해져 流亡하는 자가 많이 생겼을 때 관변에서 취한 이른바 隣徵이란 것은, 이 시대의 공동노동 조직에 대한 위와 같은 파악을 뒷받침해주는 것이 될 수 있다. 즉 유망자에 대한 연대 책임을 "切隣의 切隣"으로 확대시켜 나가는 현상은,[37] 위에서 살핀 것과 같은, 가까운 이웃끼리의 공동노동 조직의 결성을 전제하지 않고는 납득하기 어려운 문제이다.

16세기에 공동노동 조직은 官과의 관계에서 이처럼 수탈에 악용되기도 하였지만, 한편 정치적으로 중앙집권 일변도적인 정책에 대해 비판적인 자세를 표명하면서 향촌사회에 성리학적인 질서를 새로이 부여하고자 한 이른바 사림계열은 향약의 체계 속에 이를 포괄하고자 하였다. 앞에 든 西原鄕約처럼 그 기능의 일부를 향약의 취지 가운데 하나로 흡수하고자 하기도 하고, 일반 민의 향도를 사족들의 上契에 대응하는 下契로 편제하고자 하기도 하였다.[38] 그러나 관부 또는 지배신분층의 이러한 대책은 어디까지나 하나의 통

---

36) 촌락 사회의 통제를 위한 이들 여러 제도에 대해서는 朴鎭愚, 〈朝鮮初期 面里制와 村落支配의 강화〉, 《韓國史論》 20, 1988 참조.
37) 《中宗實錄》 卷 88, 중종 33년 9월 庚子條의 전라도관찰사 金正國의 狀啓 가운데 軍役의 代立價 징수의 폐단에 대한 언급을 대표적인 예로 들 수 있다.
38) 金仁杰, 위의 글, p.110~123 참조.

제이지 그 조직을 근본적으로 부정하는 것은 아니었다. 그것을 부정하고서는 사실 지배체제가 존속할 수도 없는 것이었다. 일반 농민들의 공동노동 조직은 다음 세기에 농업의 조건이 다시 발전적인 변화를 일으키면서 새로운 면모를 보였다. 두레의 성립은 그 가운데 가장 대표적인 것이었다.

3. 17·18세기의 이앙법 보급과 두레 발생

우리나라 농업기술 발달사상 17세기 후반 이후가 또 다른 하나의 획기인 것은 다 아는 사실이다. 임진왜란과 정묘·병자 두 차례의 호란 등의 외침을 잇달아 치룬 뒤, 그 피해를 복구하는 과정에서 새로운 전기를 맞이하게 되었던 것이다. 이앙법의 보급은 그 가운데서도 가장 중요한 성과의 하나였다.

이앙법은 주지하듯이 조선 초기에도 이미 제한된 지역에서 활용되었다. 그러나 이 방식은 水利의 안전이 보장되지 않으면 폐농의 위험도가 높았기 때문에, 중앙정부로서는 오히려 이를 금하는 편이었다. 그러면서 한편으로 그러한 제약의 타개를 위해 새로운 수리시설의 개발에도 많은 노력을 기울였다. 폐기 상태의 堤堰을 보수하거나 신축에 힘쓰기도 하였다. 산곡 계류를 활용하는 전통적인 방식인 제언 하나에 매달리지 않고, 하천수를 관개수로 활용하기 위해 수차 보급에도 적지 않은 노력을 기울였다. 몇 차례나 거듭되었던 수차 보급의 시험은 끝내 성공하지 못하였으나, 문종대에 같은 목적을 충족시켜 주는 방도로서 川防이 유용한 것으로 확인되어, 15세기 말엽, 16세기 초반에는 이미 下三道를 중심으로 널리 보급되기 시작하였다. 후대에 洑로 더 널리 알려진 이 수리방식은 제언에 견주어 만들기가 쉬워 보급의 속도도 빨랐다.[39]

---

39) 水車, 川防에 관한 이상의 서술은 李泰鎭, 〈16세기 川防 灌漑의 발달〉, 《한우근 박사 정년기념 사학논총》, 1981; 李泰鎭, 이 책 《한국사회사연구》(지식산업사) 참조.

그러나 이러한 성과가 바로 이앙법의 보급으로 이어지지는 않았다. 16세기 일대에 천방의 보급은 명백한 사실로 확인되지만, 이에 따라 이앙법의 보급이 확산되었다는 증거는 어디에도 찾아지지 않는다. 이러한 상황은 수리의 보장 외에 다른 어떤 기술적인 문제가 있었던 것을 상정하게 하지만, 어떻든 새로운 수리시설이 보급되어도 이앙법이 보급되지 않았다면, 기존의 방식인 직파법 가운데 水耕直播法의 비중을 높이는 데 기여했을 것으로밖에 볼 수 없다.

16세기의 천방의 보급을 통한 위와 같은 벼농사의 성과는 그 자체로서 중요한 발전이었지만, 그 세기 말의 임진왜란, 17세기 초반의 두 차례의 호란 등으로 이때까지 이루어진 그 성과가 대부분 파괴되는 수난을 면하지 못하였다. 이 전란들이 끝난 뒤, 17세기 중반 이후의 農政은 자연히 이러한 손실의 회복에 역점이 두어졌다. 그 가운데 수리에 관한 대책으로 주목되는 것은 현종 3년(1662)에 堤堰司를 설치하고 그 업무규정으로 〈賑恤廳堤堰事目〉을 마련한 것이다. 이 사목은 주관 관서의 이름이 제언사인데도, 수리에 관한 총 9개 조목 가운데 제언에 관한 것은 1개뿐이고, 대부분이 川防에 관한 것으로 채워져, 사업의 일차적인 목적이 그동안의 전란으로 파괴되었던 것을 회복하는 데 역점을 두었던 것을 그대로 보여준다.[40]

그러나 이후의 수리정책은 단순히 그동안에 파괴된 것을 복구하는 데 그치는 것은 결코 아니었다. 천방과 함께 제언도 복구의 대상이 되었을 뿐더러, 천방도 시간이 지날수록 수를 더 늘려갔다. 특히 18세기 후반의 正祖代에 이르면 제언과 천방의 비중이 비슷해지고 龍尾車란 새로운 水車로 지금까지 활용되지 않은 '大川江水'의 물을 관개수로 이용하려는 노력까지 기울여졌다.[41] 17세기 후반부터 주로 下三道 지방을 중심으로 이앙법이 보급되고, 廣作運動이 일어날 수 있었던 것은, 전적으로 이러한 수리 시설의 확대에 힘입

---

40) 李泰鎭, 〈朝鮮時代 水牛·水車 보급 시도의 農業史的 의의〉, 《천관우선생 환력기념 한국사학논총》, 1986; 李泰鎭, 이 책의 제13장 참조.
41) 위와 같은 글 참조.

은 것이었다.[42] 20세기의 조사들에서 드러났듯이, 두레가 이앙법을 쓰는 벼
농사의 공동노동 조직이라면 마땅히 이 시기의 이러한 벼농사 발달의 성과
를 배경으로 성립한 것으로 보아야 할 것이다. 영조 14년(1738)의 다음의 기
록은 그동안에 두레가 대두한 사실을 명백하게 보여주는 자료로 주목된
다.[43]

上이 말하셨다. "元景夏 御使 때 屬公한 것은 모두 寺中 旗幟였는데 지금 이
書啓에 民間의 錚鼓 旗幟를 민간에 돌려주자는 요청이 있는데, 민간에 이런 물
건이 이전부터 있었던가?"

(우의정 宋)寅明이 말했다. "民輩 耕獲 때 모두 이 기구들로 소리를 내어 일을
하게 하는 것입니다. 원경하가 당초 이를 금단한 것은 비록 나라를 위해 후환이
될 것을 우려해서 취한 것이지만 이것은 지나친 염려입니다. 인심이 離反하면
호미와 고무래, 가시나무 자루가 모두 도둑이 될 수 있는데 어찌 兵器없는 것이
걱정이 되겠습니까. 이것들은 본래 民物이 되어서 갑자기 屬公하면 의당 民怨
이 될 것입니다."

(湖南御使 南)泰良이 말했다. "民物은 결코 屬公할 수 없으니 어떻게 할까요?"

上이 말하셨다. "復驗의 직임(지방관을 말함)이 어찌 조각 쇠를 집으로 가져가
는 것을 상대할 것인가? 이상스러워서 놀라지 않겠는가? 그 깃발은 軍門에서 보
통 쓰는 것과 같은가?"

泰良이 말했다. "모두 쓸모없는 물건이고 또 이미 백년이 된 民俗이어서 금지
하기도 어렵습니다."

寅明이 말했다. "빼앗은 뒤에 내주는 것도 일이 거꾸로 되는 것이므로 진휼청
의 會錄으로 값을 받아쓰는 것이 어떻겠습니까?"

上이 이르셨다. "지방관에서 쓰는 것도 안 된다고 하는데 朝家에서 어찌 값을

---

42) 廣作운동에 대해서는 宋贊植, 위의 글 참조.
43) 이 자료는 愼鏞廈, 〈두레 共同體와 農樂의 社會史〉에서 처음 소개된 것으로, 두레에
   관한 대단히 중요하면서도 드문 문헌 자료이다.

받아쓰겠는가? 大臣의 호미와 고무래 얘기는 참으로 옳소. 陳勝과 吳廣이 어찌 兵刃을 기다려 일어났었습니까? 원경하는 지나친 걱정을 했다고 하지 않을 수 없소.……"

(우승지 南)泰溫이 말했다. "賑貸에 보태면 民輩가 도리어 그 값을 먹을 수 있게 됩니다."

上이 이르셨다. "그것은 살을 베어 배를 채우는 것 밖에 되지 않는 것이오."

寅明이 말했다. "값을 쳐서 민배에게 주고 鑄錢 때 사용하는 것이 좋겠습니다."

上이 이르셨다. "당당한 나라가 어찌 백성들의 징과 북을 기다려 이용하겠소? 그냥 두는 것이 좋겠소.……"(《承政院日記》881冊, 英祖 14년 11월 17일條).

영조와 여러 신하 사이의 대화에서 화제가 된 민간의 鉦鼓와 깃발이 두레 조직의 그것이라는 것은 耕穫때 소리를 내어 일하게 하는 것이라는 그 용도에 대한 직접적인 지적으로 보아 틀림이 없다. 영조와 신하들 사이의 대화는 곧 앞서 호남지방에 어사로 내려갔던 元景夏가 그 물건들이 국가에 대한 불온한 행동에 쓰이게 될 것을 우려하여 관이 몰수하였던 것에 대한 뒷마무리로서 조정의 공식적인 처지를 의논한 것이다. 몰수 물건의 처리에 대해서는 '民輩'에게 되돌려 주되 사용을 허용해 주는 값을 어느 정도 받아 진휼청의 비용으로 충당하자는 의견, 쇠붙이를 鑄錢의 재료로 쓰고 값을 쳐주자는 의견 등이 제시되었으나 국왕은 그렇게 해서는 나라의 체모만 손상될 뿐이라고 하여 그냥 두자고 하였다. 이러한 결정은 물론 농악이나 농기 등의 물건에 대한 것만이 아니라 두레라는 조직에 대한 조정의 공식적인 태도의 표명이 되는 것이기도 하여 주목된다.

영조 14년은 1728년에 戊申亂(李麟佐의 난)을 치룬 지 10년 밖에 되지 않는 시점으로, 당시의 정국은 아직도 그 여파에서 완전히 벗어나지 못한 상황이었다.44) 戊申亂이 英祖의 王位에 대한 정면의 도전이었고, 이 사건에 관계된 지방이 여럿이었던 사실을 상기하면, 원경하의 조치가 결코 지나친 우려였다고만 볼 수 없다. 오히려 민간의 동향에 대해 민감한 나머지 이런 것까지 문제 삼아야 했던 것이 당시의 조정의 태도를 더 적나라하게 보이는 것이라고 여겨지기도 한다.

그 경위는 어떻든 간에, 위 자료를 통해 두레 자체에 대하여 확인되는 중요한 사실은 의론자들 사이에 농악과 농기를 사용하는 민간의 그러한 습속이 아주 오래된 것으로 인식되고 있지 않다는 점이다. 그 유래를 헤아리면서 누백 년이나 國初 이래란 표현을 쓰지 않고 "百年 民俗"이라고 구체적으로 지적한 것은 그것이 그렇게 오래된 것이라는 인식이 당시 별로 없었다는 것을 의미한다. 이 논의가 있기 전의 약 한 세기는 앞에서 살폈듯이 실제로 이앙법이 본격적으로 보급되어 간 기간에 해당한다.

두레가 17세기 후반 이후 벼농사에서 이앙법의 보급을 계기로 대두하기 시작하였다는 것은, 이상의 검토로서, 충분히 논증되었다고 생각한다. 그런데 필자는 그것이 전혀 새로이 대두한 것이라기보다, 황두꾼과 같은 이전의 직파법 아래서 공동노동 조직이 벼농사 기술의 발달에 따라 새로운 변화를 일으킨 것으로 보는 것이 더 타당할 것으로 생각한다. 파종 또는 모내기, 김매기 등 작업의 대상이 기본적으로 다르지 않았고, 里洞 전체가 구성단위가 되는 것도 바뀌지 않았으므로, 같은 조직의 발전적 변신으로 보는 것이 훨씬 타당하다.

황두꾼과의 비교에서 드러나는 두레의 가장 두드러진 특징은, 농악과 농기를 가진 점이다. 황두꾼에도 박주라라는 악기가 사용되었으나, 그것은 음악적인 용도보다 이 조직의 바쁜 활동의 한 편의적인 도구에 지나지 않은 것이었다. 다시 말하면, 두레가 황두꾼이 가지지 못한 물건들을 소유한 것은 그

---

44) 戊申亂에 대해서는 李鍾範, 〈1728년 戊申亂의 성격〉, 《朝鮮時代 政治史의 再照明》, 범조사, 1985 참조. 戊申亂과 영조 초반의 정국에 대해서는 朴光用, 〈蕩平論의 展開와 政局의 變化〉, 《韓國史論》 10, 1984 참조.

만큼 경제적으로나 시간적으로 여유를 가지게 된 것을 의미한다. 앞서 이미 살폈듯이 두레꾼이 하는 이앙법은 이전의 직파법에 견주어 힘이 5분의 4나 덜 들었으며, 그래서 廣作도 할 수 있게 되었다고 한다. 이러한 경제적·시간적 여유가 곧 공동노동 조직의 운영을 새롭게 하고, 농악·농기도 마련할 수 있게 했던 것이다.

두레는 조직의 구성에서도 지주층의 참여를 적극적으로 배제하여 농민사회의 자율성을 높이는 성과를 올리고 있었다. 마을의 자·소작농만을 구성원으로 한 것은 황두군도 마찬가지라 하더라도, 지주와의 관계를 철저하게 賃銀 관계로 처리하여 농업경영으로부터 신분적 강제를 배제해 간 것은 두레의 새로운 면모였다.45) 신분적 강제로부터 일탈은 이전의 노동조직도 바라는 것이었을 것이나, 조선 전기처럼 그것들이 지방관의 직접적인 통제 대상에 오르거나, 재지 양반 사족층이 주도하는 향약의 하부조직으로의 편제 대상으로 오르는 조건에서, 그것은 달성되기 어려운 것이었다. 그것은 아마도 두레 자체의 향상된 경제력을 발판으로 더 공고한 결속력을 발휘함으로써 획득될 수 있었던 것이라고 믿어진다.

숙종 원년(1675)에 반포된 〈五家統事目〉은 里內의 공동노동 문제에 관한 규정을 유례없이 많이 담고 있을뿐더러, 촌락농민 사회의 자율성을 특히 강조하여, 그동안의 사회적인 변화를 읽을 수 있게 하는 자료로 주목된다. 총 21개 조목 가운데 필요한 것들을 골라 옮기면 아래와 같다.46)

> 1. 모든 民戶는 이웃하여 모인 것[隣聚]에 따라 家口의 多寡, 재력의 貧富를 논하지 않고 매 5家를 1統으로 하고, 5가 가운데 지위와 나이가 있는 자를 統首

---

45) 두레에서 지주층의 배제는 모든 조사 연구자들이 한결같이 지적하는 것이다. 두레 결성의 중심계층에 관한 인류학적 방법에 따른 조경만, 〈농업노동 형태의 생태경제적 맥락에 관한 일고찰―1940년 전후 추양리 두레를 중심으로〉, 《한국문화인류학》 19, 1987은 두벌매기의 생태적 특성과 관련하여 上農層이 가장 이를 필요로 하였다는 대단히 중요한 사실을 밝히었다.

46) 《備邊司謄錄》 第31册, 肅宗 元年 9월 26일條.

로 삼아 통내의 일을 관장하게 한다.

1. 모든 5家는 반드시 모여 살면서 이웃을 이루어 耕耘을 서로 돕고, 나고 드는 것을 서로 지키며, 질병을 서로 구한다. ……

1. 매 1里는 5統 이상 10통에 이르는 것은 小里로 하고, 11통 이상에서 20통에 이르는 것은 中里로 하고 21통에서 30통에 이르는 것은 大里로 하며, 里中에는 또 里正과 里有司 2인을 차정하여 統首의 제도처럼 一里의 일을 관장하게 한다.

1. 統이 있고 里가 있어 本面에 소속되는데 面에는 都尹, 副尹 각 1인이 있으며, 大面은 거느리는 里가 많고…….

1. 모든 統里의 사람들은 서로 돕고 서로 관리하며, 婚喪을 서로 도우며, 患難을 서로 걱정하며, 착한 것을 서로 勸勉하며…….

1. 農桑을 권장하는 것, 賦稅를 살피는 것, 境界를 바로 하는 것 등은 모두 마땅히 統里의 책임으로 한다. 같은 里의 사람들은 화목하기를 힘쓰고 새로 온 사람과 화합하며, 농사짓는 일을 서로 같이 하고, 나무를 심고 가꾸는 것을 함께 하며, 김매기를 합쳐 하고[約鋤] 소를 빌려 주어[貸牛] 함께 서로 돕는다. 슈대로 하지 않는 자는 슈律을 어긴 것으로 죄로 다스린다.

1. 里中에 내를 치고[浚川] 제언을 보수하고 길을 닦고 다리를 만드는 일이 있으면 작은 것은 一里의 힘을 모으고 큰 것은 一面의 힘을 보아 때를 놓치지 않도록 한다. 그렇지 못하면 슈律을 어긴 것으로 죄로 다스린다.

1. 무릇 1面 가운데 넓은 곳이나 亭宇 寺刹로 여러 사람이 모이기 좋은 곳을 택하여 春秋로 서로 모여 尊卑 分等을 講信하며…….

1. 社에 倉이 있는 것은 古制이니, 각 里 각 統은 가능한 대로 힘을 내어 1面 가운데 財穀을 모으고 本邑에서도 힘닿는 대로 도와 상평의 제도를 행하게 하여…….

1. 面尹은 里正을 거느리고 里正은 統首를 거느려 각기 3년씩 맡아 바꾸는데 그 가운데 면윤으로 일을 잘해 공이 많은 자는 위에 알려 論賞한다.

주지하듯이 5가를 1통으로 하는 제도는 조선 전기의 《經國大典》에 이미 명시되었다. 그리고 孝宗 즉위년에 避役을 목적으로 한 이동을 막는 방도로서 오랫동안 폐기되다시피 한 이 법을 다시 修擧토록 하자는 논의가 한 차례 있었다.[47] 위에 든 숙종 원년의 5가통사목에도 가호의 파악 자체와 그 이동에 대한 대책에 해당하는 것이 총 21개 조항 가운데 9개로 높은 비중을 차지한다(위 인용에서는 생략하였음). 그러나 이 사항은 5가통법 본연의 목적으로 어떤 시대적 특성을 직접 보여주는 것은 되지 못한다. 이 사목에서 주목되는 것은 앞 시기의 같은 제도에서 거의 찾아 볼 수 없었던 統과 里 단위의 공동노동 협력관계가 여럿 언급되고 그것도 상급 官의 통제보다 統里의 자율적인 처리를 중요시한 점이다.

조선 전기에서도 촌락별의 공동노동 문제에 대한 논의나 대책 모색이 없었던 것은 아니다. 그러나 그것이 명문으로 등재된 예는 찾기 어려우며, 대개 面 단위로 설정된 勸農官의 소관으로 일괄적으로 돌려지는 경향이었다.[48] 이에 견주면 위 사목과 같은 統里 단위의 구체적인 언급은 획기적인 변화라고 하지 않을 수 없다. 위 사목에도 面 단위의 관리 체제를 도모하는 규정이 없지 않지만, 공동노동 문제를 직접 그 대상으로 삼은 것은 없다. 뿐만 아니라 여기에 제시된 都尹·副尹의 제도는 어디까지나 하나의 안으로 이후에 실제로 시행된 것도 아니었다.

17세기 후반은 앞에서 살폈듯이 벼농사의 획기적 발달로 그 공동노동 조직이 자율성을 크게 획득하기 시작한 시기이다. 위 사목에서 이에 관련되는 것이 개별적으로 확인되지는 않지만, 統里 단위의 노동 협력 관계를 권장하는 이 事目의 기본 의도와 배치되는 것은 아니다. 이 사목에서 더 중요시되는 것은 마을 사람들의 노동 협력관계를 里와 統 두 개의 단위로 함께 파악하고 있는 점이다. 벼농사를 중심으로 해서는 지금까지 살폈듯이 里 단위의

---

47) 《孝宗實錄》卷 2, 孝宗 즉위년 11월 丙寅條.
48) 《經國大典》 戶典 戶籍條에 勸農의 임무를 面 단위의 권농관에게 부여한 것이 단적으로 그것을 말한다.

공동노동 관계가 더욱 발달되어 갔지만, 밭농사에서는 여전히 들계나 소거리처럼 몇 개의 가호로 맺어지는 공동노동 조직이 활용되고 있었다. 위 사목에서 "김매기를 합쳐 하고[約鋤] 소를 빌려준다[貸牛]"는 표현 속에는 밭농사의 그러한 조직이 대상이 된 것은 거의 확실시된다. 중앙정부가 5가를 1통으로 한다는 법을 새삼스럽게 내세우면서 里 단위의 협동 관계를 권장하고 나선 것은 밭농사에서 맺어지는 가호별의 공동노동 조직 관계 즉 품앗이와 벼농사의 두레 양자의 발달 관계에 대해 국가로서는 어떤 형식으로든 태도의 표명이 없을 수 없었기 때문이라고 믿어진다. 이러한 추정은 18세기에 수취체제가 전반적으로 里洞 단위의 共同納制로 일대 전환을 하고 있는 것으로도 충분히 뒷받침된다.49) 위 사목에서 공동노동 관계가 어디까지나 권장의 형식을 취하고 강제성을 그다지 띠지 않고 있는 것도 이런 관점에서는 결코 우연으로 생각되지 않는다. 중앙정부의 이러한 태도 변화에는 공동노동 조직으로서는 전례 없이 강한 조직력과 자율성을 강하게 발휘한 두레의 성립이 미치는 영향이 절대적으로 컸을 것으로 짐작된다.

이상의 검토로 17세기 후반 이후의 촌락사회의 공동노동 조직 관계는 일단 다음과 같이 정리된다. 즉 밭농사에서는 소거리, 들계 등과 같은 품앗이가 이전과 마찬가지로 그대로 존속하고, 벼농사에서는 이앙법이 보급됨에 따라 종래의 황두꾼과 같은 조직이 두레로 바뀌는 변화가 일어났다. 밭농사의 품앗이도 시대적인 차이가 전혀 없었다고 단정할 수는 없으나, 근본적으로 성격이 달라지는 변화는 없었다고 생각된다. 그런데 벼농사의 두레는 흔히 軍物이라고도 불린 農樂과 農旗를 가진 사실이 단적으로 말하듯이 그 자체의 조직적 개성이 강하여, 그 수가 늘어날수록 향도로 대표되던 종래의 里洞의 공동체적 질서는 더 이상 지탱되기 어렵게 되었던 것으로 보인다. 다시 말하면 향도 자체 안에 내포되던 공동노동의 조직적 기능이 두레에 물려짐에 따라, 喪葬의 기능만이 남아 공동체적 질서의 대표성을 크게 상실하는 결과가

---

49) 조선후기의 賦稅 공동납제에 대해서는 金俊亨, 위의 글 참조.

초래되었다. 이러한 변화는 향도의 최종적인 유제가 상두꾼이라는 사실로서도 바로 짐작할 수 있지만, 숙종 10년(1684)의 서울의 상황에 관한 다음의 기록이 이에 크게 참고된다.

좌의정 閔鼎重이 入對하여 산릉의 일에 관하여 결정된 몇 가지를 아뢰고 이어서 말하였다. "……都下의 무뢰배로 무리[黨]를 지어 횡행하는 자를 捕廳에서 잡아 다스리면서 그 所從來를 따져본즉 香徒契에 연유하는 것이었습니다. 향도란 것은 都下의 民人들이 계를 만들어 무리를 모아 送終[장례]에 쓰고자 하는 것으로, 사대부와 여러 宮家도 많이 참가하고 있습니다. 그런데 무리를 모을 때 사람의 선악을 따지지 않고 모두 받아들여 평소에도 이에 의탁하여 폐단을 일으키고 상여를 맬 때는 작란하여 치고받아 못하는 짓이 없습니다. 또 都家라고 하여 조직을 대단히 비밀스럽게 하여, 목숨을 건지고자 도망하는 자들이 모여드는 소굴이 되고 있습니다. 마땅히 금지 조치부터 내려 향도제를 모두 없애고 都家란 것도 철회하여 폐단의 근원을 없애고, 별도로 향약의 법에 따라 都城人들이 喪을 치를 때는 그 동리로 하여금 각각 스스로 相救토록 京兆(漢城府)에서 두루 물어 式을 정하는 것이 어떻겠습니까?" 上께서 모두 좋다고 하셨다(《肅宗實錄》卷 15上, 肅宗 10년 3월 辛酉).

이 건의의 요점은 도성에 사는 사람들이 사대부나 궁가를 포함해 장례를 치를 때 상여를 멜 사람들을 확보하기 위해 香徒契란 것을 만들어 사람을 모아 두고 있는데 이들이 都家란 조직까지 두고 여러 가지 폐단을 일으키고 있으므로 이를 모두 혁파하고 장례를 洞里別로 서로 도와 치르는 방법을 향약법에 따라 강구해 보자는 것이다. 다시 말하면, 상여를 매주는 특정한 부류의 결집체인 향도계를 인정하지 말고 洞里 협조체제를 마련하자는 것이다. 이 제안에 대한 처리는 일단 한성부가 便否를 두루 물은 결과, 많은 사람들이 전과 같이 향도제를 그대로 두는 것이 좋다고 하여 "香徒의 實丁을 뽑고 科

條를 엄히 세우는" 보완 조치를 취하는 것으로 그쳤다.50) 결과적으로 아무런 변동도 생기지 않았던 것이다.

한 마을에 喪事가 생겼을 때 상여 메는 일이 향도의 차지가 된 것은 오래된 일이었다. 기록상으로는 조선 초기에 주검을 아무데나 버리는 것을 막고자 주검을 제대로 처리하는 것을 당시 여러 가지로 규제 대상에 오르던 향도의 임무로 부여한 일이 있었다.51) 조선 초기의 里 단위의 향도는 누차 지적하였듯이 향도란 말이 공동체의 대명사로 쓰이다시피 할 정도로 마을의 공동적 행사나 행위가 거의 대부분 이 조직을 통해 이루어졌다. 따라서 주검을 치우는 일을 이 조직의 임무로 규정한 것은, 어디까지나 공식성을 부여한 것으로, 새삼 거부할 일은 아니었다.

도성의 경우, 한성 자체가 왕조 초기에 새로 건설된 것이기 때문에 이곳에도 처음부터 향도가 있었다고 생각되지는 않는다. 그러나 16세기에 향약이 보급될 단계에는, 도성에서도 坊里의 공동적 행사가 향약의 규정에 따라 里 단위로 이루어지는 것을 원칙으로 하였다.52) 이러한 흐름에서 본다면, 17세기 후반에 도성에서 상여메기를 담당할 인력을 따로 확보하는 추세는 새로운 현상에 해당하는 것이며, 閔鼎重의 의견처럼 향약법에 따르는 것이 오히려 복고적인 기도라고 판단된다.

숙종 초반의 도성은 지방 농촌사회로부터 많은 유민이 모여드는 새로운 현상에 부닥치고 있었다. 그래서 그것을 위기적인 상황으로 파악하는 논의나 표현이 적지 않았다. 위의 민정중의 건의도 그런 위기적인 분위기 인식에서 나온 것의 하나였다. 유민의 발생은 이 시기의 농업경제 변동으로 농민층

---

50) 《肅宗實錄》 卷 15上, 肅宗 10년 3월 戊子條.

51) 《世宗實錄》 卷 22, 世宗 5년 12월 丁卯條, 「前知順安懸事 朴匋上救弊陳言四十八條…一. 人有疫疾而死或草葬山間 或裹置木枝 今里里人人 皆結香徒而埋葬之…願自今 窮人之葬 全屬香徒…, 從之」

52) 李泰鎭, 〈士林派의 鄕約普及運動〉, 《한국문화》 4, 1983 ; 이 책 제9장 참조. 《薰陶坊鑄字洞志》(서울대 규장각 古 4790-16)는 16세기 都城 내에 洞 단위도 鄕約이 시행된 사실을 직접 보여주고 있다.

분해가 일어난 결과로, 도성으로 많이 모여든 유민들은 스스로 劍契, 殺主契와 같은 비밀 조직을 만들기도 하고, 향도계에 흡수되어 연명하면서 때로는 잦은 정변 속에서 특정한 정파의 무력행사에 이용되기도 하였다.[53] 도성 지역에 있는 향도의 이러한 모습은 도성이라는 지역적 특성으로 물론 일반화할 수는 없는 것이다. 그러나 지방 농촌사회도 농업의 기술적인 변화를 겪고 농민층 분해의 현장이 된 곳으로서 변동이 없을 수 없었다. 15세기 이래 里洞 지역 공동체의 실체가 되어 온 香徒가 공동노동 조직으로서의 중심적인 기능을 두레에 넘기고 喪葬의 일만을 수행하여 상두꾼으로 잔존하게 된 것이 바로 그 변화의 실체였다. 이러한 변화는 도성의 그것과 시대적인 변혁으로서는 궤를 같이 하는 것이었다.

17세기 후반 이후의 里洞 사회는 공동노동 조직으로는 두레의 품앗이가 기본적인 것으로 병존하는 가운데, 두레의 비중은 18세기에 稻麥 二毛作이 보급되면서 더욱 높아지는 변화를 겪었을 것이 예상되며, 이러한 변화 발전에 대한 국가의 대응이 共同納제도의 강화로 고착됨에 따라, 농업 경영의 측면에서 뿐만 아니라 부역 이행의 측면에서까지 각종의 계가 등장하는 새로운 변화가 수반되기도 하였다. 후자는 이 시대 이전에는 거의 찾아보기 어려웠던 것으로, 두레의 출현이 준 사회적 변혁의 파장이 얼마나 큰 것인가를 보여주는 새로운 추세로서 주목된다.

두레가 지금까지 논증한 것과 같이 조선 후기에 시작된 공동노동 조직이란 것은 전라도 일대에 산재한 茅亭에 대한 조사의 결과로도 뒷받침된다. 1966년에 崔在律, 朴光淳 등에 따라 1,111개 마을을 대상으로 행해진 조사의 결과, 조사 당시의 시점에서는 두레가 소멸하여 품앗이와 연관되어 있는 것으로 바뀌었지만, 원형적으로는 두레의 작업 계획이 수립되고, 그 성원이 모

---

53) 검계, 살주계 등에 대해서는 鄭奭鍾, 〈朝鮮後期 肅宗年間의 彌勒信仰과 社會運動〉, 《한우근박사 정년기념 사학논총》, 1981 참조. 도성 안의 향도꾼의 정치적 이용은 숙종 21년에 남인의 睦來善이 서인 측의 김석주, 김익훈, 이사명 등의 家奴들이 향도계에 많이 들어, 이와 연결하여 作亂할 것을 우려하여 왕에게 아뢰고 香徒契의 留待軍을 금지시킨 조치로 미루어 짐작할 수 있다(《肅宗實錄》補闕正誤 21, 肅宗 21년 11월 丁酉條).

이던 장소라는 것이 입증되었다.[54]

건립 연대에 대한 조사는 "李朝 및 以前"으로 알려진 경우가 10% 정도 밖에 되지 않지만[55] 다음과 같은 몇 가지 사실을 통해 그것이 본래 두레와 깊은 관계를 가지는 구조물이란 결론에 도달하였다.

첫째로 명칭상의 문제로 두레의 한자 표기에 해당하는 것이 모정에도 쓰인 예가 소수이나마 나타나는 점이다. 두레의 한자 표기로는 農社, 農契, 農廳 등 여러 가지인데 부안군 줄포면 일대에서 모정을 農亭 또는 農廳이라 부르고, 인근 경상도 晋陽郡에도 하나밖에 없는 모정이 마찬가지로 農廳으로 불린다고 하였다.[56] 그리고 문헌 기록이 있는 유일한 예인 영암군 신북면 모산리 모정(會社亭)의 경우 1692년(숙종 31)에 기와로 증축한 사실이 확인되었다.[57]

다음으로 조사 당시는 많은 변질을 겪었으면서도 기능면에서 두레와 연결되어야 할 사실들이 다수 확인된다는 것이다. 즉 조사 당시를 기준으로, 이용자가 여자는 전혀 없고 남자 장년층의 비율이 높되, 그들도 농군이 주류인 것으로 파악되었다.[58] 여자 이용자가 후대에 변질을 겪으면서도 거의 없다는 것은, 이 구조물이 두레와 관련하여 시작된 것이라는 사실에 대한, 대단히 중요한 자료가 될 수 있다. 품앗이는 여자의 참여로도 구성되나 두레는 남자 장정을 중심으로 구성되는 것이 깨트릴 수 없는 관례였다.

조사 연구자들은 역사 전공자들이 아니었기 때문에 두레 자체에 대한 역사적 이해는 당시 역사학계의 통설이던 고대 기원설을 따랐다. 이들 조사에서는, 이것이 더 이상 문제가 되지는 않지만, 이에 조사된 여러 사실들은 두

---

54) 최재율, 〈茅亭이 農村社會經濟에 미친 영향〉 p.33; 박광순, 〈茅亭의 社會經濟的 기능의 推轉過程〉도 이에 대해서는 견해를 같이 하였음.
55) 최재율, 위의 글 p.21. 위 두 연구의 대상 마을은 1,111개였으나 분석 대상 모정은 5개 군의 383개였다.
56) 최재율, 위의 글 p.33.
57) 박광순, 위의 글 p.87.
58) 최재율, 위의 글 p.18 및 박광순, 위의 글 p.97.

레가 17세기 후반 이후에 성립한 것으로 관점을 바꾸어 다시 살피면 자료로
서의 가치가 새로이 살아나는 것이 적지 않다. 어떻든 호남 일대의 두레가
모정이란 구조물을 가졌다는 것은 두레의 공동 조직으로서의 중심적인 위치
를 여실하게 보여 주는 것인 동시에, 농민사회의 자율적인 성장의 표시물로
대단히 중요시되는 것이라 하지 않을 수 없다. 다른 지역에서는 대개 당나무
나 정자나무가 있는 곳이 두레의 결집 장소로 이용된 것으로 보이는데 반해,
호남 일원이 이처럼 모정이란 구조물을 따로 가진 것은 대단히 특징적인 것
으로 앞으로 그 까닭에 대한 다각적인 검토가 요망된다.59)

맺음말

　농경노동의 동원 형태는 농업의 경제적 비중이 컸던 시대일수록 그 사회
구성에 미치는 영향이 더 컸을 것이 분명하다. 필자는 오래 전부터 이런 견
지에서, 고려나 조선전기의 향도 문제를 주목하여 이 조직의 역사적 변천의
윤곽은 잡을 수 있었으나, 자료상의 제약으로, 공동노동 문제와의 관계에 대
한 파악에까지는 미치지 못하였다. 이 글에서 두레 성립과의 관련 아래 비로
소 이 문제도 다룰 수 있게 되었다. 그러나 고려시대의 향도의 경우는 앞으
로의 과제로 남았다.

　공동노동의 조직에 대한 나의 기본적인 견해는 농업기술의 발달에 따라
그 구성관계는 달라진다는 것이다. 휴한농법의 제약을 받던 고려시대의 공
동노동의 조직은 그 제약에서 벗어난 고려 말, 조선 초 이후의 그것과는 상
당한 차이가 있을 것이라는 전제 아래, 고려전기에 군현 단위로 결성될 정도
로 규모가 컸던 향도가 고려 말 이후 자연촌락 단위로 소규모화한 것을 주목

---

59) 이 문제에 대해서는 최재율의 위 글에서 피력된 견해가 유일한데, 역사학 쪽에서도
　　앞으로 좀 더 구체적인 검토를 가져야 할 것으로 생각한다.

하였다. 그리고 이 자연촌락 곧 里 단위의 지역 공동체 조직으로서의 향도는, 조선 전기에서는 아직 사회적인 기능과 경제적인 기능이 분화되지 않은 시대적인 특징을 가지는 것으로 보였다. 기능 분화의 면모가 있었다 하더라도 현저한 것은 아니었다고 생각한다. 향도 조직의 구성원들 사이에, 전체가 하나의 공동노동의 조직을 이루기도 하고 몇 개의 조직으로 나뉘기도 한 것이 조선 전기의 그 실제 모습으로 파악되었다. 근·현대의 조사에서 나타나는 밭농사 때 맺어지는 소겨리, 들계 등과 벼농사의 황두꾼이 조선 전기 이래의 유제라고 생각되었다.

17세기 후반 이후의 이앙법의 보급은, 조선 초기 이래 위와 같은 공동노동의 조직에 새로운 변화를 일으키는 계기가 되었다. 지금까지의 벼농사의 황두꾼 조직이 두레로 탈바꿈하는 변화가 일어난 것이었다. 이앙법이 김매기의 부담을 크게 감소시키는 효과를 가져옴으로써, 이를 계기로 자·소작농 사이에 廣作이 널리 행해진 사실이 말하듯이 일반 농민층의 경제적, 시간적인 여유의 발생으로 전날의 황두꾼에 견주어서는 훨씬 더 자율성이 높아진 노동조직으로 두레를 구성하게 되었던 것이다. 두레의 발생은 그 자체의 강한 자율성, 조직성으로 촌락사회의 공동체적 질서가 이것으로 대표되다시피 하여 종래의 향도는 상두꾼으로만 구실하는 변화를 수반하기도 하였다. 경제적인 기능의 공동조직이 이처럼 촌락사회의 공동체적 질서를 확실하게 대표하게 되는 변화는, 일반 농민층의 경제력의 상대적인 향상을 대변하는 것으로 주목된다.

대체로 위와 같은 이 논고의 논지는, 종래의 두레의 고대 기원설을 완전히 부정하는 것이다. 종래의 공동노동의 조직에 대한 이해는 사실 농업기술 발달과의 관계나 어떤 역사적 조건에 따른 단계적인 파악의 노력은 전혀 없었으며, 그것이 큰 단점이었던 것을 부인할 수 없다. 본고의 논지는 이를 지양하려는 노력으로서 최소한의 의의는 있을 것이라고 믿는다.

품앗이, 두레 등의 공동노동의 조직의 변천은 농민사회의 발전문제에 직접 관련되는 것으로, 조선후기 내지 근대의 농민사회에 대한 좀 더 충실한 이해를 위해서는 더 많은 연구가 이루어져야 할 것은 말할 것도 없다. 그런데 근대 농민사회에 대한 이해와 관련하여, 지금까지 제시된 몇 가지 견해도 재고의 여지가 없지 않다. 우선 북한 측이 사회주의적 역사관에서 두레 조직이 사유재산 제도를 기반으로 한 것이라는 점을 의식하여 봉건제의 유제라는 제한된 평가를 내리는 데 그친 것은, 우리 농민사회 발달의 역사적 성과를 과소평가한 것이라고 하지 않을 수 없다. 두레 조직이 자작농이 주도한 것이라는 점이 좀 더 구체적으로 밝혀진다면, 그 발달은 봉건적인 질서를 깨는 원동력으로 평가되어야 할 것이기 때문이다.

다른 한편, 한국 학계의 신용하의 연구가 동학농민군의 폐정개혁 단계에서 농민들의 두레 조직의 존재를 배경으로 지주제도의 폐지를 전제로 하면서 井田制의 평균 분작 제도를 구상하였다는 것은 대단히 주목되는 견해이나, 이 견해를 관철하기 위해서는 자작농층이 두레 결성에서 한 구실과 이런 개혁 방향에서 이해관계 등이 구체적으로 검토되어야 할 것이다. 두레를 통해 사회적, 경제적 입지를 넓혀 간 자작농도 근대 여명기에 지주제와 신분제로부터 피해를 입기는 소작농과 마찬가지였다. 단지 두레의 발달로 보아 인정되는 농민사회에서 자작농의 높은 비중이 역사적으로는 더 주목되는 사실로서, 이러한 역사적 성과가 이 때에 한 차례 좌절을 겪고, 일제의 병탄 후에 지속적으로 해체의 대상이 되었다는 사실은 우리 사회의 근대적 발전의 큰 왜곡으로 직시되어야 할 줄로 안다.

제15장 조선후기 양반사회의 변화
—신분제와 향촌사회 운영구조에 대한 연구를 중심으로

머리말

조선시대사 연구에서 '양반사회의 변화'라고 하면 통상 양반이 지배하던 사회체제 전반의 변화를 의미한다. 양반은 조선왕조 지배신분층의 통칭으로서, 이를 이 시대 역사상의 표징으로 삼아 그 전반을 양반사회(또는 양반관료국가)의 성립기, 후반은 변동기로 파악하는 것이 일반화되어 있다. 한 시대의 역사를 이와 같이 지배층 중심으로 표현하는 것은 어디까지나 편의적인 것으로 그것이 곧 역사를 지배층 중심으로 보려는 입장을 나타내는 것은 아니다. 이 글에서 '양반사회의 변화'는 이 같은 상례적 표현에 따른 것으로 이 표제하에 다루고자 하는 것은 조선후기 사회변동 전반에 관한 것이다.

조선후기 '양반사회의 변화'의 뜻을 위와 같이 정립하면 이에 관련되는 기존의 연구는 그 수를 헤아리기 어려울 정도로 많을 것이다. 조선후기에 관한 대부분의 연구가 이에 저촉되고 말 가능성이 높다. 이 주제에 가장 직접적인 분야라고 할 身分史에 관한 최근의 한 연구사 정리에 따르면 1986년 현재로 관련 저서와 논문이 110여 편에 달하고 있다.[1] 연구업적의 수량이 이렇게 많아짐으로써 연구사 정리도 한둘이 아니다.[2] 이 글도 기본적으로 연구사 정

---

1) 金仁杰, 〈조선후기 신분사연구 현황〉, 《韓國中世社會解體期의 諸問題》(下), 한울
2) 앞의 김인걸의 정리 외에도 다음과 같은 것들이 있다. 李俊九, 〈朝鮮後期 身分構造 理解의 諸問題 檢討〉, 《大邱史學》34, 1988; 韓相權, 〈회고와 전망(조선후기)〉, 《歷史學報》

리의 형식을 띠고자 한다. 그러나 이 글에서는 그 정리의 대상을 身分職役制와 향촌사회 운영구조 변동의 두 분야로 제한하되 개별 연구성과에 대한 내용 소개에 지면을 좀 더 많이 할애하려 한다. 그 둘은 '양반사회의 변화'와 관련하여 그 사이에 가장 집중적으로 연구가 이루어진 분야로서, 이에 대한 좀 더 자세한 고찰은 그 사이의 연구성과에 대한 단순한 정리 이상의 효과가 기대될 것으로 믿어지기 때문이다.

조선후기 사회변동과 관련해서는 이 밖에 경제사·사상사 분야에서도 상당한 관심과 성과가 있었다. 그러나 1970년대 이후 남한 학계에서는 신분직역제를 중심으로 한 연구가 절대적으로 우세하였으며, 1980년대 이후로는 직역제 연구도 깊이를 더하는 한편으로 향촌사회 운영구조 변동문제가 새로운 과제로 부각되어 활발한 연구가 이루어져 왔다. 두 분야의 연구에서도 물론 다른 분야와의 연관이 전혀 배제된 것은 아니나, '양반사회의 변화'에 대한 연구는 이와 같이 두 분야를 중심으로 하나의 흐름을 이루다시피 하였다. 기왕의 연구사 정리에서도 두 분야는 어떤 형태로든 자주 대상에 올랐으나 각각의 연구성과를 서로 연결시켜 체계를 부여하는 작업은 없었던 것 같다. 이 정리에서는 바로 그러한 미비점을 보완하는 데 역점을 두면서 정치·경제·사상사에 대한 의견도 필요한 곳에서 언급하여 새로운 체계화와 바람직한 연구방향 모색에 도움을 주고자 하였다.

1. 조선후기 사회변동론 대두의 배경

조선후기사를 발전적 시각에서 보기 시작한 것은 1950년대 초반부터였다. 민족의 발전을 위한 인식과 노력은 해방 후에 이미 목전의 과제로 인식하기

116, 1987; 金俊亨,〈朝鮮後期 身分制·鄕村秩序의 硏究現況과 '국사' 敎科書의 內容分析〉,《歷史敎育》39, 1986; 韓永愚,〈美國內 韓國身分資料 및 朝鮮時代 신분사 연구동향에 대한 연구〉,《韓國史論》13, 1985.

시작하였지만, 남북분단과 좌·우 대립의 혼란이 거듭하던 끝에 동족상잔의 6·25전란이 발발함으로써 전혀 그 실현의 기회를 갖지 못하였다. 그 뒤 전란의 상흔이 곳곳에 남아 있는 상황에서 남북은 서로 다른 이데올로기에 바탕을 두고 각기 변혁과 발전을 위한 대책을 강구하기 시작하였다. 민족사에 대한 발전적 인식은 바로 그러한 현재의 변혁을 모색하는 가운데 민족의 발전 가능성과 역량 확인의 차원에서 일어나고 있었다. 조선후기사는 유럽에서 자본주의가 성립한 것과 같은 시기의 역사였으므로 특히 주목되었다.

조선후기사를 발전적 시각에서 보고자 한 연구로 시기가 가장 빠른 것은 1953년에 발표된 千寬宇의 〈磻溪 柳馨遠 硏究〉[3]로 확인된다. 이 논문 서언의 다음과 같은 첫 구절이 바로 그러한 시각변동을 직접 전하고 있다.

> 停滯와 癒着 속에 소극적인 사회를 유지해 온 조선에 세계사적인 '近世'의 맹아를 보게 되는 것은 이주 말엽에 비롯하는 외래자본주의의 유입으로써 시작된다 함은 흔히 이르는 말이다. 그러나 조선의 '근세'를 형성하는 내재적 계기는 실로 멀리 임진왜란에서 시작되는 사회 자체의 자기 붕괴 및 그것을 반영하는 일련의 시대정신에서 엿볼 수 있는 것이니, 그것은 혹은 불평지배층의 속에 이루어진 개량주의적 사회사상으로, 나아가서는 민중의 실천적 반항운동으로 나타나고 있었다. 이러한 사상동향으로서의 '實學'은 곧 부패·경화해 가는 이조봉건사회의 사상적 餘喘인 동시에 그 속에 태동하는 신단계로의 사상적 지향인 것이다. 실학은 이리하여 근래 일반의 관심을 끌게 된 것이나…
> (p.170).

위에서 '근세'의 맹아는 문맥상 자본주의의 싹과 그에 따른 근대적 사상의 태동이라고 이해해도 무방할 것이다. 당시의 일반적인 인식으로는 그러한 것은 이조 말엽의 외래 자본주의의 유입 이후에 시작되었다는 것인데, 그는

---

3) 《歷史學報》 2·3집, 1953.

그것이 임진왜란 이후의 장기간에 걸쳐 '내재적 계기'가 이루어지고 있었다고 보고, 사상사적인 면에서 '실학'을 통해 이를 논증하고자 하였던 것이다. 그의 견해는 당시의 일반적인 인식과는 분명히 큰 차이가 있는 것이었다. 1951년 새로운 스타일로 씌어졌다고 정평을 얻은 일본인 학자 旗田巍의 《朝鮮史》도 아직 왜란 이후의 한국사를 "국가기구의 퇴폐와 농촌의 황폐"를 기본 구도로 삼아 서술하고 있던 상황이었으므로, 위와 같은 관점은 분명히 획기적인 것이었다.

천관우의 반계 유형원을 중심으로 한 조선후기 실학사상에 대한 연구는, 실학 자체를 자유성·과학성·현실성을 중요 특징으로 하는 '신사조'로 규정하는 한편(제5항 3절), 16세기 말엽~17세기 중엽을 신사조의 준비기, 17세기 중엽~18세기 중엽을 맹아기, 18세기 중엽~19세기 중엽을 전성기로 파악하는 형태로 전개되었다.[4] 당시 남북한을 막론하고 한반도는 6·25동란의 소용돌이 속에 있었기 때문에 몹시 어려운 상황이었다. 그런 가운데서도 남한의 신진 역사학자들은 피난지 부산에서 1952년 3월 1일에 '국내 역사학의 새로운 건설'을 표방하면서 歷史學會를 발족시켰다. 천관우도 그 창립 멤버였으며, 위 논문 또한 이 학회의 기관지 《歷史學報》에 게재되었다. 그가 앞장선 '실학' 연구의 성과는 아직 연구자가 제한된 한계가 있기는 하였으나 학계에 미치는 영향이 커서 당시까지 대표적인 개설서 구실을 해 온 李丙燾의 《國史大觀》의 1960년도 新修版에 〈새 施設과 새 文化의 發芽〉(제4편 제8절), 〈英祖時代의 文運〉(제9절) 등을 새로 설정하는 반향을 불러 일으켰다.

1950년대 한국 역사학계는 일제 식민지시대에 일본학자들이 주도한 한국사 체계화의 오류에 대한 비판작업을 서두르고 있었다. 1961년에 출판된 李基白의 《國史新論》의 서론이 그러한 분위기에서 나온 대표적인 성과의 하나였다. 이 글은 일제하 일본학자들이 한국사에서 강조한 것을 〈반도적 성격론〉, 〈사대주의론〉, 〈당파성의 문제〉, 〈문화적 독창성의 문제〉, 〈정체

---

4) 5장 2절 – 新思潮의 發生과 그 趨勢 참조.

성의 이론〉 등 다섯 가지로 나누어 식민주의적인 본질을 극명하게 지적하였다. 이 가운데 〈정체성의 이론〉 부분의 다음과 같은 지적은 민족사의 발전적 인식과 관련하여 당시 한국사학계의 지향을 이해하는 데 크게 참고가 된다.

> 그러므로 나아가서 東洋社會가 西洋社會와 어깨를 나란히 겨누게 되는 날에는 필연적으로 동양사회의 발전적 요소를 탐구하려는 노력이 행해질 것은 의심 없는 일이다. 사실 논자들이 동양사회의 정체성을 말할 때에도 같은 灌漑農業의 사회이면서도 列强에 伍하고 있는 日本의 경우를 늘 예외로 돌리려고 한 한 가지 사실만으로도 이는 증명된다고 하겠다. 현재 중국학계에서 西歐資本主義의 침투 이전에 이미 中國社會에 자본주의의 萌芽가 있었다는 증거를 찾으려고 열심인 것은 그러한 풍조로 생각해야 할 것이다. 한국사학계에 있어서도 점차 그러한 경향이 대두하여서, 新羅·高麗·朝鮮의 각 王朝의 교체를 단순한 악순환으로는 보지 않고 그 속에서 發展的인 여러 가지 현상을 찾으려는 시도가 행해지고 있다. 뿐만 아니라 이미 모든 槪說이 비록 그 성격에 대한 분명한 해설이 없는 대로나마 — 사실 현재 그것은 불가능한 일이지마는 — 社會的인 發展을 기정사실로 다루고 있는 것도 그 하나의 표현으로 볼 수 있다고 생각한다.(p.9).

위에 따르면 1950년대 한국사학계는 발전적 시각에서 한국사의 체계화를 중요한 과제로 삼고 있었던 것이 분명하다. 거기에는 식민주의사관의 영향에 대한 비판과 극복의 의식이 가장 큰 비중으로 자리를 차지하고 있었지만, '근대화'라는 민족의 당위적인 과제의 실현에 대한 여망이 실려 있기도 하다. 1954년부터 일어난 중국(중공)의 '홍루몽 논쟁'에 대해서도 깊은 관심이 있었던 분위기가 전해진다. 그러나 1961년의 시점에서 자본주의 경제발전에 아직 뚜렷한 성과가 없었듯이, 이 책 또한 서양자본주의가 들어오기 전의 조선사회의 사회경제를 아직도 '농촌의 피폐', '상공업의 부진'이란 범주로밖에 서술하지 못하는 한계 속에 있었다. 같은 저자는 1967년의 《韓國史新論》에서 조선후기 사회의 변동을 〈農村의 分化와 商業資本의 發達〉, 〈兩班身分體制의 變化와 農民의 반란〉이라는 章을 두어 서술하는 일대 변화를 보인다. 이 책이 이처럼 면모를 일신한 것은 조선후기 사회변동에 관한 학계의 새로운 동향을 저자가 적극적으로 수용한 결과였다.

조선후기 사회변동에 관한 남한 학계의 동향이 대체로 위와 같이 전개되고 있을 때 북한 학계에서도 변화가 일어나고 있었다. 북한은 사회주의혁명의 정당성을 확보하기 위해 일찍부터 역사학자들의 도움을 필요로 하여 1947년에 북조선임시인민위원회 안에 '조선역사편찬위원회'를 두었다.5) 이 위원회는 1952년 조선과학원(초대원장 백남운)으로 대치되는 형태로 발전하였다. 과학원은 그 산하에 력사연구소를 비롯해 9개의 연구소를 두어 규모면에서 전날의 위원회와는 비교되지 않을 정도였다. 과학원 력사연구소는 1955년에 기관지 《력사과학》을 창간하는 한편, 1956년에 초판 《조선통사》를 간행하였다. 그러나 조선후기의 역사를 발전적으로 보는 시각은 이때까지도 아직 나타나지 않았다. 우리나라 역사에서 자본주의는 외래자본주의에 의해 비로소 획득된 것이라는 일제하의 통설이 아직 그대로 답습되는 상황이었다. 초판 《조선통사》가 18세기 중엽 이후의 사회경제를 '농업, 공업 및 상업의 발전'이란 항목을 두어 서술하면서도 그 내용이 극히 소략하고 피상적이면서 19세기 전반기를 곧 '농업의 황폐와 공업·상업의 침체'라는 목차 아래 서술하였다.

북한학계는 1956년 말부터 중요한 변화를 보이기 시작한다. 이 해 12월 4일부터 3일 동안 과학원 력사연구소는 조선력사가민족위원회와 공동으로 〈조선에서의 부르주아 민족형성에 관한 토론회〉를 연다.6) '부르주아 민족형성'은 근대 자본주의의 발달과 밀접한 관계를 가지는 논제였다. 즉 서유럽

---

5) 이하 북한의 학술기관의 변천에 대해서는 최영묵, 〈북한의 역사연구기관, 연구지 및 연구자 양성과정〉, 《역사와 현실》 1990년 제3호를 주로 참고하였다.
6) 이 토론회의 토론 내용은 같은 이름으로 《력사과학》 1957년 1호에 실렸다.

역사에서 자본주의 발달과 민족국가의 형성이 동시적으로 이루어진 사실을 근거로 맑스 이래 유물론사가들은 이를 근대역사의 전형적인 발전형태로 보았다. 일제하나 해방 직후에 유물론사가들이 우리나라에서 자본주의를 일본 제국주의에 따른 '이식자본주의'로 비로소 시작되는 것으로 본 것은 바로 그러한 인식에 바탕을 둔 것이었다. 1956년의 토론회는 종래의 이러한 인식을 재검토하는 의미를 지니고 있었다.

토론회 참가자 모두 12명의 의견은 크게 두 가지로 나뉘었다.[7] 즉 종래 일반론이다시피 한 이식자본주의론에서 식민지형 민족론을 주장하는 측(이청원·김한주)과 17세기 후반 이후 자본주의 싹이 자생하였다는 견지에서 개항전 민족형성론을 주장하는 견해(김현수·최병무) 등이었다. 토론회는 대회장 김석형이 "우리 민족은 대두하는 자본주의의 산물이라는 것, 조선민족 형성에서 민족해방 투쟁이 중요한 작용을 놀았다(하였다)는 것에는 의견이 일치하였다"고 정리함으로써 일단 조선사에서 자본주의와 민족형성문제는 분리되지 않는다는 입장을 확인하면서 그 시작을 개항전 시기로 끌어올리는 길을 마련하였다.

1956년 12월의 이 토론회는 당시 북한의 새로운 정치적 변동과 깊은 관계가 있었던 것으로 보인다. 주지하듯이 북한은 6·25 전란의 피해 복구를 목표로 1954년부터 1956년까지 '3개년 경제개발계획'을 세웠고, 그 뒤를 이어 1957~1961년간은 '사회주의의 기초 수립을 위한' 1차 5개년 계획을 세워 1958년에 3,843개의 협동농장들을 각지에 만들었다.[8] 이와 같은 경제정책은 정치적 변혁을 배경으로 진행되고 있었다. 김일성은 1955년 12월까지 국내파 분파주의자들(박헌영 등)의 숙청을 완료하고, 곧이어 당시까지 소련을 배경으로 큰 힘을 발휘하던 러시아계 조선인들(박창옥·박영빈)과 연안파(최창익·김두봉)를 축출하는 데 착수하여 1956년 8~9월을 고비로 이들을 '반당적 분

---

7) 위 보고서 참조.
8) 이정식 지음/ 김성환 옮김, 《조선노동당약사》(이론과 실천, 1987), p.128.

파주의자들'로 몰아 실세시키는 데 크게 성공한다. 김일성은 국외파가 국내 사정과 관습에 어두우면서 소련 등 외국에 절대적으로 의존하는 성향을 허점으로 잡아 '주체'와 '공산주의의 조선화'를 내세우면서 숙청을 단행하여 늦어도 1958년까지는 그의 절대적인 지배체제를 성공적으로 확립한다.[9] '토론회'는 두 국외파가 제거된 직후의 시점에서 열리고 있었다.

김일성의 '주체'를 내건 위와 같은 정치투쟁은 1953년에 있었던 스탈린의 죽음을 계기로 가능하였다. 곧 그의 죽음으로 국제공산주의 진영 안에서 소련의 영향력이 약화된 것을 배경으로 러시아계 조선인들의 맹점을 공격하여 기선을 잡았던 것이다.[10] '토론회'가 자본주의적 요소의 자생과 그것에 바탕을 둔 개항 전 민족형성론 쪽으로 기운 것도 역사를 '주체적'으로 해석해야 한다는 상황 변화를 크게 의식한 것이었다.

스탈린의 죽음은 김일성이 '주체'를 내세울 수 있는 중요한 계기를 마련해 주었다. 그러나 한편 김일성은 그의 새로운 지배체제 확립에서 스탈린주의로부터 많은 것을 얻고 있었다. 그의 일당전제 지배체제가 스탈린주의와 거의 같은 방식을 취한 것은 잘 알려진 사실일뿐더러 이후의 '주체적' 민족사 체계화에도 스탈린의 이름으로 공표된 《사적유물론과 변증법적 유물론》의 사회구성체론이 크게 활용되었다. 주지하듯이 역사발전과정을 5단계(원시공동체·노예제·봉건제·자본주의·사회주의)로 도식화한 이 구성체론은 공산주의의 세계적 혁명을 목표로 하여 그 발전과정이 서구의 역사만이 아니라 모든 민족의 역사에 다 적용되는 것이라고 하였다.[11] 그리고 민족국가가 자본주의의 '경제적 공통성' 아래 이루어지는 것이라는 종래의 견해에 대해서도 수정적인 입장이었다. 김일성의 정치투쟁 성공 직후에 열린 '토론회'가 '부르주아 민족형성'을 논제로 삼은 것은 역사학자들이 이 사회구성체론을 민족사에 어떻게 수용해야 할 것인가를 검토하는 자리였던 것이다. 토론회에

---

9) 위의 책, p.134~144.
10) 위의 책, p.138.
11) 崔載賢,〈마르크스主義와 封建主義〉,《韓國史市民講座》6, 1990, p.176~177.

서 종래의 통설을 고수한 부류(이청원·김한주 등)가 곧 숙청을 면하지 못한 것은 결코 우연이 아니었다.12)

어떻든 그 토론회에서 조선후기 자본주의 맹아 생성론을 가장 확고하게 주장한 사람은 최병무였다. 그는 "토론의 중심을 민족 형성의 결정적 요인인 경제적 공통성의 조성문제와 관련하여 개항 전에 자본주의 우클라드가 형성되었다는 (자기의) 견해를 논증하는 데 두고"13) 17세기 후반기 이후 상품 생산과 화폐 관계의 발전 증거로 다음과 같은 사실들을 들었다. 즉 이 시기 이후의 상품—화폐 관계의 발전은 수공업 발달을 전제로 한 것이라고 하면서, 중국으로부터 수입한 원사를 전업적으로 짜는 직조업과 광산 경영에서 마누팍뚜라의 존재, 국제교역상의 은 수출의 성행, 부상들의 선운업 및 선박제조업 종사, 국가조세 수입 가운데 화폐에 의한 것이 25% 이상을 차지한 것, 광범한 시민층의 형성 등을 중요한 새로운 변화들로 지적하였다.14) 최병무의 이러한 견해는 곧 〈이조시기의 市廛〉,15) 〈18세기 이후의 대청 사무역에 대하여〉16) 등의 논문으로 자세하게 논증되었다. 토론회에 바로 뒤이어 발표된 이 논문들이 《朝鮮王朝實錄》·《備邊司謄錄》·《日省錄》 등 주요 자료들을 활용하고 있는 것으로 보면, 토론회에서 그의 주장은 목하 진행중이던 논문 작성 과정에서 여러 가지 관련사실들을 자료를 통해 확인한 것을 근거로 한 의견의 표명이었던 것으로 보인다.17)

그의 논문들에서 구체적으로 논증된 사실들은, 이후 이 분야의 연구자들

---

12) 〈8·15 해방 후 조선역사학계가 걸어온 길〉, 《력사과학》 1960년 제6호; 이병천 편, 《북한학계의 한국근대사논쟁》(창비신서 90, 1989) 수록, p.275~277 참조.
13) 《력사과학》 1957-1, p.96.
14) 최병무의 학문적 업적의 중요성에 대해서는 梶村秀樹, 〈資本主義 萌芽의 問題와 封建末期의 農民爭鬪〉, 《朝鮮史入門》(1966), p.259; 최영호, 〈북한에서의 '자본주의적 관계' 발생에 대한 연구〉, 《북한이 보는 우리 역사》(을유문화사, 1989); 吳星, 〈資本主義 萌芽論의 研究史的 檢討〉, 《韓國史市民講座》 9(일조각, 1991) 등에서 언급된 바 있다.
15) 《력사론문집》 2, 1958.
16) 《력사과학》 1958년 5호.
17) 그가 활용한 자료들은 그 후에 편찬된 《朝鮮封建末期經濟史資料集(第一)》에 거의 수록되어 있는데 이 자료집의 편찬경위는 현재 자세히 알 수 없다.

이 더 이상 진전시킨 것이 별로 없다고 해도 좋을 정도로 방대하면서도 자세하여 놀라움을 금할 수 없다. 그는 〈이조시기의 시전〉의 머리말에서 개항 전 자본주의 발달에 대한 자신의 기본적인 시각을 다음과 같이 총괄적으로 표명하기도 하였다.

> 특히 시전제도의 붕괴에 관한 연구는 우리나라 봉건제도의 붕괴과정 전반을 이해하는 골간으로 될 것이며, 나아가서 이조 말기 외래 자본주의 상품의 국내 투입이 유구한 역사를 가진 우리나라 수공업과 상업을 어떻게 파멸로 이끌어 갔으며, 봉건사회 태내에서 발생 발전하던 새로운 자본주의적 싹들을 어떻게 삽시간에 소멸시켰던가를 보여줄 것이다.

최병무의 연구는 실증적 차원에서도 놀라운 성과라고 하겠는데, 그의 활동은 1958년 말에 발표된 〈이조 후반기에 있어서의 봉건적 토지사유의 발전에 관하여〉를 끝으로 더 이상 찾아 볼 수 없게 된다.[18] 그는 17세기 후반기 이후의 자본주의적 요소 대두에 대해 정열적인 연구성과를 발표하였지만, 그의 학구적 자세가 '주체사상'의 정치적 입장과 합치할 수 없었던 탓인지 이후 그의 자취는 전혀 찾아볼 수 없게 된다.[19] 그의 연구성과는 양적으로나 질적으로 북한 역사학계가 평가할 만한 것인데도 이후 같은 분야를 담당하는 연구자들(상공업 : 홍희유, 농업 : 허종호)이 그가 밝힌 많은 사실들을 그대로 활용하면서도 그의 논문 이름조차 거론하지 않은 것으로 보면, 그의 '실종'은 정치적인 이유에서였을 것으로 예상된다.

과학원 력사연구소는, 제3차 당대회(1956년 4월) '교시'에서 천명된 당의 방침을 지침으로 하여 토론회 직후인 1957년을 기점으로, 전체 역사학계의

---

18) 이 사실에 대해서는 최영호 위의 글에서 이미 하나의 의문으로 주목한 바 있다.

19) 오성은 그의 연구가 "세계사의 기본법칙에 대한 철저한 신봉이라든지 극도의 민족주의적인 이념에 관한 언급들이 특별히 발견되지 않는" 사실에 그 이유가 있는 것이 아닐까 추측하였다. 오성, 앞의 글, p.102.

'과학발전 10개년 전망계획'을 작성하여, 다음과 같은 중심적 과제들을 제시하였다.[20]

    (1) 조국의 평화적 통일과 사회주의 건설에 관한 연구

    (2) 조선 인민의 혁명전통 및 애국전통에 관한 연구

    (3) 우리나라 사회발전의 합법칙성에 관한 연구

    (4) 민족문화에 관한 연구

1956년 12월 토론회 이후 활발하게 진행된 자본주의적 관계의 발전에 관한 연구는 위 가운데 (3)에 포함될 영역이다. 그러나 이에 관한 그 동안의 논의와 연구가 '우리나라 사회발전의 합법칙성'이란 표현으로 함축된 이면에는 획일적인 강제가 강하게 작용하고 있었으며, 그 강제 속에서 최병무의 존재는 사라지게 되었던 것으로 보인다. 실증성 높은 그의 연구성향이 그 획일성에 수용될 수 없었던 것이 아닌가 한다.[21]

토론회를 통해 방향을 잡은, 자본주의적 요소의 발생과 그 발전에 관한 연구는 1960년대에 접어들어 다른 학자들에 의해 계속되었으며, 그것에 근거하여 곧 개설화의 작업도 진행되었다. 1960년에 그 동안의 논의를 정리하여 《조선에서의 부르주아 민족형성에 관한 론문집》이 나온 다음, 1961년의 《조선 근대혁명운동사》 제1장 제1절 〈19세기 중엽의 국내정세〉(김석형 집필)에서도 우리나라에서 자본주의적 요소가 발생했다고 서술되었다.[22] 개설화 작업은 1963년의 제2판 《조선통사》를 통해 본격적으로 진행되어 〈18세기 사회경제적 발전과 계급적 모순의 장성〉(제20장), 〈실학의 개화와 18세기 문화〉(제21장), 〈19세기 초·중엽의 자본주의적 맹아의 발생, 봉건제도의 위기와 농

---

20) 최영묵, 앞의 글, p.174.

21) 1960년이 북한역사학계 정비의 한 고비였던 것은 이 해에 《력사과학》이 〈8·15해방 후 조선력사학계가 걸어온 길〉을 싣고 있는 사실로도 알 수 있다. 註 12) 참조.

22) 최영호, 앞의 글, p.157~158.

민폭동의 앙양〉(제22장) 등이 목차에 올랐다.

그러나 북한학계의 이러한 진전에서 주목되는 것은, 그 자본주의적 요소의 생성과 발전을 지나치게 평가하게 되는 사정이다. 1963~1964년 사이에 북한 역사학계는 갑신정변과 김옥균에 관한 연구를 연속하여 발표하면서[23] 갑신정변의 역사적 위치를 '부르주아 혁명'으로 규정한다. 갑신정변의 역사적 성격을 이렇게 일단 규정하면, '사회발전의 합법칙성'에 따라 그 다음에 도래하는 것은 사회주의 혁명이기 마련이다. 1920년대에 태동하는 사회주의 운동의 역사적 정당성을 부여하기 위해서는 부르주아 혁명은 그 이전에 이미 거친 것이 되지 않으면 안 된다. 김옥균과 갑신정변에 관한 이와 같은 집중적인 연구 결과의 발표는 곧 이러한 목적성을 강하게 지니고 있었던 것이다. 《갑신정변》이 나온 1964년 2월 북한 역사학계는 또 한 차례의 큰 변동을 일으키고 있었다. 즉 내각결정 11호에 따라 사회과학관계 연구기관들의 유대강화와 사회과학부문 연구기관들에 대한 통일적 지도를 목적으로 조선사회과학원(초대 원장 허석선, 부원장 홍명희)이 창설되는 큰 변화가 일어났다.[24] 그것은 1952년부터 발족하여 가동중인 과학원 력사연구소 체제의 대개편이었으며, 김일성의 주체사상에 입각한 유일지도체제 확립에 박차를 가하기 위한 이데올로기 담당기구의 단일화 작업이었던 것이다.

조선후기 사회가 자생적 '근대화'·'자본주의화'의 징후를 보였다는 견해는 이상에서 보듯이, 1950년대 초·중반에 남·북한 역사학계에서 거의 동시적으로 추구되고 있었다. 조선후기사에 대한 발전적 인식은 남쪽에서 먼저 대두하고 있었으나 1950년대 후반과 1960년 초반을 기준으로 할 때는 북한 학계의 활동이 조직적으로 움직여 업적물을 훨씬 더 많이 내고 있었다. 그러나 그것은 정치적 목적성을 강하게 가진 것이었기 때문에 많은 사실들을 논증적으로 확보하고 있으면서도 무리한 해석을 범하게 된다. 어떻든 양측은

---

23) 김영숙, 《갑신정변의 정강에 대하여》(1963); 사회과학원 력사연구소 편, 《김옥균》(1964).
24) 최영묵, 앞의 글, p.174.

조선후기 사회변동을 다 같이 발전적으로 보고자 하면서도 남한 학계가 그 변화를 앞으로 달성해야 할 '근대화'의 역사적 발판으로 생각한 반면, 북한 쪽은 자본주의 부르주아 혁명을 19세기 후반에 이미 거친 것으로 보는 큰 차이점을 보이고 있었다.[25]

2. 양반사회 변화론의 연구 성과와 한계

1) 변화론의 초기 구도

앞 절에서 살폈듯이 조선후기 사회에 대한 발전적 인식은 1950년대에 남북한 양쪽에서 모두 대두하고 있었다. 그러나 양쪽의 접근 방식에는 차이가 있었다. 남쪽에서 실학에 대한 사상사적 접근이 가장 먼저 대두한 반면, 북쪽에서는 대부분의 연구가 '자본주의적 관계' 발생과 발전의 경제사적 시각에 입각하고 있었다. 양쪽의 이러한 차이는 서로가 다른 한쪽의 경향을 전적으로 배제하는 것은 아니었지만 냉전체제 아래 이데올로기적 차이로부터 많은 영향을 받고 있었다.[26] 남한 학계에서는 이후 본격적인 연구 단계에서 실학에 대한 연구의 비중이 여전히 높았지만, 한편으로 사회경제사적인 측면에서는 신분제 변동에 대한 연구가 다른 하나의 새로운 영역으로 자리잡아 갔

---

25) 북한학계가 갑신정변을 부르주아 혁명으로 평가한 것에 대한 비판으로는, 주진오, 〈북한에서의 갑신정변 연구의 성과와 문제점─《김옥균》을 중심으로〉(역사비평사 북한연구 2, 《김옥균》해제, 1990); 이광린, 〈北韓에서의 김옥균 연구〉, 《북한이 보는 우리 역사》 북한의 인식 5(을유문화사, 1989) 등이 있다.

26) 북쪽에서도 1955년에 최익한의 《실학파와 정다산》이 간행되는 성과가 나왔다. 그러나 저자 최익한은 월북인사로서 정치적으로는 실세한 처지였고, 1960년대에 '자본주의적 관계의 발생'에 대한 북한학계의 공식적인 입장이 정립되면서 '실학=농민혁명의 이념'으로 본 최익한의 견해는 비판받았다. 공식 견해는 실학의 본질은 중소토지소유자층에 속하는 진보적 양반들이 낡고 반동화한 양반들을 반대하는 사상으로 봉건제도 자체를 부정하지 않는 한계가 있는 것이라고 하였다. 송찬섭, 〈최익한과 다산 연구〉, 《실학파와 정다산》 머리말, 청년사, 1989.

다. 이 두 부면은 실상 첫 발의자인 천관우의 앞글에서 "조선의 '근세'를 형성하는 내재적 계기는 실로 멀리 임진왜란에서 시작되는 사회 자체의 자기붕괴 및 그것을 반영하는 일련의 시대정신에서 엿볼 수 있는 것"이라고 표현했듯이 처음부터 상호 연관성이 부여되고 있었다. 즉 근대적 사유의 대두와 신분제의 해체는 불가분의 관계가 있는 것으로 인식되고 있었던 것이다.

조선후기 신분제 변동에 대한 관심은 1950년대 민족사에 대한 새로운 인식을 배경으로 1960년대 들어와 구체적인 논문으로 나타나기 시작하였다. 1963년에 발표된 金容燮의 〈朝鮮後期에 있어서의 身分制의 動搖와 農地所有〉[27]가 그 중 가장 앞선다. 이 논문은 경상도 尙州郡 中東面·丹東面의 1720년(숙종 46년) 庚子年 양안과 1738년(영조 14년) 戊午年 호적을 주 자료로 하였다. 한 지역의 양안(토지대장)과 호적이 이렇게 근접한 시기에 갖추어져 있는 경우는 극히 드물다. 연구자는 바로 이 이점을 최대로 활용하여 위의 자료들에서 후기 사회변동의 구체적인 증거를 찾고자 하였던 것이다. 그 분석의 결과는 주지하듯이 이후 상당한 기간 조선후기 사회변동론의 기조가 되다시피 하였으므로 다소 번거롭더라도 그 논지를 자세히 간추려 둘 필요가 있다.

이 논문은, 양안에 나타난 토지 소유자인 起主와 경작자인 時作들(중동면 1,210명, 단동면 657명)의 신분 직역을 호적을 통해 조사하여 그 결과로써 신분제 변동의 사실을 밝혔는데, 그 요지는 다음과 같다.

> (1) 起主 및 時作 가운데 직역상 양반에 속하는 자는 222명(중동), 255명(단동)으로 일단 파악하고, 이 가운데 양반신분의 호적상의 기본적 기재사항인 직역·성명·노비명을 모두 기록한 자가 130명, 115명에 불과한 사실을 주목하여 노비명을 첨부하지 못한 기주는(중동−92, 단동−140) 양반하층 또는 평민상층에 속하는 계층이라고 보고 18세기 초반에 이미 현저하게 나타나는 양반과 평민

---

27) 《史學研究》 15; 김용섭, 《朝鮮後期 農業史研究》(일조각, 1976) 재수록.

사이의 이 중간대의 형성이 곧 양반 중심의 前期的 신분제의 변동상을 충분히 입증해 주는 것이라고 하였다.

(2) 그뿐만 아니라 양인과 천인 사이의 신분계층 문제에서도 위와 비슷한 근접 현상이 나타나는 것을 지적하였다. 즉 신분은 양인이면서 역은 천한 부류(驛吏 이하 잡역·保人類, 沙工 등)가 평민층 전체의 역 가운데 20%를 차지하는 사실을 근거로, 천역에 관한 한 역인의 징모에서 정부는 양·천 사이의 신분 차이를 문제시하지 않았으며, 이로써 양·천 사이의 신분계층 문제는 관념상으로나 현실적으로 대단히 접근하고 있었다고 해석하였다.

위 (1), (2)는 후기 신분제 변동을 주장하는 이 논문의 가장 중요한 논점이다. (1)의 사실로 그는 양반을 品官 名族 중심의 그룹(양반 A그룹이라고 하였다)과 "양반층에 속하지만 직업상으로는 대개 평민층이나 천민층과 마찬가지로 농업노동에 종사하는" 그룹(양반 B) 두 가지로, (2)에서도 비슷한 구분법으로 두 집단으로 각각 나누었다. 이러한 분석에는 1930년대 日人학자 四方博의 대구호적 분석 결과가 크게 참조되기도 하였다.[28]

四方博은 주지하듯이 1690년부터 1858년까지 기간의 大邱府 호적들을 대략 50년의 간격을 두고 4시기로 나누어 전체 호구 가운데 각 신분별 비율의 변화상을 추적하여 후대로 내려갈수록 양반호가 증가하는 한편 노비호가 격감하고, 평민호도 19세기에 와서는 양반호의 격증으로 격감하는 현상을 지적하였다. 그 가운데 양반호의 증가에 대한 분석 결과를 참고로 제시하면, 제1기(1690년) 9.2%, 제2기(1729～1732년) 18.7%, 제3기(1784～1789년) 37.5%, 제4기(1858년) 70.3%였다. 그리고 이 분석에서 한 가지 유의해 두어야 할 것은 그가 분류한 양반의 직역 가운데 幼學戶主가 단일호로는 가장 많은 것으로

---

28) 〈李朝人口に關する一研究〉,《朝鮮社會法制史研究》, 1937; 〈李朝人口に關する 身分階級 別的觀察〉,《朝鮮經濟の研究》3, 1938; 〈李朝時代の都市と農村に關する一試論〉,《京城大 學法學會論集》12-3·4, 1941.

나타난 사실이다. 즉 유학호주가 전체 양반호주에 차지하는 비율이 각 시기별로 41.4%, 61.5%, 74.7%, 89.8%를 차지하는 것으로 조사되었다. 이렇게 다수가 급격한 증가세를 보인 유학호주를 모두 양반으로 본 것은 뒷날 많은 논란의 대상이 된다. 그리고 四方의 연구에서 또 주의를 기해 두어야 할 것은 이후의 많은 연구자들이 그의 연구를 활용하는 입장과는 반대로, 그 자신의 그러한 신분질서의 동요를 중세사회의 붕괴과정으로 보지 않고, 단순한 사회 문란상으로 보았다는 사실이다.29) 주지하듯이 그는 조선사회경제에 대해 철저한 정체성론적 해석을 편 대표적인 사람이었다.

김용섭의 위 논문은 대구 호적에 관한 四方의 분석 결과를 발전론적인 시각에서 활용한 최초의 경우였다. 즉 양반호의 증가 내지 격증과 노비호의 감소를 단순한 문란이 아니라, 중세적 신분질서의 붕괴과정으로 해석하여 새로운 의미를 부여하였던 것이다. 이렇게 관점을 달리하여 보면 尙州에서의 현상과 거의 다름이 없다는 점을 중요시하였던 것이다. 김용섭은 이와 같이 四方의 연구결과를 거의 전면적으로 활용하는 처지였기 때문에 그가 幼學을 통시적으로 양반으로 간주한 분류방식에 대해서도 거의 의심을 두지 않았다. 그러나 상주에서 정통 양반으로 간주한 A그룹 가운데 幼學이 차지하는 비중이 중동면의 경우 119/127, 단동면 95/107로 절대 강세로 나타나는 사실을 놓고서는 좀 더 신중을 기했어야 옳았을 것 같다. 뒤에서 구체적으로 밝혀지듯이 초기 연구가 이처럼 유학을 통시대적으로 양반으로 본 점이 이후의 이 분야 연구에 상당한 혼란을 가져왔던 것이 사실이기 때문이다.30)

---

29) 김준형, 앞의 글, p.50 참조.

30) 김용섭의 연구에서 양반 A그룹에서 幼學의 수가 119명, 95명에 이른 것은 그가 새로운 '중간대'라고 본 B그룹의 校生 이하 21개 직역자의 수가 모두 합쳐 95명, 165명으로 상대적으로 열세가 되는 점을 놓고서도 의심해 볼 만한 것이었다. 다시 말하면 단일 직역의 정통 양반층이 두 개 면에서 그렇게 많은 것에 대해서는 일단 그 眞僞를 의심해 볼 필요가 있었던 것이다. 뒷날의 연구 성과에 따르면 幼學은 본래는 벼슬에 나아가지 않은 양반자제에 대한 통칭으로 의당 양반으로 간주되어야 할 신분층인 것은 분명하지만, 18세기에 접어들면 이 직역층의 구성도 변질하기 시작한다. 다시 말하면 상주 두 面의 幼學들 가운데는 모두 A그룹으로 볼 것이 아니라 B그룹에 포함되어야 할 자들이 상당수 있었던 것이다. 그렇게 되면 그의 논지는 더 강화될 수 있는 조건이었

김용섭의 자료분석과 해석에 대해서는 뒷날 많은 이론이 제기되기도 하지만, 그 연구방법과 해석은 당시로서는 획기적인 것이었다. 특히 양안과 호적 두 기록을 통해 확보된 각 신분직역층의 수치는 오랫동안 귀중한 자료로 활용되었다. 이 논문은 자료상으로 18세기 전반기에 나타나는 위와 같은 변동 사실이 어떻게 해서 일어났던가를 밝히는 데도 상당한 지면을 할애하여 (1)에서는 納粟授職, (2)에서는 代口贖身, 奴婢從母法 등의 免賤 기회가 구체적인 계기가 되었던 것으로 밝혔다. 특히 (1)의 납속수직은 임진왜란·병자호란 등의 전란 동안에 성행하였던 것을 지적하였다. 이러한 파악 아래 변동의 흐름에 대해 다음과 같은 언급을 하기도 하였다.

> (전략) 朝鮮後期에 있어서의 身分制의 變動이 격화되는 것은 英·正祖 이후의 일이었으므로 肅宗 末年의 起主의 신분을 소급해서 고찰하는 것은 정확한 解明方法이 아닐는지도 모르겠다. 그러나 그 이전에도 이미 상당한 변화가 일어나고 있었으며 그것은 또 壬辰·丙子 이후에 크게 변동하였던 身分制度가 孝宗 이후에 재정비된 위에서 다시금 전개되어간 것이었다. 英·正祖 이후의 尤甚한 변동도 그 연장이었다(p.409).

위 인용문에 따르면 그는 임진왜란·병자호란 등의 전란의 충격으로 변동이 시작되었으며, 이렇게 전란으로 말미암은 변동은 효종대 이후에 한차례 정비되는 과정을 거치나 그 뒤에 다시 우심한 변화가 일어났다고 파악하였다. 자료에 나타난 상황은 바로 그러한 '우심한 변화' 속에 있는 것이었다. 변동의 흐름에 대한 이러한 두 단계의 파악은 뒷날 대두하는 변동론에 대한 비

지만, 한편 그의 논지에는 다음과 같은 문제점이 새로 생기게 된다. 즉 그가 유학층을 모두 양반으로 본 四方의 분류를 그대로 따른 데는 상주의 분석에서 幼學들이 대부분 노비를 한둘씩 소유하고 있는 사실에 접하고 있었기 때문이었는데, 유학층의 구성이 위와 같이 시대에 따라 같지 않았다면 노비 소유 여부를 중요 분류 기준으로 삼은 것은 너무 안이한 것이 될 소지가 있다. 한둘의 노비 소유는 18세기 이후 변질된 유학층에서 얼마든지 있었던 것이 뒷날의 연구에서 밝혀지게 된다.

판에서 문제가 되는 것이므로 주의를 기울여 둘 필요가 있다. 그리고 전란의
충격이 일단 정비된 뒤에도 변동이 그치지 않은 것에 대한 원인 파악에서 이
논문은 경제사적 설명을 제시하여 더욱 주목을 받았다. 즉 생산력의 발달에
따라 농지점유에 변동이 일어난 것이 변화의 근본적인 원인이었다는 것이다.
이에 대해서는 연구자가 이 논문 이후에도 농업기술 발달에 관한 것을 비롯
해 여러 편의 논문을 발표하여 그 토대를 넓혔지만 이 논문에서 표명된 견해
를 적출해 보면 다음과 같다.

> 國家는 生産力 一般이 增進하는 가운데서 현실적으로 변질되고 있는 社會勢
> 力, 人的 階層關係를 재조정하고, 經濟的인 實力者를 上級身分으로 발탁하여
> 그들의 동반자로 인정해 줌으로써, 점차 危機에 처해가는 封建制를 유지하려
> 한 것이라 하겠으며, 또 朝鮮後期에는 그 봉건적 신분제의 封鎖性 때문에도 사
> 회가 死滅할 危機性이 있었으므로, 늘 支配的인 신분이 되려 하는 아래로부터
> 의 上昇作用을 새로운 세력으로서 받아들여 폭 넓은 身分制를 유지함으로써
> 封建社會의 건전한 발전을 도모한 것이었다고 하겠다.[31]

위에 따르면 변화는 생산력 증진에 따라 늘어난 '경제적인 실력자'들의 상
급신분으로의 신분 상승 욕구를 국가가 '봉건체제' 유지를 위해 그것을 어느
정도 수용하는 가운데 진행되고 있었던 것이다.
김용섭 논문의 위와 같은 파악은 조선후기 사회변동에 관한 초기 연구성
과의 기본구도가 되다시피 하였다. 그의 논지는 이후의 많은 연구자들에게
영향을 주었을 뿐더러 개설서에도 적지 않은 영향을 불러 일으켰다. 임란 후
의 신분제의 동요가 양반호의 증가와 천민호의 감소를 골자로 하여 개설서
에 반영되기 시작한 것은 모두 이 논문의 직접적인 영향이라고 말할 수는 없

---

31) 《朝鮮後期農業史研究》, p.443.

더라도 적어도 이 논문이 불러일으킨 조선후기사회에 대한 새로운 인식으로 부터 자극을 받은 것이었음은 부정할 수 없다. 개별적인 연구에 미친 영향에 대해서는 여기서 하나하나 밝히기 어렵지만, 그 논지를 발전시킨 대표적인 연구 몇을 들면 다음과 같다.

鄭奭鍾의 〈朝鮮後期 社會身分制의 變化 – 蔚山府 戶籍臺帳을 中心으로〉[32]는 현전하는 蔚山府의 여러 호적 가운데 1729년·1765년·1804년·1867년 등의 것을 분석 대상으로 택하여 18세기 이후 양반호구의 급증, 상민호의 격감, 외거노비호구의 실질적인 소멸, 솔거노비의 끈질긴 존속 등을 계량적으로 입증하였다. 이 연구에 따르면 양반인구(幼學·學生·進士·生員 등으로 표기된 경우)가 19.39%(1729년)에서, 32.11%(1765년), 43.67%(1804년), 67.08%(1867년)로 늘어난 반면, 상민인구는 반대로 각 연도마다 49.57%, 50.83%, 33.88%, 18.27%로 각각 줄어든다고 하였다. 그리고 노비 쪽은 솔거노비는 21.83%, 10.20%, 22.67%, 14.36%로 별다른 변동상을 보이지 않는 반면, 외거노비는 9.20%, 1.87%, 0.32%, 0.3%로 감소추세를 뚜렷하게 보인다고 하였다. 이 수치 제시에서 그는 幼學·學生을 進士·生員과 함께 양반으로 분류하였다고 명기하였다(p.247). 그러나 각 직역별 수는 별도로 제시하지 않았다.

이 논문에서 주목되는 것은(이 논문은 사실 울산부 호적 가운데 분석대상 면을 구체적으로 밝히는 것을 빠뜨리는 흠결을 가지고 있다) 위와 같은 계량적인 분석 결과를 문헌자료로 뒷받침하고자 한 점이다. 논문의 후반부는《日省錄》·《右捕廳謄錄》 등과 같은 문헌에서 신분제 동요의 실상에 관한 여러 가지 직접적인 자료들을 뽑아 제시하였다. 儒生·幼學을 모칭하는 자들이 正祖·純祖 연간에 慶科·庭試·監試 등의 科試에 '觀光'을 겸하여 15만씩 몰려든 사실을 전하는 기록이라든가, 이런 분위기 속에서 서울 근처에 홍패와 족보를 위조하여 매매하는 전업자가 생기기까지 한 사실에 관한 자료들을 제시

---

32) 《19世紀의 韓國社會》, 大東文化研究院, 1972; 정석종, 《朝鮮後期社會變動研究》(일조각, 1983) 재수록.

하였다. 그리고 幼學·閑良·班隸 등이 농업뿐만 아니라 상업·수공업에 종사
하는 사례도 아울러 제시하였다. 이런 현상이 일어날 수 있었던 배경에 대해
"18·19세기는 농업생산력 발전으로 말미암은 유통경제의 일반화, 이로 말미
암은 상공업의 진전 등으로 특징지어질 수 있는 사회적 여건 속에서" 富力을
배경으로 추진된 현상이라고 하여 김용섭과 거의 비슷한 견해를 표명하였다.
그러나 신분제의 혼훼는 부유상민층과 빈한양반층 사이의 통혼으로 더욱 촉
진될 수밖에 없었다고 지적하기도 하였다.

　김용섭이 제시한 양반사회 변화론의 구도는 1980년대에 들어와 金錫禧
의 〈18·19세기 戸口의 實態와 身分變動－新例 彦陽縣 호적대장을 중심으
로〉33)에 의해 다시 한 번 강하게 지지되었다. 1982년에 언양에서 이곳의 조
선시대 호적으로 숙종 37년(1711) 辛卯式, 정조 19년(1795) 乙卯式, 22년(1798)
戊午式, 철종 12년(1861) 辛酉式 등이 새로 발견되어 학계에 보고되었다. 자
료 발굴팀의 일원이기도 한 연구자는 이 논문에서 신자료들 가운데 특히 읍
전체의 상황을 온전하게 담고 있는 숙종 37년, 정조 22년, 철종 12년 등 3개
식년분을 신분변동의 관점에서 집중적으로 분석하여 18세기 초부터 19세기
중반까지의 신분제 변동의 특징으로 알려지고 있는 양반호의 급격한 증가와
하천민의 감소 현상의 실제여부를 확인하고자 하였다. 그는 김용섭의 양반
A·양반B를 양반·준양반이란 용어로 대치하여 다음과 같은 점유율을 제시
하였다. 즉 양반호는 각 식년별로 12.42%(준양반 포함 34.65%), 53.11%(준양
반 포함 70.27%), 80.20%(준양반 포함 84.88%)로 늘어난 반면에, 상천민은
65.32%(노비 8.22%), 29.71%(노비 1.08%), 12.29%(노비 0.26%)로 현저하게 감
소한 분석 결과를 내놓았다. 그의 양반호 분류에서도 전체 양반호 가운데 유
학호가 차지하는 수는 111호/138호, 595호/640호, 926호/940호로 앞의 대구·
상주에 못지않게 압도적 다수를 차지하는 것으로 나타나고 있다. 어떻든 그
의 '변동'이 두 번째 시기(정조대)에서 이미 현저하게 나타나고 있는 사실을

---

33) 釜山大《人文論叢》26, 1984.

특별히 주목하여 "언양은 울산·대구·단성에 견주어 신분의 해체과정이 앞서고 있다"고 파악하고 그 이유를 "班村의 기반이 약한" 것에서 찾기도 하였다(p.384).

조선후기 양반사회 변화론의 초기 구도는 이상에서 소개한 논문들로서 대체로 그 윤곽을 잡을 수 있다. 그런데 초기변화론의 구도 설정에 참여하고 있는 연구자들 가운데 한 가지 주목되는 사실은, 김용섭·정석종 등이 당해 논문에 앞서 19세기의 큰 農民亂을 각각 다룬 적이 있는 점이다. 즉 김용섭은 19세기 후반의 '東學農民亂'을,[34] 정석종은 19세기 초의 '洪景來亂'[35]을 각각 다루었다. 그들은 결국 19세기의 그러한 大亂이 일어날 수 있었던 사회적 배경으로 후기 신분제의 동요를 검토하였던 것이다.[36] 즉 19세기의 두 대란은 당대에 폭발한 단순한 농민란이 아니라 조선후기의 수 세기에 걸쳐 일반 농민층이 경제적 성장을 배경으로 '봉건적' 권위에 대한 침식을 오래 계속한 끝에 획득된 힘의 기반을 토대로 분출된 '봉건적' 질서에 대한 결정적 항거에 해당하는 것이라는 이해체계를 제시하고자 하였던 것이다.

2) 초기 구도에 대한 비판적 연구 성과

김용섭이 처음 제시한 조선후기 사회변화론의 구도는 위와 같이 1970년대에 정석종의 논문으로 지지를 받기도 하지만, 한편으로는 거의 때를 같이하여 의문과 비판이 제기되기도 하였다. 1972년 유성에서 열린 조선후기 신분제에 관한 워크숍에서 E. W. Wagner교수가 발표한 Social Stratification in 17th

---

34) 김용섭, 〈全鳳準 供草의 分析〉, 《史學研究》 2, 1958.
35) 정석종, 〈洪景來亂'의 性格〉, 《韓國史研究》 7, 1972.
36) 김용섭은 이에 대해 《朝鮮後期農業史研究》, 1970 서문에서 직접 밝혔고, 정석종도 위 논문의 결론에서 "관서지방의 경우이지만 19세기 초의 농민운동을 주도하는 층으로 성장하고 있는 사회세력층의 출현이 이 양반층의 수적인 증가현상과 밀접히 관련되어 있다고 생각된다"라고 언급하였다. 그러나 신분상승층이 상공업 종사자도 다수 포함된다면 농민운동이란 표현은 부적합할 소지가 있다.

Century Korea: Some Observation from a 1663 Seoul Census Register[37]가 의문 제기
로는 첫 번째였다. 이 논문은 서울대학교 소장 규장각도서의 〈康熙二年癸卯
式年 北部帳戶籍〉을 분석한 것으로서, 그 서문에서 다음과 같은 형식으로 문
제제기를 하였다.

먼저 김용섭의 위 논문 이후 달라진 조선사회의 성격에 대한 역사가들의
일반적인 견해가 韓㳓劤의 《韓國通史》(1970)에 반영되어 있는 것을 편의적인
표본으로 삼아 관련 기술 부분들을 적출한 다음, 그러한 이해는 아직 '가
설'·'추측'에 불과한 것이므로 이에 대한 사료를 통한 확인 작업이 필요하다
고 하였다. 그 자신은 임진왜란의 결과로 사회체계가 붕괴되고 상업자본주
의의 성행으로 양반 중심의 신분제가 바로 동요되었다는 이해에는 찬동할
수 없다고 하였다. 오히려 그는 16세기 및 17세기의 전 기간에 걸쳐 '엄격한
신분화'가 진행되었다고 보고 자신이 분석하고자 하는 1663년 서울 근교 호
적의 분석 결과가 바로 그것을 뒷받침해 준다고 하였다.

자료 〈북부장호적〉은 주로 도성 밖 서북지역에 산재한 망원정 등 16개 마
을의 총 681호(망원정이 141호로 가장 많다)에 관한 것으로 그 분석의 결과는
다음과 같이 정리되었다.

(1) 수 세대에 걸쳐 확립된 정통 양반 즉 품계나 관직을 가진 양반의 신분과 권
     리는 조금도 동요가 없다.
(2) 〈호적〉은 양반에서 양인이나 그 이하로, 양인에서 노비로 전락하는 증가추
     세의 하향적 이동의 비중이 상당히 큰 것을 보여주고 있다.
(3) 이 한정된 지역에서 노비인구는 전 가구의 50%를 넘으며, 약 2천4백 명의 등
     록 인원 가운데 75% 이상을 차지한다.

---

37) 이 논문은 1974년에 改稿되어 *Occasional Papers on Korea* 1에 수록되었는데, 1987년
    에 梨花女子大學校 史學科 연구실에서 편 歷史學叢書 《朝鮮身分史研究—身分과 그 移
    動》(법문사)에 한글로 번역되어 실렸다.

위 가운데 (1)과 관련하여 그가 양반호로 분류한 가호는 113호로 전체 가호 681호에 대한 비율은 16.6%이며, 당해 직역들은 종친, 문무관직 또는 품계 소유자, 충의위, 무과 또는 소과 합격자, 유학, 학생이 41명, 종친 17명, 충의위 13명 등이다.

위와 같은 파악에 근거하여 그는 결론적으로 "오늘날 역사학자들 사이에 널리 퍼져 있는 임란 이후 조선사회의 양상과 맥락에 대한 어떤 일반화도 그 것을 뒷받침해 줄 수 있는 근거를 1663년의 〈북부장호적〉의 자료로부터는 찾을 수 없다. 반대로 이 호적은 현재의 통설에 대한 전반적인 재검토가 시급하며 또한 그것이 가능하다는 것을 강하게 웅변하고 있다"고 맺었다. 그는 〈북부장호적〉과 함께 1672년의 〈金化縣戸籍〉(서울대 소장)에도 거의 비슷한 사정이 나타나는 것을 종종 언급하여 자료의 근거의 폭을 넓히고자 하였다.

〈금화현호적〉에 대해서는 같은 워크숍에서 Suzan Shin이 "The Social Structure of Kumhwa County in the late 17th Century"란 논문으로 분석결과를 발표하였다.[38] 이 연구는 〈금화현호적〉의 238개 가호의 외조와 4祖의 직역 내지 신분 변동의 상황을 분석하여 1672년까지의 변동의 흐름을 파악하려고 하였다. 전체 가호의 직역별 분류 결과는 양반 34호(14.2%), 양인 179호(75%), 천민 25호(10.8%)로 제시되었는데 이 비율이 4대에 걸쳐 큰 변화를 보이지 않는다고 하였다(官職·官階 소유자, 進士 합격자, 學生, 業儒·武學·諸衛 등이 양반으로 분류되었다). 그러한 양상을 연구자는 다음과 같이 언급하였다.

금화 양반 가운데에는 嘉善·通政의 수적 증가가 필적할 만한 경향을 보이지 않고, 대부분의 가문이 納粟 직함을 당대에만 보유하였다. 금화의 사회변동 유형은 양인에서 노비로, 또는 양반에서 양인·노비로 하향하는 경향이었다. 이 하향성은 신분 파악이 가능한 238개 가호 가운데 43호(18%)에서 찾을 수 있다.

---

38) 이 글도 위 《朝鮮身分史硏究》에 번역·수록되었다.

Suzan Shin의 위와 같은 결론은 초기 변동론의 구도를 직접 부정하는 입장이라고 할 수는 없다. 그는 김용섭의 연구에서 나타난 尙州 지방의 신분상승 현상이 생산력 증가 및 상품교환경제의 확대와 결부지어진 사실을 상기시키면서 금화는 강원도 산간벽지로서 그런 조건을 구비하지 못한 곳이었음을 지적하였다. 이 점은 Wagner의 이 자료에 대한 해석과는 약간 다른 느낌을 주고 있다. 어떻든 이 연구는 17세기 후반의 시점에서 모든 지역이 변동을 일으킨 것은 아니란 사실에 대해 주의를 환기시켜 준 것으로 의미가 있다.[39]

1970년대 후반에 접어들면서 국내 연구자들로부터도 본격적인 비판이 나오기 시작하였다. 韓榮國의 〈十八·十九世紀 大邱地域의 社會變化에 관한 一試論〉[40]이 그 처음이었다. 이 연구는 변화론의 초기 구도를 세운 논문보다도 그것에 크게 활용된 四方博의 대구 호적 분석에 대한 구체적인 비판이었다. 즉 1930년대에 발표된 四方의 대구 호적을 분석한 논문들에서 '新戶'가 거의 누락된 사실을 지적하면서, 현전 호적 가운데 완질본인 1825년, 1858년도분 가운데 '新戶'가 가장 많은 面과 가장 적은 面으로 西上面·上守南面·東中面 등 3개 면 1만 3천4백 호(6만 인 내외)를 분석대상으로 삼아 그 결과를 다음과 같이 보고하였다.

(1) 도시지역인 서상면에 이주한 인구는 후대로 갈수록 軍役을 부담하는 양·천인층과, 使令·下典類의 직역을 띠는 양·천인층, 그리고 衙典類의 중간 신분층과 良人의 女性戶의 主戶가 점차 큰 비중을 차지하여 19세기 중엽에는 이들 중간층과 양·천인층의 도시부의 호고의 절대다수를 차지하는 현상을 나타낸다.

(2) 농촌지역인 상수남면과 동중면에서는 '신호'의 절대다수가 幼學을 호주로 하는 가호로서, 19세기 중엽에는 武學 이상의 상급신분의 가호가

---

39) 그리고 두 사람의 연구에서 주의를 기울여 두어야 할 점은 納粟帖을 통해 받은 직역을 가진 사람들을 김용섭과는 달리 양반이 아니라 양인으로 분류한 점이다.
40) 《朝鮮學報》 80, 1976.

농촌 가호의 90%를 점하고, 그 가운데 유학호가 94%를 점하는 양상을
보여준다.

　‘신호’의 실태를 대개 위와 같이 도시부와 농촌부로 구별하여 파악하면서
연구자는 四方博의 과거 연구의 한계를 다음과 같이 지적하였다. 즉 四方의
연구가 19세기 중엽의 양반 : 상민 : 노비의 구성비를 약 45 : 24 : 13으로 파
악하여 이를 신분의 향상과 혼훼의 결과로만 이해하여 결론을 삼았던 것은
그 고찰 대상이 도시에 인접한 농촌지역이었던 점을 고려하지 않았기 때문
에 생긴 오해였다고 하였다. 도시로부터 떨어져 있는 농촌지역인 金化縣의
경우를 분석 고찰한 Suzan Shin의 결론이 이와 상반하고 있는 것이 그 하나의
좋은 예라고 하였다. 다시 말하면 상급신분으로 신분 향상이 행하여지지 않
은 것은 아니지만, 적어도 19세기 중엽까지는 양반 : 상민 : 노비의 구성비가
역전될 정도는 아니었으며, 지금까지 四方의 연구 결과는 그 자체에 특수성
이 많이 내재되어 있었는데도 그것이 지나치게 일반화되는 잘못이 저질러졌
다고 지적하였다.

　한영국은 이어 1977·1978년에 울산부 호적의 일부를 분석하여 〈朝鮮中葉
의 奴婢結婚形態〉[41]를 내놓았다. 1609년(광해군 원년)의 〈蔚山府 戸口帳籍〉
(규장각도서 14986)에 실린 農所里 등 7개 里의 1,101호 3,226명의 구성 관계
(양반류戸主戸 10.5%, 양인류호주호 62%, 노비호주호 27.5%) 중 노비호주호 구
성원들(1,684명)과 그 부모들의 결혼관계(총 1,856건)를 분석하여 다음과 같은
결과를 보고하였다.

　(1) 16·17세기 당시의 노비들은 공·사천을 막론하고 양인·양녀와의 交婚을
　　 널리 행하였다. 외거노 53% 정도, 솔거노가 86% 정도, 외거비 52%, 솔거비
　　 53% 정도였다. 공천은 기혼인구의 27% 정도가 교혼하였는데 公奴가 25%, 公

---

41) 《歷史學報》 75·76 합호, 77호.

婢가 29% 정도의 비율이었다. 따라서 교혼을 통한 노비의 양인 침식은 공천보다도 사천에 의해 배로 전개되었던 셈이다.

(2) 위와 같은 비율의 교혼에서, 사노비는 양인과 공천을 침식하는 양태를 보였고, 공노비는 양인을 침식하는 한편, 그 일부를 사천에게 침식당하고 있는 양상을 보이고 있다. 그 결과는 양인농민층의 계속적인 몰락과 함께 사노비주의 노비증식 기도가 강렬하게 작용한 데서 말미암았다고 이해된다.

이 연구의 위와 같은 파악은 변화론의 초기 구도에서 제시된 노비의 감소 내지 身良役賤類의 증대 추세가 17세기 울산부 호적을 통해서는 정반대 현상을 보이고 있어서 받아들이기 어려운 점이 많다는 것을 의미한다.

이상에서 살핀 것과 같이 1970년대까지의 비판은 변화론의 초기 구도가 파악하고 있는 흐름에 문제가 있다는 것이었다. 즉 초기 구도는 임란 이후 신분제 사회가 동요되고 있다고 하였으나 호적의 구체적인 분석에서 반대현상이 많이 나타난다는 것이다. 그 반대현상에 대해 한영국의 경우 "19세기 중엽에도 양반호의 역전적 우세를 인정하기 어렵다"고까지 하였다(《朝鮮學報》 80). 그런데 이 반론들은 대체로 17세기에 관한 자료들을 분석하여 얻어진 결론인 것이 주목된다. 이 점은 후술하듯이 변화의 '시간'을 17세기 말 이후로 조정해야 한다는 근거로 고려될 만한 것이기도 하지만, 한편 기존설에 대한 비판으로서는 18세기 이후의 상황에 대해 해부의 칼이 미치지 못하는 한계를 가지는 것이기도 하다.

초기 구도에 대한 비판은 '80년대에 들어오면서 새로운 변화를 보이고 있다. 초기 구도가 분석과정에서 소홀히 하거나 오류를 범한 것에 대한 구체적인 지적이 나오기 시작했다. 특히 호적분석에서 직역 분류가 크게 문제되기 시작하였다. 李俊九의 〈朝鮮後期 兩班身分 移動에 관한 연구－丹城戶籍을 중심으로〉[42]는 그 가운데 첫 번째에 해당하는 연구이다. 그는 호적에 기록된

---

42) 《歷史學報》 96·97호, 1982·1983.

여러 직역에 대한 평가가 연구자에 따라 서로 다른 것을 기존 연구의 큰 결함으로 지적하면서 자료 보전의 상태가 좋은 단성현의 호적 가운데 약 한 세기 동안의 것인 1678·1717년·1759년·1786년 등 4개 式年分에 대한 분석을 통해 그러한 문제점을 해결하고자 하였다.

조선후기 호적 분석에서 직역 분류는 주지하듯이 四方博의 대구 호적 분석에서 처음 이루어졌다. 그는 幼學·學生·進士·生員, 호주의 妻·母·嫂 등 여자의 姓에 ‘氏’가 붙여진 경우 등을 양반으로 간주하였다. 1930년대에 이루어진 그의 이 직역 분류는, 1960년대 말의 김용섭의 상주 연구에서 거의 그대로 채택되어, 品官·幼學·校生·武學·業武·노비소유자 등이 양반으로 분류되었다. 정석종·김석희·朴容淑 등의 연구에서도 그 분류는 거의 그대로 답습되었다. 한영국과 金泳謨[43]의 연구에 이르러 이와 다른 구분이 시도되어, 종래 양반 하나로 분류된 것을, 양반·준양반으로 양분하는 변화가 있었으나,[44] 각 직역에 대한 정밀한 검색은 이때까지 이루어지지 않은 셈이었다.

이준구는 호적상의 여러 직역들의 신분적 지위가 시대에 따라 가변적일 수 있다는 전제 아래 단성현 호적을 통해 이를 확인하고자 하였다. 특히 그가 주목한 것은 納粟品官·幼學(또는 學生)·諸衙屬·校生·院生·業儒·業武·出身·閑良·武學·選武軍官 등이었다. 그의 검색작업은 단성호적과 함께 연대기 자료를 병용한 것이 하나의 장점이며, 또 부인의 칭호 표시를 활용한 점이 이전의 연구와 다른 점이었다. 부인의 칭호에 대해서는 남편의 신분을 따라 兩班은 氏, 상층 良人은 姓, 그 이하는 召史였다는 四方博의 파악이 이때까지 거의 의심 없이 통용되고 있었으나, 이준구는 호적 자료의 면밀한 분석을 통해 부인의 칭호는 夫가 아니라 父의 신분을 따른 것이라는 사실을 새로이 파악하여 이를 새로운 직역 구분에 크게 활용하였다. 그의 작업의 결과를 요약하면 다음과 같다.

---

43) 〈朝鮮後期의 身分構造와 그 變動〉, 《東方學志》 26, 1981.
44) 한영국의 경우 그 양분 아래 7등급의 ‘계급별 직역’을 제시하기도 하였고, 김영모는 업무·업유와 잡직·아전 등을 中人이란 계층명으로 準兩班과 별도로 설정하였다.

(1) 品官은 본래는 士族만의 것이었으나 납속공명첩의 발급 이후로는 상민·천
　　민의 참여로 사족품관 외에 常品官의 존재를 인정하지 않을 수 없다. 두 부
　　류의 비율(사족품관 : 상품관)은 1기(1678년)에서는 44.8% 대 55.2%, 2기(1717
　　년)에서는 35.5% 대 64.5%, 3기(1759년)에서는 38.8% 대 61.2%, 4기(1786년)에
　　서는 16.7% 대 83.3%로 각각 나타난다. 상품관은 양반과 상민의 중간적 존재
　　로 中人층으로 보는 것이 옳다.

(2) 幼學은 각 기별 분포가 5.6%, 14.9%, 21.4%, 29.7%로 점진적 증가 추세를 보
　　이며, 부인의 칭호가 거의 대부분 氏로 표기되고 子의 직역도 44% 이상이
　　양반직역을 유지한 것으로 보면, 冒錄者가 다소 있어도 양반직역으로 간주
　　하여 큰 하자는 없는 것으로 보인다. 그러나 점차 농업에도 종사하는 것을
　　비롯해 생업과 관련을 가지면서 유학과 농업을 겸한 농촌지식인이 되기도
　　하였다.

(3) 忠義衛는 처의 칭호가 1·2기에는 100%가 氏, 3기에 50%:50%, 4기에 29.
　　4% : 70.6%로 변화하여 3기부터 冒錄者가 증가하는 추세인 것으로 판단된
　　다. 忠順·忠贊·忠翊 등 다른 衛도 기록상 英祖 연간에 오면 士族子弟는 이
　　미 이름을 두지 않는 중인층으로 격하되고 있다.

(4) 業儒(사족자제 또는 유생), 業武(양반자제나 무과를 응시할 수 있는 武人) 등은
　　양반에 준하는 지위였으나 肅宗 초에 이르면 서얼 자제도 업유·업무를 칭
　　할 수 있는 등 門地가 낮아지는 추세를 보이다가 숙종 22년에 제도적으로 서
　　얼의 文武 칭호로 정착하게 된다. 처의 칭호 氏의 각 기별 비율이 90.3%,
　　39.1%, 13.7%, 2.3%로 현저한 감소 추세를 보이고, 子의 양반 직역도 1·2기
　　에 25%, 5.9%만 보이다가 단절되는 것으로 보아 2기 이후로 중인층화가 뚜
　　렷하다. 이하 校院生·出身·한량·무학·선무군관 등도 문헌 자료상으로 보
　　면 이에 준하는 중인층으로 간주된다.

(5) 이상 (1)~(4)의 검증을 종합하면 조선후기에 양반은 수적으로 증가하였으나
　　양반직역의 종류는 줄어들고 있었던 셈이다. 즉 사족품관·급제·사족출신·
　　생원·진사·유학, 과부(외명부·氏) 등은 전 시기를 통해서 양반의 신분직역

이었고, 충의위는 1~2기, 업유·업무는 1기에 각각 양반직역에 포함되었다. 그 밖에 3~4기의 충의위, 2~4기의 업유·업무·常出身·常品官·기타위속·교생·원생·한량·무학·선무군관 등 직역은 班·常의 중간존재로서의 중인층으로 보는 것이 타당하다.

이준구의 위와 같은 직역 검증 결과는 변화론의 초기 구도를 부정하는 것은 아니다. 후기에서의 신분제 변화를 인정하는 전제 아래 변화의 실체로서 직역의 지위 변동을 좀 더 상밀하게 살핀 것이다. 그의 연구에서 양반과 중인층의 구분은 이른바 양반사회의 변화에서 가장 중심되는 부분으로서 두 신분층 사이의 시대적 배율 변천의 추적은 비록 단성이라는 한정된 지역의 것이지만 대단히 중요한 의미를 가지는 것이다. 후술하듯이 이 분석의 결과는 변동의 시기로서의 '후기'를 종래 임진왜란 이후부터로 잡아 방만성을 면치 못하는 결함을 해소시킬 수 있는 자료적 근거를 제공해 주는 것으로 큰 의의가 부여될 수 있는 것이다. 그는 직역 자체에 대한 이러한 구체적인 검토를 거친 다음에 '양반신분의 이동'의 양상을 호적자료를 통해 살펴 아래와 같은 견해를 표명하였다.

(6) 양반호의 증가는 전국적인 현상으로 상승이동이 주가 되었고, 반·상을 중심으로 하는 신분제가 점차 붕괴되어 상층신분구조에 일대 동요를 초래하였으며, 양반의 계층분화를 초래하였다. 양반호 가운데에서 유학이 차지하는 비중은 후대로 올수록 증가하여 나중에는 거의 대다수를 차지하고 있으며, 이들 가운데 상당수는 중인·상민층이 모록한 것으로 추정된다.

(7) 노비 격감은 타신분으로 상승이동이나 하층구조의 신분혼훼라는 현상을 초래하는 한편, 양반들의 생활과 지위에 일대 변화를 초래하여 생업에 직접 종사해야 하는 상황의 도래를 시사하며 이에 따라 유업을 주로 하여 벼슬에 나아가고자 하던 양반들의 특성을 잃게 되었음을 엿볼 수 있다.

이준구 연구의 위와 같은 결론도 변화론의 초기 구도의 파악과 견주어 큰 차이가 없다. 그러나 그의 위와 같은 결론은 직역 하나하나에 대한 검토를 거쳐 18세기 이후에 한하여 적용되는 것이란 점을 유의할 필요가 있다. 위와 같은 파악은 17세기에는 적용되는 것이 아니라는 점이 초기 구도와는 다른 점이다. 그리고 그의 위 논문의 업적으로 한 가지 더 유의해 두어야 할 것은 유학도 모록의 대상이 되고 있었다는 사실에 대한 지적이다. 이에 대해서는 후속 논문인 〈朝鮮後期 身分構造 이해의 諸問題 검토〉[45]에서 좀 더 적극적으로 언명됐다. 유학의 증가가 비합법적인 방법(모록)만에 따른 것이 아니라 합법적인 길이 제공되고 있었던 사실을 지적하였다. 즉 숙종 34년(1708)에 왕이 전교를 내려 서얼이 업유·업무를 칭할 수 있게 할 때 그 자손들에 이르러서는 유학으로 기록해도 무방하겠다는 언급이 있었다는 것이다. 이 조치는 곧 유학의 지위하강과 함께 수적 급증의 결정적인 계기가 되었을 것으로 보았다. 유학 직역의 이러한 시대적인 변천에 대한 파악은 양반사회 변화의 흐름에 대한 이해에 큰 도움을 주는 것이다. 양반호의 증가에서 유학이 차지하는 비중이 큰 것은 지금까지 많은 연구자들이 언급한 사실이다. 그러나 그들은 자료 분석의 결과로서 그러한 사실을 제시하였지 양반직역으로서의 유학의 시대적 변모 자체를 음미한 연구는 없었다. 각 직역의 시대적 변모에 대한 그의 관심은 이후 〈朝鮮後期 '業儒'·'業武'와 그 地位〉,[46] 〈朝鮮後期의 閑良과 그 地位〉[47] 등으로 이어져 보강되었다.

호적상의 유학에 대한 집중적인 분석 검토는 일찍이 1974년에 이미 이루어진 적이 있었다. 미국인 徐義必 John N. Sommerville의 연구 〈18世紀 蔚山地方의 鄕班社會 研究－身分變化를 통해서 본 社會變動〉[48]이 바로 그것이다.

---

45) 《대구사학》 34, 1985.
46) 《震檀學報》 60, 1985.
47) 《國史館論叢》 5, 1989.
48) 《崇田語文學》 3. 그는 같은 해에 하버드대학 박사학위 논문으로 *Success and failure in 18th Century Ulsan－A Study in Social Mobility*을 제출하였다.

이 논문은 변화론의 초기 구도가 제시하는 비양반층의 양반으로의 신분상승이 사실인지 여부를 확인하기 위해 울산부 호적에 나타나는 유학호의 증가 추세의 내용을 세밀하게 분석해 보고자 하였다. 그리하여 1729년, 1753년, 1765년, 1810년 등 4개 式年分의 기재로부터 유학호를 추출하여 氏姓·本貫별로 그 수를 파악한 다음, 그 씨성들 가운데 족보류의 자료를 통해 전통적인 양반에 해당하는 것과 그렇지 않은 것을 구분하였다. 그리하여 전자의 경우로 興麗 朴氏를 비롯해 6개 씨성들(鶴城 李氏, 坡平 尹氏, 밀양 朴氏, 고령 朴氏, 대구 徐氏 등)을 추출하였다. 그들은 전통적인 양반호라고 하더라도 무과 합격자와 진사를 배출하는 정도로 향반에 불과하다고 하였다. 그렇더라도 이 논문이 주목하고 있는 중요한 사실은 그들이 이 지방에서 전통적인 지배계급으로서의 지위를 계속 지키고 있었다는 점이다. 그리고 유학호의 증가에 대해서는, 지배계급 자체의 자연적인 증가, 서얼들의 편입(그는 1700년대 호적에는 嫡庶의 구별이 나타나지 않는다고 하였다) 등에 따른 자체 증가와 納粟과 僞造의 방법으로 낮은 신분(군인·諸衛·業武·軍官·廷兵·保人·水軍·驛吏·私奴 등)으로부터 편입된 부분 둘로 나누어 일단 파악하였다. 그는 후자에 대해 초기 구도가 주목한 것처럼 그것이 주는 사회적 영향이 컸을 것을 인정하였으나 다른 한편으로 "전통적인 향반은 18세기 말까지도 피라미드형의 상위부를 점유하여 전통은 아직까지도 엄연히 존재하고 오래전부터 통치해 왔던 씨족은 계속 통치계급에 머물러 있었다"고 파악하여 양반사회의 근본적인 변동에 대해 회의적인 견해를 표명하였다(pp.56～57). 그는 초기 구도처럼 하층민의 양반으로의 신분상승을 주장하자면 새로운 유학호들이 과연 19세기에 양반으로서 권좌에 올라갈 수 있었는지를 확인하는 작업이 반드시 따라야 한다고 주장하였다.

서의필의 연구는 결국 초기 구도에 대한 강한 비판으로 전통적인 양반의 지배권은 사회변동에도 아직 무너지고 있지 않았다는 사실에 대해 주의를 환기시키는 것이었다. 새로운 유학층에 대한 그의 분석 결과는 아직 어떤 체계적인 설명을 낼 수 있는 정도의 것은 아니었으나 전통적인 양반사회의 지

배력과 권위가 쉽게 무너지지 않았다는 사실에 대한 지적은 이후에 18～19
세기 유학에 대한 연구가 진전됨에 따라 그가 사실을 정확히 파악하고 있었
다는 것이 입증되게 된다.

변화론의 초기 구도에 대한 1980년대 이후의 비판적 연구성과로 가장 주
목되는 것은 崔承熙의 古文書를 활용한 연구들이다. 그는 1983년에 鄕吏家
門의 고문서를 활용한 연구로서, ① 〈朝鮮後期 鄕吏身分變動與否考－鄕吏
家門古文書에 의한 사례연구〉[49] ② 〈朝鮮後期 鄕吏身分變動與否考(2)－草
溪卞氏家門 고문서에 의한 사례연구〉[50] 등을 한꺼번에 발표하였다.

①은 남해지방에 世居한 晋陽 鄭氏 菁川君派 和軒公(鄭潔)系의 戶口 관계자
료 80건, 鄕吏差帖, 分財記, 所志, 家譜 등의 자료를 통해 13대에 걸치는 사람
들의 직역을 분석하였다. 그 결과로서 納粟・冒錄・老職 등으로 通正大夫・折衝
將軍・嘉善大夫・通德郎 등의 散階를 획득한 세대가 다수 있으나 내용적으로
는 貢生・書員・鄕吏・記官・安逸戶長 등의 향리 상층부 직역을 계속 소지한 상
태라는 것을 밝혔다. 즉 그들은 신분상승의 노력을 계속하여 표면적으로는
성과를 거두었으나 실제로는 양반으로의 신분상승은 끝까지 이루지 못하였
다고 보았다. 妻의 호칭이 1750년을 전후하여 김史에서 姓으로, 1850년을 전
후하여 姓에서 氏로 바뀌고 있는 사실을 밝혀 그들이 본래 양반이 아니었던
증거로 제시하기도 하였다. 말하자면 호적의 기재를 바로 실제의 신분으로
파악한 종래의 호적자료 중심 연구의 문제점을 지적한 것이다.

②의 연구도 草溪 卞氏의 戶口單子(32통), 准戶口(4), 奴婢文記(1), 향리차첩
(3)등의 자료를 활용하여 1783년부터 1894년까지 110여 년간 5대의 사실(3조
를 포함하면 8대 200년간)을 조사하여 이 집안이 본래 향리 가문이면서 외양
적으로 양반을 칭한 면을 밝혔다. 중시조에 해당하는 인물이 생존시에는 호
구단자에 유학・학생의 직역을 쓰다가 죽은 뒤에는 안일호장, 다시 학생으로

---

49) 《金哲埈博士華甲紀念史學論叢》, 지식산업사.
50) 《韓國文化》 4.

지칭된 경우를 그 대표적인 예로 삼았다. 그리고 이 가문이 유력한 지방 호장으로서 이처럼 양반신분과 향리신분을 왕래하면서도 1852년부터는 외양적으로도 향리직을 거행하는 향리가문으로 하향 이동하는 모습을 밝히기도 하였다. 18·19세기의 유학·학생층에는 현실적으로 명백하게 향리의 직역을 수행하고 있는 자들도 섞여 있었다는 것을 분명히 하려는 것이 이 논문의 목적인 셈이다.

고문서를 활용한 최승희의 연구는 〈朝鮮後期 身分變動의 事例研究−龍宮縣大邱白氏가 古文書의 分析〉[51]으로 이어진다. 경상도 용궁현 北面과 醴泉郡 虎鳴面 두 지역에 왕래하면서 산 대구 백씨가의 호구단자·준호구, 교지·교첩·차첩·전령, 소지, 토지문기 등을 분석한 이 논문은 신분제 변동의 상황에 관한 좀 더 다양하면서도 상밀한 정보를 제공해 주어 흥미롭다. 호주와 4조의 직역에 대한 조사는 본래 양인신분인 사람들이 업무·군관으로부터 유학·학생으로 신분을 바꾸어 간 면, 가선대부·절충장군 등의 산계가 납속에 따른 것이란 점 등을 선명하게 밝혔다. 1789년의 호구관계 자료에 德泰(台玉)가 예천으로 이사한 것을 계기로 양인에서 업무로 직역을 바꾸고, 1843년 자료에서부터 다시 후손들이 學生·幼學으로 직역 명칭을 바꾼 사실 등이 확연하게 포착되었다. 호주의 처와 그 4조의 직역 및 처의 호칭에 대한 검토에서도 김史→姓→氏(1843년 자료 이후)로 바뀐 사실을 추적하였다.

위 연구도 호구단자에 나타나는 신분직역이 대개가 유학·학생이면서 실제적인 지위는 그것과 다른 것을 밝히는 데 초점이 두어지고 있다. 그 실제적인 지위에 대한 파악에서 흥미로운 것은 德泰(台玉)의 경우이다. 집안의 지위를 처음으로 양인에서 벗어나게 한 당사자이기도 한 그는 1789년 鎭營軍官, 1792년 右撫中司把摠으로 '業武'의 지위가 되고, 같은 해에 折衝將軍行龍驤衛副護軍의 加設職 교지를 받은 다음, 1795년 가선대부 용양위 부호군이 되었다. 그런데 한편 1800년(45세)에 그 자신이 올린 소지에 따르면 그는 지방

---

51) 《邊太燮博士華甲紀念史學論叢》, 1985.

에서 목화를 사들여 서울에 가져다 파는 상업(興販)에 종사하고 있었으며 이
때의 자신의 직역은 '業良'이라고 밝혔다. 소지에 밝힌 것에 따르면 그의 흥
판 활동은 한 차례에 목화 다섯바리(5駄)를 서울 남대문 밖 都榮哲家로 실어
가 200兩 정도를 받고 거래하고 또 본읍 上納吏·京主人 등으로부터도 협조를
받고 있다.

그의 후손인 嘉慶도 호구자료에는 유학으로 되어 있으나 5건의 차첩에 따
르면 1819년에 업무로서 현관으로부터 右部左司右嗊嗊官으로, 1830년(32세)
에는 업무로 역시 현관으로부터 作隊嗊官으로 각각 임명받고, 1831년에는
軍器監官, 1838년에는 閑良으로 慶尙監營의 右別武士에 임명되었다. 그의 실
제적 지위가 이처럼 業武로서 군관직에 종사한 것으로 명백하게 밝혀지고
있는데도 호구단자·준호구에서는 유학으로 기재되고, 내외 4조가 가선대부
또는 학생으로 기재되고, 妻도 '張氏'로 기재되어 완전한 양반호처럼 되어
있다.

최승희는 위와 같은 사례연구를 통해 다음과 같은 결론에 도달하고 있다.
즉 18·19세기의 상당한 수의 호적상의 유학이 고문서류를 통해 실제적으로
는 다른 지위로 드러나는 만큼 종래의 호적을 이용한 신분변동 연구가 "帳籍
에 기재된 직역에 대한 깊은 이해도 없이 어느 직역은 어느 신분에 속한다고
속단하여" 그 계량적 통계치로서 비양반층의 '양반으로의 신분상승'을 운위
한 것은 큰 잘못이라는 것이다. 그는 "만약 유학이 완전한 양반직역이 아니
라는 논증이 나온다면 그 설은 설 수 없다. 양반신분층이 아닌 사람들('中人'
층)이 19세기에 와서 유학·학생으로의 직역 기재가 용인되고 있으므로 실제
로는 양반신분으로서의 유학도 있고 '중인'신분의 유학도 있는데, 유학을 모
두 양반신분으로 확정하고, 통계 처리하여 얻어진 결론은 허위일 수밖에 없
다"고 강한 비판을 가하였다.

최승희의 위와 같은 견해는 〈朝鮮後期 幼學·學生의 身分史的 意味〉[52]를

---

52)《國史館論叢》1, 1989.

통해 총괄적으로 마무리 짓고 있다. 이 논문에서 그는 조선초기 이래의 유학·학생의 용례를 검토하는 한편 대구부 장적, 울산부 장적, 진해현 장적 등에서의 유학·학생의 실례에 대한 구체적인 검토를 가하였다. 먼저 용례 검토에서 조선전기의 유학과 학생은 성균관·사학·향교의 학생 또는 그곳에 적을 둔 자들을 가리키는 용어였으나 양반상층은 문음이나 대가[53] 등을 통해 관직·산직을 쓸 기회가 많았으므로 양반하층이 그 칭호를 많이 썼을 개연성을 피력하였다. 그리고 학생과 유학은 같은 계층에 대한 호칭으로서 거의 구분이 없다시피 하였으나 임진왜란 후 인조대부터 학생은 피교육적 상태, 유학은 입사와의 관계에서 주로 사용되는 차이가 나타나기 시작한다고 하였다. 즉 인조 3년의 호패사목에서 학생은 사학과 성균관 하재의 유생을, 교생은 향교 유생을 각각 가리키는 용어로 구분되고 있으며, 이후 유학의 입사 절차에 대한 규정이 자주 거론되는 과정을 거쳐 마침내 《續大典》 吏典 薦擧條에 유학의 입사가 성문화되기에 이른다. 이 성문화는 유학이란 직역명으로 입사하려는 후보자를 늘어나게 하는 결정적인 계기가 되었으며 이후로 중인·양인층의 유학 모칭 현상이 점증하게 됐다고 보았다. 이후로 유학에는 여러 층이 섞이게 되어 "幼學 가운데에는 가문과 재력을 배경으로 과거를 거치지 않고 入仕할 수 있었던 계층과, 과거를 통하여 입사의 길을 모색하는 계층이 있었던 반면에, 그저 幼學이라는 職役을 쓰는 것으로 만족할 수밖에 없었던 양반하층과 幼學을 모칭하는 中人·良人이 있게 되었다"(p.93)고 파악하였다. 이러한 파악 아래 그는 대구·울산·진해 3개 지역의 호적을 통해 그러한 변화의 모습을 구체적으로 예증하고자 하였다.

먼저 대구부 장적의 분석에서는 班村과 雜姓村을 각 1개씩 선택하여 양반 유학과 중인 이하층 유학의 차이를 대비하여 파악하는 것에 초점을 두었다. 府內 月背面 가운데 丹陽 禹氏 반촌인 上仁里와 잡성촌 月背里를 각각 표본으로 삼아 1687년, 1720년, 1753년, 1774년, 1810년, 1837년, 1858년 등 7시기 호

---

53) 최승희, 〈朝鮮時代 兩班의 代加制〉, 《진단학보》 60, 1985.

적에서 두 촌의 유학·학생의 직역들을 모두 추출하여 전후관계를 분석하였다. 반촌인 상인리는 총호구가 7시기에 걸쳐 14호에서 45호로 계속 증가하는 추세를 보이면서 단양 우씨가 72~85%를 차지하여 반촌으로서의 世居性을 강하게 보이며, 그 우씨의 직역은 문무관직·산계·생원·진사·유학 등에 걸치고 있어 최하위의 유학도 모두 양반신분으로 누린 것이라는데 의심의 여지가 없다. 유학의 수 또한 4호, 15호, 25호, 35호, 50호, 54호, 58호(전체 호 가운데 비율은 16.66%, 48.38%, 49.02%, 57.38%, 79.36%, 84.37%, 93.55%로 환산된다)로 계속 증가하고 있는데 마지막 세 시기 즉 19세기 이후에서는 우씨 외의 중인 이하층의 유학 직역 관여도 다소 인정되나 전반적으로는 우씨가 그 대부분을 차지하는 형세는 크게 흔들리지 않았다고 파악하였다.

한편 월배리가 상민촌인 것은 호주들의 직역 외에 세거하는 성씨가 거의 없으면서 성씨의 移出入이 심한 사실로 입증하였다(한 시기에 최고 17개 성씨가 산 때도 있었다). 7시기에 걸쳐 거주 호수가 65호, 32호, 26호, 22호, 16호, 12호, 12호로 감소 추세를 보인 것도 상인리와는 대조적인 현상이며, 유학의 수는 1~3시기 각 1명, 4~7시기 사이에 6명, 4명, 8명, 10명으로 상인리에 견주어 훨씬 적으면서 그 자체로서는 증가 추세를 보였다(전체 호 가운데 비율은 1.20%, 1.82%, 2.44%, 23.08%, 22.22%, 66.67%, 83.33%). 이 마을이 본래 중인 이하 양·천인으로 이루어진 잡성의 상민촌이란 사실을 감안하면 그러한 幼學의 증가추세는 결국 모칭에 따른 것으로서 이것은 장적상으로 유학으로 기재되었다고 하여 모두 양반신분으로 간주할 수 없는 중요한 증거가 된다고 하였다. 월배리에 세거한 유일한 성씨인 金海 金氏의 경우, 17세기 후반의 선조가 正兵의 신분으로 保人 등의 양인군역, 군관직의 중인직역을 거쳐 제4시기(1774)에 유학을 쓰기 시작했으나, 이때는 이미 가세가 쇠약해 이곳을 떠나는 형편이었던 것을 아울러 밝혔다. 그는 김씨 가문의 예를 통해 중인 이하의 신분이 유학을 직역으로 쓰는 것이 거의 규제되지 않은 상태와 4조 직역의 기재를 자손들이 마음대로 조작하는 상황을 구체적으로 제시하고자 하였다. 이런 사실을 직시할 때 장적상의 유학·학생의 기재로써 양반·

준양반을 운위하는 것은 무의미한 일이라는 것이 그의 주장이다(p.106).

울산부 장적에서는 1858년도분의 內廂面 1,141호만을 분석의 대상으로 삼았다. 이 式年分만 선택한 것은 동일한 시기의 대구부의 상황(7시기)과 대비해 보기 위한 것이었다. 내상면 4개 동 1,141호의 호주 직역은 유학이 23.93%, 업무가 47.59%, 성정이 12.36%로 집계되었다. 세 직역이 전체 호 가운데 85%에 육박하는 것은 이 지역의 한 특징이지만, 한편 유학이 전체 호 가운데 23.93%에 불과한 것은 19세기의 현상으로는 이례적으로 약세라는 것을 주목하였다. 동일한 시기의 대구부의 80% 상회에 견주면 현격한 차이를 보이는 이곳의 유학은 결국 아직 모칭이 심하게 일어나지 않은 상태의 것으로 판단하였다. 4조 직역의 기재 상태로 보아 이곳의 유학은 양반·중인 이상으로 이루어진 광의의 상위신분으로 간주해도 좋다고 보았다. 그리고 한편 업무 47.59%는 다른 곳에서 거의 유례를 찾아보기 어려운 높은 비율로서, 이 직역을 쓴 자들은 4조와 처의 기재 형식으로 보아 중인 내지 양인 신분에 해당하는 것으로 판명되어 결국 다른 지역에서 유학을 모칭하던 자들에 해당하는 부류가 이 지역에서는 업무에 속하고 있는 상태로 판정하였다. 이 지역에 업무가 이렇게 많은 것은 지역적 보수성 내지는 對倭 방어지역이라는 지역적 특수성과 관련이 있을 것이지만, 그 이유가 어느 쪽이든 간에 다른 지역과의 이러한 대비적 모습은 19세기에서 업무와 유학 사이에는 신분직역제도가 사실상 무너진 현실에서 차이를 두기 어렵게 된 것을 보여 주는 것으로 해석하였다.

진해현 장적에서는 1843년 장적 가운데 東面 17개 里의 총 523호가 분석대상이 되었다. 동면 17개 리는 대부분이 잡성촌으로 유학을 직역으로 쓴 가호는 264호(50.48%)에 달하였으나 그 가운데 가장 우세한 경우도 향리가문의 호주에 불과한 것으로 밝혔다. 즉 貢生·鄕吏·軍官·閑良·安逸 등 中人 신분 직역을 쓴 호주들이 내외 4조 직역에서 모두 유학·학생·산계 등을 마음대로 쓰고 있는 현실을 수치로 밝혔다.

대구 등 3개 지역에 대한 위와 같은 실례 분석으로 내려진 결론은 호적에 표기되어 있는 직역을 실제의 신분으로 그대로 간주하는 것은 큰 오류라는 것이다. 김용섭의 초기 구도 이래 종래에는 "양반이 쓰던 유학을 직역으로 쓰게 되었으니 양반신분으로의 신분상승이라고 주장"하는 것이 일반적이었으나, "거의 모든 국민이 특별한 직역이 없는 한 유학을 직역으로 기재하는 것이 형식화되었다면, 그것을 신분상승과 직결할 수는 없다"고 비판하였다. "종래 신분의 구별과 差役의 기준으로서 의미와 목적을 두었던 장적상의 직역 기재가 형식적인 것이 되었다면 그것은 종래 호적제도의 목적과 의미를 상실하고 변질되었음을 뜻하는 것이므로" 이에서 신분 구분의 기준을 구하는 것은 큰 오류라는 것이다. "장적상의 유학은 16·17세기까지는 양반직역에 해당되었으나, 18·19세기에 이르면 그 가운데에는 양반신분도 있고 중인·양인신분에 해당하는 계층도 있게 되었으므로, 종래 장적의 직역을 통하여 신분구조와 그 변동을 추출한 연구에서 幼學을 시대에 관계없이 모두 兩班 또는 準兩班으로 본 것은 오류이며, 이를 기준으로 한 통계 결과는 모두 허구일 수밖에 없다"(p.94)고 하였다. 종래의 연구가 중인 및 양인 심지어 천인까지 유학을 모칭하는 현상을 바로 양반으로의 신분상승 즉 양반화로 간주하여 그 자체로서 양반사회가 동요하거나 붕괴해 간 것으로 파악한 것과는 달리, 그는 모칭 그 자체는 어디까지나 모칭으로 실제의 신분이 양반화가 된 것이 아니었으므로 모칭유학 모두를 양반신분으로 간주하는 분석과 판단은 큰 잘못이라는 것을 거듭 주장하였다.

1980년대에 들어와 양반사회 변화에 대한 연구는 직역의 시대적 변화에 대한 식별을 넘어 위와 같이 양반사회 변화론의 중심적 근거가 된 유학층에 대한 심도 있는 분석이 가해지는 형태로 발전하고 있었다. 최승희의 위 논문과 거의 때를 같이 하여 任敏赫이 또한 〈朝鮮後期의 幼學〉[54]이란 논문을 통해 거의 비슷한 문제의식을 보여 주었다. 이 논문에서도 유학의 의미와 내용의 시대적 변천이 자세하게 검토된 다음, 본래 양반신분이었던 유학이 17세

---

54) 《淸溪史學》 8, 1991.

기 말엽 이후 중인인 업유·업무와 교생의 직역으로도 규정되고 양·천 이 모록·모칭함으로써 직역과 신분은 더 이상 일치하지 않는 상황에 이른 것을 구체적으로 밝혔다. 그는 유학을 직역으로 삼고 있더라도 별개의 직역에 종사하는 현상을 지적하여 그러한 변화는 단순한 문란이 아니라 경제관계의 변화와 사회의식의 성장에 따른 새로운 사회체제를 지향하는 단계에서 나타나는 과도기적인 현상이라고 그 역사적 의미를 부여하였다. 어떻든 유학이 본래의 의미를 상실하고 있는 상황 곧 직역과 실제의 신분이 일치하지 않는 상황은 직역이 국가가 필요로 하는 인력의 충급체계라는 본래의 목적을 상실하고 다만 국가에 대한 예속적 부담(군역 등)에서 탈피하고자 하는 수단으로만 존재하게 된 결과로서 그 자체는 곧 신분직역제의 해체를 의미하는 것이라고 규정하였다. 그는 이런 역사의 흐름에서 재편성된 19세기의 신분구조는 양반신분인 유학의 급증에 따른 양반수의 급증으로 형성된 역피라미드의 모습으로 볼 수 없는 것이라고 표현하여 최승희와 거의 비슷한 인식을 보여주었다.

유학에 대한 1980년대의 위와 같은 새로운 연구 성과로 이 분야 연구는 다음과 같은 새로운 과제를 안게 되었다. 즉 유학의 직역을 통해 양반으로 신분을 상승시킨 경우와 순전히 모칭으로 호적상에서 유학을 칭하게 된 경우의 비중을 검증하는 문제, 그리고 그 시기적 경계선을 어디에 그을 수 있으며 그 역사적 의미는 어떻게 부여할 수 있을 것인가 하는 문제 등이 새로이 생기게 되었다. 이 가운데 후자는 통치체제의 성격과 관련하여 포괄적으로 검토되어야 할 문제로 쉽게 답을 얻기 어렵지만, 전자에 관해서는 문제해결의 가능성을 보여주는 기존의 연구성과가 있어 여기서 바로 소개해 두고자 한다. 李海濬의 〈朝鮮後期 晋州地方의 儒戶의 實態－1832년 晋州鄕校의 修理記錄의 分析〉[55]이 바로 그것이다.

이 논문은 규장각 소장 자료인 1832년의 〈晋州鄕校修理時物財收集記〉를

---

55) 《震檀學報》 60, 1985.

분석한 연구이다. 〈수집기〉는 진주향교를 수리하면서 이에 필요한 재력·인력을 府內 居住戶에게 일정한 기준으로 부과하였는데, 이 논문은 그 부과대상인 元儒戶·別儒戶·民戶 가운데 원유와 별유의 관계를 분석하여 진주지방 양반사회의 실제 모습과 규모를 파악하고자 하였다. 〈수집기〉에 기록된 부내 총 73개 里의 총호수는 18,601호이며, 그 가운데 유호는 4,418호, 그리고 유호는 다시 원유호 2,131호, 별유호 2,287호로 구분되어 있다. 유호가 전체 호에 차지하는 비율은 23.8%, 그리고 원유호와 별유호는 각각 11.5%, 12.3%로 계산된다. 이 논문은 원유호와 별유호의 차이를 규명하기 위해 1633년에 편찬된 《晋陽志》의 거주 상황 표시('土多', '土居', '無土平民', '雜·賤')를 활용하여 원유는 세거하는 토착적 정통 사족층, 별유는 신분상승 혹은 後來 移住로 지배신분층 하부에 첨입된 유호로 각각 파악하는 데 성공한다. 그리하여 원유호에 견주어 별유호의 비중이 더 커진 상황, 다시 말하면 신흥 하층양반세의 신장도 괄목할 만한 것으로 주목하였지만, 한편 원유와 별유가 구분되고 있는 사실 자체도 중요하다고 지적하였다. 양자의 구분은 결국 아직도 신분제적 장치나 관념이 유지되고 있는 것을 의미하므로 기왕의 호적 분석의 여러 연구들에서 제시되고 있는 것과 같이 19세기 중반의 양반호 점유율이 통계적으로 40～70%에 달한다고 하여 그들을 모두 실제로 양반으로 신분을 상승시킨 존재로 보기는 어렵지 않은가 하는 것이다. 〈수집기〉에 나타난 원유호와 별유호를 합쳐 양반으로 간주되는 유호가 23.8%에 지나지 않는다면, 19세기 호적분석의 연구들이 제시하고 있는 같은 시기의 유학의 점유율 40～70%와 대비할 때 '冒稱幼學'이 될 나머지 16.2%～46.2%가 현실적으로 유호나 양반으로 간주되지 않고 있다는 사실도 함께 저절로 드러났다. 〈수집기〉는 유호 23.8% 외에는 모두 민호로 파악하고 있었다. 이해준의 연구는 결국 최승희·임민혁이 제기한 문제점을 계량적으로 해결할 수 있는 확실한 근거를 앞서 제공하고 있었던 것이다.

최승희·임민혁이 결코 양반으로 볼 수 없다고 한 19세기의 모칭유학의 규모는 위 진주지방의 경우 외에 앞에서 살핀 다른 연구들을 통해서도 살필 수 있는 근거가 없지 않다. 17~18세기 호적만을 대상으로 한 이준구의 단성현의 유학호 분석이 점유율 13.6%(1678), 19.1%(1717), 24.4%(1759), 31.4%(1789)를 집계하였고, 최승희가 중인 이상층의 것으로 본 울산부 내상면의 유학호도 23.93%였다. 이 점유율들은 진주지방의 원유호와 별유호를 합친 유호의 점유율에 근사한 것이다. 17세기 호적에 관한 여러 연구들의 분석까지 참작한다면, 유학호의 증가추세는 결국 17세기에는 10~20%, 18세기는 20~30%, 19세기는 30~80% 안팎의 분포를 보였던 것이라고 단순화시켜 정리해 볼 수 있다. 그런데 17세기 유학은 전통적 양반신분이 차지하는 비율이 높고, 18세기의 증가는 주로 중인층의 첨입의 결과로 국가도 이를 반공식적으로 수용한 가운데 양반 중심의 신분직역제의 기능을 유지시킬 수 있었던 반면에, 19세기 증가분은 그 이하 신분층의 '모칭'이 태반을 차지하여 이 단계에서는 국가와의 관계보다도 모칭 당사자의 바람과 '籍吏의 作奸'[56]이 남긴 것이라는 이해가 지배적이다. 이 마지막 단계는 물론 신분직역제가 더 이상 유지되거나 집착할 수 없는 시대적인 여건의 성숙을 전제로 하는 역사적 현상으로 이해해야 할 것이다.

조선후기 '양반사회의 변화'의 주류적 현상을 대체로 위와 같이 정리할 때 그 동안에 일각에서 소수나마 강한 반론을 제기해 온 양반사회 '不動論'도 다음과 같이 위치 지워 볼 수 있을 것 같다.

부동론은, 변동론이 중인층, 양인층 심지어 노비까지도 양반으로 신분을 상승시키는 현상이 일어났다고 하거나 그로 말미암아 양반사회 또는 그 지배체제가 무너져 갔다고 주장하지만, 실제로는 전통적인 양반의 지위와 지배력은 구한말 아니 일제하까지도 무너지지 않았다고 보고 있다. 宋俊浩의 譜學的 연구방법을 통한 일련의 사례 연구가 대표적인 경우이다.[57] 부동론은 결국은 이해준의 진주지방 연구에서 언급한 원유호가 계속 존속하면서

---

56) 임민혁, 앞 논문.
57) 그는 1979년부터 이에 관한 연구논문들을 발표하기 시작하여 1987년에 《朝鮮社會史研究》(일조각)로 묶었다.

지방사회에 대한 지배력 내지 영향력을 변함없이 행사하였다는 주장이 된다. 좀 더 자세히 말하면, 17세기까지 20% 이하의 점유율을 보인 양반층이 그 후에도 계속 유력한 지배층으로 존속하였다는 주장인데, 전통적 양반층으로서의 원유호가 그렇게 늦게까지 존속한 것은 부정할 수 없을 것이다. 그러나 원유호가 그처럼 계속 존속하였다고 하여 그 지위와 영향력이 통시대적으로 줄곧 변함이 없었다고 단언할 수는 없다. 18세기, 19세기에 별유호 및 모칭유학 등의 등장을 새로운 변화로 주목하는 변동론의 주장에 문제가 있다 하더라도 전자의 영향력이 후자의 등장으로 상당한 타격을 입거나 변화가 생긴 것조차 부인할 수는 없을 것 같다. 역사적 관점에서는 부동 그 자체를 강조하기보다도 새로운 변화에 대해 20% 미만의 '元儒戶'가 어떤 반응을 보이면서 자신을 유지하고자 했던가에 더 큰 관심을 두어야 할 것이다.

3) 향촌사회 운영구조 변동에 관한 연구성과

조선후기 양반사회의 변화에 대한 연구는 위에서 살핀 것과 같이 당초 주로 신분직역제 변동을 중심으로 진행되었다. 그런데 1980년대에 접어들어 신분직역제 연구가 유학층에 대한 미시적 고찰에까지 나아가고 있던 시점에 향촌사회의 운영구조와 운영 주도세력의 변화에 대해 관심을 가지는 연구가 다른 일각에서 대두하고 있었다. 이 동향은 조선후기의 사회변동을 기본적으로 인정하는 관점이면서도 종래의 신분직역제 연구가 주로 계량적 방법에 의존함으로써 가지게 된 결함 즉 변화가 수치로만 가늠되고 변화의 구체적인 모습이라든지 그것을 주도하는 사람들의 움직임을 볼 수 없는 맹점을 극복하는 것을 중요 과제로 인식하고 있었다.

그 새로운 관점의 선두 연구로는 아무래도 1981년 발표된 金仁杰의 〈朝鮮後期 鄕權의 推移와 支配層 動向〉[58]을 들어야 할 것 같다. 이 논문은 17·18

---

58)《韓國文化》2, 1981.

세기에 전국 향촌사회의 여러 곳에서 일어난 '鄕戰'의 실체를 밝히는 것을 과제로 삼아 그것이 향촌사회 지배권을 놓고 기득권층인 사족과, 수령권을 배경으로 이에 새로이 도전하는 향임·향품층 사이에 벌어진 알력 쟁투였던 것을 밝혔다. 향전은 이 논문 이전에는 전혀 알려지지 않았던 사항으로 그 실체가 이렇게 사회의 역동적인 모습을 보여 주는 것으로 판명됨에 따라 다른 연구자들도 이 부면에 관한 관심을 높이 가지게 된다.

김인걸의 새로운 연구는 물론 향촌사회에 관한 이전의 다른 연구성과들에 힘입고 있었다. 조선시대의 향촌사회 문제의 중요성은 1970년 초반에 이미 주목 받기 시작하였다. 李泰鎭이 〈士林派의 유향소 復立運動〉,59) 〈朝鮮前期의 鄕村秩序〉,60) 〈士林과 書院〉61) 등을 발표하여 이 방면에 대한 새로운 연구의 필요성을 촉구하였고, 이와 거의 때를 같이하여 일본의 田川孝三이 또한 〈鄕案에 대하여〉,62) 〈鄕憲과 憲目〉,63) 〈李朝의 鄕規에 대하여〉64) 등 향촌사회 문제에 관한 논고들을 잇달아 발표하였다. 그리고 1978년의 金龍德의 《鄕廳硏究》65)도 이 방면 연구의 중요성을 드높이는 데 크게 기여하였다. 그러나 이러한 연구들은 그 대상이 조선 초·중기의 사회 주도세력 형성과 전개에 국한되거나 후기를 다루면서도 주도 계층변동의 사실에는 아직 접근하고 있지 않았다. 김인걸의 연구는 향촌사회에 관한 위와 같은 기존 연구성과들에 접하여 향촌사회 문제의 중요성을 인식하면서 조선후기의 사회변동의 역동적인 모습을 살필 수 있는 과제로 향전 문제를 밝히게 되었던 것이다.

그러나 김인걸의 위 논문은 어디까지나 새로운 연구과제의 제기에 불과하였다. 조선후기 향촌사회의 움직임은 결코 이 논문 하나로 해결될 수 있는

---

59) 《震檀學報》 34·35, 1972·1973; 李泰鎭, 《한국사회사연구》(지식산업사, 1986) 재수록.
60) 《東亞文化》 13, 1976.
61) 國編, 《한국사》 12, 1978.
62) 《山本博士還曆記念 東洋史論叢》, 1973.
63) 《鈴木俊 古稀記念 東洋史論叢》, 1975.
64) 《朝鮮學報》 76·78·81, 1975~76.
65) 한국연구원 총서 36.

것은 아니었다. 그는 이후 〈朝鮮後期 鄕案의 성격변화와 在地士族〉,[66] 〈조
선후기 鄕村社會統制策의 위기—洞契의 성격변화를 중심으로〉,[67] 〈朝鮮後
期鄕村社會構造의 변동〉,[68] 〈朝鮮後期 향촌사회의 權力構造 변동에 대한
試論〉,[69] 〈조선후기 鄕村組織의 변모와 1862년 농민항쟁의 조직기반〉[70] 등
후속 논고를 계속 낸 끝에 《朝鮮後期 鄕村社會 變動에 관한 研究》[71]로 그
동안의 고찰 성과를 종합적으로 정리하였다. 그 요지를 대강 간추리면 다음
과 같다.

   (1) 현재 문헌상으로 확인되는 각 지역의 鄕案과 洞契·洞約들은 16세기 중엽
     이후 사족들이 신분계급적 이해를 관철시키기 위해 만들기 시작한 것으로
     그들은 이에 근거하여 향촌운영의 주도집단으로서 향회를 성립시키고 ‘一鄕
     士族의 公論’으로 鄕規를 작성하여 향촌사회 운영체계를 확립하기 시작하
     였다. 향규는 대체로 향안의 入錄 규정, 鄕憲 및 집행자인 향임 선출 방식,
     吏任 선출과 吏·民 통제사항 등을 포함하고 또 일정한 사법권과 부역 조정
     권을 확보하였다. 동계·동약은 군현 단위의 향약의 하부조직으로 기능하도
     록 하여 그 체제를 강화시켰다. 향안, 동약의 성립은 지역에 따라 차이가 있
     으나 17세기 초반에는 많은 지역에서 만들어지고 있었다. 그러나 향안에 근
     거한 재지사족 지배체제는 18세기에 이르러 대부분 향회 가입자가 급증하면
     서 입록이 종식되거나 罷置되는 가운데 사족들이 향권에서 점차 소외되는
     경향을 현저하게 보인다.
   (2) 18세기 중엽 이후의 변화는 관 주도의 향촌 통제책이 강화되는 가운데

---

66) 《김철준박사화갑기념사학논총》, 지식산업사, 1983.
67) 《震檀學報》58, 1984.
68) 《변태섭박사화갑기념사학논총》, 1985.
69) 《韓國史論》19, 1988.
70) 《震檀學報》67, 1989.
71) 서울대 박사학위 청구논문, 1991.

향권이 사족으로부터 이·향층으로 넘어가는 것을 주요 내용으로 한다. 관 주도의 향촌통제체제는 숙종 38년(1712)의 〈良役變通節目〉의 里定法, 39년의 備邊司 八道句管堂上制·有司堂上制의 실시 등을 계기로 하여 성립한다. 즉, 전자로 부세 부과에 미치던 사족의 영향력이 배제되고, 후자로 지방행정을 중앙의 비변사가 직접 통할하는 형식이 도입되어 수령의 절대적 권한이 보장됨으로써 재지사족의 영향력이 향촌통치 제반에 걸쳐 크게 배제된다. 이러한 새로운 체제의 확립 아래 수령권 행사에서 이·향층의 구실이 커지는 변화가 동시에 수반된다. 이·향은 이서와 향임 또는 이족과 향족을 의미하는데 '鄕'에는 기존의 사족에서 향반화한 부류도 포함되지만 전통적인 향임층과 새롭게 향임이 되거나 품계를 획득한 부민층이 다수 포함되었다. 흔히 '新鄕'이라 불린 부민층은 사족보다 한 급 낮은 신분으로 자처하였지만, 관권에 비호 받았기 때문에 사족의 통제 밖에 있었다. 향촌사회의 운영권이 이처럼 신세력에게 넘어가는 과정에서 '鄕戰'이 벌어졌다.

(3) 관 주도의 향촌통제체제는 19세기에 이르러 그 체제 운영에 흡수된 부민, 이민층이 반발하는 동요상을 보인다. 18세기 후반만 하더라도 "窮民의 산업이 모두 富民·饒戶의 수중에 들어갔다"고 할 정도로 부민들은 상당한 부를 축적하여 그것을 기반으로 사회적 지위향상을 기하여 향권에도 참여할 수 있었으나, 부세운영에서 그들에게 지워지는 부담이 과중하여 자신들도 수탈의 대상이 되는 지경에 이름으로써 저항의 대열에 서게 된다. 수령권은 그동안 賣鄕·鄕任으로 부민층을 동원하였으나, 19세기 전반에 都結과 公同納 형태로 발전한 각종 부담이 가중되면서 부담 자체가 이제는 부민 자신들에게 돌아와 '富民俱困'의 상황이 빚어지면서 그들도 관 주도의 수탈구조의 첨병이 되기보다는 저항의 대열에 서서 최소한의 자기성장 기반을 지키고자 하였다. 19세기의 향촌통제책은 부민, 이·향층의 반발뿐만 아니라 향촌민들의 전반적인 저항으로 위기를 맞고 있었다.

김인걸의 연구는 위에서 보듯이 18세기의 변화에 그치지 않고 19세기의 민란 발생의 배경을 설명하는 데까지 이르고 있다. 그의 연구는 실상 19세기의 '봉건적' 질서 해체의 주도세력을 파악하는 것을 궁극적인 목표로 삼고 있었지만, 그에 앞서 밝히게 된 16·17세기와 18세기의 향촌 운영체제의 차이에 대한 해명은 '양반사회의 변화'의 흐름에 대한 이해에 큰 도움을 주는 것이 되었다.

韓相權의 〈16·17세기 鄕約의 機構와 性格〉[72]도 鄕約의 변천문제를 중심으로 거의 비슷한 추세를 제시하였다. 즉 16·17세기에는 재지사족들이 향촌사회의 질서를 주도하는 수단으로 향약을 시행하여 향소와 아전에 대한 인사권을 장악하고 재판권과 태 40도 이하의 처벌권까지 확보하여 향촌민을 신분적으로 지배하는 한편, 향약의 患難相恤의 덕목을 지주제 유지를 위한 소농민 보호의 방책으로 활용할 수 있다는 인식 아래 소농민들의 鄕村結契인 洞契를 그 하부조직으로 편입하는 특성을 보였는데, 17세기 후반에 이르면 향약 시행의 주관자가 수령이 되는 사례가 늘어나는 가운데 그 기능도 부세 책납을 독려하는 데 국한되고 향촌의 자치적 기능은 현저하게 감퇴되는 것을 밝혔다. 향약은 향규와 함께 재지사족의 향회가 향촌지배를 위해 강구한 중요한 수단이므로 향촌문제에서는 당연히 따라야 할 연구대상이었다. 이 연구가 밝히고 있는 사실 가운데 17세기 후반 이후 수령이 직접 향약 시행을 주관하는 변화가 나타나고 있었다는 것은 수령권을 배경으로 한 '新鄕'의 대두와 함께 중요한 사회적 변화라고 하지 않을 수 없다.

향안·향약에 대한 연구의 중요성이 부각되면서 1980년대 말엽부터 각 지역 사례에 대한 연구 성과가 쏟아지기 시작하였다. 이를 정리하면 아래와 같으나 대부분의 연구 결과가 18세기에 들어오면서 양안이 중단상태에 빠지게 되는 것을 지적하고 있는 점을 유의할 필요가 있다. 이것은 앞의 김인걸의 연구가 지적한 대로, 이 무렵에 향권을 둘러싸고 심각한 갈등이나 변화가 일

---

72)《震檀學報》58, 1984.

어난 곳이 한둘이 아니라는 것을 뒷받침한다. 이렇게 되면 앞 장의 신분직역제 변동에 관한 연구성과의 검토에서 확인된 하나의 사실, 즉 18세기에 들어와 준양반 또는 중인층에 해당하는 부류가 양반직역으로서의 유학을 다수 획득하는 추세와 또 하나의 조류로 연관성을 부여할 수 있는 가능성이 생기게 된다.

먼저, 金炫榮의 〈朝鮮後期 南原의 社會構造〉73)는 남원지방의 경우에 대해 다음과 같은 상황을 밝혔다. 즉 남원에서도 사족 중심의 향안은 1601년부터 1721년까지 10차례 작성되었으나 그 뒤로는 향안 작성이 활발하지 못한 가운데 直月案이 별도로 작성되어 수령과의 관계를 유지하고, 19세기에는 이것도 향리나 출신이 불명한 자들이 참여하는 변화를 보인다고 하였다. 정통 사족에 해당하는 부류는 향안과 직월안이 차례로 퇴색하는 추세 아래 司馬案을 따로 만들어 그 폐쇄성을 유지하려 한 것으로 파악하였다.

김현영은 이어 燕岐지방에서 17세기 중후반에 작성된 것으로 보이는 〈一鄕立法〉을 분석하여 〈17세기 燕岐地方의 鄕規와 鄕村社會構造〉74)를 발표하였다. 먼저 이 지방에서는 서원과 향교에 儒案을 둔 사족들의 '儒'와 지방의 향임을 맡아 향권을 장악한 '鄕'이 분화되어 있는 이른바 '儒·鄕分岐'의 사실을 확인하였다. 김인걸은 연구에서 영남지방이 '儒·鄕一致'의 경향이 강한 데 대한 그 외 지역, 특히 호남에 '유·향분기'는 많은 것으로 지적하였는데, 이 연구는 그 예를 직접 확인한 경우가 된다. 이 지방의 '유·향분기'는 17세기 초에 이루어졌으며 이후 같은 세기 중엽에 '儒·鄕合席'이 선언되었으나 18세기 말엽에 이르면 院長, 齋任, 座首 등의 직임을 놓고 儒戰, 鄕戰이 일어나는 것도 아울러 밝혔다.

김용덕 교수가 이끈 鄕村社會研究會가 1990년에 펴낸 《조선후기향약연구》75)에도 지역 사례에 대한 연구성과가 다음과 같이 다수 수록되었다.

---

73) 《역사와 현실》 2, 1989.
74) 《韓國學報》 61, 1990.
75) 대우학술총서 공동연구, 민음사.

金鎬逸의 〈17세기 '龍城鄕案'의 入錄基準 및 節機에 대하여〉는 김현영과 마찬가지로 남원향안을 분석하되, 양안 입록의 기준과 절차의 변화를 다루어 17세기 후반에 이르면서 그 기준이 약화되는 추세를 지적하였다. 즉 입록절차는 본래 父·母·妻族에 모두 하자가 없는 것을 3鄕이라고 하고, 그 이하를 2鄕·無鄕으로 등급을 매겨 3향만이 直書, 그 이하는 圈點 즉 심의에 붙이는 것을 원칙으로 하였는데, 1603년부터 1721년까지의 11차의 향안 작성에서 1655년, 1679년, 1700년에는 2향으로 직서하고 1향으로 천거 입록하는 등 기준 완화의 추세가 나타나는 것을 확인하였다. 그러한 변화의 내막은 깊이 천착되지 않았으나 〈용성향안〉을 통하여 본 남원 향촌사회는 왜란 전의 土姓土族보다도 난후에 이동해 왔거나 향리·서얼·부농 등의 신분상승에 의한 새로운 계층이 향안에 입록되면서 사족 중심 향안은 置廢가 반복되는 추세를 보이고 18세기 이후에는 본래의 기능이 상실되는 것이라고 管見하였다.

崔虎의 〈朝鮮後期 密陽의 士族과 鄕約〉은 밀양의 경우를 다음과 같이 밝혔다. 즉 이 지역은 임란 전에도 사족 중심의 질서가 비교적 확고하게 성립되었던 것을 배경으로, 난 후에도 복구사업으로 鄕案重修(1624), 서원의 移建(1637), 향약의 실시(1648) 등이 있었던 것이 확인되나, 향청의 기능 축소와 지위의 격하로 향권 재장악의 시도가 그렇게 순탄하지 않았다. 그런 가운데 17세기 말에 향안이 罷置되고 또 중앙의 당쟁의 영향으로 鄕論이 심하게 분열되고 있었다. 향안은 1673년의 〈癸丑變告〉로 사족 내부의 갈등이 심하게 일어나 입록자에 대한 撤案으로 파치되기에 이르렀으며, 甲戌換局(1694) 이후 남인이 실각함으로써 남인이 대부분인 이곳 사족들의 활동은 크게 위축될 수밖에 없었다. 남인 실세 후 鄕案 重修를 통한 사족규합의 시도가 한 차례 있었으나 노론계 사족의 반대로 포기되는 상황이 벌어지게 되었으며, 戊申亂(1728) 이후로는 더욱 남인에 대한 탄압이 가중되어 재지사족들의 군현 단위의 향권 확보는 거의 불가능한 상황에 이르고 있었다. 18세기 중반 이후 이곳의 사족활동은 동족적 기반 위에서 자체결속을 도모하는 것이 최선이었던 것으로 파악하였다.

朴京夏의 〈18世紀 州縣鄕約의 성격 — 金弘得의 〈鄕約條目〉을 중심으로〉는

1747년(영조 23년)에 김홍득이 보은군수로 재직하는 동안에 立約하여 시행한 향약을 분석한 연구로, 州縣鄕約 곧 守令鄕約에 해당하는 이 향약이 士族鄕約 과는 달리 농업공동체적 기능, 부세부담의 대책 등 경제문제를 중요시하면서 面을 기본단위로 하여 洞契·村契 등을 하부조직으로 편입하고 향교 조직을 이용, 전주민을 의무적으로 참여시키고자 한 특성을 가지고 있는 것을 밝혔다.

鄭震英의 〈18·19세기 士族의 村落지배와 그 해체과정〉은 士族 崔興遠이 부 재지주로서 대구부 夫仁洞에서 시행한 향약에 대한 각 계급·계층 사이의 찬 반 동향을 분석하여 반대세력으로서의 '豪富者'·'頑民'·'新接者'·'邑中有權' 등을 주목하여 이들이 대개 일정한 규모의 토지와 노비 1口 정도를 소유하고 있는 사실에 근거하여 이들을 '饒戶富民' 또는 중인 양반으로 신분을 새로 상 승시킨 부류에 해당하는 것으로 파악하고, (관권)+(동민)+유림+사족 대 요 호부민+향임+(동민)+(관권)의 대립 구도를 주목하였다.

이해준의 〈朝鮮後期 洞契·洞約과 村落共同體 組織의 性格〉은 河回洞契를 비롯한 몇 개 지역의 동계·동약을 종합적으로 대비하여 17·18세기 향촌사 회에서 사족들이 군현지배력을 점차 상실하는 추세 속에 동 단위의 좁은 지 역 사회에서 그들이 가진 대응을 구체적으로 살펴보고자 하였다. 향규나 향 안류에서 보였던 사족들의 지역적(군현 단위) 신분적 특권의식이나 대외적 지향의식들이 점차 하층민 통제와 직결된 방향 또는 그 전제로서 전환되고 있는 사실을 파악하여 이것은 사회경제적 구조변화로 촌락 안의 지배가 종 래의 신분적 권위만으로 유지될 수 없게 된 것을 의미하는 것이라고 이해하 였다. 동계 주도층은 전반적으로 신분계층적 구조보다도 경제적인 측면에 주된 관심을 보이고, 예교적 면보다도 수탈방어적인 성격이 강해지는 변화 를 보이는 것을 파악하였다.

《조선후기 향약연구》전후에 국내외의 학회지에 개별적으로 발표된 사례 연구도 한둘이 아니다. 全炯澤의 〈17세기 潭陽의 鄕會와 鄕所〉[76]는 담양 향

---

76) 《韓國史硏究》64, 1989.

교에 보관되어 있는 〈舊鄕籍〉·〈鄕籍〉·〈鄕籍草冊〉·〈仙員錄〉 등의 자료를
분석하여 그 결과를 다음과 같이 보고하였다. 담양은 儒·鄕이 나누어 지지
않은 고장으로 사족들의 결속이 대단히 강하여 적어도 17세기 일대에는 큰
동요를 보이지 않았다. 그런데도 향안은 1710년을 마지막으로 하고 있으며
입록기준도 본래는 3향만 직서하고 2향은 반드시 심사를 거치며 단향은 거
론조차 하지 못하게 하였으나, 18세기에 이르면 2향도 심사 없이 허용하도록
하는 정도의 변화가 있었던 것이 언급되었다. 연구자가 보고하듯이 담양은
재지사족의 결속이 상대적으로 강한 감을 많이 주고 있으나 1666년, 1677년,
1710년의 향적수정 문제가 거듭 제기되고 있는 것은 이곳도 시대적 영향을
전혀 외면할 수 없었던 감을 준다.

　최근에 이루어진 제주도 지방의 경우에 대한 연구 성과도 흥미롭다. 姜昌
龍의 〈17·18세기의 濟州鄕村社會構造와 그 性格 － 濟州 鄕案과 薦記를 중심
으로〉77)는 다음과 같은 사실들을 밝혔다. 즉 이곳에는 元 지배 아래서 토착
민에 대한 회유책의 일환으로 士官制가 성립하여 15세기까지 존속하다가 16
세기 이후 留鄕品官 집단인 高·夫·梁·文 氏가 중심이 된 재지사족이 형성
되었으며, 17세기 후반 이후에는 다시 金·吳·姜 氏 등이 새로운 지배사족을
이루는 큰 변화가 나타나는 것으로 분석되었다. 17세기 후반 이후의 3개 氏
의 성장은 대개 賣鄕·鄕任의 방식을 통한 경우가 많으며 수령권과의 관계도
그것을 강화해 주는 성향이 강하다고 하였다. 향안, 천기 외에도 18세기 이후
부터 작성된 것으로 보이는 도내 里洞을 대상으로 작성된 《戶籍中草》에 대
한 연구는 그러한 새로운 체제 성립의 과정을 파악하는 데 큰 도움을 줄 것
으로 전망하였다. 제주도와 같은 '변방' 지역에서조차 육지 군현과 다름없는
시대적 추이가 나타나고 있는 것은 주목할 만한 사실이다.

　경상도 단성 향안에 대해서는 사례 연구가 거듭되고 있다. 이 지역은 현전
하는 호적자료가 많아78) 신분직역제 연구에서도 많은 연구성과가 나왔지

____

77) 《濟州島硏究》 8, 1992.

만[79] 현지 鄕校 鄕案室에 〈丹城鄕案〉이 현전하여 향촌지배권 변동문제에서도 1988년에 川島藤也의 〈《丹城鄕案》에 대하여〉,[80] 최호의 〈丹城鄕案에 대한 一考察〉[81] 등이 잇달아 발표되고, 1991년에는 井上和枝가 〈李朝後期 鄕村支配權의 變動과 在地士族－慶尙道丹城縣의 경우를 中心으로〉[82]를 발표하였다.

川島의 연구는 지금가지 살핀 연구자들과는 다른 견해를 표명하고 있다. 자료 丹城鄕案은 1621년부터 1707년까지 13차에 걸쳐 작성된 끝에(1707년의 두 차례의 追案, 한 차례의 別案 포함) 1726년에 작성된 完文을 付隨하고 있는데, 이에 밝혀진 특별한 사실에 대해 그는 일반적인 견해와는 상당한 차이가 있는 해석을 가하고 있다. 완문은 작성 전 가까운 시기에 향안에 대한 刀改의 사실이 있었던 것을 밝히고 이에 대한 책임을 물어 首鄕任을 黜鄕시키는 조치를 취하고 앞으로는 기존 鄕員의 자손만 有資格者로 한다는 원칙을 천명하는 내용을 담았고, 단성향안은 이로써 파치상태에 놓이게 된다. 그런데 川島는 도개사건 이후 향안 파치에 이른 것을 향권분쟁의 시각에서 보지 않고 호적 자료를 통해 단성현의 유학층이 이 무렵 크게 증가한 사실을 주목하여 이러한 달라진 시대적 여건에 따라 유력가문 집단 곧 기성 입록자들이 세습적 독점성향을 보인 결과라고 파악하였다. 즉 보수세력의 보수화가 입록 중단을 초래한 것이라고 하였다.[83] 그러나 같은 향안을 분석한 최호, 井上 등은

---

78) 丹城 현지에 전하는 18세기 호적은 1980년에 韓國精神文化硏究院(현 한국학중앙연구원)에서 《慶尙道丹城縣戶籍大帳》이란 이름으로 보급판으로 간행하였으며, 日本 學習院大學에 또한 19세기분이 다량 보관되어 있다. 이 대학에 소장되어 있는 조선호적에 대해서는 東京大 武田幸男 교수가 《學習院大學藏 朝鮮戶籍大帳の基礎的 硏究》(學習院大學 東洋文化硏究所 調査硏究報告 No.13, 1983)를 통해 자세히 소개하였다. 그리고 단성현 호적에 대해서는 같은 調査硏究報告 No.27, 《朝鮮後期の慶尙道丹城縣における社會動態の硏究(1)》(1991)에 중요 논문들이 수록되었다. 이 대학 東洋文化硏究所 《調査硏究報告》로 여러 편의 보고서가 계속 나오고 있다.

79) 朴性植, 〈18세기 丹城地方의 社會構造－丹城戶籍 職役別 통계를 중심으로〉, 《大邱史學》 15·16합호, 1978; 金錫禧·朴容淑, 〈18세기 農村의 社會構造－慶尙道丹城縣의 경우〉, 《釜大史學》 3, 1979.

80) 《淸溪史學》 4, 1988. 6.

81) 《又仁金龍德博士停年紀念史學論叢》, 1988. 9.

82) 《朝鮮史硏究會論文集》 28, 1991.

83) 가와지마 씨는 昌寧, 金海, 龍城 鄕案의 분석에서도 대개 비슷한 견해를 표명하였다.

이와 달리 향권분쟁이 초래한 결과로 파악하였다.

최호의 연구는 향안과 함께 단성호적에 나타난 양반신분의 가호와 그 씨성들의 상황을 조사하여 참조한 것이 특징이다. 호적상에 나타나는 元戶數 외에 양반호를 조사하여 향안 入錄戶의 비율을 파악한 것은 이 지역 양반사회의 형세를 개괄적으로나마 파악하는 데 도움이 된다.[84] 총 호수(元戶) 대 입록호 비율은 1678년(戊午) 호적 7.5%, 1717년(丁酉) 호적 10.5%로, 총 양반호 대 입록호의 비율은 양년 모두 51.5%로 각각 파악되었다. 향안에 참여한 성관은 모두 22개, 그 가운데 安東 權氏 등 8개 성관이 전체의 80%를 차지하는데 이 8개 성관들은 모두 다른 지역에서 온 入鄕姓氏들로서 임란 때 의병활동을 주도한 것이 향촌주도권 장악의 결정적인 계기가 된 것을 밝혔는데, 1621년부터의 향안 작성이 바로 그 구체적인 증거라고 하였다. 1621·1625·1630년 등의 향안은 성립기에 해당하며, 1636·1642·1648·1651년 등의 향안은 기능이 정상적으로 운영되던 상태의 것으로 보았다. 그러다가 1658년의 4월과 8월의 향안들은 개수가 일관성을 잃어 자격 미달자 또는 가계불명자가 입록하는 혼란상을 보여 입록을 둘러싼 사족 내부의 대립이 이때 이미 일어나기 시작한 것으로 파악하였다. 1699년의 향안에서는 기존 참여인을 중심으로 한 정비 추진의 노력도 있었지만, 1701년의 두 차례의 追案에서 기존 향안과 관계없는 非鄕參人들이 30~40%를 차지한 것은 그러한 의도가 성공하지 못한 것을 말하며, 그런 변화로 단성향안은 이후 곧 파치상태에 놓이게 된다고 하였다. 최호의 이러한 파악은 물론 앞의 川島의 그것과는 현격한 거리가 있는 한편 다른 대부분의 지역사례와는 근사한 내용이다. 그러나 그는 이 논문에서 완문의 도개 사실을 다루지 않아 아쉬움을 남기었다.

井上和枝는 앞의 두 연구자와는 달리 향안에 대한 이해를 높이기 위해 17

Journal of Korean Studies, No.2, No.5, 1984.

84) 단지 그가 양반호수를 제시하면서도 양반호로 평가 선별한 기준을 구체적으로 제시하지 않은 것은 큰 흠이다.

세기 전반기까지의 이 지방의 사족지배체제의 산물로 1650년 李時馪 편찬의 邑誌《雲窓誌》를 보조자료로 활용하면서, 완문과 절목(향안의 기능과 보관방법 명문화)의 내용을 다음과 같이 파악하여 최호와 마찬가지로 향안의 파치를 새로운 사회변동의 결과로 보고자 하였다. 즉, 攝書(加書), 刀改로 향안 가운데 자손으로부터 首鄕任을 뽑는 것을 명문화한 것은 鄕中의 분쟁이 이미 이전부터 內燃하여 수향임직 선출의 관행이 무시된 사태가 발생하여 이를 문서화해 둘 필요성이 생겨 완문의 작성이 있게 된 것이라고 하였다. 기존 향안 질서에 대한 도전의 가능성은 納粟受職者가《大帳》의 戊午式(1678)에서 33명, 丁酉式(1717) 109명, 庚子式 94명으로 계속 배출된 점, 엄격한 차별을 받아온 서얼 문제도 서서히 완화 방책이 취해진 사실 등으로 보아 충분히 있을 수 있다고 하였다. 완문에서 밝혀진 鄕案改竄事件은 경제적 성장을 배경으로 대두한 신흥양반과 향안 창시를 주도한 명문 유력 사족 간의 마찰로 일어난 것으로 그러한 향론의 분열상태를 극복하지 못한 상태에서 기성 유력사족은 향안 입록의 續行 자체가 향안의 위신을 저하시킨다고 판단하여 향안 작성을 중단하고, 향안입록 사족의 자손 이외로부터 향청수임을 선출할 수 없다는 항목을 절목에 명시하여 어렵게 그 지도권을 유지한 것이라고 풀었다.

井上은 19세기의 단성 향촌사회 지배상도 함께 다루었다. 18세기에 이미 재지사족의 향권이 위와 같이 크게 흔들린 뒤 19세기의 단성현은 다른 지방과 마찬가지로 수령권이 강화된 가운데 이에 일체가 된 군졸(軍官·將校), 이서, 상민층 출신의 면임 등이 지역사회를 실제적으로 장악한 상황을 먼저 파악하고, 그러한 상황에서 재지사족의 모습을《金麟燮日記》·《日省錄》·《壬戌錄》등의 자료에서 추출한 각지의 향회 사례 31개를 분석하여, 재지사족 참가의 鄕會와 참가층을 이보다 더 확대시킨 향회가 같은 시기에 공존한 것, 그리고 그것만이 아니라 수취문제에 관한 수령 자문기관으로서의 기능도 폐기되지 않고 있었던 사실 등을 밝혔다. 이러한 과도적 상황에서 단성민란에 재지사족의 참여는 결국 신분제를 토대로 한 지배의식을 지닌 채 수령·이서 등의 향촌지배권에 저항하는 성격을 띠는 것이라고 파악하였다.

井上의 19세기 단성현의 향권 동향에 대한 파악은 그 사이에 이루어진 다른 연구자들의 성과를 발전시키는 의의를 가지고 있다. 19세기의 향촌사회에 대해서는 이에 앞서 安秉旭이〈朝鮮後期 自治와 抵抗組織으로서의 鄕會〉,[85]〈19세기 壬戌民亂에 있어서의 '鄕會'와 '饒戶'〉[86] 등의 연구성과를 내놓고 있었다. 안병욱의 연구성과는 앞서 살핀 김인걸의 연구에서도 이미 적극적으로 수용되고 있었지만, 19세기에 요호부민이 수령권으로부터 피수탈적 상태에 놓인 것, 그들이 참여한 '향회'가 이제는 전날의 양반사족이나 향임이 주도한 것과는 다른 순수한 주민들의 집회였다는 것 등을 밝혀 요호부민의 존재를 부각시켰다. 그러나 그의 연구에서는 요호부민과 향임직의 관계 같은 것은 아직 구체적으로 다루어지지 않았다.

19세기 향촌사회의 변화는 高錫珪의 연구로 좀 더 자세하게 파악되었다. 그는 1989년에〈19세기 前半 鄕村社會 支配構造의 성격 — '守令 — 吏·鄕 수탈구조'를 중심으로〉,[87]〈19세기 전반 鄕村社會勢力間 對立의 推移 — 慶尙道 英陽縣을 중심으로〉[88] 등을, 그리고 1990년에〈18세기 말·19세기 초 平安道 지역 鄕權의 推移〉[89]를 발표한 뒤 곧《19세기 鄕村支配勢力의 變動과 農民抗爭의 全開》[90]로 그의 견해를 종합하였다. 그 요지를 정리하면 다음과 같다.

(1) 新·舊鄕의 대립과 향촌지배 구조의 변동에 대해서는 영양현의 경우를 삼남지방의 대표적인 사례로 고찰하였다. 이 지방은 1728년의 戊申亂을 계기로 노론 세력이 침탈하여 新鄕을 결집하여 신·구향 사이에 향전이 벌어졌는데 그 결과는 신향의 승리로 돌아갔다. 이렇게 해서 확립된 신향층과 이서층이 수령권과 결탁한 구조는 '守令 — 吏·鄕 支配構造'라고 이름

---

85)《성심여대논문집》18, 1986.
86)《韓國史論》14, 1986.
87)《外大史學》2.
88)《國史館論叢》8.
89)《韓國文化》11.
90) 서울대 박사학위청구논문, 1991.

을 붙일 만한 것으로 이 구조 아래 1842년의 양전과 도결의 시행은 그 지
배구조에 편입되지 못한 요호부민층의 몰락을 가져와 수탈대상이 된 그들
은 마침내 체제 도전에 나서서 소빈농층과 함께 1852년의 '英陽作變'을
주도하였다.

(2) 서북지역의 향촌사회 지배구조의 변천에 대해서는 '洪景來 亂'을 중심으로
다음과 같이 고찰하였다. 이 지역의 상황은 인란 후부터 동향이 포착되는데
사족층이 형성되지 못한 조건에서 다음과 같은 특수성을 보이는 것으로 파
악하였다. 즉 사족층 대신 향인층이 부세운영에서 이서층을 수직적인 관계
로 통제하면서 향권을 장악하고 있었으나 18세기 중엽을 고비로 그 '元鄕'들
의 지배질서는 상업을 통한 신향층의 성장으로 동요되기 시작한다. 그러나
이곳에서는 수령의 매향 행위나 부민수탈 행위가 자행되기는 마찬가지였으
나 수령권만 강성하였지 삼남처럼 신향층이 향권을 장악하는 교체변혁은
일어나지 않았다. 그리하여 관가에 대한 부민층과 일반의 불만이 누적되고
향인층을 중심으로 한 여러 사회세력이 저항하고 집단화하면서 서북민에 대
한 전래적인 정치적 차별이 공통 피해의식으로 의식되어, 이를 배경으로 '홍
경래 난'이 일어났다. 봉기군의 구성이 富豪大商·파락·亂黨·流民饑氓 등
복합적이었던 것은 결코 우연이 아니었다. 난의 평정과정에서 吏·校층이
'義兵'을 자처하여 공을 세움으로써 이 의병세력과 수령권의 결탁이 삼남
지역의 '수령—이·향 지배구조'에 상당하는 것으로 자리잡았다. 향인층과
이·교층은 본래 거의 동질적인 부류로 관권과의 결탁 여부로만 가릴 수 있
는 존재였다.

(3) 수령—이·향 지배구조는 수령과 이서·향임층을 기본 구성으로 하나 양
반토호층도 관여되는 경우가 많았다. 양반토호는 전날의 사족지배시대와는
달리 체제적인 뒷받침이 없어져 오로지 개별적인 물적 기반의 유지를 위해
수령권에 접근하였다. 수령—이·향 지배구조는 수령—감사—중앙 집권세
력가로 이어지는 중층구조 아래서 그 수탈적 성격을 표출하였다. 그 지배구

조 아래 수행된 부세운영은 雜稅(商工稅)·軍政·還穀의 結斂化 곧 都結을 중요 특징으로 하였다. 군역이 軍摠制로 시행되자 농민층은 避役 또는 歇役에 들어가고자 하였는데 요호부민층은 주로 피역을 도모하였다. 수령·이서·향임은 이를 악용하여 사리를 채우고 부족분은 도결로 처리하는 가운데 호포법·군포법이 등장하였는데 이것은 결과적으로 신분에 따른 차별적 운영을 부정하는 것이 되었다. 환곡 운영에서도 取耗補用과 還摠制가 도입된 가운데 吏·鄕층이 作錢代捧制로 수입증대를 꾀하였으며 환총제 아래서 환곡수령을 피하는 頉戶는 주로 요호층이 추구하고 빈곤한 상천과 몰락양반이 受還者가 되는 추세였으며 이런 상황에서 늘어나는 逋欠은 도결화되어 전체의 부담이 더욱 증폭하는 결과를 가져왔다. 수령－이·향 지배구조 아래서의 총액제에 기반한 공동납은 담세의 불균등과 신분적 차별을 내재시켜 사회적 모순을 증폭시키고 신분제에 바탕을 둔 부세운영의 원리가 점차 경제력 위주의 운영으로 대체되는 진행을 딛고 있었으며 그 속에서 '無論班常'이란 운영원리가 생겨나고 있었던 것이 주목되는 변화였다.

(4) 1862년의 농민항쟁에 토호양반·요호부민층이 소빈민층과 함께 참여한 경위는 다음과 같이 파악되었다. 요호부민은 신분적으로 반·상을 포괄하지만 평·천민층이 차지하는 비중도 매우 높았다. 이들은 18세기 후반만 하더라도 원납 등을 통하여 신분상승의 기회를 얻기도 하고 또 그럴 만큼 경제적 여유도 있었으나, 19세기에 들어서면 각종 수탈을 집중적으로 받아 지속적 성장이 어렵게 되었다. 수령－이·향 지배체제 아래 그 구조 속에 편입되어 중간수탈층을 형성하는 부류와 그 구조와 대립적 위치에서 오히려 수탈대상으로 남는 층으로 나뉘었는데, 후자가 농민항쟁을 주도하는 구실을 담당하였다. 전국 70여 개 지역의 항쟁에 향회가 주요 역할을 하였는데 광의의 향회의 저항은 도결 실시 이후 시작되며, 그것은 요호부민층의 상층부를 점하는 양반토호층에 따라 지도되고 소빈민층이 동력으로 작용하였다. 이와 같은 이른바 토호 주도 항쟁은 1862년 농민항쟁의 일반적 형태

로 그 구도는 수령－이·향 지배구조 대 토호·요호부민 및 소빈민층으로 부각된다. 1862년 이후에도 수령－이·향 지배구조는 크게 개선되지 않고 모순을 심화시켰다. 이전의 민란이 향회에 따라 주도되어 군현 단위의 지역성을 넘지 못하였던 것과는 달리, 이후로는 모순이 국가단위로 확대되어 타도 대상이 갑오농민항쟁에서처럼 도 단위의 균전사·轉運使·監司·兵使 등으로 지목되는 변화가 나타난다. 국가권력 자체를 타도 대상으로 삼는 전국적인 반봉건항쟁으로 봉기의 수준이 높아지는 가운데 수령－이·향 지배구조의 인위적인 수탈과 더불어 물가앙등, 각종 잡세의 부담 가중, 특권세력에 의한 독점 등이 진행되는 속에 요호부민층의 위치는 극히 불안정하여져 독자적 사회세력으로서의 의미가 축소되고 양극적 구도가 심화하여 갑오농민전쟁이 발생한다. 이 농민전쟁에서 反농민군은 정부군과 일본군, 民堡軍(토호층 지휘권, 挾戶層 또는 소작인을 군병), 향리층 중심의 民砲·褓負商 등이었다. 농민적 향회는 '民會'의 이름으로 발전하여 報恩 聚會를 거쳐 집강소 제도를 성립시킨다.

고석규의 위와 같은 연구성과는 19세기 사회변동에 대한 이해를 크게 높여 주는 것이라고 믿어진다. 그의 연구는 종래 '홍경래의 난'을 단순히 '서북지역농민전쟁'으로 간주하였듯이 서북지역의 특수성에 대한 고찰이나 배려가 제대로 가해지지 못한 결함을 지양하고 있을뿐더러 1862년의 농민항쟁의 구도와 시대적 특성, 그리고 1894년의 농민전쟁과의 차이에 대한 변별은 새로운 것으로서 설득력도 높은 것으로 받아들여진다. 그리고 요호부민의 사회적·경제적 조건에 대한 파악도 뒤에서 상론하듯이 이 시기 직역제 변동 쪽의 연구성과와 연관지을 수 있는 내용이 많다.

이상으로 1980년대 이후의 향촌사회 운용(지배) 구조와 그 주도세력 변동에 관한 연구성과들을 정리하여 보았다. 본격적인 연구 기간이 그다지 길지 않았던 것에 견주면 그 성과는 양적으로나 질적으로 괄목할 만한 것이라고 해야 할 것 같다. 내용적인 면에서 17세기 말엽, 18세기 초반에 향안입록 문제를 놓고 동요를 일으킨 곳이 많았다는 것, 그리고 그러한 동요가 18세기에는 수령권을 중심으로 한 수습책이 중앙정부의 기본대책 방향이었으나 그것이 19세기에는 수령－이·향 지배체제로 왜곡되어 많은 혼란이 일어나고 있었다는 사실 등은 조선후기 사회의 변화가 결코 단순한 것이 아니라는 것을 충분히 주지시켜 주고도 남음이 있다. 단지 대부분의 연구가 이 새로운 광맥을 파 들어가는 데 여념이 없어 신분직역제 변동 쪽의 연구성과와 연관시키는 여유를 가지고 있지 못한 것이 아쉬움으로 남는다.

3. 조선후기 사회변동론의 새로운 지표

1) '변동'의 시간과 공간

조선후기 양반사회의 변화에 관한 기존의 연구에 대해 지금까지 신분직역제와 향촌사회 운영구조 변동에 관한 연구성과들을 중심으로 연구사적 정리를 가져보았다. 이 정리를 통해 그 동안 연구가 부단히 깊이를 더해 온 사실을 분명히 확인할 수 있었다. 그러나 한편으로 앞으로의 연구 발전을 위해 의견과 시각이 조정되어야 할 부분도 적지 않은 것으로 드러난다. 기존 연구들은 대개가 '변동'을 인정하고 있지만, 한편으로는 '변동'과 배치되는 사실을 밝혀 좀 더 신중한 연구를 촉구하거나 심지어는 변동론을 부정하거나 변동론에 회의적인 견해도 없지 않았다. 이러한 이견이나 회의는 지금까지의 변동에 대한 고찰이 변동이 일어난 시간과 공간을 명확히 하지 못한 데서 비롯하는 것이 적지 않은 것으로 판단되었다.

종래 '변동'은 임진왜란으로부터 시작된 것으로 인식하는 경향이 강하였다. 변동론의 초기 주장에서부터 임진왜란은 변동의 큰 분수령으로 설정되고 있었다. 천관우가 "조선의 近世를 형성하는 내재적 계기는 실로 멀리 임진왜란에서 시작되는" 것이라고 하였고, 김용섭의 연구 또한 "임진·병자 이후에 크게 변동하였던 신분제도가 孝宗 이후에 재정비된 위에서 다시금 전개되어 갔던” 것이라고 하였다. 김용섭이 효종대를 한 차례의 재정비의 시기로 잡은 것은 변동의 흐름이 한 차례 반동을 받고 있었던 의미를 담고 있지만, 어떻든 당초의 변동은 임진왜란·병자호란 등 16세기 말엽 이후의 수십 년 동안의 외침들로부터 큰 영향을 받아 시작된 것으로 인식하였다. 이러한 초기의 견해들은 학계에 거의 그대로 받아들여져 지금까지 조선시대사는 임진왜란을 기준으로 전기·후기로 구분되는 것이 일반적이었다. 그러나 조선시대사에 대한 이러한 시기구분은 어디까지나 위와 같은 변동론의 차원에서 막연하게 제시된 것으로 그 자체가 엄밀한 논증을 거친 것은 아니었다.

조선후기 ‘변동’에 대한 시간적인 인식에서 ‘임란 이후’와는 별도로 ‘17세기 후반’이라는 다른 하나의 기점이 거론되기도 하였다. 전자가 신분제 변동의 출발점이라면 후자는 경제적 발전의 전환점으로 흔히 거론되는 경향이다. 신분제 변동과 경제발전은 하나의 사회경제적 상황일 것인데도 이렇게 변화의 시기가 서로 다르게 거론되는 것은 모순이라고 하지 않을 수 없다. 임란·호란 등의 전란이 준 사회적 충격이 무엇보다도 컸을 것이라는 막연한 예상이 구체적인 연구를 통해 나타난 ‘사실’과 함께 자리를 나눈 것이 아닌가 한다. 김용섭이 효종대를 한 차례의 재정비 시기로 설정한 것은 그 두 가지 시기구분 사이에 놓인 간격을 해소시켜 보려는 노력의 하나로 간주된다.

그런데 과연 전란은 그와 같이 신분적 질서에 근본적인 변화를 일으켜 놓았던가? 이에 대해서는 앞으로 좀 더 실증적인 점검이 요망되지만, 앞의 연구사적 정리에서 이와 관련하여 확인된 흥미로운 사실은 ‘조선후기 사회변동론’에 대해 이론을 제기한 연구들, 다시 말하면 신분직역 변동에 역행하는 사실들을 제시한 연구들의 분석대상 시기가 모두 17세기 초반·중반이었다는 점이다. 앞서 소개한 Wagner, 한영국 등의 연구가 바로 그러하다.

Wagner는 1663년에 작성된 서울 〈北部帳戶籍〉에 대한 분석을 통해 신분변동은 오히려 양반에서 양인으로, 양인에서 노비로 하향 이동하는 경향이 더 강하였던 사실을 지적하면서 ‘임란 이후 사회변동론’의 일반화는 신중히 해야 할 문제라고 경고하였다. 그리고 한영국은 1609년의 울산부 호적을 자료로 노비신분층의 결혼형태를 분석하여 17세기 초의 울산지방의 현실은 양인 농민층이 계속적으로 몰락하고 사노비주의 노비 증식 기도가 강렬하게 나타나 변동론이 주장하는 노비의 감소나 身良役賤類 증대의 추세는 전혀 찾아볼 수 없다고 하였다. 두 논문의 분석 결과는 필자가 보기에는 논증상에 어떤 잘못이 있는 것은 결코 아니다. 오히려 지금까지 변동론이 그 시간대를 지나치게 안이하게 설명해 온 데 문제가 있었던 것으로 판단된다.

신분직역제 변동에 관한 연구보다 늦게 출발한 향촌사회 운영구조 변동에 관한 연구 측에서는 사실 17세기 초·중반을 처음부터 '변동'의 시간대에서 제외시키고 있었다. 즉 임란 전 16세기부터 잡히기 시작한 사족 지배체제가 임란 후인 17세기에도 여전히 존속한 것으로 파악하였던 것이다. 17세기 사회의 중심구조인 사족지배체제는 '변동하는' 사회가 아니라 '변동될' 대상으로 파악되었다. 향안·향회에 관한 사례연구들도 대부분 임란 후 재지사족들은 난중에 의병활동을 주도한 업적을 배경으로 향안 작성을 통해 자신들 중심의 향촌질서 재확립을 기도하였던 것으로 파악되었다. 그리고 사족들의 그러한 향안을 통한 지배질서는 최소한 17세기 중반 무렵까지는 발전기에 놓여 있었던 것으로 논증하였다. 향안 입록자에 변화가 생기거나 그로 말미암아 향안이 파치상태에 놓이는 변화는 빠르면 17세기 후반, 대개는 18세기 초반에 일어나는 것이라고 밝혔다.

신분직역제에 관한 연구 가운데서도 17세기 중반까지를 사족지배체제의 보수적 성향이 강한 것을 직접 지적한 연구도 있었다. 崔永浩의 〈幼學·學生·校生考－17세기 身分構造의 변화에 대하여〉[91]는 인조 4년(1626)의 校生落講充軍法에 대한 반응을 중심으로 17세기 초·중반의 사족층의 보수적 성향이 대단히 강하였던 사실을 밝히고자 하였다. 즉 이 법은 당초 가문배경에 구별을 두지 않고 유생이 考講에서 떨어지면 모두 군역에 充定시키기 위해

---

91)《歷史學報》101, 1984.

마련되었던 것인데, 사족들은 대부분 이를 반대하고 향교가 아니라 서원을 근거지로 삼아 講學에 임하여 스스로 幼學이란 호칭을 즐겨 쓰면서 군역을 면제받으려 하였고, 이러는 가운데 향교의 교생과의 신분적 自別 의식도 더욱 높아갔던 것이라고 밝혔다.

임진왜란 후 17세기 초·중반은 호란이 두 차례나 연속하여 일어나 사회적으로 혼란의 시대였던 것은 분명한 사실이다. 그리고 전란으로 인한 혼란의 소용돌이 속에서는 기존의 신분질서에 어긋나는 요소들도 많이 발생할 수 있다. 임란 이래 조선왕조의 중앙정부는 전란 대응에 필요한 재력과 인력의 긴급 동원을 위해 납속공명첩을 다수 발행하였으며 이것은 납속자의 신분직역을 한 등급 이상씩 높여 주는 것을 대가로 삼고 있었다. 종래 변동론이 임란을 변화의 기점으로 잡은 것은 대부분 이 납속공명첩의 다량 발급의 사실을 의식하고 있었다. 그러나 지금까지의 신분 직역제에 관한 연구에서 분명하게 드러난 사실은 납속공명첩이 보장하는 사회적 지위는 발급받은 당사자 一代에 한하고 자손에게는 아무런 보장도 주지 않았다는 것이다. '임란 이후' 변동설은 이와 같이 그 주된 근거가 허물어지고 있는 만큼 더 이상 고려될 필요가 없을 것이다.

17세기에는 기존의 '봉건적' 신분질서가 무너지기 어려운 다른 특별한 여건이 조성되고 있기도 하였다. 즉 태양흑점 활동이 쇠퇴하여 기온이 전반적으로 내려가는 가운데 한발과 홍수가 교차하는 '小氷期(little ice age)' 현상이 반세기 이상 계속되어 체제 변동의 새로운 힘이 생겨날 수 없는 상황이 전개되고 있었다. 이 자연재난이 역사에 미친 영향에 대해 유럽사에서는 '17세기 위기론'이란 논제 아래 활발한 연구가 이루어진 지 오래지만, 한국사 쪽에서는 현재까지 이에 대한 연구가 매우 빈약한 상태이다.[92] 수년 전 한 서양사

---

92) 이 문제를 다루거나 언급한 연구는 다음과 같다. 나종일, 〈17세기 위기론과 한국사〉, 《역사학보》 94·95합호, 1982; 김연옥, 〈한국의 소빙기 기후〉, 《지리학과 지리교육》 14, 1984; 李泰鎭, 〈국제무역의 성행〉, 《한국사시민강좌》 9, 특집-조선후기의 상공업, 1991.

연구자가 유럽사에서의 '17세기 위기론'을 소개하면서 한국사 연구자들이 이에 관심을 가질 것을 촉구하였지만[93] 아직까지 이렇다 할 만한 성과가 나오고 있지 못하다. 필자는 근래 이에 대해 관심을 가지고 조선왕조실록으로부터 관련 자료들을 뽑고 있지만, 현재까지 수집된 자료들에 근거하여 소감의 일단을 먼저 피력해 두면, 이 문제는 앞의 지적대로 17세기 한국사회가 처한 상황에 대한 정확하고도 구체적인 이해를 위해 빠뜨릴 수 없는 문제임이 명백하다. 한반도에서 소빙기 현상은 임진왜란이 일어난 바로 이듬해부터 닥치고 있었으며, 이후 1660년대까지 약 6, 70년 동안 2~3년이 멀다 하고 한발과 홍수가 남북동서를 번갈아 휩쓸면서 사회를 '위기'로 몰아넣었다.[94]

'소빙기'의 재난은 그것이 자연현상인 한 동아시아사에서도 조선만의 문제일 수가 없었다. 이 재난으로 일어난 동아시아 역사상의 가장 큰 파문은 후금의 남하였다. 만주일대의 여진족은 15~16세기 동안에 조선·중국으로부터 농기구와 畜力을 구입하여 농경사회로의 전환을 진행하고 있었다. 이러한 경제적 변화가 새로운 부족 통합을 가능하게 하여 후금이 성립하기에 이른 것으로 보이지만, 한편 농경사회의 기반이 잡힌 탓으로 흥기와 동시에 닥친 자연재난으로부터 받는 타격이 적지 않았다. '소빙기' 현상은 기온 강하가 중요한 특징이었으므로 위도가 높은 지역일수록 받는 피해가 더 크기 마련이었다. 누루하치 때만 해도 남하는 가능한 한 자제되었지만 재난이 그치지 않는 한 그러한 자제는 오래 지속하기 어려운 것이었다.

임란 이후 조선의 사정은 이와 같이 극히 어려운 상황이었다. 임란의 피해

---

93) 나종일, 위의 글.

94) 이에 대해 국가적 대책의 단면을 소개해 두면 다음과 같다. 광해군대의 진휼청의 설치는 가장 구체적인 대책이었는데, 이 기구는 자연재난이 장기화함에 따라 단순한 진휼기구가 아니라 종합적인 경제대책 기구의 성격을 띠어 갔으며, 그 존속의 하한은 재난이 다소 수그러드는 1660년대까지 미친 것으로 보인다. 대동법의 원리가 16세기 후반에 이미 제시되어 17세기 초반에는 제도적 시행이 이루어질 수 있는 시점이었지만, 실제로는 인조 초에 일부지역에 시행된 것도 곧 중단되고 1660년대 이후에 가서야 비로소 본격적인 시행이 가능하게 되는데, 이것도 모두 계속되는 자연재난으로 量田事業이 불가능하여 취해진 불가피한 조치였다. 李泰鎭, 〈국제무역의 성행〉, 《한국사시민강좌》 9, 1991, p.74~77 참조.

도 컸지만 그 전쟁 중에 이미 닥친 '소빙기'의 자연재난이 계속되는 가운데 다시 호란이 두 차례나 일어났다. 기아와 질병이 만연하는 가운데 인구도 격감하는 추세였다.[95] 이러한 상황은 어떤 사회경제적 안정책도 쉽게 효과를 볼 수 없게 만들었다. 상황조건으로는 오히려 동요와 반란이 크게 일어날 형세였다. 동요와 반란은 실제로 일어나고 있었지만 그것은 기이하게도 국지적인 것에 그치고 기존의 사족지배체제를 흔들어 놓을 만한 상황은 벌어지지 않았다. 이러한 양상은 유럽사의 '17세기 위기'와는 다른 것이었다.

17세기 유럽의 위기 상황은 극도로 나쁜 자연조건 아래 중앙정부와 지방세력 사이의 이해관계가 달라서 지방유력자들이 반란을 주도하는 형세였다고 한다. 조선에서는 자연조건은 같았으나 사회적·정치적 현상은 다르게 나타났다. 이러한 차이는 근본적으로 지배층의 구성조건이 다른 데서 온 것으로 판단된다. 당시의 조선의 지배층은 지방유력자들과 중앙관료들 사이의 집단적 동일성이 어느 때보다도 높은 조건을 가지고 있었다. 즉 지방유력자들의 다수가 지식인화하고 각지에서 사림을 형성하여 지방사회 통치에 능동적으로 영향을 끼치는 한편, 그들 가운데 중앙에 관료로 진출한 자들과의 연계 아래 '公論'의 형식으로 정치여론을 조성하여 중앙정치에도 직접적으로 영향을 미치고 있었다. 지배신분층의 이러한 단일적 구성조건은 위기의 정도가 클수록 더 강한 결속력을 발휘할 수 있는 것이었다. 17세기에 각지의 사림은 실제로 정치적으로 서인과 남인 공존의 붕당정치체제를 실현하는 한편, 외난에 대응해서는 의병 활동을 주도하거나 북벌을 기치로 내걸어 강한 결속력을 보였다. 다시 말하면 그들은 지배신분 집단으로서의 결속을 강화하여 외침과 자연재난의 위기를 극복해 나가고 있었던 것이다. 이런 조건 아래서 그들 중심의 지배체제는 쉽게 무너질 수가 없었다. 17세기 초·중반의 호적 자료를 분석한 신분직역제에 관한 대부분의 연구들이 강한 보수적 경향을 보고하고 있는 것은 바로 그러한 상황을 밝힌 것이 되는 셈이다.

---

95) 권태환·신용하, 〈朝鮮時代 人口推定에 관한 一試論〉, 《東亞文化》 14, 1974.

조선후기 양반사회의 변화에 대한 지금까지의 연구에서 변화의 '공간'에 대해서도 배려가 충분하지 못하였다. 신분직역제나 향촌사회 운영구조 어느 쪽에서든 변화가 일어난 지역 또는 지역적 조건에 대한 변별은 그다지 가지고 있지 못하였다. 다시 말하면 대부분의 연구는 농촌지역과 도시지역에 대한 구분보다도 변화의 유무를 확인하는 데 더 몰두하였다. 공간 조건에 대한 배려를 가져야 한다는 의식이 전혀 없었던 것은 아니나, 결과적으로 소홀히 보고 말았던 것이다.

변동론의 선구인 김용섭의 상주 지방에 관한 연구에서 이미 지역적 조건에 대한 배려가 의식된 것을 확인할 수 있다. 즉 자료에 나타난 27명의 匠人(中東面 21, 丹東面 6)과 1인의 京商人의 존재에 대해, 연구자는 이곳의 교통상의 입지적 조건으로 보아 상공업이 어느 지역보다 발달할 수 있는 가능성을 지적하면서 "농업을 전업으로 하는 농민들 가운데 상공업을 부업으로 하거나 또는 상품화할 수 있는 농산물을 재배하고 있는 자가 많이 있었으리라는 것을 예측할 수 있다"고 하였다. 그리고 Suzan Shin의 금화현에 대한 연구에서 '변동'과는 거리가 먼 분석 결과를 놓고 그것을 김용섭의 연구 대상이었던 상주와 견주어 농업 외에 발달할 것이 없는 이 현의 지역적 조건과 결부시켜 이해하고자 하였다. 그러나 이런 정도는 '변동'의 공간에 대한 본격적 배려라고 하기는 어렵다.

한영국의 18~19세기의 대구부 호적에 관한 연구가 이주인구[新戶]에 대한 검토에서 도시지역부와 농촌지역부를 나누어 그 차이를 살피고자 한 것은 '변동'의 공간에 대한 변별의식을 좀 더 분명하게 보여 준 경우이다. 도시지역부(西上面)로 이주한 인구가 軍役 부담자 또는 使令·下典類의 良·賤人層, 衙前類의 중간층, 양인의 女性戶 등이 다수를 차지하고, 농촌지역(上水南面·東中面)에서는 유학이 다수를 차지하는 차이에 대한 분석은 대단히 소중한 지적이라고 하지 않을 수 없다. 그러나 그의 연구는 18~19세기의 대구에 대해 '경제도시로의 성장'을 가정하면서도 계량적 연구방법으로 얻어낸 위와 같은 성과를 단지 기존 학설의 오류를 지적하는 데 그치는 아쉬움을 남기고 있다.

김영모의 〈朝鮮後期의 身分構造와 그 變動〉[96]은 농촌·도시 두 지역에 대한 비교 연구를 직접 표방한 거의 유일한 연구이다. 그는 이미 여러 연구자들이 다룬 대구부·울산부·상주목·단성현 등 4개 지역의 호적들을 자료로 삼되 각 고을의 여러 면 가운데 도시적 분위기와 농촌적 조건을 가장 잘 보여주는 면들을 선별하여 일정한 기준 아래 분석하였다.

먼저 대구지역은 도시부로 東上面·西上面(日帝 때 大邱府가 된 곳) 등, 도시 인접부로 東中面·東下面·西中面·西下下面·西下面 등, 농촌부로 花縣內面·仁興面 등을 각각 선별하였다. 그리고 울산부는 上府內面을 도시지역, 東面·內廂面을 어촌·농촌지역의 예로, 상주목은 內東面과 內南面을 도시지역, 山東面과 中東面을 농촌지역의 예로 각각 선정하고, 丹城縣은 현 전체를 농촌지역으로 보고 縣內面 하나를 선정하였다. 그리고 해당 지역 자료는 50년 정도의 간격으로 선별하여 분석하였다. 그의 분석에서 신분직역 분류는 그동안의 연구에서 가장 일반적인 것이 된 양반·준양반·양인·身良役賤·노비 등의 분류기준을 따르되 業武·業儒, 醫生·律生 등의 雜職, 衙前 등을 대상으로 中人이란 계층을 별도로 설정한 것이 특징이다.[97] 다른 연구자들 가운데 ‘준양반’을 ‘중인’이라고 이름을 붙인 경우가 있었던 것을 상기하면(최승희·이준구) 그는 중간층에 해당하는 계층을 두 가지 부류로 세분한 셈이다. 그가 이런 분류를 한 것은 그 ‘중인’이 도시지역부에서만 집중적으로 증가하는 사실이 포착되어 이를 도시지역부의 특징적 현상으로 삼고자 한 의도였던 것으로 짐작한다. 신분직역의 분류에 대해서는 연구자들 사이에 약간의 의견차이가 있으므로 김영모의 중간층에 대한 이와 같은 이원적 분류에 대해서도 이견이 있을 수 있다. 그러나 필자로서는 도시적 분위기를 파악해 보려는 의도에 따리 취해진 그의 이러한 분류는 나름대로 의미가 있다고 보고 싶다.

---

96) 《東方學志》 26, 1981.
97) 그는 양반을 생원·진사 이상, 준양반을 교생·유학·별무사 등으로 분류하고, 양인 아래 천역양인은 賤匠·賤保·水軍·束伍·賤軍 등을 묶었다.

19세기에 급격히 증가하는 幼學을 모두 양반으로 친 것은, 이 논문이 나온 직후에 발표된 비판적 연구들의 견지에서는 받아들여질 수 없는 것이지만 여기서는 논외로 하고 도시적 상황에 대한 이 글의 파악만 선별적으로 검토하기로 한다.

이 글은 대구부에 대한 분석에서 양반의 증가와 노비의 급속한 감소현상의 일반적 추세를 먼저 확인한 다음, 엄격한 의미의 양반은 오히려 감소(4.6%에서 0.8%로)하며, 다수로 신분을 상승시킨 부류는 準兩班(14.85%→41.7%), 이 가운데 유학(4.3%→30.7%)과 중인(3.0%→16.6%)인 것을 밝혔다. 이런 대세 속에 도시에는 중인과 賤役良人의 증가가 많고 농촌에는 준양반이 대량으로 증가하고 있는 사실을 지적하였다. 이러한 파악은 앞의 한영국의 분석과 거의 일치하는 것이나 '중인'을 별도로 언급한 것이 주목된다.[98] 그리고 노비는 농촌과 도시를 막론하고 급속히 소멸한 것으로 파악하였다.

도시에서의 변동의 추이에 대해, 그는 다음과 같이 좀 더 구체적인 언급을 했다. 도시지역에서 중인, 身良役賤人 등이 증가하면서 노비가 도·농을 불문하고 절대적으로 감소하고 있는 사실에 대해, 그는 노비가 갑자기 양반·준양반의 신분을 획득한다기보다도, 일단 도시로 이주하여 賤役良人 또는 중인의 신분을 획득하는 것으로 보았다. 그리고 도시지역에서 17세기 말엽에 많던 노비가 18세기 중반 이후에 뚜렷이 감소하면서, 상대적으로 양인 신분은 장인이 급격히 늘어난 점(도시 양인의 절반을 차지한다고 하였다)과 寡女가 늘어나고 있는 사실(2.9%→10.0%) 등을 함께 밝히면서, 이러한 새로운 추세는 "대구의 중심부에는 상공업이 발달하고 있음을 의미하고 노비의 신분혼란이 나타나고 있으며, 도시는 천민·노비·과부 등의 인간을 해방시키는 구실을 하고 있음을 의미한다"고 덧붙였다(p.70)

도시에서는 業武·業儒, 雜職(醫生·律生), 衙前(戶長·人吏·貢生·書員·算員·小童·司僕·假鄕所·羅將 등) 등의 '중인' 외에도 준양반인 軍官·閑良 등이

---

98) 衙前의 증가는 한영국도 마찬가지로 언급하였다.

함께 다수 증가하였음이 지적되었다(아전 2.1%→13.3%, 천군 1.2%→8.0%, 한
량 0.4%→5.5%, 군관 1.1%→3.8%, 直·使令 0.2%→3.6%). 이 역시 대단히 중
요한 지적이라고 생각하지만, 연구자가 그 원인을 아전은 직의 세습으로, 군관
과 한량은 민란과 외침에 대비한 强兵策으로 각각의 증가원인을 헤아린 것은
설득력이 약하다. 이 문제는 후술하듯이 다른 시각에서 해석이 가능하다.

울산부에 대한 분석에서는 도시적 면모가 대구부만큼 강하지 않다는 전제
아래, 변화의 양상도 대구부와는 달리 도시와 농촌 사이에 큰 차이가 없이
'준양반'과 '중인' 및 賤役良人이 증가하고 양반과 천인 노비는 감소하는 사
실을 파악하였다. 그리고 이렇게 도시와 농촌 사이에 큰 차이가 나타나지 않
는 것은 도시가 농촌적 성격을 지닌 까닭일 것으로 풀이하였다.

한편 상주목은 도시와 농촌 사이의 신분구조에 심한 차이는 없으나 농촌
에는 良人이 더 많고 도시에는 노비가 더 많은 차이는 나타난다고 하였다. 도
시지역 가운데 內南面은 準兩班이 가장 많고 內東面은 중인이 더 많은 것으
로 나타난다고 보고하면서, 이러한 사실은 곧 도시지역에서 신분의 상향 변
동이 먼저 일어나고 있는 것을 의미한다고 풀이하였다. 마지막으로 단성현
에 대해서는 다른 지역과는 매우 다르게 계층화가 대단히 완만하게 진행되
었으나, 19세기 중반 이후에 변화의 속도가 빨라지며, 이 단계의 변동 추세는
대구부의 경우와 매우 비슷하다고 지적하였다.

도시지역과 농촌지역 사이의 변화의 차이에 대한 김영모의 위와 같은 천
착에서 비교적 성공한 것은 대구부의 경우가 아닌가 한다. 대구부의 도심지
역에 천인·賤役良人·양인신분 장인·아전·군관·한량 및 과부녀의 수가 늘
어난다는 것은 분명히 상공업화의 추세와 관련지을 수 있는 현상이다. 한영
국의 〈朝鮮後期의 雇工－18·19世紀 大邱府戶籍에서 본 그 實態와 性格〉[99]에
서 얻어진 성과도 이와 관련하여 주목할 것이 많다. 고공에 대해서는 종래
기본적으로 농업노동력의 차원에서 '양반토호의 私賤的 農奴小作人', '머슴',

---

99) 《역사학보》 81, 1979.

‘품팔이’, ‘머슴과 노비의 중간적 형태’, ‘경영형 부농층에 고용된 계절적 임노동자’, ‘경영형 부농이 아닌 층에 따라 수용 사역되었던 예속적 노동인구’ 등의 여러 설이 있었다. 그러나 대구부 호적에 나타나는 실상은 농촌지역에는 그 예가 거의 없고 주로 도회지역(인구밀도 3,000人/km으로 추산되는 府城 內·底 지역)에 한하여 나타나는 ‘청장년층의 노비출신’으로 이루어진 使役人口로, 그 보유층은 匠人戶와 하급 衙前·官屬戶(연구자는 이들을 平民층으로 분류하였다), 上級衙前戶와 軍官職의 庶族戶(이를 中人층이라고 하였다), 官奴婢戶와 私奴婢戶 등이었다고 한다. 고공의 구성도 시기에 따라 차이를 나타내는데, 18세기 말~19세기 초중엽에는 60~90%가 결코 농업노동인구로 볼 수 없는 청소년층의 婢로 바뀐다고 하였다.

위 논문에 따르면 조선후기에서도 고공은 ‘仰役無案雇工’·‘仰役立案雇工’·‘收養立案雇工’·‘受賃立案雇工’ 등 그 존재형태가 다양하였다고 한다. 이 가운데 가장 주목되는 것은 ‘수임입안고공’이다. 다른 예는 모두가 노동에 대한 보수가 사적으로 이루어졌으나, 이 경우는 정조 7년(1783)에 雇工法의 제정에 따라 雇主와 5년 이상의 기한과 10兩 이상의 임금을 서로 약정하여 雇主家에 入籍 寄食하여 고주의 지시에 따라 그 力役을 제공하는 형태로 법적 뒷받침을 받게 되었다는 것이다. 이러한 입법조치의 배경에 대해서는 별도의 연구가 필요하지만, 어떻든 이러한 형태의 고공은 연구자가 지적하듯이 농촌의 더부살이·品人·雇只 등과는 명백히 구분되는 도시의 사역인구로서 도시의 발달에 따라 도시로 이동해 온 노비 노동력의 발전적인 한 형태로 보아야 할 것이다. 그리고 그들을 보유한 층이 주로 匠人戶와 도시적 중간층이었다는 것은 김영모의 논지와도 상통하는 것이 많아 주목된다.

한영국과 김영모에 따라 이루어진 대구부의 도시화와 관련되는 일련의 연구들은 주목할 만한 것이 많다. 그러나 그러한 연구성과들을 좀 더 빛내기 위해서는, 이 지역의 상공업 그 자체에 대한 연구도 시급히 강구되어야 할 것이다. 그리고 이와 같이 도심지역에서 상공업에 관계하게 되는 계층의 신분의식이 어떻게 달라졌는가도 검토해야 할 것이다. 도시주변의 농촌 또는

더 떨어진 곳의 농촌에서 '준양반'층의 수가 크게 늘어난 반면, 도시지역에
서는 천민·양인이 몰리면서 '준양반'보다 '중인'의 수가 더 늘어나고 있었던
사실이 줄 의식상의 영향의 차이도 없지 않을 것이다. 도·농 사이의 이러한
예상되는 차이에 대한 확인 과정은 그 결과가 어떻게 나오든 후기 사회변동
에 대한 이해의 폭을 더 깊게 해 줄 것이다.

　18세기 이후의 도시적 분위기의 생성과 관련되는 연구로는, 최근 단성현
호적에서 工匠의 '行方'을 추적한 山內弘一의 〈工匠의 行方－丹城縣 戶籍大
帳에 의한 生鐵匠·水鐵匠의 事例研究〉[100]가 발표되어 주목된다. 단성현에
대해서는 현전하는 호적과 향안 자료들을 중심으로 지금까지 많은 연구가 이
루어졌다. 그런데 그러한 연구들은 호적자료의 경우, 대개 단성 향교에 소장
되어 있는 자료[101]만 이용하였으나, 이 연구는 일본 學習院大學에 소장되어
있는 자료까지 활용하는 장점을 가지고 있다. 전자가 숙종 4년(1678) 戊午式
年부터 정조 13년(1789) 己酉式年까지의 것인 반면, 후자는 그 뒤를 잇는 것으
로 순조 25년(1825) 乙酉式年부터 고종 25년(1888) 戊午式年에 걸친다. 위 논
문은 단성현내 여러 면 가운데 生鐵匠·水鐵匠 등의 匠人 가호가 많이 나타나
고 있는 縣內面의 두 개 里와 生比良面의 두 개 里를 분석 대상으로 삼아 구
자료에서 선조 39년(1606, 山陰縣 호적대장의 일부)부터 정조 13년까지의 14개
식년의 관련 자료를, 신 자료로부터는 순조 25·28년, 고종 원년(1864) 등의 3
개 식년분의 관련 자료(匠人 가호의 사례와 수)를 추출하여 분석·검토하였다.

　분석의 결과는 生鐵匠·水鐵匠 등의 가호가 18세기 초반 호적에서 위 4개
洞里에서 갑자기 다수로(7～17호) 나타나기 시작하여 존속하다가 18세기 후
반 또는 19세기 초반에 모두 호적상으로 이름을 보이지 않게 되는데, 그 행
방을 추적해 본 결과, 匠人 존재 자체가 없어진 것이 아니라 幼學·忠義衛 등

---

100) 《朝鮮後期の慶尙道丹城縣における社會動態の研究(1)》, 《學習院大學藏 朝鮮戶籍大帳
　　の基礎的研究(2)》(學習院大學 東洋文化研究所 調査研究報告 27, 1990).
101) 韓國精神文化研究院(현 한국학중앙연구원)에서 1980년에 《丹城縣戶籍大帳》이란 이름
　　으로 상·하 두 책으로 간행되었다.

으로 신분 직역의 명칭이 바뀐 사실을 밝혔다. 다시 말하면 장인들도 늦어도 19세기 호적에서는 대개가 幼學으로 職役名을 바꾸어 놓고 있다는 것이다. 이러한 사실은 단순히 19세기 幼學에는 匠人으로 생활하고 있는 계층도 다수 포함된다는 증거의 제시로서만 의미가 있는 것이 아니라, 지방 소읍의 중심부(縣內面은 명칭대로 縣治가 있는 중심부였다)에도 도시적(상공업적) 요소가 대두하고 있었다는 사실을 전하는 것으로 주목된다.[102] 生比良面의 한 里에서 본래 私奴이던 生鐵匠이 18세기 후반에 常民으로 신분을 상승시키고 19세기에는 幼學을 칭하여 1867년 식년 이후로는 모두 幼學戶로 기재된 사실이 명백하게 추적되기도 하였다. 이 연구는 해당 里의 호적에 新戶·加戶의 기재가 많은 사실을 확인하면서 그러한 직업 변동이 전입·전출의 거주 이동을 수반하고 있었던 것도 함께 지적하였다.

단성현의 4개 里洞에서 확인되는 위와 같은 사실은 앞의 한영국·김영모의 연구에서 확인된 대구부 도심지역의 양인·천인 등의 현저한 集住현상이 어떤 사회적 변화를 수반하고 있었던가를 짐작하는 데 큰 도움을 줄 수 있다. 단성현에서 일어난 여러 가지 사실로 보아, 도심으로 온 그들 가운데 수공업에 새로이 종사하게 된 자들이 많았을 것으로 상정할 수 있다. 대구부 도심지역에 다수 등장하는 양·천인 신분의 新戶들이, 이미 분석된 것과 같이, 주변 농촌지역으로부터 이주한 자들이라면, 그들은 결국 이 시기의 사회 경제적 변동의 큰 흐름 속에서 농민에서 장인으로 생업을 바꾼 자들이 되는 것이다. 장인으로서 그들의 생업의 규모는 현재 구체적으로 밝혀진 것이 없지만, 그 수는 정조 19년(1795)의 호적에 西上面 140호(良匠 118호, 賤匠 22호), 東上面

---

102) 쇠를 다루는 匠人의 다수 등장을 가져온 동기는 여러 관점에서 검토해 볼 문제이나, 당시 농업경제의 비중이 어떻든 절대적으로 높았던 사실을 상기하면, 일차적으로 농기구 수요의 증대라는 관점을 가장 앞세워야 할 것이다. 조선의 농업이 17세기 말엽 이후 이앙법의 확대 보급을 비롯해 기술적으로 획기적 발달이 전개된다는 것은 잘 알려지는 사실이지만, 그 가운데 구체적으로 삼남 지방의 쟁기가 이때 2頭犁에서 1頭犁로 바뀌는 변화가 일어나고 있었다는 사실은 철의 수요증대와 관련되는 중요 사실이 될 수 있다. 소의 수가 변동없다는 전제 아래서도 1두리로의 쟁기의 수요량을 배로 늘리는 결과를 가져온다는 산술적 계산이 나온다.

126호(양장 99호, 천장 27호) 도합 266호에 이른다(같은 해, 서상면의 총 가호는 1,368호, 동상면은 1,657호로 집계되었다). 이것은 앞선 두 시기의 규모 곧 1684년의 도합 16호(서상면: 총 400호 가운데 양장 2호, 천장 5호, 동상면: 총 456호 가운데 양장 4호, 천장 5호), 1747년의 도합 130호(서상면: 총 1,296호 가운데 양장 44호, 천장 21호, 동상면: 총 1,264호 가운데 양장 55호, 천장 10호)에 견주면 현격한 증가라고 하지 않을 수 없다.[103]

18세기에 대소읍을 막론하고 도심부에 늘어난 장인의 수는 여러 가지 수공품의 수요 발생을 의미한다. 그 중에서 제1산업의 자리를 차지하는 농업경제와 관련지어 생각한다면, 다음과 같은 관계가 설정될 수 있다. 즉 18세기는 이앙법 및 一頭犁의 보급과 같은 농업기술상의 발전이 현저하게 일어난 시기로서, 이러한 기술적 변화 아래서는 농민층 분해 현상이 일어나기 마련이다. 이 시기에 도심지역으로 모여든 양인, 천인들은 결국 그 분해 과정에서 농촌을 떠난 인구로서 그들의 다수는 도시지역에서 수공업 기술을 배워 농촌사회가 필요로 하는 농기구를 제작하여 조달하는 계층을 이루어 갔던 것이다. 이러한 새로운 계층 형성의 순환고리는 당시 사회의 변혁 정도가 컸다는 것을 충분히 대변하는 것으로, 앞으로 상공업사의 차원에서 좀 더 면밀한 검토가 요망된다.

김영모의 대구부 분석에서 수가 늘어난 것으로 새로이 확인된 계층으로는 양·천인 외에 중인·한량·군관 등이 있었다. 이 가운데 '중인'의 아전류의 증가에 대해서는 뒤에 집권관료제와의 관계 아래 다시 언급할 기회가 있을 것이므로, 여기서는 한량·군관 직역에 대한 고찰만 잠시 더 가지기로 한다. 김영모는 한량·군관 두 직역의 증가의 계기를 强兵策의 차원에서 구했으나, 나는 오히려 도시지역의 상공업 발달과 관련시켜 볼 만한 문제가 아닌가 생각한다. 이 근거는 우선 앞의 최승희의 고문서 분석에서 제공되고 있었다.

---

103) 이상의 수치는 김영모의 위의 글의 〈표 6〉 大邱府 面別·時期別 身分構造에 집계된 것에 따라서 산출된 것이다.

최승희의 연구 가운데 慶尙道 龍宮縣의 大邱 白氏家의 고문서 분석에서 다음과 같은 사실들이 밝혀지고 있었다. 즉 이 집안은 본래 양인 신분에 지나지 않았는데, 1789년에 台玉이 용궁현 北面에서 醴泉郡 虎鳴面으로 이사한 것을 전후하여 경제적으로 처지가 좋아져 자신의 신분뿐만 아니라 조상들의 신분도 높여 놓을 수 있게 되었다고 하였다. 예천으로 이사한 뒤 태옥의 신분은 양인에서 業武로 바뀌고 있었으며 1843년 자료에서는 그의 후손들도 모두 학생 또는 유학으로 표기되었다. 그런데 1789년에 예천으로 이사하면서 주어진 그의 '업무'란 직역은 다른 자료에서는 軍營軍官이라고 표기되기도 하였으며, 1792년의 자료에서는 또 右撫中司把摠이라 하였다가, 같은 해에 加設職 敎旨가 내려 折衝將軍·行龍驤衛副護軍으로 오르고, 1795년에는 다시 嘉善大夫 용양위 부호군으로 승급하였다. 그런데 1800년에 태옥 자신이 올린 소지에 따르면 그는 예천지방에서 목화를 거두어 서울 남대문의 都榮哲家에 실어가 파는 興販을 생업으로 하고 있는 것으로 나타나고 있다. 군관직으로 이어지는 그의 직역과 이 생업은 어떤 관계가 있는 것일까? 같은 현상은 후손 喜慶에게서도 마찬가지로 나타난다. 희경의 신분은 호구자료(준호구)에 유학으로 되어 있으나, 차첩에는 1819년에 業武로 縣官으로부터 作隊嗊官의 직역을 수여받고, 1831년에는 다시 軍器監官, 1838에는 '한량'으로 慶尙監營으로부터 右別武士로 임명된다.

이준구의 〈朝鮮後期의 閑良과 그 地位〉[104]에 제시된 사례 가운데서도 위와 비슷한 예를 찾아 볼 수 있다. 이 논문은 한량이 조선초기에는 양반에 속하였으나 17세기 말엽 이후 '閑遊하는 良役 有資格者'라는 의미로 직역화하였고, 그것이 비록 양반의 業武者로 확정되었더라도 여전히 양반·中庶·양민 등 다양한 신분층을 포함하게 된 것을 밝히는 데 초점을 두고 상공업과의 관계에 대해서는 전혀 고려하지 않았다. 그러나 한량의 사회적 지위를 살피기 위해 단성현 호적으로부터 추출하여 제시한 9개의 사례들 가운데 그들 가운

---

104) 《國史館論叢》 5, 1989.

데 상공업에 관계한 사실을 보여주거나 위의 台玉·喜慶의 조건과 비슷한 경우가 나타나 주목된다. 이 논문이 밝히는 바에 따르면 당해 호적에 기재된 한량의 호수는 1732년(영조 8) 1호, 1750년(영조 26) 4호, 1759(영조 35) 4호, 1762년(영조 38) 3호, 1780년(정조 4) 28호, 1783년(정조 7) 4호, 1786년(정조 10) 30호, 1789년(정조 13) 42호에 지나지 않는다(전체 가호에 대해 차지하는 비율은 0.03~0.14%). 한량의 수가 이처럼 적은 것은 단성현이 도시적 분위기가 약한 곳이기 때문일 것이다. 어떻든 그 가운데에서 추출된 9개 가계의 사례에 나타난 직역들을 모두 옮겨 보면 다음과 같다.

(1) 權聖民 가계 : 학생-업무-幼學-한량

(2) 黃龍澤 가계 : 학생-유학-한량

(3) 權　汲 가계 : 학생-업무-한량

(4) 李弘瑞 가계 : 무학-업무-학생-老折衝將軍副司直·司直-折衝將軍 司直-
　　　　　　　　折衝將軍同知中樞府事-한량-유학

(5) 卞昌和 가계 : 老職嘉善大夫同知中樞府事-嘉善大夫-老職通政大夫-학생
　　　　　　　　-折衝將軍僉知中樞-通德郎-학생-한량-업무

(6) 金聖業 가계 : 通政大夫-納通政大夫-判官-鎭營軍官-업무-한량-良軍官

(7) 李春成 가계 : 納通政大夫-老職嘉善大夫-折衝將軍副護軍-納嘉善大夫-
　　　　　　　　正兵-選武軍官-禁衛保-閑良-業武

(8) 姜再良 가계 : 正兵-通政大夫-納通政大夫-黃店匠人-折衝將軍中樞府事-
　　　　　　　　納嘉善大夫-禁衛保-업무-禁衛軍-한량-良軍官

(9) 張鵬擧 가계 : 私奴-正兵-학생-업무-通政大夫-納通政大夫-禁衛軍-納嘉
　　　　　　　　善大夫-禁衛軍-한량

위의 사례들은 (正兵)-業武-閑良-學生-幼學 등의 직역을 공통의 기본 골격으로 하면서 각종 품계가 붙은 형태를 보여주고 있다. 각종 품계는 대개가 老職·納粟職에 따른 것으로 정통 양반의 것이라고 할 수 없다. 앞에 든 예천

의 대구 백씨가의 경우처럼, 여기서도 이들의 정체를 헤아리는 데는 생업에 직접 관련되는 표기이다. (8)의 姜再良 가계에 보이는 黃店匠人이 가장 좋은 예이다. 이것은 예천의 白台玉이 자신의 생업을 '홍판'으로 밝힌 것에 비견되는 것이다. 그리고 (6)의 鎭營軍官도 1789년에 백태옥이 예천으로 이사한 직후에 '업무'로서 받은 差職 바로 그것과 똑같은 것이다. (4)～(9)의 각 가계에 되풀이되는 折衝將軍副護軍 등의 군관직 품계도 大邱 白氏들이 받고 있던 것들이다. 18세기를 거치면서 양반의 직역과는 거리가 멀어진 한량·군관의 직역은 위 여러 사례의 대비로 보아 상업·수공업에 종사하는 자들이 주로 받던 것이라는 결론을 얻게 된다. 18세기의 中央軍營들이 군사적 기능보다도 금속화폐 주조를 비롯한 경제적·재정적 구실이 점증하고 있었던 사실을 상기하면, 각 지방의 兵營 및 각 鎭營에도 각종 납품과 제조에 관련되는 상행위가 끼어 있었을 것이다. 각 官의 관장과 관속들은 이에 관련되는 계층들로부터 일정한 대가를 받으면서 그들이 출입하고 있는 營鎭과 관련되는 직역 또는 품계를 주게 되었던 것으로 믿어진다. 그들의 직역 품계는 출입증과도 같은 것이었는지도 모른다. 이러한 추측은 호적에 기재되는 직역 가운데 商人을 표시하는 것은 전혀 없다는 사실이 거꾸로 뒷받침해 준다. 상인은 실재하고 있는데도 그 생업을 직접 표시하는 직역명이 따로 없다면, 한량·군관과 같은 것이 그 대용이 되었을 가능성이 대단히 높다. 대구부 호적에서 도심지역의 한량·군관이 절대적으로 비중이 큰 것은 결코 우연이라고 할 수 없다.[105]

軍官職과 商工人의 관계를 보여주는 사례는 개항기 전후의 저명한 사례에서도 확인된다. 개화기에 부산에 근거를 가진 인물로서 汽船業과 鐵道業에 가장 먼저 뜻을 가지고 손을 댔던 朴琪淙이란 인물에 대한 최근의 한 연구는

---

105) 大邱府의 閑良과 軍官의 수와 그 가운데 도심지역인 東上面, 西上面이 차지하는 비중은 다음과 같다. 閑良 : 제1기 1, 제2기 57(22), 3기 229(112), 4기 291(204). 軍官 : 1기 32(10), 2기 226(117), 3기 202(122), 4기 200(143) (註 102)에 소개된 것과 같은 表에서 집계한 숫자임).

그의 약력을 다음과 같이 소개하고 있다.[106] 박기종은 1839년 11월 27일 釜山浦 출생으로 東萊商人 아래서 '居間'으로 對馬島 상인과 접촉하여 일본어에도 숙달하였으며, 간혹 倭館 通事로 소개되기도 하였다. 이렇게 일본상인과 거래를 하면서 돈을 모은 그는 어장을 매입하여 경영하기도 하였으며, 낙동강 하구 大渚洞에 수천 두락의 농지를 매입한 것을 기반으로 하여 나중에 기선업과 철도업에 손을 대게 되며, 1876년 1차 修信使行에 通事 4명 가운데 하나로 수행하고, 1880년 6월 2차 修信使行 때 다시 통사로 왕래하였으며, 이런 공으로 그는 龍驤衛 副將軍이라는 무관직을 받고, 1883년 8월에는 또 용양위 護軍, 慶熙宮 衛將으로 加職되었다. 순전한 동래상인 출신이라고 볼 수 있는 그가 대일본관계에 적극 기여하여 관으로부터 받은 직함이 앞의 여러 사례에서 본 용양위 부호군·호군 등인 것은 결코 우연이라고 할 수 없을 것이다. 그가 서울의 유력자들과 손이 닿기 시작한 무렵에 경희궁 위장의 군직함을 받는 것도 범상하게 볼 일은 아니다.

2) '변동'과 왕정의 관료체제 재정비

지금까지 고찰에 따르면, 조선후기 '양반사회의 변화'에 대한 연구나 이해는, 앞으로 '변동'시기의 상한을 17세기 후반으로 조정하고, 도시(또는 상업발달 지역)와 농촌 사이의 변동상황의 차이를 상정하여 연구에 임한다면, 변동의 모습을 좀 더 선명하게 그릴 수 있을 것으로 기대된다. 그러나 신분직역제나 향촌운영체제의 변동의 역사적 의미를 제대로 알기 위해서는 그것이 왕조의 통치체제와 어떤 관계를 가지는지 검토되어야 할 것이다. '변동'이 통치체제와 갖는 관계는 향촌사회 운영구조 변동에 관한 연구에서 자주 언급이 미쳤던 것으로 생각한다. 이를 다시 정리하면서 '변동'이 가지는 통치

---

106) 藤永壯, 〈開港後의 '會社' 設立問題와 관련하여(上)─朴琪淙과 汽船業·鐵道業〉, 《朝鮮學報》 140, 1991.

체제와의 관계에 대한 새로운 파악의 가능성을 헤아려 보기로 한다.

먼저 16~17세기의 양반사족 지배체제에 대해서는 지금까지 대체로 다음과 같은 파악이 이루어지고 있었던 것으로 정리된다.

(가) 각 고을의 前職官僚·生員進士·幼學 등을 중심으로 한 양반사족들은 자체 자격심사를 거쳐 유자격자들만의 향안을 만들어 그 구성원들의 회의체 즉 향회가 당해 지역의 중요사를 결정하여 守令에게 통고하거나 협의하면서 鄕權을 주도하였다. 향회는 특히 수령을 보좌하는 향리들의 인사권에 관여하여 그들의 발호를 억제하고자 하였다. 향회의 구성원들은 정치참여 유자격자 층으로서 붕당 조직을 통해 중앙정치에 연결되거나 관여할 수 있었기 때문에 현임 수령과 대등한 위치에서 鄕村事를 논할 수 있었다.

(나) 향회가 지향하는 향촌 결속 방식은 주자증손여씨향약에 근거하여 洞 단위에서는 洞約, 고을 전체 단위에서는 鄕約이 제시되었다. 모든 고을에 향약이 시행된 것은 아니나 그것을 이상으로 지향하는 것이 대세였다. 향약의 시행은 고을 안의 대표적인 서원이 주관하는 것을 이상적인 형태로 보는 경향이 강하였다.

대체로 위와 같은 형태의 양반사족 지배체제는 17세기 말엽 이후 다음과 같은 변동을 겪은 것으로 파악되고 있다.

(다) 향안에 기성 구성원 가문 출신 외의 사람들이 많이 참여하기 시작하는 변화와 함께, 향안의 입록 자체가 중단되거나 향촌사회의 주도권을 놓고 신·구 두 계층 사이에 대립상을 보여, 이른바 향전이 각 지역에서 광범하게 일어났다. 이에 대해 중앙의 왕권은 향약까지도 수령이 주관하게 하여 향촌 질서 안정의 주체가 되도록 하였다.

(라) 많은 서원들은 사족지배체제 유지의 이념적·교육적 기능을 상실하고

특정한 가문의 권위의식 조장의 도구가 되어, 祀宇와 혼동되는 가운데, 남설되는 경향이 현저하였으며, 수령들이 주도하는 향약은 향촌 구성원의 결속보다도 부세의 효과적인 징수 조직으로 이용되는 경향이 강하였다.

17세기 말엽 이후 '변동'의 양상이 위와 같이 (가), (나)로부터 (다), (라)로 바뀌어 간 것은 사족지배체제가 크게 흔들린 것을 말하기에 충분하다. 士族은 당시까지 정치의 주체였기 때문에, 그들 중심의 사회체제의 동요는 곧 정치체제의 변동을 뜻하는 것일 수 있다. '변동'이 일어나기 시작한 바로 그 시점에 정치를 실제로 庚申換局(1680, 숙종 6), 己巳換局(1689, 숙종 15), 甲戌換局(1694, 숙종 20) 등 잦은 주도 붕당의 교체로 큰 혼란상을 보이고 있었다. 이러한 정치적 파동이 거듭하는 가운데 지금까지 사족들이 공존비판을 기본원리로 영위해 온 붕당정치체제도 붕당 사이의 첨예한 대립으로 급격히 붕괴되어 갔다. 이러한 정치적 난맥상은 국왕 외에는 누구도 수습할 수 없는 문제가 되었다. 환국이 거듭되는 가운데 국왕은 수습의 주재자로 나서 탕평론을 내세워 정국 안정의 길을 찾고자 하였다.

탕평론은 흔히 정파 사이의 대립을 조장하는 것을 목적으로 하는 정책으로 이해되어 왔으나, 최근에 여러 연구자들은 그것이 국왕이 정치를 직접 주재하는 정치세계, 다시 말하면 국왕권 강화를 목표로 하는 정책이었다는 것을 밝히고 있다. 탕평론이 대두하기 시작한 초기 단계에 이미 그러한 정치세계의 지향과 깊은 관련이 있는 것으로 보이는 여러 가지 새로운 정책이 나타나고 있었다. 즉 1675년(숙종 1)의 五家作統事目의 반포, 1712년(숙종 38)의 良役變通節目의 마련, 1713년(숙종 39)의 備邊司八道句管堂上·有司堂上制의 시행 등이 바로 그 대표적인 것들이다.[107]

五家作統事目은 엄밀히 말하면, 정치적 상황이 급전하기 직전에 반포된

---

107) 김인걸, 앞의 《조선후기 鄕村社會 변동에 관한 연구》, p.120~121.

것이다. 그러나 그것은 그동안의 사회 규모의 확대와 구조 변동에 따라 취해
진 사회 최하부 단위의 조직과 관리방식의 변개로서 그 자체가 중앙집권력
강화의 시대적 필요성을 예고하는 의미를 담고 있다. '良役變通節目'은 軍役
制度 문란에 관한 오랜 논의를 마무리 짓는 의미를 가지고 있었지만, 향촌사
회 운영문제와 관련하여, 앞으로는 향촌사회의 교화는 이전처럼 사족들이
맡되, 賦稅行政은 吏·鄕層에게 맡긴다는 중요한 변동사항을 里定法이란 이름
으로 싣고 있었다. 이것은 종래의 향회·향안을 통한 사족 지배체제의 종말
을 의미하는 것이었다. 그리고 바로 한 해 뒤에 나온 備邊司 운영제도의 변개
는 각 고을의 행정에서 사족들의 향회로부터 영향을 배제하고 수령이 절대
적 권한을 가지도록 보장하는 한편, 그 수령들의 정사를 비변사 당상들이 道
를 나누어 감독하는 체제를 지향하는 것이었다.

위와 같은 여러 가지 조치는 사회운영 체제와 정치운영 형태를 바꾸어 놓
는 것으로 그것은 단순한 정치변동이 아니라 사회발전에 따른 체제운영 방
식의 대변동에 해당하는 것이다. 이 점은 이러한 변동 속에 종래의 유력한
정치세력 가운데 일부가 몰락하고 있는 사실로써도 충분히 입증된다. 탕평
정국 아래서도 과거 붕당의 당색이 완전히 없어지지는 않았다. 그러나 종래
의 학파에 근거한 붕당보다도 국왕의 탕평정책에 대한 지지 여부로 정파가
재편되는 추세였으며, 탕평책을 추구하는 국왕의 처지에서는 붕당 자체를
인정하려 하지 않는 경향이 강하였다.[108]

탕평정국 아래서는 사실 국왕에게 충성을 다하는 관료가 환영받았으며,
관료의 특정한 정치집단화는 용납되지 않는 추세였다. 이것은 왕조의 유교
적 정치이념 자체에는 변동이 없더라도, 그것을 실현하는 데 필요한 참여 인
력 구성에 변화를 가져올 수 있는 것으로서 중요한 변화라고 하지 않을 수
없다. 이러한 대변동의 흐름 속에서 지금까지 붕당정치체제 아래서 유력한

---

108) 李泰鎭,〈正祖의《大學》탐구와 새로운 君主論〉,《李晦齋 思想과 그 世界》(成均館大學校
　　大東文化硏究所, 1992).

붕당의 하나로 기능해 온 남인 특히 영남 남인이 정치적으로 몰락한 것은 결코 우연이라고 할 수 없다. 영남 남인의 몰락은 새로운 체제 형성의 소용돌이 속에서 붕당으로서의 유보적 참여 기회 획득이나 새로운 흐름에 대한 적응을 위한 변신에 실패한 것에 근본적인 원인이 있었던 것이라고 보인다.[109]

영남 남인들의 '몰락은' 단순히 중앙 벼슬길이 끊긴 것만을 의미하지 않았다. 종래 鄕會·鄕案·書院 등을 통해 누리던 향촌사회의 모든 영향력이 거의 차단되는 형세였다. 영남 남인 '몰락'의 직접적 계기가 된 甲戌換局(1694) 후에 사족들이 종래 누려 온 향촌사회에 대한 절대적인 영향력을 삭감하는 里定法이 제도적으로 마련된 사실을 상기하면, 사족의 영향력 차단은 비단 영남 남인에 국한된 것이라고 할 수 없다. 그러나 영남 남인의 경우 도내의 監司와 수령 등 현직 관료들의 직무와 일체 격절되는 구조가 별도로 강요되고 있었기 때문에, 그들의 처지는 말 그대로 '몰락'이었다. 그러한 구조는 남인·소론 등의 일부 강경론자들이 老論이 지지한 英祖의 왕위를 부정하면서 일으킨 戊申亂(1728)이 실패하자 노론이 남인에 대해 강경한 응징을 가하는 가운데 만들어져 갔다.

영남 상인에 대한 입장은 소론이 '慰撫論'을 편 반면, 노론은 '鎭壓'의 강경론을 폈다. 1738년(영조 14) 5월에 노론은 '鎭壓論'의 일환으로 영남 사림의 중심지인 안동에 서인계의 金尙憲書院을 세웠다. 逆心을 품은 영남 남인들에게는 국왕에 대한 충성심을 새로이 일깨울 필요가 있다는 구실 아래 안동출신으로 대청 항쟁에서 순국한 김상헌의 서원을 이곳에 세우고자 한 것이다.[110] 그들의 주장은 국왕의 중재로 일단 철회되었지만, 이는 영남 남인의 중심지를 교란할 목적에서 나온 것으로 주목되는 점이 많다. 안동은 지금까지 영남 남인의 '公論'을 주도해 온 도산서원이 자리 잡고 있는 곳이다.

김상헌 서원 건립의 철회는 노론의 후퇴를 의미하는 것이 아니었다. 노론

---

109) 李泰鎭, 〈18세기 南人의 政治的 쇠퇴와 嶺南地方〉, 《民族文化論叢》 11(영남대 민족문화
    연구소, 1990).
110) 鄭萬祚, 〈英祖 14년의 安東 金尙憲 書院 建立 是非〉, 《韓國學硏究》 1 (국민대, 1982).

은, 이후에도 영조 왕권을 지지해 온 내력을 배경으로, 적어도 영조 치하에서는 유력한 정치세력으로서 각지의 監司와 守令職을 다수 차지하면서 영남 내 여러 고을에 '新生老論'[111]을 심어가고 있었다. 뿐만 아니라 이미 진행된 중앙집권적 관료제 강화에 편승하여, 監營의 행정 운영구조에도 큰 변화를 일으켜 놓고 있었다. 그들은 집권세력으로서 현직 감사를 차지할 기회가 많은 현실적 조건을 배경으로 감영의 營吏제도의 구성과 운영의 실제를 자신들에게 유리하게 바꾸어 놓고 있었다. 조선후기 향리에 관한 李勛相의 연구는, 감영리 제도 변화 가운데 특히 영남의 경우에 대해 자세한 분석을 가하고 있어, 그 상황을 파악하는 데 크게 참고된다.

이훈상은 〈《椽曹龜鑑》의 편찬과 간행〉[112] 이래 거의 10년 동안 조선후기 향리에 관한 자료들을 새로이 발굴하면서 중요한 논문들을 발표하여 왔다. 최근에는 그동안의 성과들을 모아 《朝鮮後期의 鄕吏》(일조각, 1990)를 출간하였다. 지금까지의 그의 연구는 거창·경주·안동 등 주로 영남지방에 근거를 가지던 향리가문들의 문서를 입수하여 영남 향리들을 중심으로 진행되었다. 앞으로 그의 연구는 지역을 옮겨 각지에 미칠 것이지만, 지금까지의 연구를 통해 제공하고 있는 영남지방 향리사회에 관한 여러 가지 사실들과 정보는 18세기 이후 이곳의 '양반사회의 변화'를 파악하는 데 많은 도움을 준다.

이훈상의 《朝鮮後期의 鄕吏》는 기본적으로 변동론의 입장에 서 있지 않다. 오히려 이를 비판하는 견지이다. 많은 연구자들이 조선후기를 '중세사회 해체기'로 설정하여 그 해체의 진면목으로 신분제 질서의 붕괴를 입증하고자 하고 있으나 그것은 사실과는 상당한 거리가 있다는 것이다. 조선왕조에서 신분질서는 "사회운영 원리의 한 부분"으로서 "조선후기의 다양한 사회변동에 직면하여 양반집단 내부의 다양한 분화와 노비제의 해체와 같은 일련의 변화에도 불구하고 양반중심의 체제는 더욱 굳어졌고, 그 결과 다른 신

---

111) 영남 안의 노론의 영향에 대해서는 앞에서 검토한 최호의 밀양에 관한 연구, 고석규의 영양에 관한 연구 등에서 구체적으로 파악된 적이 있다.
112) 《震檀學報》 53·54 합집, 1982.

분집단과의 이해관계는 더 배타적이 되어갔다"고 하였다(p.2~3). 그는 신분적인 폐쇄성은 오히려 전기보다 후기가 더 강해졌다고 보고 적어도 향리가문에 속한 인물 가운데 양반으로 신분을 상승시키고자 희망하여도 그 희망을 이룬 사례는 거의 없다고 하였다. 조선후기 향리사회에서 확인되는 더 중요한 사실은 家系 사이의 경쟁, 다시 말하면 가계별 지위 유지의 추세로서, 그것은 본래 양반사회에 있었던 것이었으나, 임진왜란 이후 '신분이동의 폐쇄성'의 점증으로 향리층에게도 급속하게 확산된 것이라고 하였다. 그의 연구는 바로 그 가계별 지위 유지의 실상을 밝히는 데 역점을 두고 있다.

어훈상의 견해는 지금까지 변동론의 입지가 취약한 것에 대한 비판으로서는 의미가 있다. 그러나 향리사회에 나타나는 현상을 전체 사회의 상황으로 보기 어려운 점도 있는 것을 유의할 필요가 있다. 그가 분석의 대상으로 삼은 향리가문은 향리층 가운데에서도 상급에 해당하는 부류이며, 그들은 위에서 살핀 것과 같은 정치운영 체제상의 변화 속에서는 결코 그 지위와 권한을 포기할 수 없는 처지의 사람들이었다. 그가 다루고 있는 여러 가지 자료상의 사례와 사실들은 가계별 지위 유지의 추세를 입증하는 것에 그치지 않고, 정치사적 관점을 개입시킨다면 18세기 이후 변동하는 정치정세 속에 적응력을 보이고 있는 향리층의 모습이 생생하게 살아나는 것이 되어 흥미를 자아낸다.

《朝鮮後期의 鄕吏》의 제1장은 향리집단의 家系分化와 主導家系의 성장을 居昌 愼氏 吏族을 중심으로 분석하였다. 이 장에서 연구자는 17·18세기 사족 양반들에 의한 서원·사우 건립의 활발한 추세가 18세기 후반에 오면 안동·상주·충주·예천·청송·의성·거창·원주 등지 향리사회에서도 나타난다는 사실을 지적하면서, 거창신씨의 彰忠祠를 그 구체적인 분석대상으로 삼았다. 거창 창충사의 내력은 다음과 같다.

1729년(영조 5) 무신란 때 安義 鄭希亮의 토벌에 참여하였다가 座首 李述原과 吏房 愼克終 등이 함께 순사하였는데, 이들의 죽음을 기려 褒忠祠가 세워졌다. 그런데 이 사당은 이술원을 위한 것으로 신극종의 것은 그 곁에 별묘로 세워졌다. 약 반세기 뒤인 1778년(정조 2) 이곳 사람들은 신극종과 함께 정희량의 징벌에 참가했던 다른 네 사람들을 함께 배향하는 五忠祠를 懸衙 곁에 새로 세웠다. 10년 뒤인 1788년(정조 12)에 국왕 正祖는 戊申亂 60주년을 맞아 무신란 진압 때 공을 세운 사람으로 포상에서 빠진 사람이 있으면 찾아 보고하라는 명을 내리자, 감사가 거창신씨들의 일을 조정에 보고하였다. 그러자 국왕이 그들을 郞署로 중직을 내리는 한편 사당의 이름을 彰忠祠로 하였던 것이다. 그리고 포상의 대상이 된 다섯 사람은 지금까지 族內에서도 공훈과 덕행이 뛰어난 양반들에게만 주어진 족보 속의 〈世德考〉에 그 傳記를 올리는 우대가 베풀어졌다. 거창신씨 吏族은 1797년(정조 21)의 《後丁巳譜》 편찬 때 13개 가계를 헤아렸으나, 이 창충사 건립에는 위 4개 가계 외의 다른 가계에서는 전혀 관심을 보이지 않았다는 것이 연구자가 강조하는 점이다. 연구자는 결국 거창신씨 내의 이족으로서 역할은 13개 가계 가운데 4개 가계로 집중되어 가고 있었으며, 그러한 4개 가계의 노력과 성세가 위와 같은 포상을 가능하게 하였다고 해석하였다.

居昌 慎氏 창충사에 대한 이훈상의 위와 같은 연구에서, 필자가 주목하고 싶은 것은, 4개 가계의 성세가 戊申亂에서 공을 세운 것을 계기로 하고 있는 사실이다. 이훈상은 4개 가계의 성세를 배경으로 공을 세우고 포상이 따른 것으로 이해하였지만, 필자의 생각으로는 반대로 무신란이라는 정치적 대변동을 가져오는 사건에서 진압 쪽에 적극 참여한 것이 그들의 성세에 결정적 계기가 되었다고 보고 싶다. 앞서 언급하였듯이 戊申亂 뒤 왕권 중심의 정치질서 재편이 중앙집권적 관료제 강화를 수단으로 삼고 있었기 때문에, '逆亂'의 징벌에 적극 참여한 향리에 대한 포상이 양반과 거의 차별없는 수준에서 베풀어지고 있었고, 그들은 그 혜택의 직접적 대상이 되었던 것이다.

제2장 〈鄕吏集團의 寡頭的 運營體制 成立〉은 경주지방 향리들의 安逸房제도의 변천을 다루었다. 경주 향리들의 안일방은 임란 이전에는 安逸戶長들의 養老와 送死를 위한 耆老所에 지나지 않았다. 그러나 17세기 중엽에 향리들이 凋殘과 假班들의 熾盛으로 말미암아 향리사회의 기강이 해이해져 安逸房에서

규범을 마련하기 시작하였고, 18세기 이후에는 그 규범을 집행하는 조직으로 발전하여 향리사회를 주도하는 구심점이 되었다고 하였다. 18세기 이전에는 三公兄을 수반으로 하는 향리조직의 상층부는 戶長을 정점으로 일원화된 체제를 유지하였으나 18세기 이후에는 이방의 지위가 점차 중시되어 호장과 지위가 비슷해져 호장을 중심으로 한 일원화한 체제가 흔들린 데도 새로운 구심조직의 필요성은 높았다. 이러한 변화를 배경으로 18세기 중반 安逸房은 이방, 호장 혹은 監營吏 등을 거친 사람들을 구성원으로 하게 되었으며, 19세기에는 다시 호장을 역임했거나 역임하고 있는 사람들만이 참여하여 취임 서열에 따라 이방으로 나아가게 되었다고 한다. 안일방은 본래 領座大先生·次先生·記官新先生 등의 직임으로 구성되고 大先生이 연장자로서 大都란 직함으로 전체를 대표하였으나, 점차 향리들의 임면이나 처벌 등을 관장하여 안일방의 기능이 커짐에 따라 1760년(영조 36)에는 大都檢이란 직책을 별도로 신설하여 이에 그러한 기능을 이관하였다.

이훈상은 위와 같은 안일방 제도의 변화를 주로 향리집단의 인구증가에 따라 파생한 내부 갈등, 假吏의 새로운 편입에 따른 질서 유지의 필요성 등에서 원인을 찾고자 하였다. 그러나 필자의 생각으로는 備邊司 有司堂上制 이후 중앙정부의 지방통치 방식의 변화에 따라, 수령 또는 감사를 보좌하는 향리집단의 기능 증대를 상정하지 않고서는, 이러한 제도적 변화를 이해할 수 없다. 단순한 인원증가에 따른 것으로 보기에는 너무도 비중이 큰 변화일뿐더러 인구증가에 따른 것은 가계별 도태로써 자체 조정되는 것이 모든 직역 집단의 존속 생리이다. 향리사회의 제도적 변화는 어디까지나 통치권 자체의 필요에 따라 일어닐 수 있는 깃으로, 그 사회 자체의 임의로 처리될 수 있는 것은 결코 아니라고 생각한다. 이 장에서도 연구자는 경주 지역의 대표적 吏族 가계가 11개(17세기)에서 9개(18세기), 5개(19세기 초)로 점차 줄어간 사실을 중요시하였다.

제3장 〈鄕吏集團 威勢의 地域과 家系에 따른 中層的 構造의 형성〉에서 분석 파악된 내용은 대체로 다음과 같다. 이 장은 1824년에 안동 吏族 출신 지

식인들이 저술 간행한 《安東鄕孫事蹟通錄》(이하 《通錄》이라 줄임)에 대한 분
석을 중심으로 이루어지고 있다. 《通錄》은 안동 향리 출신으로 학행, 군공,
효행 등이 뛰어난 사람들의 전기를 실은 책인데, 그 수록 인물은 임란전부터
편찬 직전까지 66명을 헤아린다. 연구자는 그들에 대한 가계를 분석하여 그
들은 조선후기에 안동출신 향리가문 가운데에서도 경상도 監營吏를 지낸 몇
개 가계에 속하는 인물들로 한정된다는 사실을 파악하였다. 즉 安東 權氏 吏
族 가운데 得正系 등 8개 가계, 安東 金氏 吏族 가운데 嗣宗系 光益派 등 5개
가계들이 그 대부분을 차지한다는 것이다. 《통록》의 간행자들 또한 같은 가
계의 후손들이란 것은 말할 것도 없다. 그런데 이러한 사실을 근거로 연구자
는 경상도 감영리제도에 관한 다음과 같은 대단히 중요한 사실을 밝히고 있
다.

　監營吏제도는 본래 도내 각 군현의 향리들을 고루 차출하는 것을 원칙으
로 하였다. 이러한 원칙은 16세기까지는 대체로 잘 지켜졌으나, 17세기 이후
에는 특정한 지역의 향리들에게 편중되는 경향이 높아진다고 하였다. 연구
자는 그 지역이 안동으로 17세기 초반에 이미 절반을, 18세기 중엽 이후에는
2/3를 넘어선다고 하였다. 편중 현상은 지역뿐만 아니라 같은 吏族 가운데에
서도 특정한 가계에 고정되는 추세를 보인다는 것이 이 연구에서 가장 중요
시하고 있는 점이다. 18세기 중반을 기준으로 하여 안동권씨의 4파, 안동김
씨 3파, 의성의 3씨족(李·吳·金) 등이 그 전부가 되다시피 한다는 것이다. 이
렇게 경상도 안에서도 특정한 이족 가계에 監營吏職이 독점되는 것은 감영의
大房營吏(吏房)가 州縣 守令의 黜陟에 직접 관계할 정도의 위세를 누렸던 사
실을 상기하면 대단히 중요시되는 사실임은 틀림없다. 연구자는 이것을 단
순히 조선시대 향리들의 실질적인 사회 지배의 측면에서 이해하고자 하였으
나, 필자로서는 이를 18세기 이후의 정치적 추세와 연관시키면 훨씬 더 순리
적인 이해가 가능하다고 여겨진다.

　이훈상은 안동 향리들의 감영리로의 진출이 17세기 초엽에 이미 그 절반
을 차지할 정도가 된다고 하였다. 유감스럽게도 그는 이에 대해 구체적인 수

치와 근거를 제시해 놓고 있지 않지만, 당시 도산서원을 중심으로 한 안동 사림의 감사에 대한 영향력을 감안하면 충분히 일어날 수 있는 현상이다. 그러나 당시도 이미 그 집중이 특정한 가계로 고정하는 현상까지 수반한 것으로는 보이지 않는다. 특정한 가계에 의한 독점현상이 18세기 중반부터 현저하게 나타난다는 연구자의 분석에 따르면, 이 변화는 거의 비슷한 시기에 진행된 영남 남인의 정치적 몰락과 깊은 관련이 있는 것으로 보여진다.

앞에서 언급하였듯이 戊申亂 후 노론은 영남 남인에 대한 강경한 '진압'을 명분으로 1738년에 영남 사림의 본거지인 안동에 金尙憲書院을 세우고자 하였다. 이 일은 신축하는 가운데 서원이 방화되는 현지 士類들의 강한 반발을 받았으며, 이에 영조가 직접 중재하여 일단 철회하였다. 그러나 노론은 그 일 자체에 대해서는 이와 같이 후퇴하였으나 영남지역에 대한 통제를 포기한 것은 결코 아니었다. 영남 감영리 운영제도의 변통은 그 대안에 해당하는 것이었다. 다시 말하면 그들은 감영리를 당시까지 이족 가운데 가장 유력한 안동 향리들 가운데에서도 자신들에게 우호적인 부류를 선별하여 차출하고, 나아가 그 직을 세습시켜 감사의 도내 통제의 하수로 삼았던 것이다. 이 점은 《통록》에 序文과 跋文을 써 준 인사들이 대부분 당시까지 參判 이상의 벼슬을 지낸 서울의 노론·소론계 인사들이란 사실이 명백하게 입증해 준다. 연구자가 제시한 서문·발문의 필자에 대한 분석표에 따르면 총 27명 가운데 안동 현지의 남인은 퇴계 후손인 李野淳 등 4명에 지나지 않고, 노론은 金載瓚을 비롯해 18명, 소론은 申緯를 비롯해 4명, 미상 1명 등이다. 《통록》이 戊申亂 뒤 재구축된 정치체제에 대한 동조 향리집단의 장식물이라는 것은 거의 의심의 여지가 없다.

영남 감영리직의 세습제는 물론 노론의 독단에 따라 이루어진 것이라고 할 수는 없다. 거기에는 어떤 형태로든 국가적인 공인 절차가 있었을 것이다. 이에 대해서는 앞으로 구체적인 연구가 따라야 할 것이지만 이렇게 구축된 새로운 체제에서 유리한 것은 말할 것도 없이 관찰사를 많이 배출하는 쪽이다. 위의 《통록》 간행의 협찬자들(서문·발문 수록자)의 분포는 그동안 노론이 그러한 기회를 많이 누렸다는 것을 의미한다. 노론이 관찰사직을 거의 독점하면서 특정한 가계의 감영리들과 함께 道內 政事를 이끌어 갔다면 감영리들의 구실은 결국 과거 도산서원이 누리던 것을 대신하는 것이나 마찬가지이다. 김상헌서원 건립을 철회한 뒤 노론은 그냥 물러선 것이 결코 아니었다.

　특정한 정치 세력이 감영리직의 세습집단과 밀착된 것의 현실적 의미는 무엇일까? 이와 관련하여 먼저 상기되는 사실은 한영국·김영모의 대구호적 분석에서 도심지역의 하급 아전류가, 장인 및 상인층과 깊은 관련이 있을 것으로 보이는 軍官類 등과 함께 늘어나고 있었다고 지적한 사실이다. 하급 아전류의 증가는 물론 향리사회의 규모와 기능의 확대를 의미하는 것으로 위의 감영리제도의 변화와도 일치한다. 과거처럼 각 군현의 향리들이 교대로 감영에 올라와 일정한 기간 근무하고 돌아가는 체제라면 그러한 증가현상은 나타날 수 없다. 그리고 그러한 향리사회의 변동이 상공업 종사층의 증가와 함께 일어난 사실도 크게 주목할 필요가 있다. 노론과 같은 특정한 정치세력의 영남 장악 자체가 그러한 경제변동과 밀접한 관계가 있기 때문이다. 다시 말하면 17세기 말엽 이후의 붕당 사이의 치열한 대립은 새로운 경제변동에 따라 생긴 새로운 재원을 둘러싼 쟁투의 성격을 강하게 띠는 것으로서, 노론은 영남에서조차 이에 대한 집착이 높아 그 본거세력인 남인에게 이를 양보하지 않으려고 했던 것이다. 노론의 이와 같은 도시지역 이권에 대한 강한 집착이 바로 18세기 이후 그들이 집권기회를 가장 많이 누릴 수 있게 만들었던 것으로 보인다.

　17세기 말엽 이후 붕당정치체제의 붕괴를 가져온 정파들 사이의 전례 없는 치열한 대립이 상공업 발달의 해로운 경제변동과 깊은 관련이 있다는 것은 앞으로 구체적으로 연구되어야 할 과제이다. 여기서는 단지 그러한 가능성이 충분히 있다는 것을 언급하는 것으로 만족할 수밖에 없다. 필자는 18세기 남인의 정치적 쇠퇴에 관한 한 논고[113]에서 그러한 가능성을 다음과 같은

---

113) 註 108) 참조.

내용으로 언급한 적이 있다. 즉 숙종대의 '환국'이 빈발하는 정쟁에서 남인
측의 서인에 대한 공격의 중요한 이슈가 관아와 軍門의 대외 중개무역을 포
함한 독점적인 상행위였다는 것, 영남상인의 대표적인 인물로 庚申換局 때
크게 화를 입는 李元禎의 집안이 낙동강 중류지역(현 왜관근처)에 자리하여
어염업에 종사하면서 경신환국 당시 동래부사와 긴밀한 관계를 가지고 있었
다는 사실, 戊申亂 직후 왕권 강화를 자각한 영조가 심복 인물들(趙顯命·鄭
彦燮)을 경상감사와 동래부사의 직에 임명하여 對倭무역의 중심지인 동래부
경영에 적극성을 보이고 있는 사실 등을 주목하였다. 이러한 사실들에 근거
하여, '환국'시대에는 남인·서인 모두가 상공업 발달로 생긴 새로운 재원에
대한 관심이 높은 나머지, 이를 둘러싼 대립으로 정쟁이 격화되고 있었으며,
남인 특히 영남 남인의 쇠퇴는 결국 그 경쟁에서 패퇴를 의미하는 것으로 보
았다. 정쟁의 승패가 판가름 난 뒤에 노론계는 국왕이 왕정 강화를 목적으로
집권적 관료제를 강화시켜 나가는 것을 배경으로, 감영지를 비롯한 중요 읍
들의 도시지역에 대한 지배권을 관직을 통해 장악하면서 남인은 농촌지주로
머물게 하는 구도를 만들어 갔을 것으로 전망하였다. 이런 관점에서 이훈상
의 연구에서 나타난 영남 감영리제도의 변화는 중요한 의미를 가지지 않을
수 없다.114)

　이훈상의 연구를 통해 확인되는 영남 감영리제도상의 일련의 변화는 종
래의 士族 중심의 지배체제가 무너지고 있었다는 것에 대한 하나의 방증이
되는 것이기도 하다. 영남지역을 중심으로 말한다면, 새로운 정치제제의 중
요한 현장은 농촌보다 도시가 되고 있었던 것이 분명하다. 농촌사회에서도
변동은 일어나고 있었지만 '정치적' 실권의 재편은 도시 쪽을 중심으로 이
루어지고 있었던 것이 된다. 도시지역의 새로운 재원은 국왕의 국가적 처지
에서도 물론 중요한 관심사였다. 영조대에 국왕이 궁성을 자주 나와 시전

---

114) 이훈상의 《朝鮮後期의 鄕吏》는 이 밖에 3개의 테마를 더 가지고 있으나, 이 글의 취
　　지와는 약간 거리가 있어 논평을 여기서 줄인다.

거리에서 도성민들을 접하는 한편, 貢人과 市民으로 이뤄지는 도성민이 "나라의 근본"이라는 인식이 높아지고 있었다.115) 이러한 변화는 종래 왕실이 사족 즉 대소의 지주들을 나라의 기둥으로 인식해 온 것과는 큰 차이를 보이는 것이다.

18세기의 국왕들은 누차 언급하였듯이 모두가 탕평책을 추구하였다. 탕평론은 국왕이 정치를 직접 주재하여 달성되는 이상적인 정치세계로서 그 모범을 삼대의 堯·舜·禹의 정치에 두었다. 삼대의 정치는 붕당정치 아래 사족들도 가장 이상적인 경지로 인식하였다. 그러나 그들은 사대부, 사족들의 도움 없이 국왕 혼자서는 그것이 실현되기 어렵다고 인식한 반면, 탕평론을 편 국왕들은 스스로 그 실현의 주체가 될 수 있다고 생각하였다. 이러한 인식의 차이는 臣民觀에 큰 변화를 가져올 수 있는 것으로 주목할 만한 것이라고 하지 않을 수 없다.116)

국왕이 三代의 이상을 실현하는 주체가 된다는 것은, 국왕이 스스로 '治人'을 위한 '修己'에 최대 최선의 노력을 기울인다는 것을 전제로 하는 것이었다. 영조가 역대 왕 가운데 가장 많이 경연을 열면서 만년에는 '堯明舜哲'이란 존호를 사용한 것이라든가, 정조가 규장각을 창설하여 이상적인 君主政의 실현을 추구하던 끝에 〈萬川明月主人翁自序〉란 글을 통해 자신이 가장 至純한 경지에 도달하였다는 것을 표방한 것 등이 모두 달라진 君主觀을 말해 준다. 〈自序〉는 군주인 정조 자신을 萬川에 비치는 明月이라고 비유하고, 명월은 곧 太極이요 나(吾)라고 밝혔다. 명월은 《大學》의 明德 사상을 실현한 경지를 비유한 것으로 至精至純을 본질로 함으로써, 그 주체는 모든 일을 공정하게 재단할 수 있는 것으로 자부하고 있다. 정조의 이러한 군주관은 마치 같은 시기의 유럽의 계몽전제군주들이 "최선을 다하고 국가 안에서 가능한

---

115) 영조가 정치적 의도로 도성거리에 자주 나온 것에 대해서는 JaHyun Kim Haboush, *A Heritage of Kings*, Columbia University Press, 1988 참조. 都城民에 대한 인식 변화는 李泰鎭, 《朝鮮後期의 政治와 軍營制變遷》(韓國硏究院, 1985), p.236 참조.
116) 李泰鎭, 〈朝鮮王朝의 儒敎政治와 王權〉, 《韓國史論》 23, 1990 참조.

한 가장 완전한 사람일 것”을 추구한 것과 비슷하여 유교정치사상에서 발전한 한 시대의 군주상으로 주목되는 점이 많다. 그의 〈자서〉에서 명월이 비춰거나 담겨지는 萬川은 모든 신민을 뜻하는 것으로 거기에 어떤 구별·차별을 두지 않고 있는 것도 주목된다.117)

탕평론의 새로운 군주관이 제시되고 있던 18세기의 사회에서, 신민 쪽의 상황 변호를 다시 상기한다면, 양반 외에 ‘준양반=중인’층이 다수 등장한 사실이다. 호적을 자료로 한 신분직역 변동의 상황에 대한 계량적 연구 결과들을 개략적으로 종합하면 17세기까지 兩班戶는 전체 家戶(호적등재 가호) 가운데 차지하는 비중이 12% 미만이었으나, 18세기를 거치면서 ‘準兩班’ 또는 ‘중인’으로 분류되는 신흥양반층이 대폭 늘어나 양반과 ‘준양반’이 차지하는 비중이 전체의 30% 정도가 된다. 이 늘어난 신흥층에 대한 탕평군주들의 처지는 어떠하였던가? 향촌 운영구조 변동에 관한 연구들에 따르면, 그들 신흥양반층은 기존의 사족 중심의 ‘향안’ 질서에 대해 도전한 주체가 되기도 하였고, 또 수령권 행사의 하부조직으로 편입되기도 하였다. 다시 말하면 수령 주도의 주현향약의 시행에서 이 신흥계층을 수령이 활용한다든다 鄕任職의 확대를 통해 이들을 좌수·별감 등으로 기용하여 오히려 기존 사족들의 영향력을 약화시키는 효과를 기대하고 있었던 것이다. 이러한 변천의 맥락은, 탕평군주들의 정치적 신민의 기반이 사회변동에 직결되고 있었다는 것을 의미하는 것으로서, 18세기의 군주정치는 관료제 강화를 중요한 수단으로 하였을 뿐더러, 수단이 그러하였으므로, 신분직역상의 변동도 국가가 충분히 파악하여 그것을 또한 하나의 체제로 유지하려는 관료제적 면모를 사회질서 재확립에서도 강하게 보이고 있었던 것이다.

‘양반사회의 변화’의 여러 요소들은, 이와 같이 다시 중앙집권적 관료제의 틀 속에서 제자리를 잡고 있었던 것이, 18세기의 중요한 시대적 특징이었다. 새로운 관료제적 지배체제는 종래의 양반사족 중심에서 벗어나 새로운 변동

---

117) 李泰鎭, 앞 〈正祖의 《大學》탐구와 새로운 君主論〉.

을 그 기반으로 흡수시키려고 한 점에서 구조변동을 일으킨 것이라고 해도 좋을 것이다. 그러나 한편 전통적인 사대부 양반층도 '붕당'이 아니라 '관료'로서는 여전히 그 신분과 지위를 유지하였으므로 양반사회 그 자체가 무너지거나 없어진 것은 아니었다.

3) '변동'에 대한 경제사적 시각의 전망

조선후기 '양반사회의 변화'에 대해서는 처음부터 경제사적 시각의 관심이 높았다. 앞에서 언급하였듯이 1950년대의 입론 단계에서 이미 '변동'에 대한 확인이 곧 정체성론 극복의 길이 될 것으로 기대되었다. 이 글에서는 지금까지 경제사 쪽 성과에 대해서는 거의 언급하지 않았지만, 실상은 그동안 이 방면의 연구성과는 적지 않았다. 다 알듯이 변동론의 초기구도 제시에 앞장선 김용섭은 그동안 주로 농업경제사 연구에 주력하여, 《朝鮮後期農業史研究》,[118] 《韓國近代農業史研究》(증보판에서 상·하로 나눔),[119] 《朝鮮後期農學史研究》[120] 등의 노작들을 쌓았다. 그가 조선후기 농업경제 발전의 중심적 부면을 經營型 富農의 성장에서 찾아 많은 성과를 올린 것은 너무도 잘 알려진 사실이다. 그리고 姜萬吉의 《朝鮮後期 商業資本의 發達》[121]을 비롯해 상공업 분야의 성과도 1960년대 후반 무렵부터 적지 않게 이루어졌다.[122]

한편 북한학계도 1950년대 말부터 '자본주의적 생산관계'의 성립을 체계화하기 시작하면서, 변동을 거의 사회경제사적 관점에서 추구하였다. 1957년 말의 '조선에서의 부르주아 민족형성에 관한 토론'을 계기로 시작된 북한측의 자본주의적 관계에 대한 연구는 1960년대 초의 《조선통사》, 《김옥균》 등

---

118) 일조각, 1970, 1971.
119) 일조각, 1975. 증보판은 1984년.
120) 일조각, 1988.
121) 고려대 출판부, 1973.
122) 1986년까지의 연구성과는 오미일, 〈조선후기 상품유통 연구현황〉, 《韓國中世社會 解體期의 諸問題(下)》(近代史硏究會編, 1987)에 대개 소개되었다.

을 거쳐 1970년대에 《조선에서 자본주의적 관계의 성립》, 《조선에서 자본주의적 관계의 발전》 등의 저술을 통해 그 관점과 입론을 체계화하였다.

조선후기의 '변화'에 대한 경제사적 시각의 연구성과는 사실 자리를 달리하여 정리하여도 한꺼번에 모든 것을 언급할 수 없을 정도로 양이 많다. 이 글이 처음부터 이에 대한 검토를 논외로 한 것은 그 성과의 양도 많거니와 필자의 능력으로서는 전문적인 논평을 제대로 할 수 없는 한계를 느꼈기 때문이다. 그러나 그렇다고 이에 대한 언급을 전혀 하지 않는다면 신분직역제와 향촌사회 운영구조를 중심으로 한 지금까지의 제반 논평이 불완전한 것이 되고 말 것이다. 필자의 능력이 닿는 범위에서 '변동'의 흐름에 대한 지금까지의 이해와 관련되는 것에 한해서나마 논평을 하여 종합적인 역사상 추구의 노력을 표시해 두고자 한다.

지금까지의 조선후기 경제사 연구 일반이 가지고 있는 문제점으로 필자가 평소 느끼고 있던 것들부터 피력하면 다음과 같다.

첫째로 유물론적 계급사관은 그동안의 연구에 많은 영향을 끼치고 또 그 기여가 컸던 것도 인정되지만, 점차 그 한계성이 드러나고 있는 사실 또한 직시할 필요가 있다. 북한 쪽의 연구가 모두 이 관점에 입각한 것은 굳이 지적할 필요가 없지만, 남한학계도 이 사관으로부터 직접 간접으로 적지 않게 영향을 받았던 것 또한 사실이다. 이 사관에 서 있는 여러 가지 파악과 설명은 모든 변화가 아래로부터 이루어지고 지배층의 역할은 거의 부정되는 경향을 강하게 갖고 있다. 현재까지의 성과로 본다면 양반지배층을 지주층으로 규정하여 그들의 상공업에의 참여 가능성은 거의 설정되지 않았으며, 따라서 그들은 역사발전에 역행하는 존재 외에 아무 것도 아니다. 북한 쪽의 경우 지배층에 대한 계급적 매도가 심한 나머지 정부의 역할과 기능은 거의 인정하지 않는 경향이다. 그런데 계급에 대한 인식이 아무리 중요하다 하더라도 어떤 경제이든 이와 같이 '정책'이 인정되지 않는다면, 그 경제는 결코 규모가 있는 것이 될 수 없다는 사실도 이제는 직시할 필요가 있다.

둘째로 '세계사적 발전법칙', '사회발전의 합법칙성' 추구가 가져오는 단점 또한 적지 않다. 맑스의 《遺稿》와 스탈린의 《변증법적 유물론과 사적 유물론》에 바탕을 둔 이 역사발전의 도식이 한국사, 조선사에 적용된 이래 경제사 연구는 각 발전 단계에 해당하는 것이 우리 역사에 있는지를 확인하는 것이 연구의 본령이 되다시피 하였다. 북쪽에서 김옥균 등에 의한 갑신정변을 부르주아 혁명으로 규정한 것은, 그러한 경향이 가장 강하게 나타난 경우라고 생각한다. 반대로 근자에 남한학계에서 상공업에서의 자본주의적 관계의 성립에 대한 회의가 짙어 중세사회의 해체 내지 근대화의 흐름을 농업경제 및 농민층 성장 중심으로 파악하는 경향이 강한 것도 문제라고 하지 않을 수 없다. 자본주의적 생산양식의 성립에 농업경제의 발달이 차지하는 비중은 물론 경시할 수 없는 것이지만, 거기에 상공업에 대한 고찰이 빠진다면 핵을 잃은 것이나 마찬가지가 된다.

셋째로 경제사 연구 자체가 다른 분야와 연관관계를 제대로 밝히지 못하고 '孤島化' 현상을 보인 단점도 지적하지 않을 수 없다. 지금까지 경제사 분야 연구는 자본주의적 관계의 '自生' 확인에 초점이 맞추어진 나머지 신분직역제 변동이나 정치체제 변천에 관한 연구에서 이루어진 성과와 연관시켜 보려는 노력이 거의 없었다. 김용섭의 농업사에 관한 연구는 입론단계의 신분직역제 변동과의 관계가 시종 의식되었지만, 상공업사 쪽은 상업, 수공업 발달의 새로운 담당자들이 신분직역제 변동 속에서 어떻게 창출되고 기능하였는지 전혀 묻지 않았다.

지금까지 연구의 위와 같은 결함은 실제로 일어난 것이 무엇인가를 제대로 파악하기 어려웠다는 것을 의미할 수도 있다. 그러나 이 글에서 지금까지 검토한 것과 같이 사회사나 정치사 분야에서 중요한 '변동'이 일어났다면 경제사적으로도 이에 상당하는 것은 충분히 확인될 수 있을 것으로 믿는다. 경제사 분야에서도 새로운 '변화'의 시기가 사회사, 정치사 분야에서 확인된 것과 마찬가지로, 17세기 말엽부터 이미 잡히고 있는 것은, 그러한 전망을 밝게 해 준다.

경제사 분야에서 17세기 말엽 이후의 '변화'의 토대가 된 것으로는 지금까

지 대동법의 시행, 이앙법의 보급을 비롯한 농업기술의 발달, 대외무역의 성
행 등이 주로 거론되었다. 앞으로의 연구에서는 이 각 부면들에 대한 고찰도
깊이를 더해야 할 것이지만, 한편으로 관련 분야를 새로이 개발해야 할 것도
많을 것이다. 예컨대 이 시기에 각급 官의 재정원 보강의 일환으로 17세기
말엽에 취해진 환곡제도의 확대는, 그 가운데 가장 우선적으로 보아야 할 것
이 아닌가 한다. 이 제도는 운영원리가 상업자본주의적인 것으로서 대동법
에 결코 떨어지지 않는 영향을 이 시기의 상업발달 촉진에 미쳤을 것으로 믿
는다. 이 제도에 대한 지금까지의 연구는 주로 19세기의 '삼정 문란'의 차원
에서만 이루어져, 제도 발전기의 역사적 기여에는 거의 주목하지 않았다. 조
선왕조처럼 중앙집권도가 높은 정치체제에서 관련된 새로운 제도의 시행은
좀 더 주목할 필요가 있을 것이다. 지금까지는 官의 그러한 비중이 지나치게
경시되는 경향이었다.123)

  앞에서 살핀 것과 같이 신분직역제 연구에서 노비가 17세기 말엽 이후 계
속 감소 추세를 보였다는 사실은 경제적으로 대단히 중요한 의미를 가지는
변화일 수 있다. 이 사실은 각 지역 호적을 분석한 대부분의 연구들이 지적한
것이지만, 노비에 관한 구체적인 분석에서도 같은 결과가 제시되고 있다. 예
컨대 단성현 호적의 逃亡·移居戶를 분석한 김석희의 연구124)에서, 숙종 46년
도(1720)분에서는 도망·이거호가 노비층의 중심이었으나, 정조 7년도(1783)분
에서는 양인층의 비중이 높다고 하였다. 이러한 노비감소 추세는, 노비소유
형태에 관한 연구에서 양반의 경우 소유노비의 수가 많은 반면, '준양반', '중
인' 등의 신흥층은 노비를 그다지 소유하지 않고 있다는 연구결과를 통해서
도 확인된다. 전통적인 양반의 노비소유에 대해서는 이해준·전형택 등의 다
음과 같은 구체적인 분석이 있다. 즉 이해준은 호서 공주 거주의 慶州 李氏

---

123) 이 점에 대해서는 安秉台, 《朝鮮近代經濟史研究》(日本評論社, 1975), p.129에서 이미 지
    적된 적이 있다.
124) 〈慶尙道 丹城縣 戶籍臺帳에 관한 연구―18세기 逃亡·移居戶를 중심으로〉, 《인문논
    총》 24(부산대, 1983).

(草廬 李惟泰 후손)의 경우를 분석하여 1681~1807년간의 평균 솔거노비의 수가 23명 정도인 것을 밝혔고,[125] 전형택은 부안 김씨 고문서를 분석하여 17세기 후반 이후 18세기 일대의 소유노비수가 솔거·외거를 합쳐 평균 100명 안팎을 헤아리는 것을 밝혔다.[126] 이와 달리 '신흥 양반층'의 소유노비수가 적은 것은, 김용섭의 상주지방 연구에서 일찍이 언급된 이래[127], 대부분의 관계 연구자들이 인정하는 사실이다. 구체적인 연구로는 고문서를 분석한 최승희의 연구에서 軍官職을 많이 띠고 幼學을 칭하기까지 한 경상도 용궁면 大邸 白氏家의 경우 소유노비가 1~2명에 불과한 것으로 밝혀졌다.[128]

18세기 이후 신흥양반층(준양반·중인)이 늘어난 것은 분명한 사실이다. 그런 가운데 그들이 전통 양반층과 마찬가지로 다수의 노비를 소유하였다면 전체 노비수는 증가하여야 한다. 그러나 전체 노비수가 감소한다는 것이 모든 관련 연구자들이 지적하는 사실이므로, 신흥 '양반층'이 노비를 소유하려는 경향이 약하였다는 것은 형식논리적으로도 명백하게 입증된다. '준양반'·'중인'은 농업에서는 자소작이거나 상공업에 종사하는 자가 많았으므로 노비소유 경향은 약할 수밖에 없다.

---

125) 李海濬, 〈조선후기 湖西地方 한 兩班家의 노비소유실태－公州 중호·慶州 李氏家 所傳 戶口單子 분석〉, 《湖西史學》 8·9호 합호, 1980.

126) 전형택, 〈17·18세기 私奴婢의 존재형태〉, 《李元淳教授華甲紀念史學論叢》, 1986. 이 논문은 노비소유주가 17세기 중반까지는 文武班의 實職을 소지한 신분이다가 후반에는 品職만을, 말기부터는 幼學에 지나지 않아 鄕班으로 자리잡기 시작한 집안인 것을 밝히고, 향반으로 정착하는 17세기 후반에서 18세기 전반은 소유노비수가 전반적으로 증가하고 그 뒤는 감소하는 추세를 보이며, 호구단자 기록상 적을 때는 5명밖에 나타나지 않으나(1705년) 많을 때는 361명을 헤아리기까지 한 것 등을 아울러 밝혔다.

127) 즉 그는 이 지방 量案 기재에서 奴名을 기록하지 않은 起主들을 주목하여 같은 기주들의 직역을 호적에서 찾아 대조하여 그들은 결국 '양반하층·평민상층'에 해당하는 존재로서 상급양반 곧 정통양반과 스스로 구분된 사실을 지적하였다. 상주의 두 面의 起主 222명(중동면), 255명(단동면) 가운데 奴名을 기록한 자들은 각각 130명, 115명이었던 것으로 밝혔다.

128) 최승희의 사례연구는 각기의 중요 경제기반으로서 노비보유 상황을 가능한 한 밝히고자 하였는데 '중인'층의 경우가 노비수가 이렇게 적은 반면, 草溪卞氏, 晋陽鄭氏 등 鄕吏 집안의 경우는 8~18명으로 훨씬 그 수가 많은 것으로 분석되었다. 이러한 차이가 결국 향리의 기반이 신흥양반층에 견주어 훨씬 더 전통적이었다는 것을 의미한다.

'준양반'·'중인'의 신흥층의 使役勞動力과 관련하여 주목되는 것은 雇工에 관한 연구성과이다. 앞에서 이미 소개했듯이, 한영국은 조선후기 고공에 대해 그것이 도시노동력이라는 귀중한 연구성과를 내놓았고, 박용숙이 또한 이 성과를 받아 彦陽縣의 경우를 분석하였다. 고공 노동력의 경제사적 의의를 살피기 위해 양자의 연구성과를 여기서 다시 좀 더 자세히 살피기로 한다. 한영국의 연구[129]는 자료조건을 다음과 같이 밝혔다. 즉 대구부 호적 가운데 雇工이 기재되어 있는 面은 동상면·서상면(이상 都會지역)·수서면(1747년 이후 하수서면, 상수서면으로 분리)·해북촌면(이상 농촌지역) 등 도합 5개면에 지나지 않아 이 5개면의 숙종 31년(1705)·34년(1708), 영조 23년(1747), 정조 13년(1789), 순조 25년(1825), 철종 9년(1858) 등 5시기의 호적들을 분석대상으로 삼았다고 밝혔다. 중요 분석결과는 다음과 같다.

(1) 고공은 도회지역에서 압도적으로 많이 확인되고 농촌지역에서는 35개 面 가운데 3개 面에만 나타나며, 그 수도 숙종－영조 연간에만 전체의 10%(28명/285명), 7%(30명/460명)에 지나지 않을 정도로 미미하다.

(2) 고공 인구는 18세기 초에는 奴를 주축으로 한 청·장년층이 중심을 이루고, 18세기 중엽부터는 점차 청·소년층의 婢 고공으로 대치되어 19세기 초엽에는 거의 숲고공이 청·소년층의 婢로 이루어졌다.

(3) 18~19세기 초엽 고공 보유율이 가장 높은 계층은 中庶층으로 전시기에 걸쳐 약 8호당 1호 꼴이다. 다음으로는 노비층이 높은 보유율을 보이는데, 그 점유율은 18세기 초부터 계속 증가하여 17호당 1호 꼴(6%)에서 6호당 1호 꼴(18%)에 이르고 있다. 가호수가 가장 많은 평민층은 수적으로는 가장 우세하나 보유율은 14호당 1호 꼴(7%)이다. 보유율이 가장 낮은 층은 양반층,

---

129) 〈朝鮮後期의 雇工－18·19세기 大邱府戶籍에서 본 그 실태와 성격〉,《역사학보》81, 1979.

특히 재야의 上級兩班으로 35호당 1호에도 미치지 못한다.

위에 정리된 것과 같이 고공이 주로 도회지역에 나타나고 있는 것은 농민 층 분화와 도시발달이 동시에 일어나 농촌을 떠난 소농민들이 도시 곧 상공 업이 발달하고 있는 지역에 모여든 결과인 것이 분명하다. 그리고 雇主層에 대한 좀 더 자세한 사실은 다음과 같이 분석되고 있다.

먼저 가장 높은 보유율을 보인 中庶層은 구체적으로 다음과 같은 두 부류 로 밝혀졌다.

   (1) 業儒·業武·出身·閑良·校生·武學·各色軍官·旗牌官·將官·都訓導·諸衙
     屬者 등으로서 妻가 氏가 아니라 姓·召史로 표기된 자.
   (2) 戶長·記官·貢生·鄕吏·人吏·府吏·下吏·假鄕所·律生·書史·書員·小童 등.

위에 보인 (1)(2)는 곧 軍官層과 吏胥層으로서, 이들은 앞에서 누차 언급하 였듯이, 도시화의 중심계층에 해당한다. 이 연구는 두 계층 가운데에서도 각 종 衙前戶의 보유율이 6~7호당 1호꼴(15%)로 가장 높은 보유율을 보여 고공 보유의 대표적인 예에 해당한다고 하였다(p.97).

중서층 다음으로 보유율이 높은 노비층도 실상은 公賤戶(無직역의 공천, 內·寺·官奴婢) 가운데 官奴婢戶(營·府·鎭·校奴婢)로서 감영·병영의 확대와 관 련이 깊은 계층이란 특수성을 보이고 있다고 하였다. 평민층 가운데에서는 각색 장인류, 하급 관속류가 주류를 이룬다고 하였다.

대구부의 고공 보유층에 대한 이러한 구체적인 분석결과는 도시지역의 신 흥계층이 그 보유의 주체라는 것을 의심없게 한다. 그런데 한편, 박용숙의 〈18·19세기의 雇工－경상도 언양현 호적의 분석〉[130]은 언양현 호적 중 1711 년, 1798년(이상 縣內 전역 6개면), 1813년(현내 3개면) 등 3개년도의 호적을 분

___

[130] 《釜大史學》7, 1983.

석하여 다음과 같은 결과를 보고하고 있다.

> (1) 雇工 보유 호수는 1711년에 총 1,119호 가운데 71호(雇主 : 양반 23호, 中庶 10호, 常民 28호, 奴婢 10호), 1798년에 총 1,198호 가운데 241호(고주 : 양반 133호, 중서 38호, 상민 65호, 노비 5호), 1813년에 608호 가운데 84호(고주 : 양반 44호, 중서 8호, 상민 32호, 노비 0호) 등으로 兩班 雇主의 비중이 가장 높은 것으로 나타난다.
>
> (2) 1798년도 호적을 예로 양반 고주호의 노비소유 여부를 조사한 결과 거의 전부가 노비를 소유하고 있으며 그들의 고공과 노비의 보유 비율은 133호 : 126호로 나타난다(中庶는 38호 : 22호, 상민 65호 : 3호, 노비 5호 : 0호).

박용숙의 위와 같은 분석결과는 다음과 같은 두 가지 점에서 새로운 문제를 제기하는 것이 된다. 첫째 한영국의 대구부 중심의 결론과는 달리, 농촌의 비중이 큰 일반군현에서도 고공이 상당수 존재한다는 것, 둘째 정통 양반이 노비를 많이 소유한 반면 '신흥양반'은 그렇지 않다는 일반적 인식과는 달리, 양반 고주의 비중이 크다고 한 점 등이 바로 그것이다. 그러나 그의 분석은 처음부터 좀 더 엄밀한 전제를 두었어야 할 점이 발견된다.

첫째로 고공의 거주지와 관련하여 언양현에서도 읍치와 그 외의 지역을 구분하여 살필 필요가 있었으며, 둘째로 '兩班 雇主' 문제에서는 신분직역 분류를 좀 더 엄밀히 할 필요가 있었다. 후자의 경우, 분류의 기준을 한영국의 것을 거의 그대로 준용하여, 대구와 언양이라는 지역적 조건의 차이가 전혀 고려되지 못한 문제점이 발견된다. 이 연구는 '양반 고주'를 모두 전통 양반으로 간주하였으나 이것은 직역분류상의 오류에서 빚어진 결과로 판단된다. 즉 대구부에서는 '中庶'층의 설정으로 도시적 분위기가 잘 부각될 수 있었지만, 언양에서는 '중서'층이 그리 많지 않은데도 이 계층과 '양반'과의 구분이 지나치게 의식된 반면 '양반'과 '준양반'의 구분은 명확하게 되지 않아 '준양반'이 차지하였을 비중이 잘 드러나지 않는 약점이 생기고 있다. 다시 말하면, 언양에서는 '양반'과 '준양반'으로의 구분이 더 필요한 것이었다고 믿어지는데 '준양반'에 포함될 것도 모두 '양반'에 포함시키고, 그 가운데에서 처가 姓·김史로 표기된 것만 이서층과 합쳐 중서로 분류함으로써 신흥양반류를 제대로 구분할 수 없게 되었던 것이다. 이 연구에서 "고공을 가장 많이 보유한 양반층 가운데에서도 향촌 사회에서 양반을 대표하는 幼學戶(양반 가운데 점유율 1기 48%, 2기 81%, 3기 84%)가 兩班雇主戶數의 대부분을 차지한다"고 언급한 부분이 말하자면 좀 더 엄밀하게 분석되었어야 할 부분이었다. 雇主의 다수를 차지하는 이 幼學戶에는 실상 신흥양반 곧 '준양반(또는 중인)'이 다수였을 것인데 그것이 구분되지 못한 것이다. 이것이 교정된다면 '준양반'층이 노비보다 고공을 사역노동력으로 취하는 경향이 강했다는 가설은 여전히 유효하다.

한영국의 논문에서 고공제도의 변천과 관련하여 밝혀진 몇 가지 사실들은, 인력 공급면에서 '경제정책'이 이미 성립하고 있었다는 느낌을 강하게 주어, 다시 한번 주목된다. 그의 연구에 따르면, 17세기 말엽 이후 고공은 (1) 仰役無案雇工(국가에 대한 역의 의무를 기피한 것이 아니나 호적에는 오르지 않은 상태에서 고공이 되어 있는 자들)의 경우가 대부분이었는데, 점차 국가가 이 계층의 존재를 공인하여, 이를 호적에 기재토록 하여 (2) 仰役立案雇工 (3) 收養立案雇工 등이 늘어나던 끝에, 정조 8년(1784)부터 이들의 최소한의 생계 보존에 대한 국가적 차원의 보장으로, 雇主는 5년 이상 일한 고공에 대해서는 그를 떠날 때 반드시 10兩을 주도록 하는 법을 제정하여, (4) 受賃立案雇工이 정식으로 성립하게 되었다고 하였다. 17세기 말엽의 시점에서 고공은 대부분 衣·食만을 해결하고 力役을 제공하는 일시 留接(無立案) 인구에 지나지 않았는데, 고공으로 수양·입안된 (2)·(3)의 상태는, 그가 본래 노비라도 公·私 불문하고 身貢을 수취당하지 않는 것을 보장하였으며, 거기에서 한 걸음 나아가 (4)의 雇工法이 제정된 것은, 국가가 留接 사이의 생계를 보장해 주려는 최소한의 법적 조치였던 것이다(이 법은 《大典通編》에 올랐다).

국가가 도시발달에 따라 새로이 생성된 노동력에 대해, 이와 같이 법적 조치를 취하였다는 것은, 전혀 새로운 단계로 진입하고 있는 사회적 발전을 국가가 이끌어 나가려는 '정책'의 노력으로 주목하지 않을 수 없다. 대부분의 고공이 노비출신이라면 그것은 '신분적' 질서를 '계약적' 질서로 전환시키려는 뜻을 담은 것이기 때문에, 더욱 그 역사적 의미가 중요시된다.

정조대의 새로운 노동력 정책과 관련하여 달리 또 주목되는 것은, 국왕 스스로 공·사노비제도의 전면 혁파를 단행하기 위한 준비를 하고 있었다는 사실이다. 정조는 그 재위 만년에 尹行恁에게 洪鳳漢의 奏請, 啓辭 등을 모아 《翼靖公奏藁》[131]란 이름으로 책을 묶는 일을 주관하게 하였는데, 그 24년에 완성된 이 책의 奴婢 항목의 서문에 해당하는 〈奴婢引〉에서 그 사실을 밝히고 있다. 즉 私奴婢에 대해서는 "奴婢의 規定을 一掃하고 雇傭의 法을 창행하여 己身에 限하고 世傳을 불허하며" 公賤에 대해서는 "指劃을 조치하고 方略을 先定하여 給代와 出處에 모두 定數를 두는" 것을 원칙으로 하였다고 밝혔다. 사노비는 현재의 주인과 노비 사이를 고용주와 피고용자의 관계로 바꾸면서 그 의무관계는 당대에 그치고 자녀들에게 물리지 않으며, 공노비는 身貢의 결손분을 給代의 조정으로 처리하는 것을 혁파의 구체적 방안으로 삼았던 것이다. 사노비에 대한 대책은 곧 앞의 고공법의 원리를 적용한 것으로서, 이것은 노비감소의 시대적 대세가 국가의 정책에 따라 새로운 노동력체계 확립으로 대전환을 할 수 있는 가능성을 보여주고 있는 것이라 하지 않을 수 없다. 그러나 이 대개혁안은, 불행하게도 그가 이 글을 쓴 직후에 발병하여 수개월 만에 薨去함으로써, 수포로 돌아간다. 정조 홍거 후 이 계획은 수렴청정에 나선 金大妃 측근세력으로부터 강한 반발을 받아 논란 끝에 결국 하나의 절충으로 순조 1년(1801)에 공노비 혁파만 이루어지게 된다.[132]

정조대의 고공법의 제정과 노비제도 혁파계획 등은 18세기의 사회변동을 왕정이 능동적으로 수용하여 새로운 발전방향을 강구하는 조치로서 큰 의미가 있다. 상공업 부면에서 그 15년(1791)에 취해진 유명한 〈辛亥通共〉 조치도

---

131) 서울대 규장각도서 1146, 18책.
132) 이에 대해서는 곧 기회를 달리하여 좀 더 자세한 고찰을 가지고자 한다.

같은 차원에서 이해되어야 할 것이다. 생부의 陵園을 옮긴 수원에 화성을 새로 쌓고 장용영을 두면서 몇 가지 혜택을 제시하여 각지 巨商들의 입주를 촉구하는 한편, 이곳으로 행차 때 필요한 한강 배다리 운영을 위해 舟橋司를 설치하여 이에 응하는 경강상인들의 배들에 대해 각지 稅穀 운송권의 혜택을 주면서 선적을 통한 商稅 부과를 함께 꾀하는 등의 조치[133]는 모두 자유상공업의 발달과 국가재정의 충실을 함께 꾀하는 조치로 주목해 볼 만한 문제라고 생각한다. 18세기 연안 浦口商業의 발달은 지금까지의 상업판도를 바꾸어 놓는 추세를 보였으며,[134] 이런 변화를 배경으로 종래 훈련도감과 같은 특수 관청 소속의 배들이 가지고 있던 세곡 운송권이 포구상업의 최종집결지인 경강상인들에게 돌아가고 있었던 것이다.

정조대의 일련의 조치는 새로운 사회경제변동에 대한 국가적 정책의 성립을 말하기에 충분한 것이라고 생각한다. 그러나 그의 훙거 후 전개된 19세기의 역사는 정반대의 모습으로 급전한다. 정조대의 조정의 치밀한 대책들은 세도정치의 비리로 대치되고 수탈에 시달린 민중은 '민란'의 대열에 서게 된다. 19세기 역사의 이러한 급전은 무엇을 의미하는가? 이것은 조선후기 변동론이 언제나 만나는 하나의 큰 의문이다.

정조 훙거 후 일어난 변화로서 가장 주목되는 것은 정치적 변동이다. 앞서 언급하였듯이 정조 일대에 구축된 친위세력은 수렴청정 아래서 '辛酉邪獄'을 계기로 큰 타격을 입었다. 김대비와 그 형제들은 정조와 적대적인 관계에 있었으므로 '신유사옥'은 하나의 정치적 반격이었다. 그러나 이보다도 더 중요한 것은 이러한 대극적 관계 이후의 정국변동이었다. '신유사옥' 후 정조 친

---

133) 세곡 운송권의 이러한 변화에 대해서는 崔完基, 《朝鮮後期船運業史研究》(일조각, 1989), p.129~149참조.
134) 포구상업 발달과 그 변천에 대해서는 다음과 같은 논문들이 있다. 강만길, 앞의 책; 李炳天, 〈조선후기 상품유통과 여객주인〉, 《경제사학》 6, 1983; 高東煥, 〈18·19세기 외방포구의 상품유통 발달〉, 《韓國史論》 13, 1985; 〈포구상업의 발달〉, 《韓國史市民講座》 9, 1991; 李榮昊, 〈19세기 포구수세의 유형과 포구 유통의 성격〉, 《韓國學報》 41, 1985; 〈19세기 은진 강경포의 상품유통구조〉, 《韓國史論》 15, 1986.

위세력으로 조정에 남은 것은, 정조로부터 순조의 왕위 보전을 부탁받은 것을 배경으로 순조 2년에 국구가 된 金祖淳뿐이다시피 하였다. 그는 같은 왕 5년에 김대비가 승하하자 정치적 실권을 장악하기 시작하여 이후 중앙정국은 그와 그의 집안이 중심이 된 정치체제가 세도정치란 이름으로 자리 잡게 된다. 세도정치의 주체가 된 이른바 안동김씨들은 정조 친위세력의 내력을 가지면서도 정조의 정치적 뜻을 잇고 있지 않은 것이 그 사이의 큰 변모였다.135) 김조순이 자기 중심의 새로운 정치기반을 닦아가던 순조 11년에 서북지방에서 '홍경래의 난'이라는 대란이 일어나고, 그가 진압에 성공한 이후로 부동의 정치적 기반을 굳힌 사실은 더욱 주목된다.

정조 홍거 후 경제가 갑자기 후퇴하였던 것은 물론 아니다. 그러나 정조가 보여준 국가적 차원의 정책은 정치적 동요의 소용돌이 속에서 이미 실종되고 있었다. 국가적 제어가 상실된 상태에서는 관료, 관속들이 직무상의 실권을 통해 사적인 치부를 꾀하기 마련이다. 19세기 향촌사회 운영실태에 관한 연구들은 이 시기의 향촌실태를 '守令－吏·鄕 지배체제'에 따른 피수탈의 상태로 분석하였다. 그것은 비단 三政의 수취제도 범위 안에서만 자행되는 것은 아니었다. 도시의 연안지역의 각종 상권에 대해서도 각급 관료, 관속들은 중앙 세도권력과의 유착, 비호 아래 수탈을 자행하여 '자유상공인'의 성장을 저해했을 것이 충분히 예상된다. 고석규의 연구에서 '홍경래의 난'에 그러한 면모가 있었던 것이 지적되었다.136)

19세기에 정치적 실권을 장악한 세도가문들은 단순한 혈연정치집단이 아니었다. 그들은 농업경제에서 地主的 관심뿐만 아니라 도시와 연안지역에서 전개되고 있는 상공업의 재원에 대해서도 상당한 관심을 가지고 권력을 그 획득에 이용하는 모습을 강하게 보이고 있었다. 중국 사행에 공식적으로 허용된 包蔘의 양이 18세기 말 정조대에 120근으로 통제되던 것이 19세기에 들

---

135) 19세기 정치사에 대해서는 한국역사연구회 정치사연구반, 《조선정치사》 참조.
136) 이 책, p.528 참조.

어와 기하급수적으로 늘어나 1851년에 40,000근에 달한 것이라든가,[137] 연안
지역에 발달한 浦口商業의 主人權이 19세기에 궁방과 권세가들에 따라 과점
된 사실 등이[138] 모두 상권과 새로운 재원에 대한 집권세력의 지대한 관심을
입증하고도 남는다.

  농업부면에서도 18세기의 사회적 발전의 성과가 왜곡되고 있었다. 즉 노
비가 감소하여 사역인구의 주축이 고공, 더부살이로 바뀐 이후, 양반토호들
은 사노비에 대한 집착을 쉽게 포기하지 않는 한편으로, 사역인구 쪽도 더부
살이(挾戶)를 선호하여 佃戶 농민에 의한 대여지 경영을 줄이고 대신 직영지
경영을 늘리는 추세를 보였다고 한다.[139] 이것이 사실이라면 正祖의 사노비
혁파 계획을 수포로 돌아가게 한 것은 바로 양반토호층의 입장이었다는 뜻
이 된다. 그러나 이 계급은 노비노동력의 유지에서는 보수적 집권세력과 입
장을 같이 하였지만, 세도 일족이 정치권력을 독점하여 서울 경기에 기반을
가지는 양반관료층 중심으로 정치를 이끌어 감에 따라 양반계급은 ‘京·鄕分
離’의 추세가 현저하게 나타나, 향촌의 양반토호들 가운데는 민란기에 ‘민란’
도모의 초기 단계에 이에 직접 관계하는 자들이 나타나기도 하였다. 세도정
권에 참여한 충돌은 지주적 기반도 가지고 있었지만 이미 도시 중심의 경제
기반에 비중이 높아진 상태여서 순수 지주적 기반의 양반토호들과 계속 입
장을 같이 할 수 없었다.

  양반층의 도시경제권에 대한 깊은 관심은 18세기 초반에 이미 노론계가
영남 남인을 몰아내면서 구체적으로 나타나고 있었다. 그러한 관심은 영조,
정조대에 왕정이 국가적 경영의 의지를 강하게 보이고 있는 조건 아래서는
체제적인 것으로 발전할 수는 없었다. 그러나 왕권이 그러한 의지가 약화 내
지 소멸된 상태에서는 얼마든지 표면화할 수 있었다. 19세기 세도가문들이
대개 노론계로 이루어진 것은 결코 우연이 아니며, 이들 중심의 권력체계로

---

137) 李泰鎭, 〈국제무역의 성행〉, 《한국사시민강좌》 9, 1991, p.85.
138) 註 133)의 논문들 참조.
139) 이세영, 〈18·19세기 양반토호의 지주경영〉, 《韓國文化》 6.

부터 밀린 각종의 '양반'들은 몰락하든지 아니면 위와 같은 형태로 정권과 유리된 상태에서 명맥을 유지하고 있었던 것이다.

19세기 사회경제적 상황을 대체로 위와 같이 조명할 때 세도정권 아래서 일어난 '홍경래의 난'과 그 후의 '민란' 등의 성격은 다음과 같이 해석될 수 있다. 즉 18세기 이래의 변동은 도시와 농촌 두 공간 속에서 진행되고 있었으나, 19세기 집권세력인 세도가문들은 도시, 상공업 위주의 성향을 강하게 보여 그 수탈적 경제기반 확대가 마침내 농촌의 희생을 가져와 강한 반발을 받게 되었던 것이다. 변방지대로서 상공업 발달의 빠른 진전을 보이던 서북지방은 도시상권에 대한 집권세력의 편의적인 처리 경향에 대해 어느 지역보다도 민감하게 반응하여 '홍경래의 난'이 일어나게 되었던 것으로 보이며, '민란'의 主因인 '삼정의 문란'은 단순한 수취제도의 문란이 아니라 강한 고리대적, 화폐경제적 성향을 가지고 농촌경제를 파탄에 이르게 하고 있었기 때문에 그처럼 광범하게 일어났던 것이다.

종래 19세기의 '홍경래의 난', '민란' 등은 지나치게 농민반란적 시각에서 조명되었다. 19세기의 경제동향에 대한 구체적인 파악이 미흡한 가운데 계급투쟁적 시각의 보편화로 빚어지고 있었던 현상이 아닌가 생각한다. 19세기 세도정치 아래 상공업의 실태는 앞으로 구체적으로 깊이 있게 천착되어야 할 대상이다. 18세기 후반에 국가적 '정책'이 있던 상황에 견주어 심한 왜곡이 빚어졌을 가능성이 높다. 도시와 연안지역의 상공업이 권세가 쪽으로 이득이 편중되는 조건이 계속 만들어져 가는 상황에서는 '준양반', '중인'층에 포함된 '자유상공인'의 정상적인 성장을 기대하기가 어렵다. 18세기 후반에 확립된 고공법이 더 이상 구체적인 발전상을 보이지 않는 것도 그러한 왜곡의 결과일지도 모른다. 19세기 세도정치를 거치는 과정에서 살아남은 보부상과 같은 상인집단이 권력체계에 대해 지극히 타협적인 모습을 보이고 있는 것도 결코 우연하게 생각되지 않는다.

조선후기 사회변동론의 궁극적인 과제는, 개항으로 세계자본주의 시장에 개방되기 전의 우리의 상공업의 실제 모습을 정확하게 파악하는 것이다. 북한학계의 '자본주의적 관계'에 대한 연구는 그동안 상당한 성과를 거두었던 것으로 인정되지만, 1884년의 갑신정변을 부르주아 혁명으로 규정한 것을 받아들이기에는 너무도 많은 의문이 남는다. 18세기 이래의 상업자본주의가 공장제 수공업(매뉴팩처)을 발달시키고 부분적으로 산업자본주의적 요소가 대두하였다고 하더라도, 그 성과가 19세기에 오히려 왜곡된 상황에서는 본격적인 자본주의 경제를 담당하는 부르주아층의 정치세력화까지 기대하기는 어려운 점이 많다. 이러한 규정을 서둘러 내리기에 앞서, 이 시기의 여러 정치세력들이 각기 딛고 있는 경제적 기반이 무엇이며 각기가 추구하는 경제체제의 방향이 무엇인가를 먼저 해명해야 할 것이다.

맺음말

조선후기 사회변동론은 8·15해방 뒤 사회발전에 대한 열망과 함께 형성된 한국사 연구의 한 흐름이었다. 이에 대한 관심은 해방 직후에 이미 대두하고 있었으나 구체적인 연구는 6·25동란을 치른 뒤에 남·북한에서 각각 서로 다른 입장에서 진행되었다.

조선후기 사회변동에 대한 관심과 연구경향은 남·북한 사이에 현저한 차이가 있었다. 남쪽 학계가 사상·신분·경제 등 몇 개 분야에 걸쳐 변동의 실상을 파악하려는 노력을 기울인 것과 달리, 북쪽은 '부르주아 민족형성론'의 시각에서 '자본주의적 관계' 확인으로 거의 일관하다시피 하였다. 그리고 전자가 앞으로 이루어가야 할 근대화의 가능성과 잠재역량을 확인하는 차원에서 연구가 진행된 반면, 후자는 현재 진행중인 사회주의혁명의 역사적 정당성을 확보하기 위해 그 전단계로서의 '부르주아 혁명'의 형태(비록 완전한 실현은 아니더라도)를 설정하려는 목적 아래 개항 전의 '자본주의적 관계'의 발생·발전을 '체계화'하고자 하였다.

1960년대를 거쳐 1970년대까지 양쪽의 연구성과를 비교하면 체계면에서

북쪽이 훨씬 더 우세한 감을 준다. 그러나 그쪽의 연구는 김옥균과 갑신정변의 기본성격을 '부르주아 혁명'의 좌절 형태로 규정짓는 것으로 거의 마무리 지워지다시피하였다. 북한 역사학계의 '자본주의적 관계'에 관한 연구는 그 뒤 현재까지 더 이상 새로운 변모를 보여주지 않고 있다.

이와 달리 남쪽 학계의 그동안의 동향은 개별적·분산적이었던 감을 많이 주었다. 실학의 발달, 신분직역제의 변동, 경영형 부농의 형성, 상공업의 발달, 향촌사회 지배체제 변동 등 여러 분야에서 변화의 요인과 추세가 천착되었다. 연구의 대상분야가 여럿이었던 반면에, 분야끼리 심지어 같은 분야 안에서도 서로의 성과를 참작하거나 연관짓는 작업은 대단히 소루한 감을 준다. 그러나 개별적인 연구들이 꾸준히, 새로운 자료를 발굴하고, 새로운 분석을 시도하면서, 새로운 주제를 계속 개발하고 있는 것은 도약을 가능하게 하는 힘의 축적과정으로 의미가 있을 것이다.

조선후기 사회변동론은 1980년대에 접어들어 새로운 비판과 도전을 받기도 하였다. 경제사적 관점에서, 설령 조선후기에 자본주의 맹아가 확인되더라도 20세기 초의 시점에서 제국주의 모습을 갖추는 나라들의 자본주의 경제에 견주면 그것은 너무도 미약한 것으로서 맹아의 발견을 위한 노력 자체가 특별한 의미가 없을 것이라는 회의적인 견해가 대두하였다.

이러한 비판적 시각은 조선후기 변동론이 혹 빠질지도 모르는 변동의 성과에 대한 '과장적' 인식을 경계하는 것으로는 의미가 있을 수 있다. 그러나 그러한 비판적 입장이 한국사에서 자본주의는 전적으로 일제에 의해 창출된다는 논리로 발전한다면, 그것은 과거의 '이식자본주의론'·'정체성론'의 논지와 다를 바 없다. 이 비판론은 이론적인 면을 지나치게 중요시한 나머지, 조선후기 사회변동에 관한 그동안의 연구성과를 엄밀하게 검토하는 과정을 거치고 있지 않는 것이 큰 흠이라고 하지 않을 수 없다.

조선후기 사회변동론에 관한 연구는 방법상 많은 취약점을 가지고 있는 것이 사실이다. 신분직역제 연구에서 호적류 자료의 분석만 하더라도 이미 좀더 수준 높은 통계학적 처리방법이 도입되었어야 마땅하다. 그리고 각 분야가 서로 옆 분야의 연구성과를 흡수하는 데 소극적이었던 것도 분명히 큰 단점이다. 그러한 현상은 신중을 기한 결과인지는 몰라도 새로이 구명된 '사실들'이 꿰어지지 않았다면, 구슬을 꿰는 임무를 결여한 문책은 면할 길이 없을 것이다.

조선후기 사회변동론은 1980년대의 이른바 민중사관·민중사학의 선풍으로 한쪽으로 밀리기도 했다. 이 계열의 역사인식은 밑으로부터의 힘을 강조하여 조선후기 이후의 역사를 주로 농민사회·농업경제 중심으로 보게 됨에 따라 상공업사에 대한 관심은 전반적으로 감소되는 추세였다. 사회변동론이 신분제의 해체와 함께 자본주의적 경제의 발전에 관심을 두는 한 상공업사의 비중은 오히려 높아져야 하는데, 그것을 저해하는 결과를 가져왔다. 사회가 민중보다 더 큰 개념이라면 이러한 편중이 초래한 손실은 하루 속히 만회되어야 할 것이다.

필자는 이 정리를 통해 조선후기 사회변동에 관한 연구는 이제 시작이라는 소감을 강하게 가졌다. 외침 아래 놓이기 전까지 자생적 자본주의가 미완이거나 미약하였다 하더라도, 어느 정도 수준에 도달하였던가를 확인하는 것은 그 자체로서 의미가 있을뿐더러, 근대화의 진전 정도가 또 경제일변도로 평가되어야 한다는 절대적 이유도 없다. 사실 그동안 한국사학계는 구성체론·발전단계설의 영향을 크게 받아 사회발전 정도를 총체적으로 평가하는 경향이 강하였다. 이것 자체가 전적으로 잘못된 것이라기보다도, 그동안 연구자들이 그 영향으로 사회나 경제, 정치 등 분야에 따라 발전의 정도가 서로 다를 수 있는 상황을 거의 상정하지 못하게 한 점을 유의할 필요가 있을 것이다. 변동기 또는 '이행기'에서 특히 자체의 발전이 외침으로 중단되어 버린 경우에는 어느 부면은 앞서고 어느 부면은 뒤져 있을 수 있는 상황은 충분히 상정할 수 있는 것이다.

근대화, 자본주의화의 과정을 어떻게 인식하는가는 과거에 대한 이해의 문제로 그치는 것이 아니라 오늘 창출되고 있는 역사가 그것에 따라 규정받는 점이 적지 않다. 그러므로 이 분야의 중요성은 더 강조해도 부족할뿐더러 연구의 새로운 진전을 위해 더 증폭된 관심과 열의가 요망된다.

찾아보기

인 명

(ㄱ)

사 항

(ㄱ)

(ㅈ)